北京市金融年鉴

ALMANAC
2004
OF BEIJING FINANCE
AND BANKING

《北京市金融年鉴》编辑部

(总第18卷)

中国金融出版社

责任编辑：赵天朗
责任校对：潘　洁
责任印制：程建国

图书在版编目（CIP）数据

北京市金融年鉴·2004/《北京市金融年鉴》编辑部.—北京：中国金融出版社，2004.10

ISBN 7-5049-3521-2

Ⅰ.北…　Ⅱ.北…　Ⅲ.金融事业-北京市-2004-年鉴　Ⅳ.F832.71-54

中国版本图书馆 CIP 数据核字（2004）第 105174 号

出版发行　中国金融出版社
社址　北京广安门外小红庙南里 3 号
发行部：66081679　读者服务部：66070833　82672183
http://www.chinafph.com
邮编　100055
印刷　北京市铁成印刷厂
尺寸　185 毫米×260 毫米
印张　32.5
插页　10
字数　710 千
版次　2004 年 11 月第 1 版
印次　2004 年 11 月第 1 次印刷
印数　1—3070
定价　57.00 元
（内部发行）

2003年12月31日晚，中国人民银行行长周小川(右二)、北京市副市长翟鸿祥(左三)、中国人民银行副行长吴晓灵(右三)、李若谷(左一)等一行来到中国人民银行营业管理部看望并慰问参加年终决算的一线职工。

吴进宇、曹 阳、章启奎 提供

4月3日，北京市委书记刘淇视察了北京市商业银行个人贷款中心。

聂 玲 摄

10月10日，中国银行业监督管理委员会北京监管局正式挂牌成立。

中国银行业监督管理委员会北京监管局成立大会。右二为北京银监局局长赖小民。

刘春锁　摄

北京保监办开展专题党课教育活动。

6月28日，为纪念中国共产党建党82周年，信达资产管理公司北京办事处党委组织全体员工参观西柏坡，并举行了庄严的新党员入党宣誓仪式。

北京保监办开展党员宣誓活动。

面对突如其来的“非典”疫情，招商银行北京分行全体干部员工表现出众志成城，战胜危难的信心和勇气。在疫情最严重的4、5月间，没有一家营业单位中断营业，没有一名营业人员临阵退缩，始终坚守岗位。

周亚鹏　提供

在“非典”疫情肆虐期间，北京市商业银行在做好预防工作的同时，积极开展业务。图为该行个贷中心员工为客户提供咨询服务。

5月9日，新华人寿保险公司北京分公司在《北京娱乐信报》“护士节爱心特刊”上投放广告，刊登印有“新华人寿保险公司向医护人员致以崇高的敬意，祝首都市民身体健康”的“千纸鹤”图案。图为公司员工正在给医护人员折叠“千纸鹤”。

5月23日，太平洋寿险北京分公司与北京市海淀区卫生局举办了隆重的保险合同签约仪式，太平洋寿险北京分公司承保海淀区2800名医护人员，总保险金额高达11.2亿元的团体寿险。

赵良　摄

5月10日下午，建行北京分行10余名“青年文明号”代表到解放军小汤山医院慰问医务人员，并将60多个“青年文明号”集体捐献的20万元现金捐给医务人员。

曹阳　提供

平安人寿保险公司北京分公司朱仲群总经理代表公司为“非典”殉职医务人员子女赠送教育金保险。

太平洋财产保险公司北京分公司全体员工在抗击“非典”的战斗中，始终坚持在服务一线。图为理赔中心定损人员，正在为客户服务。

刘锦忠　摄

9月2日，在北京举行的“金卡工程十年成就展览”会上，深圳发展银行举行了隆重的以“向抗‘非典’英雄致敬”为主题的信用卡发放仪式。“非典”定点医院——宣武医院的5名白衣天使应邀到现场，接受象征尊贵身份的发展信用卡金卡。

3月8日，国内第一张透明卡面的银行卡——“广发真情卡”首发式在北京东方君悦大酒店举行。

9月份，中信实业银行举办2003年等级柜员考核，本次共考核25场，累计参考900多人次，有力地促进了柜员综合业务能力的提高。图为计算器考核现场。

6月，中行北京分行在本市独家推出壁挂式自动终端代售业务，客户持有中行的借记卡和市供电局的售电卡就可直接在自动终端机上进行电款的拨付和充值。图为中行自助银行的售电卡自动终端。

2003年，本市各承销机构共向社会发行凭证式国债436.37亿元(实际发行)。图为居民在购买国债。

7月，兴业银行北京分行共青团员参加北京电视台“争做文明市民”知识竞赛活动。

9月18日～21日，浦发银行北京分行作为惟一一家顾问银行，参加了在地坛方泽坛举办的“2003年休闲房展·观念地产展”。

环境优雅的中行北京分行个人理财中心。

光大银行总行营业部始终坚持“我们的愿望，让每一位客户都满意”的服务宗旨，为广大客户提供优质高效的金融服务。

7月28日，中国民生银行北京管理部在京都信苑饭店隆重举行“非凡理财万里行”大型推介会暨“企业财务革新计划、客户关怀大行动”活动，启动了“非典”之后民生银行第一场全国性的大型营销活动。

2002年12月，由中国银联北京分公司主办，北京市通信公司、多家发卡银行联手协办的“银行卡电话支付缴费服务开通仪式暨新闻发布会”在北京首都大酒店举行。中国人民银行营业管理部、北京市银行卡应用发展推进工作办公室、北京市商业局、北京市信息办、北京市市政管委和北京银行业协会的领导，以及来自北京市通信公司、首批开通此业务的八家发卡银行的有关领导出席了会议。图为银联北京分公司总经理宋汉石在讲话。

9月17日，由北京国际信托投资有限公司投资的北京国投公路建设发展有限公司成立，这是北京国投重新登记后开展的规模最大的投资项目。

中关村技术产权交易所董事长李爱庆讲话。

小额信用贷款支持的大棚葡萄喜获丰收。

韩满国　摄

平谷农信社联社为桃农解决燃眉之急。

韩满国　摄

北京市农信社联合社开发的信通卡可以在北京市所有标有银联标识的ATM机上取款。

北京市农信社联合社　提供

汽车消费零距离，农行服务更贴心。

9月14日，中国东方资产管理公司北京办事处孙军建副总经理与中关村产权交易所总裁熊焰签署“金融不良资产挂牌营销合作协议”。

2003年，北京邮政储汇局在全国邮政系统率先完成了邮政绿卡存储扩容及数据异地灾备系统建设，提高了绿卡数据中心抗风险能力，有力保障了邮储业务的快速发展和储蓄用户资金数据的安全。图为技术人员正在检测机房设备。

为严明纪律、加强管理、全员监督、促进发展，华夏证券股份有限公司颁布公司经营管理“十大禁令”。

10月，借北京电视台《证券无限》周刊栏目在京城开展十大"牛哥"评选活动的契机，中关村证券股份有限公司北京营业部再度与该栏目联手推出了"呵，牛哥来了"大型股民联谊会，约600多位投资者踊跃参加了此次活动。

赵春峰　摄

12月24日，中国科技证券有限责任公司第一届工会委员会成立大会于北京国际会议中心召开。

爱心共筑银河林。

5月23日中国人寿保险公司北京分公司在钓鱼台国宾馆与北京市公安局举行续保签约仪式。

4月29日，中国人民财产保险股份有限公司北京市分公司举行首批资深、高级客户经理命名大会，有5位同志获资深经理，55位同志获高级客户经理称号。

华泰财产保险公司北京分公司召开2003年业务竞赛动员大会。

首都金融职工“金秋”歌咏比赛。

华夏银行总行营业部　提供

礼仪培训。

工行北京分行菜市口分理处　提供

支行员工。

工行北京分行　朱国选　摄

齐心协力。
北京商业银行　冯志刚　摄

拔河。
太平人寿保险公司　提供

泰康人寿保险公司北京分公司组织员工军训。

体验式培训。
中信实业银行总行营业部　提供

交通银行北京分行春节文艺晚会。

首创证券有限责任公司北辰营业部中户大厅。

北京金融街标志。

燕平　摄

《北京市金融年鉴》编辑委员会

《北京市金融年鉴》编辑部

编辑说明

一、《北京市金融年鉴》（以下简称《年鉴》），是北京市金融业行业年鉴，以金融业务为中心内容，综合反映北京市金融行业上一年度重要信息情况，逐年编辑、连续出版。《年鉴》在《北京市金融年鉴》编辑委员会领导下，由《北京市金融年鉴》编辑部组织编辑、出版、发行。

二、本卷《年鉴》为总第18卷，主要记述的是2003年北京市金融业的重大事件、重大活动及各系统各机构的新情况、新发展、新经验和面临的新问题。

三、本卷《年鉴》社会经济统计资料由北京市统计局提供；金融统计资料由中国人民银行营业管理部调查统计处、中国银行业监督管理委员会北京监管局、中国证券业监督管理委员会北京证券监管办事处、中国保险业监督管理委员会北京保险监管办事处提供。在使用中请注意统计口径的差别和适用范围。

四、本卷《年鉴》中各金融机构的排列顺序依照一般惯例，无名次高低之分。

五、本卷《年鉴》在编纂过程中得到全市金融系统各单位的大力支持，参加编写的金融机构有40余个、学会与协会10余个、金融监管部门主要职能处室20余个，参与撰写的人员有200人以上。各位组稿编辑、编写人员为本书的出版付出了辛勤的劳动；各机构提供了大量的图片资料；人民银行营业管理部调统处汇总了大量统计资料。在此表示衷心的感谢。

六、由于编纂水平有限，书中难免有缺陷和疏漏之处，诚请广大读者批评指正。

《北京市金融年鉴》编辑部

2004年7月

目　　录

一、特　　载

二、体制改革

三、机构业务综述

四、发展与监管

五、各类业务情况

六、文件与规章

七、专题与调研

八、大事记

九、统计资料

（三）金融机构业务统计

（四）机构、人员统计

十、附　录

（一）北京市金融机构名录

(六) 新建机构简介

（七）协会、学会、商会活动简介

（八）2003 年北京市金融系统先进单位、先进个人名录

一、特 载

关于北京市2003年国民经济和社会发展计划执行情况与2004年国民经济和社会发展计划草案的报告（摘要）

——2004年2月17日在北京市第十二届
人民代表大会第二次会议上

北京市发展和改革委员会主任　丁向阳

一、2003年国民经济和社会发展计划执行情况

2003年是首都发展极不平凡的一年。全市人民认真贯彻落实党的十六大精神，开拓创新，扎实工作，战胜了突发疫情灾害的严重冲击，取得了“防非典、促发展”的双胜利。市十二届人大一次会议审议通过的计划目标全面超额完成，首都现代化建设和改革开放取得了新的成就。全年实现地区生产总值3611.9亿元，按可比价格计算增长10.5%。地方财政收入完成592.5亿元，增长18.2%。城镇登记失业率为1.43%，保持在较低水平。市场价格总水平基本稳定，居民消费价格指数为100.2%。计划执行的主要特点是：

（一）增长速度与质量、效益同步提高，经济社会发展势头良好。

在遭受非典灾害严重冲击的特殊形势下，坚持两手抓，通过采取减免税费支持、建立投资项目便捷审批通道等有力措施，努力降低疫情的不利影响。在非典影响经济增长1个百分点的情况下，全年实际增长比预期目标高1.5个百分点。宏观经济效益保持在较高水平，微观经济效益改善明显。工业综合效益指数达到155.4%，同比提高19.1个百分点；规模以上工业企业、批发零售贸易企业实现利润分别增长40.6%和24.4%。

（二）扩大内需和调整产业结构取得积极成效，经济自主增长动力增强。

投资、消费实现双拉动。完成全社会固定资产投资2157.1亿元，增长18.9%。其中，非国有投资增长35.4%，所占比重达到65.5%，比上年提高8个百分点，企业自主投资能力明显增强。实现社会消费品零售额1916.7亿元，增长14.5%，增速为近年最高水平。粮食等重要商品供求基本平衡。农业规模化生产和产业化经营水平不断提升，实现增加值增长3.3%。振兴现代制造业成效初步显现，汽车产业对全市工业增长的贡献率达到40%以上，四大产业基地和一批重点项目建设取得明显进展。全年完成工业增加值1017.3亿元，增长12%。现代服务业发展势头良好，新型服务业比重继续提高，第三产业实现增加值2218.2亿元，增长10%。

（三）各项改革有序推进，外向型经济快速发展。

围绕优化发展环境，制定出台了36条具体措施，在全市形成了良好的舆论导向和社会氛围。政府机构改革顺利实施，行政审批事项继续减少。投融资体制改革取得重要突破，出台了城市基础设施投融资改革实施意见和特许经营办法，基础设施投资建设和运营市场全面开放。国有经济调整取得新进展，推出了一批国有工业企业进行并购重

组。企业直接融资规模扩大，全年共有15家企业通过境内外股票市场融资333.1亿元。中小企业股份制改造配套政策和信用担保服务体系逐步完善。对外开放继续扩大。成功举办了一系列大型经贸活动，保险、零售、物流等服务业和现代制造业领域利用外资规模不断扩大，全市实际利用外商直接投资21.5亿美元，增长19.8%。实施“大通关”成效明显，对外贸易更为活跃。北京地区完成出口168.5亿美元，增长33.6%，其中地方企业出口73.7亿美元，增长24.9%。高新技术产品、机电产品和软件出口比重继续提高，出口结构趋于优化。

（四）重大工程建设顺利实施，城市服务能力继续提高。

奥运项目法人招标工作圆满结束，项目融资额174亿元。国家体育场、国家游泳中心等重点场馆如期开工，相关设施建设全面展开。道路交通建设取得新成果。城市轻轨全线贯通，地铁八通线已开始试运行，全市轨道交通通车里程达114公里。地铁四号线、五号线、十号线也相继开工。五环路全线贯通，三环路改造、西外大街西延等20多个项目建成通车。水环境治理取得新进展，肖家河、吴家村两座污水处理厂和酒仙桥中水处理厂正式运营，城近郊区污水处理率达到56%，比上年提高9个百分点。陕北天然气进京市内管线及扩建工程基本竣工，全市天然气年供气总量达到23.7亿立方米。深入实施第九阶段大气污染防治计划，基本实现了城四区无燃煤锅炉的目标，全年市区空气质量二级和好于二级天数达到61.4%。温榆河绿色生态走廊等重大生态保护项目陆续启动，全市林木覆盖率达到47.5%，比上年提高2个百分点。

（五）公共卫甥建设得到加强，社会事业全面进步。

社区卫生服务、农村医疗体系和卫生设施建设取得新成果。特别是非典疫情发生后，迅速推进公共防疫和应急救治体系建设，完善了公共卫生体系，确保了秋冬季节没有发生新的非典病例。农村基础教育水平有新的提高，良乡和沙河高教园区建设进展良好，亦庄职业教育园区项目开工建设，社会力量办学积极性高涨。文化产业改革加快并取得实质性进展。高度重视和加强古都风貌保护，将14片共56万平方米危改项目重新划为文化保护区。群众体育蓬勃发展，经常参加体育锻炼的市民达480万人，大中小学生体育锻炼达标率达95%以上。

（六）就业形势保持稳定，人民生活继续改善。

促进就业的制度体系进一步完善，社保补贴、税费减免等各项政策得到较好落实。全年新增城镇就业42.2万人，有17.9万城镇登记失业人员实现了就业，就业率达68.1%，有7.1万农村富余劳动力实现了城镇就业。城镇基本养老和基本医疗保险覆盖面继续扩大，新型农村合作医疗制度试点稳步推进。低保工作扎实开展，15.8万城市低收入人员和6.7万农村困难群众得到了最低生活保障。城乡居民收入大幅度提高，城镇居民人均可支配收入达到13882.6元，实际增长11.2%，农民人均纯收入达6496.3元，实际增长11.5%。城乡居民储蓄存款余额比年初增加903.8亿元，增量比上年增长5.9%。

在看到成绩的同时，我们也清醒地认识到，全市发展中还存在一些不容忽视的矛盾和问题，主要是：经济体制改革相对滞后。城乡差距、“三农”问题依然存在。城市空间布局不够合理。均衡稳固的多支柱产业体系尚待形成。水和土地资源约束逐步加剧。

交通、环境等城市建设与公共服务方面存在着一些亟待解决的突出矛盾和薄弱环节。就业压力仍然较大，社会保障面临着城乡衔接、体制完善的艰巨任务。从实现“新北京、新奥运”战略构想和完善首都社会主义市场经济体制的客观要求出发，必须统筹考虑，用发展和改革的办法认真加以解决。

二、2004年经济社会发展计划总体考虑和初步安排

2004年是实现“十五”计划的关键一年，也是筹办奥运的全面启动之年。总的来看，尽管存在一些不确定因素，但宏观环境较为有利。特别是我们正处在历史上的重要战略机遇期，必须紧紧抓住，采取更加积极有力的措施，促进首都经济社会持续快速协调健康发展。

根据市委九届六次全会确定的全市工作的总体要求和部署，发展和改革工作的基本思路是，加快改革，调整结构，扶持产业，扩大总量。安排全年计划具体把握了以下几点：第一，实践科学的发展观，促进全面、协调和可持续发展。坚持搞好“五个统筹”，涵养山区、发展平原、优化市区，推动发展模式转变。第二，坚持以开放促改革、以改革促发展。抓住关键环节，加快经济体制改革和制度创新，增强发展的活力。第三，发挥奥运带动效应，增强总量扩张的内在动力。加强奥运经济的协调落实，提高城市综合竞争力和国际化水平。第四，坚持以结构调整为主线，培育和壮大支柱产业，推进国有经济结构战略性调整，促进非公有制经济更快发展，稳固经济增长基础。第五，坚持建设与管理并重，改进日常管理与完善应急机制并举，提高城乡公共服务和管理水平，缓解突出矛盾，促进城乡协调和区域均衡发展。第六，坚持以人为本，实施积极的就业政策，完善城乡社会保障体系，关心和保障低收入群体生活，让广大群众从发展和改革中切实得到更多的实惠。

今年全市发展主要预期目标的安排是：

1. 地区生产总值增长9%。经济增长预期目标按9%来安排，主要是考虑转变经济增长方式，把加快发展的注意力和着力点，引导到促进经济结构优化，提高增长的质量和效益上来。与经济增长9%相衔接，地方财政收入按可比口径增长13%；全社会固定资产投资增长10%；社会消费品零售额增长10%；地方企业出口额增长10%。

2. 就业和人民生活目标。城镇登记失业率控制在2.5%以内，失业人员就业率保持在60%以上。居民消费价格指数102%左右。城镇居民人均可支配收入和农民人均纯收入实际增长6%以上。

3. 可持续发展调控目标。人口自然增长率控制在1‰以内。市区空气质量二级和好于二级天数保证率在62%以上。万元地区生产总值综合能耗下降8%。全市城乡节水1亿立方米。

三、实现2004年经济和社会发展预期目标的主要措施

（一）改革投融资体制，调整和优化投资结构。

继续保持投资适度增长，着重优化投资结构，提高投资效益，引导全社会投资逐步

实现两个转移：一是在空间结构上，从过于集中在市中心区向卫星城和中心镇转移，促进城乡协调和区域均衡发展。二是在产业方向上，从主要集中在房地产领域向高新技术产业、现代制造业和现代服务业等有潜力、有后劲的产业领域转移，增强经济持续发展能力。

深化投融资管理体制改革，实现“两放开、四转变”。对企业投资建设的项目，除少数重大项目和限制类项目实行核准制外，其余全部实行登记备案制。在放开市场准入，放开非政府投资项目审批的基础上，转变投资管理机制、调控方式、政府资金投入形式和项目管理模式，从过去注重事前审批转向加强事后监管，强化产业政策引导和信息披露，搞好投资项目的前期研究和储备、推介，利用“投资北京”服务平台，加快培育投资服务中介组织，促进项目与资金的对接。按照“增量改革，存量试点”的原则，放开基础设施建设和运营市场，落实特许经营实施办法，打通民资、外资等社会资金进入的通道。对政府投资形成的经营性基础设施，出让、转让其经营权或股权，实现存量资产的再投入。开放非基本公共服务领域市场，满足巨大社会需求。

突出政府投资重点，增强引导和带动作用。一是加大郊区基础设施的投入，推进卫星城和小城镇建设，提升郊区发展水平。今年政府投资的增量全部投向远郊区县，投资安排比去年增加一倍以上。二是加强道路交通、环境治理等领域的项目建设，缓解突出矛盾。三是增加社会事业发展的投入，特别是农村公共卫生、基础教育等方面的投入。四是促进高新技术、现代制造业、现代服务业发展和结构升级，重点加强高端行业和优势领域的投资。五是支持资源节约和综合利用，特别是城乡节水，促进可持续发展。进一步加强政府投资管理，新批建设项目依法必须招标的，百分之百实行公开招标；非经营性政府投资项目试行代建制；对政府投资的重点项目实行全面稽察。建立和完善对重大项目的听证制度，健全专家咨询和评估机制。

加强资金引导和政策支持，扩大现代制造业投资。通过盘活国有资产、政府贷款贴息、完善融资担保体系等市场化运作方式，多元化增加制造业投资，重点支持产业基地和工业园区的基础设施建设，改善招商引资环境，力争全年工业投资增长20%以上。完善土地供应调控体系，增强土地供应计划的权威性，适度把握房地产开发规模，特别是三环路内新建房地产开发项目。在坚持古都风貌保护的同时，继续推进危旧房改造。

（二）进一步繁荣市场，增强消费拉动作用。

加快中高收入群体消费结构升级，增强低收入者消费能力，促进消费总量扩张。培育和做大汽车、住宅、数字产品、文化体育等新兴消费热点，提升服装、餐饮等消费档次和水平。继续完善最低生活保障、最低工资等相关调整机制，加强对困难群体的扶持，进一步完善消费信贷政策，提高中低收入者的消费水平。

激活存量房二、三级市场，扩大住房及相关产品消费。逐步推进二手房市场，使之成为中低收入者购买的主要房源。建立全市房屋交易信息平台，发布地区指导价。简化交易手续，整合交易税费。实现以二手房部分替代经济适用房，以节约土地资源，调整投资结构，有效扩大消费。

扩大外来消费。围绕筹办奥运，策划组织别具特色的旅游宣传活动，开发新型旅游产品，积极开拓海外旅游市场。积极吸引国外留学生来京就读。鼓励名牌特色医院到郊区扩大医疗规模，满足外地患者来京就医的需求。

推进现代流通组织体系建设。继续大力发展连锁经营、便利店等新型经营模式。加快农产品批发市场的升级改造。加强郊区商业、文化娱乐等服务设施建设，积极引导现代商业设施向城市外围扩展，进一步开拓农村市场。加强市场监管，营造放心消费环境。大力整顿市场秩序，严厉打击制售假冒伪劣商品、价格欺诈等不法行为，净化消费市场。加强社会信用体系建设。继续推进银行卡工程，为消费者提供更加便利的服务。

（三）培育壮大支柱，加快产业结构优化升级。

积极构建以高技术为支撑的先进制造业体系。做强汽车工业，围绕汽车整车和零部件产业发展，扩大现代、福田、吉普整车生产规模。做大电子工业，抓好中芯国际、液晶显示器等大型项目，推进网络计算机产业化，发展以微电子为基础的电子信息产业。提升装备制造业水平，加快光机电一体化、生物工程和新医药等基地建设。支持现代都市工业发展，重点是无污染、低能耗的轻型制造业。抓住研发、设计、营销等知识密集的高附加值环节，积极发展虚拟制造业，拓展总部经济。

加快培育知识型服务业。大力发展咨询、律师、审计、市场调研、人力资源开发等社会中介服务业，创造具有国际水准的专业优质高效服务环境。加快金融保险业、旅游业和会展业的发展。完善口岸设施，延伸并发展国际物流。推进非基本公共服务领域的开放，大力发展大众传媒，培育和壮大文化产业。

提升传统产业发展水平。继续推进钢铁、石化等传统产业改造调整。把传统产业改造升级与国有企业改革改组紧密结合起来，加快企业并购、资源整合步伐，进一步完善和落实并购政策，积极引导外资和民间资本进入，推动混合所有制经济更快发展。力争用3年左右时间，基本完成国有企业重组和股份制改造，实现新的发展。

全面启动奥运经济开发与促进工作。制订实施奥运经济开发的具体行动计划和宣传推介计划，通过举办奥运经济市场推介会等多种形式，促进国际与国内，政府与企业的联系、沟通和互动，有针对性地培育市场、产业和品牌

（四）协调推进城市建设，改进公共服务和管理。

坚决贯彻“勤俭办奥运”的要求，搞好组织协调，推进奥运场馆和相关设施建设，确保质量和工期。

综合治理交通拥堵。启动市区南北干路建设，打通二环至四环的联络线、放射线。抓好立交桥等交通节点的改造，打通城市微循环，改善重点区域交通状况。实施好地铁四号线、五号线、十号线、奥运支线和机场线等轨道交通工程，支持通向郊区的快速路建设。提高城市交通管理水平，落实好缓解交通拥堵的阶段性措施，做好重要路段路口的疏导工作。

加大环境整治力度，继续推进市场化运作机制和竞争机制，改革城市绿化、保洁、垃圾及污水处理等传统管理模式，加强城乡结合部重点地区的环境整治，改善环境卫生状况。实施好大气环境治理第十阶段措施，确保空气质量状况有新的提高。

健全城市公共安全维护机制。强化自然灾害及各种突发事件的预案管理，增强快速

反应和防范处理能力，逐步建立起适应现代社会发展和公共管理要求的城市公共安全维护机制。

（五）严格资源管理，增强可持续发展能力。

实行最严格的土地管理制度，逐步改变粗放利用状况。认真落实土地供应计划，从源头上加强调控，严格禁止乱占耕地，优先保证工业用地和重大基础设施建设用地，压缩一般项目用地，依法处置闲置土地。改革土地征用方式，规范征地程序，区分公益性和经营性土地，全面推行经营性土地使用权出让的招标、拍卖、挂牌制度。

实行最严格的水资源管理制度，建设节水型社会。统筹地表水、地下水、再生水、域外调水，加强水资源保护和利用。制定水资源综合利用规划和节水实施纲要，落实阶段目标和措施。严格执行项目节水标准，推广节水器具和技术设备，实施好一批城乡节水项目。实行阶梯水价，促进城乡节水，特别是农村节水。加快中水厂及管线建设，提高中水回用率。积极探索域外调水，组织实施好南水北调工程。

强化能源和原材料节约技术的推广应用，大力发展循环经济。提高电网受电能力，确保电网安全稳定运行。统筹煤炭生产与消费政策，促进太阳能和地热应用技术的产业化。

（六）加快城市化步伐，促进城乡协调和区域均衡发展。

优先发展有区位和产业优势的卫星城。采取多种投融资方式，实施好快速路、水、电、气、热等基础设施建设，引导城区教育、文化、卫生和商业向卫星城发展，增强吸纳社会投资的能力。按照现代化生态城市的标准，公开招标确定高水平规划设计，建设几个适合50万以上人口居住、就业的新型城市，疏解城市中心区人口。继续推进小城镇综合开发试点，实现人口、环境、资源、产业和谐统一，发展别具特色的小城镇。

积极解决“三农”问题，切实保护农民利益。推进征占地方式改革，建立集体土地征用与农转非挂钩机制，把相关人员的就业和社会保障费用纳入征地成本。改革集体资产收益分配制度，落实集体经济组织成员的收益分配权和土地收益权，开展农村土地流转试点。加强农业安全生产体系、检验检疫体系建设，做好禽流感等疫病的防控工作。完善农业技术服务和农产品营销网络，把农业结构调整引向深入，大力推进农业规模化生产和经营，努力增加农民收入。加大对边远山区的扶持力度，搞好山区移民搬迁工程，改善山区生态、生产和生活环境。

推行区域功能定位。统筹产业布局，实行分类指导，细化区县产业发展定位。完善财税体制，改进考核评价体系，促进产业集聚和布局合理化，提高工业区开发利用效率，促进功能分区的落实。实施倾斜政策，加快南城地区和山区的发展步伐。

（七）实施积极的就业政策，提高社会保障水平。

扩大就业必须鼓励创业。进一步改善创业环境，建立健全创业服务体系，积极支持中小企业和民营企业发展，在税收、融资和市场准入等方面创造更加宽松的环境。加强大容量就业项目开发，落实社区就业岗位开发计划，促进困难群体就业。抓好调整、转制企业富余人员分流安置工作，缓解就业矛盾。

组织实施职业技能培训。继续落实好“三年百万”培训计划，建立与工业园区、大企业、大项目培训挂钩制度，重点抓好市场急需的高素质技术工人的培训，增强培训的有效性和针对性。鼓励高校毕业生到区县、乡镇工作，促进新增劳动力就业。统筹城乡劳动力市场，推行农村富余劳动力就业登记和培训制度，增强就业能力。

稳步推进社会保障制度改革。完善养老保险和基本医疗保险制度。逐步打破城乡分割，积极建立与发展水平相适应的农村社会保障制度。加快企业退休人员社会化管理服务工作，完善最低生活保障，搞好与就业政策的衔接。继续落实好医疗、教育、住房等专项救助政策，解决困难家庭的特殊性、突发性困难。进一步完善收入分配制度，增强分配激励与约束机制，强化个人所得税征管。

（八）加大改革和投入力度，推动社会事业全面发展。

加强城乡公共卫生和医疗服务体系建设。统筹规划和协调北京地区卫生资源，建设突发公共卫生事件医疗救治体系。积极发展社区卫生服务，逐步实现“小病在社区、大病进医院”。加大农村医疗卫生设施建设投入，通过托管等多种形式，将部分乡镇卫生院改制为市属综合医院的分院，增加卫星城、小城镇高等级医院数量，提高农村医疗条件和救治水平。扩大农村新型合作医疗制度试点，增强农民抗御疾病风险的能力。推进公立医院产权制度改革，探索运用市场化办法，扩大优质医疗资源有效供给。健全卫生监管体系，保证群众食品、药品和医疗安全。

促进城乡基础教育均衡发展。加大农村义务教育投入，新增教育经费主要用于农村义务教育，开展城区优质中小学在远郊区县举办分校的试点，切实改善农村中小学办学条件。推进学校间的合作、重组，提高办学质量和效益。大力推进高校改革，鼓励社会资金以多种形式参与办学。促进职业教育、各类技能培训和继续教育面向市场，加快学习型城市建设，构建终身教育体系。

深化科技管理体制改革，促进科研成果转化为现实的生产力。实施好中关村科技园区管理体制改革，大力保护知识产权，促进科技创新、成果孵化和企业发展，力求在高新技术产业链的高端，形成具有自主知识产权的核心技术，促进高新技术产业群的发展。分类推进科研机构改革，增强创新能力和发展活力。

推进文化体制改革和机制创新，把文化产业培育成为首都经济新的支柱产业。在加强公共文化基础设施投入的同时，拓宽文化体育产业融资渠道，按照公益性和经营性分开的原则，对文化企事业单位进行分类改革，扶持一批、转企一批、重组一批、剥离一批，鼓励社会资金参与改制。加强国际文化交流，塑造有国际知名度和竞争力的文化品牌。以筹办奥运为契机，努力提高竞技体育水平，发展体育休闲产业，继续搞好群众健身体育设施建设，促进全民健身计划实施。建立社区多元化投入机制，完善社区基础设施建设，提高社区综合服务能力。

（九）扩大对外开放，加强区域经济合作。

提高利用外资质量和水平。充分利用内地与港澳建立更加紧密经贸关系安排的实施，率先放开服务业市场。拓展利用外资新方式，支持高技术创业型企业在香港上市融资。推进外资并购国有企业。鼓励大型跨国企业和知名企业在京设立总部、合资公司、研发中心。以现代制造业、知识型服务业和基础设施建设为重点，力争实际利用外资规模有大幅度提高。支持有实力企业投资或并购有技术、有市场的境外企业。

继续实施以质取胜和市场多元化战略，积极适应出口退税政策变化，有效应对加入世贸组织过渡期各种可能的不利影响，健全贸易促进服务体系，调动企业出口积极性。完善出口加工区功能，大力发展加工贸易。进一步鼓励软件企业发展，扩大软件出口。继续加强口岸基础设施建设，扩大“便捷通关”适用范围。组织好重点关键技术、重要设备和战略性资源产品的进口。

创新区域合作机制，加速首都经济发展圈的形成。推动京津冀等区域合作，促进人才、资金等要素流动，实现产业衔接和互补，力争在资源开发与利用、基础设施建设、生态环境保护、产业结构调整等方面取得突破。积极参与西部大开发和振兴东北地区等老工业基地，实现优势互补、互惠多赢、协调发展。

（十）强化统筹协调和综合平衡，提高经济管理水平。

按照“五个统筹”、“五个坚持”的要求，围绕搞好发展平衡、利益平衡、市场平衡和资源平衡，着重加强重大投资项目的统筹安排，重大改革方案的研究设计，重大发展政策的衔接协调，统筹兼顾与正确处理好长远与当前、整体与局部以及不同社会群体间的利益关系，保护、调动和引导好各方面加快发展的积极性。

加快职能转变。以贯彻落实《行政许可法》为契机，切实搞好行政审批事项的清理，推进审批业务的整合和简化。继续推进电子政务建设，促进网上审批服务系统的开发与应用。推广全程办事代理制，提高行政效率。进一步清理和规范年检事项，取消不合理收费。

完善市场调控机制。加强经济动态监测分析和日常运行调节，积极创新综合调控手段，及时做好粮油、药品、能源等重要商品供求平衡和应急调节，完善预警和预案管理机制，增强政府调控市场的能力。发挥价格杠杆的调控作用，提高价格决策的科学性和透明度。进一步强化为市场主体服务的观念，灵活运用规划指引、政策导向、经济杠杆、法律规范、信息披露等多种办法，给市场主体以合理预期和正确导向，促进经济健康发展。

加强战略研究。搞好关系全局和长远的重大问题研究，健全决策支撑体系，更好地为决策服务。全面启动“十一五”规划的研究编制工作，广泛吸收社会各界力量参与，抓好总体规划、专项规划和区域规划的研究制订，促进决策的科学化和民主化。

二、体制改革

将监管职能从中国人民银行分离出去
北京银监局正式成立

2003年3月，十届全国人大一次会议审议通过了国务院机构改革方案。4月28日，中国银行业监督管理委员会正式挂牌成立，并开始履行对中国银行业的监督管理职能。7月中旬，中国人民银行开始进行分行和省会城市中心支行与银监局的分设工作。

将银行业监管职能从中国人民银行分离出去，是党中央、国务院对金融监管体制做出的重大部署。面对金融体制的再次改革，人行营业管理部广大干部职工表现出了良好的职业精神和大局意识。

7月中旬，根据中国人民银行与银监会联合制定的《关于银监会省级派出机构组建工作有关原则问题的通知》（以下简称《组建通知》）和中国人民银行分行长座谈会会议精神，人行营业管理部积极做好分设北京银监局的有关人员、财产和财务划转工作，成立了机构分设工作领导小组，加强对人员、财产和财务划转工作的组织领导。在机构分设过程中，人行营业管理部严格按照中国人民银行总行和银监会的有关通知精神，确定了划转工作目标、原则和具体实施方案，并与北京银监局筹备组保持密切沟通和充分协商。经过两个多月的艰苦努力，双方于9月30日完成了人员、财产和财务的划转、交接工作，实现了监管职责的平稳过渡。

2003年10月10日，中国银行业监督管理委员会北京监管局正式成立。北京银监局是中国银监会的省级派出机构，根据中国银监会授权，统一监管辖内银行、金融资产管理公司、信托投资公司、财务公司、金融租赁公司及其他存款类金融机构，维护银行业合法、稳健运行。

机构分设工作完成后，人行营业管理部积极转变工作观念，以适应中央银行新的工作要求。组织了处级干部学习“三个代表”重要思想培训班，深刻认识监管职能分离后中央银行的职能和责任，提出了更好地履行央行职责的设想和措施。召开了金融座谈会，向银行、证券、保险机构通报了中国人民银行职责、职能调整情况，金融机构就中国人民银行2003年工作以及如何做好2004年工作提出了很好的意见和建议。会议还就下一步研究建立“一行三会”的协调机制达成了共识。

（吴凌凌）

三、机构业务综述

中国人民银行营业管理部

主任　韩　平

2003年，中国人民银行营业管理部（以下简称人行营业管理部）战胜了“非典”疫情所带来的困难和挑战，有效处理了保持信贷总量平衡与促进经济发展中遇到的新情况、新问题，妥善解决了银行监管体制改革在北京地区实施过程中出现的各种问题和矛盾。继续提高货币信贷政策执行的有效性，坚持不懈地抓金融监管，努力提高金融服务质量，维护了首都金融稳定。

年末，北京市金融机构各项本外币存款余额20398.2亿元，比上年增加3028.4亿元，同比增长17.43%。各项本外币贷款余额11912.9亿元，比上年增加2310.5亿元，同比增长24.1%。新增贷款同比增加633.9亿元，新增存贷款比例为77%，比去年同期高23.8个百分点。不良贷款余额和比率继续实现双下降，本外币不良贷款余额比年初下降了64.8亿元，不良贷款比率为5.09%，比年初下降了1.9个百分点。

一、抗击“非典”，维护非常时期首都金融和经济秩序稳定

“非典”期间，人行营业管理部坚持一手抓抗击“非典”，一手抓业务工作。积极按照中国人民银行总行《关于应对“非典”影响，全力做好当前货币信贷工作的意见》要求，引导商业银行加强对北京市抗击“非典”工作的信贷支持力度。各对外服务窗口均照常营业，展现了良好的中央银行窗口形象；积极维护首都经济金融秩序稳定，成立了“保首都现金供应领导小组”，组织现金调配，以应对“非典”初期出现的市场盲目抢购风潮；建立资金快速应急处理机制，确保财政资金的紧急调拨；加强支付清算系统管理，保证了“非典”期间支付清算系统的安全平稳运行。建立起三个“抗非通道”，确保了防治“非典”物资的国际贸易渠道通畅以及“两岸三地”捐赠物资及时到位。

二、做好机构分设工作，确保监管工作平稳过渡

人行营业管理部成立了机构分设工作领导小组，按照中国人民银行总行和中国银行业监督管理委员会的有关通知精神，确定了划转工作目标、原则和具体实施方案，与北京银监局筹备组保持沟通，并进行充分协商。双方于2003年9月30日完成了人员、财产和财务的划转、交接工作，实现了监管职责的平稳过渡。

机构分设工作完成后，人行营业管理部提出了更好地履行央行职责的设想和措施。组织召开金融座谈会，向银行、证券、保险机构通报了中国人民银行职责、职能调整情况，就下一步研究建立“一行三会”的协调机制达成了共识。

三、认真贯彻执行货币信贷政策，促进货币信贷政策同北京经济协调发展

1. 认真贯彻执行中国人民银行总行发布的各项货币信贷政策，保证政策及时传导。中国人民银行《关于进一加强房地产信贷业务管理的通知》（银发［2003］121号）出台后，人行营业管理部先后两次组织召开由各商业银行信贷部门负责人参加的房地产信贷座谈会，共同研究分析房地产市场发展情况。加强市场调研和跟踪监测，密切监测房地产信贷总量及结构的变化，对121号文件的影响进行连续、深入地反馈。7月至12月末，辖内金融机构房地产贷款新增315.6亿元，比前6个月新增房地产类贷款减少了98亿元。中国人民银行关于调整金融机构存款准备金率、邮政储蓄转存款利率以及外币小额存款利率的政策出台后，认真做好有关利率调整的技术工作。8月下旬，受存款准备金率上调等因素影响，北京市部分银行出现了时间集中、金额较大的临时性资金需求，人行营业管理部积极向总行争取再贴现额度，缓解了一度出现的资金紧张情况，避免了支付危机的出现。

2. 加强对首都经济特点的分析和研究，合理调整信贷结构。年内，增加对工商企业的资金支持，全年短期工业贷款和商业贷款分别增加165亿元和108.5亿元，同比分别多增176.7亿元和106.1亿元。对高新技术企业贷款增长25.3%，帮助高新技术产业走出低谷，其产值增长7.1%。对中小企业发展的支持力度继续加大，对中小企业贷款余额2736.9亿元，增加456.2亿元，中小企业实现增加值335.1亿元，同比增长26.2%，推动了北京市中小型工业企业快速发展。奥运项目贷款增长迅猛，年末贷款余额达到267.7亿元，增加89.4亿元，增长50.12%，有力地支持了奥运项目建设的资金需求。截至年末，全市个人消费贷款余额1646.3亿元，比上年增加484.1亿元，增长41.64%。其中，个人住房消费贷款余额1335.8亿元，增加344.8亿元，同比增长34.79%；个人汽车消费贷款余额246.4亿元，增加117.8亿元，同比增长91.64%；个人助学贷款余额6.9亿元，增加1.6亿元，同比增长30.41%。

此外进一步支持农村经济发展。指导北京市农村信用社夯实农户小额贷款发放的信用基础，简化发放手续，扩大农户贷款覆盖面。截至年末，农户贷款余额为10.2亿元，比年初增加2.7亿元，同比增长35.3%，同比多增加0.4亿元；全年共对19141户农户累计发放贷款9.1亿元。积极支持首都再就业工程。制定了《北京下岗失业人员小额担保贷款管理办法》，贷款发放工作自8月份正式启动，累计发放贷款16笔共计40万元，支持了16人就业。

四、金融监管工作不间断，努力化解市场退出机构金融风险，维护首都金融稳定

1. 坚持抓金融监管不放松。机构分设完成前，人行营业管理部确保监管工作不间断，防止出现监管真空。继续做好抓降工作，完成了上半年行长约见谈话，向辖内银行机构印发了2002年度监管通报，开展了对辖内各股份制商业银行最大20笔不良贷款的专项调查。强化对辖内金融机构内控有效性的监管，完成了内部控制后续检查，建立健全了内控制度档案。继续加强对辖内法人金融机构的监管，完成了对北京市商业银行高管人员履职情况及经营业绩的综合考核，审核批准了该行第三次增资扩股方案；积极推进丰台和昌平农村信用社统一法人试点工作。

2. 积极做好部分金融机构市场退出后的风险处置工作，维护首都金融稳定。中创清算工作整体向前推进。经中国人民银行总行研究确定了债务清偿意见；与华融资产管理公司签订了《托管协议》，理顺了委托关系；继续进行资产的移交，并对华融资产管理公司资产处置进行监督；基本完成未确认债权的初审工作；证券营业部转让取得了新进展。根据《关于撤销北京中兴信托投资有限责任公司的决定》，人行营业管理部于2003年10月24日成立了中兴信托撤销清算组。集中力量做好清产核资和个人受益券的债权登记。按照中国人民银行总行统一部署，完成了海南股份制信托投资公司特种债券的登记工作。

五、以推进银行卡应用发展和确保大额支付系统平稳运行为重点，努力提升金融服务水平

1. 深入推进北京市银行卡应用发展。年初，北京市银行卡应用发展推进工作办公室正式成立办公，完善了内部组织机构设置。积极贯彻落实《北京市银行卡应用发展实施规划纲要》中的相关政策措施，提出了包括刷卡消费抽奖、新装POS机具免收手续费、银税一体化试点、扩充POS机具功能等推动银行卡应用发展工作的政策措施共11条。积极开展银行卡特约商户发展工作，与各级政府、部分市属商业单位、重点商业街区建立了工作联系，共同研究推动银行卡特约商户发展及POS机安装工作。重点推进了刷卡缴纳印花税、全市三级以上医院住院部刷卡结算、旅游系统与烟草专卖系统加快银行卡应用发展等工作。利用多种宣传形式普及银行卡应用知识，培养市民与企业使用、受理银行卡的意识。全年新布放ATM机2998台，增长31.6%；新增银行卡特约商户1.5万家，增长134.4%；同城异地交易成功率达到了98.5%和81%，分别比上年同期提高了2.5个和10个百分点。2003年全市新发行银联标识卡1753.7万张，比年初翻了2.43倍，发卡量居全国第一位；累计实现银行卡跨行交易8896.5万笔，日均交易24.71万笔，累计交易金额302.3亿元，银行卡消费金额占社会消费品零售总额的比例达到15.3%，较上年同期提高了8.4个百分点。

2. 提高大额支付系统运行的稳定性。编制了《北京大额支付系统操作管理指引》，改进和加强对支付系统的运行管理；研究制定了《北京大额支付系统运行准入退出及故障处理暂行办法》，密切跟踪监测系统运行中出现的问题，保障系统稳定运行；出台了《北京市大额支付系统高额罚息贷款管理办法》，督促各银行加强清算账户头寸管理，防范支付风险。北京大额支付系统安全平稳运行，覆盖全市银行机构的跨行支付清算网络基本形成，系统日均处理业务量达到3万多笔，全年累计清算资金59万亿元，产生了巨大的经济和社会效益。

3. 加强银行账户管理。积极做好《人民币银行结算账户管理办法》的组织实施工作，制定了《北京市人民币银行结算账户管理办法实施细则》，改造、升级了银行账户信息管理系统，加强培训指导和对外宣传；加快北京同城特约委托收款信息核验系统建设，为下一步的试运行做好准备。

4. 积极开展银行反洗钱工作。人行营业管理部成立了反洗钱领导小组，协调和监督辖内金融机构成立反洗钱机构，建立可疑支付交易报告制度、大额现金收付报告制度、大额和可疑外汇资金交易报告制度；明确了反洗钱工作要点；组织开展了对北京市各商业银行结算管理人员的反洗钱知识培训。

5. 推进和完善各项国库管理工作。人行营业管理部积极配合北京市财政国库管理制度改革试点工作，制定了周密的《实施方案》、《银行支付清算暂行办法》和《资金支付管理暂行办法》，推动改革试点全面展开；《国家金库会计核算系统（2.0）版》在全市代理支库正式投入运行，使国库会计核算工作逐步向现代化、标准化、规范化方向迈进；稳步推进财税库行横向联网工作，各项试点工作已经全面展开；加强国债发行、兑付的组织管理与调研；准确办理各级预算收入的收纳、报解、入库和预算支拨等业务。

6. 做好货币发行和管理工作。加强发行基金的计划管理，合理摆布，灵活调度，保证了首都合理的现金供应；深入推进反假币工作，组织召开了北京市反假币工作联席会议，全面贯彻落实《假币收缴、鉴定管理办法》、积极开展反假币宣传周活动，加大打击制贩假币犯罪活动力度，做好外币反假工作；建立和完善现金检查制度，加大检查力度，防范化解现金结算风险；加强发行库管理，确保库房、库款安全。

7. 加强金融统计的基础建设。制定了《中国人民银行营业管理部金融统计管理规定实施细则》；更换、扩展了储蓄问卷调查、物价调查样本，建立了新的信息报送体系；编印了《北京经济金融统计简本》，提高统计数据的综合性和实用性；顺利实现了信贷登记咨询系统的全国联网和异地报数。

六、以兴起学习贯彻“三个代表”重要思想新高潮为契机，狠抓精神文明建设

1. 全面兴起学习贯彻“三个代表”重要思想新高潮。人行营业管理部把兴起学习贯彻“三个代表”重要思想作为首要政治任务，加以认真落实。研究制定了《关于在营业管理部兴起学习贯彻“三个代表”重要思想新高潮的意见》，对学习内容、时间进度、组织实施等方面提出了明确的要求，进一步号召全体员工提高对学习贯彻“三个代表”重要思想的重大现实意义和深远历史意义的认识。

2. 继续深入开展“创先争优”和创建“青年文明号”活动。双文明建设取得可喜成绩，涌现出一批无私奉献的先进集体和个人。

（吴凌凌）

国家外汇管理局北京外汇管理部

2003 年，国家外汇管理局北京外汇管理部（以下简称北京外汇管理部）按照中央经济工作会议和国家外汇管理局外汇工作会议的统一部署，紧紧围绕北京地区改革开放和经济发展的需要，以推进外汇改革为核心，加强内部管理为主线，进一步提高了监管效率和服务水平，有效地促进了首都经济的健康稳步发展。2003 年北京地区外向型经济持续发展，银行结汇、售汇大体均衡，结售汇逆差同比大幅回落。截至 12 月 31 日，北京地区银行结售汇总额达 892.36 亿美元；同比下降 16%，其中，银行累计结汇 321.33 亿美元，同比下降 2%；售汇 571.03 亿美元，同比下降 22%；结售汇逆差 249.7 亿美元，同比下降 38%，外债余额基本保持稳定。截至年末，北京市属企业直接外债余额为 62 亿美元，在京中央单位及金融机构直接外债余额 870 亿美元。年末，辖内中资外汇指定银行贷款余额约为 94 亿美元（其中总行级贷款余额为 50 亿美元，分行级贷款余额为 44 亿美元），分行贷款余额同比增长了 91.3%。外债结构基本合理，偿债运行情况基本正常，各项监测指标均在国际安全线以内。

一、齐心协力，抗击“非典”

——坚持正常办公。2003 年 4～5 月，北京地区暴发“非典”疫情。北京外汇管理部“一手抓防范‘非典’，一手抓业务工作”，全体员工始终坚守工作岗位，保证了各项业务工作的顺利开展。

——建立“抗非通道”。北京外汇管理部建立了防治“非典”各类物资进口贸易付汇核销的“绿色通道”、“两岸三地”防治“非典”捐赠物资付汇的“特别通道”和办理防治“非典”各类外汇账户的“便捷通道”。三个通道的运行为保障防治“非典”物资的国际贸易渠道通畅，保证“两岸三地”捐赠物资及时到位提供了有力保障。

——简化年检手续。2003 年的外商投资企业外汇年检和首次实施的境外投资外汇年检正值“非典”时期。北京外汇管理部本着急事急办、特事特办的原则，简化手续，顺利完成了对近 7000 家外商投资企业和 500 多个境外投资项目的年检工作。

——稳定涉外收入申报率。针对“非典”期间部分银行涉外收入逾期未申报现象较为严重的情况，北京外汇管理部及时下发文件，对各银行统计申报工作提出了有针对性的具体要求和措施，保证了申报率的稳定。

——外币票据交换正常进行。北京外汇管理部及时调整票据交换开场时间，做到了同城外币票据清算一天也没有停止，且会员单位提出、提入外币票据资金比上年同期增长了 40%。

二、积极推进各项改革措施在北京地区的贯彻落实

（一）经常项下的改革方面。

1. 完善跨国公司非贸易售付汇管理，促进北京地区外向型经济的发展。北京外汇管理部是跨国公司外汇改革的首批试点分局。根据在京投资的 160 余家跨国公司、24 家地区总部的地域特点，围绕跨国公司国际化运作模式、集团内部的关联交易需求与现行外汇管理模式的冲突等专题，北京外汇管理部展开深入调查研究，提出初步改革方案，得到总局的肯定。在此基础上在全国率先下发了《关于将部分跨国公司非贸易售付汇业务下放外汇指定银行办理的通知》，对跨国公司及其境内关联公司各类非贸易业务操作规程做出明确规定，并在办理手续和方式上进行改革尝试。

2. 加大清理核销逾期工作力度，积极改进核销监管。北京外汇管理部采取

“逐笔清理，逐家催核”的工作方法，对北京地区逾期企业进行集中清理。共向205家进口企业发放了“催核通知书”，催核24337笔，催核金额137.23亿美元，占累计逾期未核销总额的52%。同时建立“警示谈话”制度，对存在违规行为倾向的企业及银行进行警示，以防范和化解金融风险。截至年末，累计进口逾期未核销额为160亿美元，比清理逾期前减少105亿美元；累计出口逾期未核销额为17.9亿美元，比清理逾期前减少5亿美元。北京地区清理逾期工作初见成效。

3. 完成“出口收汇核报系统”试点工作。2003年4月起，北京外汇管理部开始进行“出口收汇核报系统”试点工作。该系统通过对企业出口收汇核报实行分类管理，可直接从银行“国际收支申报系统”获取出口收汇的电子数据信息，从“中国电子口岸出口收汇系统”获得出口报关单和出口收汇核销单数据信息，并新增了批次核销和自动核销两种管理方式，与旧系统相比有明显优势。配合该系统的推广运行，北京外汇管理部对企业进行了培训，对辖区内银行出具的“出口收汇核销专用联”重新备案，使企业和银行平稳过渡到新的出口核销环境，圆满完成试点任务。

4. 做好保险行业外汇业务的清理工作。自2002年12月~2003年2月，北京外汇管理部对北京地区保险公司分支机构（含外资）经营外汇业务进行了清理。共涉及保险公司分支机构91家，保险中介机构23家，清查外汇保险合同1543笔，涉及保费收入0.29亿美元，未到期保险责任100.95亿美元。另外对41家外汇指定银行上报的保险业务数据进行全面核查，核查保险机构各类外汇账户16个。在北京地区初步建立了保险经营机构数据库和辖区保险外汇收支统计报告制度。

（二）资本项下的改革方面。

1. 实施境外投资外汇管理改革，协助首都企业开拓境外发展之路。2003年3月，国家外汇管理局正式批准北京外汇管理部进行境外投资外汇管理改革工作。全年北京外汇管理部共完成了63个境外投资项目的资金来源审查工作，中方投资金额约13.76亿美元，其中为40个项目办理了境外投资外汇登记，实际汇出资金8.43亿美元。这项改革的推出，为北京地区具有国际竞争力的企业开辟了境外投资“绿色通道”，也为企业进行跨国经营、获取尖端技术创造了条件。另外，自8月起，北京外汇管理部开始为企业办理境外投资保证金清退工作。截至年末，共为24家企业办理了32笔保证金清退手续，退款金额总计949.81万元人民币。此举既简化了境外投资业务的手续，完善了事后监管制度，又减轻了境外投资企业的负担。

2. 积极落实国内外汇贷款管理方式改革。自2003年1月起，北京地区全面实行国内外汇贷款管理方式的改革，将国内外汇贷款的审核由外汇局下放到银行。通过推出这项改革，一是简化了手续，方便了企业融资操作；二是激活了国内外汇贷款发放，提高了外汇资金利用率。截至年末，辖内中资外汇指定银行贷款余额约为94亿美元（其中总行级贷款余额为50亿美元，分行级贷款余额为44亿美元），分行贷款余额同比增长了91.3%。

3. 全面推广外商投资项下资本金结汇管理方式改革试点。2003年北京地区继续推进外商投资项下外汇资本金结汇管理方式改革试点。本着“积极、谨慎、具备条件就上”的方针，2003年北京外汇管理部分期分批授权给27家银行办理此项业务。

4. 积极处理银行信用证项下外汇垫款问题。全年北京外汇管理部共完成了5家中资外汇指定银行信用证项下垫款情况的审核，涉及金额526万美元。协助中资外汇指定银行解决历史遗留问题，核销外汇不良资产，降低不良资产率。

5. 规范境外上市企业的外汇收支行为，加强上市所筹资金的调回及结售汇的外汇管理。自2002年8月起，境外上市企业外汇管理实施登记制度。北京外汇管理部及时督促北京地区境外上市企业办理登记手续。目前已整理建立了12家境外上市外资控股公司和9家境外中资控股上市公司的档案。

6. 结合地区管理特点，支持国有企业债务重组。北京外汇管理部采取措施，帮助国有企业进行债务结构调整。截至年末，共为该类企业办理购汇提前还贷业务核准手续39笔，累计金额5.64亿美元。一方面方便企业自主选择时机重组债务结构，节约资金成本，支持了国有企业的改革与发展，另一方面有助于银行改善资产质量，降低经营风险。

（三）国际收支的改革方面。

1. 完成北京地区贸易信贷统计的测算调研工作。北京外汇管理部对北京地区的进出口企业进行了摸底调查，确定了适合北京特点的以全面调查方式为主的地区贸易信贷调查方案，分别对占北京地区进出口总量90%的前300家出口企业和前250家进口企业开展全面调查。

2. 推广网上申报系统。北京外汇管理部自行研制开发了国际收支网上申报系统，在经过银行试点及多次修改完善的基础上，于2003年6月1日起在北京地区正式推广使用。国际收支网上申报系统的开发与推广，大大减轻了银行的手工操作工作量，效果良好，作用显著。到2003年底，中国银行总行营业部通过网上申报系统办理的业务已占其全部申报业务的90%；民生银行北京管理部正在其分支机构全面推广；北京市商业银行在网上银行系统中也增加了网上申报的功能。

3. 圆满完成特殊机构代码赋码和国际收支统计申报数据内部共享试点工作。自2003年3月1日起，北京外汇管理部开展特殊机构代码赋码和国际收支统计申报数据内部共享试点工作。通过与中国代码中心共同协商解决原系统中存在的问题，目前已能够随时为特殊机构进行申报代码的赋码工作。数据内部共享也已实现，促进了管理信息与国际收支统计申报信息的相互核对，保证了国际收支数据的准确性；同时其他外汇管理部门可利用国际收支统计监测系统查询及核对有关的具体数据，提高了工作效率。

（龙　非、施玲华）

三、维护外汇市场秩序

（一）开展收汇、结汇业务专项检查工作。

按照国家外汇管理局的要求，北京外汇管理部于2003年9月5日～12月10日在北京地区组织开展专项检查工作，对中国银行、中国农业银行、中国工商银行、中国建设银行、中信实业银行、中国民生银行、中国光大银行、华夏银行8家总行和工商银行北京分行共9家银行进行了现场检查。检查人员通过对被查银行2003年1～6月近10万笔收汇、结汇业务的逐笔检查，共对被查行88.86%的收汇和86.24%的结汇进行了检查。从检查结果看，被查银行的收汇、结汇业务情况基本正常，未发现重大违规问题。

（二）打击外汇“黑市”。

通过加强与公安部门的协调配合，北京外汇管理部采取点面结合方式，对非法外汇买卖活动集中的雅宝路等地区，重点进行打击，有效维护了首都的外汇市场秩序。2003年，北京外汇管理部共出动69人次，配合公安机关对非法外汇买卖活动进行打击，强制收兑违规金额2.74万美元，收缴罚没款23万元人民币。

（三）开展各项合规性检查工作。

年内开展对交通银行北京分行、招商银行北京分行2002年外汇业务合规性的专项检查；对北京地区12家技术进出口企业的外汇收支情况进行专项检查；对90家涉嫌外汇违规企业进行核查。全年受理了举报案件8起。

（四）加大外汇领域反洗钱工作力度，做好金融机构大额和可疑外汇资金交易报告管理工作。

根据中国人民银行发布的《金融机构大额和可疑外汇资金交易报告管理办法》，从2003年3月开始，北京外汇管理部收集、上报辖区内43家主报告机构的纸制与电子报表。2003年3～12月，共接收北京地区大额和可疑外汇资金交易142546笔，金额为1245.5亿美元。其中，企业大额外汇资金交易45830笔，金额1216.72亿美元；居民、非居民个人大额外汇资金交易96716笔，金额28.78亿美元；可疑外汇资金交易2203笔，金额0.75亿美元。

（姜春明、邱晓瑞）

四、改善金融服务，提高服务水准

（一）在北京经济技术开发区设立外汇办公窗口。

开发区办公点于2003年3月18日正式对外办公，主要办理包括进口付汇核销、出口收汇核销和发放出口核销单等业务。截至年末，该办公点共办理出口收汇核销业务5946笔，收汇核销金额25.7亿美元，发放出口收汇核销单6692张；办理进口付汇核销业务3004笔，付汇核销金额10.6亿美元。这一举措提高了区内企业的物流速度，为优化出口换汇成本创造了良好的外汇监管环境。

（二）采取措施，方便客户监督，提高服务质量。

如开展职业道德教育，强化服务观念；编写印发《北京外汇管理部工作手册（下篇）——外汇业务操作规程指引》，设置业务宣传台，方便客户办理业务；开展业务咨询情况调查，着手建立电话咨询系统；加强网页建设工作，提高政务公开程度和工作透明度等。

（龙　非、施玲华）

中国银行业监督管理委员会北京监管局

局长　赖小民

中国银行业监督管理委员会北京监管局（以下简称北京银监局）自 2003 年 10 月 10 日正式成立以来，在中国银行业监督管理委员会（以下简称银监会）党委的正确领导下，以“三个代表”重要思想为指导，牢固树立“首都金融无小事”的观念，坚持“以监管促发展，以监管保稳定，以监管求创新，以监管讲服务”的监管新理念，依法履行监管职责，努力开创首都银行业监管工作新局面。2003 年辖内银行业金融机构抗风险能力进一步增强，资产质量明显好转，内控机制逐步完善，速度、质量、效益稳步提高，以银行业为主体的金融业在首都经济发展中发挥了重要作用。截至年末，辖内银行业金融机构（含农信社）本外币不良贷款余额比年初减少 64.8 亿元，不良贷款比例比年初下降 1.9 个百分点，实现了不良贷款余额和比例“双降”目标。

一、多管齐下，促进辖内银行业金融机构实现不良贷款“双降”目标，“抓降”工作取得阶段性成果

北京银监局把实现不良贷款余额和比例“双降”目标作为监管工作的“重中之重”，贯彻落实银监会“抓降”工作要求，印发了《关于认真做好辖内银行业金融机构不良贷款“双降”工作的监管意见》，提出明确的“抓降”工作目标和具体“抓降”工作要求。完善不良贷款监测分析制度，及时了解不良贷款变动趋势。加大对信贷资产的现场检查力度，督促各机构从源头上遏制不良贷款增势。运用“窗口指导”、“道义规劝”等手段，及时对不良贷款增长较快的银行进行指导。深入调研，敦促各机构从加强内控管理、加大清收盘活和呆账核销力度、控制新增贷款质量等各个方面落实“抓降”措施。将全年“双降”任务完成情况纳入高级管理人员履职情况考核中，实行“抓降”工作问责制。

二、坚持以风险监管为核心，加大现场检查和非现场监管力度，切实防范和化解风险

1. 加大现场检查力度，摸清风险底数。全局 8 个监管处派出 222 人次到 42 家金融机构及其分支机构进行了现场检查，完成了国有商业银行、政策性银行、股份制商业银行、城市商业银行、农村信用社、外资银行和非银行金融机构的贷款五级分类、内控制度、法人治理、高级管理人员、非信贷类资产、表外业务等 25 项现场检查任务，有针对性地提出了整改措施。

2. 加强非现场监管，补充设计了“北京市商业银行资产负债比例管理报表”、“非贷款类风险损失性不良资产统计表”、“不良贷款分类监测表”和“新增贷款分类监测表”等非现场监管报表，充分发挥非现场监管的风险预警作用，提高非现场监管的前瞻性。

3. 加大调研分析力度，全面把握监管形势。深入调研分析关联贷款、表外业务、非信贷类资产、个人消费贷款、票据业务等方面存在的风险，建立“辖内银行业金融监管形势分析报告制度”，及时分析报告辖内银行业运行状况和风险情况。通过下发风险警示性监管意见、召开监管工作会议等形式，及时提醒有关机构采取措施防范风险，加强对风险的早期识别、预警和判断。

4. 配合与督促有关部门做好高风险机构的停业整顿、重组、风险排查。积极支持中兴信托清算组的工作，继续配合市政府做好京华信托公司的市场退出及恒通信托公司、四通集团财务公司的重组工作，积极推进重组进程。

三、以健全法人治理结构和促进农村信用社改革为重点，进一步强化对辖内银行业法人机构的监管

1. 积极推进北京市商业银行不断完善法人治理结构，建立科学有效的决策、执行、监督和激励机制。支持该行增资扩股，进一步改善股权结构，吸收符合条件的民营资本入股。引导该行研究并探索引进境外战略投资者的可行性，提出了按照“市场化、股权结构多元化、区域化、资本化、国际化”发展北京市商业银行的新思路。

2. 逐步推进北京市农村信用社产权模式和组织形式改革，支持农村信用社在改革中稳步发展，为进入改革试点做好必要的准备。加大政策指导和监管力度，确保农村信用社在改革期间各项业务平稳发展，紧急重要事项得到及时妥善处置。要求农村信用社稳步推进以区县为单位的统一法人工作。

四、坚持资格监管与行为监管并重，建立高管人员考核评价体系，严格机构市场准入监管

1. 加强对高管人员的任职资格审查和履职行为的监管，考察高管人员政治素质、工作表现、有无不良记录及道德品行等多方面情况，防止“猴子看管香蕉”的现象发生。建立健全高管人员履职情况定期考核制度，完善约见谈话、重大事项报告制度，增强对高管人员的监管约束力。研究建立高管人员经营行为考核评价体系，把高管人员内控制度执行情况及经营管理能力等内容纳入考评体系。对存在问题或不能胜任的高管人员，采取训诫、建议更换、取消任职资格等手段，加大处理力度。

2. 做好机构市场准入和更换金融许可证工作。北京银监局成立以来批准机构筹建 70 家，批准机构开业 101 家，批准机构迁址 66 个，批准机构开办及增办外汇业务 25 家，批准新设独立型自助银行 8 家。顺利完成了大众汽车金融（中国）有限公司和丰田汽车金融（中国）有限公司等外资汽车金融公司的筹建审核工作。为辖内 3000 余家机构更换了金融许可证。

五、扩大银行业对外开放，加强对外资金融机构的监管，做好向在京外资银行开放人民币业务的准备工作

按照“积极支持、审慎标准、稳步推进、促进发展”的原则处理有关外资金融机构市场准入业务。继续加大对外资金融机构的现场检查力度，严肃查处违规行为。做好迎接北京金融新一轮对外开放的各项准备工作，制定了《北京外资银行人民币业务开放方案》，向外资银行印发《北京向外资银行开放人民币业务有关事项指引》，有针对性地指导外资银行做好在京开办人民币业务的各项准备，为北京对外资银行开放人民币业务工作的有序开展打下良好基础。

六、加强与各有关方面的联系和社会宣传，建立监管工作协调沟通机制，增强履职的透明度

1. 牵头与北京证管办、北京保监局建立了辖内金融监管三方联席会议制度。通过三方合作，解决金融分业监管中的政策协调问题，形成监管合力，有效防范监管真空，最大限度地降低辖内金融风险。

2. 加强与被监管机构的沟通与联系，形成监管者与被监管者的良性互动。采取召开监管工作会议、约见主要负责人谈话、通报监管情况、下发风险警示书、走访被监管机构等多种形式，使被监管机构充分了解新的监管理念、监管思路、当前的监管重点及监管工作方向，增强其配合监管工作的主动性，为理顺监管关系、提高监管效率奠定基础。

3. 加大宣传工作力度，采用发布公告、向媒体提供宣传材料、发表文章、接受采访等多种形式，使公众了解监管方针、政策、法规、业务等，努力为监管工作创造良好的外部环境，增强监管工作的透明度。

七、深入学习“三个代表”重要思想和十六届三中全会精神，切实加强干部队伍建设和党风廉政建设

1. 积极贯彻落实银监会党委关于兴起学习贯彻“三个代表”重要思想新高潮的部署，深入学习“三个代表”重要思想和十六届三中全会精神，提高党员干部的政治思想素质。成立了局党委理论学习中心组，举办处级干部“三个代表”重要思想学习班，取得了明显效果。组建了局党委、局纪委、局机关工会、局团委，建立完善了基层党组织。

2. 着力加强干部队伍建设。坚持“在政治上充分信任、信任与引导相结合；在工作上放手使用，使用与培养相结合；在生活上尽力关心，关心与解决实际问题相结合”的工作思路；出台了《关于进一步加强干部选拔任用及培养工作的指导意见》，对干部选拔任用实行分层次管理，在一定层面进行公开竞聘，激活用人机制。出台了《关于进一步加强教育培训工作的指导意见》，加大培训工作力度，努力创建学习型组织。

3. 全面开展党风廉政建设和反腐败教育。认真落实银监会“约法三章”，制定了《中国银行业监督管理委员会北京监管局干部廉政问责制度》。开展反腐倡廉教育活动，努力营造“稳健、创新、高效、清廉”的局风。

（阴亚静）

中国证券监督管理委员会北京证券监管办事处

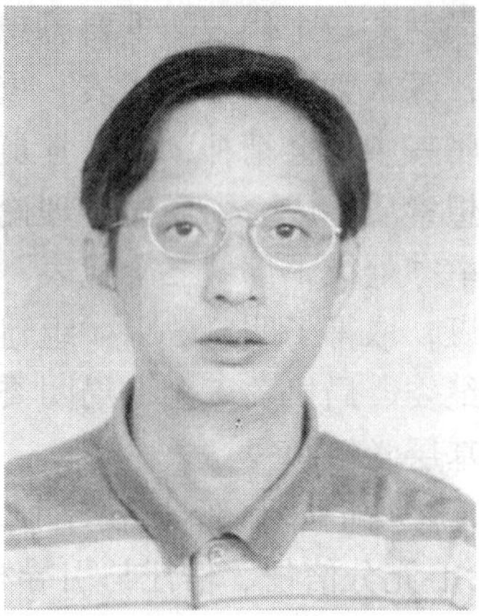

主任　张新文

2003年，中国证券监督管理委员会北京证券监管办事处（以下简称北京证管办）积极响应中国证券监督管理委员会（以下简称证监会）的总体工作部署和要求，以“三个代表”重要思想为指导，克服“非典”疫情的不利影响，进一步加强对辖区内上市公司的监管力度，推进上市公司规范运作和法人治理结构的建设，同时加强对证券、期货经营机构的一线监管，加大违法违规案件的查处力度；密切关注市场风险，与地方政府积极配合，及时化解市场风险，保持市场和社会的稳定；继续开展对投资者的教育，真正将保护投资者合法权益落到实处。

截至年底，北京辖区共有上市公司76家，拟上市辅导备案的公司共计110余家；证券公司11家、证券分公司2家、证券营业部162家、证券服务部15家；基金管理公司1家、办公地在京的基金管理公司4家、分公司11家；期货公司19家、期货公司分公司1家、期货营业部17家、筹建中的期货营业部2家；证券投资咨询机构33家；外资代表处36家。

一、认真履行监管职责，进一步加大日常监管力度

（一）对上市公司进行监督检查，对拟发行公司辅导备案情况进行监管。

1. 完成6家上市公司的再融资审核工作，2002年上市公司年报审查的全部工作，对13家上市公司进行了巡检（含1家交叉巡检），对存在问题的公司发出《限期整改通知书》，完成部分上市公司的专项核查工作。全年审查受理辅导备案公司17家，完成27家公司的辅导报告。

2. 建立和完善上市公司数据库。结合上市公司实际监管的需要，分别建立了上市公司独立董事、高级管理人员、分支机构和中介机构审计人员四类监管数据库。

3. 积极与交易所和北京市政府沟通，协同管理。鉴于单一监管主体对上市公司的监管在手段上、视野上、经验上均存在不足和局限性，北京证管办认真按照证监会上市公司部的监管协作指导意见，制定了与上海、深圳证券交易所的信息交流制度，定期或不定期地以函件和电话两种形式沟通和交流监管情况与监管经验。同时，积极向市政府通报市属上市公司的最新动态，针对个别存在问题较多的公司，先后致函共计18次反映情况。

（二）进一步落实对证券经营机构的日常监管。

1. 建立和完善对证券经营机构的现

场检查制度。按照证监会的统一部署，对两家证券公司进行了现场检查。继续对部分营业部进行现场检查，针对发现问题的营业部，下发《限期整改通知书》。

2. 对证券投资咨询机构进行年检，加强对外国证券类机构驻京代表机构的日常监管，逐步实施现场检查。北京证管办组织对24家证券投资咨询机构及171名执业人员进行了2002年年检初检。同时，分析了辖区内23家代表处的年度报告，并对其中部分代表处进行了现场走访。

（三）加强对期货公司的监管，督促公司规范运作。

1. 通过期货公司年检初审工作，督促公司改善资产及财务状况。年初即召开了辖区年检工作会议，并对参与年检工作的人员和会计师事务所的人员进行了全面培训。

2. 核准为北京期货公司到外地设立营业部办理批复手续，做好高管人员任职资格初审工作。全年核准3家公司在京设立营业部的筹建申请，核准1家期货分公司的开业申请，初审注销2家期货公司经纪业务许可证，审核6家营业部地址等变更申请。同时，完成了21名期货经纪管理公司高级管理人员的任职资格初审。

3. 妥善处理个别公司遗留问题，及时化解风险。北京证管办督促和帮助上年两家未通过年检的公司进行整改，解决其资产及经营过程中的遗留问题，并核准这两家公司的复业申请。针对一家期货公司上年因风险控制不力出现巨额穿仓的情况，进行了个案处理。

4. 加强监管合力，提高监管效能。北京证管办在与3家交易所建立了良好沟通机制的同时，注重加强与其他派出机构、中国期货业协会的沟通协调，又与5家结算银行北京分行签订了保证金封闭运行监管协议，充分发挥银行在保证金管理中的作用，为搞好保证金封闭管理提供了有效的帮助。

5. 依据量化考核指标，加强高管人员管理。针对公司经营中出现的问题，约请高管人员进行谈话，并结合其责任对其进行相应的记分，对有违规行为者下发通报批评，对有严重失职者，注销其高管任职资格。

6. 督促期货公司建立内部稽核制度。北京证管办下发了《期货公司内部稽核指导意见》，对期货公司建立内部稽核部门或岗位、稽核人员的要求、如何开展内部稽核工作等提出了具体要求，并举办培训班对稽核人员进行了专门辅导。

7. 督促期货机构加强技术风险的防范。在大量调研的基础上，北京证管办下发了《关于进一步改善和加强期货经纪机构电子化交易管理的意见》，对公司在电子交易中可能遇到的问题进行了分析和提示，对如何完善软硬件设施及应急计划提出了要求。

二、积极采取措施，防治“非典”，确保证券市场正常运转

进入4月份，北京地区“非典”疫情日趋严重。面对突如其来的情况，北京证管办坚决贯彻落实证监会党委的指示精神，保持头脑清醒，沉着应对，在狠抓辖区预防非典型肺炎工作的同时加强监管工作各项具体措施的落实，保证北京辖区证券期货市场的正常运转。

4月下旬开始北京证管办多次向辖区证券营业部、期货机构下发通知，要求各营业部认真制定疫情报告制度和应急措施，做好营业部的消毒和通风，全面开通电话交易，提倡非现场交易方式等。为进行非现场交易的股民提供必要的证券信息，北京证管办与北京市政府有关机构协调，联合北京电视台开播了股票市场行情节目。4月底至5月上旬，北京证管办领导多次陪同证监会领导现场检查了辖区内营业部的“非典”防范情况，督导和推进系统防治工作。

北京证管办被中共北京市委、市政府和防治“非典”联合工作小组授予“首都防治非典型肺炎工作先进集体”，张新文主任被授予“首都防治非典型肺炎工作先进个人”荣誉称号。

三、与时俱进，创新监管工作方式方法，强化监管能力，推动辖区监管工作迈上新台阶

（一）强化辖区证券期货市场的诚信文化建设，增强证券期货机构的诚信意识。

按照年初召开的全国证券期货监管工作会议精神，北京证管办结合对证券期货市场十多年实践的总结，从夯实行业发展的基础出发，及时抓住诚信文明这个主题，并狠抓措施的落实。

1. 立足发展，开展创建行业文明达标活动，提升证券经纪业务规范水平和综合竞争力。在中国证监会机构监管部、北京市政府金融办公室和北京证券业协会的支持下，辖区证券业创建文明行业的工作于2003年1月正式启动。为此，成立了由北京市政府金融办公室、北京证管办、北京证券业协会、辖区9家证券公司、2家分公司为成员单位的创建达标工作领导小组，从组织安排到工作推动上采取了一系列措施，要求证券营业部要通过创建工作，苦练内功，达到“外树形象、内强素质”，全面提升服务质量和经纪业务的竞争力。在年底召开的首都金融业创建文明行业规范化服务达标总评会上，经过由人大代表、政协委员、市政府特约监察员、民主党派专家学者组成的考评委员会全体成员评议、投票表决，认为138家证券营业部的创建达标工作已经达到规范化服务达标的各项要求。

2. 加强诚信文化建设，研究建立期货信用管理制度。为进一步从基础上加强监管力度和促进公司自律力度，促进诚信文化建设，北京证管办与北京期货商会合作，从年初开始着手建立北京期货行业信用管理系统的有关工作。完成了信用管理调研报告，参与起草了相关管理办法，从期货公司经营管理、年检、高管人员、从业人员、股东背景等方面设计了一系列指标，初步形成一套数据报送及汇总统计软件，并制定了相应运作机制。

（二）指导期货公司法人治理建设，改善公司内部治理水平。

北京证管办拟定了《北京地区期货经纪公司法人治理结构建设指导意见》，全面系统地对期货公司进行法人治理建设提出了要求，并召开会议予以辅导，增强了期货公司法人治理的意识，明确了完善法人治理所要改进的各个环节，对促进和完善期货公司的内部管理和约束起到了很好的作用。

（三）稳步推进保证金封闭管理，为期货市场健康发展奠定坚实基础。

保证金封闭运行工作是一项复杂的系统性工作，涉及期货公司、交易所、结算银行和监管部门，在充分研究和协商的基础上，北京证管办制定了管理办法及实施方案，召开动员大会进行动员和部署，并对财务人员进行了细致的培训。对报表系统进行了升级改造，提高了工作效率。

（四）重点监控、重点化解，严格执

法，消除市场风险。

1. 不断总结办案经验，全力以赴高质高效完成案件调查任务。2003年，随着全系统查处违法违规案件力度的加强，北京证管办承担的案件稽查工作与往年相比，无论从整体的工作量，还是从个案的难度上均有较大幅度的上升。同时，接待了大量公安、检察院、法院、纪检、监察等部门相关人员的来访，并为其提供证券法律法规及专业知识的咨询，协助或配合其调查取证工作。

2. 完成对民生证券公司的现场监管。4月底，民生证券公司股东大会的合法性出现争议。受证监会委托，北京证管办进入公司现场进行调解，做好稳定工作，并对该公司进行了专项调查与现场监管。年底，新旧董事会顺利交接，现场监管组正式撤出，民生证券法人治理结构恢复正常，公司经营逐步走向正轨。

（五）妥善处理两家证券营业部托管风险。

按照证监会的统一部署，两家异地在京营业部的托管、撤销工作由北京证管办负责。在营业部现场工作的同志尽职尽责，积极协调营业部托管组的工作，妥善处理各种突发事件并向政府有关部门反映情况，以求得各方支持。使得两家营业部经营运转基本正常，未出现重大风险，维护了首都社会稳定。

（六）坚决打击证券违规经营行为网点。

北京证管办经常接到证券营业部和投资者的投诉、举报，部分证券公司和证券营业部未经证监会批准，在辖区擅设违规经营网点。北京证管办集中力量对违规网点进行了现场调查，对擅设网点的机构负责人进行多次谈话提醒，对个别营业部下发了《限期整改通知书》。

四、积极开展调查研究，不断提高监管业务能力和理论水平

北京证管办针对证券期货市场发展和监管的一些全局性重点和难点问题、市场热点问题，开展全方位、多层次的调查研究，掌握市场动态，加强理性思考，提出解决问题的对策和建议。全年各处室起草完成调研报告10余篇，上市公司监管处在张新文主任的带领下，完成了《公司法学案例教程》一书。进行书稿的编写工作，使监管人员进一步增长了上市公司的监管理论和经验，为今后的监管实践奠定了基础。

（李　新）

中国保险监督管理委员会北京办事处

副主任　丁小燕

2003年，中国保险监督管理委员会北京办事处（简称北京保监办）以邓小平理论和“三个代表”重要思想为指导，认真贯彻落实十六大精神，排除“非典”干扰，稳步推进保险市场化取向改革，开拓创新，发扬“服务大局、勇担责任，团结协作，为民服务”的行业精神，为首都的社会主义市场经济建设提供保险服务，在经济补偿、资金融通和社会管理等方面发挥出越来越重要的作用。截至2003年年末，各保险公司在京分公司累计实现保费收入282.54亿元，同比增长20.71%。其中，财产险业务累计实现保费收入51.96亿元，同比增长13.26%；人身险业务累计实现保费收入230.59亿元，同比增长22.52%。保险公司资产总额516.11亿元，同比增长36.53%。保险深度达到7.83%，保险密度达到1940元，位居全国前列。截至年末，在京保险公司分公司23家（含中国出口信用保险公司营业部），各类保险专业中介公司96家，保险兼业代理机构5111家，个人代理人65824人。

一、排除“非典”干扰，保证首都保险业的快速发展

突如其来的“非典”疫情考验了北京保监办应对紧急突发事件的能力。一方面，北京保监办迅速与中国保险监督管理委员会（以下简称保监会）、北京市政府和各级各类保险机构之间建立了疫情和理赔日报制度，搜集和通报有关信息，保证了上级领导和各有关部门及时掌握全面信息，准确决策，有效协调各方的力量，应对“非典”的冲击。另一方面，着眼于保险业的长远发展和社会全局的稳定，北京保监办重点抓住“非典”保险理赔的关键问题，发扬“服务大局、勇担责任、团结协作、为民分忧”的行业精神，在最短的时间内做出反应，向保险公司下发了《关于做好“非典”理赔工作的紧急通知》等15个指导性文件，要求保险公司在加强自身“非典”防控的同时，勇担社会职责，认真做好“非典”保险理赔服务工作，并向社会公告，明确任何保险公司不得以任何保险条款未载明为理由拒绝赔偿。

北京保监办及时调整工作部署，一手抓“非典”理赔服务，一手抓产品创新，按照“特事特办”、“精简高效”的原则，为涉及“非典”的审批事项建立了“绿色通道”，快速处理涉及保险公司经营发展和百姓生命财产安全的保险事项，促进企业创新保险产品，保证行业整体不停顿发

展。“非典”期间，保险公司针对“非典”推出的多种保险产品受到了市场的欢迎，并带动了相关保险产品的市场需求。短时间内，遏制住了保险公司业务下滑甚至停顿的趋势，在逆境中实现了业务的迅猛发展。

与此同时，北京保监办积极开展突发事件应急处理等方面的调研，密切关注和分析“非典”疫情对北京市保险市场、北京经济社会的影响。在3个多月的时间里，先后完成了《关于北京地区“非典”期间寿险业务经营情况的紧急报告》等9份专题报告，提出了10多项有利于保险企业渡过难关，促进北京保险业健康发展的政策建议。

二、落实保险市场化改革，实现保险业的协调发展

1. 落实保监会关于机动车辆保险管理制度改革的各项部署，以机动车保险费率市场化改革为重点，探索保险费率浮动管理新模式。为确保车险改革在北京市顺利进行，北京保监办制定了《北京市车险监制单证管理暂行办法》和《北京市车险条款费率管理暂行办法》，明确了在京各财产险公司使用车险条款费率前的备案手续、提交材料和备案时限，规定了费率调整的审批权限、提交材料、费率方案文本内容、测算报告内容和样本测算说明等。下发了《关于做好机动车辆保险条款费率宣传工作的通知》，明确宣传管理原则，要求各财产险公司加强统一领导，实行一把手或其授权的副总经理负责制。为防止误导，规定对外宣传材料只能由总公司和分公司设计制作。

2. 充分利用科技手段，实现航意险联网销售的全天候网络出单。根据保监会《关于加强航空意外保险规范管理有关问题的通知》规定，北京保监办认真组织落实，在保证不破坏现有竞争秩序的前提下，以共保为基础，加紧做好首都机场建设费窗口以及市内各航意险代理网点的电脑联网、电脑出单的安装调试工作。2003年3月，正式启用经保监会备案的新航意险行业性条款。2003年4月，全面实现了航意险业务的电脑出单管理。

3. 与交管部门通力配合，签署了《北京市交通违章事故与保险风险信息共享备忘录》，建立起北京市机动车辆交通违章事故管理信息共享平台，实现了交通违章事故信息与交通事故快速自行处理信息的整合，为保险公司防范承保和理赔风险、合理厘定车险费率提供有力支持。

4. 落实《人身保险新型产品精算规定》，对执行过程中在产品销售、产品衔接、市场反映等方面的问题及时对保险公司予以指导。针对寿险产品信息披露管理问题，下发了《关于进一步规范保险产品信息披露材料备案及使用有关问题的通知》，提高了管理的可操作性。

三、以健全内控机制为核心，推进保险业的可持续发展

2003年，北京保监办确立了以“深抓企业内控机制建立”为核心的全年监管工作重点，下发了《关于加强保险公司内控制度建设的指导意见》，分别进行了产寿险公司的内控机制调研和经验交流，对辖内保险公司内控建设情况进行了摸底，提出了单证与印鉴管理控制、财务会计控制、资金运用控制、业务流程控制、计算机系统控制等，完善企业内控机制的监管要求和建立健全风险预警机制的要求。在强调保险企业服务标准化、行为规范化的同时，实行文明行业创建与健全企业内控机制相结合，评先创优工作与保险企业诚信经营相结合，把抽象的内控要求转化为具体的岗位工作职责和行为规范，从而教育保险企业职工，诚信服务，规范经营，保证企业长远经营目标的实现。

四、规范市场行为，维护正常的市场秩序，保证保险业的健康发展

根据保监会《关于开展2003年全国整顿和规范保险市场秩序工作的通知》（保监发［2003］80号）的文件要求，北京保监办统一部署，按照诚信经营为先导，规范发展为目标，健全内控为核心，制度创新为补充的清理整顿思路，制定了以加强内控制度建设为主线，以公司自我规范、自我发展为立足点，以调查研究为主要工作方式的2003年北京市保险市场清理整顿的工作方案，分财险、寿险两个调查组，对人保等4家财险公司、平保寿险等3家寿险公司先后进行了检查，并重点查处了寿险市场新型产品宣传误导行为、机动车险市场造假欺诈行为，共计罚款11万元。针对学平险业务在产品设计、操作管理、销售方式等方面存在的问题，下发了《关于规范学平险业务经营的通知》，就学平险的投保主体、业务开展方式做出明确规定，要求保险公司停售不规范条款。针对行业反映强烈的同业恶意挖角现象，北京保监办采取监管谈话等积极稳妥的办法给予了恰当处理，并及时敦促行业协会出台了规范代理人员流动的自律公约，促进人才合理流动。此外，北京保监办还依法查处了非法经营保险业务的"蓝十字"案件、泰康人寿北京分公司擅自任命高级管理人员的违规行为、中国人寿北京分公司和新华人寿北京分公司在经营团体分红保险业务中的误导消费等违规行为，确保了市场秩序的稳定，维护了投保人和被保险人的合法权益。

五、落实行政审批事项改革，改进和加强监管，为保险业的发展提供制度保证

一是认真贯彻落实国务院关于精简行政审批事项改革等重大举措，简化和削减保险行政审批事项，增加行政管理透明度。以市场化为原则，发挥市场对资源配置的基础性作用，对能够通过市场解决的监管问题，转变监管方式，交由市场来解决。为此，先后针对保险公司分支机构的筹建和设立管理、保险公司分支机构的重要事项变更管理、保险公司分支机构高级管理人员任职资格管理、保险公司许可证管理等，制定下发了《关于简化部分行政审批事项手续的通知》；针对加强社会监督，建立监管信息的披露制度，制定下发了《关于上报保险公司条款信息的紧急通知》、《关于上报保险机构基本信息的紧急通知》；针对兼业代理机构行政审批事项，制定下发了《关于调整部分保险兼业代理管理办法的通知》；针对保险代理机构和保险公估机构开业验收工作，制定下发了《调整保险代理机构、保险公估机构开业验收程序的通知》等。

二是改进监管方式，实行调研与检查相结合。2003年北京保监办根据检查工作需要，先后进行了团体人身保险专项调查、银行保险专项调查、中小学生平安保险专项调查、汽车住房消费贷款保证保险调研、养老保险和健康保险调研等多项调查研究工作。通过调查研究以及对问题的分析，收到了较好的监管效果。

三是运用科学的监管手段，提高监管效率。在保监会的指导下，2003年北京保监办顺利完成了"北京保监办监管网页"的项目开发，率先建立了保险监管派出机构与社会公众交流和提供服务的直接窗口，为实现监管政务的电子化和网络化创造了实践条件。同时，北京保监办为加强保险代理人员从业资格管理，建立了保险代理从业人员资格电子查询系统。社会公众可以通过北京保监办网页、9500电话语音信箱或手机短信查询北京市保险代理人员的从业资格情况，强化了从业人员的社会监督，促进了行业的健康发展。

六、积极防范和化解风险，维护社会稳定，为保险业的发展创造空间

一是改进和加强信访投诉管理，坚持北京保监办主任信访接待日制度和信访监管谈话制度，广泛听取群众呼声，及时解决投诉纠纷，化解保户与保险公司之间的误解和矛盾。据统计，2003年，北京保监办共收到有文字材料的信访件（含电子邮件）2523件，已经办结2520件，办结率为99.88%。先后对消费者投诉比较集中的平安人寿北京分公司和新华人寿北京分公司进行了监管谈话。

二是高度重视和认真化解多起群体上访事件。2003年平安人寿北京分公司因“投连保险”误导问题，引发多起群体上访事件，北京保监办采取积极措施，一方面加强调解，积极做好上访者的思想疏导工作；另一方面根据投诉事实，对当事保险公司提出了五项具体要求，限期解决问题，很快平抑了事态，减少了对保险业的不良影响。

三是在调研的基础上，及时发现了学平险和银行代理保险存在的误导风险等问题，积极向保监会提出改进建议，有效化解了风险，保护了被保险人的合法权益，维护了公平的市场竞争秩序。

（田　波）

中国农业发展银行北京市分行

行长　孔宪勇

2003年，中国农业发展银行北京市分行（以下简称农发行北京分行）按照年初提出的“两深化，两促进”，即“牢固树立精品意识，深化内部管理，深化改革，进一步促进工作质量的提高，促进人员素质的提高”的工作思路，紧紧围绕收购资金封闭管理这一中心，积极有效地开展工作，在各级地方政府、中国人民银行、计委、财政和粮食部门的大力支持下，经过全行干部职工的共同努力，全行各项工作取得了明显成效。

截至年末，农发行北京分行共辖13个支行（部），在岗职工371人。经过全行干部职工一年的认真工作和辛勤努力，2003年成为建行以来完成任务最好的一年。新放购销贷款物资保证率100%；贷款综合收回率107.78%；贷款利息收回率106.27%；企业其他不合理资金占用贷款下降率41.87%；信贷资金运用率102.12%；无挤占挪用贷款和超期结算资金占用贷款；按八级分类标准，不良贷款比年初减少10.94亿元，占比下降18.77个百分点；实现利润4934万元，连续5年实现盈利。

执行政策 2003年，农发行北京分行严格执行总行各项政策，不折不扣落实各项要求。一是继续坚持“区别对待、分类指导”的信贷政策，确保收购资金及时足额到位。累计发放粮棉油收购（调销）贷款15.93亿元，支持收购（调入）粮食14.37亿公斤，调入油脂5522万公斤，促进了首都农业和郊区经济的发展，并为首都抗击“非典”，及时协助调拨粮油稳定市场做出了贡献。二是按照总行统一部署，集中开展“三查一落实”活动，确保银企账实相符。三是从完善管理制度和办法入手，认真做好资金计划和业务分析工作。四是从强化基础工作入手，逐步实现会计基础工作全面标准化。五是从加强管理入手，进一步落实总行关于触犯财会管理“五条红线”行为的惩处规定。六是从提高效率入手，完善统计分析报表体系，推进电子公文、劳动人事管理等软件的应用。七是从加强监督稽核入手，落实完善总行提出的“三位一体”的监督体制。八是从落实审计意见入手，全面加强整改，进一步提高工作质量。

风险防范 一是以不合理占用贷款“清零”工作为切入点，加大不良贷款清收力度。针对存量贷款中不良贷款主要是由政策因素形成，积淀时间长，清收难度大的特点，农发行北京分行党委提出不良贷款清收要以三项不合理占用贷款的“清零”为切入点，带动和促进其他不良贷款的清收工作目标。经过近一年的努力，“清零”工作取得了显著成绩。截至年末，共清收三项不合理占用贷款2034万元，占三年计划清收额（4450万元）的45.71%。有六个支行提前实现“清零”目标。二是加大对不良贷款工作的分析、监测和指导力度。建立了不良贷款定期分析制度，逐月监测不良贷款的变化情况，并形成专题材料，提交分行业务分析领导小组参考。三是积极参与企业改革改制，依法做好有效资产抵押担保工作。分行密切关注企业改革改制动向，坚持“债随资产走，资产和负债相统一”的原则，维护债权，积极防范企业逃废债情况的发生。同时，加大企业有效资产抵押担保工作力度。截至年末，已对19户企业的4602万元贷款办理了有效资产抵押担保。

规范化管理 一是统一思想，提高认识，增强全行干部职工提高规范化管理工作质量的自觉性和紧迫感。专门召开了建行以来规模最大的支行行长扩大会议，采取“一竿子插到底”的方法，对深入推进规范化管理、全面提高工作质量进行部署和动员。二是细化制度、完善岗位流程，推动业务操作规范化。全年共制定、完善30多项规章制度；规范了36种信贷文本格式；清理44种会计凭证和43种登记簿，补充、修订、完善35种会计凭证、30种登记簿。三是加大检查力度，确保落实。分支行分别都建立了差错登记制度、层层差错通报制度，同时实行了差错追究制度。全年一般性工作差错率明显降低。四是建立了规范化管理月度分析制度，加强情况的沟通和对规范化管理工作的指导。年末实现了全年县级支行规范化管理达标面超过60%的目标要求。

队伍建设　一是加强领导班子建设。通过举行座谈会、学习会，召开民主生活会等一系列措施，努力提高各级领导干部的政治素质，强化领导干部的领导能力，突出领导班子的合力意识。二是充实与调整相结合，努力改善各级领导班子的构成。全年交流领导和骨干14人，提拔聘用干部26人，聘任专业技术干部11人。三是做好干部职工的培训工作。全年共举办培训班17期，有363名员工参加了培训，培训面达到100%。向总行申报了4名高级专业技术职称，1名中级专业技术职称，为历年来申报人数最多的一年。

分配制度改革　2003年，农发行北京分行以岗位意识、岗位职责为核心，在分行机关奖金收入分配改革方面做了一些探索，并向支行推广，初步实现了奖金分配由职务管理向岗位管理的转变。一是以岗位管理为核心，建立科学有效的岗位设置和相应的责任体系。在广泛发动群众参与的基础上，经群众和领导共同认可，设置了岗位、岗位职责和考核标准，同时按照岗位的工作量大小、技术含量高低、工作责任轻重等分配要素，核定每一个工作岗位的奖金系数，实行明码标价。分行机关所有的工作岗位、岗位职责、工作标准、岗位系数全部公开，每一名干部可以比照上岗的资格条件和自身条件申报岗位进行择岗，解决“干多干少一个样”的问题。二是设计和规范了岗位职责履行状况考核的具体操作程序，建立科学量化的岗位考核体系。考核内容分为共同考核和岗位考核两个部分，分别占40%和60%。处级（含）以下每一名员工均设立了《北京市分行机关岗位责任考核记录本》，记录当月的工作任务、完成情况。在此基础上按照“责权挂钩、奖罚分明”的原则，建立了加减分的激励约束办法，解决“干好干坏一个样”的问题。每月的考核情况和加减分结果都由行长与处长、处长与职工见面，本人认可，确保公开公正。分行机关现有上岗干部职工65人，共设置了236条工作职责和考核标准。56名处级以下干部，9名副处长及助理参加竞聘了248个工作岗位，有4名同志实现了跨处室竞岗，占机关总人数30.8%的同志调整了工作岗位。竞岗后，合理拉开了干部职工的收入差距，队伍稳定，干部积极性、责任心明显增强。

党建工作　农发行北京分行在抓党建工作过程中，始终将找准和抓住党建工作与业务工作的结合点作为重点来强调，在工作中做到了“四个结合”。一是与工作目标结合，即党建和业务工作都要以实现收购资金封闭管理为目标。二是与工作责任结合，即各级领导干部切实落实好“一岗双责”，真正两手抓；党员在本职工作岗位上发挥了模范先锋作用。三是与队伍建设结合，自觉把管人、管事、管思想有机结合起来，既做好业务工作又要带好队伍。四是与管理结合，按照总行规范化管理要求，分行印发了《县级支行党建工作规范化考核分解落实实施办法》，制定了《县级支行党建工作规范化管理考核量化表》，以党建工作规范化促进了业务工作的规范化。一年来，涌现出总行级先进基层党组织1个，优秀共产党员1名；分行级先进党支部8个，优秀共产党员20名，优秀党务工作者19名，为充分发挥党的政治优势奠定了基础，也为业务工作提供人才保证和智力支持，有力地推动了业务工作的开展。

党风廉政建设　2003年，农发行北京分行开展了分行机关党风廉政建设责任制量化考核试点工作，进一步加强党风廉政建设，并在10月农发行总行召开的全国部分省市落实党风廉政建设责任制座谈会上做了典型发言。对于各支行（部）党风廉政建设责任制量化考核工作，分行将重点放在稳步推进综合考核管理制度上来。抓住责任分解，责任考核，责任追究这三个环节，重视平时检查，将平时各项工作检查结果与年终综合考核成绩紧密结合，形成了月考核、季兑现、年终总评比的综合考核制度，使党风廉政建设责任制量化考核工作取得良好效果。8月农发行总行执法监察组来北京市分行检查党风廉政建设责任制落实情况，全面检查了分行机关，重点抽查了平谷支行，对分行的党风廉政建设责任制落实工作给予了充分肯定。

精神文明建设 2003年，农发行北京市分行在全系统深入开展了规范化服务达标活动，得到了北京市金融业创建文明行业规范化服务达标活动考评组的高度好评，认为农发行北京分行服务规范、岗位规范培训率达到了100%，服务规范、岗位规范执行率达到了98%以上，员工应知应会合格率达到100%，自检自查合格率达到了100%，群众满意率达到了99%。被市委金融工委作为金融系统的代表推荐参加“首都文明单位”的评选。加强了工会、团委基层组织建设，深入开展创建“职工之家”、“青年文明号”等活动。争创了总行级“模范职工之家”1个，分行级6个；总行级“青年文明号”1个，分行级1个；总行级“女职工双文明示范岗”1个，分行级4个。进一步加强了人防、物防、技防建设，强化安全保卫工作意识，努力提高安全防范水平。

（王 燕）

中国工商银行北京市分行

行长 李晓鹏

2003年，中国工商银行北京市分行（以下简称工行北京分行）坚持以“从高一流”为标准，立足当前，着眼长远，全面巩固，重点突破，转变经营理念，推进结构调整，深化改革创新，强化内部管理，用超常规的努力赢得了跨越式的发展，在转变经营方式和增长模式的道路上迈出了重要步伐。截至年末，分行共有35家二级分行，55家支行，143个分理处，485个储蓄所，在岗职工13611人，平均年龄37岁。本外币总资产达到7635.09亿元，比上年增加773.35亿元，增长11.27%。本外币各项存款余额（含同业，以下同）7354.09亿元，增加669.89亿元，增长10.02%。其中本币存款余额6828.52亿元，增加694.71亿元，增长 11.33%。本外币各项贷款余额 2122.78 亿元，增加 278.7 亿元，增长 15.11%。其中本币贷款余额 2041.32 亿元，增加 225.21 亿元，增长 12.4%。实现经营利润 102.02 亿元，比上年增加 19.63 亿元，增长 23.8%。其中账面利润 60.24 亿元，人均实现利润 67.89 万元，比上年增加 10.12 万元。本外币资产利润率达 1.34%。在工行系统一级分行绩效考核名列第一位，为 A 级行之首。

（田 茂）

公司机构业务 工行北京分行提出"抓大不放小，关键在于优"的经营方针，适时适度调整市场营销策略，巩固和发展竞争优势。抓实一批大客户及优质项目贷款，如：加大对总分行级 120 家客户的维护，落实服务协议，出具项目贷款承诺函 20 份，金额 846 亿元，签订项目意向书 26 份，金额近 290 亿元；抓出了一批银企、银政合作成果，如：全年为北京市现代制造业企业发放贷款 64 亿元，投入近 70 亿元支持北京市轨道交通、奥运场馆建设及其他城市基础设施建设，与华电等 10 家优质企业和顺义等 4 家区政府签订融资合作协议；抓住了一批跨国公司和外资企业，如：与诺基亚和亚洲网通分别签订 7200 万美元和 3000 万美元银团贷款合同；抓住了一批优质中小客户，全年为北京市 152 户中小企业发放贷款 48 亿元。

（汪旭升）

个人金融业务 工行北京分行以发展个人理财业务为突破口，积极转变营销模式，全面推进个人金融业务战略转型。通过发展个人"理财金财户"竞争高端客户，开展"金融产品进社区"以及"理财沙龙"等促销活动，宣传强势品牌，培育个人理财业务核心竞争力；通过推出"个人外汇可终止存款"等理财产品，有效拉动外币储蓄增长；通过汽车消费贷款推动消费信贷业务全面发展的新格局；大力发展离柜业务缓解柜台压力。到年末，本外币储蓄存款余额 2702 亿元，比上年增加 292 亿元；发展"理财金账户"73613 户；兑付国债 171.6 亿元；个人消费信贷余额 77.6 亿元，比上年增加 47.8 亿元。

（王鹤丹）

国际业务 工行北京分行抓住北京市外资投入不断加大和进出口贸易日益增长的机遇，以拓展贸易融资为重点，带动国际结算业务快速发展，全年贸易融资累计发生额 8.9 亿美元，实现零的突破；国际结算 189.10 亿美元，增幅 109.04%；结售汇 83.85 亿美元，增幅 59.36%。到年末，外汇存款余额 63.49 亿美元，同业占比 24.52%，列本市同业第 2 位；外汇贷款余额 9.8 亿美元，比上年增加 6.5 亿美元，增长 191.2%，增量位于本市同业之首，超过全市平均增幅 1.3 倍，占比 14.35%，比上年提高 7 个百分点，余额占比同业排名由上年第 5 位跃至第 2 位。

（田 茂）

中间业务 工行北京分行加快中间产品整合与研发，实现中间业务跨越式发展。完成中间业务系统一期整合和牡丹交通 IC 卡银联标准改造，更换近 100 万张灵通卡客户银联标识卡，对现有 400 多种金融产品和服务进行分类整理，出台金融产品（服务）品牌名品套餐策划方案，为中间业务进一步发展创造有利条件。确定分行市场策划部负责中间业务的推动与管理，出台中间业务管理与考核办法，规范新业务开办程序、收费减免流程，完善了中间业务管理体系。到年末，实现中间业务收入 7.85 亿元，比上年增加 2.69 亿元，增长52.08%。灵通卡发卡832万张，比上年增加128万张；发展特约商户503家，累计发展3192家。

（陶　茹）

新业务　工行北京分行加大产品创新力度，推出进口押汇、出口退税账户托管贷款、信贷资产回购、金融机构法人账户透支、外债风险管理、可转债担保、期货经纪公司客户保证金封闭运行等高附加值新产品，建立信贷业务客户紧急需求审查审批绿色通道，全年为21户企业快速审批金额114.54亿元，巩固和拓展了优质公司、机构业务市场。在京首创个人外汇可终止理财产品，推出个人理财顾问、京港按揭通、中韩汇款直通车、京新特快预结汇汇款等新业务，增强了对高端个人客户的吸引力。

（许怡嵩）

基金托管业务　工行北京分行代理开放式基金业务快速发展。从5月至12月底，共代销开放式基金6只，代理基金类别涵盖我国现有的指数基金、保本基金、股票型基金、债券基金和系列基金等全部基金品种。到年末，共代销开放式基金20.53亿元，其中保本型南方避险基金63057.6万元，股票平衡型国联安德胜稳健基金21611.3万元，系列型融通通利系列基金15416.54万元，债券型富国天利基金4779.98万元，股票型广发聚富基金10337.37万元，货币型华安现金富利投资基金90076.2万元。

（王鹤丹）

金融电子化　工行北京分行进一步加快电子化金融服务进程。成功投产全功能银行系统（NOVA V1.0）；完成总分行电子银行网站整合，实现工商银行网站一体化运作；推出新一代个人网上银行系统——金融@家；开发投产一体化电话银行系统，优化现有系统功能。上述两个项目分别获得中国工商银行科技进步推动创新开发一等奖、二等奖。到年末，电子银行交易额21766.02亿元，增长124.79%，交易1936.77万笔，增长56.92%。电子银行个人客户达到305.23万户，企业客户达到6.82万户。

（陶　茹）

风险内控管理　工行北京分行坚持多管齐下从严治行，经营管理进一步严谨规范。组建信贷审批、信贷评级授信、信贷监测检查三大中心，整合法人客户评级授信管理模式，规范审查审批流程，加强对重点客户的风险预警，完善信贷风险管理体系；加强利率、汇率和流动性风险管理；颁布《加强经营管理十大禁令》，全面开展“四项清理”工作（违规账户、账外经营、账外固定资产和不合规贷款），全行副科级以上干部2440人逐级签订《四项清理工作承诺书》，进一步落实了经营管理责任制；强化非现场稽核和内控综合评价工作；全面落实案件防范责任制，连续六年实现“盗抢不成”。

（汪旭升）

整合机构网点　工行北京分行为加快完善现代商业银行组织架构，按照精简效能、平衡制约的原则，自上而下重组了内部机构设置。一是调整分行内设机构。新增市场策划部、投资银行业务部；分设公司业务一部、二部和票据融资业务部；成立分行风险内控管理委员会、新产品审查推进委员会和贷款评价、售后评估、案件防范3个专家小组，增强了分行营销、服务、指挥和决策能力，强化了行长辅助决策机构的作用。二是按照“增、升、迁、并、撤”并举的五字方针，重新规划全行网点发展布局。于5月至11月先后从方庄、长安、南礼士路、新街口、东城、朝阳、九龙山7家二级分行中重组分设出北京经济技术开发区、金融街、地安门、和平里、北京商务中心区5家二级分行；升格西单支行、北辛安支行等55个支行，加快了二级分行及支行对市场变化的应变速度，提升了二级分行及支行对客户服务效率与质量。三是开启百家名店工程建设。于11月成立名店建设指挥部，位于海淀区的北部个人金融服务中心12月18日正式开建。

（田　茂）

人事制度改革　为适应机构改革和业务发展的需要，工行北京分行从4月份开始，在全行组织了建行以来规模最大的处级干部竞聘活动，全行241人报名参加竞聘，经过考评，公开竞聘上岗43名，平均年龄35岁，大学本科以上学历达98%，重点充实和加强了市场营销部门的力量。在此基础上，下半年出台了《全面推行高级管理人员聘任制暂行办法》，对高级管理人员实行现职考聘、提拔竞聘、缺岗调聘的“三聘”管理，全面规范了高级管理人员的聘任制管理。在对现职人员严格考核的基础上，该行在11月份对聘期届满的64名高级管理人员进行了现职考聘，实现了上下交流、岗位交流的新突破。

（许怡嵩）

中国农业银行北京市分行

行长　李兴奇

2003年，中国农业银行北京市分行（简称农行北京分行）在“加快发展，勇于创新，提高质量，增加效益”总体思路的指导下，进一步明确将农行办成商业银行的经营思想，抓住北京举办2008年奥运会和率先基本实现现代化这两大历史机遇，把“加快发展”作为兴行第一要务，各项业务得到快速增长，经营效益稳步提高。截至年末，分行共有支行23个（含分行营业部1个），分理处208个，储蓄所131个，在岗职工6560人，其中长期合同工5856人，短期合同工704人。本外币资产余额1385.05亿元，比上年增加197.86亿元，增长16.67%。实现利润11.23亿元，同比增加1.12亿元。本外币存款余额1101.48亿元，比上年增加174.74亿元，增长18.86%。其中，人民币存款余额1070.38亿元，比上年增加172.8亿元，增长19.25%。本外币贷款余额656.49亿元，比上年增加131.2亿元，增长24.98%。其中，人民币贷款余额648.91亿元，比上年增加128.4亿元，增长24.67%。

存款业务 截至年末，农行北京分行本外币存款余额1101.48亿元，其中人民币储蓄存款388.09亿元，比上年增加108.04亿元，首次突破年增量百亿元大关，是上年同期增量的1.6倍，占人民币各项存款增量的62.53%；对公存款682.29亿元，比上年增长10.52%，有4家支行的增量超过5亿元。全行23个支行（部）中，本外币存款余额达百亿元以上的支行有3个，其存款占全行存款量的37.5%。

（张金辉、齐淑娣）

信贷业务 2003年，农行北京分行一方面严把贷款投放关，在信贷投放上继续突出“两大一高”优良客户贷款、个人消费贷款和低风险类贷款三大重点；另一方面加大对小、散、差客户的压缩、退出力度，客户结构进一步优化。截至年末，本外币各项贷款余额656.49亿元，比上年增加131.2亿元，贷款增量的82%投向了优良客户，优良客户贷款占比为53.9%。其中个人消费贷款增势显著，余额达108.08亿元，比上年增加41.17亿元，同比多增17.72亿元。房地产类贷款170.71亿元，比上年增长58.8%，占全年贷款增量的53.59%。贴现贷款余额75.66亿元，比上年增加7.17亿元，市场份额上升为13.45%，实现转贴现利差收入4046万元，比上年增长2.7倍。退出风险客户贷款17.78亿元，全部或部分退出客户1090户，限制客户和淘汰客户贷款占比比上年下降了6.2个百分点。

（吴景涛、齐淑娣、周　蔚）

代理业务 2003年，农行北京分行各项代理业务得到较快发展。一是推出“债市通”业务，通过“债市通”平台，协助企、事业单位客户进行债券投资，截至年末，客户交易量超过83亿元。二是经过竞标取得独家代征北京市路政局公路养路费业务资格，12月1～31日共代征养路费21.5万笔，代收金额4.4亿元。三是与数家保险公司合作推出抗SARS保险产品、“放心理财”二期等多种保险产品，全年实现代理保费收入9.8亿元，比上年增长43.5%。四是成为第二家柜台代理居民售电卡业务的银行，累计售电26.7万笔，金额6023万元；累计代收水费、排污费10.3万笔，金额886万元。

（张淑珍、刘玉梅）

银行卡业务 2003年，农行北京分行以卡为载体，进一步整合、完善个人金融业务产品，改善用卡环境，成立了卡产品研发中心、商户服务中心等，截至年末，金穗卡累计发卡量397万张，是2000年末的6倍，年增长率81%；累计消费额比上年增长347.9%，卡存款增长151.4%；特约商户比上年增加了2450家。同时，在原有卡产品的基础上，开发并推出了市政交通一卡通、金穗小区物业卡等项目，保持了IC卡产品和技术优势。

（陶元真）

国际业务 截至年末，农行北京分行国际业务结算量27.86亿美元，同比增长40.9%，贸易融资增长269.05%、结售汇增长43.86%。西联汇款业务量比上年增长225.24%，总金额是上年的2.14倍，实现了能办外汇汇款业务的网点都能办理西联汇款业务。开通了专业外汇交易网站——外汇频道，成为外汇业务重要的宣传阵地和为客户提供外汇买卖资讯的交易平台。不断完善外汇业务产品，相继推出个人因私购汇、远期结售汇、亚洲汇款直通车、个人外汇买卖网上交易、代客外汇理财以及进口托收（D/P）押汇等一系列新产品。

（黄 平）

电子化建设 2003年，农行北京分行完成了数据上收总行工作，将系统开发、运行和业务推广等全部纳入总行大系统中。同时加快电子银行发展步伐，将分行客户服务中心更名为电子银行部，重新调整了职能定位，以呼叫中心为核心，兼顾电话银行、网上银行、企业银行、手机银行，实现“一个中心，多个渠道”的服务模式，让客户享受随时随地、24小时不间断的金融服务。新增各种服务渠道和各项业务功能31项，截至年末，交易额达89.9亿元。

（张金辉、王 良）

营销宣传 2003年，农行北京分行加大个人业务营销宣传力度，以银行卡、个人消费信贷、外汇业务、电子银行业务四大类业务为主，开展了“金融一家人，好礼送上门”个人金融业务营销宣传活动，由行内员工担任演员制作了9集电视情景喜剧在北京电视台《金融周刊》栏目播出，宣传了农行北京分行的个人金融业务。

（甄 辉）

内部改革 2003年，农行北京分行按照总行“压缩总量，调整结构，扩充功能，提高层次”，逐步构建集约经营的扁平化组织的方针，将城区12个经营管理好，达到一定业务规模的分理处升格为直属支行，并通过考试、竞聘演讲等程序，公开选拔了12名行长、22名副行长及4名行长助理，目的是造就一批功能完善、反应敏捷、拓展力强、经营有特色的精品网点。12月底各直属支行完成了领导班子的组建，并陆续开业。

（赵国裕）

中国银行北京市分行

行长 赵世刚

2003年，中国银行北京市分行（以下简称中行北京分行）以“实现效益、质量和风险控制下的跨越式发展”为目标，克服“非典”疫情带来的不利影响，较好地完成了各项任务。截至年末，全行下设支行72家、分理处85家、储蓄所42家，机构网点总数199家，在岗员工5999人，正式员工4524人。全行本外币总资产2160.07亿元，比上年增加261.74亿元，增幅为13.79%；本外币存款余额2041.8亿元，比上年增加245.12亿元，增幅为13.64%。其中，人民币存款余额为1322.82亿元，比上年末增加289.78亿元，增幅为28.05%。本外币贷款余额为763.33亿元，比上年末增加111.91亿元，增幅为17.18%。其中，人民币贷款643.76亿元，比上年末增加103.96亿元，增幅为19.26%。全年实现（拨备前）营业利润19.67亿元，比上年增加5400万元。在此基础上，中行北京分行加大了消化历史包袱的力度，共计消化21.83亿元，账面亏损控制在总行核准的范围内。

公司业务 结合北京产业特点和中行优势，中行北京分行把能源、市政、房地产、电信、航空、旅游、环保等行业作为资金投放重点，年内向这类行业的重点客户提供贷款76亿元，提供综合授信220亿元，同市政、航空等重点客户签订融资意向协议195亿元，对支持本市土地开发、基础设施、高科技等重点项目和缓解“非典”对客户的冲击发挥了积极作用，同时也扩大了中行的融资规模，开拓了新的市场。年末，人民币公司贷款余额（不含票据贴现）为387.86亿元，外汇贷款余额为12.74亿美元，分别比上年末增长18.5%和10.4%。通过适时营销、分支行联动和推介现金管理、网上银行、报关即时通新业务等方式加强了与新老客户的关系，确保了公司存款总规模的扩大。年末，全行人民币公司存款余额891.33亿元，比上年末增加195.4亿元，增幅为28.08%；外币对公存款余额为13.1亿美元，比上年末下降2.7亿美元。

零售业务 零售业务在遭受“非典”严重冲击的情况下，知难而上，通过参加房展、车展积极推介中行产品，与140家新房地产商和汽车经销商签订了销售融资协议，争取了更多的银企合作项目，开办保单质押贷款、拓展住房贴息贷款和个人投资贷款，有效扩大了零售贷款的规模和收益。年末贷款余额达到227.33亿元，比上年增长30.8%。为稳定和扩大储蓄存款，采取了一系列措施，如：加强与重点客户信息沟通、“非典”高峰期开展“绿色窗口”情感服务、组织“外汇宝”交易大赛、开办期限可变和总收益锁定等外汇理财业务等。年末人民币储蓄存款余额达428.51亿元，比上年末增长28.72%，市场占有率提高0.82%，外币储蓄受境外汇款减少、结汇增加等影响同比下降了3.46%，但市场占有率仍居全市同业银行第一位。

国际业务 结算部门通过银企座谈、推介会、上门服务等方式积极营销和服务，并拓展进口保理、工程承包信用证等新产品。稳定老客户，发展新客户，使业务取得长足发展，全年国际贸易结算量57.17亿美元，比上年增长42.4%，市场份额从上年的29%提高到30.2%。其中出口30.2亿美元，进口26.92亿美元，分别增长76.8%和16.8%，开立各类保函18.33亿元，比上年增加2.42倍，全行实现结售汇98亿美元，比上年增加11%。

信用卡业务 信用卡部门通过推出长城国际卡境外消费人民币还款；与外企服务公司、珠江、万科等合作开发长城联名卡等新举措，发展了客户群体，促进了业务发展。全年发行人民币长城卡6.38万张，长城国际卡2.26万张，分别比上年增长58.3%和49.1%；长城卡直消额20.6亿元，比上年增长36.3%，发行长城借记卡31.83万张，信用卡业务实现营业收入8200万元，比上年增长4.7%。此外，全年共发展新的长城卡特约商户375家。

其他中间业务及票据业务 全年共完成个人代收代付交易量57.5亿元，比上年增长9.1%；共实现代理保费收入5.2

亿元，代售旅行支票1272万美元，分别超额15.6%和6%完成计划；借记卡直消额4.72亿元，比上年增加8.96倍。代理发行国债30.1亿元和兑付国债18.49亿元。外汇业务完成交易量75.16亿美元，比上年增长65.8%，其中对私交易量比上年增加1.8倍，实现收入同比增加近4成。代销了6只开放式基金，代销金额4.58亿元，实现代销手续费分别超额99%和108%完成计划。贵金属代理买卖业务完成交易量2015万元；债券宝业务完成债券分销1.9亿元、现券买卖300万元和债券回购9.4亿元。票据业务中，全年共买入票据134.51亿元，比上年增加1.73倍，实现账面收入6360万元。

金融机构业务 通过积极营销和开展与证券、保险、期货公司和同业银行的业务合作，与15家证券公司、2家保险公司和8家银行建立了新的账户关系，共开立A、B股账户99个、本外币存款账户16个，期货和基金公司开立保证金和结算账户6个，这些措施扩大了金融同业的资金来源，年末本外币金融机构存款同比增加24亿元和4900万美元。还同北京市农村信用联社达成了银团贷款、资金拆借、贸易结算、外币清算等一揽子业务合作协议，促进了地方金融机构的业务交流，实现了优势互补。

资产风险控制 风险管理部门继续深化制度建设，健全授信决策机制。新成立的风险管理委员会审议了多项政策制度，通报行内资产质量的分析报告，全年共开会85次，上会审议和复议贷款、债务重组、承兑汇票等全行主要授信项目596个，共涉及金额1075亿元。其中通过457个、否决45个。有关部门通过分解部门任务指标强化不良资产的抓降，全年共清收本外币现金1174笔，总计11.4亿元，同时对152户公司呆账和银行卡透支损失进行核销，总计17.23亿元。经过这些工作，年末全行资产不良率（一逾两呆口径）比上年同期下降4.42%，为11.85%，资产总体质量进一步得到改善。

新产品开发 年内推出新产品共计20多项，主要包括个人期权宝、网上银行、理财宝等外汇资金业务产品；售电卡、代收水费和污水处理费、柜台代收固定话费和小灵通话费、银行卡代发公积金等代收费业务产品；移动手机炒股、昆仑证券与平安证券的银证通等理财业务产品；中国太平洋人寿、泰康人寿、中国人寿3家保险公司北京分公司的SARS新险和千禧养老、千禧意外、千禧红E款新险等保险代理业务和集存、贷、理财、信用卡于一身的“中银尊贵银行服务”综合型业务；在贵金属交易中首次代客户办理了铂金买入业务。全年共与14家合作单位签署了23项新的代理协议，进一步丰富了中行的金融产品。

营销宣传 通过参加教育展、房展、车展、国际商务节等社会活动，用影音、展板、现场讲解等方式，介绍全球授信、现金管理等中行优势品牌业务，接待客户咨询3万人次，发放宣传品5万份；对外发放外汇宝、电话银行、四代业务等宣传折页，张贴海报及宣传画43万份；通过电台、电视台、报纸等媒体对汇市和证券市场进行独家点评和介绍中行金融服务项目，制作消费信贷、贸易结算、长城卡、理财业务、“非典”温情服务等业务专题和广告，举办“中行之声”零售专题节目等，取得了良好的营销效果。

内部机构整合和网点建设 按照前中后台分离的原则，先后成立了事后监督中心、基建采购中心、会计档案管理中心，强化了集中管理；将直属支行的179个科室压缩到84个，科级干部由421人减到331人，精简了人员：加大网点调整力度，完成2家支行的合并和13个网点的迁址，优化了网点资源的配置；50个分理处升格为经营性支行，支行在全辖网点的比重从10%上升到35%，扁平化工作得到推进；新建了个人理财中心、贵宾室、外汇交易中心19家，提高了网点提供特色服务的综合能力。首次推出以资产利润率为核心的目标，将预算执行情况与绩效考核挂钩的全面预算和分部门、分产品核算，制定了新的全辖支行和分行机关处室的绩效考核办法，加强了激励约束机制建设。

金融电子网络化 科技信息部门完成了覆盖电话银行、代收费、银证转账、银证通的客户服务平台的3.0版本升级、银行卡同城跨行交易的ATMP390系统、全辖存款机实现银联卡功能、零售系统外汇宝RBS3.1升级、中行Internet网站等几项重大网络新建和升级改造工作，此外配合业务部门完成了中国人民银行支付非直联改直联系统、办公室自动化网络系统等25项应用系统的测试和投产，全年共新增ATM机39台、存款机5台、自助银行6家，使ATM机、存款机和自助银行总数分别达到280台、27台和23家。

人力资源管理 为做到人尽其才，对15个处级领导班子进行了调整，对18名处级干部、61名科级干部进行了岗位交流，通过在全行招聘考试，选拔任用了处级干部5人，直属支行科级干部200人，升格支行行长、副行长124人，公司客户经理186人，零售客户经理216人，通过面试，录用博士、硕士和本科毕业生69人，配合行内5次大的机构变动在全行调配人员450余人，使干部员工队伍进一步专业化、年轻化。全年共组织高级管理人员、客户经理、新行员、稽核、会计后督、储蓄后督等各类培训班672期，受训34096人次，全行人均40小时培训完成率达到100%。

（陈和言）

中国建设银行北京市分行

行长　张　民

2003年，中国建设银行北京市分行（以下简称建行北京分行）积极为首都经济和建设服务，为客户服务，加快建行由大变强进程，为股份制改造奠定基础。截至年末，分行共有24个综合性支行，7个直管支行，85个升格支行，20个分理处，342个储蓄网点。在岗职工10076人，平均年龄36.2岁，具有大专以上学历的员工占74.6%。本外币总资产2912亿元，比上年增加345亿元，增长13.4%；本外币存款余额2854亿元，比上年增加371亿元，增长14.9%，其中：人民币存款余额2708亿元（含同业存放、住房公积金），比上年增加350亿元，增长14.8%；本外币贷款余额1699亿元，比上年增加203亿元，增长13.6%，其中：人民币贷款余额1646亿元，比上年增加175亿元，增长11.9%；实现税前账面利润37.6亿元，比上年增加5亿元，增长15.3%；人均利润37.3万元，本外币资产利润率1.29%。

存款业务　截至年末，建行北京分行本外币存款余额2854亿元，其中人民币企业存款1716亿元，人民币储蓄存款727亿元，比上年分别增长14.9%、13.6%和20%。存款稳定性增强，全口径一般性存款日均余额2448亿元，新增452亿元；企业存款日均余额1708亿元，新增317亿元。城区支行年末存款余额2597亿元，存款余额达到百亿元以上的有分行营业部和10个支行。10个远郊区县支行存款余额合计257亿元，比上年末的207亿元增长24%。342个储蓄网点，本外币储蓄余额共788亿元，日均余额740亿元。

（孙　岳、吕建蒙）

公司业务　2003年，建行总行与北京市人民政府签订了战略合作协议。建行认真履行2008年底前投放上千亿元信贷资金等承诺，向北京基础设施、奥运场馆、轨道交通、现代制造业、高科技产业园区等项目提供巨额信贷支持，助推首都经济发展。建行与电力、铁路、民航、航天、石油、石化、通信、电子、粮油等总部建立战略合作关系，建起28个资金结算网络，实现实时的资金调拨、结算和统计。为航天科技集团授信，为该集团各单位安装网银系统，提高其结算效率。为一批大客户设计个性化理财方案，仅首都机场集团一年即可节约费用3500万元。中国移动资金结算网络开通，建行北京分行帮助23个省市分行上线，日均归集资金174亿元。建行与铁路部门全面合作，建行北京分行全年发放贷款150余亿元，支持铁路提速，并承担了境外筹资订货转贷款业务。加快产品开发，推出了法人账户透支、保理、出口退税账户托管贷款、买方付息票据贴现、商业承兑汇票贴现及存货融资等新业务，从金融技术层面拓宽了公司业务范围。公司客户年末本外币贷款余额832亿元，比上年增加40亿元，贷款结构得到优化。

（马　妍）

抗击“非典”　2003年第二季度，北京发生“非典”疫情。全分行员工坚守岗位，将财政专项拨款近1亿元迅速拨至北京市卫生局及佑安医院、中日友好医院、北京胸科医院、安贞医院及小汤山医院等十余家定点医院，保证了建院、改造设施、购置药械的资金需求。通过发放贷款1.13亿元，开承兑汇票450万元，开信用证39万美元，支持研制SARS病毒全基因组芯片和检测系统，以及研制生产SARS灭活疫苗，SARS灭活疫苗研究后被中国科学院、中国工程院院士评选为2003年中国十大科技进展之一。支持多家医药生产、销售企业生产消毒剂，采购供应药品，进口呼吸机、监护仪、X光机等急需器械。为通州区60万市民日增供10万吨自来水工程紧急提供了建设资金。全分行员工向抗“非典”一线捐款230万元。

（王增奎）

住房金融业务　2003年，建行北京分行政策性住房资金存款余额296亿元，比上年增加28亿元，增长10.5%。为8723个单位共计63.6万名职工归集住房公积金216亿元，为850个单位共计4.5万名职工归集住房补贴9亿元。调整房地产信贷结构，新增贷款投向土地一级开发和优质楼盘，年末建筑与房地产企业贷款余额406亿元，比上年增加77亿元，增长23.4%。成立个人住房贷款中心，实施集约化、专业化管理，防范“假个贷”和支行之间交叉贷款风险。全年发放个人住房贷款158亿元，支持6.2万户居民购房695万平方米，平均每户贷款25万元，每平米贷款2273元。全年收回到期个人住房贷款95亿元，年末自营性和委托性个人住房贷款余额分别为404亿元和167亿元，分别比上年增长11%和16.8%。

（辛　宏）

国际业务　截至年末，建行北京分行各项外汇存款余额17.2亿美元，比年初增加4.6亿美元，增长36.7%，其中：外汇企业存款余额9.9亿美元，比年初增加4.77亿美元，增长93%，居系统之首。外汇储蓄存款余额7.3亿美元，比年初下降1500万美元，降幅2%。外汇贷款余额6.3亿美元，比年初增加0.9亿美元，增长16.5%。办理中间业务139亿美元，比上年增长48%。建行北京分行注重以高效的出单质量和产品创新扩大国际结算客户队伍，全年办理国际结算61亿美元，比上年增长56%；外汇资金业务大幅增长，个人外汇买卖交易45亿美元，对公资金交易5亿美元，结售汇27亿美元，分别比上年增长45.8%、45%和56.9%。产品创新方面，发放了首笔境外银团贷款2500万美元，办理了首笔非美元币种远期结售汇和首笔福费廷业务，推出“权如意”个人外汇期权业务和“双如意”个人双货币存款新品种。外汇综合业务管理系统上线，各网点在该系统中可将与每笔业务对应的国际收支申报、外汇账户管理和报表等事务一齐办妥。

（郭　昕）

中间业务 2003年，建行北京分行大力拓宽中间业务领域，靠优质服务取得了中央单位政府采购业务代理资格和北京市财政授权支付业务代理资格，新增了异地、多方、固定额度内的委托贷款品种；代销保险增加了健康类、养老类险种，开通了美国友邦保险公司批量代收付业务；推出了银行间市场债券代理托管、二手房交易资金托管服务；与法人券商、证券营业部、信托投资公司、期货经纪公司共161家分别建立了主办、协办关系，证券、信托、期货市场覆盖率分别为97%、100%和83%；受外交部委托，代编了中国驻印尼等7国使馆工程造价预算，为国家确定投资、按期建馆提供了保障。全年审查基本建设概算、预算、结算价值156亿元，核减7.35亿元，核减率4.7%；受财政部委托，评审铁路项目竣工决算价值32.8亿元，审定为28.6亿元，为国家节约投资4.2亿元；代建设单位编制项目标底187份共47亿元；完成奥运会自行车馆等工程招标代理价值12.2亿元；受法院委托，办理工程纠纷案件造价鉴定51份共10.6亿元，为维护当事人合法权益提供了依据。全年实现各类中间业务收入2.9亿元，比上年增长20%。建行北京分行造价咨询中心成为最高人民法院首批认定的工程造价鉴定机构，并被国家建设部评为全国工程建设标准定额工作先进集体。（孟东升、戴俊明）

出纳管理 2月27日，中国人民银行营业管理部发行基金保管库工作会议在建行北京分行召开，人行营业管理部韩平主任做重要讲话，工商银行、农业银行、中国银行、建设银行、交通银行各北京分行领导及全市24个发行库主任参观了天宁寺库，并听取了建行的经验介绍。2003年，建行北京分行现金投放98亿元，回笼151亿元，净回笼53亿元。收缴假人民币343万元及6种假外币折合2.5万美元，收缴假币额与回笼现金之比为万分之二点二七。黄金库共调入黄金7404公斤，调出7087公斤，占全国内地黄金需求207.6吨的3.4%，注入市场的黄金合全市人均0.55克，繁荣了首都黄金市场。组织了大规模的反假币宣传、培训和业务练兵，4302名员工获人行“反假货币上岗证书”，1743人获出纳一级、二级、三级技术能手称号。在市金融技能大赛中，建行三名选手分获全市点钞第5名、第6名、第9名。

（刘 娟）

票据业务 2003年，建行北京分行与一批优势企业签订票据合作协议，依托网点、资金优势拓展票据业务市场，全年累放201亿元，实现利息收入1.2亿元，分别是上年的181%和207%。其中：直贴业务累放41亿元，是上年的3.15倍；新开辟“买方付息”品种，累放12亿元。全年无假票、无垫款、无资金损失。

（苏爱军）

电子化建设 2003年，中国建设银行DCC系统在北京分行全部营业网点成功上线，实现了向总行数据集中和建立北方数据运行分中心的两大目标，原有系统在与DCC对接中进行了大规模改造，完成了近1100万个账户的数据转换。全年共有43个业务软件上线运行。11万户共计400亿元个人住房贷款业务实现了信贷要素和会计核算的集中管理。票据档案光盘缩微系统一期上线，大大提高了票据自动稽核程度，待全部上线后，票据纸质存贮和手工稽核的历史即将结束，该系统已获建行总行科技进步一等奖。借鉴国外经验，开发了法人账户透支、批量代收付等先进的信贷、结算方式，适应了跨国公司和行业集团性客户的市场需求。

（张宇霞）

内部管理　2003年，建行北京分行实行了领导人员聘任制，70名员工竞聘走上领导岗位，原1859名经理级（含）以上干部，续聘1516人，343人落聘，88人内退。员工按等级体系确定工资，按关键业绩及增加值指标确定部室、支行绩效工资，引起较大反响。精简报表，支行报表由520套减至151套，压缩71%。采取集中采购设备和办公用品，节约1338万元，节约率为17%。成立职工代表大会，审议涉及职工切身利益的决策，从源头上参政。成功举办了第三届职工文化艺术节，发起了“创造北京健康未来，建设现代文明城市”百万市民签名活动，举办了建行青年风采大赛等活动，建行企业文化体现出强大的凝聚力。2003年，东四支行党委等25个先进集体和秦伶华等57名先进个人获省部及总行级以上表彰。

（崔学宁、彭欣嘉、黄　燕、方迎九）

交通银行北京分行

行长　王　滨

2003年，交通银行北京分行（以下简称交行北京分行）在交通银行总行的直接领导、在中国人民银行营业管理部的科学指导和北京银监局的有效监管下，全行上下共同努力，各项业务继续保持快速、稳定增长的态势，取得“二次创业”开局之年的开门红。截至年末，分行共有1个营业部，11个处级支行，68个科级支行（分理处），在岗职工2167人，平均年龄29.6岁。本外币总资产922.23亿元，比上年增加241.45亿元，增长35.47%。人民币各项存款余额796.26亿元，比上年增加240.01亿元，增长43.15%；外币各项存款余额94427万美元，比上年增加14505万美元，增长18.15%。人民币各项贷款余额418.77亿元，比上年增加145.23亿元，增长53.09%；外币各项贷款余额54257万美元，比上年增加17531万美元，增长47.73%。本外币不良资产余额16.69亿元，比上年减少4.05亿元，占比为3.63%，比上年下降3.28个百分点。实现国际结算额109.27亿美元；本外币利息回收率为101.78%；本外币资产利润率1.67%。实现税前账面利润10.62亿元，比上年增加2.36亿元，增长28.49%，人均利润48.23万元。

负债业务　2003年，交行北京分行积极拓展市场，打开了公司业务新局面。进一步突出立体化营销，抓住部委改革、政府换届的有利时机，提前介入、筹划奥运经济的切入点，通过分支行联动，成功拓展了一系列大型客户。上半年中标成为北京市财政局授权支付代理银行，随后又与北京市住房公积金管理中心等政府部门、燃气集团等公用事业单位建立了多品种的业务联系，与北京市经贸委、北京市工商局、北京海关分别开展了稳定的业务合作。此外，加大与非银行金融机构的联系，与太平洋人寿保险股份有限公司、新华人寿保险股份有限公司、泰康人寿保险股份有限公司3家保险公司签订了全面合作协议，与北京证管办签订了期货保证金封闭运行监管协议，以上种种举措，为日后的大发展储备了一批资质较高的客户资源。

资产业务 交行北京分行作为交通银行"世界银行项目"第一批推广行之一，严格按照中国人民银行和交通银行总行的有关要求，建立健全风险控制机制和客户管理系统，进一步加大对客户的营销力度，拓展贷款投放空间，在贷款分类和授信管理上建立起一套较为规范、完整的风险防范体系。同时，积极拓展信贷资产回购、网上融资、票据转贴现等资产业务，努力拓宽利润来源渠道。

个人金融业务 2003年，交行北京分行以太平洋卡业务为龙头，拉动储蓄存款持续增长，人民币储蓄存款全年新增38.07亿元，同比增加6.17亿元，创建行以来最好成绩。卡存款全年增加14.78亿元，占全年新增储蓄存款量的38.82%。研究开发外汇结构性理财新产品，积极争揽外汇储蓄存款。打造全新的"交银理财"品牌，通过费率优惠和一对一的理财咨询，吸引对私优质客户本外币存款和个人理财业务。同时，组织各类营销活动，完善用卡环境，推动卡消费，树立巩固"圆梦宝"、"理财通"等特色品牌，成功推出国际卡、贷记卡等新产品，促进个人金融业务登上新台阶。个贷产品方面在巩固原有传统个贷品种的基础上，相继推出了个人转按贷款、车位贷款、房产抵押贷款、汽车直客式贷款、担保贷款及贴息贷款6项新的个人贷款新产品。截至年末，交行北京分行个人贷款（不含公积金贷款）余额66.88亿元，比年初增加36.42亿元；公积金委托贷款余额11.52亿元，比年初增加5.68亿元；太平洋卡新发卡127万张，比年初增加卡消费额10.63亿元。进一步加大对外卡收单业务的投入，新的外卡收单系统——FEDILIO系统上线，先后签下多家大型商户，全年实现外卡收单5382万美元。

中间业务 2003年，交行北京分行以中间业务平台为基础，成功开发了代收移动手机话费、网通固定话费、平安保险公司续期保费、自来水费、污水费、燃气费等业务，其中大部分业务已植入电话银行、多媒体查询机、网上银行等电子化渠道，并实现了批量代扣功能。进一步丰富代理保险业务品种，简化操作流程，在代理原有太平洋红利来D款分红型保险和太平盈丰、盈盛分红型两全保险的基础上，新增平安千禧红、世纪泰康抗击SARS保险计划、学生幼儿综合保障计划、家用燃气用户意外伤害保险4项保险品种和太平洋产险公司的"诚心诚意系列"保险套餐。通过与证券公司合作开通了"银证通"功能，并与信托投资公司合作推出第一支代理资金信托收付计划，丰富了投资类产品，在与资本市场连接领域的产品开发方面迈出新的步伐。进一步巩固“买基金，到交行”的品牌形象，成功发售湘财合丰系列、鹏华普天系列、海富通精选、博时现金收益等开放式基金，全年首发规模超过10亿元。在2003年1～4期国债代理发行中，共承销国债5.196亿元。

国际业务 2003年，交行北京分行不断调整业务流程，加快业务处理速度。截至年末，交行北京分行实现贸易结算额77.14亿美元，非贸易结算额32.13亿美元。在全行推行国际结算业务处理系统（International Settlement Procedure，简称“ISP系统”），促进国际结算业务向集约化、标准化、规范化、电子化方向发展。积极争揽外汇生息资产存款，推出了不符点项下的出口押汇和经总行审批的进口代付等新业务品种。2003年，交行北京分行进一步完善“外汇宝”功能和服务，研究开发手机短信服务功能，举办多期“外汇宝”知识讲座和实盘交易大赛，为北京广大汇民提供更为先进全面的外汇交易操作平台，全年实现“外汇宝”交易额94亿美元。

不良贷款清收工作 2003年，交行北京分行进一步加大清收力度，实现不良资产绝对额、占比的双下降。抽调清收骨干人员，实行不良贷款集中清收，专职处置全行可疑及损失类不良贷款，进一步加大诉讼清收力度，积极配合法院加强强制执行工作，并对新发生的不良贷款选择适当时机及时提起诉讼。对符合重组条件的不良贷款进行重组，通过压缩部分贷款本金、增加担保、更换借款人等方式降低、化解不良贷款风险。以五级口径统计，全年清收不良资产52050万元，其中：现金收回32010万元；按四级口径统计，共清收不良资产53户、71笔、63721万元；其中：现金收回32户、41笔、40070万元，通过重组化解不良资产4户、4笔、3611万元。解决了部分历史遗留问题，为今后的发展奠定了良好的基础。

公积金业务 2003年，交行北京分行与北京市住房资金管理中心共同探索公积金业务新模式，进一步提高住房公积金缴存、支取工作效率。交行北京分行立足于太平洋卡功能创新和服务增值，结合公积金支取业务需求，提出以“太平洋公积金卡”为核心的支取业务解决方案，促成与北京市住房资金管理中心全面合作协议的签署，使交行北京分行成为北京市首家使用银行卡支取住房公积金的金融机构，并创造了142天发行“太平洋公积金卡”702729张、日均发卡4949张的纪录，进一步带动起住房公积金缴存、归集、公积金贷款、贴息贷款等一系列后续代理业务。9月，交行北京分行获准开展职工住房公积金缴存结算业务，从而成为继工商银行和建设银行之后的第三家代理公积金缴存业务银行。

组织管理 2003年，交行北京分行启动了多项改革措施，不断整章建制，强化管理。一是整合私人金融业务处。年初确定私金业务大发展的目标后，立即着手对其领导班子、办公地点、内部架构、管理流程进行四重整合，私人金融业务发展步入良性运转轨道。二是新建电子银行处，负责自助设备的网点开发、维护与管理工作，进一步充实自助设备，调整自助网点布局，分流、缓解柜面业务压力。三是建立3个业务中心，票据中心、放款中心、太平洋卡中心。目前这三个中心已承担起相应职责，票据业务、授信放款工作和银行卡业务正在有条不紊地运行，规范化管理的效能已逐步显现。四是成立了4个专项小组。机构网点协调小组，推动扁平化进程，提高精品网点建设水平；新产品开发领导小组，加强新产品开发的力度，集中研发、不断丰富新产品、新功能；中间业务领导小组，加快中间业务发展步伐，为中间业务大发展定目标、除症结、打前站；考核办法改革领导小组，进一步提高资金使用效率，加大考核力度，完善激励机制，建立健全具有自身特色的考核分配体系。

人事管理 2003年，交行北京分行坚持"人才兴行"战略，进一步加强人力资源管理。一是加大内选、外引人才的力度，全年三次面向全行公开招聘，共有62名行员通过竞聘走上了领导岗位。同时，引进具有世界名牌大学硕士、博士研究生学历的人才5名，对外公开招聘了5名具有硕士学位的电脑软件工程师和5名法律事务工作人员。二是加大干部调整力度，在全员年度考核的基础上，按照年龄结构、知识结构、经验结构，进一步调整干部员工配备，开发人力资源潜力，提高人力资源使用效率。三是加大对后备干部的培养力度。初步试行见习助理制度，允许助理参与集体领导、决策，对基本素质较好、发展潜力较大的后备干部，有意识、有目的地压担子、早培养。此外，努力完善考核和激励机制，根据工作业绩拉开分配差距，实行奖优限劣，绩效挂钩，对经营部门继续实行经营者年薪制。严格执行国家和北京市实行医疗保险的规定，实行基本医疗保险制度；启动"拴心留人工程"，为全行员工办理了补充养老保险，并为部分业务骨干办理医疗保险，切实建立起适应商业银行经营管理特点的人事制度。

电子化建设 2003年，交行北京分行在综合业务处理系统3.0版本全面上线的基础上，对基于SYBASE数据库平台基础上的各种业务处理系统进行数据库升级，进一步提高了业务处理效率。顺利完成了外币资金头寸系统、外汇资金清算系统、代理定额保单业务系统的开发，实现了对"银证通"、"银证转账"系统的升级，推出新的代收业务平台和中国人民银行交换数据共享平台，进一步提高了会计核算和管理水平，增强了市场竞争能力。启用账户管理系统，客户终端系统升级，开发了"交e通"企业网上银行和对私网上银行，加快了电子化建设步伐。交行北京分行推出了以Lotus Domino R5为开发应用平台的办公自动化系统（OA系统），将公文管理与员工服务完美结合。该系统的成功运行，使交行北京分行的信息管理更加集中，办公秩序更加严格，办公流程更加规范，进一步节约了办公经费、提高了工作效率，促进管理水平不断提高。

精神文明建设 2003年，交行北京分行以邓小平理论和"三个代表"重要思想为指引，认真学习贯彻十六大、十六届三中全会精神，进一步推动"创先争优"活动的深入开展，组织拓展训练、职工运动会、"交行之春"文艺晚会等丰富多彩的企业文化教育活动，寓教于乐，提高广大员工思想道德水平，营造健康向上的文化氛围。严格落实领导干部廉政责任制，并针对信贷、风险管理人员重点开展"四五"普法教育，确保各项业务安全、稳健运营。

（康 滨）

招商银行北京分行

行长 尹凤兰

2003年，招商银行北京分行（以下简称招行北京分行）继续坚持“稳健经营、严格管理”的经营理念和企业文化，全体干部员工顽强拼博，利润、质量、规模等核心指标再创佳绩。截至年末，分行共有25家支行，其中：年内新建并开业支行1家、迁址并开业支行1家，在岗职工1456人。本外币总资产636.80亿元，比上年增加121.38亿元，增长23.55%，进入新世纪以来年递增32.83%；本外币存款余额577.46亿元，比上年增加121.75亿元，增长26.72%，近四年来年递增33.81%；本外币贷款余额356.35亿元，比上年增加98.00亿元，增长37.93%，近四年来年递增42.71%，按照“五级分类”口径，不良贷款率为0.34%，比上年下降0.57个百分点。在连续多年资产质量保持优秀的前提下，2003年的不良贷款率和不良资产绝对额仍实现了“双降”；实现税前利润6.5亿元，比上年增加1.17亿元，增长21.95%，近四年来年递增25.62%，按照日均资产口径，2003年资产利润率为1.31%。其业绩连续四年获得招商银行经营管理业绩综合考评第一名。

对公营销 2003年，招行北京分行大力完善对公营销体系：一是分行成立了一级部门公司银行部、同业银行部。二是全面推出客户经理制，首批聘任了120名客户经理。三是利用分行在企业资金管理专业化及网上银行的领先优势，搞好个性化服务，如：4月，首次涉足飞机融资业务一举成功，成为惟一中标的股份制银行；在“非典”肆虐时期，与某电力集团签订100亿元的授信合同，并成为首家与之开展授信业务的股份制银行，同时也促成招商银行建行以来第一大单业务。四是招行北京分行与中国人民银行营业管理部、北京地税局合作开发“税库银联网”系统通过测试，该行成为北京地税局惟一指定的试点银行。截至年末，招行北京分行本外币自营存款实点余额、日均余额增量分别达到122亿元和117.5亿元，首次双双突破百亿元大关。

对私业务 2003年，招行北京分行新推出20多种对私中间业务产品，其中24小时购电、语言考试网上报名、网上邮局、网上代售金银币、互动福彩自助投注等项业务，在北京地区独树一帜。信用卡年内累计发卡12.2万张。个人外汇买卖交易量91.45亿美元，手续费收入194万美元，均是2002年的4倍以上。全年累计代发工资总额近 50.7 亿元，形成沉淀资金近 25 亿元。年末本外币储蓄存款余额 235 亿元，比上年增加 58 亿元。其中外币储蓄存款在全行业大幅萎缩的情况下逆势增长，净增 1.02 亿美元，增量在北京同业中排名第一，在招行系统内连续四年保持第一。

信贷业务 2003 年，招行北京分行进一步强化风险管理的系统化控制。在行内全面推行了自定的信贷资产七级分类标准；加强了对热点行业的分析和通报，从而对风险偏大的行业和信贷项目及早建立定期跟踪档案，将风险控制关口前移，变事后评判为事前控制；同时，强化信贷调查和检查的深度和力度，实现了贷前调查、贷时审查、贷后检查的“三分离”，常规检查、重点检查、联合检查的“三结合”。

在强化风险控制的同时，更加重视不良资产清收工作。2003 年，全行收回逾期贷款近亿元；压缩“五级分类”之后三类有问题贷款约 3000 万余元；收回账销案存贷款本息近 2000 万元。其中：一笔 1995 年发放的 100 万美元贷款，在借款主体早已不存在，担保主体也已成空壳的情况下，资产保全人员历经艰辛，终于全额收回本金、利息和罚息。按“五级分类”口径，不良贷款率为 0.34%，比上年下降 0.57 个百分点。同时，后三类贷款余额每年以 1 亿元的速度递减。在连续多年资产质量保持优秀的前提下，2003 年的不良贷款率和不良资产绝对额仍继续实现了“双降”。

国际业务 国际结算业务增长较快。全口径国际业务结算量为 45.5 亿美元，增长 43%。其中单证业务 20.14 亿美元，结售汇 35.20 亿美元，贸易融资 15.61 亿美元，分别比上年增加 7.63 亿美元、14.83 亿美元、11.53 亿美元。国际业务收入 1323 万美元，其中中间业务收入近 5000 万元人民币，在全行中间业务收入中的占比达 35%。自 2002 年以来，贸易融资、单证结算、结售汇等主要国际业务量指标均以超过 6 亿美元的年递增速度增长，递增率分别超过为 225%、76% 和 56%。

抗击“非典” 4、5 月间，面对严重的“非典”疫情，招行北京分行积极响应政府和总行的号召，坚持创业、抗疫“两手抓”。在一些同业临时停业的情况下，招行北京分行从保持首都金融稳定的大局出发，全部营业网点坚持正常营业，全行营销人员坚持上门服务、上门营销。5 月 23 日，分行召开全体中层干部会议，部署自营存款劳动竞赛，吹响了“夺取抗击‘非典’和业务发展全面胜利”的冲锋号。

由于周密部署，措施得当，调度有序，全行没有一家营业网点因疫情而停止营业，1000 余名员工、经警没有一人被感染“非典”病毒。尤为可贵的是，在面临前所未有困难的形势下，各项业务全面突破，前五个月实现利润 2.63 亿元，同比增长 65%。招商银行行长马蔚华专门发贺信祝贺，称赞“北京分行的领导班子是一个团结有力的班子！北京分行的员工队伍是一支能打硬仗的队伍！”

当“非典”疫情肆虐之时，招行北京分行更加注重发挥党员的先锋模范作用，上至分行领导下至各部门、各支行负责人没有一位党员干部请假休息，始终坚守岗位，为全行做出了表率。危难锻炼了队伍，2003 年“七一”分行党委表彰了 44 名优秀党员，同时经过考察，44 名员工加入了党组织，入党人数为历年之最。

内部管理　年初，招行北京分行按照市场营销体系、风险控制体系和内控管理体系三条主线进行行领导班子分工，明确管理责任；专门成立及分设了有关机构，强化分行部门的纵向管理职能；同时，在原有分行业务发展、风险控制委员会的基础上，增设稽核监督、内控评审委员会；在原有事后监督、放款、清算、票据、客户服务、个人理财和财务七个管理中心的基础上，增设个人资产业务中心、单证中心和清机中心，逐步完善并确立了分行“三个体系、四委员会、十大中心”的集中式管理模式。通过由行领导分工负责，跨部门参与的形式，发挥委员会的综合协调和集体决策作用，强化管理的合力，对各项业务的组织推动和风险控制采取集中化、专业化、系统化管理。

队伍建设　2003 年，招行北京分行采用多种形式深入开展对企业文化和经营管理理念的再认识。在分行九周年行庆大会上，尹凤兰行长将该行企业文化的内涵深化为风险文化、管理文化和创新文化，将其精髓归纳为“稳健经营、持续发展；以人为本、严格管理；与时俱进、开拓创新；超越自我，追求卓越”的十六字行训，引起全行员工强烈共鸣。

分行进一步完善了科学化、制度化的干部队伍管理体系。2003 年全行共组织 11 场陈述会，13 场竞聘会，46 名普通员工通过竞聘走上初级领导岗位，39 名干部通过陈述得到晋升，总人数比上年增加 25%；全行有 2226 人次的干部员工受到不同形式的表彰和嘉奖。此外，还实施“干部问责制”，对领导不力、管理不到位的干部实行问责、质询，直至淘汰。“以人为本”思想和“区分管理”原则的深入贯彻，为人才的健康成长与全面发展创造良好的条件和广阔的舞台。

机构发展　2003 年，招行北京分行适应业务拓展需求，加快了机构建设步伐。先后完成了静安里、金融街两家支行开业和迁址开业工作，安定门支行正在筹建中。此外，还先后组织实施了对展览路、建国路、方庄、王府井和长安街支行部分营业区、办公区的升级改造，进一步提升了支行服务形象和水准。

（周亚鹏）

上海浦东发展银行北京分行

行长 马宝喜

2003年，上海浦东发展银行北京分行（以下简称浦发北京分行）经历了“非典”疫情、628项目上线、分行迁址、分行领导班子调整等一系列重大事件。面对困难和挑战，全行上下团结一心，连续作战，战胜了“非典”疫情、628项目成功上线，打了一场漂亮的第四季度营销攻坚战，各项业务指标，特别是资产业务得到大幅度提升。

截至年末，分行共设1个营业部，18个支行，在岗员工724人。本外币资产规模达到334亿元；本外币存款余额318亿元，本外币日均存款余额308亿元，其中：本外币储蓄存款余额25.97亿元；本外币贷款余额207.38亿元，其中：个人贷款余额13亿元；实现本外币账面利润2.5亿元。

资产负债业务　2003年，浦发北京分行为迎接新一轮的大发展，在全行开展了第四季度营销攻坚战，各业务条线统一思想、统一认识、相互协作，大力开展团队营销，综合营销，使营销工作取得长足进展，各项业务指标、特别是资产业务得到大幅度提升。截至年末，全行本外币存款余额达到318亿元，比2003年第三季度末余额增加27亿元，增幅9%；本外币贷款余额207亿元，比2003年第三季度末余额增加40亿元，增幅24%。

金融产品与服务手段　2003年，浦发北京分行注重金融产品的开发与推广，先后增加了多项新业务品种和服务手段，如公司金融业务条线的保理业务、回购型资产转让业务和国内信用证业务等，第四季度特别邀请一些在京的大中型企业或企业集团，召开了大型的公司金融产品推介会，收到了良好的效果。个人金融业务条线推出了二手房贷款快速通道，二手房抵押消费贷款、直客式汽车消费贷款、个人经营性贷款、住房贴息贷款、笔记本电脑消费贷款，“房屋理财”组合产品，“东方荣光商旅卡”，开办留学贷款证明书等一系列金融产品和服务手段。通过成立“浦发汇市直通车俱乐部”和举办“北青浦发杯汇市竞技大赛”带动了全行个人外汇买卖交易量的持续增长。

金融机构业务　综合授信是浦发北京分行对目标客户进行市场营销的一个重要手段，也是该行对金融机构客户开展资产业务的必要前提。2003年，配合资产业务的拓展，该行对中国银河证券有限责任公司、中船重工财务有限责任公司、中煤信托投资有限责任公司等金融同业目标客户进行综合授信，以资产业务带动负债业务的拓展。截至年末，浦发北京分行本外币同业存款余额达到206721万元，完成全年计划的103.36%，比年初增加37330万元，增长22.04%；本外币同业存款日均余额达到162650万元，完成全年计划的108.43%，比年初增加1737万元，增长1.08%。

清收不良资产 2003年，浦发北京分行对年初的存量不良资产，采取多种手段进行压缩化解。一是通过各种渠道加强与法院、律师事务所等业务部门的联系、沟通和配合，督促和协助经营部门主动查找被执行人财产线索，配合法院处理查封资产，加强执行力度，努力减少信贷资产的损失。二是辅以合理的奖惩措施，将工作计划落到实处，分行行长分别与单笔不良资产金额排名前十位的经营部门签订了《清收责任书》，并严格督促责任书的落实。三是重点抓大额不良资产的现金清收，将力量用在刀刃上，在现金清收过程中，结合个案情况，将责任落实到个人。工作中立足于当年发生、当年化解，保全部及早介入，分支行联动，努力提高不良资产的处理成效。截至年末，按“两呆”口径计算，现金清收5832.98万元，重组3988万元，核销5866.5万元，当年压缩共计15687.48万元，年末余额比年初净减少3087.48万元；按“后两类”口径计算，现金清收3552.51万元，核销5866.5万元，当年压缩共计9419.01万元；历史遗留不良贷款现金收回6130.98万元，核销950.5万元，当年共计压缩7081.4万元，完成了浦发总行下达指标的123%。

抗击“非典” 面对“非典”疫情，浦发北京分行快速反应，分支行在最短时间内成立了预防“非典”工作领导小组，为全行正确处理预防工作和业务工作中的各种问题提供明确指导；党政工团齐抓共管，分支行、各条线密切配合；分支行各级领导坚守岗位，广大员工坚持奋战在业务一线，全行干部员工表现出了良好的敬业精神、奉献精神、团队精神和特别能战斗的工作作风，经受住了一次非常的考验。被分别授予“首都防治非典型肺炎工作先进集体”和“北京市金融系统防治非典型肺炎工作先进集体”荣誉称号。

机制体制建设 2003年，浦发北京分行在机制体制改革方面进行了积极的探索。一是进一步完善客户经理绩效考核办法，在实施过程中不断纠偏，狠抓落实，加大检查力度，促使新的管理制度运转起来；二是针对个人金融业务，成立了理财中心、个人贷款中心、电子银行中心和管理中心，构建新的个人金融营销体系框架，完善对个人金融客户经理和产品经理的考核激励机制；三是在分行设立财务核算中心，对所有支行的财务进行集中核算管理；四是在分行成立资金营运中心，统一调配使用资金，平衡全行的资金供求关系。

风险内控管理 浦发北京分行在内控机制建设中，采取了以下措施：一是推行专业审贷制度，通过设立专业审贷岗位，建立起了专业审贷队伍，并根据授信业务的风险等级进行授权审批，做到授权清晰、责任明确、效率提高、风险控制，提高了分行授信管理人员的专业素质和授信风险管理水平；二是严格执行贷款五级分类制度。工作中采取三个及时分：即贷前调查时及时分，贷后检查时重新分，发生突发情况时及时分。同时加强对分类结果的审核，在客户经理初分的基础上，分行风险管理部逐笔对贷款分类结果进行复审，并经有权审批人审批后认定，保证了贷款分类结果的严肃性和规范性；三是加强授权授信管理，对企业信用等级的高低、贷款质量的好坏、贷后检查的结果，作为对企业授信的依据，从行业、企业、业务品种上统一把握贷款风险，使贷款五级分类、信用等级评定、贷款检查和授信管理等形成信贷管理的一个有机整体；四是加强信贷检查工作，年内利用两个月时间，对全辖21个机构授信业务的风险性进行检查，如实反映出了全行的信贷资产质量状况，纠正了信贷业务管理和操作中存在的问题，及时、全面地揭示了风险，增强了干部员工的风险意识；五是坚持动态调控，不断优化客户群；六是对全行风险业务、风险环节进行现场和非现场稽核监控，充分发挥稽核职能部门的检查监督作用，不断完善以三道防线为基础的内部控制体系。

思想政治工作 2003年，浦发北京分行通过开展党风廉政教育月活动、组织全行党员和中层以上领导干部进行"预防职务犯罪法律知识及党纪政纪条规"的考试、组织观看《洗礼》、《警钟长鸣》专题教育片、落实党风廉政建设责任制等，以多样化形式开展党风廉政建设宣传教育活动，把党风廉政建设工作不断推向深入；党政工团齐抓共管，深入开展"笃守诚信、求真务实"的品牌建设，开展丰富多彩的企业文化建设活动，营造积极向上的文化氛围，为全行各项工作的开展奠定了良好的思想基础和广泛的群众基础；通过在全行、党内、团内开展"英才奖"、"创先争优"、"青年岗位能手"、"青年文明号"、"优秀志愿小组"等评选工作，通过大力表彰在抗击"非典"、628项目上线、第四季度营销攻坚战中涌现出的先进集体和先进个人，在全行营造学先进、赶先进、超先进的工作氛围；通过举办文艺汇演、篮球联赛、登山比赛、拔河比赛、争上游扑克大赛和开创新纪元全行签名等系列活动，收到了活跃气氛、增强凝聚力的良好效果。

队伍建设 浦发北京分行为了逐步提高客户经理队伍的数量和质量，2003年，通过外部招聘、内部培养、强化考核的方式，不断充实客户经理队伍，提高客户经理综合业务素质水平。结合全行队伍的实际状况和业务发展需求，加强系统的培训工作：一是对全行中高层领导干部进行远程教育培训；二是分业务条线、分专题对员工进行系统培训；三是对新员工进行入行培训；四是进一步完善岗位资格认证制度，组织参加浦发总行初级、高级客户经理资格、审贷资格等系列考试；五是积极组织出国考察培训工作，从理财营销、风险管理、行政管理和安全保卫等方面，学习国外先进的管理经验和经营理念，寻求业务合作机会。

（李鸿元）

广东发展银行北京分行

行长　张庆修

2003年，广东发展银行北京分行（以下简称广发北京分行）以“四大理念”（即：实施发散营销，全面严格管理，创造高效银行，塑造学习型团队）为指导，进一步做好基础管理工作，实施业务管理中心体系，正确处理业务发展与管理升级的关系，确定广发北京分行从创业期向稳步发展期顺利过渡的思路。由于工作方针明确，工作目标重点突出，工作措施具体可行，2003年，在业务拓展及基础管理工作方面取得了一定成绩。截至年底，分行共设营业部1个，分理处19个，在岗职工666人。资产总额达到288亿元，比上年增加89亿元，增长44.72%；本外币存款252.92亿元，比上年增加77.29亿元，增长44.01%，其中：人民币存款237.48亿元，比上年增加72.07亿元，增长43.57%；本外币贷款175.50亿元，比上年增加53.18亿元，增长43.48%，其中：人民币贷款173.78亿元，比上年增加51.82亿元，增长42.49%；实现利润3.14亿元，比上年增加1.0亿元。

存款业务　为进一步扩大支行的服务功能，提高支行的竞争力，分行对18家支行下放信贷受理权，有效地提高了信贷业务的营销效果；改革考核体系，以增强分支行联动的整体效应，优化业务结构和质量，对分行部门下达了全辖捆绑式指标，增强了部门服务指标的权重，同时对支行考核指标的权重做了适当调整，增强了各支行全面开拓业务的积极性和主动性。各支行按照发散营销的要求，理清了本行发散营销的思路，努力建设特色支行，支行竞争力的增强有效地带动了负债业务的快速增长。

信贷业务　为扩大整体资产规模，提高综合竞争力，2003年，广发北京分行信贷业务发展快速，全年贷款增量达到前五年总和的60%，进一步扩大了北京分行市场份额。在贷后管理上，初步形成了制度建设、预警、监测、检查、整改等一套完整的管理体系，使贷后管理工作做到常规化、制度化。通过调整信贷投向，坚持以中小企业为主要营销对象，致力于改善资产结构，大户集中度过高的问题得到缓解。化解不良资产工作成果显著，共收现7900余万元（含中银不良资产），保全了近11000万元的资产，盘活各类不良资产7亿元，使前期的历史包袱得到了有效的化解。此外还以再审方式，减少了分行已被法院冻结查封的近千万元资产的损失。实现了总行和监管部门提出的“双降”目标。

个人银行业务 为有效推动个人银行业务的发展，2003年，广发北京分行成立了分行个人信贷中心，各营业网点成立了个人银行部。在个人信贷方面，开发了个人住房加按、换按、转按贷款，个人助学贷款和针对高端客户的“个人综合授信”业务品种。率先引入了个人信用评价的观念，加大对单个借款人贷款业务的整体风险控制。制定出了《中小民营企业理财方案》；开发“广通卡”、民生保险“阳光旅程”联名卡等；在个人理财方面，推出了珠江三角洲民营企业贷款项目集合资金信托计划、广发储蓄增值理财计划等产品。成功开发了“个人信贷业务管理系统”，使个人信贷业务的办理速度从申请材料齐全受理到放款只需要1天半的时间，大大提高了工作效率。

票据业务 2003年，广发北京分行克服“非典”、宏观调控、利率升高等种种不利因素，通过采取多种措施，不断加大创新力度，推出了买方付息贴现、协议付息贴现、商票保付贴现等新的业务品种，票据业务取得了喜人成绩。截至年末，累计贴现票据75.54亿元，比上年增加25.74亿元，增长51.69%，其中商票贴现13.61亿元。票据业务实现利差收入4017万元。

国际业务 2003年，广发北京分行外汇业务以市场为导向，加大创新工作力度，坚持以结算业务为市场切入点，不断积累优质客户，通过深层次优质服务，带动结售汇、贸易融资、资产业务发展。积极推广出口退税贷款业务，与多家出口企业建立了退税关系，在北京市场形成一定影响力。不断扩大资金运用渠道，适时组合推出外汇对公理财业务，提高外汇业务收入。

银行卡业务 为加快信用卡业务发展，广发北京分行成立了信用卡营销中心，拓宽了信用卡申请表发放渠道和持卡人还款渠道，开发了信用卡特约商户，为信用卡快速营销优化了环境；开展了“百万真情大回馈”等10余项宣传促销活动；加大催收力度，控制新增不良透支，催收组针对诸多“钉子户”采取专业外包的方式开展催收工作，效果明显。

风险防范 按照“规范管理年”活动实施方案，广发北京分行开展了各种形式的学习、培训及“自我剖析、对照整改”等活动，认真查找盲点和制度空白点；重新修改财会各岗位工作职责，严格一线业务操作，最大限度地减少随意性，使柜台人员差错率控制在万分之四以内；还在系统内率先进行了人民币资金清算的改革，取消了辖内往来交换，通过报文发送进行清算；推行了财会经理委派制；完成了财务核算同城报账的工作；实行了集中采购、财审会制度；实施了有重点、有侧重滚动式的会计业务事后监督工作，强化财会内控体系的建立。

开展了对全辖各营业网点在财会、信贷、资金、个人银行、信用卡等业务管理方面的全面检查，有效地推动了全行的规范经营。分行严格按照内部控制评价实施办法在全辖开展了内控评价工作，对被评价单位从内部控制环境、风险识别与评估、内部控制措施、信息交流与反馈、监督评价与纠正等方面进行了全面的验收。通过整改，进一步完善了全辖内部控制机制，提高了防范风险能力。

网点建设 根据年初“以挖潜增效为着眼点，规划网点布局，加强网点建设”的要求，有计划、按步骤地推进新建网点的规划与建设工作。经过认真考察及可行性分析，2003年，十里堡、知春路两家支行获批开业，广发北京分行全辖营业网点达到20家。

人力资源　为提高员工综合素质，广发北京分行不断加大培训工作力度。一是组织各类培训181期，培训人员达9575人次，全行参训率1469%；二是加强风险控制，对支行领导班子坚持“双人配备”，重要岗位（如财会部经理）由分行统一配置；三是提高了员工的福利待遇，为员工购买了意外伤害保险等。

科技开发　科技工作在保证安全运行的基础上，一是加强了科技规划与开发工作，先后开发设计了联通代收话费、信用卡管理系统、资金统计分析系统等多个系统；二是认真组织、团结奋战，出色地完成了数据集中工作，实现了集中前后科技支持的平稳过渡；三是开发了信用卡管理系统、联通代收费系统、资金统计分析管理系统、固定资产管理系统、个人消费信贷系统，同时积极做好批量代收付系统、贷款会计系统、手机钱包系统、外汇宝系统、一户通系统、办公自动化系统、保证金系统、单证二期的上线工作，为业务参与市场竞争提供了有力的技术保障。

安全保卫　加强安全保卫工作，制定了安全检查工作方案，结合广发总行和北京市公安局的安全验收达标标准，对全辖各网点技防、物防安全设施进行了彻底检查，确保安全保卫工作万无一失。保持全行各项工作安全稳定发展，全年未发生大的安全事故。

优质服务　广发北京分行认真开展规范化服务达标活动，取得了比较好的效果。一是认真落实《广东发展银行作风建设与规范化服务标准》，在全辖开展了规范化服务达标活动。印制下发了《北京分行作风建设规范化服务达标考评标准和办法》、《北京分行服务督导制度》。二是积极开展服务规范、岗位规范的培训。对分行非管理级员工实施持证上岗，持证上岗率达98.31%。三是在各营业网点推行“四个统一”服务标准，优化整体服务环境。四是加强落实，采取多种形式，对营业网点的服务进行明查暗访，发现问题，及时整改。

党团工会工作和精神文明建设　广发北京分行以学习、宣传和贯彻党的十六大精神为指导，按照“三个代表”重要思想的要求，开展了“三讲一树，从我做起”的主题教育活动；为体现分行企业文化的氛围，激励员工积极向上的斗志，将《员工使命宣言》制成展板在各网点悬挂，将200多块励志格言分发给部门和支行；分行在全体员工中积极倡导追求“四大境界”，即出规模、出效益、出形象、出人才，使员工逐步养成把困难当成机遇，视效率为创造价值的源泉的良好习惯。

（陈鸿知）

兴业银行北京分行
（原福建兴业银行北京分行）

行长 蒋云明

2003年，兴业银行北京分行坚持服务首都经济建设，服务广大客户，积极推进一流现代商业银行建设，各项事业蓬勃发展。在2003年度兴业银行全系统综合评比中获得了一类区行利润贡献第一名、资产质量第一名、加权风险资产利润率第一名和年度综合考评第一名等荣誉。截至年末，北京分行共有19个经营机构，在岗员工403人。本外币资产余额319.93亿元，比上年增加101.7亿元，增长46.63%；本外币存款余额299.04亿元，比上年增加85.34亿元，增长39.93%；本外币贷款余额168.24亿元，比上年增加91.31亿元，增长118.68%；当年实现利润3.31亿元，比上年增加1.30亿元。

同业业务 兴业银行北京分行同业业务遵循宽领域、专业化的经营方针，形成了专业、高效的产品和服务体系。银证业务继续发挥整体优势，与北京多家券商建立了良好的合作关系，业务范围涵盖证券资金清算、证券资金存管、综合授信等。与信托投资公司合作适应市场发展，除同业拆借、信贷资产回购等传统业务外，适时开办了信托产品代理资金收付业务。2003年，先后与3家信托公司合作，代销4只信托产品，取得了良好的成效，中间业务收入占比大幅提高。与财务公司合作进一步加强，通过同业拆借、票据回购和信贷资产回购等业务产品，带动了北京分行与国家大企业集团公司的全面合作。截至年末，北京分行已经与60多家同业客户建立了各类业务合作关系，同业存款大幅提高，资金实力进一步增强，实现了银行与客户双赢的发展目标。

公司业务 兴业银行北京分行面对日益激烈的市场竞争，一方面在传统业务领域争取更多的市场份额，另一方面积极推进产品创新，研究推广公司理财业务和与公司业务相关的中间业务，有针对性地帮助客户设计方案，通过产品组合或改良来满足客户的多样化需求。将传统业务与创新业务相结合，资产业务与负债业务相结合，并通过互动沟通了解公司客户的具体需求，敏锐捕捉市场机遇，为客户量身打造综合性强、优质高效、成本低廉的业务品种组合，采取多种方式支持企业的发展，拥有一批相对稳定的优质客户群体。

截至年末，人民币对公各项存款余额225.15亿元，比上年末增加68.11亿元，增长43.37%。代销了7只基金，代销总金额11626万元，受到兴业银行总行的嘉奖。

个人业务　兴业银行北京分行坚持以公司和同业业务为依托，加大业务联动力度，实现了个人负债业务、资产业务、中间业务的协调发展。截至年末，分行人民币储蓄存款余额首次突破10亿元，达到112789万元。分行成立了个人资产业务中心，开办了住房公积金贴息贷款、个人住房装修贷款等个人资产业务，形成了从住房到装修，从住宅到商用的个人按揭贷款的一条龙服务。全年累计发放个人贷款46987万元，其中个人住房贷款41275万元，年末个人贷款余额为51877.39万元，不良贷款率及逾期贷款率继续保持“双零”纪录。大力发展银保、银证等个人中间业务。在代理销售保险的基础上，先后开展了代理退保、代理赔付等业务；先后与23家券商营业部签订了银证业务合作协议，推出了代售美国运通公司旅行支票业务和联机缴费、电子售卡、代收水费和代理市政交通一卡通售卡充值等多项代理业务。

银行卡业务　兴业银行北京分行加大业务创新力度，丰富兴业卡功能，改善用卡环境。与银联北京分公司合作在兴业卡上开通了“96299电话缴费支付功能”，成为首批使用“96299”电话平台的商业银行之一；与美国零售业跨国企业沃尔玛公司合作，推出了“办兴业卡，做山姆会员”活动；继续推进兴业商务保险卡和兴业西单商场联名卡营销推广工作，兴业卡的市场竞争力进一步提升。加强联网通用工作，兴业卡跨行交易成功率一直在北京地区稳居各商业银行前列，收单商户数已经达到35家，布放直联POS机40台，用卡环境进一步完善。截至年末，兴业卡累计发卡量达到24万张，提高了市场知名度。

国际业务　兴业银行北京分行国际业务按照“夯实基础，保住重点，扩大目标，以点带面”的经营策略，以客户需求为导向，进一步完善服务手段，丰富业务品种，加大业务营销力度，在确保优质老客户业务量不断增长的同时，积极培植新的客户。加快资金汇划速度，提高国际结算效率，进一步增强了分行的核心竞争力。目前辖内经营外汇业务的机构已达18家。截至年末，外汇存款18961.05万美元，外汇贷款4162.09万美元；全年累计办理国际结算216722.49万美元，比上年增加107017.99万美元，增长97.55%；结售汇211993万美元，比上年增加104815万美元，增长97.8%。

网上银行业务　兴业银行北京分行成立了网上银行业务中心，加强网上银行业务管理，网上银行交易量增长迅速。2003年，发展网上银行客户648户，累计发生各类网上银行交易11473笔，交易金额人民币670亿元；发展网上个人银行客户1496户，发生交易1017笔，交易金额人民币816万元；新增网上特约商户4户。

经营管理　2003年，兴业银行北京分行各项业务经营保持良好的发展态势，资产负债比例管理指标执行良好。针对国家货币政策继续保持适度从紧，市场利率大幅上升，积极采取措施，优化信贷结构，降低资产风险权重，严控风险资产的增长，对不同类别的信贷资产项目分别采取分解、收回、买断、转让置换等方式，有效解决了贷款集中过度等问题，以质量为中心，完善资产负债配置机制，带动各项业务的健康发展。

信贷管理　兴业银行北京分行信贷管

理工作通过项目准入、比例调控、利率杠杆等多种措施，积极引导所辖经营机构在加大信贷投放的同时，不断优化行业结构。在营销工作中，更加重视对优良客户的拓展，适时终止了与风险较高客户的信用关系，进一步优化了客户结构。建立了信用项目季度预报审制度，努力实现信用项目的统筹安排，加强了信贷业务的计划性。“非典”期间，及时调整了信贷政策，有效降低了疫情对业务发展的负面影响。

同时，继续加强信贷业务的各项制度建设，完成了信贷系统的升级，不断规范事前、事中和事后各个环节的操作，努力实现操作风险的事前预防。通过规章制度的健全完善，形成严密、规范的业务流程，辅以电子化程序的硬约束，提高了信贷基础工作的水平。另外，将业务人员的技能培养作为一项重要工作来抓，使经营机构识别风险、防范风险和处置风险的能力获得有效提高。

风险控制 兴业银行北京分行继续建立和完善各种风险管理的制度和措施，遵循“客观、规范、审慎、高效”的原则，不断提高信用项目审查的规范性和效率，并实行了审查人员对重大疑难项目独立调查的制度。继续将信用资产的五级分类全面纳入日常工作。信贷系统及风险监测系统进行了升级，实现了贷款卡系统的全国联网，提高了风险预警的能力。加强了法律事务管理，有效防范业务办理中的各种法律风险。严格信用业务基础工作，不断规范贷前、贷时和贷后各个环节的操作，有效防范操作风险。严格有效的风险管理和控制保证了北京分行开业以来连续第四年实现了不良资产和应收未收利息“双零”的可喜成绩。

内部控制 一是加强制度控制：补充制定了《会计主管工作管理办法（试行)》、《自助银行现金押运及装取款的安全管理暂行规定》、《中心金库管理补充规定》等十多项内控制度。二是完善机构设置：2003 年，北京分行成立了“会计事后监督中心”，全行实行“审计区域派驻制”，进一步深化了审计体制改革。三是加强人员控制：本着“以人为本”的原则，加强员工业务培训和思想教育工作，提高从业人员的业务水平。四是强化监督检查：认真履行监督职能，积极参加兴业银行总行组织的所辖机构评价、网上银行调查；对北京分行所辖各机构进行常规审计检查，检查涉及信贷、财务和会计等方面。同时，通过开展开业验收和离任审计等审计项目，进一步加强了对所辖机构的指导和监督，有效防范和化解各种风险隐患。

电子化建设 兴业银行北京分行顺利完成本外币核心业务系统上线工作；积极推广个贷系统、信贷管理系统（升级版)，完成了自助通系统标准化改造；完成了全行范围的视频会议及 IP 电话系统的建设；自主开发了“中标赋码结算”系统，“市政公交一卡通”系统，直联 POS 商户自动入账交易、公共收费交易、消费数据统计等；开发了银行卡电话支付系统；实施了 95561 电话银行系统改造；开通了分布式银证平台业务；加速办公自动化系统推广；以强化计算机安全防护系统为着眼点，建立了灾难备份中心，使计算机安全防护保障体系更为完备。

企业文化建设 兴业银行北京分行积极营造有利于人才成长的企业文化氛围，本着尊重劳动、尊重知识、尊重人才、尊重创造的方针，健全了企业文化建设的组织机构，完善企业文化建设工作机制，形成了“进兴业门、做兴业人、办兴业事”的爱岗敬业精神和“有为才有位”的拼搏进取氛围。通过开展征集企业文化理念活动和组织形式多样的文化活动，增强了广大员工的主人翁意识和家园意识，使具有时代特征的企业文化核心理念得到了提升。通过规范化服务达标活动，全面带动了服务质量的提升，被首都精神文明建设委员会评为“首都创建文明行业活动规范化服务行业”，被中央金融工委文明办、首都精神文明建设委员会办公室、中共北京市委金融工作委员会联合授予“首都金融业创建文明行业先进工作机构”。

（综合部）

深圳发展银行北京分行

行长　万安培

2003 年是深圳发展银行北京分行（以下简称深发北京分行）的“质量、发展”年。该行坚持四个立行的经营管理理念，改革发展、控制风险、优化管理，实现规模、质量、效益的协调发展，全面完成深发总行下达的各项经营管理目标，进入北京同业先进银行的行列，也为实现深发总行提出的五年内“打造一流商业银行”的发展目标做出了应有的贡献，深发北京分行力争在五年内成为深圳发展银行最好的分行。

一年来，深发北京分行在监管部门和深发总行的大力支持下，全体员工齐心协力、努力拼搏，取得了一定成绩。截至年末，本外币总资产 172.87 亿元，比上年增加 65.94 亿元，增长 61.67%。本外币存款余额 127.03 亿元，比上年增加 43.58 亿元，增长 52.22%。其中人民币存款余额 109.08 亿元，比上年增加 32.35 亿元，增长 42.17%。本外币贷款余额（不含贴现）80.05 亿元，比上年增加 28.14 亿元，增长 54.21%。其中人民币贷款 76.3 亿元（不含贴现），比上年增加 24.48 亿元，增长 24.48%。当年实现利润（税前利润）0.73 亿元，比上年增加 0.32 亿元。截至年末，分行共有 10 个支行，在岗职工 365 人，平均年龄 30 岁。

存款业务　2003 年，深发北京分行针对因资产业务快速发展而负债业务相对滞后的状况，将促进存款增长作为各项工作的重点，多管齐下，加大对存款市场的开拓力度：一是加强对机关团体、事业单位纯存款户的营销力度；二是注重资产业务对存款业务的带动作用，沉淀保证金存款和结算存款；三是加大代收付等业务的开发力度，吸收储蓄存款；四是加强同业合作，促进同业存款增长。截至年末，本外币各项存款余额 127.03 亿元，比上年增加43.58亿元，增长52.22%，日均存款96.45亿元。其中：对公存款余额122.65亿元，比上年增加41.37亿元，增长56.90%，对公日均存款93.54亿元；储蓄存款余额4.38亿元，比上年增加2.21亿元，增长102.00%，日均储蓄存款2.91亿元。

公司金融业务 深发北京分行公司金融业务以大中型企业为主体，兼顾具有发展潜力的优质中小型企业，积极拓展中央直属企业及首都经济圈优质企业以及竞争优势明显的外资企业和外地驻京企业。从行业分布情况看，重点渗透石化、电信、汽车、商贸、房地产、市政基础设施、文教传媒和卫生行业。同时积极转变营销理念，变被动营销为主动营销、个体营销为组织营销，扩大技术营销的比重，以设计系统解决方案，切实满足客户综合需求为营销手段赢得客户信任，有力地支持了首都经济发展。

新业务 新推出的业务品种主要有企业透支账户和集合信托产品。企业透支账户额度是银行给予企业客户在约定期限内针对指定结算账户的不超过一定金额的可撤销循环融资便利。该项业务是深发北京分行为吸引和巩固高端客户，提升对客户的服务能力，提高市场竞争力而推出的重要短期融资方式。该项业务的优势在于：融资手续简便、有利于降低财务成本、能有效解决客户突发性的支付困难，对维护企业形象、便于公司统筹安排和增强运营能力等方面起到重要作用。集合信托产品是一种由深发北京分行对信托项目提供担保和代理信托资金收付的一项综合性业务，投资人基于对银行和受托人的信任将自己合法拥有的资金委托给信托投资公司，由信托投资公司集合管理、运用于特定的信托项目，并获取相应收益。该项业务一方面可为银行带来中间业务收入，另一方面具有委托理财的功能。

信贷业务 截至年末，深发北京分行本外币各项贷款（不含贴现）余额80.05亿元，比上年增加28.14亿元，增长54.21%；全年累计发放贷款197.50亿元，累计收回贷款169.72亿元；贴现累计发生额79.18亿元。在防范风险、保证信贷资产质量的前提下，深发北京分行信贷业务渗透到房地产、商贸流通、石油化工、高科技、电信通讯、基础设施、教育、医疗卫生、能源等各个行业，形成了集贷款、承兑、商票保贴、保函、信用证、贸易融资等为一体的综合授信服务体系。

风险管理 2003年，深发北京分行信贷经营管理工作在“改进风险管理体系，加强内控、培育信贷文化；配合、推进全行加大市场开拓工作的进程，优化信贷资产结构，稳步扩张资产规模”这一思想指引下，进一步加强各业务操作环节中的规章制度建设，完善风险控制体系；搭建和调整专业化业务管理平台，完善风险管理组织架构；加大各项信贷制度执行检查力度，提高内控水平，有效实现风险控制与市场拓展的有机结合。强化了贷后管理，制定了信贷资产差异化管理办法、信贷风险预警机制管理办法、贷后检查组织与实施工作指引、贷后管理汇报制度4项贷后管理制度，有效整合贷后检查、风险分类、信贷资产监测、差异化管理、风险预警5项贷后管理工作，以实现风险防范的目的。

个人金融业务 2003年，深发北京分行个人金融业务工作重点为业务创新和对大客户的服务。截至年末，本外币储蓄存款余额为4.38亿元，比上年增加2.21

亿元，企业网上银行结算量达到71亿元，个人网上银行结算量达到7880万元，个人贷款余额2.2亿元，比上年增加2.1亿元。个人贷款业务经过几年的发展，逐步形成了“个贷业务批发做”的思路，它的优势在于：贷款手续简便、贷款手续费用低廉、还款方式灵活、提前还款容易、首付款少、贷款年限长、服务到位、贷款后续优惠多。

2003年，深发北京分行针对市场需求，在全国范围内推出了金卫士安全账户服务，通过手机为广大储户提供账户安全保障服务。目前主要的服务内容有手机确认服务和短信通知服务。

银行卡业务 2003年3月，深发北京分行隆重推出发展信用卡，截至年末，发行发展信用卡1.8万张，借记卡6.5万张。发展信用卡是中国第一张密码信用卡，已经通过国家专利局的初步审定。发展信用卡的密码使用大大提高了信用卡的安全性，一经推出即获得客户的认可和支持。

2003年，深发北京分行与北京市商业银行、中国民生银行、中信实业银行在北京地区联合推出ATM跨行转账，是发展借记卡在成功开通了网上支付、96299电话缴费功能后又一项重大举措。

国际业务 2003年，深发北京分行国际业务规模迅猛增长，业务结构明显改善，优质客户持续增加，逐步形成了中联化、中博世金、中化物产等一批相对稳定的优质客户。全年共办理国际结算业务4226笔，总金额15.9亿美元，比上年增长143%。收益在深发展系统内名列第一。截至年末，外汇存款余额2.17亿美元，外汇贷款余额4530万美元；结售汇14亿美元。国际业务规模和增长速度都在系统内名列前茅。

同业业务 2003年，是深发北京分行同业业务起步和大力发展的一年，成立了专门拓展同业市场的金融同业部。截至年末，同业存款余额27.8亿元，比上年增加16.58亿元，增长148.06%，日均同业存款18.5亿元。同业拆借、票据转贴现、资产转让等业务已经成为分行调整资产结构，满足流动性需要和提高资金使用效益的重要手段，累计交易量超过280亿元。同时，在外汇结构性存款、人民币债券结算代理、银保代理和集合信托等方面进行了积极尝试。同业客户的范围涵盖了银行、保险、证券、财务公司、信托公司和基金公司等各类金融机构，不但注重本地市场的拓展，而且加强与异地同业的联系，合作领域进一步扩大。“本外币联动、产品间互动、关系资源敲门、技术服务跟进”的营销手段已成为深发北京分行拓展同业市场的主旋律。通过与同业客户建立良好的合作关系，充分发挥同业资源的比较优势，同时建章建制，加强内控，防范同业授信风险和操作风险，有力地推动了整体业务的发展和经营目标的实现。

金融电子化 深发北京分行在保证新一代综合业务系统稳定运行的基础上，以“重创新、保安全、抓管理、促生产”为核心，重点完成了三个方面的工作：以数据挖掘、信息管理和辅助决策为目的的客户信息系统的建设，为CRM系统的实施提供了基础平台，系统的使用有效提升了行内科学化管理的水平，提高了工作效率，对于市场决策提供了量化的参考依据；以代收费业务为核心的中间业务系统的快速拓展，完成了固定电话、移动电话、IP电话缴费系统，以及Call Center、银联ATM跨行转账、96299电话支付和银证通等系统的投产运行，丰富了金融产品的种类，提供了多种支付手段，方便了客户使用；以加强网络安全、提高数据传输为目的的网络系统改造，实现了总分行、分支行间多种类型工程数据的传输，为各种应用提供了系统支撑。

网点建设 依据“科学布局、讲求效益”的网点建设指导思想，深发北京分行立足于做好做大现在的网点，提高现有网点的单位产出，并对拟设的新支行进行市场定位，确定业务拓展的目标市场和目标客户，确保新开业支行的投资回报高于总行规定的要求，开业一年后业务须达到总行规定的标准。在新支行筹备阶段的辅导方案中，对部门设置、岗位职责、人员配备、规章制度、报备内容、硬件设备、员工培训以及其他事项8个方面有着严格的要求，并在实施辅导过程中逐一进行落实，既符合审慎经营、风险控制的原则，又适应经济发展的需要。2003年12月18日知春路支行开业，分行网点数达到10家。

党建及精神文明建设 2003年，深发北京分行注重加强与改进党的建设，有领导、有计划地做好发展分行党员及培训入党积极分子的工作，举办了首期入党积极分子培训班。在精神文明建设方面，为了丰富员工业余文化生活，促进企业文化建设，分行工会举办了2003年春节联欢晚会，展现了员工积极向上、团结共进的精神面貌和多才多艺的风采；积极为新疆震区的灾民和抗击“非典”一线的白衣战士捐款，充分表现出分行员工乐于助人，奉献社会的精神风貌；举办第二届业务技能比赛，不仅提高了员工业务技能水平，更是广大员工爱岗敬业的真实体现；组织金秋健身登山比赛，培养了员工团队精神，提高了员工综合素质；同时分行团委组建了分行合唱团、组织了“植树助学”活动、参加首都金融系统职工技术比赛等。通过各种活动及比赛不仅反映出深发北京分行的精神风貌，同时很好地体现出深发展这个大家庭的魅力和凝聚力。

（张　姣）

中信实业银行总行营业部

总经理　张　强

2003年，中信实业银行总行营业部（以下简称中信总行营业部）认真贯彻总行"改革创新促发展、内控挖潜增效益"的工作方针，根据总行"抓规模存款立行、抓内控稳健发展"的工作要求，把持续健康发展作为工作的第一要务，开创了"规模、效益、质量"良性发展的新局面。截至年底，共有支行23家，正式员工799人，本外币资产总额1038亿元，比上年增长21%，本外币存款折计人民币为924亿元，比上年增长21%，其中人民币一般性存款余额608.21亿元，比上年增长23%，本外币贷款折计人民币为482亿元，其中人民币贷款423.73亿元，比上年增长34%，国际业务结算量达206.11亿美元，其中贸易项下国际业务结算量达103.33亿美元，不良资产现金回收9.98亿元。税前利润9.45亿元，比上年增长24%，实现人均创利120万元。通过一手抓发展，一手抓内控，解放思想，脚踏实地，实现了在近三年内总资产、存款和贷款规模翻一番，已经走上了一条面向市场，开拓创新，稳健经营的快速发展道路。

存贷款情况　在负债业务方面，中信总行营业部逐步建立了以机构客户和综合性客户为核心的发散式营销模式，成功开发了一批新客户，有效提高了综合性存款的比重。注重客户结构调整，有效缓解了因大户存款变动而对业务产生的影响。截至年末，人民币一般性存款余额608.21亿元，比上年末增加112.80亿元；外币一般性存款余额30.20亿美元，比上年末增加5.95亿美元。截至年末，储蓄存款本外币余额折计人民币35.32亿元，比上年末增加8.27亿元。

在资产业务方面，通过细分客户群，成功开发了通讯、能源、基建等一批优质项目，开发了具有高附加值的投资银行业务，先后与租赁、电网和通讯公司合作开展了表外融资业务，并提供财务顾问服务。截至年末，人民币贷款余额为423.73亿元，外币贷款余额为7.02亿美元，各项对公贷款比上年末增加86.88亿元；私人贷款余额34.97亿元，增长144%。

公司业务　2003年，中信总行营业部结合市场情况，巩固发展负债业务，拓宽资产运用渠道，调整客户及资产负债结构，下大力气发掘新的利润增长点，实现了规模、质量、效益三方面协调发展。建立了以机构客户和综合性客户为核心的发散式营销模式，以中央支付采购、非税收入和北京市政府采购代理业务为契机，积极开拓北京市场，挖掘优质目标客户群，成功开发了一批新客户；同时增加了综合性客户的资金沉淀，有效提高了综合性存款的比重，较好地稳定了资产规模，优化调整了资产结构。同时，加大金融产品的创新力度，开发出具有高附加值的投资银行业务。在营销组织上发挥全行资源优势，进行产品研发和整体公关，提高了工作效率；在机构设置上，公司业务部专设票据处，以大规模、高起点为标准，系统地开展了各类票据贴现及转贴现业务。

零售业务　根据中信总行提出的“解放思想、开拓创新、抓住机遇、加快发展”的指导方针，中信总行营业部形成了以住房按揭、汽车贷款和高价值强担保的小企业资产业务为核心的零售资产业务。通过公司、零售业务联动开发，成功办理了一批性价比高、销售情况良好的住房按揭贷款项目。在汽车贷款方面，与一批实力较强的汽车经销商合作，争取了较大的市场份额。还推出了一系列私人贷款创新产品，主要有住房公积金贴息贷款、“自选楼盘”购房贷款、中小企业贷款、归国留学人员创业企业“绿色通道”小额担保贷款、二手房贷款、车位按揭贷款、私人购车贷款、职工购车贷款以及“中信安家”系列私人贷款产品等。以资产业务带动储蓄业务发展，将代发工资业务与中信银行理财宝业务相结合，开办了定活两便业务品种，大力开展金榜题名贺喜存单和教育储蓄存款的营销工作，有效促进了储蓄业务规模的稳定增长。同时，由中信总行营业部牵头，联合光大银行、华夏银行、兴业银行、广东发展银行、深圳发展银行，成立了跨行通存通兑工作小组，共同拟订了“跨行通存通兑业务方案”。通过实施一系列超常规零售业务发展手段，零售业务发展势头迅猛。

国际业务　2003年，中信总行营业部进一步加大了国际业务产品营销力度，为客户提供量身定做的结算和融资产品，充分发挥支行对国际业务的营销作用，大力发挥国际业务优势并注重控制业务风险，在原有贸易融资产品的基础上新承办了间接买断、出口退税贷款、保险后出口押汇、保单权益转让项下的应收账款买断以及票据保险等一系列新产品。目前，国际业务已形成“融资带动结算，结算推动融资，以结算带动综合收益”的良性循环。截至年底，完成国际业务收付汇总额为206.11亿美元，其中贸易项下国际业务收付汇总额为103.33亿美元，比上年增长21.27%；国际业务项下中间业务收入人民币8687万元，比上年增长32.42%；贸易项下融资日均达38225.83万美元，累计实现融资收入5121.50万元，比上年增长37.09%。

中间业务　2003年，中信总行营业部加大对公中间业务产品的整合力度，专设了对公中间业务的保函处，制定了保函业务操作流程和管理办法。实现了中间业务运作的规范化、专业化、集中化和制度化。截至年底，共开出保函2403笔，比上年增长36.4%，完成信贷证明（资信证明、查证授权书）3741份，比上年增长26%，实现各项收费2485万元。零售中间业务方面，推出了个人外汇买卖业务，并在4家支行建立起个人外汇买卖中心；代理多种保险、基金的销售业务，成绩不菲；代收费业务达8种、委托缴费业务达6种，共出租保管箱851个；增加3家支行代理使馆代传递业务，全年共完成使馆代传递业务15195笔，实现收益286.41万元人民币，完成速汇金业务授权6152笔、花旗银行汇票业务授权9419笔；筹建了贵宾理财中心及4个理财分中心实体，办理贵宾理财业务1946笔。不断面向市场设计出新的业务产品，使其中间业务能够在同业中保持良好的竞争态势。

银行卡业务 中信总行营业部充分发挥储蓄和中间业务的联动作用。全年共计发行中信卡35.51万张，完成总行下达全年计划的177%，新发卡卡内日均余额1683元。丰富“中信理财宝”内容，全面开通个人网银系统，完善了中信卡积分奖励的功能，开办银行卡电话支付业务，增强了中信卡的功能和技术含量。开发并完成了北京市政府采购公务卡的发卡工作，累计已发卡10852张，累计余额7103万元；8月18日正式对外顺利发行中信市政交通一卡通联名卡，从而把中信银行卡的触角伸入到了北京普通市民的生活之中。此外还陆续发行了“中信燕莎卡”、“中信贵友卡”、“中信21世纪卡”、“中信假日平安卡”、“中信蓝岛卡”、“中信家世界卡”、“中信科普卡”等联名卡，并成功举办了中信STAR信用卡业务启动会，2003年中信STAR信用卡累计发行2231张。

资产保全工作 2003年，继续对重点项目组织重点突破和重点跟踪，在桦林集团、中汽总、华麟科技大厦、南方证券、京达房地产、深圳石化、“1号清收项目”等重大项目上都取得了重大进展。截至年底，共消化不良资产10.41亿元，其中回收现金9.98亿元，仅“1号清收项目”一次性现金回收人民币5.4亿元。重组两笔，合计4300万元；结清项目16笔，累计实现表外息收入4171.18万元，转嫁律师费及诉讼费用人民币63.74万元。在清收工作积极运用投资银行产品，以较少的费用取得了较大的非常规现金回收。编制了《清收业务手册》，积极加大业务培训力度，在资产保全部专设法律处，负责全辖的法律咨询和法律服务工作，并为资产保全部清收项目的诉讼、律师选聘和诉讼执行等出具初步法律意见，使资产保全工作进一步规范和加强。

风险管理工作 根据整体工作目标，中信总行营业部制定了《2003年度支行经营管理计划实施办法》、《支行分类管理办法》和《2003年度支行弹性费用分配指导意见》，不但优化了支行的资源配置，也有力地促进了支行的业务开发。同时还加强了对MIS系统、中信奥星卡、中信百合花卡等项目的投入产出分析。此外，实行贷款到期每月提示制度，对支行授信现状进行调查，特别是房地产信贷业务开展情况；对委托贷款业务和零售信贷业务、物业管理、后勤等工作进行了专项稽核检查，对12人次进行了离任稽核，对各部门业务档案进行了自查清理。结合“中信实业银行防范操作风险巡回剖析会”，在全体员工中开展道德教育，提倡奉献精神，提高风险防范意识。

实行会计经理委派制，建立会计后督中心。会计部制定了《会计经理委派制实施细则》，会计后督系统顺利上线。此外，还对现行使用的会计凭证和会计印章进行了整理。出台了《高管人员自律守则》，从业务操作、制度执行、人才选拔、费用管理、纪律遵守等十个方面做出了具体规定，确保了银行健康发展。通过一线业务、后督以及客户跟踪三方面的制度完善，有力地增强了风险防控能力，使近几年新增资产不良率维持在极低的水平。

网点和机构建设 2003年，中信总行营业部加强支行办公环境的综合整治，制定了支行服务规范标准，并进行文明服务先进支行评选活动，使各支行整体服务水平得以提高。先后筹建了经济技术开发区支行和安贞支行，将京西支行迁址到京城西部城乡贸易中心商圈、王府井支行迁址到北京电子城科技园区，并分别更名为新兴支行和酒仙桥支行。还在部分支行建立了贵宾理财中心实体，营销覆盖范围扩大，网点布局更加优化合理。

2003年，中信总行营业部自助银行建设力度明显加大，交易量逐渐增加。全年累计完成取现交易金额7254.39万元，交易78.24万笔（其中本代他交易56.79万笔）；存款交易金额938.52万元，交易6562笔。

在机构建设上，专设了票据处、贸易融资处、自助银行运营中心、法律处、会计后督中心等实体，机构配置更趋科学化，有力地提高了工作效率和风险防范水平。

金融电子化 中信总行营业部致力于银行新产品的软件开发，先后开发了市财政局直接支付信息查询系统和政府采购卡综合信息管理系统、内部资金拆借管理系统、代理保险业务系统，进一步开发完善了财政部“非税收入收缴”管理信息系统和东方海达代收费系统和电话银行系统，丰富了系统功能，新增了柜台代收电话费、水费自动划转以及通过电话银行卡内转账功能。开发完善了包括商户进账单、国际业务数据采集、财政账户特殊对账单、短信通等13项系列报表管理系统。此外，还完成了新版个人消费信贷系统和定活两便教育储蓄程序的上线运行，并配合总行完成了“二代”系统的物理集中和测试；开通ATM跨行转账业务。

企业文化建设 在“非典”流行期间，中信总行营业部制定了专门的防疫措施，向员工介绍防“非典”知识、发放防“非典”药品物品。实行业务人员轮岗安排、调整办公地点，制定了紧急事件预案，保证了各项工作的正常进行。

积极组织形式多样的员工培训活动，形成了业务上比、学、赶、帮、超的良好氛围。组织了丰富多彩的文体活动，如游泳培训班、拓展活动、卡拉OK大赛、郊游活动等丰富了职工生活，推进了企业文化建设。

在宣传上，对外通过总行的《工作动态》、集团公司的《中信人报》和《北京金融》、《金融时报》、《参考消息》、《财经》、《环球时报》等各种新闻媒体以及地铁月台、长安街路牌等，对本行产品进行广告宣传，扩大了中信总行营业部的社会知名度；对内通过内刊《信银视界》有力促进了员工之间、上下之间的业务和思想交流，使之成为独具特色的沟通平台。

（罗家国）

中国光大银行总行营业部

主任　张华宇

2003年，中国光大银行总行营业部（以下简称光大总行营业部）围绕发展的主题，坚持以改革、创新两项基础工作统揽全局，全力打造管理体制创新、经营机制创新、产品创新、市场营销创新平台，全面提升市场竞争能力。经过光大总行营业部领导班子和全体员工的共同努力，克服了“非典”疫情等各种不利因素带来的影响，实现了各项业务的稳定发展。截至年末，光大总行营业部下属1个营业室，26个支行，正式员工764人。总资产达672亿元，比上年增加90亿元，增长15.5%。本外币存款余额606.7亿元，比上年增加90.2亿元，增长17.4%。其中人民币存款余额562.6亿元，比上年增加92.9亿元。本外币贷款余额253亿元，比上年增加63亿元，增长33.5%。其中人民币贷款余额240亿元，比上年增加62亿元。全年实现利润总额4.55亿元。

公司业务　2003年，光大总行营业部以市场营销为核心和着眼点，形成管理部门为一线提供服务的营销组织体系，促进了对公业务的发展。一是进一步完善目标考核体系。在实行支行行长年薪制的基础上，按照业务规模和利润情况将支行划分为不同等级，确定不同的奖励系数，加大奖励与支行经营指标的挂钩比例。二是强化多级联动的市场营销体系建设。进一步强化整体营销的功能，积极适应客户集团化、资金管理集中化的发展趋势，整合全行资源和优势，组织好对全国性、集团化大企业公司的营销服务。三是制定了产品创新有关制度，确定了年度新产品开发计划，使票据“及时贴”业务及8个子项产品能够顺利推出。积极推进对公网上银行业务开展，2003年新开通网上银行64户，完成交易笔数和金额分别是上年的3.7倍和4.6倍。四是做好信息指导，增强市场敏感性。客户信息系统，将从工商局获得的新建企业信息通过内部网向支行发布，增强了营销效果。组织人力，完成了对北京市医院、高校、汽车服务业、物流、奥运建设等10项专题调研分析，有效指导了经营单位营销工作的开展。五是推进激励机制建设。组织开展对有突出贡献个人的奖励，顺利完成了客户经理动态等级考评系统的上线运行。

私人业务　2003年，光大总行营业部围绕“管理、营销、产品、服务”四条主线，推进私人业务发展。一是强化私人业务组织架构和营销队伍建设，设立了个人贷款审批中心、自助设备运营中心和客户服务中心，健全和完善了私人业务部门的职能，在支行成立了私人业务部。确定西直门等4家支行为私人业务特色行，在政策上加大倾斜力度，以点带面，推进全辖私人业务的发展。二是加大产品创新力度，精心打造私人业务品牌。逐渐形成了以阳光卡个人理财为龙头的系列产品。全年累计推行私人业务新产品、新业务18项，包括卡业务11项，其中写字楼一卡通、财务POS业务、物业一卡通、自助交费项目已作为光大总行重点项目在全行范围内推广。三是及时捕捉产品创新亮点，加大宣传营销力度。在北京电视台《电视导购》栏目连续播出介绍光大银行阳光卡、储寿保等特色业务产品的宣传片，在北京交通台陆续投放"阳光—黄金假日卡"、"阳光瑞丽卡"等产品广告。举办了"精品银行、精心理财——中国光大银行阳光理财新品推介会暨新闻发布会"，吸引了众多媒体和客户的关注。四是强化激励措施，制定了个人信贷、储蓄、阳光卡等业务奖励办法，充分调动了全员营销的积极性。

信贷业务 在信贷业务方面，为扭转贷款投放难的不利局面，除对二级呆账准备金内部考核办法进行调整外，首先在年初推出了《2003年度信贷政策实施细则》，提出了重点支持投向范围，突出以高端客户为主攻方向和信贷调整目标。其次建立"项目专人全程负责制"和"信贷业务咨询岗"，完善信贷政策传导机制。同时加强与光大总行信贷部门的沟通和汇报。全年，营业部上报总行项目授信审批通过率达到92.3%。再次对部分超大规模、控制类行业等授信项目采取"提前介入"和"现场论证"制度，加强了信息沟通和交流，为支行在授信业务营销、项目整体质量把握和审批通过率等方面提供了必要的技术支持。第四，适当调整信贷策略。对优质客户由原来的"小规模参与型"调整为"深入合作型"，对营销难度大的黄金客户采取一旦介入、加大投放、循环使用、确保收益，收到了较好效果。截至年末，支持类行业实现贷款余额和贷款占比"双增加"，余额达到196.2亿元，占比95.5%，比上年末上升2.9个百分点。A级以上客户贷款余额占比83%，超过总行下达计划3个百分点，比上年末增加3个百分点。从客户规模上看，特大型、大型企业占比达到了73%，优化了信贷结构。

国际业务 2003年，光大总行营业部不断加大综合营销力度，充分利用保理、福费廷等具有光大银行特色的业务产品，增加国际业务收益，使国际业务逐步扭转了发展缓慢的局面。全年共实现国际结算总量35.6亿美元，比上年增加6亿美元，增长20.27%。结售汇总量达22.1亿美元，比上年增加5.8亿美元，增长36%。实现收入3166万元，比上年增加345万元，取得了历年来最好成绩。

票据业务 面对票据市场发展迅猛的实际情况，光大总行营业部成立了票据中心，专门负责票据贴现和转贴现业务，通过积极走访同业，开展市场调研，逐步建立和完善了票据业务的管理办法和奖励办法，并推出了包含8项子产品的票据"及时贴"业务，使营业部票据业务得到快速发展。全年累计办理转贴现业务24笔，累计金额93亿元，是上年累计量的11倍，取得利息收入1273万元，直贴累计量为31.6亿元，是上年累计量的2倍多。

不良资产清收 光大总行营业部2003年清收不良资产2.18亿元，完成总行下达任务的145%，且全部以现金形式收回。抵债资产处置工作取得突破性进展，全年共处置表内资产1.13亿元，占表内抵债资产总额的80%。总行批准处置方案已近3年未能处置的仟村商务大厦3层裙楼拍卖于2003年底成交，处置抵债资产3400万元，2004年将收回现金2660万元，变现率为78%；原投行接收的抵债资产——投资广场项目处置方案于年底落实，处置抵债资产7890万元，2004年可望收回现金3200万元。

内部管理 一是进一步加强制度建设，严防操作风险。制定并完善了多项管理制度和业务操作流程，为业务的健康发展提供了制度保障。二是稽核工作坚持以规范业务操作和依法合规经营为宗旨，积极开展各种现场稽核检查与非现场稽核评级评价，同时配合银监会、总行监事会和稽核部门完成了对总行营业部信贷业务及财务经营活动、固定资产管理和经营指标真实性检查任务。三是强化过程管理，确保合规经营。2003年除继续坚持实行不良资产责任追究制、大宗物品采购管理办法、提醒谈话制度以外，还针对系统内接连发生重大案件的情况，及时对全体员工进行安全教育，并针对会计结算、重空保管、安全保卫等工作进行了全面检查，及时发现问题，堵塞漏洞，确保经营工作的正常运行。特别是光大总行营业部保卫处被北京市公安局记集体三等功，为光大总行营业部赢得了荣誉。

员工队伍建设 一是认真学习党的十六大精神和“三个代表”重要思想，进一步提高党员的思想政治素质。通过加强党员干部的队伍建设，形成了团结开拓、敬业奉献的团队意识，保持了积极向上的精神风貌。注重抓好党风廉政建设，积极倡导党员队伍的先锋模范作用，用好的党风带动好的行风。二是为营造和谐的工作环境，积极举办各类文体活动，为职工办好八件实事，切实解决员工的实际困难，增强了凝聚力和向心力。三是进一步增强干部选拔任用的公开性和透明度。在对支行行长实行竞聘上岗的同时，对一些部门负责人进行了公开竞聘上岗。全年共有82人次通过民主方式走上领导岗位或得到职务晋升，还破格提拔了8名年轻干部。四是招贤纳士，调节人才层次结构。全年共组织4次招聘会，引进专业人才49人，大中专毕业生51人。五是组织各类培训，提高员工素质。不仅开展新入行人员培训，而且还组织了各单位中层领导封闭式集中培训。结合新产品推出，组织多次培训，特别是对客户经理组织了多媒体、基金业务、受托资产托管业务、对公网上银行业务等专题培训，提高了员工的业务素质。

（王　倩）

华夏银行总行营业部

总经理 李国鹏

2003年，华夏银行总行营业部（以下简称华夏总行营业部）在中国人民银行营业管理部、北京银监局的正确指导下，贯彻落实华夏总行“走高质量发展之路，努力创建精品银行”的办行方针，积极支持首都经济建设和服务首都人民，乘华夏银行上市东风，克服“非典”疫情影响，转换经营机制，调整信贷结构，强化市场营销，各项业务都迈上一个新台阶。截至年末，本外币资产余额461.43亿元，比上年增加144.56亿元，增长45.62%。本外币存款余额443.56亿元，比上年增加167.78亿元，增长60.84%，其中：人民币存款余额421.85亿元，比上年增加166.06亿元，增长64.92%；本外币贷款余额249.24亿元，比上年增加97.08亿元，增长63.84%，其中：人民币贷款余额226.02亿元，比上年增加88.25亿元，增长64.06%。全年实行利润2.56亿元，比上年增加1570万元。截至年末，全辖共有25家支行，员工总数770人。

营销工作 2003年，华夏总行营业部以转变经营机制为动力，以加强服务和产品创新为依托，大力推动营销工作。一是理顺内部营销体制，充实营销队伍。成立业务部、公司业务部，调整机关业务骨干充实一线营销岗位，加强营销人才引进，增加集中营销人员数量。加强客户经理队伍建设，客户经理由上年的76名增加到106名，其中高级客户经理由上年的25名增加到45名。二是加大产品创新力度和新产品的推广。一年来，重点推广了华夏丽人卡、手机短信通、对公同城通存通兑等业务，新推出8项个人信贷产品，正式启动银证转账业务。率先在华夏银行系统内开办代理“SARS”保险、华夏卡办理住房公积金个人储蓄支取业务、国内有追索权保理业务和财务顾问等业务。参与发放国家开发银行间接银团贷款5亿元。开展了保兑仓、外国政府贷款转贷以及代理信托投资公司信托计划资金收付业务的试点。三是推动集中营销，加强对大客户的开发。全年新开发集团型大客户20多家，直接带来稳定存款20余亿元，优质贷款储备20余亿元，并带动了国际结算、网银交易、个人金融等业务的发展。四是加强对老客户的维护和新客户的开发。一方面加强对现有客户，尤其是对重点客户、结算客户的维护和有效客户的挖潜培育，另一方面加强对新客户开发力度，开展“百人百户”营销活动，实行系统、重点客户招标开发，2003年对公总户数较上年增加5153户，其中存款超亿元的大户达47家。五是全面提高支行单产水平。2003年，总行营业部各支行单产水平全面提升，成立一年以上的20家支行中，存款余额平均比2002年增加2.5亿元，日均增加2.9亿元。

信贷业务 2003年，华夏总行营业部积极围绕首都经济产业布局和结构调整，调整信贷投放结构，适度加快信贷投放进度，加大了对现代制造业、能源电力、交通通讯和医药文教等重点行业的信贷支持力度。全年授信客户达到765个，授信总额358.2亿元。客户结构进一步优化，风险度进一步降低，信用等级在A级以上的客户贷款占比进一步提高。产品创新能力显著加强，成功开办了保理业务等新信贷产品，延伸了服务范围，增加了中间业务收入。

个人金融业务 2003年，华夏总行营业部继续大力发展个人金融业务，完善华夏卡服务功能，加大华夏卡营销力度，成功开发华夏卡银证转账、银证通和自助贷款等新服务功能。围绕个人金融重点业务，举办了“华夏卡·食尚风”、丽人卡系列营销、华夏卡加密系统上线推广等大型营销活动；大力开展代收代付业务；成立个人信贷中心和自助银行管理中心，加强个人金融业务的专业化管理；在支行设立个人金融业务部，建立了华夏卡联络员队伍，逐步健全个人金融业务组织体系；实行“差别对待、重点扶持、全面推动”的营销管理制度，初步形成有效的业务跟踪、指导和服务机制，加强对个人金融业务的风险管理。年末，全辖本外币储蓄存款余额25.21亿元，比年初增加6.85亿元，增长37.31%。个人消费贷款余额15.3亿元，比上年末增加6.7亿元，增长78%；发卡61.87万张，比上年末增加5.63万张；卡存款6.07亿元，比上年末增加4666万元；卡消费17288万元，比上年增加10561万元。

国际业务 2003年，华夏总行营业部采取“走出去”的主动营销策略，组建专业性营销岗位，建立分支行联动的营销体制。截至年末，国际结算量22.06亿美元，名列华夏银行系统第一，比上年增加7.28亿美元，增长近50%；外汇存款余额2.6亿美元，比上年增加1700万美元。业务结构进一步优化，全年完成单证业务量9.6亿美元，占全部国际业务量的44%，同比增长1.13倍。

网络银行业务 2003年，华夏总行营业部加快网络银行业务发展步伐，根据客户需求，提出“企业网上银行安全运行方案”、“资金划转全自动方案”、“企业财务内控管理方案”等网络服务方案，举行了“使用华夏互联通，财务尽在掌握中”、“工资网上发，好礼等你拿”等营销活动，推行“客户服务辅导”，全年网络银行业务实现了飞越式发展。全年新增网银交易笔数21814笔，完成计划的218%；新增网银交易量284.28亿元，完成计划的158%；新增个人客户8605户，完成计划的158%；新增企业客户558个，完成计划的133%。

内控管理 2003年，华夏总行营业部严格内部控制，防范经营风险，在全辖推行目标管理责任制，机关处室按照“贴近市场、贴近客户、贴近支行”的要求，推出了100条改进服务措施，全年新出台各类管理制度78个；严格实行审贷分离，充实信贷人员，做到了机构分设，人员到位，在严控风险前提下，积极推行信贷服务承诺；实行不良贷款集中管理、专业清收，提高了清收效果；实施会计量化考核工作，实现了全辖25家支行储蓄业务全部上线实时监督；会计达标升级工作继续保持华夏银行系统领先地位，新达到一级单位2家，新达到二级单位6家；在全辖开展了多项稽核检查；加强“三防一保”工作，制定了各类案件的预防和处置预案；对机关处室从“三防一保”、环境卫生、行风行貌、计算机安全和考勤5个方面定期进行规范化检查。由于管理到位，全辖业务发展稳定，一年来没有出现一起“三防一保”案件。

员工培训 2003年，华夏总行营业部将人力资源培训与开发工作放在突出位置，坚持“统一管理、明确责任、注重实效、夯实基础、同步提高”的原则，采取“行内外、国内外、集中分散”培训相结合的形式，进行“分层次、分岗位、分专业”不同类别的“基础性”和“提高性”培训。截至年末，共举办各类培训班78期，受训人员达5944人次。培训内容突出新业务、新思维、新制度。通过各种培训，巩固了从业人员的业务基础知识，提高了管理人员的综合业务水平和管理能力。

基础设施建设 2003年，华夏总行营业部全面夯实基础设施建设，加大金融电子化建设的硬件投入，加快自助银行的设立和ATM机、POS机的布放，截至年末，设立自助银行11家，ATM机75台，POS机368台。全辖电子化设施得到较大改善，机关处室和支行网点人均电脑拥有量有了较大提高。2003年新建5家支行，使网点布局更加合理。购置了新办公楼，对改善外部形象和办公条件有着重要意义。

抗击“非典” 2003年春季，北京暴发了严重的“非典”疫情。华夏总行营业部一手抓抗击“非典”不放松，一手抓业务发展不动摇，从组织领导、工作机制、疫情防控等各个方面，制定了周密的防控措施、严密的组织纪律和细致的应急预案，购买、发放保健药品，接送员工上下班。员工之间互助协作，体现了大家庭的温暖。积极宣传、营销网上银行、95577、华夏卡、代理“SARS”保险等新业务，提倡客户足不出户办理金融业务。全体员工众志成城抗“非典”，心系业务促发展，全辖员工和家属未出现一例“非典”或疑似患者，各项工作有序进行，业务平稳增长。由于防治“非典”工作卓有成效，华夏总行营业部被北京电视台作为防治“非典”工作的先进典型在新闻中予以报道。

党的建设 华夏总行营业部始终坚持把加强和改善党的建设摆在突出重要位置。一是加强党的思想建设。坚持党组中心组学习，确定了明确的经营发展思路。认真开展系列党员教育活动，积极推进“争先创优”活动和诚信教育活动。二是加强党的组织建设。始终坚持党支部与分支机构同步建设的方针，目前共有基层党支部31个，新成立单位凡具备条件的都及时组建党支部，健全基层组织。三是加强党的作风建设。坚持群众路线，党组成员积极开展工作调研，2003年累计下支行、客户调研200人次，为基层和员工解决实际困难和问题300多个。四是加强党的队伍建设。坚持公开、公正选拔任用干部，积极慎重发展优秀员工入党。五是加强党的制度建设。坚持三会一课制度，定期组织召开民主生活会，健全党组议事规则、会议制度。六是加强领导班子建设。认真贯彻民主集中制原则，加强班子团结，提高领导班子的决策能力。七是加强党风廉政建设。认真贯彻中纪委历次全会精神，开展警示教育，严格执行党风廉政建设责任制，严肃金融纪律，认真开展党风廉政宣传教育，把从严治党与从严治行紧密结合在一起。

（尹骞翮）

中国民生银行北京管理部

总经理　梁玉堂

中国民生银行北京管理部（以下简称民生北京管理部）按照民生总行“开动脑筋办银行、规规矩矩办银行、扎扎实实办银行”的基本原则，紧紧把握北京金融市场的运作规律，以营销创新带动业务拓展，以结构调整提升创利能力，全面超额完成了总行下达的经营指标，各项工作均取得了显著的成效。

截至年底，北京管理部各项本外币存款余额763.7亿元，比上年末增加202.2亿元，增长36%。其中，同业存款余额131.7亿元，比上年末增加30亿元；储蓄存款余额68.6亿元，外汇存款余额7亿美元，分别比上年末增长77.8%和31.5%。各项本外币贷款余额（不含贴现）484.9亿元，比上年末增加213.7亿元，增长78.3%。其中，个人贷款余额69亿元。不良贷款率为0.49%，比上年末下降0.46个百分点。完成国际结算量36.9亿美元，比上年增长43.2%。全年实现税前利润7.19亿元，比2002年翻了一番。截至年底民生北京管理部下设支行34个，在岗员工1131人。

经营策划　根据民生总行五年发展规划，民生北京管理部结合北京市场的实际和特点，在科学调研的基础上制定了2003~2005年发展规划，并对三年规划开局之年的2003年的工作思路和措施做了具体安排，成为全年工作的指引。4月份，针对“非典”疫情造成的困难，管理部坚持“两手抓”的工作方针，在科学防治的前提下，适时调整业务发展思路，采取了创新营销方式等手段，稳定业务增长态势。在“非典”疫情得到初步控制后，管理部先后策划了以“抗击‘非典’，勇创佳绩”和“金秋十月，再创佳绩”为主题的两场群众性劳动竞赛，掀起了全员营销推动业务发展的高潮。第四季度，以实施推动“六类十大户”客户开发工程为动力，全面推动公司业务、机构业务、金融同业、三资企业、民营企业、贷款企业六大业务领域优质大户的开发，进一步强化民生银行在北京市场的竞争优势。一系列阶段性的、连贯的推动和调控措施，使民生北京管理部保持着各项工作的主动权。

营销创新 2003年，民生北京管理部全面启动以行业分析为依托，以项目管理为核心，以特色支行建设为落脚点的市场营销体系再造工程，构建矩阵式营销组织，以实现对优质客户的专业化、集约化营销和组合式、深层次开发。管理部先后成立24个对公业务开发小组、34个零售业务开发小组、8个行业营销组和北京市60项重点工程、在京世界500强企业营销组，对确定的重点项目开展以一揽子金融需求解决方案和企业理财革新计划为主体的创新营销，成功开发了一大批优质客户，并成功完成中国第一股——“长江电力”股票发行的验资工作。按照总行零售业务体制改革的总体部署，逐步建立起一套相对独立的、适应北京市场特点和超常规发展要求的零售业务组织推动和业绩考核体系，北京按揭中心的开业则为零售业务的整体营销提供了一个高效的运作平台，中介机构的加盟使一个市场化的零售业务营销体系在民生北京管理部初步形成。

存款工作 民生北京管理部积极调整存款增长方式，把“提高日均”作为存款工作的重点，在存款规模屡创历史新高的同时，存款日均稳步提升。截至年末，存款规模新增202.2亿元，但存款日均额却新增加了243亿元，在余额增长36%的同时，存款日均增长了67.3%，存款日均的增量和增幅大大超过存款余额，这在管理部发展史上还是第一次。与同业相比，1~12月民生北京管理部存款新增量在北京地区全国性股份制商业银行中位居第二，并占10家全国性股份制商业银行新增总量的17.4%。同时，在等级支行制度的激励下，管理部涌现出2个存款超50亿元的支行，3个30亿~50亿元的支行，其中首体支行存款规模突破60亿元。截至年末，民生北京管理部网点平均存款规模达到22.5亿元，比上年末增加2.76亿元，网点“单产”跃上一个新的台阶。

零售业务 民生北京管理部按照总行“四个一工程”的总体部署，建立专业化的队伍，创建全新的业务流程，构建相对独立的考核和激励体系，在银行卡、储蓄、按揭、自助银行四个方面寻求突破。以联名卡和贵宾卡为发展重点，积极拓展民生卡市场，全年新发卡90万张，累计发卡量突破330万张。储蓄业务按照“零售业务批发做”的思路，紧紧抓住代发工资和拆迁项目这两个储源，实现了储蓄规模的快速增长。随着一系列倾斜和激励政策措施的逐步到位，“民生家园1+3”、“不指定楼盘按揭贷款”等新产品在市场上的轰动效应，带动了个人按揭业务超常规发展，其按揭贷款新增量接近北京市场新增总量的1/5。自助银行网点建设保持快节奏，全年新建自助网点89个，网点总数达到135家，完成总行计划的226%。

内控管理 从整合资源和提高效率出发，组建由稽核、会计、风险、保卫等部门组成的联合检查组，对各项业务和风险点开展“拉网式”综合检查，进一步规范经营和业务操作行为，堵塞风险漏洞和隐患。按照民生总行稽核工作改革思路，组建资产风险监控处和授信评审处，进一步理顺风险防控职能分工，实现贷前、贷中、贷后三分离，初步构建“大稽核”的框架。严格按照贷款五级分类的标准，对所有贷款逐笔进行定性和分类，按规定提足呆账准备金，受到金融监管部门的肯定。成立了增收节支委员会，统一策划开源节流，堵塞费用支出中“跑、冒、滴、漏”，明显提高了资金使用效能。认真落实“三防一保”措施，确保全年无重大差错、无经济案件、无安全事故。

基础工作 积极落实民生总行等级支行制度，提出了一系列的配套措施，继续推动支行上等级。继续保持网点建设的快节奏，全年开业6家新支行，在北京市场初步形成了比较完善的网点布局。按照“扁平化”发展的思路，增设3个公司业务处室，继续强化本级经营的平台。积极做好高端人才引进工作的同时，充实调整支行领导班子，提高了部分支行的经营能力。从客户需求出发，积极开展产品创新，推出国内信用证、金融租赁港等十多种特殊产品；成功举办“非凡理财万里行”等大型综合营销活动，推出极具民生特色的“绿色通道”贵宾服务，进一步提高社会各界对民生银行的认知度。

企业文化 在通过警示教育、诚信教育教导团队、凝聚人心的同时，民生北京管理部积极开展“新产品、新业务”培训和“三基”训练，提高员工的整体业务素质。2003年底举办的首都金融系统职工技术竞赛中，管理部荣获团体第一名，囊括点钞前两名，实现了民生银行在首都金融系统技能竞赛活动中的历史性突破。全面启动企业文化建设工程，在整合文化资源的基础上，初步提出了一套比较完整的企业理念，努力为民生百年事业构筑文化基石。“凝聚力工程”的实施、“为基层办60件实事”的落实、“与员工谈心”活动的开展，让员工切身感受到“民生大家庭”的温暖，团队面貌焕然一新。被中国企业文化促进会授予“2003年中国企业文化先进单位”称号。

（杨雪松）

北京市商业银行

董事长　阎冰竹

2003年，北京市商业银行在北京市委、市政府、中国人民银行和银监会的正确领导下，以加快发展为主题，以增加效益、提高质量为中心，紧紧依托首都经济，加大改革创新步伐，坚持一手抓防治“非典”，一手抓加快发展，经过全行干部员工的进取拼搏，经营实现了新的突破，综合服务能力得到了新的提升。截至年末，全行资产总额达1710亿元，比上年末增加358亿元，增长26%。本外币存款余额1568亿元，比上年末增加379亿元，增长32%，其中：人民币存款余额1515亿元（含同业存款、委托存款），比上年末增加355亿元，增长30.6%。全行日均存款余额为1251亿元，比上年增加352亿元，增长35%。全行本外币贷款余额

(不含票据贴现 167 亿元) 达 775 亿元，比上年末增加 261 亿元，增长 50.8%。资产质量明显提高，实现不良贷款余额和比率“双降”。全年实现综合效益 18.6 亿元，比上年增长 45%。

2003 年，北京市商业银行下辖 1 个营业部和 111 家支行，分支机构分布于北京市 8 个城区和昌平、房山 2 个远郊区，全行正式员工 3536 人。

公司金融业务 面对激烈的竞争形势，全行上下转换经营观念，本着总支行一盘棋思想，实施了首席客户经理联系制度、总行部室定点联系支行制度等，深入推进联动营销工作。在北京市首次市财政国库授权支付代理银行招标中成功中标，成为 3 家中标银行之一。自成为海淀区财政国库集中支付业务代理银行以来，已为区内 219 家预算单位提供配套金融服务。创建中小企业融资绿色通道，参加中关村科技园区管委会、中关村科技担保公司与多家单位联合推出的瞪羚计划，推出知识产权质押贷款业务，中小企业担保贷款成为本行金融服务的优质品牌。建立起了一支高素质的客户经理队伍，全行营销力量不断得以充实壮大，努力为不同公司客户群提供优质完善的金融服务。截至年末，人民币对公存款余额达 1206 亿元，比上年末增加 247 亿元，增长 26%；人民币对公贷款 (不含票据融资) 余额为 616 亿元，比上年末增加 186 亿元，增长 43.4%。

个人金融业务 面对首都市民日益多样化的金融服务需求，北京市商业银行个人金融业务紧紧围绕“管理、服务、创新、效益”这一主线，加快产品创新和结构调整，优化服务质量，努力为客户提供更加优质、快捷和个性化的金融服务。全面导入 ISO9001 质量管理体系，个人金融业务通过英国标准协会现场审核并获得了英国标准协会颁发的认证证书，在确立先进管理理念、打造国际标准化管理体系、建立规范化服务流程等方面收到明显成效。加大科技投入，开发了新版代发代扣系统和储蓄本外币定期一本通等新的业务功能。在稳步推进个人贷款业务的同时，强化对个人贷款业务管理，积极防范个人贷款业务风险。截至年末，人民币储蓄存款余额 192 亿元，比上年末增加 37 亿元，增长 24%。个人贷款余额为 126 亿元，比上年末增加 53 亿元，增长 72%。

国际业务 北京市商业银行为提高外汇营销能力，在总行建立了各营销部门联动开发业务机制，加强总行自营能力；以项目为中心培育支行的业务开发能力，引导支行建立外汇业务主动营销机制。加强国际业务产品创新、流程创新和体制创新，积极开办出口应收款买断、进口托收押汇、福费廷、外币票据等一批新业务，以货币互换、签署衍生交易协议等方式与同业进行合作，用外汇理财和融资产品的不同组合紧紧抓住中国纺织品进出口公司等一批优质客户，扩大外汇业务规模，迅速将外汇结算、贸易融资业务推上一个新的台阶，并荣获了由北京市政府颁发的北京市国际经贸合作奖。截至年末，外币存款余额为 6.4 亿美元 (含同业存款)，比上年末增加 3 亿元，增长 86.7%。外币贷款余额为 3.1 亿美元，比上年末增加 2.29 亿美元，增长 282.8%。全年外汇结算金额达 9 亿美元，比上年末增长 151.6%。

中间业务 个人中间业务品种得到整合丰富，新推出缴费通、互动福彩、外卡收单业务、京卡预约挂号、同仁医院实名制刷卡、借记卡“一卡通”等多种产品，全行个人中间业务大致分为代收代付、代理、代保管、资信、银行卡五大类，品种达40多种，全年实现手续费收入比上年增长53%。加强与证券、保险、基金公司合作，全年先后开发了银证通、委托代理基金业务等一批新产品，全年代理各项保险业务达2.19亿元。大力发展保函业务、票据直贴业务，累计办理人民币保函业务920笔，同比增长150%；累计办理直贴业务93亿元，余额达65亿元。医保业务覆盖面进一步增大，已为全市400万职工发放医保存折，占全市职工总数的66%，资金总量有了明显增长。

电子银行业务 北京市商业银行依托科技手段大力发展电子银行业务，延伸服务领域，构建起电话银行、网上银行、自助终端、ATM机、缴费通、柜台等多渠道、全方位、全天候的缴费服务。不断改善用卡环境，新开自助银行12家，新增ATM机超过50台，POS机具达到397台，京卡发卡量达到180万张。新e代网上银行系统自9月28日向社会正式推出以来，新增网上银行法人客户374个，交易额达9.23亿元；网上个人客户19195个，交易量2.7万笔。“96169”电话银行系统功能不断完善，新增京卡挂号、交市话费、交联通手机费、互动福彩投注、查询银联消费中奖信息等功能；变更了电话银行专用密码的注册方式，使电话银行业务更加安全化、规范化。全年电话银行业务实现交易量达23.8万笔。

内部管理 进一步完善信贷管理体系建设，在制定并颁发贷款质量五级分类管理办法及其实施细则的基础上，通过信用评级、信贷信息系统、差异化管理等，全面加强贷前、贷中、贷后管理，同时配合风险报告制度、处罚办法等监督制约机制，使信贷业务实现了全过程风险控制，有效地防范了客户信用风险和信贷操作风险的出现。先后在全行范围开展了该行成立以来规模最大、范围最广、内容最多、历时最长的规章制度大检查和消费信贷业务专项大检查，进一步规范支行业务管理，强化全员风险意识。广泛开展了员工遵纪守法、合规经营教育，针对与经营发展关系密切、影响重大的关节点，发布了《北京市商业银行六条禁令》，进一步增强全员的制度观念、法纪约束和风险意识。

金融电子化建设 坚持以科技为先导推动产品与服务创新，加强全行创新组织体系的建设，成立了以科技为核心的业务创新与项目管理委员会，成功开发一系列高科技含量金融产品。夯实基础功能，对京卡加密升级、京卡增加密码信封和支付密码系统进行了功能性完善；从加强金融电子服务安全需要出发开发了电子银行监控系统，全年总计开发各类产品和项目103个。继续推进综合管理信息系统建设，开发出客户经理业绩统计系统，对全行办公自动化系统进行了更新升级，进一步提高了办公效率。启动了全面成本管理项目，通过9家支行成功试点，并在全行进行推广，管理信息建设迈出了关键性步伐。网络安全防御体系建设也取得突破，已建立了同城异地灾难备份中心，实现了核心业务系统数据的实时异地备份，保障了综合业务系统能够不间断地运行。成功地完成了新旧防火墙的切换，进一步提高了系统网络运行安全。

企业文化建设 深入学习党的十六届三中全会精神和“三个代表”重要思想，开展了一系列学习先进共产党员模范事迹的活动。积极推动民主管理和厂务公开工作，开展了以促进可持续发展为主题的大讨论和合理化建议活动，彰显了干部员工热情参与全行发展的精神风貌。在全国总工会开展的企业民主管理评比中，该行被推选为“全国厂务公开工作先进单位”。积极参与首都金融业创建文明行业规范化服务达标活动，经评委全票通过授予该行创建文明行业规范化服务达标单位。在北京市金融系统职工技术比赛中，该行获得团体总分第二名的优异成绩。在抗击“非典”期间，先后向全市医护人员捐款600余万元，在“非典”时期的一系列举措受到社会各界的广泛好评，该行被授予“抗击‘非典’市级先进单位”和“全国爱心捐赠先进单位”等荣誉称号。

（办公室）

北京市农村信用合作社联合社

理事长　陈翰林

2003年，北京市农村信用社系统（“农村信用社”以下简称农信社）结合郊区经济和信用社工作的实际，以完善经营机制、用人机制和分配机制为切入点，强化内部管理，更新经营理念，改进金融服务，经营绩效取得了历史性突破，综合实力显著提高。年末，全市农信社资产总额1840亿元，比上年增加470亿元，增长34.3%。各项存款余额826.4亿元，比上年增加151.4亿元，增长22.4%；各项贷款余额411.2亿元，比上年增加64.9亿元，增长18.7%，其中：农业贷款余额330.9元（不含清算中心贴现），比上年增加36.9亿元，增长12.5%。年末，全市农信社基本核算单位146个，实现净盈余4.22亿元。

年末，全市农信社共有机构网点690个（其中：省级联社1个，区县联社15个，独立核算的农信社131个，农信社分社及储蓄所543个，农信社代办站36个），分布在京郊14个区县和部分城区。全市农信社从业人员达6844人。

（办公室）

存款业务　2003年，北京市农村信用合作社联合社（以下简称北京市农信联社）本着“积极动员、措施到位、鼓励先进、鞭策后进、常抓不懈、重在实效”的原则，启动了“百亿双千”计划，即：动员、培养和锻炼上千名以负债业务为主的市场营销队伍，利用三年的时间，每年增加存款100亿元以上，三年内实现全市信用社存款总规模突破1000亿元。该计划的实施，进一步强化了员工“贴近市场，全员营销”的观念，并取得了显著成效，经过全体员工的共同努力，特别是克服“非典”造成的不利影响，全市农信社的存款余额于6月末就恢复到年初水平，继海淀联社之后，又有朝阳、丰台两家联社存款余额突破了百亿元。年末，全市农信社各项存款余额826.4亿元，比上年增加151.4亿元，增长22.4%，其中：对公存款余额459.3亿元，比上年增加101亿元，增长28.2%；储蓄存款余额367.1亿元，比上年增加50.4亿元，增长15.9%。

（计划信贷部）

贷款业务　为适应北京郊区经济发展变化的需要，全市农信社系统及时调整信贷投向，积极尝试介入小城镇建设和郊区经济产业升级中新涌现的科技含量高、附加值高的新兴涉农企业、服务企业、商贸物流企业等；继续加强银农、银企合作，大力支持郊区特色农业、精品农业、都市创汇型农业的发展。年末，全市农信社各项贷款余额411.2亿元（不含清算中心贴现116.2亿元），比上年增加64.9亿元，增长18.7%，其中：农户贷款余额10.2亿元，比上年增加2.6亿元，增长34.7%；农业经济组织贷款余额44.5亿元，比上年增加1.1亿元，增长2.5%；农村工商业贷款余额276.3亿元，比上年增加33.1亿元，增长13.6%。年末，全市农信社存贷比为49.8%。全年累计发放各项贷款265.1亿元，其中农户贷款9.1亿元，农业经济组织贷款21.3亿元，农村工商业贷款173.6亿元，其他贷款59亿元。

（计划信贷部）

信贷支农　农信社继续以支农为己任，结合郊区发展的实际，将调整农业信贷结构与调整农村产业结构、产品结构紧密结合，继续实施了“区别对待、分类指导”的信贷政策。城近郊区农信社重点支持了“三高”农业、规模化农业的发展；平原地区农信社积极支持了绿色环保农业、农副产品加工业、高科技农业的发展；远郊山区、半山区农信社重点做好支农支山和小额农贷工作，积极发放农户小额信用贷款，广泛推行联保贷款等其他品种，支持了特色果林、绿色养殖、休闲旅游三大主导产业的发展。全年农信社累计向19141户农民发放农户贷款9.1亿元，比上年多投放1.6亿元，其中：小额信用贷款7497.8万元，农户联保贷款15912.8万元。密云、怀柔、延庆、平谷4家联社将支农再贷款1.7亿元全部投放于农户的种养业或休闲旅游业，扩大了农户贷款的受益面。全市农信社累计发放的涉农贷款占全部贷款总累计发放额的77.7%，为富裕农民、支持京郊经济健康发展发挥了积极的促进作用。

（计划信贷部）

资金营运　2003年，北京市农信联社继续加大在银行间债券交易市场和同业拆借市场的资金运作力度。年末，累计承销债券108.4亿元，比上年增加26.4亿元，增长32.2%。全年累计交易债券9624.8亿元，比上年增加3157亿元，增长48.8%，综合交易指数在全国银行间债券市场近900家成员中排名第9位，在全国农信社系统排名第1位。票据业务取得突破性发展，年底在系统内开办了银行承兑汇票业务，全年办理转贴现余额达116.2亿元，比上年增加101.2亿元，实现净收益2.3亿元。

（资金清算营运中心）

中间业务　2003年，全市农信社系统在充分利用现有业务资源的基础上，推出了更具影响力和综合效益的业务品种，新开通了代理小灵通电话费、铁通固定电话费、中国联通和中国移动手机费、市区电话费、手机费委扣业务等，中间业务种类已达 13 种。全年中间业务交易量 920 多万笔，实现收入 1558.9 万元，比上年增加 1039.9 万元，增长 200.4%。

（市场业务部）

信通卡 9 月 8 日，发行了北京市农村信用社系统第一张带有银联标识的借记卡——信通卡，仅不到 4 个月的时间，农信社的银行卡业务即得到迅速发展。到年末，发卡量已达 18.4 万张，银行卡业务量 22.3 万笔，交易金额 15126.1 万元，实现银行卡业务手续费净收入 50.4 万元。此外，全年布放 ATM 机 124 台，发展特约商户 914 户，安装 POS 机 1216 台。

（信息技术中心）

客户服务中心 农信社客户服务中心系统经过五个月的紧张筹建，完成了替换原有电话银行的工作，基本达到对客户服务中心日常运营维护和监督功能。中心系统可以实现客户信息维护、金融业务、非金融业务、话务功能和管理信息维护五大功能。该系统基于第四代呼叫中心技术，采用纯软件全 IP 多媒体综合平台，使软件模块代替了传统意义上的计算机电话集成技术，可以受理多种媒体方式联系呼叫中心。

（客户服务中心筹备组）

金融电子化建设 2003 年，农信社综合业务系统继续得到完善与优化，并在此基础上，先后开发了客户服务中心系统、银行卡业务系统、市场业务人员绩效统计管理系统、个人结算账户系统、假币没收业务系统、对公临时账户管理系统、银行承兑汇票业务系统、票据贴现系统和 24 小时自助银行 9 项主业务系统，并完成了自助服务终端的设备选型、系统开发与测试工作，农信社的对外服务功能进一步完善，并为今后各项业务的发展提供了牢固的科技平台。

（信息技术中心）

网点设置 2003 年，北京市农信联社积极调整网点建设思路和布局，有计划、分步骤地进行了全市农信社机构网点的新建工作。全年共新建非法人机构 22 家，25 家机构办理了迁址，16 家农信社被取消法人资格，14 家非法人机构被撤销，6 家信用社被降格为分社。

（财务会计部）

完善法人治理结构 继续稳步推进统一法人核算与管理工作，继丰台、昌平联社之后，又有怀柔、大兴、门头沟联社进行了试点工作，全市实行统一法人核算与管理的区县农信联社已过半；进一步完善股本金结构，加大向社会筹集股本金的力度，到年末，全市农信社系统股本金余额达 10.2 亿元，比上年增加 4.5 亿元，增长 80.8%，其中：向社会筹集股本金数额已达 3.8 亿元，比上年增加 3 亿元，增长 356%。

（办公室）

文明规范化服务达标 2003 年，全市农信社系统广泛开展了创建文明行业规范化服务达标活动。活动的开展使全市农信社的办公环境、服务设施更加整洁、统一与完善，员工的言行举止与精神面貌更为文明规范，服务质量与效率进一步提高，农信社的社会形象得到显著提升。此次农信社系统开展的创建活动历时 6 个月，得到了上级主管部门的一致好评，并顺利通过了达标评审。

（党群办公室）

劳动用工制度改革 2003 年，正式出台了农信社系统劳动用工制度改革整体实施方案，各区县联社基本完成了人员

“三定”工作，并已进入劳动合同的签订阶段。全年共有393人办理了内部退养手续，实现了系统员工的合理分流。积极推行干部选聘，竞争上岗，开展了面向社会公开招聘高级管理人员和在系统内公开竞聘中层干部工作。学历教育、素质教育与专业技能培训相结合，加大对系统员工的教育培训力度。全年，北京市农信联社共举办11类33期专业技能培训班，受训人员达3546人次，区县联社举办了17类168期培训班，受训人员达11836人次。

（人力资源部）

党建及领导班子建设　北京市农信联社积极响应上级党组织的号召，在全市农信社系统掀起了学习“三个代表”重要思想的新高潮，适时举办了专题学习报告会、研讨会，并要求系统党员干部在工作中努力践行“三个代表”重要思想。积极抓好党建工作，教育党员干部不断增强党性观念和依法合规经营的意识，加强党风廉政建设，为农信社的改革发展提供组织保障。加强领导班子建设，全年对14个联社的领导班子、66名班子成员的2003年度工作进行了考察，对15名干部进行了跨区域交流，提拔了12名中层干部。

（党群办公室 人力资源部）

工会及共青团工作　2003年，北京市农信联社在狠抓经营管理，促进规范发展的同时，注重职工身体素质的提高，分别组织举办了系统第三届职工运动会和第二届男子篮球比赛。在广大团员青年中组织开展了“学习十六大、工作创一流”的主题教育活动、“青年的责任”征文比赛，以及“讲文明、讲卫生、讲科学、树新风”为主题的宣传教育活动，焕发了共青团员爱岗敬业、无私奉献的工作精神，增强了团组织的战斗力和凝聚力。

（党群办公室）

北京国际信托投资有限公司

董事长　刘建华

2003年，是北京国际信托投资有限公司（以下简称北京国投）全面创新、拓展信托市场与核心业务的关键一年。公司的指导思想是“按照十六大提出的‘发展要有新思路，改革要有新突破，开创要有新局面，各项工作要有新举措’的要求，以《信托法》和有关信托业的‘两个规定’为依托，打基础，树品牌，抓机遇，求发展”。公司实行了积极的市场扩张和稳健的风险控制并重的经营方针，全面推进各项工作发展，取得了良好成绩。全年完成营业收入16872万元，实现利润5094万元，比上年增长了6.13%。

业务发展创新 2003年，北京国投坚持“发展是第一要务”的思想，紧抓机遇求发展、全力以赴创新和拓展信托业务，在信托品种创新、信托产品营销服务，以及对外合作共同发展等方面，都取得了较大突破。在实践中积累了经验，形成了一套相对完整的操作模式，在市场上进一步树立了公司的良好形象。

信托业务规模扩大，品种向多元化发展。年内相继成功发行了三环新城经济适用房资金集合信托计划、债券投资资金信托计划、建筑设备融资租赁信托计划、上市公司法人股投资资金信托计划、法国欧尚天津第一店资金信托计划5个集合类信托计划，完成了盛鸿大厦财产信托优先受益权转让项目，办理了9个单一类信托计划。年末公司信托类财产规模为26亿元。

创新信托计划营销方式。年内，北京国投第一次采取了通过银行代销形式销售集合类信托计划。通过银行代销方式，在很大程度上减轻了公司没有营业网点的压力，方便了投资者购买信托计划；采用了手机短信群呼方式，对老客户通报情况、推介新产品、节假日发贺卡等，公司本部开通POS机收款系统并由开发商介入和协助咨询等方式，有效地挖掘客户资源。2003年全年集合类信托计划市场营销额为4.2亿元。

拓展高层次、新领域的合作。为发挥金融信托在支持首都提升经济总量、扩大经济规模方面的作用，解决城市基础设施建设中资本金不足、缺乏再融资能力的矛盾，北京国投提出了以信托手段为基础设施建设项目公司补充资本金的方案。该方案得到市政府金融办的肯定并转报市政府。年内，还先后与市政府有关部门、有关区县和开发区探讨了在轨道交通、公路建设、给排水、燃气、土地开发整理、中心城镇建设的基础设施建设、融资及资本的运作等方面的合作；与中央单位、大的企业集团探讨铁道建设、房地产开发等方面建立战略联盟的合作意向，并设计提出了一大批备选开发项目。

拓展对外高层次合作。2003年，北京国投与银行等大金融机构的合作取得实质性进展。先后与民生银行、华夏银行、北京市商业银行、光大银行、国家开发银行、中国建设银行、中信实业银行、新华保险公司等金融机构达成全面合作意向，发挥双方互补优势，并在全面授信、短期资金运用、信托计划代销和抵押贷款、客户资源共享、信贷资产回购、银行不良资产处置、保险资金进入信托领域等方面进入实质性合作与实施阶段。10月份，公司作为惟一参加全国首届租赁展览的金融机构，受到业界的重视，并与上海金海岸租赁公司签订了合作协议。

启动新的投资项目。2003年9月17日，由公司控股的北京国投公路建设发展有限公司成立。该公司将以110国道改造项目为起点，全面进入公路建设领域。这一举措为北京国投从以旅游板块以及一般工业项目投资为主，向以基础设施建设投资方向转轨打开了突破口。该项目是公司重新登记后在资产置换和结构调整的基础上开展的规模最大的投资项目，也是以市场化运作方式进入北京市重大基础设施建设的一个创新。

资产结构调整 2003年，北京国投采取坚决措施，加大清理原有业务、压缩长期投资比例，资产负债状况发生了重大转变，原有负债业务已全部清理完毕，资本金充足率、长期投资比例、拆入资金比例、对外担保比例均达到了监管部门规定的标准，不良贷款率和不良资产率大幅度下降，公司资产结构得到逐步优化。年末，公司总资产（含表外资产）近66亿元，资产负债率为67%；资产流动性显著提高，流动比率达到151%；盈利能力明显增强，资本利润率达到4%以上。新型信托业务收入比例逐步增加，核心业务的盈利能力在增长。

风险内控管理　北京国投在积极进行市场扩张的同时，坚持稳健、审慎地控制风险的经营方针，着重抓好管理基础工作建设，在组织上、制度上以及业务运作的全过程中突出规范化运作。

公司法人治理结构进一步完善。公司注重通过股东会、董事会、监事会、经营班子的相互制衡形成风险防范机制。重大事项均做到向董事会报告。每推出一个信托计划，均向董事会书面通报。公司严格执行《董事会向董事长、总经理、经营班子授权的决定》，按照授权范围行使职权。

控制风险的关键环节得到强化。重点强化了公司业务发展和风险控制委员会的集体审议决策职能，风险控制委员会决策程序逐步明确。全年共召开了9次风险控制委员会会议，审议了22个项目，表决通过并形成会议纪要的项目16个，未通过的项目4个，尚需补充完善的项目2个。

各项内控制度不断健全。伴随新业务的拓展，制度措施不断跟进，在梳理原有制度的基础上，新制定制度11项，修订制度3项。按照固有业务和信托业务分开管理的原则，制定了信托业务风险控制委员会规则；细化了固有业务和信托业务分账管理、分别核算的相关流程，补充建立了若干项信托业务管理内控制度。各项信托计划从设计立项、前期法律把关、风险控制委员会审批、投入市场营销以及后期跟踪、反馈都能按照一套清晰的流程操作运行。同时，经过实践不断摸索，综合政策、市场等各方面因素，公司开发信托项目的选择取舍标准也逐渐清晰。

综合管理工作　北京国投强化资金计划管理，努力降低综合成本。根据新建立的计划指标考核体系，调整了公司费用支出审批权限。加强同业合作，拓宽增量资金渠道，加大了对公司负债结构的调整力度，通过增量资金带存量资金的解决，做到全部到期资金按期支付。综合资金成本降低了2.1个百分点，节约资金成本支出3440万元。

客户资产管理步入正轨。按照固有业务与信托资产分别管理的原则，设立了信托业务财会部，建立了信托业务会计核算体系及信息系统，对信托客户财产实行了专户管理。

注重人力资源开发与管理。招聘了13名新员工充实到业务部门，公司员工整体素质进一步提高。在信托业务的策划推出以及信托品种市场营销中，启用了一批新业务骨干，进行业务实战锤炼，业务水平迅速提高。

加强了对投资企业的管理。2003年，北京国投对下属企业实行了预算批复制和决算考核制，下达了工作指标并签订了任务书。对下属企业实行资金集中调度和财务动态分析，对各企业重大投资项目实行审批制度。针对SARS疫情对公司投资的旅游饭店业影响较大、损失严重的客观情况，千方百计协调有关部门采取减免措施，帮助企业恢复正常经营，各企业也都努力采取多种形式挖潜创收，力争减少损失。

强化内部审计监督。2003年，围绕

公司业务经营活动，开展干部离任审计、常规审计、专项审计以及追踪审计，对公司经营活动中出现的问题提出改进建议，加强了公司内控制度执行情况的检查。

党建和企业文化建设　2003年，是北京国投业务发展由打基础向取得更大突破迈进的关键时期。公司党组和经营班子把握大局，不失时机地全面推进各项工作，在业务拓展、抗击"非典"疫情的工作中发挥了核心作用，保证了公司的稳定经营。在北京市金融系统抗击"非典"表彰活动中，公司系统中一个党支部荣获先进党支部荣誉称号，两名同志获优秀共产党员荣誉称号。在北京市金融工委组织的金融行业青年理财服务综合技能大赛中，公司派出的青年团队选手提出的《北京奥运融资服务策划书——奥运融资信托方式》获得理财比赛三等奖。

（王连顺）

中国银联股份有限公司北京分公司

总经理　宋汉石

中国银联股份有限公司北京分公司（以下简称银联北京分公司），是中国的银行卡联合组织——中国银联在北京地区的分支机构，主要负责北京银行卡网络的建设、运营和管理。目前已开通的业务种类包括：跨行POS消费、跨行ATM取款、ATM跨行转账、网上跨行转账、POS和ATM的外卡统一接口服务，同时为持卡人开通了"数字北京信息亭"代收费、银行卡电话支付缴费（96299）服务等。

联网联合促进了北京市银行卡业务的快速发展。在北京地区发行银行卡的17家银行（包括邮储、农村信用社）已全部加入北京银行卡网络，实现了全市银行卡的联网通用。截至年末，17家银行累计发行银行卡3835万张，其中"银联"标识卡1831万张；入网商户18542家，入网POS机25684台；入网ATM机3077台。由此，任意一张银行卡都可在任意一台机具上完成与发卡行相同的业务。

银联北京分公司自成立以来业务量呈直线上升趋势。2003年，共处理跨行成功交易7644.5万笔，比上年增加2412.8万笔，增长46.1%；清算金额301.9亿元，比上年增加139.7亿元，增长86.1%。其中：ATM成功交易6218万笔，比上年增加1790万笔，增长40.4%；清算金额168.3亿元，比上年增加53.5亿元，增长46.5%，每台ATM机平均每天受理跨行业务64.6笔。POS机成功交易1426.5万笔，比上年增加622.4万笔，增长77.4%；清算金额133.6亿元，比上年增加 86.2 亿元，增长 181.98%；每台 POS 机平均每天受理跨行业务 1.7 笔。全年共实现跨行转账交易 394 笔，交易金额 97.4 万元。网络系统运行安全稳定，为北京地区银行卡联网通用奠定了基础。

截至年末，银联北京分公司共有 5 个内部管理部门，在岗职工 27 名，平均年龄 40 岁。

转账业务 主要包括 ATM 跨行转账和网上跨行转账业务。ATM 跨行转账业务是通过成员银行已入网的 ATM 机，依托银行卡信息交换转接系统，为持卡人提供在成员银行开立的不同银行卡账户间的具有资金划转功能的业务。银联北京分公司是第一批 ATM 跨行转账业务实施的试点单位，截至年末，中国银联已经实现北京、上海、广州、深圳、厦门等城市间的同城异地联网服务，北京地区也有 4 家成员银行上线运行，即北京市商业银行、民生银行、中信实业银行、深圳发展银行等。

网上跨行转账业务，是通过互联网接入方式，依托银行卡信息交换转接系统，使持卡人完成在银行开立的不同银行卡账户间的资金划转业务，以及账户资金信息查询、银行卡网上开通等相关辅助功能的业务。银联北京分公司已于第二季度正式开通此业务，目前正积极推动成员银行参与，为持卡人提供服务。

银行卡电话支付缴费业务 该业务是银联北京分公司与北京通信恒信通电信服务公司开展的一项新业务。主要通过电话和银行卡完成支付缴费业务，具有方便、安全和易于操作等优点。12 月 2 日，银联北京分公司召开“银行卡电话支付缴费服务开通仪式暨新闻发布会”，首批开通的 8 家成员银行是中国农业银行、中信实业银行、兴业银行、深圳发展银行、浦东发展银行、华夏银行、邮政储汇局和农村信用社。上述发卡机构的持卡人只需拨打免费电话 96299，足不出户就可以缴纳北京通信市区电话费（包括预付费）、北京通信小灵通预付话费及北京通信银行卡主叫 IP 长途电话费等。

“数字北京信息亭”项目 “数字北京信息亭”是按照北京市政府要求开发建设的首都公用信息基础设施，是北京市政府 2003 年 60 件实事之一，由首通万维公司进行运作。信息亭的应用服务内容主要包括：一是公益性信息服务，如电子地图、政务信息、交通信息等；二是便民增值服务，如公共事业缴费，包括水、电、煤气、有线电视、电话等；其他付费业务，包括互联网费、寻呼费、订奶费、报名费等；以及可延伸项目，如账户查询功能及其他有偿信息服务的缴费业务。银联北京分公司配合推广“数字北京信息亭”项目，2003 年 12 月底上线试运行，17 家成员银行全部开通此业务，持卡人在信息亭上进行的支付业务，可以通过成员银行所发行的银行卡实现。

外卡收单业务 2003 年，银联北京分公司已向全部成员银行开通了外卡统一接口服务，并与广东发展银行、中信实业银行、北京市商业银行、邮政储汇局、中国建设银行、农村信用社和交通银行成员银行签署了外卡收单协议，这 7 家银行可以通过外卡统一接口开展外币卡的 ATM、直联 POS 的外币卡收单业务。目前开通的外卡受理品牌包括：开展 POS 业务的是 Visa，MasterCard，Maestro，JCB；开展 ATM 业务的是 MasterCard，Maestro，Cirrus，Visa，Plus，JCB。持卡人只要使用上述外币卡就可以在直联 POS 机和外卡

ATM机上方便地进行刷卡消费、ATM取款交易。分公司全年新增外卡商户2340家，新增外卡POS机293台，新增外卡ATM机218台，实现交易15199笔。

“银联”标识人民币卡港澳受理业务 银联北京分公司于2003年12月完成了港澳受理业务的系统改造准备工作。

成员银行服务 银联北京分公司始终把做好对成员银行的服务作为工作重点，从领导到员工，都要求树立“服务第一”的观念，保持与成员银行各个层面的沟通，建立规范的信息通报机制。每月一期的联网联合简报，已成为成员银行及相关单位领导掌握和了解联网通用情况的重要信息来源。每周一期的成员银行成功率和差错率排名表，为成员银行的技术和业务部门了解与掌握本行网络运行情况提供了重要信息。及时协调、解决差错交易，约有超过85%的差错交易是通过对账和勾账发现并进行处理的，有效地改善了服务。对成员银行的新需求，做到快速响应，受到好评。

促进受理环境的改善 银联北京分公司根据“通用”、“好用”的工作要求，全力配合成员银行升级改造，2003年配合完成的测试约50行次。为掌握受理环境的真实情况，针对POS间联的特殊情况，全年组织安排专门人员进行7次有一定规模的测试，测试交易约3.5万笔，并协助各行解决测试中发现的问题；重点开展“银行卡联网通用及终端标准化改造检查验收”工作，组织成员银行和博思银联公司完成了检查验收，使北京市银行卡跨行交易成功率达到了中国人民银行营业管理部的要求。

引入社会监督机制，是由中国人民银行总行创导、中国银联组织开展的。2003年，银联北京分公司继续深化银行卡联网通用监督员工作，组织开展了征文和座谈会活动，听取监督员代表在银行卡受理环境现状及如何改善等方面提出的意见。目前北京地区已发展特约监督员249名，全年处理110多份监督员意见与建议，促进了监督机制的完善。

开展银行和商户的培训。银联北京分公司积极开展银行卡从业人员和商户收银员培训工作，全年共完成业务培训24期、1000余人次，其中银行及专业化公司11期150余人次，商户13期850人次，促进了北京市银行卡受理环境的改善。

积极做好POS机专业化服务工作 为改善北京地区的受理环境，推动直联POS业务开展，银联北京分公司在2002年完成直联POS系统升级改造的基础上，2003年配合银行卡信息交换总中心对银联POSP系统重新进行了软件系统升级，数据库备份、网控器共享使用等工作，承担了POS直联系统商户、终端数据库的录入，直联商户及终端的系统定义工作，全年配合博思银联公司布放直联POS机6428台、发展直联商户4664家。

银行卡刷卡消费抽奖活动 2003年，由北京市银行卡应用发展推进工作办公室组织，16家发卡机构和6000多家银行卡特约商户共同参与，推出了为期2年的“北京市银行卡刷卡消费抽奖活动”。银联北京分公司投入300万元给予支持，并根据活动安排协助设计宣传材料的样式，组织完成了抽奖系统的开发，负责每期抽奖数据的收集、安装及抽奖现场的技术支持。全年配合完成了11期抽奖活动，确保了每期抽奖名单的正确产生。

强化内部管理 为进一步提升内部管理水平，提高办公效率，银联北京分公司在规范内部管理体系和制度化管理的基础上，按照品质卓越、管理一流的现代化金融服务公司的要求，逐步健全、完善内部各项管理制度，实现科学化、制度化、规范化管理。

（刁金生、张会芳）

北京邮政储汇局

局长　戴　成

2003年，北京邮政储汇局在北京市邮政管理局的正确领导和上级监管机关的指导及大力支持下，完成了年初制定的发展目标：一是通过调整业务结构，加快了新业务开发，排除了“非典”疫情等不利因素的影响，使得全年各项业务发展顺利；二是贯彻了北京市邮政管理局三步走发展战略第二步“开拓创新，加快发展”的要求，推出了即时发卡、电话/网上自助交易、手机短信充值、与商业银行合作汇款、全网代收电信资费等对邮政储蓄长远发展具有重要意义的新型业务；三是成功推行了邮政储蓄稽查集中体制，完善了储蓄业务会计核算体系，加强了储蓄资金管理，为下一步邮政储蓄健康、快速发展打下了较为坚实的基础。

截至年末，北京邮政储汇局共有17个储汇业务分支管理机构，452个储蓄网点，在岗职工3223人。邮政储蓄余额282.8亿元，比上年增加32.2亿元。其中，中国人民银行转存款余额251.2亿元，占全部储蓄存款的88.8%。国内汇兑业务共收汇998.7万张，款额113.9亿元；总付汇款832.3万张，款额70.6亿元。中间业务交易总笔数1197万笔，交易总金额124.9亿元。

储蓄业务　2003年，面对“非典”疫情及邮政储蓄转存款利率政策的调整，北京邮政储汇局加强经营分析，加大业务宣传力度，加快网点服务能力建设，积极调整业务结构。对各级业务管理人员连续举办了三期“邮政储蓄利率政策调整和资金运作知识”培训班，使邮政储汇系统从下至上，逐级统一认识，明确邮政储蓄的发展方向，坚定发展信心，确保邮政储蓄业务的稳步发展。

截至年末，北京邮政储蓄余额282.8亿元，比上年增长12.8%，其中：活期储蓄存款占42.2%，比上年提高0.2个百分点；定期储蓄存款占57.8%。邮政储蓄用户达到580万户，比上年增长18%。

国内汇兑业务　2003年，邮政汇兑进一步加强基础管理，制定了《北京邮政电子汇兑业务管理办法、操作规程》、《北京邮政电子汇兑业务作业指导书》、《北京邮政电子汇兑规章制度手册》。积极开发邮政汇兑新的业务品种，开办了邮政实时汇款、邮政汇款投单回执、邮政礼仪汇款、邮政汇兑短信回执等新业务。通过开展大规模的汇兑业务练功比赛，组织各类业务培训，邮政汇兑对外服务水平进一步提高。截至年末，邮政电子汇兑网点681个，国内汇兑开发汇款业务量比上年增长2%；兑付汇款业务量比上年下降1.6%。

西联汇款业务 2003年，北京邮政储汇局加快西联汇款网点建设，全功能网点增至29个、远程网点达250个。为降低资金风险，提高从业人员的美元假币识别能力，对所有的西联汇款网点人员进行了美元的防假钞培训。为提高西联汇兑营业员的外语水平和服务质量，组织开展了西联汇款网点人员的英语竞赛活动。截至年末，此业务发汇、收汇业务量合计达21612笔，比上年增长107%。

中间业务 为提高邮政储蓄市场竞争能力，拓展邮政储蓄业务品种，北京邮政储汇局在扩大已有业务规模基础上，加强了新业务开发力度，使邮储业务品种更加丰富。与北京市住房基金管理中心合作开展代发个人支取住房公积金业务；为增加邮政储蓄代收百姓日常生活费用领域，扩大代收业务范围，推出了代收水费/污水费业务，这是北京邮政储蓄继代收有线电视费业务后的又一项代收的公共事业费，截至年底，此项业务代收量已名列北京市各代收机构的代收业务量的第二位；与蜂星网波网络技术有限公司合作，开办发送手机短信为手机进行充值的业务；与中信实业银行加快了市政一卡通项目合作；与广东发展银行合作开办代理广发银行信用卡人民币还款业务；为解决异地医疗保险金发放问题，与社保合作正式代发异地医疗保险业务，获得了较好的经济效益和社会效益。

截至年末，共代理销售国债4期，金额总计4.54亿元；代发工资累计575万户，累计代发金额72亿元，比上年增长22%；代发养老金总户数43.7万户，累计代发金额41亿元，比上年增长30.6%；代收长市话费425.7万笔，比上年增长4.3%，金额3.5亿元；代收移动、联通手机费184万笔，金额4.6亿元，比上年增长53%。

储蓄卡业务 为方便用户办理邮政绿卡，北京邮政储汇局于2003年4月推出即时发卡业务，使用户当时申请当时就能拿到邮政绿卡。为促进邮政绿卡的使用率，增加邮政绿卡的POS消费频率，举办了为期半年的“邮政职工绿卡消费伴我行”活动。针对绿卡用户开展了市场调查工作，采集绿卡用户基本资料，了解邮政绿卡持有者的使用情况。为进一步改善绿卡受理环境，制定了《ATM调整办法(试行)》，每月下发“ATM使用情况通报”，积极调整ATM机布局，2003年共调整ATM机38台。截至年末，发行带银联标识的绿卡67万张，绿卡发卡总量达到393万张。截至年末，共发生绿卡异地交易361万笔，金额213亿元，比上年增长26.8%；作为发卡行跨行交易795.5万笔，比上年增长143%。

基础管理 2003年，北京邮政储汇局进一步加强邮政储蓄基础管理工作。年初，邮政储蓄稽查集中管理正式推行，实现了“垂直领导，下查一级”的稽查模式，加强了风险防范的指导与反馈，储蓄网点稽查效率和效果显著提高；根据业务变化，重新编制了储蓄重点业务提示手册、编制了邮政金融法律法规竞赛辅导材料，组织北京市邮政管理局2629人参加了竞赛活动；在基础管理中重点加强了邮政储蓄资金管理，启动邮政储蓄资金调拨中心，建立国际汇兑资金调拨制度，提高了资金运转效率，节约了经营成本；对全局储蓄会计账目进行了会审，增设了相关会计科目，完善了储蓄业务会计体系；全面清理了传统邮政汇兑账目，加强了汇兑资金管理；在9月份邮政储蓄转存款利率调整后，北京邮政储汇局及时制定了备用金留存、资金划转等方面的管理办法，保证储蓄资金及时上划国家邮政局邮政储汇局，确保邮政储蓄资金获得相应的收益。统一规定了新增会计科目及利息计算方法，制定了新的会计核算办法。此外，为提高邮政储汇从业人员的综合素质，北京邮政储汇局组织了2003年储蓄、汇兑工种业务练功活动，参加了北京市金融系统职工技能大赛，并获得优秀组织奖。

内控建设 2003年，北京邮政储汇局进一步规范稽查工作行为，提高稽查工作中发现问题的警示性、处理问题的公正性以及解决问题的原则性，本着“严格管理，严密制度，严肃纪律，严格考核”的原则，先后修订和完善了《北京邮政储汇局稽查管理办法》、《北京邮政储汇稽查工作考核实施办法》、《稽查业务内容规范操作流程》、《邮政储汇业务重点岗位、重点环节内控制度》、《稽查人员岗位责任制》、《北京邮政储汇专业联保责任制》、（责任追究制度）、《北京邮政储汇业务稽查处罚实施细则》等一系列稽查管理制度，使稽查工作逐步朝着程序规范化，履行职责制度化，工作统一化，质量档案标准化方向迈进。

针对全国邮政储汇系统资金案件发生的特点，北京邮政储汇局进行了仔细研究和分析，发现在非营业时间内，单人临柜环境下，发生储蓄空存的案例较多。通过稽查掌握的信息，一方面狠抓重点规章制度的落实，加大对“单人临柜”稽查处罚力度，另一方面考虑可以利用计算机主机程序进行有效的控制，由主机系统控制所属储蓄网点的营业操作时间，切断非营业时间的储蓄营业作业程序，使作案人无可乘之机。经反复研讨，提出了由主机系统对非营业时间操作防范控制预案，使风险防范关口前移。

2003年，北京邮政储汇局根据邮政储蓄风险防范的关键环节制作了一张“邮政储汇资金风险防范”教育光盘，以提高从储人员风险防范意识，保证储汇资金安全。

网点管理 2003年初，北京邮政储汇局配合中国人民银行，完成了对全局452个邮政储蓄网点的金融机构年检工作。为充分利用宝贵的网点资源，进一步提高单点运营能力，加大了对邮政储蓄网点的调整力度。截至年底，共调整低效益网点22个；完成18个储蓄网点金融许可证更换工作；完成全局452个储蓄网点的基础信息的实地调查工作。

电子化建设 2003年，北京邮政储汇局进一步完善了邮政储蓄管理信息系统（MIS系统）的数据采集、统计、分析、信息交流等功能，通过对MIS系统的改造，系统运行效率显著提高，在4月至6月“非典”疫情严重期间，MIS系统发挥了重要作用，保障各类业务数据及时、准确上报；完成了邮政储蓄事后监督系统的招标、方案设计和技术开发。

2003年，北京邮政储蓄完成了储蓄资金清算网管中心系统扩容改造工程；在全国邮政系统率先完成了邮政绿卡存储扩容及数据异地灾备系统建设，提高了绿卡数据中心抗风险能力，有力保障了邮储业务的快速发展和储蓄用户资金数据的安全；完成了邮政储蓄 ATM 远程监控系统，使 ATM 管理实现实时主动检测、告警信息及时反馈、远程操作与维护、数据管理和系统管理等功能。

2003 年下半年，北京邮政储蓄开始了全国邮政储蓄统一版本的工作。邮政储蓄统一版本是国家邮政局统一领导的重要工作，目标是优化邮政储蓄系统的网络结构，提高系统的应用软件质量，增强系统的市场应变能力。北京邮政储汇局业务人员召开多次会议，研究业务需求，制定了中间业务剥离储蓄系统的方案。

北京邮政储汇局网络办公平台于 2003 年 7 月开始试运行，办公管理系统于 9 月份正式投入使用。实现了公文处理、内部邮件、通讯录、日常办公等功能。为企业积累有价值的资料数据以及形成良好的企业文化提供了有效、方便的途径，提高了管理工作效率。

（陈　峰）

中国华融资产管理公司北京办事处

总经理　徐肇宏

2003 年，中国华融资产管理公司北京办事处（以下简称华融北京办事处）结合资产管理与处置实际，深入学习贯彻“三个代表”重要思想，克服了“非典”疫情、资产质量下降等不利因素的影响，始终坚持以处置回现为中心，努力实现资产处置效率与效益的统一，取得了回现额、处置额均创办事处历史新高的好成绩。

一年来，华融北京办事处以抓重点抓难点为核心，积极开展整体打包处置，有效缩小管理半径；在按照“公开、公平、公正”原则推进实物资产拍卖的基础上，与中关村技术产权交易所（以下简称中交所）开展不良资产处置合作，借助中交所的交易平台，引进经纪商交易方式，加大债权及股权资产营销力度；充分利用国际资本，开创新型金融工具，全面开展第二次国际招标、资产处置信托项目；改革办事处股权管理体制，设立专门指导、协调各部股权管理的股权管理委员会；按照“从严、合规”的成本管理原则，严把内部成本考核关，努力提高经营效益；灵活运用法律手段，加大资产处置力度；加强评估工作，强化中介管理；加大内审力度，规范工作程序和方法，提高审计效率；加强公司内部管理，建立适应华融特点的管理机制，开展“ISO9000”质量认证等专项工作；加强员工培训，努力提高员工业务素质，在办事处形成良好的学习氛围，营造学习型团队，以增强办事处的凝聚力和战斗力；大力加强廉政建设，全面提高员工特别是党员领导干部的思想政治素质，增强廉洁奉公的自觉性。

办事处全年实施资产处置涉及债务企业239户，其中：终极处置92户，阶段性处置147户；处置不良资产账面值38.21亿元，收回现金9.3亿元，账面资产回现率为24.3%，回现总量和计划完成率位居4家资产管理公司北京办事处第一，回现额占4家资产管理公司北京办事处总回现额17.64亿元的67.7%。

债权业务管理　2003年，华融北京办事处结合资产管理的发展需要以及经管债权企业的特点和实际情况，紧紧围绕“化解金融风险，支持国企改革，保全国有资产”的目的，坚持以处置回现为中心不动摇，取得了显著收益，全年实施债权处置涉及债务企业225户，涉及债权账面金额37.21亿元，其中终极处置92户，阶段性处置133户；收回现金8.24亿元，债权资产处置回收率22.14%。2003年华融北京办事处债权回现千万元以上的项目共11个，收回现金4.6亿元，占华融北京办事处总回现9.3亿元的49.5%；积极开展整体打包处置，缩小管理半径，先后对15个资产包、53户企业进行了打包处置，收回现金9036万元，占华融北京办事处回现总额9.3亿元的9.7%。

股权业务管理　2003年，华融北京办事处对股权资产管理体制进行了调整，将债转股企业分散到三个资产经营部门管理，同时，设立了专门指导、协调各部股权管理的股权管理委员会，并根据公司有关股权管理的规章制度，制定了《办事处股权管理办法》及《办事处股权管理委员会工作规则》。股权管理委员会成立以来共召开了27次会议，审议股权管理议题54个，对股权管理和处置工作中的重大事项进行了及时的研究，起到了审查把关作用，增强了股权管理的规范性和有效性。2003年华融北京办事处债转股企业召开“三会”57次，审议各类议题137项；实现股权分红597.6万元；积极开展股权转让工作，成功对1家政策性债转股企业股权实施了转让，收回现金1亿元。

投资银行业务　华融北京办事处自成立以来便着眼于长远发展，努力开掘和培育相对优良、具有较高技术含量的资产客户群，为投资银行业务的开展积累经验和积蓄资源。华融北京办事处精心培育的商业性债转股企业北京北方华德尼奥普兰客车股份有限公司的上市申请文件于2003年9月22日被中国证监会正式受理，进入上市通道。该公司是华融公司系统内首家自主开发的高比例商业性债转股企业，通过对该公司实施股份制改造、上市辅导等一系列的规范运作，该公司基本具备了上市的所有条件。

资产处置信托项目是中国华融资产管理公司在不良资产处置领域首创的全新手段，开创了国内资产证券化之先河，为国内金融市场提供了新的金融产品，为资产管理公司在未来同时实现资产处置与融资双重目标探索了有益的经验。根据公司总部要求，华融北京办事处经过精心挑选，向该项目提供了21户资产，涉及债权金额9.03亿元。2003年华融北京办事处资产处置信托项目共计处置回收现金0.99亿元。

资产营销　借鉴国外经验，开发国际市场，利用外资处置不良资产是中国华融资产管理公司战略发展的重要尝试和重要组成部分。2003年中国华融资产管理公司与全球著名的安永会计师事务所合作实施第二次国际招标，华融北京办事处按照公司总部的要求，经过缜密筛选，推介企业22户，涉及债权金额17.56亿元人民币。

2003年，华融北京办事处转变经营理念，加强营销力度，积极采用市场化方式开展资产处置工作。2003年下半年，华融北京办事处与中交所开展不良资产处置合作，借助中交所的交易平台，引进经纪商交易方式，加大资产营销力度，拓宽了不良资产处置渠道。2003年华融北京办事处挂牌交易资产包括股权、债权、实物三类，共涉及23户债务企业、资产金额26.89亿元。其中，成功转让了华融北京办事处持有的北京京东方投资发展有限公司43.75%的股权，北汽轮机股权转让项目取得实质性进展，已经进入重要材料的索取、现场勘察、价格谈判阶段，为2004年完成该项资产处置奠定了基础。

扩大影响、吸引潜在投资者是体现处置公开化的一项有力举措，华融北京办事处2003年在《中国企业报》、《经济日报》及华融网站上发布公示信息57次，涉及债务企业103户，涉及债权金额2亿多元。

本着公开、公平、公正的原则进行实物资产拍卖是华融北京办事处以资产推介方式处置不良资产的一个重要手段。2003年，华融北京办事处委托拍卖项目9项，总标的金额2989万元，拍卖成交价1679.7万元，共收回现金1586.5万元，拍卖回现率94.45%。

法律诉讼管理 2003年，华融北京办事处充分利用现行各项法律政策，发挥办事处法律事务部门的各项职能作用，为资产处置工作提供法律程序保障、为资产保全提供法律诉讼服务、为资产运营中的涉法问题提供咨询，最大限度地保全国有资产，提高法律工作对资产处置与管理的服务效益。2003年办事处以诉促和，诉讼与调解相呼应，通过采用单笔诉讼、单户诉讼、打包诉讼、破产诉讼及申请支付令等多种方式进行依法维权，全年新诉案件8件，涉诉标的额2.79亿元；审结案件12件，涉诉标的额7.8亿元；申请执行14件，涉诉标的额9.65亿元；执回财产6.31亿元，其中收回现金3.84亿元、收回实物2.48亿元。

内控审计管理 2003年，华融北京办事处在全力推进资产处置工作的同时，进一步强化内部审计职能，努力提高资产处置质量。制定了《审计项目档案管理办法》，修订了《审计岗位职责》和《现场审计工作程序》、《资产处置跟进审计工作程序》、《北京办事处内部审计工作规定》等工作规范，对审计部门的工作职责、工作权限、被审计部门的责任等做了明确规定，特别要求对于重大资产处置项目（指收购资金5000万元以上债权项目及债转股项目）资产经营部门要及时向审计部门通报情况，以便审计部门进行事中监督。2003年共进行各类专项审计16次，对105户终极处置企业进行跟进审计，出具审计报告84份。

人力资源管理 2003年，华融北京办事处进一步深化人事制度改革，扩大了选聘层面，在全办事处范围内进行了中层干部的公开竞聘工作，得到了全体员工的积极响应，经过严格的笔试、面试、民主测评和党委考察等阶段，将一批年富力强，有经验、有能力的人才提拔到领导岗位，促进了不同层面干部领导素质和管理水平的提高；积极探索奖金分配的新路子，围绕资产处置工作，突出奖励重点，建立了更为科学的激励机制，从而稳定了员工队伍，激发了员工的积极性和创造性，确保了各项任务的圆满完成；办事处继续把员工培训作为提高工作质量的重要措施来抓，先后进行了21次专题培训，共233人次参加。2003年，华融北京办事处除继续请中国人民大学教授讲课外，还组织10余名员工走上讲台，用切身体会和实际案例分析处置工作中的经验教训，提高了全体员工解决实际问题的能力。

（韩冬梅）

中国长城资产管理公司北京办事处

总经理　张记山

2003年是中国长城资产管理公司北京办事处（以下简称长城北京办事处）认真学习贯彻“三个代表”重要思想，全面落实总公司年初办事处工作会议精神、加快资产处置的关键一年。长城北京办事处在总公司的正确领导下，认真贯彻执行了加快资产处置和提高现金回收率这一中心工作，紧紧围绕年初办事处制定的“现金流、规范化”这一主题，牢牢把握“加快处置”这一灵魂，长城北京办事处上下团结一致，坚定信心，开拓进取，严格处置程序，降低处置成本，提高处置效率。同时认真抓好打造“三铁”工程和资产处置档案规范化工作，按时完成项目管理系统数据补录工作，认真做好思想政治工作和预防“非典”工作，并取得了突出成绩。在长城北京办事处全体员工的不懈努力下，超额完成了总公司下达的现金目标任务。截至年末，长城北京办事处累计收回现金6.8亿元，其中2003年收回现金2.91亿元，完成当年现金考核计划的142%，目标计划的110%，超额完成总公司下达的现金流任务。其百元现金费用率是全国最低的办事处之一。长城北京办事处累计清户493户，涉及收购债权23.6亿元，户数占比27.8%，金额占比24.3%；处置中的项目有1179户，涉及收购债权68.1亿元，户数占比67%，金额占比70.3%。已处置资产46亿元，收回现金6.8亿元，现金回收率为20.2%。

现金回收　2003年是长城北京办事处大规模处置不良资产的第三年。办事处强调了整体突破与重点户推进相结合，确保超额完成现金流任务指标。针对不良资产的实际情况，从中筛选出一批当年重点收回现金的企业，把现金流任务落到实处、落实到项目经理，责任到人，按计划分步实施。明确要求各项目经理当年该收回的必须收回，并按季度落实考核现金收回情况。采取的工作措施有：1. 年初长城北京办事处对部分处长进行了工作岗位交流，进一步明确了各岗位职责和现金回收指标，加大了处长岗位的工作压力，充分调动他们的主观能动性。2. 重点大户，一户一策，并及时给予指导工作，稳步推进收现工作。经过缜密研究，安排部分人力专门对重点大户进行及时跟踪，各个突破，并对重点户排出时间表和工作进度。每周一定期召开处长碰头会，跟踪了解重点户工作进度，促进了重点大户工作向前推进。3. 加大按系统处置的力度，确保当前现金收入。长城北京办事处领导和处长、项目经理始终与债务企业的上级主管，包括区、县领导、市委、办、局领导保持密切接触，了解实情，沟通情况，及时把握处置的契机。同时加大了信息搜集工作，定期听取每个项目经理对债务企业（含担保单位）的情况汇报。对能按系统和区县镇统一处置的项目，如门头沟区、怀柔区合计 85 户、顺义区北务农工商 10 户和通州区台湖镇 40 多户按系统整体解决工作，长城北京办事处领导与项目经理一起先后多次前往门头沟区、怀柔区、顺义区和平谷区政府，与区乡镇领导进行沟通，现场了解各企业现状，解决以区乡镇政府出面筹资还款问题，为实现现金回收起到了积极作用。

诉讼执行 2003 年，长城北京办事处加大了用法律手段进行清收的力度，但法院执行有“四难”，一是被执行人难找，二是执行财产难寻，三是执行合作难办，四是执行财产难动。面对执行条件难度越来越大，长城北京办事处经过认真调研，制定了《关于进一步加强诉讼案件执行阶段工作》的有关文件，要求每一位项目经理和法律人员在诉讼案件执行阶段管理到位、责任到位。对执行的企业要做到执行反映快、了解线索准、查询范围广、处置方式多。要求对诉讼后的项目执行工作一抓到底，抓出成效。并借助司法机关的力量全面控制、挖掘债务人的财产，以保全办事处债权，同时也实现了清收现金收入。

评估管理 2003 年，长城北京办事处评估工作特点是按系统评估户数多、户小散远。这对评估工作的要求更高，难度更大。长城北京办事处在评估管理工作中始终要求评估管理部门认真执行总公司相关政策规定，严把权限关，坚持符合政策、实事求是、规范操作、服务处置的原则。采取了以下措施，一是超过评估权限的项目一律上报公司审批。2003 年没有发生一笔超权限项目的评估。二是严把评估机构的选择和管理关。督促评估机构按时保质完成项目评估，给资产处置定价提供一个客观、公允的参考依据。同不符合要求的评估机构中断合作。三是严把评估报告的审核关。对已完成的评估项目，长城北京办事处均按总公司的要求认真进行审核并出具审核底稿。四是提高工作效率。强调从评估立项、委托到评估报告的审核、反馈都要加快速度，认真审核，严格把关，防范处置风险，并始终坚持双人审核。截至年末，已立项申请的评估项目有 84 个，其中 62 个项目已完成评估，涉及户数 300 户，债权总额达 19 亿元。

基础管理 2003 年，长城北京办事处把加强基础管理工作，努力提高资产处置效益、速度和质量水平作为重要议事日程认真抓落实。一是充分发挥资产处置统计管理系统的作用。自主开发出一套资产处置统计管理系统，可随时准确反映长城北京办事处存量资产情况，并可以从多方面对已处置的资产和存量资产情况进行全面动态分析，数据显示准确清晰，为完善和规范基础统计工作起到了促进作用。二是认真学习领会业务操作程序，规范运作。认识到打造“三铁工程”的核心首先是加强制度建设，认真贯彻落实各项规章制度。在实际业务操作中，始终强调前后台严格执行总公司的各项规章制度，把握好每个工作环节，以进一步规范资产处置工作。三是按时完成资产处置档案的立卷归档工作。明确了主管领导牵头负责、部门负责人和有关责任人各负其责的三级责任制，严格职责分工，确保部门、人员职责到位。同时在工作中加强部门之间的协调和配合，充分发挥了处置办的督导作用。截至年末，经过审计、整改共整理清户户数490户，涉及收购债权23.6亿元(剔除政策性债转股)，例会档案卷宗100卷，其中立卷并档清户户数432户。经过整理并档的资产处置档案做到了整体划一、装订整齐，而且资料齐全、内容依法合规。归档工作符合总公司提出的规定要求。四是认真做好资产处置项目管理系统的数据补录工作。做好资产处置项目管理系统的数据补录工作，是做好办事处资产处置基础管理工作的一项重要内容。综合经营经理管理系统二期台账的数据补录工作涉及历年的资产处置原值的统计，补录工作量大、要求细、时间紧、政策性强。长城北京办事处对52户共计11.14亿元的处置项目进行了原值补录，圆满地完成了资产处置原值的补录工作和2003年的处置计划。五是前后台联动，规范财务管理工作。强调要打造“铁账本”，保证会计账务处理做到“政策依据充分、核算内容真实、操作程序规范、记载反映清晰”。2003年资金财务部门认真按照总公司要求严把最后入账关，做到了“三不准”。凡是未经处置办审核确认合规的处置事项，一律不准入账核算；凡是不合法、不合规的票据，一律不准入账核算；凡是逆程序、越权操作的财务事项，一律不准入账核算。在各项费用管理上，及时跟踪监测分析，并准确记载和核算财务收支活动，如实反映长城北京办事处的经营状况，将各种费用开支控制在总公司规定的范围内。

政治思想及党建工作　长城北京办事处党委深入学习贯彻“三个代表”重要思想，先后组织了不同层次的学习活动。充分发挥长城北京办事处纪委纪检监察作用，依靠规章制度管人。年初召开纪委工作会议，对各级领导干部和员工贯彻落实党风廉政建设工作做了布署，与全体员工签订了《严格遵守职业道德责任书》，并在年中和年底进行了两次检查。

（王宏城）

中国东方资产管理公司北京办事处

总经理　张晓昌

2003年，中国东方资产管理公司北京办事处（以下简称东方北京办事处）党委积极进取、开拓创新，带领全体员工用“三个代表”重要思想指导工作，确立了“一、二、三、四”工作思路，即千方百计实现一个处置收现目标；围绕目标突出业务创新和队伍建设两个重点；加强管理，抓好三个环节：抓好严格管理和规范处置，抓好沟通、协调、配合，抓好及时分析、鼓励、促进三个环节；四个方面突破：抓住机遇，务求在股权及投行业务方面有所突破，在资本金项目、实业资产项目的接收、管理、处置方面有所突破，在依法处置方面有所突破，在内部管理与制度建设、资产管理与处置、“创新工程”方面有所突破。截至年末，东方北京办事处回收债权现金资产17183.43万元，完成总公司下达的年度收现目标16887亿元的101.76%，回收股权现金资产167.06万元。

债权管理与处置　东方北京办事处确定了对北京地区市级外贸企业不良债权加速处置，对内蒙古地区实行区域打包处置的工作思路，筛选了16个重点项目和6个备选项目，确保全年工作任务的完成。

2003年东方北京办事处在中国五矿进出口公司等重点大项目的处置中取得成效，特别是中国五矿进出口项目，当年收回现金7080万元，占2003年全年收现总额的41.21%。

股权管理与处置　2003年，东方北京办事处切实加强对债转股企业的日常管理，开拓股权业务新思路。截至年末，负责管理的12家债转股企业中，已完成债转股工作成立新公司的有10家，实际转股金额13.44亿元，共收回包钢等6家债转股企业的利润分红167.06万元。2003年共有10家企业召开了股东会、董事会、监事会65次。通过“三会”行使股东权力，监督企业管理层的经营决策，维护公司的权益。

实体资产管理与处置　东方北京办事处管理和处置的实体资产项目主要有港澳国际内地资产5个项目，港澳信托抵债资产7个项目，原中国东方信托投资公司实业投资12个项目。截至年末已处置完毕5个项目，累计收回现金2917万元。

资本金项目接收　东方北京办事处根据总公司资本金项目总体原则规定，与中国银行北京市分行就划转范围、划转方式、划转价格，以及费用等方面进行了数十次的深入讨论，最终达成一致，于

2003年11月正式与中国银行北京市分行签署了《股权转让协议》及《股权托管协议》。有价格地接收了北京肯德基有限公司、北京京伦饭店有限责任公司的部分股权，同时还接收了21个零价格项目。

创新工程　“创新工程”是东方北京办事处2003年的重点工作，年内制定了《中国东方资产管理公司北京办事处全面开展“创新工程”活动的实施意见》，成立了“创新工程”指导委员会。东方北京办事处先后与美林集团、摩根士丹利公司等中外投资者进行洽商，与中国银行北京市分行进行部分资产置换，以及实施商业性债转股等多项创新举措，提升东方北京办事处整体资产质量及处置工作的技术含量。

管理与内控　2003年，东方北京办事处进一步加强内部管理与监控工作，在全体员工中强化各项业务合法、合规意识，将“人为控制”转变为“制度控制”，从严执行各项制度规定并严格落实，解决存在的问题并堵塞漏洞。

2003年，东方北京办事处开展内部专项审计3次，对当年11月份前处置完毕归档入库项目40户进行了审计检查，提出相关审计建议10项，同时还接受了中国人民银行及监事会检查组审计检查2次，通过检查提高了各项工作依法合规观念，促进从制度建设入手，防范各类道德风险。

严格依据项目审批权限，对资产项目处置方案进行充分、科学的论证和比较。2003年，东方北京办事处共召开资产处置审查委员会会议57次，审议了45个债权项目、13个实体项目的处置方案，审议了9家债转股企业的相关议题，对接收的23个中国银行资本金划转项目方案进行了论证。

坚持“公开、公平、公正”的原则，规范选聘工作程序，全年，东方北京办事处中介机构选聘小组（后期更改为评估审核委员会）共召开会议25次，先后为24家企业的评估、拍卖及诉讼事项进行了中介机构选聘工作。

党的组织建设和思想政治工作　2003年，东方北京办事处党委认真组织学习了党的十六届三中全会文件精神，以及“三个代表”重要思想，克服“非典”带来的不利因素，制订了东方北京办事处政治理论学习计划，明确了各阶段学习重点，将学习与资产处置工作相结合，与内部管理和创新工作相结合，把学习落到实处。通过学习强化各级干部政治意识、大局意识、改革意识，对办事处党的组织建设和作风建设起到了相当重要的作用。

（郎　文）

中国信达资产管理公司北京办事处

主任 赵 毅

2003年，中国信达资产管理公司北京办事处（以下简称信达北京办事处）克服“非典”疫情的影响，全力加快资产处置，大胆尝试业务创新，严格规范基础管理，以规范谋生存，以创新求发展，为公司的战略转型迈出坚实的步伐。在积极响应总公司号召，坚持两手抓的同时，认真落实债权处置“五个抓好、五个提高”，坚定计划目标不动摇，抓住一切有利时机，加快处置进度和现金回收力度，各项工作取得显著成绩。截至年末，实现不良资产初次处置3.5亿元，现金回收3.77亿元，创办事处年度现金回收最高纪录，为总公司现金回收突破100亿元做出了重大贡献。信达北京办事处将现金回收额和回收率作为资产处置的第一要务，下决心拍卖全部抵债实物，努力攻克处置三、四类贷款这一难题，坚决依法维护金融债权，对债转股企业采取分类指导的方法，全年实现当年签约履约率100%，累计签约履约率90%。

股权管理 2003年，信达北京办事处加强了占办事处资产总额2/3的股权资产的归口管理，全面提升资产价值。实行了主办人制，并对股权资产进行分类、分步实施：一类为拟上市企业，对其实施了股份制改造工作；二类为非控股企业，股权比例较小，择机退出；三类为未达到转股预期目标的企业，加大对其股权的管理力度，促使其提前3年实现扭亏。经过几年的努力，信达北京办事处7户政策性转股企业、2户商业性转股企业股权得以保值增值，2003年9户企业全部实现了扭亏为盈。

资产处置 2003年，信达北京办事处以加快资产处置，完成现金回收任务为工作目标。一是重点抓好已签约项目的履约工作，提高处置回收率。加大待回收资产的管理力度，千方百计落实保留债权协议，通过再次重组方式，提前实现项目的终极处置。二是抓好三、四类资产处置，提高销户率。加快了呆账的终极处置和问题严重贷款的处置进度，缩小管理半径，提高资产处置效率。截至年末，信达北京办事处累计销户率达到67%，率先完成全部呆账的终极处置。三是抓好实物资产处置，提高现金回收率。按照总公司“强化管理、防范风险、加快处置、降低存量”的实物资产管理要求，信达北京办事处将剩余实物资产全部列入处置计划，加大了实物资产的处置力度，努力提高实物资产现金回收率，全年共组织拍卖会13

次，基本实现实物资产的“零”存量。

中间业务　2003年，信达北京办事处积极探索中间业务，培育新的增长点。按照总公司拓展中间业务的战略部署，把资产处置工作与中间业务拓展工作有机地结合起来，将工作重点放在与中国建设银行共有客户委托资产的处置上，实现了中间业务的“零突破”，并积极落实总公司系统内的中间业务工作。总公司威海业务现场会后，办事处进一步加大了中间业务的工作力度，动员全体人员积极发展潜在客户。目前已与30余家金融机构、外资银行及国有企业取得联系，达到了调查市场、储备资源、锻炼队伍的目的。

法律事务　2003年，信达北京办事处着重抓好依法处置工作，提高拆讼效率。落实了办事处高级法律顾问和法律顾问的岗位职责，加强了非诉讼业务工作，共审查法律性文件46份，聘请律师对未处置完毕项目的诉讼时效和保证期间等问题出具法律意见书共122份。诉讼评审组严格审查每个起诉项目情况，避免盲目诉讼。全年共评审诉讼项目10个，新诉项目2个。办事处通过多渠道收集信息和判例，确保项目的胜诉；充分运用司法解释，以使保证人承担保证责任；及时更换代理人，推动项目执行工作；以诉促谈，最终达成还款方案，从而实现了依法维权。

内部管理　2003年，信达北京办事处通过加强基础工作，苦练内功，规范了业务工作流程，紧紧围绕资产处置这个中心，简化、规范日常工作程序，提高了管理水平，促进了资产处置工作的开展。同时采取了一系列措施，一是明确岗位职责，充分发挥各部门、各岗位的职能作用，分工协作，责任到人，并与绩效考核和处理办法挂钩，增强了管理效果；二是强化项目档案管理，严格规范业务工作流程，并着重强调按季归集、移交和审查项目档案，限时完成项目档案的归集、整理、移交、归档工作；三是加大内查外审工作力度，规范工作流程，有效防范了风险；四是强调及时录入系统信息、台账信息，保证了业务数据的及时、准确；五是实行周历制度，管理明确到日；六是增强预算意识，提高财务计划控制能力，确保三项费用“零增长”；七是充分做好项目审批前的准备、沟通、评估工作，使审核工作前移，提高上报项目的通过率和资产处置效率。

精神文明建设　2003年，信达北京办事处深入学习“三个代表”重要思想，认真贯彻党的十六大精神。提倡积极进取，各项工作争创第一。努力培养一批懂得一项业务的“专家”，更要培育懂得多项业务的“杂家”；业务思路要变“坐商”为“行商”；基础管理工作检查要变“背靠背”为“面对面”，于细微之处下功夫，积极探讨创新、改革、调整、激励的方式方法。一是“非典”时期坚持两手抓，取得了“抗‘非典’，抓处置”的双丰收；二是坚持干部聘任制、绩效考核制、风险保证制、外出报告制“四制联动”的人事管理机制，形成绩效考核、年度人事考核、职工大会考核的“三项考核”机制，实行绩效考核、岗位责任、违规处理互连；三是从落实医改方案入手，加快与职工切身利益相关规章制度的出台；四是通过工会作为联系群众的纽带和桥梁，充分发挥职工大会的作用，提高办事处的凝聚力。

（马　琳）

中国银河证券有限公司北京管理部

总经理 霍肖宇

2003年是中国证券业经历大洗牌的一年。在这一年里，中国银河证券有限责任公司北京管理部（以下简称银河证券北京管理部）继续秉承“规范经营，创百年银河”的经营理念，在总公司“直面危机，加快转型，做公司改革发展的排头兵”的号召下，积极应对危机，开拓创新，对内不断充实资本、完善管理、探索转型途径，对外努力开拓市场、加强营销力度、提高服务质量，圆满完成了全年经营计划和总部下达的各项利润指标。

2003年，银河证券北京管理部共实现各类证券交易总量达1058.21亿元，比上年增长69.36%，其中：股票基金交易量为322.44亿元，占北京市场份额的5.53%；债券交易量为735.77亿元，占北京市场份额的3.97%。

在上海证券交易所2463个会员单位的股票排名中，银河证券北京月坛证券营业部的股票交易额为63亿元，名列第49位。在深圳证券交易所2318个会员营业部的股票基金交易排名中，银河证券北京月坛证券营业部的股票基金交易额30.91亿元，名列第25位（数据来源：上海证券交易所、深圳证券交易所网站）。

2003年，银河证券北京管理部下辖9家营业部和1家服务部。这10个网点，依托银河品牌优势，以及各营业部分布在北京海淀、西城、东城、朝阳等6个主要城区的地理优势，为投资者提供高效便捷的金融理财服务。

证券经纪业务 2003年，由于“非典”的影响，北京地区的证券市场受到严峻考验。面对困境，银河证券北京管理部努力采取各种措施，增收节支，挖掘潜力，保持了证券业务的稳步发展。一是进一步完善全员客户经理制，通过对内部人员的培训将其推向市场，变坐商为行商，改变传统的等客上门模式；二是扩大增收渠道，增加交易品种，通过销售基金、企业债券等，使其他业务收入增长10.33倍；三是依托营销中心推行的具体项目筹建统一营销团队，进行包括基金、债券、股票配股和增发等系列产品的营销尝试和推广；四是全力以赴进行机构客户的开发和公司理财产品的前端销售，针对机构客户开发方面存在的市场盲点和空间，对潜在客户进行大范围覆盖式营销；五是积极开展地区节支计划，降低经营成本，通过先后两家营业部的挂机项目为营业部减少机房投入150多万元；通过两家营业部的搬迁为营业部节约用房成本约200万元。

上述节支计划的开展使整个管理部的营业支出明显下降。

增值服务 在保证主营业务稳步增长的同时，银河证券北京管理部还积极与其他行业开展合作，不断推出丰富多彩的增值服务。2003年，与中国人民保险公司就所辖营业部代理车险业务签订了正式合作协议，并于6月份在所辖9家营业部中全面推广该业务；与此同时，还进一步深入开展与中国移动公司的合作，组成了中国移动银河集团大客户组；先后与北京电信授权的小灵通业务特许经销商及联通公司的代销商合作开展了小灵通及CDMA优惠销售业务等。这些增值服务不仅使管理部取得了一定的经济效益，还使所辖9家营业部得到了良好的宣传推广，增加了营业部对客户的吸引力。

研发工作 2003年，银河证券北京管理部在全面调查了解营业部及客户意见的基础上，加强服务型研究，努力使研发工作满足营业部和客户的需求。针对客户在经历三年熊市之后套牢程度较深的情况，对股票组合的系列产品进行修改，使其更加切合营业部研发工作的需要；从服务营业部的角度出发，向营业部提供经济业务经营形势分析，并针对市场中的一些重大事件、出台的政策撰写应对报告，为营业部的经营决策提供参考；年底，管理部还举办了证券市场投资机会高级研讨会，邀请公司、政府相关部门及大型投资机构的专家、学者为核心客户做现场咨询，获得了客户的一致好评，极大地提高了客户满意度；为提高研发水平，管理部汇集了北京、上海、深圳三地的研发精英，举办多次巡回股评，并完善同城电话解盘业务，在提高服务质量的同时也大大降低了成本。

在做好为营业部服务的同时，银河证券北京管理部还积极配合公司，组织研发骨干参与筹建总公司客户中心，成立坐席服务小组，用较低的成本为每一位客户提供高质量的服务。管理部还加强与总部研究中心、深沪地区总部、其他地区管理部的联系交流，初步建立地区之间研发成果的共享机制。

在与媒体合作方面，银河证券北京管理部的研发骨干参与中央电视台、中央人民广播电台等国内著名媒体的证券栏目百余次，在《中国证券报》、《上海证券报》、《证券日报》等多家报刊上发表分析文章百余篇，为银河证券公司在全国范围内树立研发品牌贡献了积极的力量。

机构建设 根据地区形势和辖内营业部的具体情况，银河证券北京管理部不断探索新形势下营业部的经营模式。在对国内外券商的营业网点进行调研和对辖内营业部的基本情况进行分析的基础上，预测了营业部发展的新趋势，并据此在银河证券北京管理部所辖的两家营业部进行试点。通过搬迁、减少营业面积、实现集中交易和财务集中管理，其中一家营业部税前利润比上年增加了190万元，另一家营业部实现扭亏为盈。同时，管理部还加强了对落后营业部的指导和支持。某营业部在银河证券北京地区9家营业部中排名最后，通过对其亏损原因进行分析，北京管理部协同公司经纪业务总部，对该营业部拓展业务渠道和节支方面提供了大力支持。2003年这家营业部的营业收入比上年增长30%。

内部管理 为应对变幻莫测的市场环境，银河证券北京管理部一直苦练内功，加强内部管理。2003年，全面推行财务经理委派制度，通过现场与非现场检查相结合，对各分支机构进行监督，有效防范经营风险；推进用人制度改革，引入竞争机制，以“能者上，庸者下”为原则，制定《北京地区营业部副总经理选拔聘任制度》，为营业部遴选优秀人才提供依据；推行人员信息采集制度，建立人员信息库，定期更新和分类统计，为各营业部的科学用人提供依据；推行新的劳动管理制度，将规范化与人性化并举，在严格规范员工考勤的同时，给予员工更多的理解和关爱；加强员工培训，使员工在制度、业务规则和操作流程、职业道德、服务标准等各方面得到提升，从而提高了工作效率和质量。有效的内部管理使银河证券北京管理部在2003年首都精神文明办和北京证管办开展的“北京证券业文明行业规范化达标活动”中取得了良好的成绩。

风险管理 2003年，银河证券北京管理部继续加强对风险的防范和管理。首先，积极配合总公司开展风险管理工作，对辖属9家营业部进行了财务、信息技术管理、交易服务、薪资制度执行情况及行风建设情况5个方面的合规检查；其次，成立了以管理部领导为核心的风险控制体系，层层控制，层层负责，由营业部的风险负责人定期向管理部发送风险报告；再次，采用目前国际风险管理量化办法，引入VaR和EaR等风险定价模型，对营业部进行风险评估；同时，加强对风险管理人员的培训，由风险及成本控制部编译《金融风险管理概述》作为风险管理工作的指导教材，并从国际风险师协会（GARP）订购《GARP RISK REVIEW》，及时吸取国外先进经验。

信息系统建设 2003年，银河证券北京管理部已实现三家营业部的集中交易平台，其中第1家营业部在2003年6月份实现全面挂接，第2家营业部在11月份实现全面挂接，有效实现了信息共享和降低成本。上海交易所地面SDH报盘正式开通启用，为集中报盘提供了带宽保证。中心机房交易柜台软件于10月份升级至金证KingBroker3.2版，更好地支持了集中交易的进行。配合新业务的推出，各营业部也纷纷对交易系统软件进行全面的测试和升级，确保了各项业务的正常进行。

（研究及市场发展部）

华夏证券股份有限公司
（原华夏证券有限公司）

董事长　周济普

2003年，是中国证券市场发展进程中艰难曲折的一年，也是证券公司经营过程中困难的一年。面对证券业出现的全行业亏损局面，华夏证券股份有限公司（以下简称华夏证券公司）全体干部员工在公司党委、董事会和经营班子的领导下，励精图治，顽强拼搏，使各项业务保持了良好的发展势头，在经纪业务、投资银行业务、债券业务、国际业务、并购业务等方面，均取得了新的成绩和新的突破。截至2003年末，公司共有12家一级分支机构，91家证券营业部，29家证券服务部，在职员工2442人。

一级市场方面，2003年，共发行新股2家，增发股票1家，发行可转换公司债券2家，共筹集资金38.77亿元。按发行家数排名，华夏证券公司名列同行业第六位；按照承销总金额排名，在同行业中名列第八位。

二级市场方面，全年共完成交易总量8454.83亿元，市场排名跃居行业第四；股票基金交易总量为2239.54亿元，比上年增长14.79%，比市场股票基金交易总量增幅高出2.78个百分点，列各大券商增幅榜首；开放式基金销售总量为10.46亿元，累计销售基金突破16亿元；网上交易总量为465.83亿元，比上年增长80.80%。

经纪代理业务　为做好经纪业务工作，华夏证券公司主要采取了以下五项措施：

创建一个“金融超市”。公司在现有股票、债券和开放式基金等产品的基础上，加大与基金业、期货业、保险业和银行业的战略合作力度，在创建包含一揽子金融投资品种的“金融超市”方面取得了阶段性进展。

努力实现“两个转变”。公司一方面积极开展营销工作，大力开发机构客户，努力实现经纪业务的市场定位由中小散户为主向以机构客户为主转变；另一方面大力发展网上交易，积极推动交易手段的定位由现场交易向非现场交易转变。

始终坚持“三个方向”。年初，公司制定了经纪业务的三个战略方向，即“五个一工程”[①]、债券交易和开放式基金销

① “五个一工程”指：保证金存款利率提高1个百分点；对外融资利率降低1~3个百分点；客户总量翻一番；保证金余额翻一番；各营业部经纪业务在当地的市场排名保持第一。

售，并将其纳入公司经纪业务考核指标体系。

努力建设和完善“四个体系”。随着经纪业务的转型，建立经纪业务的价格体系、成本体系、业绩考评体系和营销体系就成为迫在眉睫的课题。目前公司营业部的业绩考评体系已初步形成，并在营业部综合业绩考核中得到应用。

规范和清理融资监管业务。为了保证经营安全，切实防范风险，公司在全系统开展了大规模的融资监管业务的规范和清理工作，保证了公司经纪业务的稳定健康发展。

投资银行业务 2003年，是华夏证券公司对投资银行业务管理模式进行整合后高效运作的第一年，公司投资银行业务的整体优势得到充分发挥，实现了业务流程的再造和业务运作的标准化、规范化，提高了运行效率，降低了管理费用和经营成本，股票发行业务的风险得到了控制，投资银行业务收入比上年增长183%，利润增长250%。

债券业务 华夏证券公司在债券业务中取得了优异成绩。全年不仅业务收入大幅增加，而且在这一领域继续保持了业内领先地位。在龙电可转换公司债券发行工作中，超额配售倍数、网上认购量、全额申购机构、冻结资金四方面创下了我国可转债市场的历史新高。此外，公司还担任了中国石油天然气股份有限公司公司债券的联合主承销商，在债券市场低迷的情况下，顺利完成了15亿元的债券销售工作。公司系统共承销国债78.8亿元，综合排名列交易所承销团第一位。公司累计完成银行间债券市场交易量1706.25亿元，在券商中排名第一位。公司参加了28期2003年国家开发银行政策性金融债券的承销工作，承销量为81亿元，列券商第三位。

并购业务 2003年，华夏证券公司成立了并购业务管理部，在努力加强内部管理和制度建设的基础上，大力开拓市场，积极与大集团、大客户建立紧密的战略合作关系，初步形成了适合自身特点的业务运作和盈利模式，除实现业务收入970多万元外，还与近10家企业签署了长期业务合作协议，为今后并购业务的发展奠定了扎实的基础。

证券投资和委托资产管理业务 华夏证券公司在年内集中精力加强了对证券投资和委托资产管理业务的领导和管理，调整了风险控制与决策委员会组成人员，调整和充实了业务人员，制定了激励办法和各项管理制度，初步形成了投资决策、方案执行和风险监控的有效业务运作机制。在具体业务操作上，公司提出了“以资产重组为突破口，以调整持仓结构为手段，以降低资金成本为主线，退出老方式、逐步建立新机制”的操作原则，制定了具体实施方案，并按照这一思路，调整持仓结构，削减历史遗留问题股票，把握市场机会，积极投资，使新增资金取得了较高的盈利水平。

国际业务 华夏证券公司年内在国际业务方面重点完成了四个方面的工作，一是完善外币投资管理体制，制定了《国际业务部证券投资业务管理办法（试行）》，进一步完善了投资决策体系、内部监控体系和报告机制；二是积极开拓QFII业务，通过积极努力，公司与荷兰银行开展了A股交易代理业务；三是积极加强对外合作，在设立合资基金管理公司、合资期货公司方面做了大量工作；四是进一步提升外币投资和境外基金管理水平。截至年末，外币受托资产净值比上年增长9.74%。

研究工作 2003年，华夏证券研究所在重点提高研究水平，不断提高研究成果的指导性和可操作性的同时，进一步加强研究成果的应用工作，为业务开展提供有效的支持。一是充分利用NOTES及视频系统，提高研究产品的利用效率，增强对投资者和客户经理的辐射力和吸引力；二是深入客户服务第一线，与投资者进行面对面的交流，为营业部吸引客户、提高服务质量提供保证；三是在开发机构客户方面，做了富有成效的工作，使公司成为国内第一批与社保基金合作的专业机构，为公司争取到5个交易席位，在10家券商研究机构中名列前茅，树立了华夏证券良好的社会形象。

内部管理 在内部管理方面，华夏证券公司在年内也同样取得了积极进展。一是颁布实施经营管理十大禁令：不准账外经营；不准擅自对外担保；不准私设“小金库”；不准擅自拆出资金；不准公款旅游；不准参与赌博活动；不准用公款在“夜总会”消费；不准违背干部管理原则，搞任人惟亲；不准在公司内部请客送礼；不准从事造谣、诬告及陷害活动。二是研制成功“电子印章管理系统”。三是进一步明确了选拔任用干部的四项原则，并据此对部分分支机构的领导班子进行了调整，积极选派德才兼备的年轻干部到基层营业部锻炼，促进其尽快成长，提拔任用了一大批业绩突出、年轻有为的专业骨干和管理人才，优化了公司干部队伍，提高了队伍的战斗力；年内，公司还对全系统所有基层营业部和服务部经理进行了三期高强度封闭式培训，对提高营业部经理等公司业务骨干人员的领导能力和管理水平起到了积极作用。四是在完善交易系统和各项基础设施建设方面，实现了全系统的沪深B股集中交易柜台系统，开创了业界集中交易系统的先河；同时，公司还完成了深圳分公司、福州管理总部、沈阳分公司等分支机构的部分集中交易工作；启动了人力资源管理平台、经纪管理平台和稽核审计平台的建设，并取得了重要的阶段性成果。

（朱　勤）

北京证券有限责任公司

董事长　卢克群

2003年证券市场整体上仍然十分低迷，上半年遭遇"非典"疫情，下半年股指创新低。面对严峻的市场环境，北京证券有限责任公司（以下简称北京证券公司）全体员工坚定信心、克服困难、齐心协力、奋勇拼搏，保持了各项业务的稳定发展。

截至年末，公司经纪业务总交易量为1334亿元，净开户数为183212户。公司在岗员工617人，下设27家营业部。

经纪业务　2003年，北京证券公司改革现有经纪业务体制，推出了系列营销活动，整合现有资源，确保了全年工作的基本完成。特别是在开源节流、降低运营成本、推动全员营销、开发市场等方面取得了较大进展，在产品和服务方面进一步融合新的盈利模式，取得了一定的经验和成绩。一是进行管理体制变革，打造新型管理模式。年初公司对经纪业务进行准事业部模式改造，经纪业务总部统一管理、协调、服务、监督营业部，提高了工作时效。与上年同期相比，公司经纪业务节约费用近1900万元，下降了33%。二是继续加强风险防范，控制经营风险。根据市场的变化，公司不断完善、改进、补充营业部的各项管理制度，并组织员工讨论学习，明确各自的工作职责和范围，照章办事，规范操作，防范一切可能发生的风险，为营业部在低迷市况下的正常运转打下了扎实的基础。三是树立全新理念，开展系列营销和培训活动。经过近三个月前期的系统调研和方案设计，推出了以"开户来北证，平安送到家"为主题的开户送保险的市场推广计划及各项配套方案，迈出了跨行业营销的扎实一步。下半年开展了"北京证券2003年经纪业务培训"，通过案例教学，从证券投资分析、经纪业务创新及证券经纪业务营销三大方面对有关员工进行了系统培训。四是完成营业部迁址工作。2003年公司有三家营业部因所在地区城市改造，需要搬迁，由于组织得力，整个搬迁过程不仅严格控制了成本，而且进一步优化了营业部布局。五是取得抗击"非典"的胜利，营造安全舒适的交易环境。2003年4月，北京突遭"非典"疫情袭击，为给股民创造安全良好的交易环境，公司统一部署，及时做好各项防范措施。总部和各营业部员工和客户无一例感染或疑似，取得了抗击"非典"的胜利。六是加强精神文明建设，实现受检营业部全部达标。下半年，首都金融业创建文明行业规范化服务达标第三考评组对公司在京的10家营业部进行了检查考核。受检的10家营业部一次全部通过验收。此项活动的开展，对内强化了风险防范能力，对外树立了北京证券公司的良好形象，促进了营业部整体素质的提高，并展示了北京证券公司“诚信、高效、开拓、创新”的精神风貌。

投资银行业务 2003年是北京证券公司对投资银行业务实行准事业部管理的第一年，公司按照业务流程将所属部门精简合并为综合部、业务部、质控部三个部门，初步实现了各部门业务操作的规范化和专业化，提高了工作效率。一是把好发行项目质量关，提高通道周转率。在积极做好已过会的“邢钢”和“空港”项目后续工作的同时，又送报了云维和华源两个配股项目，同时制作了新野纺织、骊骅淀粉、南京空港、度辰股份、新华股份的发行申报全套材料，为2004年储备了备选项目并成功地发行了尖峰集团和珠海中富的配股，在没有占用公司资金的情况下，实现项目收入1900万元。目前，公司通道周转率为50%，略高于业内平均40%的水平。二是大力开发财务顾问、并购、债券、辅导等非通道业务，千方百计地增加收入。截至年末，投资银行业务部非通道项目35个，实现财务顾问收入738万元，其中新开发辅导了四川圣达能源、云南藏药、云南路桥等一批效益好、质量高、有发展前景的项目，完成了福建三钢、天津公路等项目的辅导工作，并确定了这些项目下一步的工作方案。三是加强费用管理，强化项目成本考核。为了更科学地进行项目成本考核，在借鉴兄弟公司经验的同时，细分项目成本，从承揽开发、项目材料制作、项目内核、项目报批、项目发行、项目上市等各个环节入手，科学量化项目成本。目前投资银行发行项目成本约占项目收入的18%，低于业内券商的平均水平。同时由于费用责任到人，按进度审批，按环节配比，把项目成本控制与项目进度结合起来考核，降低了费用。尤其是非通道业务的费用比去年同期下降30%左右，有效地实现了开源节流。

证券投资和资产委托管理业务 2003年的证券市场对券商的证券投资和资产委托管理业务冲击是最大的，北京证券公司按照年初制定的工作计划，继续完善相关业务流程，充实研发力量，强化市场分析，在市场非常不利的情况下，及时调整持仓结构，较稳妥地规避了股市风险。

研发工作 北京证券公司研发中心始终坚持贴近业务，贴近市场，追求间接经济效益的工作思路，年初分别设立了宏观专题组、投资银行服务组、市场服务组和基金服务组，进一步明确服务对象，量化工作任务，采用“走出去，请进来”的方式加强与各部门的沟通。工作重点围绕四条主线展开，分别为公司领导、投资银行业务、经纪业务和资产管理业务提供服务型研究支持和决策参考。经过研发中心全体员工的共同努力，全年完成系列研究报告80份，为主要业务部门提供分析资料30余万字，为营业部举行投资报告会和客户座谈会40余场次，举行系列讲座30余场，为上级主管部门撰写课题10余项(其中获奖2项)，全年文字工作量总计达300万字左右。此外，研发中心还主动完成上市公司独立财务顾问项目和承销分销项目3项，直接创造经济效益32万元。在中央电视台、北京电视台、北京人民广播电台、上海人民广播电台、无锡经济台作嘉宾数百次；在《中国证券报》、《上海证券报》、《证券市场周刊》、《中国经济导报》等报刊发表文章约100余万字。

内控管理 北京证券公司逐步完善了内控体系，并着力强化了稽核部职能，实现了规章制度、财务管理、电脑数据管理、票据凭证、交易操作流程等的全面稽核。具体而言，一是做好内部例行稽核工作，全年进行例行稽核31次，对一线业务部门经营风险起到了实时的防控作用。二是开展专项稽核，包括离任审计和国债回购等业务审计，全年共开展专项审计18次，对重要岗位、关键人员可能存在的风险问题起到了有效的防范和监督。三是进一步规范了稽核业务管理，根据业务发展的需要修改完善了稽核业务流程。

（徐 林、崔 强）

首创证券有限责任公司（原首创证券经纪有限责任公司）

为适应证券市场规模化、多元化发展的要求和迎接加入世贸组织的挑战，2003年首创证券有限责任公司（以下简称首创证券公司）通过增资扩股的方式，扩大资本规模，增强公司防范风险的能力，并将公司改组成为组织结构、经营机制、管理制度更加符合现代企业制度要求的新公司。

增资扩股后，首创证券公司的股东变更为7家，公司注册资本达到6.5亿元人民币。

随着经营规模的不断扩大、业务领域的不断拓宽，公司市场竞争力和抗风险能力的不断增强，首创证券公司以创新推动业务开拓，以业务开拓促进公司发展，遵循“务实、稳健、诚信、高效”的经营理念，以服务为根本、创新为动力、人才为保障、管理为依托，力争发展成为国内具有管理现代化、经营特色化、业务专业化、发展可持续化的一流的证券公司。

（陈 宁）

经纪业务 面对2003年严峻的市场形势，首创证券公司在规范经营、控制风险、加强服务的基础上，积极探索经纪业务创新改革之路，在深入调研、集思广益和通盘考虑的基础上，理清了核心问题的解决思路，果断推出了改革创新措施。

一是将公司经纪业务发展方向明确定位于“高品质服务+网上交易+现场交易”的模式，以交易渠道畅通安全为基础，以大力提升服务质量为核心，以提高研究水平和管理水平为保证，以高度灵活和大力度的奖惩机制为驱动，以清晰明确的责权划分为轨道，促进公司经纪业务的高速、健康发展。

二是形成以客户资源开发和管理为核心的业务流程。人员进行重新配置，将大量从事具体业务的员工转变成客户开发和服务人员。在员工中树立以客户为中心的工作理念，并时刻将这一理念体现在各项具体业务中。同时，根据客户对经营的贡献度以及客户类型提供差别性服务。

三是将客户经理制度落到实处，倡导全员营销理念，客户经理主要从营业部现职人员转岗产生，同时也从外部吸纳优秀人才。客户经理的核心职责是利用公司的高品质咨询产品进行客户营销和服务。客户经理的培训重点放在了如何进行市场营销、客户资源开发和管理工作以及如何利用研究部门提供的咨询平台，结合每个客户的需求和偏好，为其提供一对一的顾问式咨询服务两个方面。

四是大力压缩房租等固定成本支出，科学测算散户大厅、中户室和大户室等各类场地支出对利润的贡献度，并根据测算结果，对场地功能进行调整，压缩经营面积，有效降低了营业部的经营成本。

五是在大力发展非现场交易的同时，充分发挥现场交易的作用，既不固守原来的营业部，也不单纯追求非现场交易。通过理顺和摆正两者的关系，实现资源使用效率的最大化，实现现场和非现场交易的优势结合。

通过上述一系列改革创新措施，首创证券公司2003年成交金额比上年增长33.9%，网上交易金额比上年增长148%。

（谈志琦）

系统建设 保障首创证券公司所有营业部及公司总部业务系统的可靠运营依然是网络系统建设的核心工作。首先，监督各个营业部电脑部严格按照所制定的日常工作表格模版来进行电脑系统的日常管理，同时每个季度都由公司信息技术部组织全体营业部进行系统检测和应急测试，一方面检查各种应急系统的可用性，另一方面提高技术人员的事故处理水平。

在“非典”期间，为能够保障业务系统在遇到特殊情况下仍能正常运行，公司在短期内迅速建立了远程系统维护平台，保障主要核心业务仍能在远程进行技术支持和维护。

在保障基本业务系统安全可靠运营的同时，信息技术部重新对公司整个IT系统进行了规划，设计了公司的IT应用基础框架，构建了以Web Service为基础的应用框架，并建立了公司一次性登录的解决方案，在此基础上，公司自行开发了法人清算系统。此外，公司信息技术部还积极参与了由证监会组织的国家科委“十五”科技攻关项目中的部分课题研究工作。

（伏劲松）

研发业务 2003年，首创证券公司研发部提出了“贴近市场，服务客户”的工作思路。根据公司营业网点分散、地域广阔、人员不集中的特点，由研发部组织，对所属9个营业部的研发力量进行整合，聚集各地营业部30多名研究人员的力量，共同组成了一支拥有首创证券特色的研发咨询队伍。利用公司网络信息平台，发布各类市场调研文章，及时捕捉市场热点，有效回避市场风险，给予客户更为直观的操作指导，有效地盘活了部分存量资金，减少亏损，得到广大客户的认可。一年来，共向客户提供市场研究分析文章近3000篇，文字量达160多万字。本着降低成本，提高效率的原则，由公司研发部集中进行外购信息的采集发布，使公司和各个营业部之间全面实现资源共享，使每个营业部的客户都能够得到质量更高的、更有效的资讯信息，提高了客户的满意度。

（赵　光）

中关村证券股份有限公司

总裁 刘 波

中关村证券股份有限公司（Centergate Securities Co.，Ltd.）（以下简称中关村证券公司），是经中国证监会批准（证监机构字［2001］281号），通过对原汕头证券股份有限公司增资扩股、更名迁址，于2001年9月25日设立的一家全国性综合类证券公司。公司注册资本15.4亿元，股东包括“中关村科技”、“清华紫光”等数十家国内知名企业。公司注册地址在北京市海淀区中关村科技发展大厦B座二层。

中关村证券公司创立伊始，就把以科技和创新为显著特征的“中关村”概念作为基点，将自身定位于高科技产业的投资银行。公司以迅猛发展的高科技和成长型企业为主要服务对象，以证券业务为核心，为客户提供全程全方位的资本市场服务，努力构筑国内独有的科技型投资银行服务体系，积极探索专业化、国际化、多元化的金融创新发展模式。2003年实现营业收入2.02亿元，盈利2219万元。公司共完成股票、基金交易量266亿元，期末资金账户12.3万户，客户资产总规模90.83亿元，承担股票主承销项目2家，签署改制购并与财务顾问项目十余个。截至2003年12月31日，公司总资产36.58亿元，总负债20.79亿元，股东权益15.78亿元。

公司目前拥有实力较强的中高级管理人员和专业人员团队，共有员工458人，其中，按学历划分：博士、博士后占5.72%，硕士占43.81%，本科占41.9%，大专及以下占8.57%；按从业时间划分：8年以上占11.4%，6～8年占15.2%，4～6年占10.3%，2～4年占39.2%，2年以下占23.9%。

公司下设经纪业务部、专业顾问部、企业融资部、证券投资部、投资理财部、计划资金部等多个业务部门，拥有经营股票承销及主承销业务资格、证交所市场国债承销团成员资格、受托投资管理业务资格、网上证券委托业务资格、外汇经营许可证、外资股经纪商业务资格、证券投资咨询业务资格、银行间市场同业拆借资格等综合类券商的全部业务资格。目前的经纪业务网点数量为14家，主要分布在北京、上海、汕头、广州、深圳、大连、苏州、宁波等国内中心城市以及东部沿海经济发达城市，公司在广东汕头地区设立了管理总部，下辖7家证券营业部。

证券经纪业务 中关村证券公司的证券经纪业务可为客户提供沪、深两市全部交易委托代理服务，服务品种包括A股、B股、基金、债券、回购、转债等，在提供键盘、柜台、电话、远程、网上等多种交易方式的同时，特别强调专业化、人性化、个性化的客户服务，通过应用电子与网络技术等高科技手段，大力提高服务质量。公司证券经纪业务的整体布局在2003年得到了进一步优化，全年共实现股票、基金交易量266亿元，比2002年提高24.3%；占全国市场份额4.13‰，与2002年自身相比提高9.3%；期末资金账户12.3万户，比2002年底提高9.54%；月平均客户资产总规模83.19亿元，比2002年增加20.6%。

投资银行业务 中关村证券公司的投资银行业务致力于为客户提供全过程、全方位的企业融资和专业顾问服务。在团队员工20余人中，90%以上拥有硕士或博士学位，汇聚了来自国内外知名券商的资深投资银行专家，能够为客户提供高效的专业化服务。公司于2002年11月获得中国证监会颁发的主承销商业务资格后，2003年1月即取得了两条证券发行承销业务通道，经过认真遴选，两家主承销项目均在2003年6月30日前上报证监会，项目进展情况顺利。2003年，公司通过大力推进并购、重组、财务顾问业务，使业务的层次和规模大幅度提高，非通道业务收入大幅增加，投资银行业务收入是上年的4倍，在公司收入结构中开始占有较为重要的地位。

资产管理业务 中关村证券公司的资产管理业务由两个模块组成，即证券自营业务和委托理财业务。证券自营业务遵循基于基本面研究和数量化分析相结合的流程构建投资组合，运用以业绩归属分析为核心的业绩评估体系进行投资风险—收益分析，运用以流动性风险指标、波动性风险指标和VAR为核心的数量化风险分析评估体系对风险进行监控。两年多来，在市场处于调整周期的不利环境下，自营业务形成了积极稳健的投资管理风格，经营业绩超过市场平均水平。委托理财业务在不断提升管理能力和完善风险控制能力的基础上，加大了创新理财产品的开发，稳健地扩大受托投资管理规模，形成了一套富有特色的、务实的运作模式，可向客户提供高质量的资产管理服务。

固定收益业务 公司作为交易所国债承销团成员、银行间同业拆借市场成员、中央国债登记公司乙类会员和国债协会会员，固定收益业务涵盖了国债、金融债券、企业债券、可转换债券、市政债券以及其他债券等广泛的业务范围。公司从事固定收益业务的人员全部拥有硕士以上学位，具有多年实战经验，在债券研究方面具有较强实力，能提供全面的金融咨询和投资理财服务。2003年，公司全年共组织了六期国债的承销与分销及一期金融债的分销工作，国债承销总额完成13.3亿元。截至2003年底，公司累计交易所国债承销额达30多亿元，累计国债现券交易量达100多亿元，累计国债回购交易量达1000多亿元。2003年公司共实现债券业务收入比上年同期增加了64.71%。

研发体系建设 2003年是公司研发体系夯实基础并快速发展的一年，初步建立了以研发中心为主体，其他业务部门研究员和地区研究员为辅的研究体系。为加快产品创新步伐，公司建立了“产品创新领导体系”，创建了“产品创新实验室”，配备了强大的研究力量。2003年，研发中心完成的研究成果数量较往年大幅增加，研究质量有显著提高，不仅为公司业务发展提供了研究支持，而且得到了公司外部客户的认可和赞赏。主要成果包括《投资策略报告》、对宏观经济和重点关注行业公司发表的专题研究报告、针对市场行情的每日点评及《每日投资纪要》等。

信息化建设 中关村证券公司十分重视信息技术工作，位于北京的公司总部建设了局域网和数据中心机房以及所有分支机构与总部的通信网络，并建成投产了集中财务管理系统、法人清算系统、营业柜台中央监控系统三大业务系统，有效防范了营业网点的经营风险。公司电子商务网站于2002年8月20日取得中国证监会网上交易资格，到2003年底，14家营业部网上交易系统已完成迁移，并在汕头建立了网上交易接入备份中心，系统平均交易量占公司交易总量的25%左右，2003年"非典"期间，网上交易的优势确保了证券交易能够正常进行。2003年信息技术的一项重点工作是集中交易系统建设。截至2003年底，已有苏州、深圳、汕头国商、宁波共4家营业部成功上线运行，目前系统运行正常。集中交易系统的建设为公司加强风险控制、降低运行成本、扩大产品销售提供了良好的技术平台和保证。

北京证券营业部 北京证券营业部地处人杰地灵的中关村，于2002年3月18日开业，是公司增资扩股、迁址北京后投资新建的第一家证券营业部。营业部拥有沪深独立交易席位并采用国际先进的智能化综合布线系统和性能卓越的千兆以太网络结构，跑道通畅快捷，数字化通讯线路充足，委托方式齐备；与多家银行开通了实时银证转账，资金提取方便快捷；装修舒适雅致，散户厅宽敞明亮，刷卡机、看盘机数量充足，中户室、大户室安装了门禁系统，有线电视、宽带网直通大户（VIP）室。

北京证券营业部现有员工20人，始终秉承"以客户为中心，与客户资产共成长"的经营理念，向客户提供高质量的咨询服务和亲情服务，力求为客户营造一个理想的投资环境。营业部开业当年，即进入北京20强，在不到10个月的经营时间里，在全国近3000家证券营业部中，上海交易所排名198名，深圳交易所排名63名；2003年，营业部创造了384亿元交易额，跃居北京地区较大规模营业部前10名之列。营业部在2002年、2003年年度连续被评为北京市公安局海淀分局安全保卫先进集体；2003年被北京市委金融工作委员会、北京市政府金融工作办公室评为北京金融系统防治"非典"先进集体。

（李　明）

中国科技证券有限责任公司

董事长兼总裁　张　钢

中国科技证券有限责任公司（以下简称科技证券公司）是由中国科技国际信托投资公司作为主发起人，通过资产剥离注入优质证券资产和现金资产，联合其他公司出资发起设立，并由中国证监会批准成立的综合类证券公司，行政隶属中国证监会。

2002年8月23日，中央金融工委宣布了中国科技证券公司党委、纪委及有关人员任职通知和高管人员任职推荐函。并于当日召开了科技证券公司创立大会暨首次股东会和首届董事会第一次会议及首届监事会第一次会议。9月25日，中国证监会发文同意科技证券公司开业，并颁发了经营证券业务许可证。2002年10月16日领取法人营业执照，中国科技证券有限责任公司在北京成立。注册资本为人民币10.56亿元。2003年底，公司总资产达到46.7亿元，净资产为10.7亿元。

公司业务主要包括：证券的承销和上市推荐；证券自营；代理证券买卖业务；代理证券还本付息和红利的支付；证券投资咨询；资产管理；发起设立证券投资基金和基金管理公司；企业重组、并购咨询；财务顾问等。

公司总部在北京，设有股东会、董事会、监事会，另有三个专业委员会，即：客户服务委员会、人力资源委员会和风险控制委员会。总部现有15个部门。

公司下辖23个营业部和8家证券服务部，分布在北京、上海、深圳、哈尔滨、沈阳、大连、天津、青岛、南京、杭州、成都、武汉等省会城市或具有地域影响力的大中城市。可交易沪、深A股、B股、债券、基金等证券交易品种。

截至年底，公司员工570人，总部116人，营业部454人。其中，总部本科以上学历人数占员工总数的80.17%，硕士以上学历人数为占员工总数的37.9%。

2003年是科技证券公司改制设立后步入正常运行的第一年，是公司运行机制、管理体制、业务运作与创新等方面进行探索和磨合的一年。尽管在这一年中，我国证券市场延续了调整走势，外部经营环境十分严峻，但在上级有关部门的领导和支持下，公司党委紧紧依靠全体员工，励精图治，锐意创新，在业务和管理方面都取得了可喜的成绩。

经纪业务　面对2003年证券市场的严峻挑战，公司经纪业务注重由坐商向行商的转型，组织各类营销活动，积极开拓市场；强化管理，督促营业部改善经营状况。公司整合了经纪业务部、研究所、电子商务部等多个部门的资源，在天津营业部试点成功的基础上，在多家营业部大力推广、落实“FC”制度和标准化服务。同时，公司在北京等地开展了“银证通”业务试点，进一步探索新的经纪业务模式。

2003 年，公司实现证券交易总量 2043 亿元，占全国市场交易总量的 1.1%；其中股票基金交易总量 449 亿元，占全国市场的 0.67%；网上交易量占公司全部交易总量的 18%以上。

固定收益业务 2003 年，科技证券公司成功加入交易所国债市场承销团，在财政部公布的交易所国债承销商综合排名中，排名第 10 位；全年国债现货、回购交易量，均有较大提高。2003 年，顺利完成沪杭甬 10 亿元企业债券的发行工作，在国家发改委批准的 15 个发债项目中，科技证券公司进入承销团的有 9 家，其中 4 家为副主承销商。

投资银行业务 科技证券公司对投资银行业务进行了积极的探索。2003 年 5 月份，公司获得主承销资格和通道，及时推荐了优质项目上报证监会。在近半年时间里，公司同 10 余家企业建立了联系，初步形成了客户网络资源，并进入了 6 家发行项目的承销团。公司非通道业务也取得了一定的成绩。

证券投资业务 2003 年，国内证券投资理念发生了重大变化，机构博弈成为股票市场投资者的主流，价值投资成为主流投资理念。公司准确地把握了这一变化，再造了市场交易与管理、风险控制等业务流程，对股票投资进行了分析，及时地调整投资策略，在跟踪市场的基础上，制定、实施了完善的投资方案，取得了良好经济效益。

研究咨询工作 2003 年，研究所顺利完成了向以客户服务为中心的业务转型。在服务观念、服务方式、组织结构、业务流程等方面进行转变，形成了以客户服务为中心的服务体系；借助网络平台、现场讲解等方式，向营业部客户提供标准化、个性化的研究咨询服务；积极配合公司 FC 制度的试点及推广，加强对营业部咨询人员的培训力度，提高了营业部一线服务人员的研究咨询水平；研究所加强了金融产品的研究，积极为公司各业务部门提供服务。

电子商务建设 2003 年，电子商务部开发的集中交易核心系统、HTS 系统、经纪人系统、短信项目都取得了实质性进展。集中交易系统于年底前在天津营业部顺利完成试点上线工作。此外，随着科技证券公司的机房和广域网投入使用，公司电子商务在保障数据中心安全、稳定运行方面有了一个更加可靠的物理基础设施；年内公司网站进行了两次大改版，使网站的信息服务内容更贴近用户，也成为公司风采的展示窗口和重要的内部沟通载体。

经过努力，公司网上交易量占交易总量的比例由 2002 年的 8.5% 增长到 2003 年的 18%以上，增长率超过 100%，高出年初制定的目标。

内部制度建设 科技证券公司大力加强规章制度的汇编整理工作，最终定稿公司管理制度汇编；制定、完善了会议制度、督办制度；认真做好公文流转及其他文件制作。2003 年，科技证券公司办公电子化建设取得了实质性的进展，实现了公文处理无纸化、档案管理电子化、资产项目管理电子化，提高了办公效率。

财务及风险管理 2003 年，科技证券公司财务管理全年无差错。完善了营业部费用预算管理办法，按收支两条线进行严格的预算管理；编制总部各部门费用预算，严格控制支出，认真执行费用预算调整和超支的审批及报销程序，对超预算支出的部门核对账务，使得全年费用支出控制在预算额度以内；首次实现全系统合并纳税。此外，还为建设财务集中管理系统做好了前期准备工作。

人力资源及培训　科技证券公司按照专业咨询公司设计的考核体系，从2003年起实施新的职级体系、薪酬制度。认真执行了新的绩效考核系统，强化了目标责任管理。年度中期，总部对各部门和员工进行了半年考核；年底，公司考核工作组对各部门、各营业部进行全年工作考核。通过考核，优化了公司的人力资源配置。

2003年，科技证券公司组织了全面系统的员工培训，内容涉及学习十六大精神、公司法、公司战略、公司制度、人力资源管理、相关业务创新等方面，主讲老师包括独立董事、著名学者、公司领导、部门负责人等。这此培训内容丰富，资料翔实，受到广大员工的欢迎。

党团工会建设　在科技证券公司党委的关心支持下，党团工会建设取得了不错的成绩。2003年公司共有8名员工发展成为预备党员，19名预备党员转为正式党员。公司党委以支部为单位，组织党员结合公司实际及自身工作岗位，学习贯彻“三个代表”重要思想，取得良好效果。公司党委召开了多次民主生活会，征求员工意见与建议，并在实际工作中予以落实；公司工会第一届委员会隆重成立，工会一年来开展了多项活动：如“非典”时期采取各项措施关心员工健康，坚持为生日员工送鲜花，组织公司员工体检，举行乒乓球赛，组织新年联欢晚会等；公司团委也正式成立，进一步完善了团的基层组织，协助工会开展文体活动，丰富了员工的业余文体生活。

（陈金荣）

中国人民财产保险股份有限公司北京市分公司（原中国人民保险公司北京市分公司）

总经理　郭生臣

2003年中国人民财产保险股份有限公司北京市分公司（以下简称人保财产北京分公司）共实现保费收入33.40亿元，完成年计划的118.41%，比上年增加6.05亿元，达到22.13%的增长速度；人均保费268.83万元；市场份额为63.95%，比上年上升4.88个百分点。全年累计处理已决赔案48.41万件，支付赔款16.57亿元，比上年增长14.88%；综合赔付率49.62%，比上年减少3.15个百分点。在2003年中，人保财产北京分公司在以下3个方面取得了显著进展，一是成功地进行了车险条款费率改革，机动车险保费收入22.85亿元，比上年增加4.01亿元，市场份额达65.25%，比上年上升6.99个百分点。承保数量达80万辆，比上年增加23.86万辆，增长42.51%。二是非车险业务发展加快，势头良好。2003年公司非车险业务保持稳定发展，实现保费收入10.55亿元，比上年增长23.94%，超额完成计划的35.31%。三是大型商业风险保险显现整体优势，在标志性项目、统括项目保险等方面取得重要进展。成功承保了地铁五号线、新城国际、大唐电力、孟加拉电厂等工程险、企财险，中国航油统括业务、中国网通、国家电网华东网项目及故宫国宝级文物赴台展览、国家文物局赴法文物展一揽子保险，显示出较强的公关能力和较高的技术水平。

顺利实施股份制改造和机构人员重组

根据总公司的统一部署和整体要求，人保财产北京分公司认真开展了股份制改造的基础工作。在时间紧、任务重、要求高的情况下，顺利完成了资产评估、剥离置换、土地评估、账务分设、法律尽职调查等大量工作，为全系统股份制改造的顺利进行做出了积极的贡献。借此机会，也摸清了家底，明确了固定资产的权属关系。本着平稳过渡、人尽其才的原则，结合人保财产北京分公司的实际情况，制定了机构人员重组的实施方案。一是开展了深入细致、扎实有效的思想动员工作，营造深化改革的良好氛围，促进员工的思想转型。二是按照国际先进财险公众公司的模式进行了流程再造和机构重组，初步建立起面向市场，按业务流程运转高效的组织架构。三是按照公开、公平、公正的原则，公司全员实行竞争上岗，重新确定了员工职责等。在这次机构人员重组中，一大批学历较高、能力较强的年轻同志脱颖而出，走上重要的领导岗位，全公司领导干部的年龄结构和学历结构有了明显的改善。机构人员重组实现了人心稳定、队伍稳定、业务稳定的预期目标。

坚持抗击“非典”和业务发展“两手抓、两不误”　面对“非典”的肆虐，人保财产北京分公司党委坚持以人为本，把保证全体员工身体健康和生命安全放在第一位，采取了积极有效的防疫措施。各级领导干部和全体共产党员响应党委的号召，在困难面前，挺身而出，始终和广大员工战斗在一起。整个疫情期间，分公司领导和机关全体工作人员始终坚守工作岗位，保证公司的正常运转。基层公司的领导和非窗口岗位的员工，全员全岗全日制工作，没有一人退缩。在疫情最为严重的时期，人保财产北京分公司党委及时印发了《关于做好当前工作的意见》等文件，号召各经营单位坚持“两手抓，两不误”。各经营单位迅速行动起来，想方设法抓业务，千方百计保证“双过半”。全体员工迸发出高昂的士气和极大的工作热情，在5、6月，公司不但没有因“非典”影响业务发展，而且连续两个月的保费收入创下单月历史最高纪录。到6月底，实现保费收入17.99亿元，完成年计划的63.77%，比上年增长15.09%，超半年计划指标2.39亿元，取得了抗击“非典”和业务发展的全面胜利。

大力推进创建文明行业规范化服务　2003年初，首都精神文明办和北京市金融工委组织了金融行业开展创建文明行业规范化服务达标活动。公司全体员工以极大的热情投入到这项活动中。总经理室立足于企业的全面发展和长远建设，提出了“在管理上打基础、在制度上立规矩、在行为上养习惯”的基本要求，要求达标工作与公司发展创新相结合，达标工作与加强管理夯实基础相结合，达标工作与提高服务水平、提升公司诚信度相结合，全面提高公司经营管理水平。在创建活动中，公司系统共进行服务规范培训4796人次，人均接受3.8次培训，培训率达到100%；3508人次参加服务规范考试；完善了规章制度、强化了内部管理、规范了岗位职责、落实了十字行风、繁荣了企业文化、提升了品牌形象。经过长达一年的不懈努力，公司在企业文化建设、员工行为规范、业务操作流程、职场环境建设等软、硬件方面都取得了明显的成绩，营业机构全部实现了员工形象、服务标准、柜台业务流程和营业时间的四统一，服务观念得到了强化，服务水平得到了提高，受到了北京保监办、北京金融工委领导和达标工作考评组的高度评价。首都创建文明行业规范化服务达标考评委员会经过评议，一致同意推荐人保财产北京分公司为规范化服务达标单位。

深入学习贯彻党的十六大和十六届三中全会精神　按照中央和总公司党委的要求，2003年以来，人保财产北京分公司党委继续认真学习“三个代表”重要思想，深入贯彻党的十六大精神。党的十六届三中全会召开以后，分公司党委及时组织全体党员干部深入学习《中共中央关于完善社会主义市场经济体制若干问题的决定》。通过学习十六届三中全会精神，统一了思想，明确了今后的工作方向。2003年共开展了十余个审计项目，发现了一些支公司在经营管理中存在的问题，提出了解决的方案，目前正在逐步落实。加强了各级党组织的党风廉政建设和反腐败工作，促进了业务发展，保证了公司顺利进行体制改革。

（王晓炜）

中国人寿保险股份有限公司北京市分公司（原中国人寿保险公司北京市分公司）

总经理　黄俊光

中国人寿保险股份有限公司北京市分公司（以下简称国寿北京分公司）2003年坚决贯彻落实总公司和北京保监局的各项指示和要求，以加快发展为主题，以“个险打基础、团险占市场、短险出效益、代理上规模”为业务发展思路，不断探索速度、结构、质量、效益辩证统一的经营之路，使公司在经受住了“非典”疫情严峻考验的同时，各方面工作又都迈上了新台阶，最终取得了抗击“非典”和业务发展的双胜利。全年共实现保费收入43.38亿元，同比增长25%。个人业务保费收入20.07亿元，同比增长15.4%，其中首年期交保费2.86亿元，同比增长13.5%；团体业务保费收入11亿元，其中短期险保费收入2.5亿元，短期险实现利润5376万元。银行代理保费收入12.42亿元，同比增长124%。市场份额进一步得到提升，达到18.98%，公司的经济效益和社会效益得到显著增长，向着做大做强目标又迈进了一步。

个人业务　为实现业务规模和经济效益的同步增长，2003年国寿北京分公司对个人业务进行了结构调整，重点突出期交业务发展。通过加大业务考核力度，加强人员培训，组织开展有针对性的业务竞赛，推广麦肯锡产品组合销售，加大产品宣传力度等措施，大力促进了期交业务的发展，全年个险期交保费实现2.86亿元。

团体业务　国寿北京分公司在认真分析市场的基础上，确立了以发展意外险为重点的工作思路，通过制定《团体寿险销售人员管理办法》，建立客户资料管理体系等措施，进一步做大了企业年金和职工补充医疗保险市场。面对竞争更为激烈的意外险市场，国寿北京分公司开拓思路、适时而变，采取更加贴近市场、贴近客户的方式，积极应对，不但保住了学平险市场份额，而且积极开发并大力推动吉祥卡等新业务，使意外险业务得到进一步发展。

银行代理业务　为了迅速扩大中介市场，国寿北京分公司从人、财、物等方面给予了全力支持；全面开拓新渠道，对各网点深挖潜力，提高产能；加强制度建设和业务培训。由于措施得力、工作到位，在网点数量没有大量增加的情况下，业务取得了突飞猛进的发展。

队伍建设　在销售队伍建设方面，国寿北京分公司制定和完善了团险、个险、银保业务人员的管理办法，并在日常管理中严格执行；成立了团险和个险精英俱乐部，以精英们的示范作用，带动团队的整体发展；加强对业务人员的活动量管理、业务督导、专项技能培训，使业务人员的展业能力有了明显提高。在干部队伍建设方面，对公司本部所有领导岗位实行了公开竞聘；进行了大范围的干部交流；面向社会招聘所需人才；加大了对干部的培训及考核力度。干部素质和管理能力得到进一步提高。

客户服务　2003 年，国寿北京分公司在全系统开展了创建文明行业规范化服务达标工作，得到各级领导和广大员工的高度重视，各单位、各部门领导亲自抓、负总责，全体员工积极参与，创建工作取得显著成效，公司面貌焕然一新。创建工作的顺利达标，有力地促进了公司服务意识和服务水平的提高。同时，在本部后台部门和各客户服务部开展了“优质高效，服务客户和基层”宣传教育活动。通过教育培训，进一步提高了广大员工的服务意识和服务技能；加强服务柜面建设，发挥公司的网络优势，简化手续，缩短出单时间，提高了理赔速度；加大附加值服务，组织实施了系列主题客户服务活动；全面提升投诉咨询业务的处理速度和处理质量；实现上门服务、电话中心服务、信函服务、网络服务和手机短信服务的立体服务模式。特别是在“非典”期间，广大员工始终坚守岗位，想方设法为客户提供保险咨询和服务，出色完成了“非典”患者的理赔服务工作。客户服务管理部所在的第一党支部，还被评为全国保险系统防治非典型肺炎先进基层党组织。

内控制度建设　一是深化财务制度改革。进一步完善全面预算制管理，强化财务政策的导向作用；实现了营销、团体、银行保险、代理“四本账”核算，保证了会计核算的准确性。二是深化收入分配制度改革。完善薪酬管理体系，强化收入分配的导向作用和杠杆作用。坚持向一线的部门和员工倾斜。三是实施流程再造，通过了 ISO9000 质量认证。重点解决了部门和岗位的职责划分以及部门之间和部门内部的接口问题，创建良好的业务处理平台。四是加大管理力度，防范经营风险。在干部职工中抓好遵纪守法和诚信教育；全力维护好新老业务系统，维护好网络和硬件设备，开发大量外围程序，保障了各业务系统的稳定运行；加强单证和印章管理；坚持大宗物品采购招投标制度；认真做好必审项目稽核、经理经济责任稽核和赔案事前审计；配备法律专门人才，加强法律事务的管理；加大清收力度，超额完成计划指标；进一步建立健全规章制度，不断完善监督执行机制。在接受国家审计署对国寿北京分公司的全面审计过程中，审计组对公司的经营管理工作给予了充分肯定。

党建工作　根据扁平化管理后的机构调整情况，国寿北京分公司及时重新划分和改选了党支部，建立了党建工作制度，规范了基层党组织的各项工作，全年共发展党员 18 名，建立了一支党的积极分子队伍，并进行了培训。党委理论学习中心组带头学习已形成制度，全系统的理论学习进一步规范，党的组织和宣传工作有了新的提升。

廉政建设　2003 年，国寿北京分公司深化了遵纪守法教育，实施了新任领导干部“廉政谈话”制度，向全体领导干部发出了“廉洁自律承诺书”，使干部职工的廉政意识和依法合规经营意识进一步加强。（办公室）

中国太平洋财产保险股份有限公司北京分公司

总经理　李宝利

2003年，中国太平洋财产保险股份有限公司北京分公司（以下简称太平洋产险北京分公司）坚持以发展为主题，以效益为中心，以业务结构战略性调整为改革方向的经营方针。在应对车险费率管理制度改革中，积极探索产品营销新方式、中介合作新模式、客户服务新措施，通过不断创新，增强了企业的核心竞争力。通过树立“诚信天下，稳健一生”的企业核心价值观，狠抓内控制度建设，完善防范风险机制，全面地提升了公司经营管理水平。2003年，太平洋产险北京分公司通过8家支公司，490名员工的共同努力，共完成保费收入7亿元，同比增长1.26%，全年赔款支出共计4.12亿元，综合赔付率为58.92%，同比下降了1.34个百分点。

机动车辆保险业务　2003年是全国车险费率管理制度改革推行的第一年。1月1日，太平洋产险北京分公司隆重推出了新一代车险产品——“神行车保”，成为产险公司中的首个车险品牌，寓意着“以客为尊，专业便捷”的服务宗旨。“神行车保”系列产品刚一推出，就赢得了广大客户的认可和好评。新车险产品根据不同的车、人、地域等因素，制定了不同的费率标准，初步实现了车险产品的个性化、情感化，增强了客户安全驾驶的意识。在产品推陈出新的同时，公司认真做好各项理赔基础服务，继续强化客户服务理念，创新服务手段，全面提高了车险服务水平，提升了“神行车保”车险品牌的知名度。全年机动车辆保费收入4.48亿元，同比下降4.5%。

短期人身意外伤害保险　2002年10月修订的《保险法》规定，从2003年1月1日起，财产保险公司可以经营短期健康保险业务和意外伤害保险业务，为产险公司涉足人身意外伤害保险领域提供了机遇。太平洋产险北京分公司相继推出了18个短期人身意外伤害保险险种。应对“非典”疫情的危害，公司积极地推出了“非典”专项保险，为保护人民群众的生命健康提供了有力的保障。全年共推出28种人身意外伤害保险险种，其中包括新闻记者和执法人员的专项职业意外伤害保险，受到了社会各界的关注，由此引发了对维护记者权益的讨论。

非常时期的保险业务　面对2003年春突如其来的“非典”疫情，太平洋产险北京分公司党委、总经理室全面安排和部署抗击“非典”与促进业务发展工作，迅速采取了一系列强有力的措施，以最大努力切断“非典”病毒传播渠道，保护干部员工的身体健康和生命安全。全体员工团结一致，众志成城，一手抓抗击“非典”，一手抓业务发展，在“非典”最猖獗的4月份，公司保费收入9999.5万元，比上年同期增长47.69%，赢得了抗击“非典”和业务发展的双胜利，被北京市委金融工委授予“北京金融系统防治非典型肺炎工作先进集体”的荣誉称号。

非机动车辆保险业务　为了加快非车险业务发展，根据总公司业务结构调整及“双核”体系建设的总体要求，太平洋产险北京分公司确立了在发展中调整、在渐进中调整的指导方针。逐步改变车险业务与非车险业务发展结构不合理的状况，进一步坚持和加大非车险业务发展的政策支持力度。加快非车险业务人才的培养，并加强非车险业务信息的搜集与运用。通过一系列有效措施，加快了非车险业务的发展，全年非车险业务保费收入2.5亿元，增长22.30%。已决赔款2874.7万元，赔付率11.44%（不含未决）。

全面提升管理水平　通过采取细化和差异化的管理，转变管理思路和管理方式，提高对支公司业务的管理能力与分类指导的水平。并在全公司范围内开展“金点子”工程，发动全体员工为公司业务发展献计献策，共收到员工合理化建议320多条。通过开展常规稽核与领导干部经济责任及干部离任稽核，加强应收保费及对中介机构保费结算的清理和管控，制定了“双核”工作流程，将核保核赔职能完全集中到分公司，并采取有效的措施，进一步提高了公司防范风险的能力。

加强内控制度建设　太平洋产险北京分公司在建立内控制度，完善防范风险机制方面，采取了一系列措施，经营风险得到进一步控制。在清理应收保费方面，出台了《关于保费结算等若干问题的管理规定》，使清收工作取得了明显的成绩。在车险经营风险的控制方面，建立了以历年赔付率为基础的动态风险控制模型；撤销了两个筹备中的经营单位，对部分支公司业务部上收了车险核保核批权；关闭了所有可能违规操作的电脑窗口；出台了《分车型分险种成本测算表》等制度，使车险的承保及管理质量有了明显的提高。在加强中介代理管理方面，建立了中介业务的分析体系，出台了《中介代理业务管理办法》等制度。

加强教育培训工作　针对公司人才短缺的情况，认真开展了一系列的培训工作，一是根据年初车险管理制度改革的需要和公司应对市场的需要，对业务员开展了大规模的车险新条款的培训。二是积极贯彻落实总公司业务结构调整战略目标，积极开展了非车险业务的技术培训。三是积极落实总公司“双核”的工作目标，深入开展了核保核赔技术人才培训。四是从内控建设和防范风险的角度，对各业务单位的数据录入人员、电脑操作人员进行了培训。通过上述培训，绝大多数员工掌握了新的业务知识，取得了上岗证，为适应新的经营模式打下了良好的基础。

（刘锦忠）

中国太平洋人寿保险股份有限公司北京分公司

总经理　李洪林

2003年，中国太平洋人寿保险股份有限公司北京分公司（以下简称太平洋寿险北京分公司）秉承“诚信天下、稳健一生”的核心价值观，以客户为中心，以市场为基础，以创新为动力，进一步转变经营机制，优化资源配置，全面提升客户服务及经营管理水平，业务发展实现新的突破。

截至年末，太平洋寿险北京分公司共设7个支公司，9个营销服务部，员工416人，代理人6000余人。2003年，太平洋寿险北京分公司各项任务目标全面完成，继续保持稳健增长态势。全年累计完成保费收入26.87亿元，比上年增长46.9%，其中个人营销渠道完成保费收入2.7亿元，团体业务渠道完成保费收入10.4亿元，银行代理渠道完成保费收入11.7亿元。

个人营销业务　太平洋寿险北京分公司一直致力于营销员队伍的职业道德教育、法制教育和诚信教育，切实履行最大诚信原则，在社会上树立了良好的诚信形象。公司在加强标准化团队和专兼职讲师队伍建设的同时，高度重视业务员品质管理和代理人持证工作，不断完善营销干部培训系统，保障队伍稳健发展。2003年太平洋寿险北京分公司推出的“太平盛世·万全终身重大疾病”、“小康之家·长命百岁”和“小康之家·事业有成”险种受到广大客户的青睐。

团体业务　2003年，太平洋寿险北京分公司认真分析北京寿险市场的特点和规律，加强市场调研，紧密配合企业经营机制的转变，大力实施“企业员工综合保障计划”，为企业改革发展提供风险规避的工具。并且紧紧抓住市场机遇，积极开拓展业思路，以服务促发展，以诚信树品牌，提升公司信誉。2003年，意外险及年金险业务增长迅猛，“众恒年金”、“利恒年金”等产品受到市场好评。

银行代理业务　2003年，太平洋寿险北京分公司银行代理业务实现跨越式发展。公司组建了一支高素质的银管员队伍，针对新的销售模式，加强与银行合作，共同开辟客户服务新模式，满足了客户保险理财的新需求，实现三方共赢，为客户创造了新的价值。“红利来”系列产品在市场上取得了良好业绩。

续期业务　太平洋寿险北京分公司2003年续期业务基础扎实，发展良好，通过各种专业的制式培训和严格考核，打造出一支专业水准高、工作作风过硬、具有优秀服务精神的客户服务专业队伍，在社会上赢得了良好赞誉。在建立健全规章制度的基础上，不断征询客户意见，优化服务流程，积极探索续期服务新方法。同时通过服务促进业务发展，以客户为中心，制定个性化服务方案，实施差别化服务。

客户服务 2003年，太平洋寿险北京分公司大力倡导服务创新，夯实基础管理，不断优化服务流程，提升服务效率，“一切以客户的感受良好为标准”的服务理念深入人心。

太平洋寿险北京分公司以客户需求为出发点，不断完善服务制度，规范服务标准，重新修订了《太平洋寿险服务礼仪规范》，专门印制了《员工服务及行为规范手册》，在职业形象、服务用语、服务态度、服务效率、服务质量等方面均做了严格规定，实现了内、外勤所有岗位的标准化服务。

太平洋寿险北京分公司不断加强窗口服务工作，中心柜面坚持一周七天工作制，精心为客户营造舒适温馨的服务环境，配备了触摸屏，开通了语音叫号系统，全面实行综合柜员制，极大地方便了客户。2003年公司还推出了“阳光百合关爱行动”，为客户提供住院探访、生日祝贺、节日祝贺、急难救助、VIP客户免费体检等多项附加值服务，并向客户赠送服务导报和健康天使卡，展现了太平洋寿险的特色服务品牌。

电子信息化建设 太平洋寿险北京分公司利用先进的信息技术，为客户提供便捷服务。公司成功开发客户特殊需求管理系统，增强为客户提供个性化服务的能力；95500电话实现客户、专家、座席生“三方通话”，从整体上提高了电话服务效率；开通IP800网上电话服务业务，实现客户与95500座席生的即时通话，更好地为客户提供“一对一”的电子商务服务；“太保短信通”服务平台的正式启用，为公司与客户之间的良好沟通提供了便捷的条件。

“非典”期间的关爱行动 面对突如其来的“非典”疫情，太平洋寿险北京分公司员工坚守岗位，恪尽职守、服务客户、履行承诺，展现了奋发有为的精神风貌。针对非典型肺炎的流行，太平洋寿险北京分公司开通“紧急理赔绿色通道”，成立专项理赔工作小组，建立迅速报案受理系统，95500电话咨询中心开通24小时报案受理服务。仅用4个小时，太平洋寿险北京分公司就完成了业内最快一笔“非典”身故理赔，并在第一时间完成北京最高额度的一起“非典”理赔，理赔金额高达28万元。为满足客户的需求，公司还及时出台“太平盛世·特种定期寿险”等四款新险种，为广大客户提供非常时期的特别保障。在“非典”肆虐的特殊时期，公司适时给客户寄送了“非典”预防知识彩页和消毒用品，并在“六一”节为近3万儿童寄发了印有儿童意外事故防范宣传的卡通小书签，表达了太平洋寿险北京分公司在非常时期对广大客户的关爱。太平洋寿险北京分公司健康险部荣获了北京金融系统防治非典型肺炎工作先进集体称号。

企业文化建设 2003年初，太平洋寿险北京分公司以实现“共同愿景”（即为“快乐工作、快速成长、价值提升”）为目标，统一员工价值观，建立学习型组织，加强企业文化建设，“共同愿景”逐步深入人心，激发了员工自动自发的工作热情。公司通过早会、内部信息平台、风暴会等形式为员工提供思想交流的园地，号召全体员工勇于实践“销售服务、绩效价值、勇于负责，清任和时”的职业使命，充分体现了公司“以人为本、崇尚团队、激励竞争、效率公平”的管理理念，形成了快乐工作、快速成长、价值提升的良好氛围。

（邓荣荣）

中国平安财产保险股份有限公司北京分公司

总经理　骆　鹏

2003年中国平安财产保险股份有限公司（以下简称平安产险北京分公司）认真贯彻集团提出的“品质优先、利润导向、遵纪守法、重在执行”的经营方针。在十六大方针的指引下，平安产险总公司进行了经营战略上的重大调整。面对竞争激烈的市场形势，平安产险北京分公司冷静应对，全面贯彻落实总公司的各项方针政策，实现了经营思路上的重大转变。在较好地完成总公司下达的各项指标任务的基础上，实现了利润7337万元，成功地迈出了转型时期的第一步。

2003年，平安产险北京分公司保费收入6.5亿元，其中车险保费收入3.6亿元；非车险保费收入2.9亿元。2003年分公司实现承保利润7337万元，非车险实现利润6064万元；车险实现利润1273万元。

完善各项规章制度　车险“两核”方面：制定了《车险未决赔案清理制度》、《简历案件处理流程》、《伤物损案件理赔流程》、《重大赔案上报流程》等十几项制度。修订了《车险管理手册》，明确了岗位职责，细化了“两核”核单的质量、数量、及时性、服务性等方面的考核细则及管理办法。

非车险“两核”方面：根据总公司财产险“两核”规定，结合平安产险北京分公司历年的统计数据分险种明细核保要求，制定分公司财产险核保规定。针对目前“两核”工作方式，对“两核”人的权限、内容、数量做了较详细规定，并实行季度考评，作为“两核”升降依据。还重点制定亏损业务清理管理规定，对亏损业务不是简单化的清理，而是在承保条件（如费率、附加条款及免赔额）上进行调整，逐月进行监控，在市场费率大幅下降的前提下，有效地保证了公司业务发展及品质。

销售管理方面：制定了《团队管理办法》、《低绩效业务员管理办法》、《潜质团队主管管理办法》、《销售业务人员及团队主管薪酬考核管理办法》、《代理管理规定》等近10项管理制度，及时客观地测算分解三级机构计划指标。不断完善分公司经营分析报告，提高月度头脑风暴会质量，使业务政策更利于销售，业务渠道得以拓宽，代理机构管理更顺畅。

共同资源管理方面：制定了《分公司费用预算执行及考核办法》、《固定资产管理办法》、《投诉管理办法》、《印章管理规定》等20多项规章制度。这些制度的制定并有效执行，完善了基础管理，使共同资源方面的各项管理处在总公司先进行列。

积极推进创新　为了在北京财险市场竞争主体增加，竞争越来越激烈的市场上立于不败，平安产险北京分公司执意追求经营的各个环节创新，体现差异化特色。

一是产品创新。财产险部在总公司的支持下，推出了《出国劳务人员履约保证保险》，意外险和健康险部先后设计的《平安社区生活综合保险》、《房信综合保险》、《手术意外伤害保险》、《平安交通卡》等，这些贴近客户需求的产品推出后销售呈现良好态势，也为公司带来了效益。

二是管理创新。电脑部和车险部自行设计开发了验车管理系统、团车申报系统、新车型库项目上线、配件报价管理系统等，这些管理中的创新举措为2003年车险实现“扭亏为盈”起到了较好的作用。

三是销售创新。年内，在清理整顿兼业代理业务的基础上，有效地利用较具规模的电话中心，大力推广网上销售业务，据统计，2003年电话中心电话销售车险业务达1326万元，有效地降低了展业成本。

四是服务创新。利用电话中心平台对出险客户100%的回访；投诉客户100%的妥善处理；为了贯彻落实《红、黄、蓝牌制度》，稽核监察部对重要岗位实行的温馨提示，财务部与工商银行、农业银行合作推行的网上直接划收赔款——安全、便捷；车险部设理赔专家坐席等，这些服务上的创新不仅提高了工作效率，降低了投诉率，增加了客户续保率，还提升了平安品牌。

以各种重大活动为契机，提高公司整体经营管理水平　2003年，在参加北京市精神文明办、金融工委、保监办联合组织的在京所有保险公司参加的“创建文明行业、规范服务达标”活动，平安产险北京分公司以优质的服务体系，独具特色的企业文化，有条不紊的活动开展赢得考评组好评，取得93分的好成绩，圆满通过达标验收。在总公司推行的行政达标活动中，平安产险北京分公司全面推行各项达标管理，取得较好效果，被总公司评为先进单位。在总公司以“微笑的平安”为主题的礼仪推广活动中，平安产险北京分公司被评为先进单位。在总公司“百日大行动”、“导航计划”等活动中，平安产险北京分公司都能踊跃、主动积极地投入其中，并以此为契机，带动公司整体的管理水平。在“非典”袭击北京的非常时期，平安产险北京分公司采取抗击措施得当，干部带头坐班，广大员工临危不惧。将各种损失降到最低限度，圆满取得抗击“非典”的胜利，受到总公司及北京市金融工委表彰。

（陈家伟）

中国平安人寿保险股份有限公司北京分公司

总经理　朱仲群

2003年，中国平安人寿保险股份有限公司北京分公司（以下简称平安人寿北京分公司）深入贯彻总公司“品质优先、利润导向、遵纪守法、重在执行”的十六字方针，结合本公司实际情况，开展多种具有针对性的业务推动举措。通过稳定营销队伍，优化队伍结构，强化销售开拓，实现销售转型；全面展开团险改革，调整产品结构，大力推动企业年金及大项目的开展；积极开拓银行保险的新渠道，调整业务结构，积极推广期缴产品；整合内外部资源，全面支持销售；完善后援服务的标准化体系建设，搭建稳固的后援支持平台；推动执行文化的建设，建立以执行为核心的竞争优势等一系列行之有效的举措，取得了可喜的成绩，北京分公司三大系列保费规模均保持平安系统第一位，北京市场第一位，各项经营指标呈良性发展态势，实现了规模与品质的共同发展。实现保费收入81.80亿元，比2002年增长了5%，在北京寿险市场占有率达35%。其中个险合计保费收入达36.08亿元，同比增长7%，市场占有率达41%，团险业务保费收入21.53亿元，同比增长9%，市场占有率36%；银行代理业务保费收入24.03亿元，市场占有率28%。全年，公司为32165人次办理了个人寿险的理赔，理赔金额1.25亿元，豁免保费881万元；为团险客户理赔120917件，理赔金额为6294.58万元；给付生存保险金12.8万件，金额达2.5亿元。

积极投入抗击“非典”斗争　2003年“非典”肆虐的危机关头，平安人寿北京分公司积极开通理赔绿色通道，共为“非典”客户理赔101万元，并拨备专款为抗“非典”一线殉职的医护人员未成年子女提供救助金，资助额达11.4万元。由于在抗“非典”斗争中的突出贡献，在北京市组织的“北京市金融系统防治非典型肺炎总结表彰”活动中，北京寿险理赔部荣获金融系统防治非典型肺炎工作先进集体。

顺利通过北京市金融业规范达标工作　为响应北京市金融工委倡导的“首都金融业规范化服务达标”号召，平安人寿北京分公司再次对服务流程进行了梳理，对员工进行了服务理念培训，建立和出台了各项标准化操作规则与“标准动作、标准语言、标准服装、标准环境及标准礼仪”五项服务标准，并对分公司全部职场进行清洁与整理，将各项工作落实到责任人。在达标检查中，平安人寿北京分公司凭借先进的服务理念，扎实的基础工作，规范的礼仪标准，整洁的职场环境等一系列规范化服务举措，得到了以北京市金融工委、政协委员组成的检查小组的高度赞赏。

开展“中国少年儿童平安行动”大型公益活动 全年，188名“平安使者”深入北京中小学校园，以多种形式开展少儿平安教育。并在“客户服务节”活动中举办了“少儿自护自救知识竞赛”。活动为增强少年儿童的自我保护能力和自护自救知识做出了积极贡献。

完善后援服务的标准化体系建设，搭建稳固的后援支持平台 在提高信息化管理水平的基础上，利用先进的信息技术促进公司业务发展、提高公司客户服务水平：推广业务员E化行销活动，为营业部安装“金领”营销辅助展业系统；增加短信服务，拓宽了分公司与业务员和客户的联系渠道。推广保全电话银行实时返账业务，为客户办理保全业务增加退费渠道。实施部分保全作业“免填单”服务，使客户办理保全业务更加便捷。制定了契约品质管理办法，并全面整合后援服务系统，以此提高服务品质。通过对个险、团险、银行保险电话中心、档案中心、办公自动化及续期转账信函管理的大后援整合，实现了公司对服务人员与服务流程的统一管理，达到资源共享，为客户提供统一、标准的服务。

全面展开团险改革，调整产品结构，大力推动企业年金及大项目的开展 平安人寿北京分公司团险始终致力于“员工综合福利保障计划”的推广，设计多款适合北京市场的保障型产品组合，同时努力拓宽业务渠道，加大短险推广力度并取得优异的成绩，比上年增长68.48%。

开拓银行保险新渠道，积极推广期缴产品 平安人寿北京分公司进行了一系列渠道维护与开拓工作，对相对成熟的渠道强调提升网均产能，从而保证保费规模的实现，与此同时，积极拓展新渠道，先后与广东发展银行、深圳发展银行、中国银行、农业银行开展业务合作，使平安人寿北京分公司银保合作渠道达到9家。积极调整产品结构，强化对销售人员的产品与销售流程的培训，提高渠道员工期缴产品的销售技能。提高期缴产品业务占比。通过各项有效举措，保持了公司银保业务在北京市场的领先地位，并在渠道经营、渠道拓展、基础管理、队伍建设、服务品质等各方面更加完善和成熟。

（贺晓玲）

新华人寿保险股份有限公司北京分公司

总经理　马健平

2003年是新华人寿保险股份有限公司北京分公司（以下简称新华人寿北京分公司）快速发展的一年。在总公司“以经济效益为中心，提高综合竞争能力和可持续发展能力”的思想指导下，公司确定了“大发展，专业化”的年度工作指导思想。在总经理室的带领下，全体员工同心协力，取得了抗击“非典”疫情的胜利，经受了公司产品转型带来的压力，勇敢迎接由于经营主体增加引发的更加激烈的市场竞争。2003年，公司各项业务均提前完成全年计划指标，全年共实现保费收入49.69亿元，比2002年增长46.39%，连续第四年保持在北京寿险市场排名第二位的良好战绩。其中，团体业务保费收入11.12亿元，超额完成全年计划的11.20%；代理业务保费收入17.53亿元，超额完成全年计划的46.07%；个人业务规模保费收入20.65亿元，其中个人新契约规模保费15.51亿元，超额完成全年任务的135.83%；个人营销续期保费收入5.14亿元，超额完成全年任务的9.57%；医疗险保费收入3930.76万元，完成全年任务的98.27%。同时，公司的队伍也得到了突破的发展，截至2003年底，公司共有员工21569人，其中后线支持人员为432人，前线销售人员21137人。其中营销业务员20889人，比年初增加10222人，增长96%，营销队伍发展速度和规模居业界首位，成为北京寿险市场乃至全国寿险业最大的作业团队。

个人营销业务　新华人寿北京分公司以队伍建设为核心，强化基础管理、业务推动和督导，通过系列营销方案推动新契约、续期业务的专业化运作。一方面，把增员作为建设持久竞争力团队和提升业务平台的基础，启动绩优人员的组织发展意愿，将营销队伍拉上了2万人的平台。人力规模的迅速扩充，为营销队伍整合、完善架构、提升实力提供了巨大的空间，使公司的营业部、组架构趋于合理。另一方面，公司围绕“完善体系、强化管理、探索创新”开展培训，以新人岗前、代理人持证、衔接、快捷入门、转正等为主，共举办各级各类培训班674次，累计培训70465人次，有效地发挥了培训、督导职能。

全年通过系列营销运作，从春季大联动、“五一”行动、六月份业务推动、第三季度业务推动、第四季度基础管理推动、标准营业部（组）评选、2003年营销业务高峰会等方案的推出，引领营销业务的发展节奏，充分调动营销人员的积极性，促进营销业务闪现出系列亮点：第一季度标准保费突破亿元大关，4月份人力规模首次成为北京寿险市场第一位，5月份日、月标准保费首次突破千万元和亿元大关，6月份在新华人寿保险公司系统率先实现时间过半、完成全年任务。

团体业务 新华人寿北京分公司通过创新作业模式，细化后援支持功能，打造精兵队伍，确保了北京市场第二位的战绩。由于“非典”疫情和6月底团险主打产品的停售，给团体业务销售带来很大的困难。根据北京市场团险作业的发展趋势，在传统的团险直销方式外，率先在业界推出项目组展业模式，并初步建立了团队展业的一般作业流程和内部管理规范。同时，进一步推进渠道作业的广度和深度，使渠道作业覆盖了全部分支机构，并取得了一定规模的保费收入。此外，新华人寿北京分公司与部分中介机构签署战略合作意向，为深入合作奠定基础。在创新作业模式的同时，对后援支持功能进行细化，壮大后援队伍，形成了包括综合后援室、培训中介室和业务推动室在内的后援平台构架，在展业、招标、客户管理、培训激励、技能培养等方面，有效地支持了团体业务的顺利转型。

银行代理业务 随着北京寿险市场新主体的不断进入，围绕代理渠道争夺的北京银保市场竞争更加激烈。新华人寿北京分公司以渠道开拓为中心，进一步规范售后业务管理和操作，提高服务水平，力争实现客户、渠道和公司的三赢。在渠道管理上，实行渠道管理室、分部经理、专管员分级负责分行、支行和网点柜员的联系和维护，各层级职责分明，任务明确。2003年5月，新华人寿北京分公司正式与中国银行北京分行达成协议，开拓了中国银行的代理渠道，使新华人寿北京分公司成为北京市场上惟一一家同时拥有工商银行、农业银行、中国银行、建设银行四大国有商业银行网点的保险公司。在传统银行渠道之外，还与民族证券签订兼业代理协议，在业界首创将银行柜台产品延伸到券商的营业部、交易所销售。

在加强渠道管理的同时，整合、规范业务流程，建立投保书、保单交接和保全手续，规范退保操作，并建立划款不成功件的统计系统，提高业务处理时效。在业务发展上，通过晨夕会和各种竞赛，加强督导和培训；通过《银保桥》对网点的KPI指标进行分析，激发合作渠道管理层对代理业务的经营管理意识和启发意愿；通过为银行柜员组织代理人考试、营销技能、产品技术、经验分享等培训，提高其销售积极性和业务技能。还出台了《银行代理业务客户经理服务品质管理办法（暂行)》，确定客户服务的制式化、规范化、标准化要求，提高代理业务的质量，规避业务风险。

医疗险业务 2003年，在各家保险公司纷纷加强对企业补充医疗保险市场争夺，甚至不惜亏损打价格战的严峻形势下，新华人寿北京分公司依托政府部门大胆尝试，深入探索社保医疗险作业模式，树立新华品牌。在巩固原有渠道的基础上，公司顺利与朝阳社保局签署了服务协议，占据了除海淀、石景山之外的城区社保局渠道，扩大业务范围。公司企业补充医疗险全年累计承保单位1528家，承保人数超过13万人。公司通过开展“‘非典’特别关爱”、“儿童节”赠书等一系列活动，加强沟通和关系维护，为业务拓展奠定基础。在业务发展的同时，整合队伍建设，重新明确岗位职责，通过定岗、定责、定人，发挥骨干带头作用，提高业务处理水平和处理时效，提高客户满意度，以对合作社保局、客户单位领导和客户负责为目标，不断提高服务水平，树立新华企业补充医疗保险的品牌。

业务管理 业务管理紧密围绕一线需要，在创新管理模式和技术上寻找支持业务发展的契入点，提供可靠、有力的后援保障。全年在共承保新契约362965件、比上年增长77.56%的情况下，实现新契约平均出单时效为1.5个工作日，低于公司时效考核指标。新华人寿北京分公司在2003年全面实施网络改造，将大厦外9个分支机构的信息交换方式由原有的电话线连接全部改造为DDN专线，使在线容量成倍提高，数据交换速度提高了4倍。同时，配合业务部门开发“预收业绩统计分析”、续期按地域分配业务和不成功清单分区查询统计、出单补充等程序，改善手工作业手段，提高业务处理效率，为一线的发展提供强有力的支持。

客户服务 新华人寿北京分公司的客户服务，以市场需求为导向，以专业服务为手段，在管理科学化、服务规范化、流程制度化、团队专业化上全面推动客户服务工作的发展。9月18日，公司第一家客户服务门店在宣武支公司正式运营，这是北京南城首家客户服务门店。公司通过设立客户服务门店和区域柜面、大厦柜面设立叫号系统、扩充和完善CALL CENTER功能，改善客户服务的硬件设施，前置服务功能，为客户提供便捷服务奠定硬件基础。同时，通过公司以及银行代理、医疗险业务领域开展的“客户服务月”、“客户服务节”，以及整合电话回访（增加服务项目）、开展客户满意度调查和银行保单质押贷款、建立投诉处理制度、完善风险预警体系等，不断推出服务新举措，丰富服务内容。在理赔方面，公司与中华医学会病案管理协会、市高级法院、公安局合作，开展理赔勘察、事故鉴定、病案调查，简化理赔手续，提高理赔勘察效率及质量，并辅之以开展住院客户慰问，重点客户理赔上门等服务举措，提升客户满意度，用良好的理赔工作树立公司诚实守信形象。

同时，经过近一年的努力，新华人寿北京分公司于12月8日获得BSI太平洋有限公司颁发的服务质量管理体系认证证书，服务管理体系实现了从ISO9002版向ISO9001版的成功升级，在服务规范方面又提高了一步，为向客户提供优质服务奠定基础。

精神文明建设 在北京发生“非典”疫情的日子里，新华人寿北京分公司坚持一手抓“非典”防治，一手抓业务发展。出台了一系列防治“非典”措施，提高员工抗病毒能力和确保职场安全，千方百计使“非典”病毒远离职场、远离公司员工。在公司上下的共同努力下，1万多名内外勤员工没有出现在职场感染“非典”的病例。新华人寿北京分公司海淀支公司党支部获得北京市委“抗击‘非典’优秀基层党组织”表彰，这是北京金融业惟一受表彰的单位。“非典”时期，公司与员工同呼吸、共命运，极大地增强了队伍的向心力、凝聚力。

2003年，根据首都创建文明行业规范化服务达标活动领导小组的要求，新华人寿北京分公司对大厦和各分支机构职场进行全面整治，统一配发宣传招贴画、海报和展板，规范职场环境。广泛宣导《公民道德建设实施纲要》、金融业“十字行风”、公司服务规范和岗位职责等，使创建达标活动有计划、有组织、有督促、有检查、有落实，提高了行业文明和规范水准。2003 年 7 月和 9 月，接受了行业互查和正式检查，取得了令人满意的成绩。以“贴近一线、贴近市场、贴近公司的经营导向”为指导思想，围绕中心工作，做好对内对外宣传，挖掘先进人物和先进事迹，积极营造奋发向上的企业文化氛围。

（陈国泳）

泰康人寿保险股份有限公司北京分公司

总经理　苗　力

2003 年，泰康人寿保险股份有限公司北京分公司（以下简称泰康人寿北京分公司）在“认清形势、抓住机遇；完善体系、加快发展；细化管理、提高效益”工作思路的指导下，积极推进各项工作，成效显著。按照“专业化、规范化、国际化”战略理念，提倡以人为本、亲和诚信的企业文化，通过专业规范的经营管理，不断开拓创新的服务手段，在首都寿险市场树立了泰康人寿良好的企业品牌，为首都 20 多万客户提供了全方位、多功能的服务。

2003 年，泰康人寿北京分公司全年实现保费收入 19.8 亿元，比上年增长 47.1%，其中寿险产品保费 17.73 亿元，同比增长 49%；健康险产品实现保费收入 1.98 亿元，同比增长 51%；各项理赔和给付共计 1.62 亿元，同比下降 47%，各项指标在泰康人寿各分支机构中处于领先地位，在北京寿险市场，泰康人寿北京分公司的个人业务人均保费居于行业之首，标志公司服务水准的续期业务达成率指标也居于行业之首，创下了泰康人寿北京分公司有史以来的最佳业绩。

截至年末，泰康人寿北京分公司共开设了 16 家支公司及营销服务部。公司共有内勤员工 223 名，银行、团险外勤 162 名，营销员 4500 名。

团险业务　2003 年，泰康人寿北京分公司团险业务突飞猛进。公司继续坚持以利润为导向，进行市场的重新定位。加大长、短险的资源优化配置，开发更多销售渠道。经过努力，全年团险实现保费收入 4.76 亿元，其中长险 3.8 亿元，短险实现保费收入 9600 万元。同时，完善销售支援团队建设，形成市场的核心竞争力和比较优势。

银行保险业务　2003 年，在完成结构调整的基础上银行代理业务快速发展，在京城各国有商业银行和股份制银行开设营业网点，银行代理业务全年实现规模保费 10.77 亿元，比上年增长 129%，增长率位居同业榜首。特别是注重效益，前瞻性地顺利完成险种结构调整，实现了公司效益目标，极大鼓舞了团队的士气。

续期业务 泰康人寿北京分公司续期保费部肩负着公司全年的续期任务和为客户提供优质售后服务的重任。随着公司的发展和保费的积累，续收队伍建设和续收专业化水平得到了显著提高，2003 年续期保费部共收取续期保费 2.75 亿元，保费部将秉承“夯实基础，打造续期收费专业品牌；挖掘市场，力争续收生产力最大化”的经营思想和发展方向，大力提倡“激情、责任、开拓、创新”的精神风尚，在力保业绩的同时，倡导客户至上、服务至上的理念。

营销业务 2003 年，泰康人寿北京分公司取得了营销人力、业绩的稳步增长。营销全年新契约实现保费收入 1.5 亿元，营销人力达到 4500 人，人力增长 100%。围绕营销人力发展，全年有节奏开展工作，先后采取一系列得力措施，取得显著效果。在加强机构发展的同时，泰康人寿北京分公司两手抓，一方面加强专业化经营，一方面大力开展两才（即内部育才、外部聘才）计划，整个营销队伍的实力得到了普遍提升。

服务创新 2003 年，泰康人寿北京分公司客户服务部秉承泰康专业化、规范化、国际化的经营理念，坚持客户服务就是生产力的服务理念，不断完善服务体系，在服务渠道多样化、服务手段现代化、服务技术规范化的方面不断创新，为首都 20 多万泰康客户和 5000 多名代理人提供专业化、多样化、不断创新的服务举措。随着业务发展，设立 95522 客户专线电话和电话中心，在全行业率先开展新契约 100% 电话回访和超百回访的工作，2003 年先后举办了“少儿绘画大赛”、“高考泰康绿荫”等一系列社会公益活动。公司推出“新生活”的服务理念，逐步形成了代理人、95522 电话、泰康在线网络社区、新生活广场服务门店四位一体的立体服务体系，客户管理更加人性化、科技化、专业化。

抗击“非典”促进业务发展 在 2003年抗击“非典”的斗争中，泰康人寿北京分公司在总公司管委会的正确领导下，领导班子沉着应战、反应迅速、措施到位。并将“防治‘非典’促发展”工作正式确定为“一把手工程”，作为公司当前的头等大事来抓，及时制定了“非典”防治的各项措施，建立了相应的危机处理机制和组织保障机制。

泰康人寿北京分公司采取的措施主要有：

4 月 25 日泰康人寿宣布“对健康险客户缩短等待期和取消免责期”等一系列措施。

4 月 28 日泰康人寿决定设立“非典”专项慰问基金 500 万元，专门用于感染“非典”的保户发放慰问金和理赔预付金，即对投保泰康人寿的所有新老客户，凡在 2003 年 8 月 31 日前感染“非典”者，除可获得按条款规定的赔付外，还可获得 2000 元“非典”慰问金和 3000 元理赔预付金。

泰康人寿还推出三项服务特别措施：

一是开通 24 小时客户服务热线 95522 接受“非典”报案和理赔。二是向泰康新老客户分批寄送“非典”预防常识宣传资料。三是对于因“非典”被隔离致使续期保险费逾期未交的客户不按失效处理。

4 月 29 日泰康人寿宣布向北京战斗在抗击“非典”一线近 5000 名医护人员

提供1.5亿元保额的一年期团体定期人寿保险，每人保额3万元，泰康人寿是北京第一家对抗击“非典”一线人员赠送保险的寿险公司，此举得到了中国保监会和社会的高度赞扬。

4月30日泰康人寿推出抗击SARS专项保单“世纪泰康抗击SARS保险计划”，在极短的时间内就完成了该险种的开发、报备、组织和销售工作。

实施“5S”管理和“ISO9001”认证

2003年，泰康人寿北京分公司在安达信咨询公司的帮助下，立项对公司的制度、工作程序、工作目标进行了调整和改善，特别是对工作流程进行了梳理，流程再造为公司规范化管理、目标管理创造了巨大的潜力，提高效率、激发潜能，有力地增强了公司的服务手段和核心竞争力，顺利通过ISO9001认证。

为了创造良好的工作环境，使职场干净舒适、清新明朗，2003年下半年公司大力推广实施“5S”（即整理、整顿、清扫、清洁、修养）工作方法，通过“5S”工作方法激发员工工作热情，培养良好行为标准和工作习惯，提升员工综合素质，提高工作效率，进而达到提高全体员工职业素养及公司整体管理水平的目的，从而使公司以更专业规范的形象出现在员工和客户面前。

（杨立华）

华泰财产保险股份有限公司北京分公司

总经理 臧家瑞

2003年，华泰财产保险股份有限公司北京分公司（以下简称华泰北京分公司）坚决贯彻执行华泰公司“专业化经营、质量效益型发展”的战略思想实施战略转型，积极落实核保政策，加快自我调整，从追求保费收入规模向追求经营效益规模转变，遵循效益优先的原则进行有选择的承保，从根本上改变了原有粗放、盲目的经营方式，实现了经营管理的理性回归。针对2003年北京车险市场出现的“过度性”竞争，在主动清理近1个亿的车险亏损业务同时，将营销重点从车险业务转向非车险业务，取得了阶段性的成果。到年底，险种结构得到了调整，车险与非车险结构占比从2002年的83:17调整至63:37，明显好于67:33的市场平均水平。与此同时，华泰北京分公司还加快员工队伍及办公职场的调整，一年内精减、调整无绩效人员153人，半年内调整七个职场，降低50%的职场固定费用。2003年华泰北京分公司获得承保利润5576万元，人均利润15.6万元，创造了历史最好水平。

2003年，华泰北京分公司重视并改变销售团队的管理，提出业务机构分级管理的思路，鼓励成熟业务机构的裂变，现已形成了7个支公司、9个业务部门组成的销售队伍。同时对于“两核”管理部门进行细分，明确定位与职责，分别成立了个险承保部、商险承保部及个险理赔部、商险理赔部4个部门，分别承担分公司核保与核赔管控体系的运行。分公司的计划财务部、人力资源部、办公室3个共同资源部门分别为销售与“两核”系列提供支持、服务和保障。分公司现有人员327名，其中销售系列人员176名，管理人员151名。

车险业务 华泰北京分公司的车险业务坚决落实华泰公司的核保政策，加大车险业务选择的力度，大幅清理垃圾业务，对于企业、事业、机关车、团车等效益客户提出极具吸引力的承保费率条件，而对新车，特别是私人新车的费率厘定从高标准，充分利用价格杠杆实现选择客户的目标。截至年末，分公司车险业务保费规模比上年下降36.2%，是北京车险市场中降幅最大的公司。并实现了车险结构的调整，即降低了赔付率较高的新车与私车占比，从而确保了经营效益的完成。年末，私车与新车的占比为52.4%，其中私人新车业务不足20%，新车业务为车险净保费的31.5%。车险总体事故率比上年下降9.8%。满期赔付率虽然高于上年同期5.9%，但是剔除车均保费下降413元的因素，满期赔付率较上年下降2.2个百分点。

非车险业务 2003年，华泰北京分公司将营销重点向非车险业务转移，通过政策引导、业务培训、技术支持等措施加强非车险业务拓展，实现了非车险的快速发展。截至年末，非车险业务已达到11026万元，占总保费规模的37%，比上年增加3311万元，增长54%。火险、责任险、水险的增长幅度皆高于市场平均增幅。2003年1年非车险业务增长是过去3年业务增长总和的3.7倍。

队伍建设 2003年，华泰北京分公司从经营观念及专业技能两个方面加强业务员队伍建设，通过搭建核保平台、政策调整与流程改造及畅通销售与“两核”的沟通管道等手段，在短期内实现了员工对核保政策理解、认同并坚决执行；员工改变了原有靠价格通过代理做新车的展业方式，学会用数据评价业务优劣，用公司利益衡量业务取舍，能够按照核保政策选择客户，承揽业务。经过一年的调整，从2002年底仅有不足14%的人拥有非车险业务到2003年人人都有非车险业务，懂非车险业务和做非车险、好车险业务的人员明显增加。无论在经营理念还是展业方法上，业务员队伍素质都有了明显的提高。

“两核”管理人员业务素质也有明显提高。核保人员改变了在线核保，单纯案头工作的方式，深入到业务一线，抓项目、带队伍，与一线人员共同展业，为一线业务人员提供技术与产品。工作方式的转变有效缓解“两核”与一线的矛盾，使业务员与核保人的沟通更为顺畅，联系更为紧密。一方面提高了承保业务的成功率，另一方面也加快了业务员队伍专业技能的提升。

管理制度变革 2003年，华泰北京分公司在加强内控的前提下提出“不向理赔要效益”，不考核理赔人员的赔付率而代之以及时率、客户满意率的考核。这一管理制度的变革使保险理赔回复了履约的本质，从真正意义上保障了客户利益不受损害。在北京保险市场，华泰北京分公司首先实现了这一制度变革。

客户服务　2003 年，华泰北京分公司着力打造理赔服务品牌，基于客户的需要，改变原有理赔服务的被动性，主动向理赔服务的深度与广度进行拓展与延伸。已基本扭转了华泰保险理赔质低绩劣的形象。

1. 走出“理赔即服务”误区，华泰北京分公司树立客户维护全程、全员的观念，从职场的选择到柜台高度的设计、车位的安排都逐一考虑客户的需要而进行重新的调整。分公司半年内调整了七个职场，不仅方便了客户，而且节省了近 50%的职场费用，并将其用于客户服务的投入。在减少近 1 个亿的车险业务的同时，理赔的人力及物力投入不减少，华泰北京分公司每百万元保费售后服务人员、设施的配备均高于同业，完善配套的定损服务网络极大程度保证客户利益。

2. 同城通兑在北京市场中也占有明显的优势。通保通赔技术的运用将理赔服务带入到先进的数字时代，改变了保险业传统的、落后的、点多面广的经营方式，无论是内部的理赔管理、还是外部的客户服务都提升了速度，提高了效率。定损、核损、核赔、结案的网络化，保证了赔案处理的及时性，2000 元以下的赔案已做到了当天结案。

3.2003 年，华泰北京分公司与北京汽配商会合作，采用其专供配件，凡华泰客户事故车修理无一假件；重新选择合作修理厂，其中有 2/3 保证国家一类以上资质，修理技术有保证；专修有保障，2003 年专修率已达到事故总量的 50%。

客户服务中心　2003 年 12 月 10 日，华泰财产保险公司北京分公司客户服务中心正式启动。客户服务中心是分公司在原有理赔中心的基础上，对公司内部资源进行重新整合后，成立的新型客户服务组织。下设有理赔中心、电话中心、续保中心及出单中心四个机构。其主要功能在保留原有客户出险报案、查勘定损、赔案处理功能之外，还将承担电话咨询、客户投诉、续保、投保及直销等功能。

创建文明行业服务达标活动　创建文明行业达标活动是对华泰北京分公司整体经营管理水平的一个全面检验，通过达标活动，公司各项管理水平得到提高。公司建立健全了有关规章制度，规范岗位标准和完善业务流程，制定了公司文明服务标准，努力提高服务品质，于 2003 年 10 月通过了首都文明办与金融工委的联合检查。

（范芙蓉）

太平保险有限公司北京分公司

总经理　边　勇

2003年，太平保险有限公司北京分公司（以下简称太平保险北京分公司）在总经理室的领导下，全体员工齐心协力，团结协作，克服SARS影响，各项工作紧密围绕“结构调整、效益为先”的指导思想，从公司基础建设工作入手，通过严把承保、理赔两关，优化销售队伍、调整销售策略，基本实现了结构调整、稳健经营、健康发展的目标。

2003年，太平保险北京分公司累计实现净保费收入6962万元，完成全年计划的64%，险种结构为车险59.68%、水险5.31%、非水险34.46%、意外险0.55%。车险业务占比比上年下降了将近30个百分点，实现了年初制定的非车险保费收入占比40%的目标，调整了险种结构，初步实现了各险种的均衡发展，太平保险北京分公司逐步向着效益险种上规模的目标迈进。

车险业务　2003年，太平保险北京分公司累计完成车险保费收入4155万元，占比为59.68%，年末，按业务口径统计，车险历年制赔付率70.11%。通过对远程定损点的严格管理和车辆定损价格的严格控制，2003年太平保险北京分公司车险历年制赔付率比上年下降11个百分点，控制车险规模、提高车险质量已取得成效。从承保环节总结经验，坚持贯彻总公司各项业务核保要则的要求，“细分市场，严把入口关”，选择优质客户承保、回避不良业务。2003年车险承保质量的显著提高，带动了历年制赔付率的下降。

水险业务　2003年，太平保险北京分公司完成水险保费收入370.54万元，占比为5.31%，水险业务月均保费收入30.88万元，比上年月均保费收入17.48万元增长77%，其中进出口业务占比70%以上。

非水险业务　2003年，太平保险北京分公司完成非水险保费收入2399万元，占比为34.46%，非水险业务月均保费收入200万元，比上年月均保费收入79.23万元增长152%。

银保合作的新思路　2003年，银行保险业务是太平保险北京分公司业务转型和发展的重点。分公司专门成立了公司业务部，选派专业人员为工商银行总行和工商银行北京分行提供优质的保险服务，实现了工商银行业务专属管理。年末，已有工商银行北京分行、民生总行营业部等北京地区十家银行分行或营业总部，32家支行与太平保险北京分公司开展了业务合作，全年累计实收保费1218.07万元，占总体保费收入的17.61%。太平保险北京分公司已经初步建立了以工商银行业务为核心的银保业务的合作基础和工作模式。

创建文明行业服务达标活动 创建文明行业规范化服务达标活动，是对太平保险北京分公司整体经营管理水平的一个全面检验。在此项活动中，太平保险北京分公司党委把规范化达标工作作为"一把手工程"，结合公司实际情况制定并下发了《太平保险有限公司北京分公司创建文明行业规范化服务达标活动实施方案》，重新编制了《太平保险有限公司北京分公司员工服务手册》，并结合创建活动的要求，对各部门岗位职责、分公司各项业务工作流程、工作标准、规章制度进行了重新整理和修订。

专业化团队建设 2003年，太平保险北京分公司制定《营销服务部管理办法》，确立了销售团队的组织形式和工作模式，明确了以销售人员的招聘、定级与考核、辞职与辞退、培训、激励、行为管理为内容的销售人员管理体系；制定了以销售人员的基本工资、绩效工资、年终奖、福利保障为内容的薪酬管理体系；根据总公司销售费用管理使用办法的相关规定，结合结构调整、利润为先的指导思想，探索分险种、分渠道进行销售费用投入的形式，建立了销售费用管理使用台账，加强监督，取得了一定的经验。

根据客观情况的变化，通过对销售管理人员、销售业务人员定期考核，裁减低绩效员工，及时调整、优化销售团队的人员结构，有目的地引进具有从业经验和业务资源的销售人员，稳定员工队伍，促进业务的稳定发展。

面对激烈的市场竞争，适时组建专业化团队，针对特定的目标市场开展业务活动，进行差异化经营管理与考核，树立专业经营的品牌形象，至关重要。2003年初，根据专业化经营的要求和市场的实际情况，公司业务部制定了与传统考核体系完全不同的针对专业化团队的薪酬考核方案和业务政策，公司业务管理的不断深入、业务规模的逐步稳定和扩大，又为进一步开展专业化团队的建设工作奠定了基础，提供了实践经验。

客户服务工作 随着保险市场的日趋激烈，靠服务质量赢得市场尤显重要。为了让客户在遇险的第一时间得到帮助，客户服务部实现了工作时间按时到岗、合理安排，以不断提高客户"一次性接通率"为工作目标，确保了报案路线的通畅。同时还推出赔款银行划款等服务手段，缩短保户等待时间，真正实现了对保户的"快速理赔"服务承诺，消除了保户"投保容易、赔款难"的心理。全年客户服务部共计受理报案21555笔，并将所接案件按公司规定合理分布在公司所属的各个定损点，方便了客户及时定损。

针对客户投保后在享受服务过程中担心服务质量的问题，客户服务部建立了各项服务的后期跟踪，对结案客户进行关于理赔过程中的服务态度、定损速度、即时赔付速度及对接受救援服务客户进行关于救援到位速度、救援能力及服务态度的意见征询，并建立客户满意度综合指标，作为评价服务品质的参考。全年对被保险人的回访5842笔，占被保险人报案总量的90%左右。客户服务部还与"北大青鸟"公司合作，为客户推出了"手机短信平台"，通过这一沟通手段向基础客户提供"节日亲情问候"、"车务服务提醒"及"信息通知"等服务，加强与客户的日常联系，使客户加深了对公司品牌的了解。

便捷的理赔服务 2003年，理赔部将柜台小额赔案的即时赔付率指标的高低作为衡量服务质量的标志之一，对被保险人的小额赔案实现柜台即时赔付，随着即时赔付率的不断提高，大大减少了客户领取赔款的往返次数，得到了客户的好评，年末，小额柜台即时赔付率接近90%。

团结一致，战胜“非典” “非典”期间，太平保险北京分公司根据北京保监办、地方政府及总公司的有关规定，制定“非典”期间应急预案。成立预防控制“非典”领导小组，负责分公司“非典”预防、疫情上报等工作。全体员工在总经理室的领导下，同心协力，以勇气、爱心和责任感共同渡过难关，保证了全年经营管理工作的顺利进行。

（杨少丹）

太平人寿保险有限公司北京分公司

总经理 谢 忠

太平人寿保险有限公司北京分公司（以下简称太平人寿北京分公司）从事人身保险业务，分为个人、团体、银行代理三个业务系列。太平人寿北京分公司在“真诚服务，用心经营”的理念指引下，各项业务同步迅速发展。2003年，太平人寿北京分公司实现保费收入9.85亿元，同比增长85%；市场占有率为4.14%，同比增长46%。赔款支出373.75万元，年金给付支出138.08万元，死伤医疗给付26.14万元，退保金支出667.34万元，总体费用给付1205.31万元，同比增长775%。

2003年，太平人寿北京分公司积极投入“首都金融业创建文明行业规范化服务达标活动”。在全体员工的积极参与下，太平人寿北京分公司顺利通过达标验收，其中西直门、安定门两个营销服务部被授予达标先进网点。

银行保险业务 银行保险业务是太平人寿进入国内市场的重要突破渠道，复业两年来的业绩显示，太平人寿的银行保险业务经营始终处于国内市场的领跑者地位。太平人寿先后与中国工商银行、中国农业银行、中国建设银行、中国银行四大国有银行以及各大股份制商业银行建立了全面合作关系，在全国各地的分支机构所在地拥有数千家银行代理网点。紧密合作型的战略伙伴关系、系统规范的销售培训体系、依照市场需求开发的产品系列和先进的技术支持，构成太平人寿银行保险的鲜明特色。太平人寿在国内银行保险业务领域坚持创新：首创与银行成立共同委员会，规划与银行整体合作共同发展策略；

在国内首家推出“银保通”系统，投保客户5分钟内可在柜面拿到公司保单；首家在银行销售综合理财产品，开启银行保险产品的“低柜”时代。

太平人寿银行保险业务占公司保费收入约2/3，有力推动了国内保险市场银行保险业务的发展。

个人寿险业务　太平人寿北京分公司个险营销队伍建设施行“高素质、高品质、高绩效”（简称“三高”团队）的发展战略，改变了传统营销模式的“人海战术”及所谓“规模定律”。个险营销团队成员以大专以上学历为主，保持了100%的客户回访，为国内营销市场带来了全新的发展气象，有力提升了保险行业从业人员的新形象；同时，个人代理人整体素质的全面提升，也有力提升了公司形象。按照“三高”标准建设的太平人寿个险代理队伍，人均产能和收入水平大大高于同业平均水平。有关数据情况显示，太平人寿代理人考试通过率一直稳居各保险公司前列，最高通过率达100%。

团体寿险业务　太平人寿北京分公司团险业务，以利润和长期价值为导向，以专业化和国际化管理为标准，为客户度身定制，提供一站式服务，客户遍及国内钢铁、冶金、建筑、制造、交通、服务等行业和领域。太平人寿北京分公司坚持以创新促发展，在经营理念、产品开发、行销技能、大项目管理等方面保持领先，以VIP服务团队、全国统一标准服务、综合科技服务（网上服务、IVR服务等）、VASH服务（健康延伸服务）等差异化优势打造“科技领先、服务卓越”战略。作为世界最大的跨国公司团体保险共保计划IGP（International Group Program）在中国大陆地区惟一的成员，向跨国公司在中国大陆地区的子公司或合资、合作企业提供国际标准的团体保险服务。配合国家社会保障体制改革，全力推进企业年金业务，是太平人寿团险业务的又一重点。2003年，中国保监会正式确定太平人寿为保险行业参与国家企业年金改革的试点单位。

队伍建设　2003年底，太平人寿北京分公司个人业务代理人有946人，其中，业务员802人，业务经理以上人员144个，年人力增长达到113%；团体业务人员40人，同比增长5%；银行代理业务人员26人，同比增长37%。太平人寿北京分公司管理人员106人，比2002年底的90人增长17%。

客户拓展活动　1月中旬，个人业务系列与中国5H中心联合在首都儿研所举行了“把握未来”少儿素质系列讲座。

个人业务系列房山、平谷两区网点开始3月营销活动。其中房山营销服务部于3月8日当天向房山区优秀妇女工作者赠送2万元保额的人身意外伤害保险。

4月至7月，个人业务部与中国儿童活动中心联合举办“手拉手交朋友”少儿绘画大赛。

各项创新　首创全国统一的IT作业平台：全部数据集中在总部处理，全部业务统一在基于WEB技术建立起来的同一作业平台，统一客户资料管理，标准化的操作界面，集中的数据分析与信息管理，每一客户的独立档案，新契约与理赔作业影像驱动上传，确保客户资料完全统一，使公司在风险管控、提高效益、完善品质方面领先同业。

首创“吸烟与非吸烟”概念：在国内首推“吸烟与非吸烟”概念，针对不同人群厘定不同费率，确保客户享受公正待遇。

首创“输入型艾滋病”赔付概念：健康险产品“太平益康/怡康”针对符合条件的被保险人因输血而感染上人类免疫缺陷病毒（HIV）或获得性免疫缺陷综合症（AIDS），按重疾给付保险金，打破了保险公司一贯将以上两项列为责任免除条款的惯例。

首创团体养老金“软保证”概念：团体养老金产品“太平智选”独有的忠诚保证投资账户，提供国际通行的软保证机制，适应中国企业和员工的风险承受能力。

（蒲　朋）

四、发展与监管

银行业发展与监管

▲政策性银行

一、基本情况和重大变更事项

（一）基本情况。

截至2003年底，国家开发银行总行营业部、中国进出口银行总行营业部、中国农业发展银行总行营业部及北京市分行（以下简称“三部一行”）资产本外币合计1144.45亿元；负债本外币合计1106.88亿元。其中，国家开发银行总行营业部（不含总行企业局）资产475.45亿元，负债462.30亿元；中国进出口银行总行营业部资产382.46亿元，负债381.36亿元；中国农业发展银行总行营业部资产225.79亿元，负债205.73亿元；中国农业发展银行北京市分行资产60.75亿元，负债57.49亿元。

（二）重大变更事项。

1. 组织机构调整情况。2003年3月，国家开发银行（以下简称国开行）成立企业局管理中央统贷项目后，该总行营业部内部机构设置由原来的12个处（室）减少为8个处（室）。原稽核监察处撤销，稽核职能并入经营管理处，监察职能并入办公室；原信息处撤销，有关职能并入经营管理处。

中国进出口银行（以下简称进出口行）总行营业部根据其总行机构调整的要求，于2003年3月设立对外担保处；原公司业务处拆分为公司业务一处和公司业务二处。

2. 主要负责人变动情况。2003年9月，原国开行业务发展局综合处处长贾晓军、原北京市发展和改革委员会金融处处长周伟东任国开行总行营业部副总经理。

2003年9月15日，原中国农业发展银行（以下简称农发行）总行财务部副总经理曹雨云主持农发行总行营业部工作，原总经理梅新华、副总经理肖瓴调离营业部。

农发行北京分行原党委委员、副行长蔡淑英任正行级党风巡视员；该行原党委委员、纪委书记、副行长左志任农发行北京市分行党委副书记、纪委书记、副行长；该行原党委委员、行长助理陈小强任农发行北京市分行党委委员、副行长。

二、监管工作情况

（一）以防范和化解金融风险为重点，加大现场检查工作力度。

1. 对进出口行总行营业部出口卖方信贷项目贷款进行现场检查。重点检查贷款投向、贷款的审批和管理及贷款风险情况。

2. 为进一步核实国开行信贷资产质量，掌握其贷款五级分类的实施情况和存在问题，对国开行总行营业部信贷资产五级分类执行情况进行检查。检查内容主要是贷款质量五级分类工作推广实施情况、管理制度建设执行情况以及贷款质量五级分类结果的准确性等。对检查中存在的问题提出可行性建议，督促其进一步做好贷款五级分类工作，加强风险管理，为2004年全面实行贷款五级分类做好准备。

（二）提高非现场检查监测水平，充分发挥非现场监管的风险预警作用。

1. 按照银监会关于做好不良贷款“双降”工作的部署，积极组织贯彻落实，完善不良贷款监测分析制度，对大户、大额、新增不良贷款情况进行跟踪监控，对各行不良贷款产生原因和贷款管理薄弱环节进行认真分析研究，以求“仔细到项目，认真到成因”。并根据各行不同情况，制定不同措施，特别是对不良贷款余额上升幅度较大的行进行重点监测，及时分析变化原因，提出监管措施与要求，做到“对症下药”。并对各行不良贷款“双降”工作提出具体要求，进一步督促各行采取切实可行的解决措施，确保年末实现不良贷款比例和余额“双降”目标。

2. 加强对各行业务创新能力和风险控制能力的动态监控和分析评价，防范和化解新的风险。特别是对一些热点、重点和难点问题及时提出监管对策。

（三）认真开展调研和信息工作，积极研究监管工作中存在的问题。

高度重视调研和信息工作，利用各种渠道收集资料，深入了解被监管机构业务开展的情况和业务经营的各个环节，密切结合业务创新和发展的实际，对金融、经济工作中的热点、重点和难点问题增加敏感度，提高调研和信息工作的水平。完成《政策性银行业务范围方面存在的问题及对策建议》调研报告，撰写信息 12 篇，这些报告和信息及时反映了辖内政策性银行经营管理中存在的一些问题，为各部门与各级领导的决策提供了及时必要的参考资料。

（李晓洹、许晓征）

▲国有商业银行

一、2003 年经营发展及特点

（一）基本情况。

截至 2003 年底，四家国有商业银行北京市分行（以下简称四家银行）账面总资产为 13807.15 亿元，同比增长 13.00%，其中各项贷款余额为 5241.54 亿元，同比增长 15.53%；负债总额 13708.65 亿元，同比增长 13.21%，其中各项存款余额 13082.09 亿元，同比增长 16.45%；所有者权益 98.5 亿元，同比下降 10.4%。全年实现账面利润 102.12 亿元，同比下降 0.9%。

2003 年底，四家银行共有下属机构网点 1641 家，比上年增加 1 家。其中支行 315 家，比上年增加 168 家；分理处 447 家，比上年减少 141 家；储蓄所 875 家，比上年减少 26 家。

（二）重大变更事项。

1. 机构变动情况。四家银行继续推进“扁平化”改革进程，进一步加大营业网点的整合力度，通过将符合条件的分理处或储蓄所升格为支行的方式，提升服务功能，优化网点结构。2003 年，工商银行北京分行 47 家分理处和 3 家储蓄所升格为支行；农业银行北京分行 12 家分理处升格为支行；中国银行北京分行 50 家分理处升格为支行；建设银行北京分行 53 家分理处和 2 家储蓄所升格为支行。

2. 高管人员变动情况。沈如军、王金山任中国工商银行北京市分行副行长；赵世刚任中国银行北京市分行行长；唐新宇任中国银行北京市分行副行长；龚毅任中国建设银行北京市分行副行长；谭兴民、童学锋任中国建设银行总行第二营业部副总经理。

全年共审批四家银行 422 名高级管理人员任职资格，其中核准 153 人，备案 269 人。在新任高管人员中，工商银行北京分行有 114 人，农业银行北京分行有 43

人，中国银行北京分行有132人，建设银行北京分行有133人。

（三）经营发展及特点。

1. 经营规模继续扩大，但增长势头趋缓。2003年四家银行经营规模继续扩大，资产、负债总额均保持两位数的增长速度，增幅较上年有所下降，分别下降了1.62和1.56个百分点。各项存款和贷款余额增幅平均为15%以上，比上年下降了2.08和3.04个百分点。2003年四家银行总体上实现盈利102.12亿元，同比下降0.9%。

2. 不良贷款实现“双降”，资产质量有所改善。2003年，四家银行继续加大不良贷款的抓降工作，均实现了不良贷款余额和比例的“双降”。按五级分类口径统计，四家银行不良贷款余额比年初下降51.92亿元，不良贷款比例同比下降2.82个百分点。

3. 加快新产品、新业务的开发和推广，中间业务收入增势显著。2003年，四家银行积极发展新业务，以外汇业务和理财业务为突破口，推动各项中间业务蓬勃发展。工商银行北京分行开办了两得存款、可终止理财产品；农业银行北京分行开办了独家代收北京市路政局公路养路费业务、债市通、现金管理、手机银行等；中国银行北京分行推出个人外汇期权（期权宝、两得宝）业务；建设银行北京分行推出委托资产管理托管业务、法人账户透支业务、基本养老保险个人账户基金托管业务等。

2003年四家银行中间业务收入比上年增长3.85亿元，增幅达38.77%。

4. 加强内部管理，完善内控制度建设。四家银行继续加强内控制度建设，整章建制，通过完善和落实信贷管理、财务管理、内部稽核、绩效考核等规章制度，建立健全风险监测预警体系，不断提高风险防范能力。

二、监管工作情况

2003年，根据监管工作目标及工作重点，北京银监局切实履行各项监管职责，以提高辖内商业银行内控能力、增强核心竞争力为主线，以控制不良贷款为重点，加强了对辖内国有商业银行的监管，各项监管工作取得显著成效。

（一）加大现场检查工作力度。

按照中国银监会统一部署，对四家银行的贷款五级分类及新增贷款质量情况、表外业务和非信贷资产及其损失情况进行了现场检查。通过检查，较全面地摸清了被监管行的风险底数和各项业务中存在的主要问题，为下一步全面推行贷款质量五级分类，督促其加强管理，增强表外业务风险意识，完善内控制度，提高资产质量和风险管理水平奠定了坚实的基础。此外，根据群众举报和监管的实际情况完成多项检查。

全年累计派出检查工作人员946人次，累计检查工作日739天，发现问题336个，提出监管及政策建议132条。

（二）继续做好不良贷款监测和分析工作，努力降低被监管行不良贷款余额和比率。

为对四家银行信贷资产质量进行连续、全面的监控，根据建立的不良贷款台账，按月对其进行核对、分析，及时动态地监测四家银行不良贷款的变动情况，将不良贷款上升较快的银行作为重点监管对象，认真分析不良贷款反弹的成因、分布，了解下一步的“双降”措施，将“抓降”工作作为中心任务来抓，督促银行实现年末不良贷款“双降”目标。

在对各行不良贷款监测台账数据进行深入分析、动态监测的基础上，完成了2003年度各季度的不良贷款监测分析报告，对新增不良贷款形成原因及典型案例进行认真分析，推动了对银行的不良贷款管理工作。

（三）做好约见会谈工作，及时下发《监管通报》。

根据现场检查和非现场监管所掌握的情况，定期与四家银行的负责人进行约见会谈。通报在监管工作中发现的内部控制、资产质量、贷款质量五级分类、不良贷款控制等方面存在的风险和问题，并提出相应的监管意见，在此基础上，向四家银行下发了监管通报。

（四）认真开展各项市场准入工作，顺利完成四家银行更换金融许可证工作。

2003年经历了前所未有的“非典”疫情，为了尽可能减小对银行机构的不利影响，保障银行机构正常经营，根据实际情况，灵活改变准入方式，变现场验收为审查图片资料，保证了市场准入工作的正常开展。全年共批准新设筹建1家、新设开业1家；迁址筹建49家、迁址开业59家；储蓄所升格为分理处筹建32家、开业13家；重要事项变更32家。顺利完成了四家银行所辖1641家分支机构和4家总行营业部及工商银行牡丹卡中心、工商银行票据营业部北京分部的金融许可证更换工作。

（五）深入被监管机构，积极开展调查研究。

结合监管中遇到的热点、难点问题，积极开展调查研究工作，积极向上级部门和领导反映商业银行经营状况和最新动态。全年共完成新增贷款、关联企业贷款、汽车消费贷款、票据业务开展情况等多篇调研报告，为相关金融决策提供了参考和依据。

（张　卫、王建炜、原莉缤、王锐供稿，刘培菁、孙　铃执笔）

▲股份制商业银行

一、2003年经营发展及特点

（一）基本情况。

截至2003年末，北京市10家股份制商业银行本外币资产总额5627.70亿元，比上年增加1142.90亿元，增长25.48%；其中贷款2999.90亿元，比上年增加880.90亿元，增长41.57%。负债总额5590.09亿元，比上年增加1172.02亿元，增长26.53%；其中存款5074.10亿元，比上年增加1162.12亿元，增长29.71%。全年共计实现税前利润52.11亿元，比上年增加11.68亿元，增长28.89%。①

2003年末，10家股份制商业银行在京机构数共计283家，比上年增加25家；其中分行级机构10家，与上年持平；支行244家，比上年增加29家；分理处29家，比上年减少4家。在职人员共计8539人，其中高管人员564名，在职人员比上年增加922人。此外，10家股份制商业银行全部开办网上银行业务和电话银行业务，共设立了157家在行式自助银行和96家离行式自助银行。

（二）重大变更事项。

1.机构变动情况。全年批准分属10家股份制商业银行的29家支行开业。

2.高管人员变动情况。叶望春任华夏银行总行营业部总经理，万安培任深圳

① 本年辖区内股份制商业银行统计数据口径不包括北京市商业银行（北京市商业银行作为单独一部分进行分析叙述），同比数据相应也作调整，下同。

发展银行北京分行行长，张庆修任广东发展银行北京分行行长。

全年审批10家股份制商业银行在京机构共计155名高管人员任职资格，其中核准87人，备案68人。未出现查处高管人员违规违纪及取消高管人员任职资格的案例。

（三）业务发展特点。

1.经营规模保持快速增长，市场份额继续扩大。截至2003年末，10家股份制商业银行资产、贷款、存款余额分别比上年增长25.48%、41.57%、29.71%，比辖区内各家商业资产、贷款、存款同期平均增长速度分别高出8.06、16.94、12.52个百分点。10家股份制商业银行资产、贷款、存款在全市的市场占有率分别为26.55%、32.69%、26.61%，分别比上年提高了1.71、3.91、2.57个百分点。

2.利润快速增长，盈利保持在较高水平。截至2003年末，北京市10家股份制商业银行税前利润总额52.11亿元，比上年增加11.68亿元，增长28.89%，比全市商业银行平均增速高22.4个百分点。平均资产利润率1.03%，与上年持平，比全市商业银行平均水平高0.21个百分点。从辖区内同业比较来看，股份制商业银行的盈利能力较强，盈利水平继续保持在较高位。

3.10家股份制商业银行发展不均衡，体现出经营管理状况的差异。10家股份制银行行际之间经营管理状况的差异在各行存款增幅的较大差距中表现出来，一些行的存款增速在40%以上，但个别行的存款出现了负增长。

储蓄存款占全部存款的比例较低，存款向少数大企业客户集中比较明显。截至2003年末，10家股份制商业银行储蓄存款在全部存款中占比13%，比上年增加了1个百分点，但占比远低于国有商业银行。

各行利润的增长幅度也存在较大的差异。一些行的利润同比增幅在50%以上，但有两家行的利润同比下降了约17%。

4.不良贷款余额及比例实现双口径双下降。按四级分类口径，10家股份制商业银行年末不良贷款余额比上年减少12.63亿元，不良贷款率比上年下降1.75个百分点。按五级分类口径，10家股份制商业银行年末不良贷款余额比上年减少15.86亿元，不良贷款率比上年下降2.09个百分点。

不良贷款比率和余额双下降的主要原因是，在各方面的大力督促下，各行认真分析具体情况，积极落实“抓降”措施，尤其是加大了诉诸法律的清收力度，核销力度也显著增强。全年10家股份制商业银行共计清收不良贷款33.4亿元，其中现金清收19.3亿元，以转贷重组等方式清收14.1亿元，全年核销不良贷款4.45亿元。

5.在房地产及汽车行业上对公贷款增长相对放慢而个人消费贷款增长迅速，新增贷款的行业投向总体比较分散，贷款结构有所优化。

2003年度股份制商业银行对房地产业的贷款占比呈现“一降一升”的特点：对房地产企业信贷投放速度明显放慢，房地产企业贷款余额在各项贷款中占比由年初的16.06%降为年末的14.24%；但对个人按揭贷款增速提高，个人按揭贷款余额在各项贷款中占比由年初的6.04%上升为年末的9.00%。“一降一升”的形成主要是由于2003年下半年中国人民银行121号文件有关规定出台后，各行对房地产企业的贷款进行了比较严格的控制，使得新增房地产企业贷款逐步减少，同时各行加大了对个人信贷业务的营销力度，使得个人按揭贷款规模迅速增长。

经销商汽车贷款在各项贷款中占比下降，但个人汽车消费信贷占比上升，结构上也呈现“一降一升”特点。2003 年末，股份制商业银行对汽车经销商贷款余额比上年增长 31.7%；个人汽车消费贷款年末余额比上年增长 83%。

10 家股份制商业银行日益注重行业分析，注意信贷政策导向，有针对性地加大了对交通运输、能源化工、电子信息、现代制造业等行业的信贷营销，优化信贷资产结构。从年内新增贷款投向情况看，各行贷款投向的行业集中度不明显，投向较为分散。

二、监管工作情况

全年在监管职能分离的机构改革中坚持监管工作不放松，以股份制商业银行资产质量、风险管理及内部控制水平为监管重点，运用现场检查、非现场监测、重点调查、审慎性会谈等多种手段，在促进股份制商业银行快步有序发展的同时，注意解决其存在的突出问题。

（一）在机构改革中顺利完成职责调整，保持监管工作的有序和连续。

自北京银监局成立后，原属股份制商业银行监管处的对北京市商业银行监管职责划出，但新增加了辖区 10 家股份制商业银行市场准入审批职责。新的职责明确后，在较短的时间内完成了对辖内 10 家股份制商业银行共计 267 个分支机构金融许可证相关事宜的审查、批复和更换工作。在日常监管中严把市场准入标准，提高工作效率，促进股份制商业银行的快步有序发展。

（二）落实银监会的任务要求，完成对浦东发展银行北京分行、兴业银行北京分行贷款五级分类的现场检查。

根据银监会下达的任务，组织两个检查小组，历时约一个月，对浦东发展银行北京分行、兴业银行北京分行贷款五级分类进行了现场检查，抽查金额及笔数均占到了两家被查行笔数和金额的 70% 以上，同时还检查了 2003 年上半年新增贷款。针对检查发现的在分类制度缺陷、部分贷款分类未严格执行分类制度、信贷管理存在薄弱环节等方面的问题，与两家行负责人深入交换了意见。

（三）加大工作力度，督促各行完成不良贷款“抓降”工作目标。

根据非现场监测发现的情况，对辖内股份商业银行 1～10 月新增不良贷款情况、清收进度及采取的“抓降措施”进行调查分析，掌握了详细的情况。针对大额贷款、大额授信等存在的问题，及时约见各行相关负责人，提出风险警示，并提出化解风险的要求，经常检查措施落实进度。截至年末，辖内股份制商业银行双口径不良贷款均实现了“双降”目标。

（四）加强调研和信息报送，推动监管工作的深入。

围绕监管工作重点，完成了《股份制商业银行非法人机构风险评价办法》、《北京地区股份制商业银行授信管理情况调研报告》、《北京地区商业银行国内保理业务的调研》、《存款准备金上调对辖内 10 家股份制商业银行的影响调查》、《北京市股份制商业银行个人住房贷款发展现状及风险剖析》等专题研究。

全年共受理了十余起群众举报，对举报涉及的事实进行仔细的核查，及时向上级反映情况并下发通报，积极预警，使相关问题得到了有效解决。

（五）改善内部管理，树立监管新形象。

建立和完善内部各项管理制度，做到各项工作有章可循、责任明确，增进管理的规范性。增加会谈手段的运用，针对突出问题，及时约见商业银行业务部门负责人，充分交换意见，增进对监管工作的理解与支持，提高监管成效。

（刘 斌）

▲城市商业银行

一、基本情况和重大事项变更

（一）基本情况。

截至2003年底，北京市商业银行资产总额比上年末增长26.43%，增幅同比减少17.73个百分点。其中，各项贷款余额比上年末增长32.21%。负债总额比上年末增长27.24%，增幅同比减少17.18个百分点。其中，各项存款比上年末增长25.41%。截至年末，北京市商业银行支行级机构共有112家。

（二）业务发展和特点。

1.贷款规模继续扩大，个人贷款和直贴业务增幅较大。北京市商业银行各项贷款余额呈现连年持续增长态势。2003年，北京市商业银行个人贷款业务增势良好，截至年末，个人贷款余额比上年末增长71.82%，在各项贷款余额中占比由上年末的10.38%上升到13.49%。

北京市商业银行2003年直贴业务迅猛发展，主要贴现经办行占全行机构总数的82.14%。截至年末，贴现余额比上年增长25倍。

2.注重新业务品种的开发，服务功能逐步提升。2003年，北京市商业银行加快了业务创新的步伐，经北京银监局审查核准或备案，先后开办了代征车船使用税、京卡代理预约挂号业务、开办代理财政授权支付和资金结算业务、远期外汇买卖业务、黄金业务、信贷资产转让业务、代理资金信托产品资金收付、网上银行业务、京卡国际卡、二手房银行见证业务、留学贷款承诺函业务等新业务。

3.中间业务收入增长加快。中间业务收入增长较快，全年手续费收入同比增长29.4%。

（三）年度重大事项。

1.召开第八次股东大会。2003年8月20日，北京市商业银行召开第八次股东大会。大会审议并通过了《北京市商业银行股份有限公司2002年工作报告》、《第一届董事会2002年度工作报告》，以及年度财务报告、利润分配预案、2003年经营指标、修改公司章程、完善公司治理的总体规划、股东大会议事规则等共计11项预案和议案，并形成了决议。

2.完成第三次增资扩股。

3.个人金融业务通过ISO9001认证。2003年，北京市商业银行个人金融业务全面导入ISO9001质量体系，通过了英国标准协会现场审核并获得了英国标准协会颁发的认证证书。

4.营业网点扩展到北京郊区，优化网点布局力度进一步加大。2003年，北京市商业银行经批准在郊区设立燕山、昌平等支行。此外，北京市商业银行15家支行获准迁址。

二、监管工作情况

（一）向北京市商业银行通报2002年度监管情况。

在对北京市商业银行2002年度经营管理情况进行深入分析的基础上，向该行董事长、行长等高级管理层通报了监管中发现的情况、问题及综合评价，提出整改要求。与该行各部门负责人进行了多层次、多形式的沟通与交流，逐项落实监管要求。

（二）积极推进北京市商业银行公司治理工作。

北京银监局先后两次到北京市商业银行就公司治理情况进行专题调研，了解公司治理现状及所存在的问题，并有针对性地提出加大干部交流力度、年内完成部分高管人员岗位轮换、争取2004年初完成董事会、监事会的换届改选工作等即期监管要求以及积极增资扩股，优化股东结构，争取2004年底完成第四次增资扩股工作等监管要求。在此基础上，对该行上报的《北京市商业银行公司章程》、《北京市商业银行完善公司治理的总体规划》等材料进行了审查并提出监管建议。另外，积极支持北京市商业银行增资扩股。督促该行尽快完成了第三次增资扩股的后续工作，并对第四次增资扩股有关资料进行了初审。

（三）综合运用多种手段，确保北京市商业银行实现不良贷款“双降”目标。

第一，通过对该行进行贷款质量五级分类后续现场检查工作，督促其加强信贷管理。通过检查，掌握了北京市商业银行五级分类制度建设及执行过程中的缺陷，并针对检查中发现的问题提出了整改意见。第二，加大对不良贷款的非现场监测力度，完善不良贷款分析制度。加强对大户、大额和新增不良贷款情况的跟踪监控，及时了解不良贷款变动趋势，并将不良贷款上升较快、不良贷款余额较高的支行及项目作为重点监测对象，对不良贷款产生原因和贷款管理的薄弱环节进行认真分析，“仔细到项目，认真到成因，责任到个人”。第三，加大“窗口指导”力度，密切关注不良贷款变动趋势，及时提出监管意见。先后七次向该行通报监管要求、听取重点部门、重点支行的工作汇报。督促指导抓降方案的落实。

（四）督促该行加强内控建设，开展自查工作。

针对北京市商业银行内控体系中存在的问题，督促该行加强内控建设。2003年上半年，该行进行了自成立以来规模最大、范围最广、内容最全、历时最长的规章制度大检查，重点检查了会计、出纳、储蓄业务的规章制度和业务流程执行情况。要求其及时上报了自查结果，并有针对性地提出了监管要求。

（章全明）

▲外资银行

一、基本情况和重大变更事项

（一）基本经营情况。

2003年底，在京外资银行外币总资产余额为414264万美元，比上年增加7457万美元，增长1.83%；总负债余额为375556万美元，比上年减少494万美元，下降0.13%；存款余额为94024万美元，比上年增加738万美元，增长13.66%；贷款余额为209423万美元，比上年增加86530万美元，增长70.41%；税后累计实现利润971万美元，比上年增加299万美元，增长44.49%。

2003年，在京外资银行分行新增3家，外资银行代表处新增4家，退出2家。截至年末，北京市共有外资银行分行22家，外资银行代表处94家。在京外资银行代表处迁址15家。外资银行行长、副行长更换和新增14人，首席代表更换16人。在已开业的22家分行中，有10家获得经营全面外汇业务资格。

（二）业务发展变化分析。

2003年，在京外资银行各项主要经营指标综合排名仍居全国第三位，占据着较重要的市场份额。

1.资产项目中，受国际国内经济金融形势影响，贷款总额大幅上升；剔除部分联行往来“虚增”项，联行往来资产方占比大幅下降。2003年6月份，美国联邦储备委员会下调联邦基金利率和隔夜拆借利率从1.25%下降至1%，拉动了相应外汇贷款利率的下降，同时，受人民币升值心理预期影响，一些企业增大了外汇贷款特别是美元贷款的需求。另外，2003年年初以来国内进口猛增，带动一些外资银行贸易融资业务快速增长。虽然上半年北京经历了“非典”疫情，但在京外资银行分行授信业务拓展并未受到严重影响，各分行对北京市经济金融发展前景依然保持信心，7月份以后各项贷款余额逐月攀升，连创历史新高，12月底贷款余额达到了近年来的最高值20.94亿美元。2003年末在京外资银行联行往账占比比上年下降27.86个百分点，主要原因是部分银行停止了与境内其他分行相互摆放联行资金从而增加境内外汇总资产的做法。

2.负债项目中，联行及附属机构往来（负债方）和各项存款（含同业存款）占比较高，客户存款平稳增长。2003年末，在京外资银行负债的主要构成为联行及附属机构往来（负债方）和各项存款（含同业存款），两项占比分别为65.03%和29.29%。客户存款余额为9.40亿美元，比上年增加1.13亿美元，增长13.66%。

3.整体实现盈利，盈利银行家数增多，但盈利水平仍然偏低。截至2003年末，在京外资银行累计实现税后利润971万美元，盈利家数比上年增加3家。北京市外资银行的总收入为9145万美元，同比增长8.78%，收入来源以利息收入和手续费及佣金收入为主，利息收入占总收入的58.49%，手续费及佣金收入占总收入的28.21%；总支出为7974万美元，同比增长4.26%，支出以利息支出和管理费及业务费支出为主，利息支出占总支出的36.44%，管理费及业务费支出占总支出的53.66%。

4.不良贷款余额、比率双下降，处置不良资产手段多样化。截至年末，在京外资银行不良贷款余额比上年减少了182万美元，不良贷款率比年初下降1.13个百分点。2003年在京外资银行采取出售、拍卖等形式积极处置不良贷款，贷款质量逐步好转。2003年底有不良贷款的分行为9家。

5.差异化经营更加明显，外资银行间保持良好竞争秩序。在京外资银行根据其总行全球发展战略，针对自身优势和北京地区经济金融的特点，在谨慎发展传统贷款业务的基础上，加大差异化经营，客观上形成了各行不同的业务定位，新开办业务发展更加理性化，在一定程度上缓解了外资银行间的激烈竞争。不断为客户提供高质量的服务仍是辖内外资银行间市场竞争的主要手段。

二、监管工作情况

（一）转变理念，加强沟通，提高外资银行监管有效性。

召开了由在京外资银行分行行长、代表处首席代表参加的“外资银行情况通报会”，通过分析北京市经济发展特点和银行业现状，明确了下一步监管工作重点；就辖内外资银行经营情况及存在问题与外资银行进行了沟通。运用道义规劝的手段，指出外资银行经营中存在的问题，提醒他们在法律法规的框架内运作，既解决了对外资银行某些程度或情节较轻的违规缺乏相应处罚依据时监管力度不足的问题，又为监管者和被监管者建立了良好的沟通渠道；既体现了监管手段的多样化趋势，又提高了外资银行监管的有效性。

（二）积极支持、审慎标准，稳步做好辖内外资金融机构市场准入的各项工作。

一是按照《外资金融机构管理条例》及其《实施细则》、《外资金融机构驻华代表机构管理办法》的要求，加强审慎性审核，配合银监会进一步做好辖内外资银行的增加营运资金、扩大业务范围以及新机构设立等市场准入工作。二是准确把握对外承诺的开放步骤，为北京人民币业务开放做出周密安排。一方面坚持政策法规设定的市场准入门槛，按照政策法规要求严格审慎受理外资金融机构的各项业务申请，密切监督外资银行不得突破服务地域范围和服务对象、币种限制办理业务。另一方面以北京人民币业务开放为契机，做好迎接北京金融新一轮对外开放的各项准备工作，周密制定《北京外资银行人民币业务开放方案》，为2004年12月份北京对外开放人民币业务工作的有序开展打好基础；提高政策透明度，向外资银行印发《北京向外资银行开放人民币业务有关事项指引》，以利于相关机构有针对性地做好在京开办人民币业务的各项准备。

（三）分类监管、突出重点，做好辖内外资金融机构现场检查工作。

根据《在京外资银行分类监管工作指引》的要求，合理配置有限的监管资源，将工作重心集中在重点类和关注类监管对象上，坚持以风险监管和合规性监管为中心，加大现场检查力度。对3家外资银行北京分行进行了专项现场检查，对2家外资银行北京分行进行了全面现场检查。重点监测各行表内外资产质量、内部控制、合规性、信息披露等情况，促进被查行提高内控效率、依法合规经营。

（四）夯实基础、关注合规，提高非现场监管水平。

对外资银行非现场监管工作坚持风险监管与合规性监管相结合，注重对风险的早期识别、预警和控制，促进银行提高内控效率、提高合规经营意识。在日常监管中加强对外资银行相关人员的业务指导，规范报表填报的项目和内容，提高数据传输的准确性和真实性。突出数据分析整理工作，根据非现场监测数据形成在京外资银行监管月报，加强对外资银行经营状况的分析和研究。要求辖内外资银行报送已开办的所有业务品种，及时了解、全面总结在京外资银行开办业务品种情况，为分析监测外资银行经营情况、跟踪外资银行金融创新状况做好准备。指导辖内外国银行主报告行完成进入中国市场以来的首次信息披露工作，督促辖内6家外国银行主报告行在《商业银行信息披露暂行办法》要求的期限内，披露了包括在华分行并表会计报表以及审计报告、各类风险管理状况和年度重大事项等内容的信息。制定《外资银行外部审计质量评估指引》，规范和完善对辖内外国银行分行外部审计质量审核评估工作。审核辖内19家外国银行分行的《外部审计报告》和《管理建议书》，综合评价辖内主报告行聘请的会计师事务所的审计质量，并将改进外部审计质量的建议及时反馈外国银行分行。

（五）严肃法规，严厉查处，增强外资银行守法合规经营意识。

在现场和非现场监管中，及时发现外资金融机构运行中存在的合规性问题，采取多种方式进行纠正。对个别银行违反《外资金融机构管理条例》中有关存款比例和资产流动性规定的行为、个别代表处无固定营业场所、首席代表长期不履职等行为进行了行政处罚。

（六）完善制度、理顺程序，强化内部管理。

制定《在京外国银行分行开业辅导期业务指导暂行办法》，对新设外国银行分行开业辅导工作进一步规范化。为适应新形势下对外资银行监管需要，补充修订《外资银行监管操作手册》，适时更新日常监管业务操作规程，理顺监管工作程序。及时制定和完善一系列内部管理规章制度和操作规程，制定审批外资银行转入信贷资产等操作规程，统一审批标准，杜绝审批中的盲目性和随意性。

（蒋　平）

农村合作金融发展与监管

一、基本情况及重大变更事项

（一）基本情况。

截至2003年末，北京市农村信用合作社资产总额为1100.3亿元，比上年末增加307.8亿元，增长38.8%。其中，各项贷款余额为527.4亿元（含清算中心贴现），比上年末增加166.1亿元，增长46.0%。负债总额为1076.5亿元，比上年末增加300亿元，增长38.6%。其中，各项存款余额为826.6亿元，比上年末增加151.5亿元，增长22.4%。所有者权益23.8亿元，比上年末增加7.8亿元，增长48.8%。

截至年末，北京市农村信用社共有独立核算单位147个（含市联社），比上年减少22个。其中，市、区（县）联社及市农村信用社营业部共16个，农村信用社131个。

（二）重大变更事项。

1. 机构变动情况。新增非法人营业机构31个，撤并法人营业机构22个和非法人营业机构14个。

2. 主要人事变更。全年共对82名拟任的高级管理人员任职资格进行审查，其中：核准23人，备案59人。

（三）经营发展及特点。

1. 不良贷款实现“双降”。截至2003年末，北京市农村信用社不良贷款余额比上年末减少8.9亿元，占各项贷款余额的比例比上年末下降8.8个百分点，实现了“双降”目标。全年共计清收不良贷款58.2亿元，其中：收回现金9.4亿元，盘活资产44.7亿元，以物抵债4.1亿元。

2. 支农力度继续加大。2003年，北京市农村信用社在搞好“银政合作”、“银企合作”的同时，不断加大支农贷款的投放力度，累计投放19141户、9.1亿元，比上年增加3872户、1.6亿元，累计发放金额增长21.3%。其中，累计发放农户小额信用贷款3635户、0.7亿元，比上年增加76户、0.2亿元，累计发放金额增长40%；累计发放农户联保贷款5712户、1.6亿元，比上年增加2157户、0.7亿元，累计发放金额增长77.8%；累计发放农业经济组织贷款1230户、21.3亿元，比上年减少187户、3.7亿元，累计发放金额减少14.8%。2003年，利用1.69亿元支农再贷款发放贷款，支持了6234户农民脱贫致富。

3. 盈利水平有所提高。2003年，北京市农村信用社经营管理水平有所提高，经营情况进一步好转，资产利润率、资本利润率和人均利润均高于上年，分别增加0.2个百分点、13.3个百分点和2.9万元。

4. 高风险农村信用社数量减少。截至2003年末，北京市高风险农村信用社比上年减少20个，占比比上年减少6.1个百分点。

二、监管工作情况

（一）积极推进北京市农村信用社管理体制改革。

2003年，北京市丰台区和昌平区两个试点农村信用联社分别完成了清产核资和增资扩股工作；分别召开了统一法人后农村信用联社第一届社员代表大会，通过了新的联社章程（草案）、选举产生新一届理事会和监事会。

向北京市农信联社下发了《关于北京市农村信用社开展以区县联社为单位统一法人工作的批复》，要求北京市农村信用社本着成熟一个、报批一个的原则稳步推进统一法人改革工作，并批准统一法人后的昌平区农村信用联社开业，批准大兴区农村信用社开展以区联社为单位统一法人筹建工作。

（二）现场检查监管情况。

2003年，对北京市农村信用社的现场检查工作中，共派出检查组7个，累计投入检查工作日493天，涉及检查机构37个。

1. 对北京市农村信用社信贷管理情况进行现场检查。派出4个检查小组，共检查农村信用社法人机构16个（包括2个联社本部和营业部），分社14个。现场检查累计投入343个工作日，抽查589个贷款户，贷款1001笔、金额22.98亿元，贷款户抽查面达30%。

现场检查组对被查单位的贷款管理、会计、出纳等相关岗位的各项规章制度、岗位职责、业务操作流程等制度建设情况进行了检查。

检查结束后，对相关联社下发《稽核意见书》，指出其在信贷管理、会计核算、重要空白凭证管理方面仍存在的问题，并针对这些问题提出整改意见，要求其限期整改。

2. 对北京市农村信用社非信贷资产情况进行现场检查。派出2个检查小组、13名监管人员，累计投入98个工作日，对北京市联社本部和北京市农信社营业部抵债资产、有价证券及投资、固定资产及在建工程、票据承兑和贴现等内容进行了重点现场检查，累计检查金额135亿元。

3. 对海淀区农村信用社经营管理情况进行后续稽核。在2002年对海淀区农村信用社经营管理情况进行全面稽核的基础上，对海淀区4个农村信用社在贷款管理、投资和拆借资金、财务管理等方面存在的问题和整改情况进行了后续稽核，并根据检查结果提出了整改意见及建议。

（三）积极采取措施督促落实“双降”工作。

多次督促北京市农村信用社落实不良贷款清收责任制，加大不良贷款清收力度。通过非现场监测系统，及时了解各区县不良贷款变动情况，对不良贷款余额和比率变动幅度较大的区县及时进行电话质询。在对不良贷款户认真分析的基础上，将监管重点放在“关联企业贷款”、“大户贷款”和“票据贴现业务”等新的风险点上，密切关注风险集中问题。

（四）继续做好非现场风险监测工作。

建立并认真执行金融监管形势分析会议制度，按月及时向统计处报送监管分析材料和有关数据，分析北京市农村信用社经营管理中存在的问题，为领导决策提供依据。

为提高非现场监管数据报送质量，召开“非现场监管情况通报会”，以会代训，对北京市农村信用社非现场监管数据报送中存在的问题进行通报，并对北京市农村信用社非现场监管数据报送人员进行了业务培训。

积极协助银监会合作部研究建立风险预警评价体系。在对北京市部分农村信用社进行风险评价预警体系有关数据测算的基础上，向银监会上报《北京市农村信用社风险监测评价体系测算表及相关意见》和《非现场监管需求书》。

（五）进一步加强债券投资监管工作。

向北京市农村信用社下发《关于进一步加强北京市农村信用社债券投资监管工作的通知》，要求市联社进一步加强债券投资管理，对存量债券风险情况进行全面评估和调查，并建立北京市农村信用社债券投资半年期报告制度，力求将债券投资风险降至最小。

（六）严肃查处违规行为。

对检查中发现的北京市农村信用合作社在机构管理工作中存在的擅自迁址、擅自改扩建机构营业场所、内控不严、弄虚作假和在高级管理人员任职资格管理工作中存在的未备案先任命等违规问题，根据有关规定进行了严肃查处，下发通报，约见有关人员谈话，要求存在问题的区（县）限期改正。

（七）认真开展调查研究。

对北京市农村信用社关联企业贷款情况进行专题调研，从关联企业贷款现状和特点、风险状况和管理上的难点等方面深入分析其风险的主要成因，提出了防范风险的措施。关联企业贷款也将成为今后监管工作重点之一。

就部分信用社开展的“银政合作”情况进行调研，并就调研中发现的主要问题及时反馈，要求市联社、区联社和相关农村信用社对存在的风险隐患做到早预警、早防范、及时处置。

对北京市农村信用社房地产贷款及汽车消费贷款发放及管理情况进行调研，摸清两类贷款的基本情况，对其特点和主要问题进行分析并相应提出监管意见。

（吕雁雁）

非银行金融机构发展与监管

截至2003年底，北京银监局辖内非银行金融机构共有3家，即：北京国际信托投资有限公司、北京恒通信托投资有限责任公司、四通集团财务公司。

北京中兴信托投资有限公司原处于停业整顿状态，2003年10月24日鉴于该公司严重违规经营，不能支付到期债务，为维护金融秩序，保护债权人合法权益，根据《金融机构撤销条例》，经中国银行业监督管理委员会批准，北京银监局发出公告决定撤销该公司。

该公司撤销后，中国银行业监督管理委员会委托中国人民银行组织成立清算组，依法对该公司进行清算。同时，中国银行业监督管理委员会会商中国证券监督管理委员会，清算期间，北京中兴信托投资有限责任公司的证券交易营业部由吉林泛亚信托投资有限责任公司实施托管，并继续经营。该公司下属具有法人资格的实业公司在清算组的管理下照常经营。

中国银联股份有限公司北京分公司监管职责原属于北京银监局，2003 年 12 月 26 日根据《关于移交中国银联股份有限公司监管职责等有关事宜的通知》精神，将中国银联股份有限公司北京分公司监管职责移交中国人民银行营业管理部。

一、持续经营的非银行金融机构

（一）基本情况。

2003 年底，北京银监局辖内持续经营的非银行金融机构有 1 家即北京国际信托投资有限公司（以下简称北京国投）。截至 2003 年底，该公司固有资产本外币合计 39.75 亿元，比上年增长 37.62%；负债合计 27.05 亿元，比上年增长 65.92%；所有者权益合计 12.70 亿元，比上年增长 0.95%。信托财产合计 21.14 亿元，比上年增长 70.26%。

（二）监管工作情况。

1. 根据中国人民银行关于清理规范信托投资公司业务问题的通知（银发［2002］128 号）精神，要求北京国投加紧对“一法两规”颁布前原有业务进行清理。

2. 按照《信托投资公司管理办法》规定，要求北京国投解决长期投资比例超标问题。北京国投已于年内完成了降低投资比例工作。

3. 要求进一步完善内控制度建设，坚持“业务创新，内控先行”，切实提高对新业务风险的控制能力。进一步加强对内控制度执行情况的考核，加强对内部审计部门的领导，强化其独立性，把内控制度的执行落到实处。

4. 要求严格遵守“一法两规”的要求，在固有财产业务与信托业务之间建立“防火墙”，进一步强化信托财产核算的独立性。

二、非持续经营的非银行金融机构

（一）基本情况。

截至 2003 年末，北京辖区内共有 2 家非持续经营的非银行金融机构。它们是：正在进行转制的北京恒通信托投资有限责任公司、正在重组的四通集团财务公司。

北京恒通信托投资有限责任公司的整体转制工作，在 2003 年未取得实质性进展。根据国务院办公厅转发中国人民银行整顿信托投资公司方案的通知（国办发［1999］12 号）要求，经中国证券监督管理委员会批准，该公司将下属的北京天坛证券营业部、北京工体证券营业部及上海中山北路证券营业部以投资入股的形式，并入惠州证券有限公司，完成了信托与证券的分业经营工作。

四通集团财务公司的重组工作，在 2003 年中未取得突破，重组工作尚在进行中。

（二）监管工作情况。

北京银监局密切关注各种风险因素，加强风险监测和预警工作，强化快速反应机制；继续督促各工作组做好资产清收工作，尽量保全资产，降低债权人损失；对政府及其他单位组织清算、转制与重组的机构，分类指导，加强协调，切实推进处置工作的进行。

三、其他

2003年10月3日，经国务院批准，中国银行业监督管理委员会正式颁布了《汽车金融公司管理办法》(以下简称《办法》)。11月12日，为有效执行《办法》中国银行业监督管理委员会再次颁布了《汽车金融公司管理办法实施细则》。《办法》的颁布与实施，是我国履行加入世贸组织有关承诺，规范汽车消费信贷业务管理的重要举措。它标志着汽车金融公司作为一类新的非银行金融机构在我国即将诞生。

2003年11月24日、28日，北京银监局正式收到丰田金融服务株式会社、大众汽车金融股份公司提交的拟设立丰田汽车金融（中国）有限公司、大众汽车金融（中国）有限公司的筹建申请材料。

2003年12月24日，经北京银监局初审，中国银行业监督管理委员会批准，同意丰田金融服务株式会社、大众汽车金融股份公司筹建丰田汽车金融（中国）有限公司、大众汽车金融（中国）有限公司。

（马　阳）

邮政储蓄机构发展与监管

一、邮政储蓄机构发展概况

（一）基本情况。

截至2003年末，北京市邮政储蓄机构共有452个，其中：城区427个，县城15个，县城以下10个。邮政储蓄从业人员3194人，其中：管理人员482人。

截至年底，邮政储蓄储户数约为580万户，储蓄余额达282.84亿元。其中，活期存款余额占总额的42.23%（含定活两便存款）；定期存款余额占总额的57.77%；定活两便存款余额占比较小，比上年末下降8.33%。

（二）重大变更事项。

1. 2003年7月，成立了北京邮政代理保险局。

2. 2003年1月1日北京邮政储汇局将稽核部由原来一个部门扩展到三个部门：稽查管理部、现场稽查一部、现场稽查二部。

二、监管工作情况

1. 为进一步促进邮政储蓄机构依法合规经营，防范储蓄资金风险，对邮政储蓄机构是否存在违规揽储问题进行专项检查，检查范围涉及县及县以下储蓄网点44家。检查的主要内容是是否违规揽储、内部管理及2002年专项检查中发现问题的整改落实情况。对检查中发现的问题，提出整改意见和政策建议，促进其完善内控制度建设，提高风险经营意识，为邮政储蓄管理体制改革奠定基础。

2. 建立、实行约见谈话制度，充分发挥监管的道义规劝作用。为有效防范邮政储蓄的资金风险，加强对北京邮政储蓄机构的监管，促进邮政储蓄的健康发展，从审慎监管原则出发，与北京邮政储汇局及7个直属区县局主管储汇业务的局长、储汇科科长进行了约见会谈。通报了全国邮政储蓄机构的经营现状、邮政储蓄改革进展情况、现场检查中发现的问题和经营中存在的风险，并有针对性地提出了监管要求。

3. 建立举报、信访制度，对举报问题及时落实查处。建立了“邮政储蓄机构举报、信访登记制度”，并针对举报提供的线索，召开专门会议，制定了举报调查方案，组成调查小组对被举报机构网点进行现场调查核实。

4. 规范了市场准入的管理。修改完善了《邮政储蓄迁址筹建、开业的操作程序及工作规程》。为进一步提高邮储网点的综合效益，2003 年共完成了 33 家网点的迁址工作，网点布局更合理。

（郭　雅）

金融资产管理公司发展与监管

一、基本情况

（一）主要业务指标。

截至 2003 年末，以收购不良资产口径统计，中国华融资产管理公司北京办事处、中国长城资产管理公司北京办事处、中国东方资产管理公司北京办事处、中国信达资产管理公司北京办事处（以下简称四家资产公司北京办事处）累计处置不良资产 312.88 亿元，占收购总量 581.52 亿元的 53.8%。其中债转股股权资产 158.94 亿元；债权资产 153.94 亿元。通过处置债权资产累计回收现金 49.76 亿元，现金回收率为 28.9%。人员、管理、业务三项费用累计 2.53 亿元，现金费用率为 5.08%，其中，人员和管理费用两项现金费用率为 2.73%。

（二）机构及人员变动情况。

1. 内部机构增设情况。2003 年 6 月，长城资产公司北京办事处设立监察审计部，负责办事处纪检监察和审计工作。

2. 高管人员变动情况。2003 年 3 月，信达资产公司北京办事处主任赵毅调任信达总公司副总裁，办事处副主任左凤高主持工作。2003 年 6 月，华融资产公司北京办事处副总经理王晖调任华融资产公司济南办事处副总经理；华融资产公司原经营管理部总经理助理郭京华任华融资产公司北京办事处总经理助理，负责资产处置与业务管理工作。2003 年 10 月，东方资产公司任命张晓昌为东方资产公司北京办事处总经理、党委书记，免去王一开总经理、党委书记职务，批准其退休。

（三）进一步加强内控管理。

2003 年，四家资产公司北京办事处根据业务需要，建立健全各项规章制度，加强对基础操作的管理，规范资产处置业务的合规性操作，进一步加强专项处置的审计工作，强化处置审查部门的职能，并通过明确岗位职责，把责任落实到个人，将岗位职责、绩效考核和员工违规行为的处理结合起来，提高了内部管理效率。同时，四家资产公司北京办事处分别制定委托中介机构的相关管理办法，加强对中介机构的选聘管理，规范中介机构选聘工作程序，跟踪委托业务运作过程，对中介机构的工作进行综合评价。在改进和加强资产评估管理工作后，受托中介机构的服务质量得到了提高。此外，四家资产公司北京办事处加强了对费用支出的管理。

二、资产处置情况

(一) 2003 年资产处置情况。

四家资产公司北京办事处积极探索多种途径的处置方式，不良资产的处置额继续保持增长，全年资产处置和现金回收情况较好。2003 年，四家资产公司北京办事处处置不良资产原值（不含债转股）61.63 亿元，比上年增长 16%；回收现金 16.68 亿元，现金回收率为 27.06%；三项费用支出 1 亿元，现金费用率为 5.99%。

(二) 资产处置的特点。

一是抓大项目、抓重点项目。四家资产公司北京办事处对重点项目重点关注，对重点户安排人力，设定工作进度表，并定期召开相关项目多层次论证会，提前实现了部分项目的终极处置。二是积极开展打包处置业务，提高资产处置效率，缩小管理半径。三是进一步加大股权管理力度。为加强债转股企业的日常管理，继续向债转股企业派驻董事、监事，通过董事会、监事会、股东会提出办事处的经营管理意见，合法合规地行使权力，对企业经营情况进行监督和管理。四是积极开展业务创新，坚持更新经营理念，积极探索引入市场化运作模式，与中关村技术产权交易所合作，借助其交易平台，以引进经纪商交易的方式，加大资产营销力度，拓宽不良资产处置的渠道。

三、监管工作情况

2003 年 11 月，北京银监局开展了对信达资产公司北京办事处成立以来全面情况的现场检查，重点检查《金融资产管理公司资产处置管理办法》颁布以来，信达资产公司北京办事处在资产管理、资产处置、资产评估、中介机构管理及内部控制等方面的情况。

（王　跃）

保险业发展与监管

▲保险市场发展概述

2003 年北京保险业按照“三个代表”重要思想，坚持发展是执政兴国的第一要务。以改革促发展，以开放促发展，以开拓创新、规范经营促进保险业持续健康发展。

一、北京保险市场机构发展情况

截至 2003 年末，北京保险市场共有经营性保险分公司 22 家，包括财产险分公司 10 家，寿险分公司 10 家，再保险分公司 2 家；政策性保险公司 1 家；各类保险专业中介公司 96 家，包括保险经纪公司 34 家，保险专业代理公司 48 家，保险公估公司 14 家。外资保险机构驻京代表处 84 家。全市保险兼业代理机构 5111 家，保险营销从业人员 65824 人。

二、北京保险市场业务发展概况

2003 年北京市各家保险公司累计实现保费收入 282.54 亿元，比上年增加 49.55 亿元，增长 20.71%。其中：财产险业务保费收入 51.96 亿元，增长 13.26%；人身险业务保费收入 230.59 亿元，增长 22.56%。财产险与人身险业务比重为 18:82。2003 年北京保险深度和保险密度分别是 7.8% 和 1940 元，位居全国前列。

2003年北京市保险公司累计支付各项赔款及给付保险金48.01亿元，比上年增加1.1亿元，增长2.34%。其中：财产险业务赔款支出27.22亿元，比上年增加2.93亿元，增长11.59%；人身险业务全年给付保险金20.78亿元，比上年减少1.93亿元，减少9.32%。全市保险机构累计支付手续费6.36亿元，实现利润（税前）3.92亿元。

2003年北京航意险市场继续实行共保，全年累计实现航意险保费收入4622万元。

三、北京保险市场业务发展特点

（一）北京保险业保持快速、可持续发展。

在中国保监会的领导下，在北京市委、市政府的指导和社会各界的支持下，北京保险业以“三个代表”重要思想为指引，认真贯彻落实党的十六大精神，深化改革，扩大开放，以市场需求为导向，加强业务结构调整力度，以经济效益为核心，强化公司内控制度建设，充分发挥保险业经济补偿、社会管理功能的作用，为首都经济建设做出贡献。北京保险市场规模连续4年保持快速增长，全市保费收入由1999年的93亿元，发展到2003年的282亿元，年均增长30%。

（二）市场主体快速增加，保险竞争更加充分。

2003年北京保险市场主体开放有三个特征。一是对外开放稳步推进；二是对内开放步伐加快；三是产险、寿险、再保险市场同时开放。全市保险公司由13家增加到22家。新增财产险公司5家，包括中华联合财产险北京分公司、永安财产险北京分公司、天安财产险北京分公司、大地财产险北京分公司、华安财产险北京分公司。新增寿险公司1家，为民生人寿北京分公司。新增中外合资寿险公司2家，分别是信诚人寿北京分公司和瑞泰人寿保险有限公司。国际知名的慕尼黑再保险公司和瑞士再保险公司相继在北京设立分公司。市场主体增加给保险市场带来活力，促进了保险市场竞争。保险公司经营理念、管理体制、创新意识、服务观念等在市场竞争中不断提升，可供广大保险消费者选择的保险公司、保险产品进一步丰富。保险经济补偿和社会管理功能的作用进一步体现。

（三）银行保险业务发展势头强劲，拉动寿险业务快速增长。

在京各家寿险公司越来越重视利用商业银行网点、邮政储蓄网点作为保险销售的重要渠道，纷纷加强同商业银行、邮储网点的合作，强化银行人员销售保险产品的培训力度，积极研究开发适合银行销售的保险产品。如平安寿险北京分公司的千禧红，新华人寿北京分公司的红双喜，中国人寿北京分公司的国寿鸿泰，太平洋人寿北京分公司的红利来，泰康人寿北京分公司的千里马、世纪之星，太平人寿北京分公司的盈丰、盈盛等，受到北京市民的普遍欢迎。数据显示，2003年北京市各商业银行、邮政储蓄网点代理销售保险业务累计实现保费收入90.44亿元，比上年增长64.33%，占北京寿险公司保费收入的39.29%。

（四）车险改革进展顺利，经营管理水平得到提高。

2003年中国保监会推出的一项重要改革举措之一，就是机动车辆保险条款、费率管理制度改革。车险占北京财产险近70%的市场份额，车险管理制度改革能否顺利进行，将对北京财产险市场产生重要影响。在京各财产险公司严格遵照北京市车险条款、费率管理暂行办法履行车险条款、费率备案手续，加强车险监制单证管理，同时加强车险条款、费率管理制度改革的宣传，正确引导消费，顺利实现了车险统颁条款、费率向个性化条款、费率的平稳过渡。据统计，2003 年车险保费收入 35.26 亿元，比上年增长 8.9%。承保车辆 117.19 万辆，比上年增长 20.2%，车均保费 3009 元，比上年降低了 223 元。改革后的车险费率更加科学、公平，各公司普遍增强了风险意识，加大了车险管控力度，提高了服务水平，同时也使广大投保人获得了实惠。

（五）保险中介市场格局发生较大变化。

2003 年北京保险专业中介机构数量激增，由 2002 年的 24 家发展到 96 家。其中保险代理公司 48 家；保险经纪公司 34 家；保险公估公司 14 家。正在筹建中的保险专业中介机构 46 家。保险专业中介机构的快速发展表明，一是社会各行业投资者看好保险业的发展趋势，有助于保险业做大做强；二是吸引了一批高素质保险专业人才，有助于改变保险中介市场整体素质偏低的现状；三是保险专业中介机构的快速发展，有助于规范保险兼业代理机构的市场行为，促进保险中介市场健康有序发展。

四、北京保险市场存在问题和风险

北京保险业在保持快速、健康、持续发展的同时，仍然存在一些突出的矛盾和问题需要认真研究、解决。

一是保险业发展水平与北京市经济发展不相适应，不能满足社会经济和社会公众的保险需求。近几年，北京市经济连续保持快速增长，尤其是为成功举办 2008 年奥运会，北京市政府将投入大量资金进行城市改造和奥运场馆建设，要求保险业充分发挥经济补偿和社会管理功能，为北京市经济建设、奥运建设发挥作用。保险公司在企财险、建工险、责任险等多方面还难以适应。2003 年末北京市居民储蓄存款余额 5393 亿元，人身险保费收入 230 亿元，占居民储蓄存款余额的 4.3%，远远低于西方发达国家 20% 的平均水平，反映出保险还不能满足社会公众的需求。

二是保险公司经营粗放。主要表现在：市场竞争手段单一，恶性价格竞争造成公司经营效益下降；内控制度不健全，执行不力，忽视经营风险。如公司重要保险单证管理混乱，财务列支不真实等问题。保险公司建立现代企业制度任重而道远。

三是误导保险消费时有发生，诚信建设尚需完善。保险公司对保险兼业代理机构管控不力，代理市场混乱，侵害了投保人的利益；对保险代理销售人员培训管理不到位，造成销售人员持证率不断下降，人均产能降低，人员脱落率上升，整体素质有待提高。

四是新型产品潜在市场风险不容忽视。寿险新型产品以其特有的投资功能受到市场青睐，成为寿险市场主打产品。因此，新型产品风险不容忽视。如我国资本市场的发展状况；保险公司资金运用的质量；保险消费者对新型产品的认识程度等均有可能引起行业性风险。

五、保险监管

（一）众志成城抗击“非典”，确保北京保险业稳步发展。

2003 年一场突如其来的“非典”疫情，考验了北京保险业应对突发事件的能力。在“服务大局、勇担责任、团结协作、为民分忧”的行业服务宗旨下，北京保险业处变不惊，积极应对，认真做好理赔服务工作，及时研发针对“非典”的保险产品，充分发挥保险经济补偿和社会管理功能。北京保监办与行业同呼吸共患难，针对疫情对保险业造成的冲击，积极研究对策，出台多项政策措施，不仅满足了社会需求，提升了保险行业社会形象，同时保证了北京保险业稳步发展。

（二）简化行政审批事项，推动北京保险业快速发展。

按照国务院和中国保监会关于简化和取消部分行政审批事项的通知精神，北京保监办对现行的管理规定进行认真清理，针对机构管理、保险公司高级管理人员管理、保险条款备案管理的工作流程、审批事项等进行简化。2003 年北京保监办先后简化和取消行政审批事项 33 项，进一步增强了保险监管透明度，提高了工作效率，有力地推动了北京保险业快速发展。

（三）转变监管观念，促进北京保险业有序发展。

北京保监办坚持市场化原则，转变监管观念，积极研究运用市场方式，解决严重影响保险公司发展的难点、热点问题。北京市出台“29 种交通事故自行快速解决办法”，客观上造成财产险公司车险经营风险加大，为积极应对，有效防范风险，北京保监办协调、组织、督促北京保险行业协会和在京各财产险公司研究建立“北京市车险风险信息库”，同时与北京市公安交通管理局建立“交通违章与保险风险信息”共享机制。一方面积极参与首都道路交通管理工作，另一方面为车险个性化、合理厘定费率奠定基础。

（四）完善监管手段，保证北京保险业持续发展。

2003 年北京保监办完成了保险监管网页开发，向社会公众提供直接服务窗口。为加强对保险代理从业人员资格的管理，提高保险代理人员的素质，防范误导，保护被保险人的合法权益，着手建立保险代理从业人员资格查询系统。提供在线查询、语音查询和短信查询等渠道，提高被保险人维权意识，从而强化社会监督作用，促进首都保险业持续发展。

（陈志强）

▲财产保险市场

一、产险市场发展基本情况

截至 2003 年末，北京市共有各类财产保险分支机构 109 家，其中：分公司 10 家，支公司 41 家，营业部或办事处 40 家，营销服务部 18 家。2003 年，全市新增保险分支机构 28 家，其中：分公司 5 家，支公司 1 家，营业部或办事处 5 家，营销服务部 17 家。此外，还有 7 家分支机构变更营业地址。

2003 年，全市财产险保费收入 52.56 亿元，比上年增加 7.69 亿元，增长 17.14%，占全市总保费收入的 18.77%，赔款支出 27.07 亿元，比上年增加 2.68 亿元，增长 11%。

北京市财产保险公司主要险种保费收入变化情况表

单位：亿元，%

险种名称	2002 年	2003 年	同比增额	同比增幅
企业财产保险	3.912	4.6274	0.7154	18.29
家庭财产保险	2.3704	2.1894	-0.181	-7.63
机动车辆保险	31.5072	35.1363	3.6291	11.52
责任险	0.9408	1.2374	0.2966	31.53
建筑、安装工程保险	0.2969	0.5638	0.2669	89.9
信用保险	0.0191	0.0039	-0.0152	-79.58
保证保险	0.2622	0.1463	-0.1159	-44.2
货运险	2.0495	2.7190	0.6695	32.67
意外险和短期健康保险	0	0.4194	0.4194	100
其他	3.5101	5.5131	2.003	57.06
合计	44.8682	52.556	7.69	17.14

二、产险市场发展特点和存在问题

（一）经营主体有所增加。

2003 年，北京市新增财产保险公司分支机构累计 11 家，其中，分公司 5 家，分别为中华联合财产保险公司北京分公司、天安财产保险股份有限公司北京分公司、永安财产保险股份有限公司北京分公司、大地财产保险股份有限公司北京分公司、华安财产保险股份有限公司北京分公司，支公司 1 家，营业部或办事处 5 家，营销服务部 17 家，市场竞争明显加剧；同时，也有利于为客户提供更好的服务。

（二）车险改革顺利推进。

2003 年是北京市车险管理制度改革第一年，按照中国保监会统一部署和要求，各财产保险公司认真做好车险经营管理各项准备工作，积极进行车险条款费率执行和宣传工作，并根据实际经营状况，主动对车险费率做出调整，以适应市场发展情况。此次车险改革是财产保险业发展的又一重要里程碑，有效地维护了被保险人的合法权益，提高了保险公司车险业务经营管理水平，为整个财产保险业的发展奠定了良好基础。

（三）第三领域业务稳步发展。

根据 2002 年 10 月修订的《中华人民共和国保险法》，自 2003 年 1 月 1 日，经营财产保险业务的保险公司经核定，可以经营意外伤害保险和短期健康保险业务（统称“第三领域业务”），各家财产保险公司积极制定管理办法，精心设计保险产品，努力开拓营销渠道，使得第三领域业务稳步发展，2003 年，北京市第三领域保险业务累计实现保费收入 4194 万元，占到整个财产保险业务保费收入的0.8%。

（四）保险产品不断丰富。

机动车辆保险业务一直在各家财产保险公司业务中占有较大比重，为满足社会不断增长的保险需求，促进财产保险业务发展的多样化，各公司积极开发保险新产品，除车险业务实现全面个性化外，不断开拓责任险市场、建筑安装工程保险、货运险和第三领域市场，2003 年，北京市财产保险公司责任险、建筑安装工程保险和货运险分别实现保费收入 1.24 亿元、0.56 亿元和 2.72 亿元，分别比上年增长 31.53%、89.9%和 32.67%。

（卢　勇）

▲人身保险市场

一、排除“非典”干扰，实现业务持续增长

2003 年，在北京突然遭受“非典”疫情的情况下，北京人身保险业务仍然实现了稳步增长。全年人身险保费收入 230.59 亿元（含财险公司短期健康险和意

外险保费），比上年增加42.38亿元，增长22.52%。其中，从险种类别来看，寿险保费为196.98亿元，比上年增长85.59%；健康险保费收入29.84亿元，比上年增长72.47%；寿险公司意外险保费收入3.33亿元，比上年增长2.31%；财险公司意外险保费收入0.42亿元，健康险保费收入105万元。从产品销售渠道来看，个险业务实现保费收入88.78亿元，占寿险公司保费收入的38.57%；团险业务实现保费收入50.94亿元，占寿险公司保费收入的30.25%；银行代理业务实现保费收入90.44亿元，占寿险公司保费收入的39.29%。从险种结构来看，新型保险产品（尤其是分红产品）占主要比例，保费收入160.29亿元，占人身险保费收入的60.64%；其中，分红产品保费收入141.96亿元，投资连结产品保费收入15.41亿元，万能寿险保费收入2.92亿元。

二、市场主体增加

截至2003年末，北京市共有寿险分公司10家，比上年末增加3家，其中新设中外合资寿险公司2家。初步形成了以中资寿险公司为主，中外寿险公司并存，多家寿险公司竞争的新格局。

三、市场份额有所调整

由于增长速度不同和市场主体的增加，2003年各公司在寿险市场上占有的份额有所变动，各公司市场份额的相对差距有所减小。市场份额从高到低依次为平安寿险北京市分公司（32.71%）、新华北京市分公司（21.59%）、国寿北京市分公司（18.85%）、太平洋寿险北京市分公司（11.67%）、泰康北京市分公司（8.69%）、太平人寿北京分公司（4.28%）、友邦北京市分公司（1.25%）、民生北京市分公司（0.75%）和信诚北京市分公司（0.03%）。

2003年北京市寿险公司业务经营情况一览表

公司名称	保费收入（亿元）	同比增加（亿元）	增幅（%）	市场份额（%）	市场份额变化（百分点）
中国人寿保险公司北京市分公司	43.38	8.69	25.06	18.43	+0.42
中国太平洋人寿保险股份有限公司北京分公司	26.87	8.58	46.85	11.67	+1.95
中国平安人寿保险股份有限公司北京分公司	75.27	-2.97	-3.79	32.37	-9.2
新华人寿保险股份有限公司北京分公司	49.69	11.74	30.95	21.59	+1.43
泰康人寿保险股份有限公司北京分公司	19.99	6.53	48.52	8.69	+1.54
太平人寿保险有限公司北京分公司	9.84	4.51	84.89	4.28	+1.45
美国友邦保险有限公司北京分公司	2.88	2.63	1052	1.25	+1.12
信诚人寿保险有限公司北京分公司	0.12	—	—	0.03	—
民生人寿保险股份有限公司北京分公司	2.11	—	—	0.75	—
合计	230.16	41.95	22.29	81.46	+0.68

注：1.信诚人寿北京分公司和民生人寿北京分公司分别于2003年8月8日、2003年9月28日设立，没有同期比较的相关数据。

2.“合计”栏中“市场份额”为寿险公司业务占产、寿险业务比重。

3.“合计”栏中“市场份额变化”为2003年寿险公司业务占产、寿险业务比重相对于2002年的变化。

四、创新力度加大

创新主要表现在销售渠道、产品开发和经营管理三个方面。销售渠道方面，银行代理和专业代理渠道的拓展，取得了一定效果。2003年，在寿险新单业务中，银保业务实现保费收入89.54亿元，占当期全部新单业务的49.86%。产品开发方面，各寿险公司加快了保险产品的研发力度，适时推出了抗“非典”产品、传统健康险产品等，丰富了产品市场，满足了社会公众风险保障的需要。经营管理方面，部分公司对业务流程进行改造，实现了业务、财务和人事的集中管理，提高了风险防控的能力。

五、市场化改革促进协调发展

(一)短期健康险和意外险经营主体放宽。

根据2002年10月修订的《中华人民共和国保险法》，自2003年1月1日，经营财产保险业务的保险公司经核定，可以经营短期健康保险业务和意外伤害保险业务。经营主体的放宽为寿险业带来了新的增长点。2003年，北京各财险公司实现人身意外险保费收入0.42亿元，占北京市意外险份额的11.19%；短期健康险实现保费收入105万元，占健康险份额的0.04%。

(二)航意险改革。

为了切实维护投保人和被保险人的合法权益，根据中国保监会统一部署，2003年初，北京保监办启动了北京地区的航意险市场化改革。取消了原来的统颁航意险条款，提高了航意险保额；针对航意险产品设置了高于一般意外险产品的监管标准。这次改革打破以往航意险单险种的垄断局面，规范了航意险市场；为消费者提供更多的保障选择，保障了投保人的权益，也得到了广大旅客的肯定。经过航意险改革，航空意外伤害保险市场逐渐进入了良性发展的轨道。

(三)实施《人身保险新型产品精算规定》。

2003年5月，中国保监会颁布了《人身保险新型产品精算规定》，并于2003年7月1日执行。新的精算规定明确了分红保险、投资连结保险、万能保险有关的精算标准，有利于防范和化解风险、保护消费者利益，进一步加强监管，限制不规范商业行为。

(孟彦君)

▲保险中介市场

一、专业中介市场情况

(一)专业中介市场发展基本情况。

2003年，北京保险中介市场迅猛发展，主要体现在专业中介机构数量快速增加，业务规模稳步增长，代理险种结构趋于合理，中介市场体系基本成形。

1. 机构数量快速增加。2003年，在京保险代理公司共计48家，比上年增加了32家；保险公估公司14家，比上年增加10家；保险经纪公司34家，比上年增加30家。保险代理公司员工总人数共计2386人，比上年增加了1626人。

2. 代理业务规模稳步增长。2003年，在京保险代理公司共代理保费3.05亿元，占全市保险业务的1.08%，业务占比比上年增长了0.28个百分点。代理业务规模比上年增长了63%，高于北京保险市场保费增长速度21%。

3. 代理险种结构趋于合理。2003年，在京代理公司共代理财产保险1.64亿元，占北京财产险市场保费收入的3.15%，代理人身险1.41亿元，占北京人身险市场保费收入的0.61%。代理的人身险业务增长速度快于所代理的财产险业务，代理财产险、人身险业务比例为54:46，而2002年比例为69:31。代理公司所代理车险、企财险业务比重逐步下降，人身险业务在全部代理业务中比重显著上升。代理险种逐渐实现多元化，车险业务的比重越来越小，由2002年的53%，降为2003年的41%。

（二）专业代理公司存在的问题。

2003年，专业代理公司获得了良好的市场准入政策。但从整体来看，目前保险专业代理公司的专业化程度还不是很高，公司内部管理制度不太健全，公司的人员专业素质还有待进一步提高。尤其，市场中还存在少数公司注资不实、抽逃资本金、违规操作业务等情况，专业代理市场还有待进一步规范。

二、兼业代理市场情况

保险兼业代理人是指受保险人委托，在从事自身业务的同时，为保险人代办保险业务的单位。保险兼业代理人在保险人授权范围内代理保险业务的行为所产生的法律责任，由保险人承担。

（一）兼业代理发展情况。

截至2003年末，北京市具有保险兼业代理资格的机构共5111家，涉及金融、邮政、旅游、交通运输、汽车维修、房地产等各个行业。保险兼业代理机构已成为保险公司拓展保险业务，为社会公众提供保险承保及理赔服务极其重要的渠道之一。

2003年，保险兼业代理机构实现销售的保费收入共计150.32亿元，占全市总保费收入的53.2%。其中，兼业代理机构销售的财产险保费已达47.36亿元，占全市财产险保费收入的91.1%，主要代理的险种为机动车辆保险、货物运输保险、企业财产保险和家庭财产保险等。兼业代理机构销售的寿险保费达106.96亿元，占寿险保费收入的46.4%。

（二）兼业代理市场存在的问题。

2003年，保险兼业代理市场存在的主要问题：保险公司结算保费不及时，应收保费管理措施不力，清理力度不到位，部分兼业代理机构恶意拖欠保费，挤占、挪用保费现象严重；兼业代理索取高额手续费，加大保险公司经营成本；保险公司风险控制力度不足，部分代理机构制造假赔案；许多兼业代理机构未按规定建立专用保费收入账户及代理保险业务台账，对保险代理业务进行单独核算；兼业代理机构为了获得代理手续费，时有误导保险消费者的行为发生等。

三、个人代理人情况

到2003年末，北京地区共有持保险代理从业基本资格证人数约为8万人。全年参加北京地区保险代理从业人员基本资格电子化考试人员共计20294人，取得资格证的有9419人，参加笔试考试人员16622人，取得资格证的有6333人。

2003年，北京保监办下发了《关于调整保险代理从业人员基本资格考试有关政策的通知》，对参加保险代理从业人员基本资格考试人员的报名条件由“高中毕业”调整为“完成九年制义务教育以上”，为许多只完成了九年制义务教育的人员进入保险行业工作提供了便利条件。为逐步实现保险代理从业人员持证上岗，北京保监办要求各公司要加强对保险代理从业人员的管理、培训，组织新申请入司人员参加保险代理从业人员基本资格考试。为满足保险代理从业基本资格考试的需要，北京保监办继续保留了北京行业协会电子化考试中心电子化考试点，又经过考察和严格审核，增加了北京电教中心中青联人才培训中心为电子化考试的第二考点。

四、保险经纪人、保险公估人考试管理

2003年，保险经纪从业人员资格考试共举行了两次，参考人次分别为619人次和150人次，两次累计获得资格证人员为105人。年内，保险公估从业人员资格考试也是举行了两次，考试人次分别为356人次和343人次，两次累计获得资格证人员为111人。

（胡朝蓉、唐西华、马　骥）

五、各类业务情况

货币信贷政策执行情况

2003年，中国人民银行营业管理部克服了“非典”疫情的不利影响，认真贯彻中国人民银行总行制定的货币信贷政策，采取多种措施，积极疏通货币政策传导渠道，加强对商业银行的“窗口指导”作用，促进信贷结构进一步调整。全年金融运行平稳，存款、贷款保持较快增长速度，信贷资金对经济增长和结构调整的支持力度加大，推动了北京市经济保持快速健康发展。

年末，辖内金融机构本外币存款余额20398.2亿元，比上年末增加3028.4亿元，增长17.4%。其中：人民币各项存款余额18321.9亿元，增加2929.2亿元，增长19.0%。人民币各项存款中，企业存款余额9986.4亿元，比上年末增加1423.7亿元，增长16.6%，占新增存款的48.6%。人民币储蓄存款余额5293.5亿元，增加903.8亿元，增长20.59%，占新增存款的30.9%。外汇存款余额250.9亿美元，比上年末增加12亿美元，增长5.0%。

年末，辖内金融机构本外币贷款余额11912.9亿元，比上年末增加2310.5亿元，增长24.1%。其中：人民币贷款余额11343.3亿元，增加2112.5亿元，增长22.9%。各项贷款中，短期贷款、中长期基本建设贷款、个人消费贷款余额分别为4350.3亿元、2617.9亿元和1646.3亿元，分别比上年末增加710.5亿元、439.9亿元和484.1亿元，三项合计占新增贷款的77.4%，是贷款增长的主要力量。外汇贷款余额68.8亿美元，比上年末增加23.9亿美元，增长53.23%。

2003年，北京地区银行累计结汇321.3亿美元，同比下降2.51%；累计售汇571亿美元，同比下降21.91%；结售汇逆差为249.7亿美元，同比下降37.83%。其中：贸易项目逆差290.1亿美元，非贸易项目顺差72.7亿美元，资本项目逆差32.3亿美元。

2003年，金融机构累计人民币现金收入14480.4亿元，累计现金支出14389.8亿元，累计净回笼现金90.5亿元，比上年多回笼8.3亿元。

实施货币信贷政策的主要措施：

一、做好“非典”时期的货币信贷和金融服务工作

2003年4月份“非典”疫情发生后，人行营业管理部及时转发中国人民银行发布的《关于加强非典型肺炎防治工作中金融服务的紧急通知》（银发［2003］98号）和《关于应对非典型肺炎影响　全力做好当前货币信贷工作的意见》（银发［2003］111号）等文件。

人行营业管理部加强了对现金发行、资金清算等业务的管理。成立了“保首都现金供应领导小组”，成功应对了“非典”初期暂时的盲目抢购现象。建立起资金快速应急机制，确保财政资金的紧急调拨。同时，指导各银行采取多种应急措施，使金融业务正常开展，对抗击“非典”提供良好的金融支持，并增加对受损较重的航空、商业、餐饮、卫生等行业的信贷投入。

二、认真落实房地产信贷政策，支持房地产业健康发展

为促进房地产健康发展，防范金融风险，中国人民银行6月份发布了《关于进一步加强房地产信贷业务管理的通知》（银发［2003］121号）。人行营业管理部深入研究北京市房地产行业特点，密切监测房地产信贷总量和结构的变动，加强与商业银行的沟通，积极组织落实文件精神。对于落实过程中存在的难点问题，及时向总行反馈。各银行进一步加强了风险意识，规范各类房地产贷款的发放程序，强化风险控制机制。下半年，辖内金融机构新增房地产贷款315.6亿元，比上半年少增98亿元。其中：房地产开发类贷款下半年仅增加85亿元，比上半年少增152.9亿元，占全年开发类贷款增加额的26.3%。

三、加强“窗口指导”，促进信贷结构调整

紧密结合北京市产业结构和经济发展特点，加强对商业银行信贷工作的窗口指导，重点支持了现代制造业、奥运项目及相关城市基础设施建设、中小企业发展和个人消费贷款，不断优化信贷结构，多方面推动经济增长和结构调整。一是增加对工商企业的资金支持。全年短期工业贷款和商业贷款分别增加165亿元和108.5亿元，同比分别多增176.7亿元和106.1亿元。二是积极参与奥运工程项目，推动城市基础设施建设。中长期基本建设贷款比上年末增加439.9亿元。截至12月末，奥运及相关项目贷款余额267.7亿元，增加89.4亿元，同比增长50.12%。三是支持中小企业发展。截至12月末，对中小企业贷款余额2736.9亿元，增加456.2亿元。小型工业企业实现增加值335.1亿元，同比增长26.2%，分别比大型和中型企业高19.7和17.9个百分点。四是推动个人消费贷款的增长，促进居民消费结构升级。年末，人民币个人消费贷款余额1646.3亿元，比上年末增加484.1亿元。其中：个人住房贷款余额1335.8亿元，增加344.8亿元；个人汽车贷款余额246.4亿元，增加117.8亿元；个人助学贷款余额6.9亿元，增加1.6亿元。银行当年发放的个人住房贷款共支持172583户居民购房1974万平方米。截至12月末，汽车消费贷款累计共支持居民购车219514辆，助学贷款共帮助58078名学生就学。

四、积极落实上调准备金率及各项利率政策，推进利率市场化改革

针对上半年货币信贷增长较快的情况，中国人民银行自2003年9月21日将存款准备金率由6%上调到7%。人行营业管理部及时组织落实，并加强对商业银行流动性的动态监测，向总行反馈政策执行效果。

2003年，中国人民银行继续加快利率市场化改革进程，出台了一系列利率调整政策，主要有：第一，7月份下调境内外币小额存款利率；第二，发布《关于邮政储蓄转存款利率有关问题的通知》（银发［2003］177号），规定自8月1日起，邮储新增转存中国人民银行部分，按金融机构准备金存款利率（1.89%）执行；第三，12月份发布了《关于扩大金融机构贷款利率浮动区间有关问题的通知》（银发［2003］250号），规定自2004年1月1日起，贷款利率浮动区间不再按企业所有制和规模分别制定，商业银行、城市信用社贷款利率下限为基准利率的0.9倍，上限扩大到基准利率的1.7倍，农村信用社贷款利率下限为基准利率的0.9倍，上限扩大到基准利率的2倍。人行营业管理部认真贯彻落实相关政策，及时转发有关文件，要求金融机构完善贷款利率浮动管理办法和贷款风险定价制度，建立贷款利率浮动监测制度。

五、适时提供再贴现，缓解商业银行的资金流动性问题

第三季度，由于中国人民银行货币政策调控效果逐步显现，以及华夏银行上市冻结大量申购资金等因素，部分商业银行出现阶段性资金偏紧情况。对此，人行营业管理部及时发放再贴现，提供流动性支持，同时规范操作、强化管理、注意避免风险。全年累计发放再贴现167.7亿元，其中：对股份制商业银行发放143.15亿元，占85.37%；累计收回再贴现103.23亿元，其中：对股份制商业银行收回81.44亿元，占78.89%；截至年末，人行营业管理部再贴现余额59.9亿元，比上年末增加53.9亿元，同比多增71.1亿元。

六、发放支农再贷款，大力支持郊区经济

通过向农信社提供支农再贷款，促进郊区经济发展。截至年末，人行营业管理部对农信社发放支农再贷款余额1.7亿元。农信社使用支农再贷款发放的农户贷款余额为1.69亿元。占获得再贷款的99.16%。农户贷款发放户数为6234户，户均余额2.7万元，主要支持了农户从事养殖、种植业及发展休闲旅游业等的资金需求。

（张新宇）

票据市场

2003年，北京地区票据市场继续保持健康、快速的发展势头，阶段性增长特征明显，市场主体向多元化发展，业务创新活跃，市场对货币政策的敏感性进一步增强，票据已成为各金融机构重要的资产运用渠道。

一、2003年北京地区票据业务基本情况

截至12月31日，全市各金融机构累计签发银行承兑汇票1255.60亿元，办理票据贴现4385.45亿元，同比分别增长了566.75亿元和1314.53亿元，增幅分别为77.94%和42.81%；年末银行承兑汇票未到期余额527.71亿元，票据贴现余额900.70亿元，同比分别增加229.01亿元和173.53亿元，增幅分别为76.67%和23.86%；累计办理再贴现173.08亿元，增长27倍，年末再贴现余额为59.86亿元。票据业务主要呈现以下特点：

（一）各项票据业务保持较快增长，结构更为合理。

首先，票据承兑增速加快。2003年，北京地区银行承兑汇票签发量大幅增长，全年累计签发量已超过了前两年的总和，特别是第四季度各大商业银行总行开始压缩信贷后，部分企业在得不到银行贷款支持后，便通过申请银行承兑汇票的方式获取资金。第四季度北京地区月均开出银行承兑汇票129.5亿元，比前三个季度月均多开出30亿元。

其次，直贴、商业承兑汇票业务有所增加。2003年，转贴现在票据贴现业务中依然占有主导地位，但是直贴业务占比开始加大，全年累计办理直贴现业务928.43亿元，占全部贴现业务的21%。另外，商业承兑汇票贴现量也有所增加，全年累计办理商业承兑汇票直贴111.17亿元，年末余额20.85亿元。

（二）票据业务的波动性特征明显。

受“非典”及准备金率上调影响，2003年北京地区票据业务呈现出两次明显波动。4、5月间，因“非典”影响，票据业务特别是以买入异地票据为主的转贴现业务受到了很大冲击，导致票据贴现业务量开始大幅下滑，5月末余额仅为680.36亿元，基本达到了全年最低点。6月份随着“非典”疫情的解除，票据业务量开始回升，直至9月末贴现余额达到了全年最高值960.59亿元。但受9月20日存款准备金率的上调及新股发行等因素影响，货币市场资金趋紧，票据业务量在10月份又出现了明显下降，降至828.85亿元。

市场利率也随着业务波动经历了一个先降后升的变化过程。1至8月，随着转贴现业务量的不断增长，各商业银行在价格方面的竞争也越来越激烈，导致了转贴现市场利率的下降，月利率一度降至1.9‰左右，但9月份存款准备金利率的上调和年末各商业银行压缩信贷规模，使转贴现市场利率又不断攀升，年末最高报价已超过4.2‰，达到了历史高点。

（三）市场主体出现变化，业务重新整合。

截至年末，北京市绝大部分银行都成立了自己的票据营业机构，数量比上年有所增加。各行票据营业机构的形式各不相同，但大部分都是挂在分行资金部或营业部下，并没实现真正的独立经营。一些成立较早的票据营业机构，由于经营情况良好，在行内越来越受到重视，职能也有所增加，开始负责对下级支行开展票据业务进行审查。

由于票据市场竞争日益激烈，银行转贴现市场利率一直处于较低水平。利差空间的缩小，使一些规模较小、资金成本偏高的商业银行不得不放弃了这一市场份额，把主要精力投入到直贴业务当中，以争取更高的利润率，而那些资金实力强、客户基础好的商业银行，凭借业务量上的优势，在转贴现市场中占据了主导地位。

2003年，各行纷纷把拓展新业务的重点放到了中小企业身上，中小企业虽然规模较小，但对于资金的需求均较为迫切，

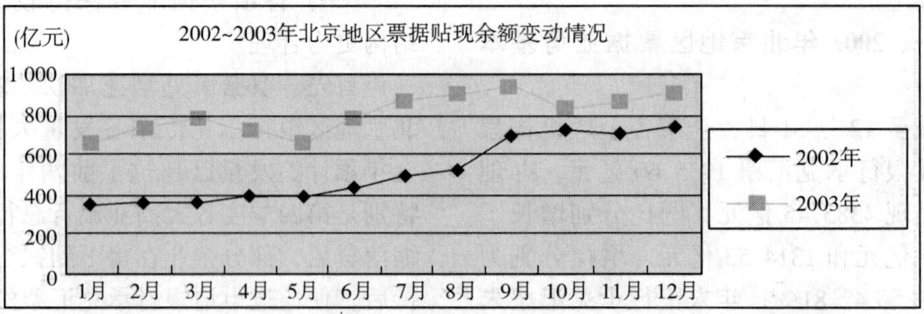

由于申请贷款难度大，采用票据进行融资是一个很好的方式，而且对于商业银行来说，对中小企业开办票据业务的利息收入高于大型企业，只要掌握真实贸易背景问题，风险是可以控制的。2003 年，北京市对于中小企业办理银行承兑 682.10 亿元，票据贴现 749.22 亿元，在金额上远远超过大型企业的金额，并拥有着广阔的发展空间。

（四）异地票源流入。

北京市长期以来一直是大存差地区，银行信贷资金来源充足，且存贷比较低。年初，各商业银行总行都调低了上存利率，使全市各行都把大量的资金投入到了票据业务，加之北京地区市场规模有限，便吸引了大量外地票据流入本市。2003 年全市各商业银行办理的异地转贴现转入票据约占到全部业务量的 85% 以上。从票源的分布上看，转入北京的票据包括全国大部分省市，其中以票据业务比较发达的济南辖区（按照中国人民银行大区行概念划分，下同）、广州辖区和南京辖区业务量最大，这些地区的票据业务均比较发达，可以说北京地区票据市场为其他省市票据业务的发展提供了强有力的资金支持，能够有效调剂各地票据市场的资金余缺，北京地区票据市场区域性票据中心的地位日益明显。

（五）票据产品创新步伐加快。

随着越来越多参与者的进入，票据市场的竞争也日益加剧，由于利差的不断缩小，采用单纯的价格竞争已不能适应市场的需要，商业银行只有依靠改变营销理念、加大业务创新等手段来提高自身竞争力，以扩大市场份额。2003 年，部分商业银行专门成立了新业务品种的研发机构，使产品创新的速度明显加快，“商票保贴”、“厂·商一票通”和“付款式贴现”等金融产品的相继推出，不仅丰富了票据市场的业务品种，还发挥了票据这种支付工具的优势。另外，一些商业银行针对不同客户的不同需求，专门开发出适宜的业务品种，打造个性化服务。

（六）再贴现业务迅猛增长，再贴现操作效果显著。

2003 年，人行营业管理部共办理再贴现业务 58 笔，累放金额 173.08 亿元，年末再贴现余额 59.86 亿元。其中累计为国有商业银行办理再贴现 20.01 亿元，占 11.57%；为股份制商业银行办理再贴现 148.53 亿元，占 85.82%；为财务公司办理再贴现 4.54 亿元，占 2.63%。另外，在所办理再贴现业务中，商业承兑汇票共计 2.91 亿元。

2003 年，再贴现业务表现出较强的阶段性特征。上半年，由于市场利率偏低，金融机构资金充足，再贴现持续了 2002 年以来的低迷状况，未办理一笔再贴现业务。7 月份，由于华夏银行股份有限公司上市，部分商业银行出现了头寸问题，人行营业管理部开办了 2003 年第一笔再贴现业务。进入 9 月下旬，上调准备金率等货币政策实施后，各商业银行开始压缩信贷规模，加之同业拆借市场利率逐渐走高，使票据市场利率也一直居高不下，贴现、转贴现和再贴现之间再次形成一定的利差空间，对央行的再贴现需求加大。

再贴现在合理、适度调剂金融机构资金头寸、弥补商业银行资金不足方面起到了重要作用，部分抵消了货币市场过度波动造成的负面影响。同时为防止商业银行进行贴现利率—再贴现利率之间的套利活动，加强再贴现管理，保证再贴现资金安全，人行营业管理部采取了以下措施：一是要求各商业银行多渠道融资，摆脱对再贴现融资的依赖性。鼓励商业银行挖掘自身资金潜力，优先通过市场融资解决头寸需求。二是对再贴现实行短期、多频率操作，加大对商业银行资金头寸和市场变化的监测，限制对资金充裕银行进行再贴现，实现了再贴现操作的针对性、效率性和及时性。三是11月末全国经济工作会议以后，人行营业管理部严格限制钢铁、纺织、电解铝等部分过热行业票据的再贴现，引导商业银行调整信贷产业政策。以上措施保证了再贴现资金的安全和使用效果，全年再贴现资金全部正常回收。

二、北京地区票据业务开展中应关注的问题

（一）票据市场深度和广度的有限性决定了市场的不稳性。

从北京票据市场的现状看，目前票据市场直接贴现量只占北京 GDP 的25.71%，说明票据市场的广度非常有限；北京地区票据业务在各商业银行间、各企业间的发展不均衡，一些票据业务多的银行和企业的交易行为往往会对市场价格产生较大影响，票据市场的深度也是非常有限的。

2003年受央行票据、存款准备金变动等影响，票据市场利率波动幅度远远高于同业拆借、债券回购等市场利率的变动，交易规模也出现明显波动，反映出市场的不稳定性。

（二）票据虚增，压缩贷款规模等问题值得重点关注。

从全国看，2003年票据贴现贷款余额增量为3403亿元，占贷款增量的12.29%，票据融资对贷款的增加起到了重要的推动作用。而9月份以来贷款增速在票据冲销的作用下迅速下降，票据融资增量占全部贷款增量的比例由9月的18.53%下降到12月的12.29%。票据融资并不包含转贴现，能在短时间内大规模减少票据融资，一个可能的原因就是部分票据作为了银行虚增存款的工具。北京与全国情况具有不同之处：北京地区票据融资80%左右是转贴现，属于银行间的融资行为，不易形成存贷款虚增现象，其票据冲销贷款也属于正常业务范围；而对于通过票据虚增存款的行为，转贴现业务虽然没有直接参与，但当出现票据融资系统性风险时，以虚增票据为标的的转贴现也将面临风险，因此，北京金融机构对此也应予以高度关注。

此外，由于转贴现业务计入贷款进行考核，转贴现对贷款产生了一定的虚增作用，同时也由于转贴现的流动性较强，各商业银行把调整转贴现业务量作为了压缩信贷规模的首选。年初，工商银行北京分行就提出了票据业务与传统信贷业务反季节操作的设想。进入第四季度后，很多家商业银行或是降低转贴现额度，或是直接停办系统外转贴现业务，以此来压缩信贷规模。这也值得关注。

（三）票据创新过程中的问题依然突出。

目前北京市各商业银行大都加大了票据业务的创新力度。如建设银行北京分行推出以大面额银行承兑汇票（简称银票）作为质押签开小金额银票的“票据拆分业务”；研究开发“票据托管”等业务。民生银行、光大银行等开办了买方付息票据；工商银行北京票据营业部开展信用证项下银票贴现业务、商业汇票保贴业务、应收账款票据业务组合等产品，在交易方式上进行系统外回购非实物交割业务的试点。这些业务创新对于活跃票据市场、满足客户的多样化需求起到了积极的作用。但也该看到，票据业务的创新过程中依然存在着许多问题。(1) 政策方面的限制是阻碍票据创新的重要因素。票据方面的一些法规和政策对业务开展范围限制较死，使得银行难以突破。(2) 商业银行内部缺乏专门的部门和人员对创新负责，对创新风险责任的担心也导致票据创新的积极性不高。(3) 监管当局对商业银行开办新业务品种的政策不一致，审批程序复杂也影响了票据业务创新的积极性。(4) 部分票据创新品种在设计中不能完全考虑到市场的需要，使得其在实用性、灵活性等方面有所欠缺，影响了业务品种的推广。

（四）北京票据业务发展中存在的几种不平衡制约了票据业务的开展。

一是票据业务在各银行间发展不均衡。从整体看，北京地区股份制商业银行票据业务比国有商业银行发展速度快，而其中股份制银行由民生银行、北京市商业银行等几家银行领跑，而国有商业银行则呈现工商银行一枝独秀、农业银行及建设银行规模尚小、中国银行发展缓慢的格局。这种不平衡说明目前各商业银行对票据业务的重视程度还有很大不同，北京地区票据市场进一步发展的空间还是很大的。

二是票据交易工具发展不均衡。目前北京票据市场以银行承兑汇票占据绝对主导地位，商业承兑汇票数量依然有限，票据创新业务除较为成熟的买方付息票据外，其他业务品种尚处于摸索阶段，还没有形成票据业务品种多样化发展的格局。

三是票据业务交易种类发展不均衡。转贴现业务规模远远大于承兑、直贴等业务，而转贴现业务又以转入票据为主。这种不均衡有可能形成北京地区票据业务发展的制约因素。

（杨志宁　齐　川）

国际收支、外汇收支及外币清算

一、国际收支情况

（一）统计申报情况。

2003年1月1日起，国际收支涉外收入申报时限缩短为5个工作日。全年北京地区国际收支间接申报总笔数为64.51万笔，同比增长15.34%，累计金额1155.07亿美元，同比增长24.37%。其中，涉外收入申报34.07万笔，同比增长13.61%，累计金额395亿美元，同比增长20.53%；对外支出申报30.45万笔，同比增长15.83%，累计金额760.07亿美元，同比增长25.53%。

（二）非现场核查情况。

根据新的《国际收支申报办法实施细则》、《国际收支统计间接申报核查制度(试行)》，北京外汇管理部从2003年3月1日起规定按旬进行国际收支非现场核查，并制定了《国际收支间接申报数据非现场核查操作办法》，使北京地区国际收支非现场核查工作更加制度化、规范化。同时试运行了国际收支非现场核查智能软件，并建立了包含2万多条交易类型的交易编码与交易附言的认证库。全年共核查申报信息35.21万条，核查出错漏报信息

3467条，错漏报率为0.98%。

（三）现场核查情况。

2003年北京外汇管理部对中国民生银行北京管理部建国门支行、阜成门支行、西坝河支行和中关村支行4家支行以及北京市商业银行的国际收支申报情况进行了现场核查。核查涉外收入统计金额合计1.95亿美元，笔数为3048笔；对外付款申报金额合计3.9亿美元，笔数为2453笔。对现场核查中发现的申报要素不准备、申报信息遗漏、未按规定进行申报及申报金额与实际发生额不符等问题督促被核查银行限期予以纠正。

（四）网上申报情况。

北京外汇管理部自行研制开发了国际收支网上申报系统，在经过银行试点及多次修改完善的基础上，于2003年6月1日起在北京地区正式推广使用，并引导已经实现网上申报的银行加大在企业申报主体中推广和使用的范围。网上申报系统大大减轻了银行的手工操作工作量，效果良好，作用显著。

（五）特殊机构代码赋码。

为解决不具备机构代码的特殊机构的申报问题，2003年3月1日起，北京外汇管理部与中国代码中心合作，开始进行特殊机构代码赋码工作，共为北京地区807家特殊机构进行了机构代码的赋码。

二、外汇收支情况

2003年，北京地区对外经济贸易持续发展，外汇收支总体规模依旧保持在历史较高水平。全年银行结售汇总额892.36亿美元，其中银行结汇321.33亿美元，比上年下降2.51%；银行售汇571.03亿美元，比上年下降21.91%；银行结售汇逆差249.7亿美元，比上年下降37.83%。

（一）贸易项目结、售汇均大幅增长，结售汇逆差快速增加。

2003年，北京地区银行贸易项目累计结汇107.98亿美元，同比增长24.12%；累计售汇398.06亿美元，同比增长28.23%；结售汇逆差290.08亿美元，同比增长29.84%。北京地区外贸进出口增长活跃，带动了贸易项目结售汇规模扩增，而原油等大宗物件的刚性进口继续引致了贸易项目逆差的扩大。

（二）非贸易项目结汇快速减少、售汇微增，结售汇顺差大幅下降。

2003年，北京地区银行非贸易项目累计结汇128.66亿美元，同比下降25.98%；累计售汇55.96亿美元，同比增长1.44%；结售汇顺差72.7亿美元，同比下降38.73%。北京地区非贸易项目顺差大幅下降的原因主要是银行“利润利息”结汇同比下降80.89%。另外出于套利、套汇和规避外汇管制等因素考虑，居民个人结汇持续高位运行，全年结汇35.85亿美元，同比增长80.37%。

（三）资本项目结汇、售汇反向大幅变动，结售汇逆差急剧缩减。

2003年，北京地区银行资本项目累计结汇84.69亿美元，同比增长23.12%；累计售汇117.02亿美元，同比下降68%；结售汇逆差32.33亿美元，同比下降89.11%。北京地区资本项目逆差缩减的原因主要为：一是受利率、汇率影响，境内外商投资企业境外借款显著增多，境内大型国企一次性调回大额境外资产，导致结汇快速增长。二是由于上年各银行为弥补因剥离不良外汇资产而产生的外汇敞口或增加营运资本金的购汇需求得到集中满足，导致本年银行自身购汇锐减。

三、外币票据清算情况

2003年，北京市外币票据清算中心

共组织美元清算业务253场次，提出提入美元票据37292笔，比上年减少4440笔，下降10.6%；提出提入美元票据金额73.99亿美元，比上年增加21.41亿美元，增长40.7%；日均提出提入美元票据笔数和金额分别为147笔、2924万美元。组织港币清算业务253场，提出提入港币票据3130笔，金额9.65亿港元，其金额同比增长66%；日均提出提入港币票据笔数和金额分别为12笔、381万港元。全年共发生异地业务26笔，金额48.11万美元。

截至年末，北京市外币票据清算中心共有清算会员16家。其中，国有银行4家，股份制银行9家，外资银行3家。

四、统计考评情况

2003年，根据《北京地区国际收支及外汇收支统计分析考核办法》，北京外汇管理部对北京地区45家中、外资外汇指定银行进行了考核评比，评选结果为：中资银行组，一等奖为中国银行北京市分行；二等奖为中国工商银行北京市分行、中信实业银行、中国建设银行总行；三等奖为上海浦东发展银行北京分行、中国建设银行北京市分行、中国进出口银行、兴业银行北京分行、中国农业银行北京市分行、交通银行北京分行、中国银行总行。外资银行组，一等奖为日联银行北京分行；二等奖为南洋商业银行北京分行、汇丰银行北京分行；三等奖为澳新银行北京分行、法国巴黎银行北京分行、东京三菱银行北京分行。

（袁良胜）

经常项目外汇管理

一、进口付汇及出口收汇情况

2003年，北京地区克服了“非典”等不利因素的影响，外贸及外汇收支形势继续保持了良好的发展态势，全年进出口总额达到684.9亿美元，同比增长30.43%。其中，进口额为516.26亿美元，同比增长99.41%；出口额为168.54亿美元，同比增长33.6%。

（一）进口付汇。

全年，北京地区进口付汇总额为546.61亿美元，同比增长34.79%。其中，北京市属企业进口付汇89.99亿美元，同比增长62.64%；在京其他外贸企业（主要是中央在京企业）进口付汇456.62亿美元，同比增长30.39%。按企业类型划分，中资企业进口付汇473.76亿美元，同比增长30.18%；外商投资企业进口付汇72.85亿美元，同比增长37.89%。

（二）出口收汇。

北京地区出口应收汇总额为184.36亿美元，同比增长37.05%；实际收汇总额为161.34亿美元，同比增长33.20%。其中，北京市属企业出口收汇44.87亿美元，同比增长46.39%；在京其他外贸企业（主要是中央在京企业）出口收汇116.47亿美元，同比增长29.85%。按企业类型划分，中资企业出口收汇111.12亿美元，同比增长22.67%；外商投资企业出口收汇50.22亿美元，同比增长

64.49%。

二、经常项目外汇账户管理情况

截至年末，北京地区企业开立经常项目外汇账户总计15781户，同比增长61.05%；账户限额为126.81亿美元，账户余额为64.27亿美元，同比下降7.98%。

三、服务贸易外汇管理情况

2003年，北京地区服务贸易外汇收支总额为136.71亿美元，同比增长10.72%。其中，收入总额为75.03亿美元，同比增长9.83%；支出总额为61.68亿美元，同比增长11.82%。

四、外汇保险管理情况

截至年末，北京地区经核准经营外汇业务的保险分支机构共6家（分公司），累计外汇保险费收入为5485.79万美元。其中，财产保险项下收入为5484.51万美元，人身保险项下收入为1.28万美元。累计外汇保险赔款支出为1577.01万美元，累计摊回赔偿为1759.69万美元。

五、经常项目外汇管理新政策

（一）进口付汇核销管理方面。

1. 进一步减少进口付汇备案类别。自2003年4月1日起，取消"先支后收转口贸易"、"境外工程使用物资"和"超比例超金额预付货款"三种类别的备案登记。

2. 进一步明确与协调国家外汇管理局和海关双方的职责。国家外汇管理局和海关总署于2003年联合签署了《国家外汇管理局、海关总署关于纸质进出口报关单及相关电子底账有关问题的通知》和《国家外汇管理局、海关总署关于对凭进口货物报关单证明联办理售付汇及核销实行分类管理的通知》两项法规，在2000年相关法规规定的基础上对报关单的贸易方式进行了重新分类，明确了14种可以对外售（付）汇的贸易方式、24种有条件对外售（付）汇的贸易方式和33种不得对外售（付）汇的贸易方式；并首次以法规的形式对受理企业申请，为企业"补办纸质报关单"和"补录及更改电子数据"的行政机关职责及相应的业务操作流程进行了明确。

3. 简化预付货款项下售付汇审核手续。非"不在名录"和"由外汇局审核真实性进口单位名单"的进口单位通过预付货款方式进行结算时，需开立预付款保函的最低限额由3万美元提高为20万美元；对于某些买卖双方具有特殊关系的进口业务，在以预付货款方式进行结算时，进口单位可以无限额免开立预付款保函。

（二）出口收汇核销管理方面。

进一步完善出口收汇核销管理，提高管理和服务工作效率。配合"出口收汇核报系统"的推广运行，国家外汇管理局先后发布《出口收汇核销管理办法》、《出口收汇核销管理办法实施细则》和《出口收汇核销管理操作规程》三项法规。其变化主要体现在以下两个方面：一是转变核销监管模式，由企业自行报告，国家外汇管理局通过电子数据核对进行监管；二是实行分类管理，对出口单位分别实行自动核销、批次核销和逐笔核销管理。

（三）经常项目外汇账户管理方面。

调整部分特殊经常项目外汇账户的政策，放宽国际承包工程等项下经常项目外汇账户的限额。自2003年9月1日起，国际承包工程、国际劳务、国际海运及船务运输代理、货物运输代理、国际招标等项下经常项目外汇账户，其限额按照外汇收入的100%核定，以适应企业经营需要，提高企业的国际竞争力。

（四）服务贸易外汇管理方面。

1. 继续完善非贸易售付汇管理。自2003年4月1日起，对部分法规没有明确规定的非贸易售付汇项目实行分类管理：等值5万美元以下的，由外汇指定银行进地真实性审核后办理售付汇手续；5万美元以上、50万（含50万）美元以下的，国家外汇管理局各分支局进行真实性审核后，由外汇指定银行办理；50万美元以上的，由所在地外汇管理局报国家外汇管理局进行真实性审核后，凭所在地外汇管理局的核准件到外汇指定银行办理售付汇手续。

2. 放宽跨国公司非贸易售付汇管理。自2003年7月30日起，北京地区符合规定条件的跨国公司（包括外资跨国公司和中资集团公司）及其境内关联公司，今后在向境外支付各类由其境外总公司或境外关联公司代垫的费用和非贸易款项时，可以凭规定的证明材料直接到外汇指定银行从其外汇账户中支付或用人民币购汇支付。

（五）居民个人购汇管理方面。

1. 调整境内居民个人经常项目下的购汇政策。自2003年10月1日起，境内居民个人出境前购汇指导性限额由原来的等值2000美元（港澳台地区1000美元）调整为：出境时间在半年以内的，每人每次可向银行购汇等值3000美元；出境时间在半年以上（含半年）的，每人每次可向银行购汇等值5000美元。对于缴纳境外国际组织会费等没有实际出境行为的用汇，其购汇指导性限额统一提高到等值3000美元。

2. 统一个人携带外币现钞出入境管理标准。自2003年9月1日起，居民和非居民携带超过等值5000美元的外币现钞入境均须向海关申报。外币支付凭证和外币有价证券将纳入银行管理系统，具体管理办法另行规定，对出入境人员携带上述凭证和证券出入境，海关不再予以管理。

（六）外汇保险管理方面。

1. 规范境内保险公司的外汇再保险活动。国家外汇管理局和中国保险监督管理委员会联合发布《关于境外再保险分出业务售付汇管理有关问题的通知》，明确境内保险公司进行跨境再保险的管理原则，规定自2003年7月1日起，境内保险公司可以办理境内保险的境外再保险分出业务。对符合条件的境内人民币保险，保险公司将其向境外分保时可以向国家外汇管理局申请购汇支付分保款项。此项政策满足了境内保险公司进行跨境再保险业务发展的外汇需求，有助于境内保险公司在全球市场上分散风险，更加充分地发挥保险对社会发展的经济保障功能。

2. 允许保险公司开办境内外汇同业拆借业务。自2003年10月1日起，境内保险公司经国家外汇管理局核准具有“外汇同业拆借”业务经营资格后，可以通过中国外汇交易中心与境内其他金融机构开展外汇同业拆借业务。此项业务的开办满足了保险公司在外汇资金流动性管理方面的迫切要求，有利于改善境内保险公司的财务状况和风险管理，增强境内保险公司的偿付能力。

（张涵宇、程迎华、陈莉莉、单春梅、马小华）

资本项目外汇管理

一、直接投资管理

（一）外商直接投资管理。

2003年1~12月，北京地区外商直接投资外汇登记22.98亿美元，其中新设企业出资22.07亿美元；外商直接投资结汇金额7.49亿美元，其中经国家外汇管理局审批结汇5.58亿美元。

（二）外商直接投资企业验资询证。

全年共办理外商投资企业验资询证2205笔，金额22.98亿美元，防止了外商投资过程中出现虚假验资行为，遏制了会计师事务所验资过程中的违规行为，规范了外汇资金的流入和登记管理。

（三）境外投资管理。

2003年3月1日，经国家外汇管理局批准，北京地区开始实施境外投资外汇管理改革试点。至2003年底，北京外汇管理部共办理境外投资资金来源审查项目53个，金额13.58亿美元，办理境外投资外汇登记项目40个、金额6.89亿美元，办理境外投资资金汇出7.87亿美元。改革试点扩大了境外投资主体范围，增加了境外投资资金来源渠道，弱化了事前审批，有力地促进了本地区企业“走出去”开拓境外市场。

（四）外商投资企业外汇年检。

年初，由于“非典”疫情的影响，北京地区紧急停止各部门集中年检，改由各部门单独进行。北京外汇管理部采取措施积极应对，保证了外商投资企业外汇年检顺利进行，共完成近7000家企业的外汇年检业务，同时积极与商务局、工商局等部门合作，进行北京地区网上年检的试点工作。

（五）境外投资外汇年检。

2003年，北京地区首次实施境外投资外汇年检，共完成近500个境外投资项目的核查工作，较全面地掌握了本地区境外投资的基本情况，为进一步加强境外投资外汇管理奠定了基础。

（江　娟　阎　琛）

二、外债管理

（一）北京市外汇债务情况。

截至年末，北京市外汇债务余额122.56亿美元。比上年增长51.85%，其中：直接外债余额62.19亿美元，比上年增长40.13%；外债转贷款余额16.76亿美元，比上年增长26.97%；自营外汇贷款余额43.61亿美元，比上年增长88.54%。

（二）直接外债流出入情况。

2003年北京市外债呈现净流入局面，累计净流入16.49亿美元。截至年末，直接外债累计提款额为62.82亿美元，比上年增长41.81%；累计流出额为46.33亿美元，比上年增长19.65%。

（三）直接外债结售汇情况。

2003年，北京市直接外债结售汇差额有所改变，表现为顺差。截至年末，北京市直接外债累计结汇4.94亿美元，累计售汇1.69亿美元，结售汇顺差3.25亿美元。

（四）外债结构。

北京市外债结构基本合理，从来源结

构看，直接外债来源于一般商业贷款的为56.11亿美元，占90.22%，其中：自境外金融机构贷款27.80亿美元，占44.7%，自境外非金融机构贷款27.86亿美元，占44.8%；从币别结构看，仍以美元债务为主，美元占90.5%、港元占4.18%、日元占3.77%、其他币种占1.55%，偿债币种与借债币种结构比例相适应；从利率结构看，扣除外资银行境外拆借资金，固定利率占35.46%，浮动利率占64.54%；从期限结构看，截至年末，北京市中长期债务余额占直接债务余额的43.88%，短期债务余额占56.12%，扣除在华外资银行对外借款，则中长期债务余额占直接债务余额的81.44%，短期债务余额占18.56%，低于25%的国际公认安全警戒线。

（五）偿债情况。

北京市偿债情况基本正常，截至年末，北京市共偿还直接外债本息46.6亿美元，比上年增长19.65%。其中购汇偿还1.69亿美元，付汇偿还44.91亿美元。

（六）国内外汇贷款管理情况。

自2003年1月1日起，按照国家外汇管理局的部署，北京地区全面进行国内外汇贷款管理方式改革，改变原来由债务人到国家外汇管理局逐笔办理国内外汇贷款登记的管理方式，实行债权人集中登记管理方式，即由发放国内外汇贷款的中资金融机构定期到国家外汇管理局进行外汇债权登记，报送国内外汇贷款变动情况，并自行对企业开立国内外汇贷款专用账户和办理还本付息手续进行真实性和合规性审核。国内外汇贷款管理方式的改革，受到企业和中资银行的普遍欢迎，北京市国内外汇贷款的发放量大幅增加。截至年末，北京市辖内中资金融机构自营外汇贷款余额为43.61亿美元，比上年增长88.54%。

（七）购汇提前还贷情况。

随着金融市场利率持续走低，债务人采用购汇提前还贷方式调整债务期限结构的需求旺盛。全年，北京市辖区购汇提前还贷共计5.36亿美元[①]，比上年增长280.1%。

（八）中资外汇指定银行信用证项下外汇垫款购汇申请审核情况。

2003年度，北京外汇管理部共为2家中资外汇指定银行共涉及购汇金额5194万元人民币的信用证项下外汇垫款购汇申请进行审核，并出具了购汇确认函。

（九）短期外债指标管理。

为有效利用2003年度短期外债指标，根据国家外汇管理局通知精神，结合北京地区实际情况，北京外汇管理部制定了《2003年度北京地区中资企业短期外债指标管理办法》，向辖内中资外汇指定银行总行及部分中资非银行金融机构分配短期外债指标共计33.7亿美元。

（十）期货管理。

2003年，北京外汇管理部为中国国际石油化工联合有限责任公司、中国化工进出口总公司、中谷粮油集团公司、中国联合石油有限责任公司、中国远洋运输（集团）总公司、五矿有色金属股份有限公司、中国粮油进出口集团公司、中铝国际贸易有限公司八家具有从事境外期货业务资格的企业出具了外汇风险敞口确认函，确认金额总计为2.32亿美元。其中：中国粮油进出口集团公司、中铝国际贸易有限公司为首次在北京外汇管理部办理境

① 包含中央单位和北京市单位偿还的直接外债和外债转贷款。

外期货业务备案登记的公司，应其申请，北京外汇管理部还为其批准开立了境内期货专户和境外期货保证金账户。

（董　玲、白　玮、贺　刚、郭振宇）

三、资本市场管理

为了进一步完善境外上市外汇管理，根据国家外汇管理局通知要求，北京外汇管理部认真做好境外上市登记、开户、募集资金调回及结售汇等方面的工作。全年共为29家境外上市企业办理了境外上市登记，境内开立账户33个、境外开立账户5个，境外上市实际调回募集资金253.89亿美元，结汇185.06亿美元。

（陈利强）

支付结算清算管理

2003年，人行营业管理部坚决贯彻中国人民银行总行所推行的各项支付结算、清算方针政策、管理办法，加强对可疑异常支付的监控，完善并健全清算管理体制，降低系统风险，提高金融服务水平，稳定结算秩序，积极开展反洗钱工作，确保社会资金正常运转、有力地促进了首都社会经济的稳定发展。

一、规范和加强银行账户管理，维护首都经济金融秩序

圆满完成《人民币银行结算账户管理办法》（以下简称《办法》）的贯彻落实工作。《办法》颁布后，通过向社会宣传、举办培训班等各种手段宣传《办法》，并根据北京市的实际情况，制定《北京市〈人民币银行结算账户管理办法〉实施细则》，保证《办法》在北京的顺利实施。为配合《办法》的贯彻实施，根据《办法》的主要内容，结合北京市银行结算账户管理的现状，人行营业管理部对现有的银行账户信息管理系统进行了业务需求方面的补充，该系统新版软件于9月1日前顺利启用。

二、打击金融犯罪，积极开展反洗钱工作

为有效贯彻落实《金融机构反洗钱规定》和《人民币大额和可疑支付交易报告管理办法》，加强人民币支付交易的监督管理，防范利用银行支付结算业务进行洗钱等违法犯罪活动，人行营业管理部对各行报送的可疑支付交易及时汇总，对每一笔可疑支付交易进行认真地甄别和跟踪，在掌握充分的基础数据和翔实的材料并对其进行分析后，按规定上报中国人民银行总行。2003年，共向中国人民银行总行上报可疑支付交易报告36份，其中有2份已由中国人民银行总行报送公安部门立案。同时，为提高各行上报大额及可疑支付交易报告的质量，增强可疑支付报告的可操作性，草拟了《北京市人民币大额和可疑支付交易报告管理办法实施细则》，对反洗钱岗位的设置、可疑支付交易的识别原则和报告程序均做出了明确的规定。

三、加强金融服务意识，推进北京同城特约委托收款业务处理系统的建设

由于现行同城特约委托收款业务处理中仍存在手工操作方式，导致各行投入大量人力物力，且容易产生差错，引发银企之间的结算和法律纠纷等现实问题，人行营业管理部组织开发了北京市同城特约委托收款信息核验系统，从根本上帮助商业银行摆脱困境。组织全市范围内的基础数据核对、录入工作，截至年底，共核对录入收款单位信息500余条，付款授权信息47万余条。在拟定《北京同城特约委托收款业务处理系统业务需求书》的基础上，对该系统进行了全面的业务测试。组织部分商业银行进行系统培训，并在部分商业银行进行了联网测试。拟定了《北京市同城特约委托收款业务操作手续》和《北京市同城特约委托收款业务流程》，为进一步在全市推广该系统奠定了基础。

四、不断完善支付系统运行管理和故障处理机制

为进一步规范和提高北京支付系统运行管理水平，针对北京支付系统试运行过程中存在的情况和问题，人行营业管理部对支付系统机构的准入、风险管理、异常情况的处理等方面进行规范，研究制定了《北京大额支付系统运行准入退出及故障处理暂行办法》；为及时快速处理支付系统运行可能出现的故障和问题，制定了《大额支付系统故障快速处理流程》，制定了定期重启支付系统“中间件”制度，建立了人行营业管理部与各参与者的快速联系机制；为方便各银行网点通过支付系统顺利办理业务，汇总收集了与支付系统运行相关的所有制度和规定，编写了《大额支付系统有关知识问答》，编制了《北京大额支付系统运行管理操作指引》；为加强支付系统清算账户头寸管理，防范系统风险，出台了《北京市大额支付系统高额罚息贷款管理办法》以及《营管部大额支付系统高额罚息贷款管理操作流程》。以上措施对提高支付系统运行管理水平起到了积极作用，收到较好效果。

五、配合中国人民银行总行做好小额批量支付系统的调研工作

为进一步抓紧做好小额批量支付系统的建设，根据中国人民银行总行的安排，人行营业管理部参与组织了小额支付系统业务需求调研座谈会，分别邀请部分商业银行、财税海关、公用事业部门、大型企业单位的业务部门负责人参加。与会代表分别就本单位支付业务处理的特点以及小额支付系统的业务处理特点展开讨论，并提出了对小额支付系统的具体需求，为小额支付系统的进一步顺利开发提供了参考。

六、支付结算业务平稳发展

2003年，支付系统进一步健全完善，同城结算管理进一步加强。截至年末，北京共有支付系统参与者1006家，其中直接参与者37家，间接参与者969家，形成了一个覆盖全市银行机构跨行支付清算的网络系统。2003年，北京各银行通过支付系统日均办理往来账业务33677笔，金额达2358亿元，分别比2002年增长3%和21%。

2003年，票据清分系统运行正常。截至年底，参加北京同城票据交换和资金清算的网点有1664个，其中北京1012个（年内新增加交换网点52个，撤销10个，实际增加42个）；天津652个（年内新增28个，撤销5个）。全年清分票据3559.87万笔，比上年增长1.19%；清算资金64924.65亿元，比上年下降9.91%。京津区域票据交换呈上升趋势，全年对京津区域清分票据85.35万笔，比上年增长9.28%，日均清分3400笔；清算资金652.76亿元，比上年增长5.43%，日均清算资金2.60亿元。

北京市上半年“非典”疫情导致业务量大幅下降，下半年票据交换业务量仍出现较快增长，全年呈现出前低后高的发展态势。随着支付系统清算方式逐步推广，对同城票据交换业务形成一定分流，对办理汇划业务的客户形成了多样化、多选择的支付清算模式。

七、圆满完成机构分设财产财务划分工作

在人行营业管理部与北京银监局机构分设的财产财务划分工作中，人行营业管理部克服时间紧、任务重的困难，组织各有关处室密切协作，及时沟通，保证了各项划转财产、财务数据资料的准确及各项准备工作的落实，为机构分设工作的顺利完成奠定了基础。人行营业管理部与北京银监局于9月30日正式签署了财产、财务划转工作备忘录，标志着人行营业管理部财产、财务划转工作的圆满完成。

八、严格会计财务管理，提高工作水平

为确保各项会计制度办法的贯彻、实施，人行营业管理部对北京市部分商业银行分行及发行基金保管库的发行基金存取款业务进行检查，拟写了《发行基金存取款业务检查报告》。结合人行营业管理部会计人员继续教育工作，制定了《2003年会计人员业务交流与培训计划》和《营业管理部2003年继续教育培训计划》。成功举办了2003年度会计人员继续教育培训班，完成了人行营业管理部200名会计人员从业资格证书的年检换证工作。

（黄学飞、刘红梅、刘丽萍、毛笑蓉）

货币金银管理

2003年，人行营业管理部货币发行工作，以确保合理现金供应、发行库库房库款安全、黄金市场平稳运行为目标，加强货币金银管理和发行基金保管库检查，强化服务意识，合理调拨发行基金，保证了首都经济和社会发展适量的现金供应，较好完成了货币发行的各项工作任务。

发行基金调拨　2003年，北京市发行基金回笼比上年下降0.68%；发行基金投放比上年增长2.21%；累计净投放发行基金13.39亿元。4月下旬，“非典”期间，针对居民集中购物等因素引起的发行基金大量投放，人行营业管理部及时建立了紧急调款预案，加强与各商业银行、发行保管库的联系沟通，下发了《关于进一步加强发行基金调拨确保现金供应的通知》，保证了“非典”期间的现金供应。2003年，北京市发行基金出现自2000年后首次全年净投放。为确保发行基金的及时、适量供应，人行营业管理部及时分析发行基金投放、回笼的有关情况并上报中国人民银行总行，合理调拨发行基金，保证了北京地区流通人民币现钞总量及券别的合理供应，有力支持了首都经济的稳健快速发展。

纪念币发行　2003年，中国人民银行相继发行了5套流通纪念币。北京市于1月22日、10月15日、11月26日分别向社会公开发行了“2003年贺岁”普通纪念币、“中国宝岛台湾——朝天宫、赤嵌楼”普通纪念币、“世界文化遗产——曲阜孔庙孔林孔府、明清故宫”普通纪念币。

现金管理　以防范、化解金融风险为核心，不断加强现金管理力度。一是认真编制北京市2003年现金投放、回笼计划。

将中国人民银行总行下达给北京的计划分解、下达至各商业银行，并加强了对现金计划执行情况的监测分析。二是按月对现金投放回笼情况进行及时分析、预测，上报中国人民银行总行；针对“非典”期间现金投放回笼大幅变动的异常情况，将2003年与2002年现金投放回笼数据逐日进行对比分析，并上报中国人民银行总行，较好地为中国人民银行总行进行基础货币的宏观调控提供了参考依据。三是加大现金管理的执法检查力度。坚持每季度对辖内金融机构进行现场检查，先后对6家商业银行的8家分支机构进行了现场检查，对检查中发现的问题督促相关银行采取有效整改措施。四是加强大额现金支付管理。就金融机构上报的“自然人借办理工商注册验资名义大量提取现金”一事，派人到北京市工商行政管理局就办理工商登记的流程进行了详细了解，并将具体情况通报给各金融机构，堵住了这一现金漏损的渠道。对新的《人民币结算账户管理办法》实施后对大额现金管理带来的新问题，及时提出建议报告中国人民银行总行，为上级部门进行决策提供了参考信息。针对北京市2004年取消《北京市工资总额使用手册》后在大额工资性现金支付管理中将出现空白的问题，及时在本市银行系统建立了工资性支付交易的监测报告制度。

货币管理　加强对流通中货币管理。2003年，人行营业管理部多次召开北京市各家商业银行、邮政储汇局和农信联社出纳、财会处长参加的发行、出纳会议，要求各行严格执行人民币挑残标准，既要提高市场流通人民币的整洁度，又防止不遵守挑残标准，把人民币流通券混入残损券中。并组织各行对2002年以前的回笼残损券按照标准重新进行了挑残。

对平谷区一位农民的人民币被粉碎之事，人行营业管理部派人到其家中、粉碎现场、村委会及乡政府了解具体核实情况，并进行鉴定兑换工作。同时接受《人民日报》记者采访，宣传了爱护人民币的有关常识。

在“非典”期间，针对部分群众用微波炉给人民币消毒造成钞票毁损较多的情况，一方面通过《北京青年报》宣传勿用微波炉给人民币纸钞消毒，另一方面积极采取措施，为群众鉴定兑换了大量残损人民币，减少人为造成人民币损毁的现象。全年，共为群众鉴定残损人民币109笔、7057张、金额合计480136元。

发行库管理　2月27日，中国人民银行北京市发行基金保管库工作会议在建设银行北京分行召开。中国人民银行北京分库主任韩平同志做了题为《加强领导　强化管理　开创发行保管库工作的新局面》的讲话，会议决定撤销在出入库装卸款环节明显存在安全隐患的珠市口、东城、西城发行基金保管库。

对北京市23家发行基金保管库的基本情况进行了调查，并对21家发行保管库进行了现场检查，针对检查出的问题下发通报，提出整改意见，并就检查的情况上报中国人民银行总行。

制定下发了《中国人民银行营业管理部发行基金保管库达标升级考核办法（试行）》以及《关于发行基金保管库升级考核办法的补充通知》，建立起按年度对发行基金保管库进行达标升级考核的机制，并在12月开始对各发行基金保管库进行达标升级考核验收。

发行库建设　2003年，由于银监会与中国人民银行机构分设导致人事变动及北京现金处理中心及重点库筹备工作的需要，9月8日，在原北京重点库建库筹备组基础上，成立了以人行营业管理部主任韩平为组长的重点库建库领导小组，组建了筹备办公室，杨伟中专员兼任办公室主任。

在市规委推荐下，筹办办公室先后考察了朝阳、海淀和丰台区的13块建设用地，并与土地出让方进行了初步接洽和商谈。12月12日中国人民银行总行会计财务司和货币金银局有关领导来到人行营业管理部，听取了北京重点库领导小组关于重点库选址工作的专题汇报，并进行了实地考察。

钱币管理 加强北京市钱币经营单位及钱币市场的管理，对14家经营钱币业务单位许可证进行了年检，先后对国脉商贸中心、北京工美大厦、北京坤诚商贸有限公司、北京辉瑞达投资有限责任公司，申办经营钱币许可证业务进行了调查审核，并为其颁发了《钱币经营许可证》。

残损人民币销毁 随着流通中人民币整洁度的提高，北京市损伤发行基金回笼量逐年增多，2003年1月1日，北京市辖内发行基金库存损伤券已占全部发行基金库存的83%，发行库出现胀库现象。2003年中国人民银行总行下达给人行营业管理部残损人民币销毁计划数比2002年增加了46%。受“非典”疫情的影响，复点、销毁工作曾中断了一段时间，为了缓解发行库库容的压力，完成中国人民银行总行下达的残损人民币销毁任务，人行营业管理部高度重视，在疫情得到控制后，立即采取措施，加大残损人民币销毁。截至年末，人行营业管理部共销毁损伤券7.37亿张，完成了中国人民银行总行下达的销毁计划。

反假币 贯彻“打防并举、标本兼治”的方针，多方协力、主动出击，稳步推进反假币工作的深入开展。一是加大了金融系统内对假币的防范、查堵力度。针对年内北京市首次发现第五套人民币10元、5元假币、第四套人民币100元变造币的情况，采取召开会议、下发文件等多项措施及时通报到辖内各金融机构，并组织各营业网点对该类假币进行查堵。2003年，北京市金融系统共收缴假人民币259786起、267693张、面额合计22629534.5元，比上年分别增长0.2%、0.1%，面额减少0.01%。收缴假外币2062起、原币值263923个货币单位。二是加强了反假货币工作联席会议成员单位间的信息交流，扩大了对假币的查堵范围。全年共编发《反假货币工作简报》8期，及时将假币犯罪的新特点、新情况及工作动态通过反假货币工作简报的形式通报到各成员单位。三是做好假币鉴定工作，积极配合公安部门打击制贩假币犯罪行为。全年为公安部门鉴定假人民币149起、收缴假币面额合计603120元。

加强反假调研，努力提高金融机构一线人员的反假理论水平。与《北京金融》编辑部、北京钱币学会的有关同志共同组成了评审小组，对各家金融机构推荐的141篇反假论文进行了初步评审。通过此项活动，提高发行出纳反假币工作人员的理论水平，调动反假币工作人员的积极性。

加强外币反假工作的领导。向各商业银行转发了《国务院反假货币联席会议办公室关于配合海关、公安机关做好美元鉴定工作文件的通知》及《中国人民银行关于加强外币柜台查验和库存检查文件的通知》；派人参加了北京海关组织的假币案情通报会，并协调中行北京分行为北京海关缉私局收缴的假美元60余万元进行了技术鉴定。

开展反假币宣传周活动。6月29日至7月5日，北京市金融机构开展了2003年反假货币宣传周活动。宣传周期间，共接待咨询群众10万余人，发放宣传资料10余万份，反假宣传周活动取得了良好的社会效应。中央电视台、中央人民广播电台、《北京日报》、《北京青年报》等多家媒体对宣传周活动进行了报道，扩大了活动的辐射范围，使得反假人民币、爱护人民币的知识深入人心。

贯彻落实《中国人民银行假币收缴、鉴定管理办法》一是结合北京地区实际，拟定并下发了《中国人民银行营业管理部收缴、鉴定假币管理实施细则》；二是联系印制并下发了假币收缴凭证、没收收据、鉴定证书28000本、140万张；三是按照"持证上岗"的规定，向各金融机构部署了反假货币知识技能的培训和考试工作，对工商银行、建设银行所辖部分分支机构的考试情况进行了现场检查，为17家商业银行经考试合格的20380人颁发了《反假货币上岗资格证书》；四是举办了四期反假货币培训班，对全市18家金融机构的1300多名出纳人员进行专门的反假货币知识以及假币收缴程序的培训；五是组织人行营业管理部职工参加由中国人民银行货币金银局和《金融时报》社举办的"反假货币知识竞赛"活动，获得优秀组织奖；六是通过组织开展反假货币宣传周活动及借助新闻媒体、"北京钱币网"等加大了对《中国人民银行假币收缴、鉴定管理办法》的宣传力度。

金银管理 2003年，国家黄金管理体制发生了重大的变革，中国人民银行的金银管理由过去的收售管理职能逐步向监管、调控和服务职能方面转变。人行营业管理部适时调整了金银工作的重点，服务与监管并重，确保黄金管理体制改革平稳过渡，促进黄金市场规范、健康发展。

加强对进口金银的监管核销工作，支持金银进出口企业的发展。全年共批准企业进口黄金1141公斤，企业实际进口黄金材料284公斤，出口产品用金279公斤，企业出口创汇19630.64万美元。为外贸出口企业办理《金银产品出口准许证》66笔，检验出口黄金制品263公斤。

做好黄金市场管理工作。根据中国人民银行总行文件精神，人行营业管理部下发了《关于取消经营黄金制品业务行政审批项目的通知》，决定自2003年4月1日起不再对本市经营黄金收购、供应业务；黄金制品生产、加工、批发业务；黄金制品零售核准业务；白银进口（境）业务进行专项审批。针对北京市年初金条销售火爆的情况，组织人员对菜市口百货有限股份公司、贵友大厦、王府井工美大厦的经营情况进行了调查了解，并将调查结果及时上报中国人民银行总行，为中国人民银行总行决策提供依据。加强对黄金收购工作的管理，做好黄金收兑的收尾工作。

（杨兴安）

国家金库业务管理

2003年，国家金库北京分库在国家金库总库和人行营业管理部的领导下，深入学习贯彻全国国库工作会议精神，努力克服“非典”疫情对北京市国库工作带来的不利影响，较好地完成了财政国库管理制度改革试点、《国家金库会计核算系统（2.0版）》推广应用、国库存款计息和财税库行横向联网等多项重点工作；同时，努力夯实国库基础工作，依法办理各级预算收入的收纳、报解、入库、更正、退付和预算支拨等各项业务，圆满完成了全年工作计划。

一、北京市财政国库管理制度改革试点工作全面展开

2003年，人行营业管理部与市财政局联合印发了《北京市财政国库管理制度改革试点资金银行支付清算暂行办法》（银管发［2003］32号）、《北京市市级预算单位财政国库管理制度改革试点资金支付管理暂行办法》（京财库［2003］300号）；共同组织了有关人员的业务培训工作；与建设银行北京分行、交通银行北京分行及北京市商业银行签订了《北京市财政授权支付清算协议书》，与中信实业银行总行营业部签订了《北京市财政直接支付清算协议书》；按照中国人民银行总行要求组织了对代理本市财政集中支付业务的北京市商业银行、光大银行总行营业部及中信实业银行总行营业部3家代理银行的7家营业网点的现场检查工作；对海淀区财政国库管理制度改革试点工作提出了指导意见。自8月1日开始，本市已有北京市科学技术委员会等7家预算单位开始进行试点。截至12月31日，北京分库共办理试点资金支付清算业务1140笔，金额共计11502万元，无一差错。

二、国库信息化建设取得重大进展

一是在本市各代理支库全面推广应用《国家金库会计核算系统（2.0版）》、《国库收支统计分析系统》、《国库综合业务报表系统》。为做好国库会计核算新系统在本市21家代理支库的推广应用工作，北京分库与人行营业管理部科技部门抽调业务骨干，克服“非典”带来的不利影响，发扬连续作战，不怕困难的精神，与有关银行密切配合，先后完成了新系统在代理支库推广应用的环境搭建和压力测试工作；《代理支库国家金库2.0系统岗位职责及业务操作流程》（试行）、《新、旧系统切换方案》的制定工作以及对各支库业务、技术人员的培训工作。11月3日，新系统已在全市各支库正式投入运行，顺利完成了新旧系统的平稳切换。《国家金库会计核算系统（2.0版）》的正式运行，标志着北京市国库会计核算的现代化、标准化、规范化建设实现了历史性的飞跃。

二是继续稳步推进财税库行横向联网工作。为切实做好本市财税库行横向联网工作，保证联网方案的可行性和操作性，北京分库会同有关部门赴上海、广东、深圳、天津等联网工作或国库数据集中工作开展较早的城市进行实地考察；对联网方案、工程经费等问题与有关部门做了进一

步研究、论证、交流；人行营业管理部主管领导与市财政、国税、地税部门领导多次交换意见，并向中国人民银行总行汇报了北京市税库银横向联网试点的有关方案；与市地税局就2004年1月在海淀等3个区县进行横向联网试点工作达成一致意见；基本完成了有关业务系统的开发测试任务，为2004年试点工作打下了良好基础。

三、国库存款计息改革方案顺利实施

根据中国人民银行总行关于国库存款计付利息的有关文件精神，北京分库及时向各代理支库转发了中国人民银行总行有关计付利息的通知和国库存款计息管理办法，并结合北京市实际提出了具体要求和操作手续；组织了对部分代理支库计息情况的现场和非现场检查工作。2003年，北京分库共为市、区两级国库存款计付利息1.27亿元，较好地完成了本市国库存款计息工作。

四、进一步强化了对代理支库及国库经收处的监管

首先是完成了对21家代理支库2002年代理情况的年审工作；二是组织召开了北京市国库工作会议，传达了全国国库工作会议精神；三是下发了《辖区代理支库年度考核办法》、《国库经收处备案管理办法》，进一步完善了制度建设，摸清了国库经收处底数，为全辖16家银行（含农信社）的1821个国库经收处指定了管辖国库。

五、圆满完成国债发行、兑付组织管理工作

2003年，财政部、中国人民银行共组织发行了4期凭证式国债，北京分库均及时转发了有关文件，并于发行首日到部分发售网点了解销售情况；于年初组织召开了北京市国债工作会议；组织了本市国债市场情况的非现场调查；及时向中国人民银行总行国库局上报发行周报及发行信息。截至年末，本市各承销机构共向社会发行凭证式国债441.22亿元，占全国凭证式国债发行市场份额的16.97%，实际向社会公众发售436.37亿元，完成发行任务的98.8%；2003年，北京分库共计经付国债本息款项23748297.16元，其中单位部分本金为383960元，利息246738.90元、个人部分本金为17023628元，利息6093970.26元。

六、准确、及时地办理各级预算资金的收纳、报解、支拨等国库基础业务

2003年，北京市各级国库较好地完成了本市各级预算资金的收纳、报解、退付、支拨工作。截至年末，累计完成各级预算收入入库、报解1616.25亿元，其中中央收入890.85亿元，市级收入439.98亿元，区县收入285.41亿元，办理退库金额51.03亿元，办理预算拨款6亿元。“非典”期间，北京分库克服困难，及时拨付应急款项13笔，金额5.9亿元，受到中国人民银行总行国库局的肯定。

七、完善内控制度建设，加强业务培训，提高国库工作水平

为完善北京分库内部管理，保证国库资金安全，提高国库经理水平，市分库相继制定了《国库处季度综合目标考核办法》、《国库处落实规章制度责任制》等内控制度；为切实做好“国库业务收支统计分析”及“国库综合业务报表”等新系统在本市代理支库的推广应用工作，提高收支统计分析和综合业务报表工作质量和效率，12月17日至18日，北京分库组织举办了本市21家代理支库收支统计分析和综合业务报表有关人员的业务培训班，并到部分支库现场指导新系统的安装、维护工作，为2004年初利用新系统报送有关信息资料做好了准备工作。

（殷兆涛）

银行卡建设

一、银行卡发展状况

2003年，北京市银行卡用卡环境显著改善，使用银行卡的人越来越多，银行和商家的积极性越来越高，银行卡应用迈入发展轨道。截至年末，全市新发银行卡20种，累计发行3778万张，其中信用卡121万张。新发银联标识卡1753.7万张，比年初翻了2.43倍。累计实现银行卡跨行交易8896.5万笔，日均交易24.71万笔，累计交易金额302.3亿元，分别比上年增长56.8%和86.03%。其中，POS交易笔数1884万笔，金额210亿元。全年新布放ATM机2998台，比上年增长31.6%；银行卡同城跨行交易成功率达98.5%；异地跨行交易成功率81%；银行卡消费金额占社会消费品零售总额的比例达15.3%，较上年提高8.4个百分点。

2003年，经银行卡办公室组织验收，东城区王府井步行街、宣武区大栅栏商业街、西城区西单商业街、朝阳区朝外大街、海淀区中关村西区、顺义区新顺大街6条商业街区成为刷卡消费无障碍示范街区；崇文区崇外大街、丰台区方庄特色餐饮街、怀柔区青春路、大兴区黄村东大街、延庆县妫水北街、房山区城关南大街、门头沟区新桥大街、昌平区政府街、密云县鼓楼南大街、通州区新华大街10条街区成为刷卡消费无障碍达标街区；海淀区海龙电子城市场、怀柔区世纪园市场、海淀区鼎好电子城市场、朝阳区莱太花卉市场、朝阳区百脑汇电脑市场、朝阳区正时家居市场、丰台区东方家园家居广场、丰台区居然之家家居建材市场玉泉营分市场、丰台区红星美凯龙家具建材广场、石景山区华荣综合市场、昌平区祥和宏兴建材市场11个市场成为刷卡消费无障碍市场。

二、银行卡应用发展推进工作

（一）进一步完善银行卡推进工作组织机构。

北京市银行卡应用发展联席会议办公室于2002年11月30日成立。联席会议共有22家成员单位，包括市计委、市商委和人行营业管理部。联席会议办公室设在人行营业管理部，为日常办事机构，负责落实联席会议的各项工作要求。

2003年8月8日，市政府召开全市银行卡应用发展推进工作电视电话会议。翟鸿祥常务副市长出席会议并做了重要指示：要求各部门、各区县政府建立银行卡受理市场建设工作一把手考核责任制，配备精干力量，在加强组织领导的同时，注意加大督查力度，千方百计推进银行卡应用发展工作。

会议完善了银行卡推进工作办公室组织机构。会后，北京市银行卡应用发展联席会议办公室正式更名为北京市银行卡应用发展推进工作办公室（简称银行卡办公室）。成员单位为21家，人行营业管理部副主任单建生担任办公室常务副主任，并主持日常工作。

（二）贯彻落实《规划纲要》中的政策措施。

人行营业管理部积极贯彻落实《规划纲要》中的相关政策措施，提出了包括刷卡消费抽奖、新装POS机具免收手续费、银税一体化试点、扩充POS机具功能等推动银行卡应用发展工作的实施措施共11条。实施措施启动后的效果正逐步显现。

北京市商委、北京市发计委、中国人民银行营业管理部联合下发了《北京市刷卡消费无障碍工作考核办法》，分别对刷卡消费无障碍区县、市属单位、商业街区、特约商户等的条件做了具体规定。

（三）着力推进银行卡特约商户发展工作。

人行营业管理部积极开展银行卡特约商户发展工作，与各级政府、部分市属商业单位、重点商业街区建立了工作联系，共同研究推动银行卡特约商户发展及POS机安装工作的措施。重点推进刷卡缴纳印花税、全市三级以上医院住院部刷卡结算、旅游系统与烟草专卖系统加快银行卡应用发展等工作。为鼓励区县政府及各商户加大工作力度，市商委下发了《2003年对实现刷卡消费无障碍企业给予贴息及拨款支持实施办法》，对2003年通过MIS系统与银联直联、实现“刷卡消费无障碍”的大型商业企业和大型专业市场等，给予贴息及拨款支持。

（四）积极推动银行卡联网通用工作。

人行营业管理部积极组织协调全市17家银行卡成员行联网通用工作的深入开展和银行卡基础业务数据统计报送，截至10月末，全市各网点ATM机和POS机全部完成标准化改造并通过了中国人民银行组织的专项检查验收，有效促进了受理环境的改善。

中国银联北京分公司继续采取措施，努力完善银行卡联网通用、联合发展相关的基础建设，提高银行卡联网通用工作的整体效果和服务质量。（见各机构业务综述：中国银联股份有限公司北京分公司）

（五）广泛加大银行卡宣传工作力度。

加大广告宣传力度，全年共印制、发放了300多万份宣传材料。从1月18日起，由市政府、中国银联北京分公司、各发卡银行及万事达卡国际组织共同出资，与全市银行卡特约商户联合推出的为期两年的北京市银行卡刷卡消费抽奖活动正式启动，社会宣传面不断扩大、群众参与程度明显提高。在发行量较大的主流报纸，增加广告投放数量。“非典”期间，专门制作了“银行卡——安全、卫生、便利的支付工具”的宣传招贴，发放到各银行卡特约商户，鼓励市民使用银行卡进行消费结算。

此外，在“有奖刷卡消费”的抽奖暨颁奖活动基础上，还开展了多渠道、多层面的银行卡宣传活动。通过新闻发布会、有奖征文活动以及与各新闻媒体联合宣传等多种形式，普及银行卡应用知识，培养市民与企业使用、受理银行卡的意识。

（段剑虹、王向前）

银行法制建设

2003年，人行营业管理部认真做好金融立法工作，切实规范行政执法行为，不断提高法律服务水平，为金融体制改革和首都金融业的健康发展提供了有力的法律保障。

一、做好金融规范性文件的制定、修改和整理工作

1. 制定金融业务规则。2003年，人行营业管理部先后制定了《中国人民银行营业管理部假币收缴、鉴定管理实施细则（试行）》、《北京市人民币银行结算账户管理实施细则》、《北京市大额支付系统高额罚息贷款管理办法》等金融业务规则和规范性文件。

2. 参与金融法律法规的制定与修改。银行业“三法”制定与修改工作启动后，人行营业管理部先后组织辖内商业银行主管行长和法律事务部门负责人进行座谈，听取商业银行对“三法”草案的意见，在总结各商业银行意见的基础上，形成了近50条、7000余字的书面修改建议，对如何强化中国人民银行的法律地位与职能、建立金融监管协调与信息共享机制等问题提出了许多建设性的思路。此外还对中国人民银行、其他部委制定的《证券公司风险紧急救助专项资金管理办法》、《中国人民银行行政处罚程序规定》、《投资体制改革方案》等规范性文件提出了修改建议。

3. 编制《金融管理文件选编》。为确保金融规范性文件的完整、有序，人行营业管理部历来重视《金融管理文件选编》的收集、整理工作，《金融管理文件选编（2002年）》已编制完成。

二、规范行政执法行为

1. 完善行政处罚程序制度。为进一步完善行政处罚工作程序，人行营业管理部下发了《关于规范行政处罚主案及档案管理工作的通知》，制定了《行政处罚法律文书制定指引》、《行政处罚案件审核程序》，为行政执法行为的规范打下了良好的制度基础。

2. 加强对行政处罚的监督审核。2003年，人行营业管理部共做出行政处罚决定39件，其中30件为北京外汇管理部对违反外汇管理行为实施的处罚行为。上述行为的实施对促进金融机构完善自我约束机制、防范和化解金融风险起到了良好的作用。为确保执法的准确与公正，人行营业管理部加大了对行政处罚工作的监督审查力度，从违规事实、处罚依据、实施程序等方面严格把关。此外，还建立了行政处罚统计制度，通过对行政执法行为的动态监测，及时督促执法部门提高工作效率。经过不懈的努力，人行营业管理部行政执法工作水平迈上了一个新的台阶，监管行为日益规范，执法效率显著提高，行政诉讼和复议的发生率持续降低，中央银行的权威得到有力的维护。

三、做好法律服务工作

2003年，人行营业管理部努力提高法律服务工作水平，对辖内金融机构和社会公众提供各种形式的法律咨询近150次。办理辖内商业银行对金融法律问题的请示和公检法及其他机关对金融管理信息的查询20余件。通过优质高效的金融法律服务，切实维护了北京市金融机构和社会公众的合法权益。

四、开展法制宣传教育

2003年，人行营业管理部结合“四五”普法规划，举办了北京市金融系统“预防职务犯罪”法律知识竞赛、“行政法理论和行政执法实践”法律知识讲座等一系列法制宣传教育活动。通过培训和学习，增强了金融从业人员的法律修养，推动了依法行政的深入开展。

（尤海法）

保险法制建设

2003年，北京保监办积极贯彻党的十六大精神，不断加强金融立法，规范行政执法行为，加强普法工作，努力提高保险法制工作水平，为维护首都保险秩序、防范和化解保险风险，提供强有力的支持。

一、简化行政审批手续

为贯彻落实国务院关于精简行政审批事项的精神，北京保监办先后下发了《关于简化部分行政审批事项手续的通知》、《关于简化保险公司高级管理人员任职资格行政审批程序的通知》、《关于调整保险兼业代理管理办法的通知》和《关于调整保险代理机构、保险公估机构开业验收程序的通知》，对保险公司分支机构筹建和设立、重要事项变更、高级管理人员任职管理、代理机构审批等行政审批事项的程序进行了简化和规范。

二、加强车险监管制度完善

为确保北京市机动车辆保险管理制度改革的顺利进行，北京保监办制定下发了《北京市机动车辆保险条款费率管理暂行办法》和《北京市机动车辆保险监制单证管理暂行办法》，完善了车险监管制度。

三、规范银行代理和学平险业务

为防范金融风险，根据相关法律，结合市场情况，北京保监办2003年分别下发了《转发中国保监会和中国人民银行关于加强银行代理人身保险业务管理文件的通知》和《关于规范学生平安保险业务经营的通知》，规范了银行保险的开展和学平险的条款设计、操作模式。

四、规范业务程序，加快法制建设

为规范监管程序，提高监管工作效率，北京保监办在征求多方意见、反复论证的基础上，制定下发了《中国保险监督管理委员会北京办事处现场检查实施细则》，对现场检查的工作流程进行规范，明确了检查组在准备阶段、实施阶段、报告形成阶段、处理阶段和档案整理阶段五个阶段的工作要点。为妥善处理上访事件，北京保监办制定下发了《北京保监办机关上访事件处理办法》，明确了机关各处室在上访事件处理中的职责，规范了处理程序。

为督促保险公司加强自我管理意识，完善内部制衡机制，下发了《关于加强保险公司内控制度建设的指导意见》；为加强保险公司对分支机构的管理责任，下发了《关于变更保险公司缴纳罚款方式等有关问题的通知》，要求涉及罚款的行政处罚，由各保险公司总公司向中国保监会缴纳罚款。

五、规范行政执法行为

完善执法程序，推进保监会的行政公开工作，是世贸组织相关原则的重要体现。为此，北京保监办重点做了以下工作：

1. 进一步规范行政处罚工作。在实施行政处罚时，北京保监办严格遵循《保险法》、《行政处罚法》等各项规定提出处罚种类和处罚幅度，按照《行政处罚法》和《中国保监会行政处罚法律文书格式》履行处罚程序，从而确保依法行政。

2. 运用行政处罚等法律手段，加强保险监管。2003年，北京保监办共做出行政处罚决定6件，其中做出罚款3件，罚款共计11万元；做出对高级管理人员给予警告处罚1件。有关机构和当事人均未提出异议。在运用行政处罚等法律手段的同时，北京保监办引入了监管谈话的监管手段，对3家保险公司、4家保险代理公司进行监管谈话。上述监管手段的运用，对促进保险机构完善自我约束机制，防范风险，维护良好的市场秩序起到了较好作用。

六、进行法律教育工作

为提高保险代理公司高级管理人员的政策水平，树立依法合规经营意识，北京保监办召开了北京保险代理公司高级管理人员监管政策培训班，培训了机构管理、高级管理人员管理、市场行为、现场检查、非现场检查等方面的监管法律和政策。

（陈志强、陆玉华）

六、文件与规章

北京市下岗失业人员小额担保贷款管理办法

中国人民银行营业管理部
银管发［2003］88号

第一条 为解决北京市下岗失业人员自谋职业、自主创业过程中遇到的小额担保贷款问题，根据《中国人民银行、财政部、国家经贸委、劳动和社会保障部关于印发〈下岗失业人员小额担保贷款管理办法〉的通知》（银发［2002］394号）和《中共北京市委、北京市人民政府关于贯彻落实中共中央国务院关于进一步做好下岗失业人员再就业工作文件的通知》（京发［2002］18号）精神，结合北京市的实际情况，特制定本管理办法。

第二条 贷款对象和条件

（一）具有北京市城镇居民户口，年龄在60岁以下、身体健康、诚实信用，持有《再就业优惠证》和创业培训机构核发的结业证书，自谋职业、自主创业，从事个体经营（建筑业、娱乐业、广告业、桑拿、按摩、网吧、氧吧除外）的下岗失业人员。

（二）符合上述条件的下岗失业人员合伙经营、组织起来就业的小企业（建筑业、娱乐业、广告业、桑拿、按摩、网吧、氧吧，批发、批零兼营，以及其他非零售业务的商贸企业除外）。

（三）申请小额担保贷款的下岗失业人员和小企业，应持有本市工商行政管理部门核发的营业执照，并在贷款银行开立账户，自有资金不低于贷款本金的50%；合法经营、资信程度良好，并有偿债能力。

第三条 贷款程序与用途。小额担保贷款按照自愿申请、街道（乡、镇）社会保障事务所预审推荐、贷款担保机构审核并承诺担保、商业银行核贷的程序，办理贷款手续。自收到担保申请及符合条件的资料之日起，上述部门应在规定时间内给予申请人正式答复。借款人应将贷款用作自谋职业、自主创业、合伙经营和组织起来就业的个人和企业开办经费和流动资金。

第四条 贷款额度与期限。下岗失业人员自谋职业的小额担保贷款金额不超过2万元，还款方式和计结息方式由借贷双方协商确定。对符合第二条规定的企业贷款金额不超过10万元。贷款期限一般不超过两年，借款人提出展期且担保机构同意继续提供担保的，贷款银行可按规定展期一次，展期期限不得超过一年。

第五条 贷款利率与贴息。小额担保贷款利率按照中国人民银行公布的贷款利率水平执行，不得向上浮动。从事微利项目的小额担保贷款由北京市财政局据实全额贴息，贷款展期和逾期不予贴息。微利项目是指由下岗失业人员在社区、街道、工矿区等从事的商业、餐饮和修理等个体经营项目，具体包括：家庭手工业、修理修配、图书借阅、旅店服务、餐饮服务、洗染缝补、复印打字、理发、小饭桌、小卖部、搬家、钟点服务、家庭清洁卫生服务、初级卫生保健服务、婴幼儿看护和教育服务、残疾儿童教育培训和寄托服务、养老服务、病人看护、幼儿和学生接送服务。每年12月结息日后，小额担保贷款银行的贴息发生额，由经办银行报其总行或本市分行（或总部）汇总，总行或本市分行（或总部）汇总后报北京市财政局审核后拨付。

第六条　贷款担保基金。北京市下岗失业人员小额贷款担保基金（以下简称贷款担保基金）主要由北京市财政局筹集，也可吸收优秀企业参加，并可接收海内外社会捐赠。贷款担保基金专户开立于北京市财政局指定的商业银行，封闭运行，专项用于北京市下岗失业人员小额担保贷款的担保。鼓励各商业银行利用贷款担保基金为下岗失业人员发放小额担保贷款。小额担保贷款责任余额不得超过贷款担保基金银行存款余额的5倍。贷款担保基金收取的担保费不超过贷款本金的1%，由北京市财政局全额向担保机构支付。

第七条　贷款担保机构。贷款担保基金委托北京首创投资担保有限责任公司运作（以下简称首创担保公司）。首创担保公司应建立贷款担保基金专用账户，与首创担保公司的其他业务资金分开使用，并实行资金单独核算。

第八条　贷款管理与考核。贷款银行小额担保贷款不良率达到20%时，应停止发放新的贷款，贷款担保基金代位清偿降低贷款不良率后，可恢复受理贷款申请。贷款银行按规定对贷款进行监督管理。贷款到期不能归还至首创担保公司履行代位清偿责任之间的期限，最长不得超过三个月，在此期间，小额担保贷款质量考评情况不纳入贷款银行不良贷款考核体系。

第九条　贷款担保基金的风险管理。贷款担保基金对单个贷款银行小额贷款不良率达到20%时，应暂停对该行的担保业务，经与该行协商，采取进一步风险控制措施，并报经担保基金监督管理委员会批准后，再恢复担保业务。担保基金监督管理委员会确定贷款担保基金的年度代偿率的最高限额，对限额以内、贷款担保基金自身无法承担的代偿损失，由北京市财政局审核后予以弥补。

第十条　贷款服务。贷款银行要简化手续，为申请贷款的下岗失业人员提供开户和结算便利。因申请人不符合贷款条件而不能提供贷款的，贷款银行应及时向申请人说明理由，提出改进建议。贷款期间，贷款银行要加强对借款人的管理，要求借款人定期与贷款银行联系并加强账户管理。对借款人出现透支和不能按期支付利息等情况，贷款银行应及时通知社会保障事务所和首创担保公司，共同维护贷款人及担保人的权益。

第十一条　首创担保公司应建立北京市下岗失业人员小额担保贷款信用体系，详细记录借款人的信用状况。信用状况良好的借款人应作为北京市下岗失业人员小额担保贷款优先发放的对象。中国人民银行营业管理部将下岗失业人员小额担保贷款信用情况纳入个人信用警示系统，对恶意拖欠贷款本息的人员将在金融机构之间予以通报。

第十二条　监督与审计。贷款银行应根据本管理办法的要求，结合本行的实际情况，制定切实可行的具体措施；安排足额资金保证小额担保贷款的发放，及时掌据本行开展小额担保贷款业务情况及存在的问题，主动与就业工作主管部门沟通信息、协调工作。中国人民银行营业管理部要对北京市各商业银行贯彻落实情况加强监督、指导和检查。北京市贷款担保基金管理措施和办法由北京市财政局结合北京地区的实际情况，会同北京市经委、北京市劳动和社会保障局另行制定。

第十三条 本管理办法由中国人民银行营业管理部、北京市财政局、北京市经济委员会、北京市劳动和社会保障局根据各自职责负责解释。

第十四条 本管理办法自 2003 年 5 月 1 日起执行。

二〇〇三年三月二十七日

关于进一步推动北京市银行卡应用发展工作的通知

中国人民银行营业管理部

银管发［2003］92 号

各国有独资商业银行北京市分行、各股份制商业银行在京营业机构、北京市商业银行、北京市农信联社、北京市邮政储汇局：

为落实《北京市银行卡应用发展规划实施纲要》关于加快推进北京市银行卡应用发展工作的要求，加速北京市银行卡受理市场建设和"刷卡消费无障碍工程"的实施，现就北京市银行系统当前需要重点组织落实的工作通知如下。

一、继续做好银行卡联网通用工作，扩大机具的开放性

各行要继续按照统一技术标准推进 POS 机具直联工作。今后新发展的银行卡特约商户一律选用直联方式，直联软件版本由中国银联北京分公司和 POS 专业化服务公司组织测试验收，原则上采用本外币、IC 卡和磁条卡兼容的机具。继续加快 POS 机具间联改直联工作进程，通过直联改造，对跨行开放性差的机具要有步骤地进行更替，重点解决个别银行在系统设计、商户收银员培训方面存在的排他性问题，确保市场的机具对全部发卡银行开放，实现机具共享。各行应按照统一标准，不断完善本行银行卡业务后台账务系统，及时为商户入账。

今年上半年，我营业管理部将继续组织协调有关部门对机具交易成功率进行测试，对因机具版本问题影响全市交易成功率的，要及时改进版本，改进后仍达不到要求的要坚决撤换。

二、调整银行卡跨行交易手续费分配比例

为促进 POS 直联工作，自文件下发之日起，对现行的银行卡跨行交易手续费分配标准进行调整，将原发卡银行、转接清算中心、收单银行之间 8:1:1 的手续费分配比例，调整为 6:3:1。该分配比例适用于现有市场上已布放POS机具的所有跨行交易。银联清总中心转接异地卡交易所产生的差额由转接清算中心承担。

为鼓励POS机具间联改直联工作，各行已布放的POS机具完成直联改造后，受理本行银行卡交易，所得交易手续费仍记入本行收入，不参与交易手续费分配。

三、实行POS机具试用期交易手续费优惠

为推动银行卡受理市场建设，提高商户安装POS机具的积极性，对于即日起至2003年底前新发展的银行卡特约商户，实行试用期间免收交易手续费的优惠，试用期为直联POS机具安装之日起30天内。试用期满后，按特约商户、收单银行和专业化服务公司三方签订的《受理银行卡业务申请表》规定比例收取手续费。

四、积极做好卫生、教育系统商户推广工作

在受理市场建设起步阶段，我营业管理部将积极争取人民银行总行和市政府有关部门支持，根据卫生、教育等系统的具体情况，制定适当的银行卡交易手续费收取标准，推进商户发展工作。

五、进一步加强银行卡业务基础数据报送工作

为满足北京市银行卡发展情况分析的需要，完善银行卡基础数据统计归口管理，从2003年5月1日起，各行应按照调整后的附件报表内容报送数据，北京市商业银行要按照附件1、附件2、附件3的要求进行报送，其他商业银行按照附件1、附件2的要求进行报送。报送时间为每月（每季度）5日之前（遇法定节假日顺延）；报送方式为各行填报数据加盖公章后传真至我营业管理部。联系人：段剑虹；联系电话：68559607；传真：68559630。

特此通知

附件：1. 北京市银行卡联网通用月报表（略）

2. 北京市银行卡业务量统计月报表（略）

3. 北京市银行卡业务数据季报表（略）

二〇〇三年四月二十四日

关于防治“非典”时期紧急情况下财政资金调度的应急措施预案的通知

北京市财政局　中国人民银行营业管理部

中信实业银行总行营业部　北京市商业银行

京财国库［2003］783号　银管发［2003］96号

各有关单位：

目前，我市“非典”疫情正在进行控制，为了确保在发生意外情况时，各项资金仍能够及时到位，保证“非典”防治工作的正常进行和政府工作正常运转，经与人民银行营业管理部、北京市商业银行、中信实业银行总行营业部研究决定，如遇有紧急情况，在资金调度方面采取以下应急措施：

一、在防治“非典”时期，建立财政国库、人行国库、中信实业银行和北京市商业银行不间断联系制度。即以上各单位均需指定专人、明确专门联系电话负责防治“非典”等各项资金的拨付。凡经市政府批准的防治“非典”等各项资金拨款，市财政局要在1日内办理拨款手续，并将拨款单送达人民银行营业管理部或中信实业银行总行营业部；人民银行营业管理部或中信实业银行总行营业部于当日至迟次日上午9时30分前将资金划至北京市商业银行或其他指定银行。

二、节假日（含星期五16时30分以后）期间，如有防治“非典”等各项紧急拨款时，由财政国库通知人民银行或中信实业银行随时办理资金划拨手续，资金到位后，由北京市商业银行立即通知资金使用单位和市财政局国库处。特殊紧急情况下，可由财政国库直接通知北京市商业银行先行垫付，随后补办手续及时归垫资金。

三、根据目前政府采购资金拨付量较大的情况，为防止不测，提前拨付市级政府采购专户政府采购调度资金4亿元。

四、如遇某个财政库款银行（含人民银行）出现疫情等不测情况，资金按正常渠道划拨有困难时，可临时采取从财政其他银行账户划拨资金的方式，确保资金按时到位。

二〇〇三年四月二十四日

北京市人民币银行结算账户管理实施细则（试行）

中国人民银行营业管理部

银管发［2003］167号

第一章　总　则

第一条　为规范北京市人民币银行结算账户的开立和使用，加强北京市银行结算账户管理，根据《人民币银行结算账户管理办法》（中国人民银行令［2003］第5号，以下简称《办法》），并结合北京市实际情况，制定本细则。

第二条　存款人在北京市行政区划内的政策性银行、商业银行（含外资独资银行、中外合资银行、外国银行分行）、农村信用社（以下简称银行）开立的人民币银行结算账户适用本细则。

存款人在邮政储蓄机构开立的办理银行卡业务的账户适用本细则。

第三条　银行为存款人办理银行结算账户的开立、变更和撤销时，须遵守本细则。

邮政储蓄机构在为存款人办理个人银行结算账户的开立、变更和撤销时，须遵守本细则。

第四条　中国人民银行营业管理部（以下简称人行营业管理部）是北京市行政区划内银行结算账户的监督管理部门。

第五条　人行营业管理部通过“北京市银行账户信息管理系统”，对存款人开立基本存款账户、临时存款账户和预算单位专用存款账户进行核准。

基本存款账户、临时存款账户和预算单位专用存款账户的变更和撤销，银行通过“北京市银行账户信息管理系统”向人行营业管理部报告。其他账户的开立、撤销和变更，在“全国统一人民币银行结算账户管理系统”运行前，暂不报告。

第二章　银行结算账户的开立

第六条　基本存款账户是存款人因办理日常转账结算和现金收付需要开立的银行结算账户。存款人在申请开立基本存款账户时，应向银行出具下列证明文件：

（一）企业法人，应出具工商行政管理部门颁发的企业法人营业执照正本；

（二）非法人企业，应出具工商行政管理部门颁发的企业营业执照正本；

（三）机关和实行预算管理的事业单位，应出具政府人事部门或编制委员会的批文或登记证书和财政部门同意其开户的证明；非预算管理的事业单位，应出具政府人事部门或编制委员会的批文或登记证书；

（四）军队、武警团级（含）以上单位以及分散执勤的支（分）队，应出具军队军级以上单位财务部门、武警总队财务部门的开户证明；

（五）社会团体、民办非企业组织，应出具民政部门颁发的社会团体登记证书或民办非企业登记证书，宗教组织还应出具宗教事务管理部门的批文或同意开户的证明；

（六）外地常设机构，应出具国务院办公厅或驻在地政府经济委员会的批文及登记证书；

（七）外国驻华机构，应出具国家有关主管部门的批文或证明；外资企业驻华代表处、办事处，应出具工商行政管理部门颁发的登记证书；

（八）个体工商户，应出具工商行政管理部门颁发的个体工商户营业执照正本；

（九）居民委员会、村民委员会，应出具区、县人民政府同意设立的批文；

（十）独立核算的附属机构，应出具隶属单位基本存款账户开户登记证及同意其开立基本存款账户的公函；

（十一）其他组织，应出具政府主管部门的批文或证明。

本条中注册地在异地而经营地在北京市行政区划内的存款人，除出具上述证明文件外，还应出具注册地中国人民银行分支行的未开立基本存款账户的证明。

本条中的存款为从事生产、经营活动纳税人的，还应出具税务部门颁发的税务登记证书。

第七条　一般存款账户是存款人因借款或办理其他结算业务的需要，在基本存款账户开户银行以外的银行营业机构开立的银行结算账户。存款人申请开立一般存款账户时，应向银行出具其开立基本存款账户规定的证明文件、基本存款账户开户登记证和下列证明文件：

（一）存款人因向银行借款需要，应出具借款合同；

（二）存款人因办理各项结算业务的需要，应出具单位公函；

（三）异地存款人在本地取得借款的，应出具在本地取得借款的借款合同；

（四）异地存款人因其他结算需要开立账户的，应出具单位公函。

第八条 专用存款账户是存款人按照法律、行政法规和规章，对其特定用途资金进行专项管理和使用而开立的银行结算账户。存款人申请开立专用存款账户，应向银行出具其开立基本存款账户规定的证明文件、基本存款账户开户登记证和下列证明文件：

（一）基本建设资金，应出具国家发展和改革委员会（北京市发展计划委员会或区、县发展计划委员会）的批文；

（二）政策性房地产开发资金，应出具国家发展和改革委员会（北京市发展计划委员会或区、县发展计划委员会）的批文；

（三）更新改造资金，应出具北京市经济委员会（区、县经济委员会）的批文；

（四）社会保障基金，应出具劳动与社会保障部门的批文；

（五）财政预算外资金，应出具同级财政部门的批文；

（六）粮、棉、油收购资金，在农业发展银行以外的银行开立专用存款账户的，应出具人行营业管理部的批文；

（七）单位银行卡备用金，应按照银行卡监管部门批准的银行卡章程的规定出具有关证明和资料；

（八）证券交易结算资金，应出具证券公司或证券管理部门的证明；

（九）期货交易保证金，应出具期货公司或期货管理部门的证明；

（十）信托基金，信托公司的证明或信托管理部门的证明；

（十一）金融机构存放同业资金，应出具其金融许可证和单位公函；

（十二）收入汇缴和业务支出资金，应出具其基本存款账户存款人同意开户的公函；

（十三）单位内部党、团、工会的组织机构经费，应出具该单位或有关部门的批文或证明；

（十四）其他按规定需要专项管理和使用的资金，应出具有关法规、规章或政府部门的有关文件。

第九条 临时存款账户是存款人因临时需要并在规定期限内使用而开立的银行结算账户。存款人申请开立临时存款账户，应向银行出具下列证明文件：

（一）临时机构，应出具其驻在地主管部门同意设立临时机构的批文；

（二）注册地为异地在北京市行政区划内从事建筑施工及安装的企业，应出具本单位或隶属单位的营业执照、基本存款账户开户登记证，以及北京市建设委员会核发的北京市建筑业企业档案管理手册及北京市建设工程专业劳务发包承包交易中心颁发的登记证书；

（三）注册地为异地在北京市行政区划内从事临时经营活动的单位，应出具其营业执照、基本存款账户开户登记证及临时经营地工商行政管理部门的批文；

（四）注册验资资金，应出具工商行政管理部门核发的企业名称预先核准通知书或有关部门的批文。

第十条 个人银行结算账户是个人因投资、消费、结算等而开立的办理支付结算业务的存款账户。存款人申请开立个人银行结算账户，应向银行及邮政储蓄机构出具下列有效证明文件：

（一）中国居民，应出具居民身份证或临时身份证；

（二）中国人民解放军，应出具军人

身份证件；

（三）中国人民武装警察，应出具武警身份证件；

（四）香港、澳门居民，应出具港澳居民往来内地通行证；台湾居民，应出具台湾居民来往大陆通行证或者其他有效旅行证件；

（五）外国公民，应出具护照；

（六）法律、法规和国家有关文件规定的其他有效证件。

银行及邮政储蓄机构为个人开立银行结算账户时，还可根据需要要求申请人出具户口簿、驾驶执照、护照等有效证件。

第十一条 单位开立银行结算账户的名称应与其提供的申请开户的证明文件的名称全称相一致。有字号的个体工商户开立银行结算账户的名称应与其营业执照的字号相一致；无字号的个体工商户开立银行结算账户的名称，应由“个体户”字样和其营业执照记载的经营者姓名组成。自然人开立银行结算账户的名称应与其提供的有效身份证件中的名称全称相一致。

第十二条 存款人申请开立单位银行结算账户时，可由其法定代表人或单位负责人直接办理，也可授权他人办理。

由法定代表人或单位负责人直接办理的，除出具相应的证明文件外，还应出具法定代表人或单位负责人的身份证件；授权他人办理的，除出具相应的证明文件外，还应出具其法定代表人或单位负责人的授权书及其身份证件，以及被授权人的身份证件。

第十三条 存款人申请开立银行结算账户时，应填制开户申请书。

第十四条 银行及邮政储蓄机构应对存款人的开户申请书填写的事项和证明文件的真实性、完整性、合规性进行认真审查。

符合开立基本存款账户、临时存款账户和预算单位专用存款账户条件的，银行应将存款人的开户申请书、相关的证明文件和银行审核意见等开户信息通过“北京市银行账户信息管理系统”报送至人行营业管理部，并经其核准后办理开户手续。

符合开立一般存款账户、其他专用存款账户和个人银行结算账户条件的，银行及邮政储蓄机构应办理开户手续，并于开户之日起5个工作日内向人行营业管理部备案。

第十五条 人行营业管理部应于2个工作日内对银行报送的基本存款账户、临时存款账户和预算单位专用存款账户的开户信息的合规性予以审核，符合开户条件的，予以核准；不符合开户条件的，不予核准，同时将信息及时反馈至报送银行。

第十六条 银行及邮政储蓄机构为存款人开立银行结算账户，应与存款人签订银行结算账户管理协议，明确双方的权利和义务。除中国人民银行另有规定的以外，应建立存款人预留签章卡片，并将签章式样和有关证明文件的原件或复印件留存归档。

第三章 银行结算账户的使用

第十七条 基本存款账户是存款人的主办账户。存款人日常经营活动的资金收付及其工资、奖金和其他现金支取，应通过该账户办理。

第十八条 一般存款账户用于办理存款人借款转存、借款归还和其他结算业务。该账户可办理现金缴存，但不得办理现金支取。

第十九条 专用存款账户用于办理各项专用资金的收付。

财政预算外资金、证券交易结算资

金、期货保证金和信托基金专用存款账户不得支取现金。

单位银行卡专用存款账户的资金必须由其基本存款账户转账存入。该账户不得办理现金收付业务。

粮棉油收购资金、社会保障基金、住房基金和党、团、工会经费等专用存款账户支取现金的，应按照国家现金管理的规定办理。

收入汇缴和业务支出资金专用存款账户的名称，应使用隶属单位的名称。收入汇缴账户除向其基本存款账户或预算外资金专用存款账户划缴款项外，只收不付，不得支取现金；业务支出账户除从其基本存款账户拨入款项外，只付不收，其现金支取必须符合国家现金管理的有关规定。

基本建设资金、更新改造资金、政策性房地产开发资金、金融机构存放同业资金账户及其他专用存款账户，需要办理现金支取的，应在开户时报人行营业管理部批准。

银行应按照本条的各项规定和国家对粮、棉、油收购资金使用管理规定加强监督，对不符合规定的资金收付和现金支取，不得办理。但对其他专用资金的使用不负监督责任。

第二十条 临时存款账户用于办理临时机构以及存款人临时经营活动发生的资金收付。该账户办理现金支取时，必须符合国家现金管理的有关规定。

临时存款账户的有效期限应根据有关证明文件确定的期限或存款人的需要确定，但有效期限最长不得超过两年。

注册验资的临时存款账户在验资期间只收不付。注册验资资金的汇缴人应与出资人的名称一致。

第二十一条 单位存款账户自正式开立之日起3个工作日后，方可办理付款业务。注册验资的临时存款账户转为基本存款账户和因借款开立的一般存款账户除外。

第二十二条 个人银行结算账户用于办理个人转账收付和现金存取。下列款项可以转入个人银行结算账户：

（一）工资、奖金收入；

（二）稿费、演出费等劳务收入；

（三）债券、期货、信托等投资的本金和收益；

（四）个人债券或产权转让收益；

（五）个人贷款转存；

（六）证券交易结算资金和期货交易保证金；

（七）继承、赠予款项；

（八）保险理赔、保费退还等款项；

（九）纳税退还；

（十）农、副、矿产品销售收入；

（十一）其他合法款项。

第二十三条 单位从其银行结算账户支付给个人银行结算账户的款项，每笔超过5万元的，单位银行结算账户开户银行应审查下列付款依据，并留存复印件：

（一）代发工资协议和收款人清单；

（二）奖励证明；

（三）新闻出版、演出主办等单位与收款人签订的劳务合同或支付给个人款项的证明；

（四）证券公司、期货公司、信托投资公司、奖券发行或承销部门支付或退还给个人款项的证明；

（五）债权或产权转让协议；

（六）借款合同；

（七）保险理赔或保费退还等款项；

（八）税收征管部门退款的证明；

（九）农、副、矿产品购销合同；

（十）其他合法款项的证明。

单位银行结算账户支付给个人银行结算账户的款项应纳税的，税收代扣单位付款时应向付款人开户银行提供完税证明。

第二十四条 有下列情况之一的，个人银行结算账户开户银行应审查本细则第二十三条规定的有关收款依据，并留存复印件：

（一）个人持出票人为单位的支票向开户银行委托收款，将款项转入其个人银行结算账户的；

（二）个人持申请人为单位的银行汇票和银行本票向开户银行提示付款，将款项转入其个人银行结算账户的。

第二十五条 单位银行结算账户转入个人银行结算账户的款项，发起业务的银行应按本细则第二十三条的规定认真审查收、付款依据的原件，符合规定的，应及时予以办理；未提供相关依据或相关依据不符合规定的，应拒绝办理。

第二十六条 存款人应按照本细则的规定使用银行结算账户。不得出租、出借银行结算账户，不得利用银行结算账户套取银行信用。

第四章 银行结算账户的变更与撤销

第二十七条 存款人更改名称，但不改变银行结算账户的开户银行及账号的，应于更改之日起5个工作日内向开户银行提出变更申请，并出具有关部门的证明文件。

第二十八条 单位的法定代表人或主要负责人、住址以及其他开户资料发生变更时，应于变更之日起5个工作日内书面通知开户银行并提供有关证明。

第二十九条 银行接到存款人的变更通知后，应及时为其办理变更手续，并于变更之日起2个工作日内向人行营业管理部报告。

第三十条 有下列情况之一的，存款人应向开户银行提出撤销银行结算账户的申请：

（一）被撤并、解散、宣告破产或关闭的；

（二）注销、被吊销营业执照的；

（三）因迁址需要变更开户银行的；

（四）其他原因需要撤销银行结算账户的。

存款人有本条（一）、（二）项情形的，应于5个工作日内向开户银行提出撤销银行结算账户的申请。

本条所称撤销是指存款人因开户资格或其他原因终止银行结算账户使用的行为。

第三十一条 在“全国统一人民币银行结算账户管理系统”运行前，存款人因本细则第三十条（一）、（二）项原因撤销基本存款账户的，应向其基本存款账户开户银行提供其开立的其他银行结算账户的书面情况，其基本存款账户开户银行应于接到该存款人开立的其他银行结算账户开户银行的销户证明后2个工作日内为存款人办理销户手续。

第三十二条 银行得知存款人有本细则第三十条（一）、（二）项情况，而存款人超过规定期限未主动办理撤销银行结算账户手续的，有权停止其银行结算账户的对外支付。

第三十三条 未获得工商行政管理部门核准登记的单位，在验资期满后，应向银行申请撤销注册验资临时存款账户，其账户资金应退还给原汇款人账户。注册验资资金以现金方式存入，出资人需提取现金的，应出具缴存现金时的现金缴款单原件及其有效身份证件。

第三十四条 存款人尚未清偿其开户银行债务的，不得申请撤销该账户。

第三十五条 存款人撤销银行结算账户，须与开户银行及邮政储蓄机构核对银行结算账户的存款余额，交回各种重要空白票据和开户登记证，银行核对无误后方可办理销户手续。存款人未按规定交回各种重要空白票据和开户登记证的，应出具有关证明。造成损失的，由其自行承担。

第三十六条 银行撤销单位银行结算账户时应在其基本存款账户开户登记证上注明销户日期并签章，同时于撤销银行结算账户之日起2个工作日内，向人行营业管理部报告。

第三十七条 银行对一年未发生收付活动且未欠开户银行债务的单位银行结算账户，应通知单位自发出通知之日起30日内办理销户手续，逾期视同自愿销户，未划转款项列入久悬未取专户管理。

第五章 银行结算账户的管理

第三十八条 人行营业管理部负责对北京市行政区划内银行结算账户的开立和使用实施管理、监督，对存款人、银行违反银行结算账户管理规定的行为予以处罚。

第三十九条 开户登记证是记载单位银行结算账户信息的有效证明，存款人应按照有关规定使用，并妥善保管。

基本存款账户开户登记证除记载单位基本存款账户信息外，还必须记载该单位开立的所有一般存款账户、专用存款账户和临时存款账户的账户名称、账号、账户性质、开户银行、开户日期，并签章。但临时机构和注册验资需要开立的临时存款账户除外。

第四十条 人行营业管理部负责基本存款账户、临时存款账户和预算单位专用存款账户开户登记证的管理。

第四十一条 银行及邮政储蓄机构负责所属营业机构银行结算账户开立和使用的管理，监督和检查其执行银行结算账户管理规定的情况，纠正违规开立和使用银行结算账户的行为。

第四十二条 银行及邮政储蓄机构应明确专人负责银行结算账户的开立、使用和撤销的审查和管理，负责对存款人开户申请资料的审查，留存所有银行结算账户的开户资料复印件，并按规定及时报送存款人开销户信息资料，建立健全开销户登记制度，建立银行结算账户管理档案。

银行应将银行结算账户管理档案视同会计档案进行管理，其保管期限为银行结算账户撤销后10年。

第四十三条 银行应对已开立的单位银行结算账户实行年检制度，检查开立的银行结算账户的合规性，核实开户资料的真实性；对不符合规定开立的单位银行结算账户，应予以撤销。对经核实的银行结算账户的变动情况，应及时报告人行营业管理部。年检日期由人行营业管理部另行确定。

第四十四条 银行及邮政储蓄机构应对存款人使用银行结算账户的情况进行监督，对存款人的可疑支付应按照中国人民银行规定的程序及时报告。

第四十五条 存款人应加强对银行结算账户预留银行签章的管理。单位遗失预留公章或财务专用章的，应向开户银行出具书面申请、开户登记证、营业执照等相关证明文件；更换预留公章或财务专用章时，应向开户银行出具书面申请、原预留签章的式样等相关证明文件。个人遗失或更换预留个人印章或更换签字人时，应向开户银行出具经签名确认的书面申请，以及原预留印章或签字人的个人身份证件。银行应留存银行结算账户相应的复印件，并凭以办理预留银行签章的变更。

第六章　附　则

第四十六条　本细则未尽事宜，按照《办法》的有关规定办理。

第四十七条　本细则由人行营业管理部负责解释、修订。

第四十八条　本细则自2003年9月1日起试行。原中国人民银行北京市分行制定的《北京市〈银行账户管理办法〉实施细则》（京银发［1995］376号）同时废止。

二〇〇三年八月二十日

北京市银行系统银行卡受理市场建设指导意见

中国人民银行营业管理部

银管发［2003］178号

为贯彻落实北京市银行卡应用发展电视电话会议精神，加快北京市银行卡联网通用工作，配合市政府“刷卡消费无障碍工程”，明显改善银行卡受理环境，努力使北京成为全国银行卡受理环境的首善之区，现就北京市银行卡受理市场建设工作提出如下意见：

一、进一步统一思想，加强领导，切实改善银行卡受理环境

北京市银行卡应用发展电视电话会议的召开是市政府全面推进银行卡受理市场建设工作的又一重要举措。会议进一步明确了各相关部门和区县今后一段时期银行卡受理市场建设工作的职责分工和进度要求。全市银行系统各单位要认真学习翟鸿祥副市长的讲话精神，紧紧抓住政府推动银行卡应用发展的有利契机，进一步加强对本行银行卡工作的领导。各行要成立主管副行长为组长，相关部门为成员的工作机构，切实做好行内相关部门的组织协调工作。中国银联北京分公司、北京博思银联公司要按市政府提出的各项工作目标及要求，履行职责，积极配合北京市银行卡应用发展推进工作办公室（以下简称推进工作办公室）做好全市银行卡受理市场建设发展推进工作。在受理市场建设工作中，各行要统一思想，树立全局意识，加强与推进工作办公室的协调配合，正确处理好本行银行卡业务发展与银行卡受理市场建设工作全局的关系，避免出现部门利益、局部利益损害整体利益的情况。

二、继续扎实做好银行卡联网通用、联合发展工作

（一）巩固联网通用成果，规范市场秩序

针对当前银行卡联网通用工作中存在的终端机具标准化改造不彻底、部分间联POS机受理他行卡出现系统不够稳定、跨行刷卡有时不流畅等问题，各行应进行自查，发现问题的要提出整改方案，并将自查情况及整改结果于9月30日前报我营业管理部。联系人：杜立欣；联系电话：68559606。同时，各行对已完成标准化改造的终端机具应按要求统一张贴“银联”标识。今年四季度，我营业管理部将组织中国银联北京分公司、各成员单位对群众反映意见比较集中的特约商户进行跨行交易成功率的测试检查，凡跨行交易成功率低的单位要限期整改，情况严重者要通报批评；凡不能受理他行卡的机具一律限期撤除。

（二）规范POS机具联接方式

为全面推行跨行交易统一技术和业务标准，进一步改善系统运行稳定性，各收单行应严格执行我营业管理部《关于印发〈开展POS机直联工作的实施意见〉的通知》（银管发［2002］49号）的有关规定，新发展的特约商户布放POS机一律采取直联方式，统一软件版本、统一签约格式、统一商户编码。如发现新发展特约商户未采取直联方式的，我营业管理部将责令其限期纠正，对情况严重者进行通报批评。

（三）严格执行全市统一的银行卡交易手续费率

盲目降低商户手续费率，不计成本争抢市场搞恶性竞争，不仅影响了银行业自身的效益，而且损害了银行在商户中的整体形象。在今后的商户发展工作中，各行要严格执行人民银行关于银行卡交易收费的有关规定，遇有特殊问题，应积极向北京市银行卡应用发展推进工作办公室反映，不得擅自降低手续费标准。擅自降低手续费标准，引起不良竞争后果的，一经发现，将在全市通报批评。根据北京市银行卡应用发展推进工作电视电话会议的统一部署，对于特殊行业，我营业管理部积极将在充分听取各行意见后，争取人民银行总行、中国银联、市政府各相关部门的支持，尽快出台适合北京市场现状的手续费标准。

三、切实提高金融服务水平

（一）加强银行卡产品研发，丰富银行卡功能

各行应进一步拓展银行卡业务领域，不断丰富银行卡品种，针对不同的客户群体，积极开发与群众日常生活和工作相关的银行卡服务功能，推动银行卡与各种具有支付功能的行业卡的结合，并加快研究推动IC卡的普及应用和发展。根据北京市银行卡推进工作电视电话会议的统一部署，在加大发卡工作力度的同时，各行应积极推广银行卡应用，结合自身财务制度，制定并完善适合本行特点的公务用卡方案，普及银行卡在银行系统员工中的应用。

（二）不断改进和提高服务质量

各行要认真研究解决持卡人在用卡、受卡过程中存在的问题。尤其是针对持卡人比较关注的高峰时段交易时间慢、刷卡交易不成功、扣错款、退货难等问题，采取有效措施，进一步改善金融服务水平，使广大市民敢用卡、用好卡、多用卡。

一是提高刷卡交易成功率。各行要严格执行中国银联发布的《卡表和路由管理办法》，按银联提供的银行卡入网卡片表在所属终端和系统上对入网银行卡表进行准确更新和及时定义，确保新加入银联网络的银行卡（包括本地和异地）的畅通使用，切实保证终端机具特别是酒店类商户POS机具的开放性和通用性，提高银行卡

交易成功率。

二是缩短商户到账时间。采用手工记账方式的银行要加快系统改造工作进程，避免压账，加快资金划转速度；中国银联北京分公司要积极研究压缩批量处理时间，缩短资金清算时间。

三是要尽快解决部门商户反映的错账调账速度慢问题。下半年成员行调账率指标要力争压缩到0.1%以下，各未达标成员行要高度重视，尽快建立健全银行卡错账处理机制，指定专人负责银行卡错账调整工作。错账处理人员要严格按照《银行卡跨行业务差错处理实施细则》的时限要求，进一步提高工作效率和服务质量。

四、加强银行卡知识宣传，促进银行卡的广泛应用

各行要结合前一阶段推进工作办公室组织开展的“有奖刷卡抽奖活动”和“刷卡消费无障碍街区”创建活动，进一步抓好面向社会的宣传工作。突出本行特色，宣传形式要更丰富、内容要更实在、组织要更细致，通过扩大宣传效应，鼓励和培养市民用卡消费的观念和习惯。

五、加强银行卡业务风险防范工作

针对近期以来银行卡诈骗案件有所上升的趋势和目前管理环节上尚存在的一些漏洞，各行在大力发展银行卡业务的同时，要增强安全意识；加强银行卡业务的安全性研究；严格管理，建立健全银行卡业务风险防范制度和内部控制机制；完善对各类突发案件的应对措施；进一步增强银行卡从业人员的法律意识。同时要加强对异常情况的及时处置和及时反馈，出现问题应于24小时内上报我营业管理部。

六、加强银行卡专业人才的培养

各行要进一步强化对银行卡从业人员的职业培训，不断提高从业人员的职业素质，保持银行卡业务骨干人员的相对稳定，带动银行卡业务的发展及服务品质的提高。

二〇〇三年九月十日

关于进一步做好促进首都经济稳定持续发展　防范新的金融风险工作的通知

中国银行业监督管理委员会北京监管局

京银监发［2003］2号

各政策性银行北京市分行及总行营业部、各国有独资商业银行北京市分行及总行营业部、各股份制银行在京营业机构、北京市商业银行、各外资银行北京分行、北京市农村信用合作社联合社、北京国际信托投资公司：

当前，北京市经济发展继续保持良好的势头，“非典”对经济的影响已经减弱，经济恢复进程强劲，经济增长势头明显加快。辖内金融运行总体情况良好，金融机构存款增速较快，贷款结构继续优化，资产质量进一步提高。1～9月份，辖内金融机构各项人民币存贷款增长幅度均大大高于同期经济增长幅度，金融对经济的支持力度仍在逐月加大，全市经济、金融呈现出稳步增长的好势头。为进一步促进首都经济稳定持续健康发展，努力实现全年经济增长目标，辖内各金融机构（以下简称“各机构”）要继续加大市场营销力度，努力探索金融经营的有效方式，着力调整信贷结构，积极开拓各项业务，调整自身资产结构，提高资产盈利能力，增强业务创新能力。同时，在积极支持经济发展的过程中，要更加关注防范新的金融风险，正确处理好支持经济发展与防范化解金融风险的关系，牢固树立“首都金融无小事”的观念，努力为促进首都经济发展创造良好的金融环境。为此，特提出如下监管要求：

（一）切实注意和防范房地产信贷风险

近年来，北京地区房地产市场出现了新的动向，一是房地产开发投资规模出现较大增长，大部分房地产开发企业对银行信贷资金依赖程度过高；二是房屋销售价格和土地交易价格不稳定，商品房空置面积有所增加；三是商业银行之间业务竞争激烈，有的商业银行甚至降低条件发放贷款，假按揭的案件时有发生。因此，各机构要密切关注房地产市场情况，建议采取以下相应措施，切实防范房地产信贷风险。

1. 强化防范风险的意识。各机构要分析和把握当前的经济形势，进一步明确信贷经营的指导思想，在防范金融风险的前提下，不断调整和优化信贷结构，努力促进和扩大合理的住房消费，积极支持普通商品住房、经济适用住房建设，积极支持实力强、效益好、信誉高的企业，完善零售业务服务体系，通过发挥银行信贷的杠杆作用，实现辖内国民经济稳定持续健康发展。

2. 加强对房地产市场监测，适时调整房地产授信业务的管理要求，优化房地产信贷结构。各机构要定期对房地产市场供求等情况进行分析研究，密切监控房地产信贷业务的总量和结构，按季对房地产信贷风险情况进行评估。按照不同区域的市场发展预期及风险特点，采取刚性原则下细致而有区别的政策，合理确定和调整房地产授信总量和比例，调整贷款结构，重点支持市场需求潜力大的中低档普通住房项目，支持实力强、信誉好的优质房地产企业。审慎对待房地产信贷业务，避免炒地、圈地投机行为，严格控制高档楼宇、酒店、高档娱乐设施贷款。对商品房空置面积增幅较高、销售价格上涨较快、投资增长超过销售增长的地区要从紧从严控制贷款。

3. 严格对房地产开发贷款和住房消费贷款的管理。一是严格按条件发放贷款，从严控制对自有资金实力不强、行为不规范、不具备房地产开发资质的开发企业发放贷款。对自有资金达不到30%的开发企业不得发放贷款；对商品房空置量大、在建项目过多、自身能力难以支撑、综合负债率高的房地产开发企业，严格审批新增贷款；对虚假、虚增以及抽逃资本金的企业要进行信贷制裁；对关联企业多、法人治理结构不明确、在信息披露方面不合作、提供数据不准确、不及时的企业要实行重点监控；严禁擅自放宽条件、违规发放贷款和进行不正当竞争；严禁流动资金贷款进入房地产领域。二是加强开发贷款管理，对贷款的使用进行全过程跟踪和严密监控，坚持定项目发放、定项目使用。对开发贷款要按工程进度和实际用途，分期分批拨付，防止挪用和“烂尾”风险；对大型客户单一法人授信，各机构要在系统内建立综合授信总额控制和信息共享机制；对开发贷款、建筑安装贷款、个人按揭贷款要按项目统筹，全程管理，注意风险管理上的衔接。三是加强对个人住房消费贷款的管理，认真审查客户的个人资信情况和购房行为的真实性。要注意审查借款申请人的还款能力和还款意愿，以加强个人消费贷款的风险管理。对首付款不足20%的个人购房者不得发放贷款；建立信贷人员与部分借款人约见谈话制度，严禁由开发商代办个人购房贷款，杜绝“假按揭”贷款；加强对抵押物价值和登记情况的审查，防范超值抵押、重复抵押、售后再抵、抵后再售等骗贷款行为，保障金融资产的安全。

（二）认真重视和防范汽车消费信贷风险

据了解，在各机构开展的汽车消费贷款业务中，目前主要存在以下问题：一是经营性用车贷款风险较大，一旦借款人出现经营亏损，往往拖欠贷款；二是汽车贷款履约担保不规范，有些保险公司为追求保险综合效益，放松履约保险业务审查，对保险人调查不细，对保险期限和品种管理不严；三是汽车经销商贷款存在信用风险，许多规模小的经销商没有足够的可供抵押的固定资产，甚至通过虚抬车价或虚拟合同等手段从银行套取贷款；四是有些银行没有确定贷款首付比例，有的实行“零首付”，加大了银行贷款的风险程度。

对此，第一，各机构要建立规范的汽车消费贷款操作流程，明确各操作环节、岗位的风险及责任，加强对借款申请人和贷款担保人的资信审查，加强对汽车经销商的资质审查和管理，根据借款人的偿还能力确定不同的首付款比例，对首付款不足的不得发放贷款；第二，严禁由经销商代办个人汽车消费贷款，严防经销商通过制造虚假购车合同骗取汽车消费贷款；第三，从严控制对资金实力不强、信誉低下的经销商发放贷款，建立严密的汽车消费贷款风险评估、监控和处理系统，防范抵押物减值风险，防止未还清车款的汽车异地抵押和出售；第四，对于还款能力受经营效益和运输市场影响较大的经营性用车贷款，要建立与自用性汽车消费贷款相区别的风险防范与监控机制，防止借款人因经营不善拖欠贷款甚至人车失踪的情况发生；第五，要加强对贷款所购车辆的保险期限和品种管理，严防由于保险期短、保险品种不全而产生的风险，对汽车抵押期间中断或撤销保险的行为要从严防范。

此外，各机构也要重视这一领域内不断产生的新需求，适时研发和创新金融产品，提高对客户的管理和服务能力。

（三）加强对盲目投资、低水平重复建设行业贷款的控制力度，防止出现新的不良贷款

当前，我市经济呈现良好发展势头，但在经济持续较快增长的过程中，也出现了一些新情况和新问题。某些行业盲目投资、低水平重复建设的情况有所抬头。因此，各机构在支持经济发展的同时，必须注意控制新的风险。对新增产能工艺装备落后、产品档次低、污染重、能耗高的企业，对生产能力不断扩张、产品超过或近期可能超过市场需求、能耗比无竞争优势的企业，各机构要严格控制新发放贷款。对已发放的贷款要有针对性地采取措施，

防止新的不良贷款的产生。

（四）注意防范关联交易、内部人交易风险

目前，我国集团企业和家族关联企业众多，这些企业组织结构复杂，信用状况参差不齐，给商业银行信贷管理带来很大的难度。随着蓝田、银广厦、彭氏兄弟等企业集团或家族关联企业贷款问题相继出现，以及一些集团企业大案要案的暴露，表明商业银行对这些集团企业贷款存在较大的风险，各机构要从这些事件中引起警觉，吸取教训，采取措施，加强对落户北京的集团企业贷款的风险监管。要严格控制对关系人的授信，不得向关系人违规发放信用放款，要加强对关联企业授信的审查和监督。

（五）注意防范信贷过度集中的风险

据了解，各机构普遍存在着贷款和授信对象过度集中于“大企业”和“大客户”的现象。应该说，这类企业资金实力雄厚，风险性相对较小，应该给予支持。但是这类企业往往受政策因素影响较大，商业银行对该类企业的风险测定和把握难度较大，贷款管理难度较高，并且这种风险具有迟滞性、不可预知性、突发性、集中性的特点。因此各机构要重视相关信息的搜集工作，密切注意有关国家方针政策、行业发展，以及大企业和大贷款客户的背景及经营信息等多方面的情况，采取适当措施，防止信贷资金出现损失。

（六）注意和防范为证券公司（基金公司）担保的业务风险

近来一些证券公司、基金管理公司等资本市场中介机构寻求通过银行担保发债等方式直接或间接获得银行融资支持。担保业务是银行一项基本的中间业务，但是，与资本市场相关的担保业务需要审批，并且，开展担保业务对银行自身准确识别、计量和控制相关风险的能力有很高的要求。这种担保业务，存在着股票投资、债券投资以及机构运作、系统运作、管理能力和经营空亏等诸多风险，这些风险又主要来自于资本市场风险、经济周期波动风险和上市公司的经营风险。尤其是在当前资本市场不完善，股市持续低迷，不确定性因素增多，证券公司经营困难，财务亏损增大，各种投机炒作行为日甚的情况下，商业银行如为证券公司或基金公司提供融资性担保，往往具有很大的风险性，直接影响商业银行的资产质量和经营效益的提高。因此，在目前商业银行计量和控制风险能力还较弱，而此类担保业务风险较高的情况下，各机构开展此类担保业务一定要慎之又慎。

（七）注意防范票据业务风险

近年来，各家银行票据业务发展迅速，已成为调整信贷结构、降低信用风险、提高经营效益和改进金融服务的重要手段，但是其中的风险不容忽视。如果处理不好，也会给银行资金带来损失。为此，各家机构一是要不断加强内部控制制度建设，建立健全业务管理办法和操作规程，强化内部风险防范措施，完善票据防伪鉴别手段，确保银行资金安全。特别是要强化对商业承兑汇票贴现业务风险的防范，对该类票据视同贷款管理，进行全程监控。二是强化对票据业务的内部检查监督，及时发现票据风险控制的薄弱环节，对业务开办过程中存在的违规行为及时查处，促进票据业务的规范发展。三是适应票据业务发展的需要，不断加强业务培训和风险教育，提高票据从业人员业务技能和风险防范水平，造就一支优秀的票据专业队伍。

四是建立健全风险防范激励机制和责任追究制度，落实票据回款的监控责任，减少结算纠纷和经营损失。

二〇〇三年十月二十二日

关于印发《北京金融监管联席会议制度》的通知

中国银行业监督管理委员会北京监管局
中国证券监督管理委员会北京证券监管办事处
中国保险监督管理委员会北京办事处
京银监发［2003］6号

北京辖内各金融机构：

为牢固树立“首都金融无小事”的观念，进一步加强北京辖内金融监管机构之间的联系与合作，及时交流监管信息，妥善解决金融分业监管实践中有关政策协调问题，提高监管效率，确保辖内金融业安全稳健运行，中国银行业监督管理委员会北京监管局、中国证券监督管理委员会北京证券监管办事处、中国保险监督管理委员会北京办事处联合制定了《北京金融监管联席会议制度》，现予以印发。

特此通知

附件：北京金融监管联席会议制度

二〇〇三年十一月十三日

北京金融监管联席会议制度

第一条 为了进一步加强北京辖内金融监管机构之间的联系与合作，充分共享监管资源，最大限度地发挥银行、证券、保险三家金融监管部门在京派出机构（以下简称三家监管机构）的职能作用，牢固树立“首都金融无小事”的观念，妥善解决金融分业监管实践中有关政策协调问题，提高监管效率，实现对金融机构和金融业务全方位、持续有效的监管，确保辖内金融业安全稳健运行，中国银行业监督管理委员会北京监管局、中国证券监督管理委员会北京证券监管办事处、中国保险监督管理委员会北京办事处决定建立金融监管联席会议（以下简称联席会议）制度。

第二条 联席会议是三家监管机构联系与合作的平台，其工作原则是“分业监管、职责明确、规则透明、信息共享、讲求实效”。三家监管机构将通过互通信息、充分讨论、协商意见，鼓励金融创新，支持金融发展，防范和化解金融风险，保护金融债权人和辖内金融消费者的合法利益。

第三条　联席会议的职责：

（一）研究落实上级有关部门及领导批示中需三家监管机构进行监管协调的问题；

（二）研究分析银行、证券、保险业发展过程中的风险问题，研究构筑风险“防火墙”建设；研究分业监管中政策协调问题；

（三）磋商三家监管机构监管实践中需要协调的重要事项，调解分业监管中出现的复杂问题；

（四）研究协调银行、证券、保险业务发展和创新中形成的边缘业务、交叉业务及其监管政策和监管方式问题；

（五）研究协调银行、证券、保险对外开放及监管政策；

（六）根据监管对象和监管项目，研究金融监管合作方式和具体实施的内容及措施；

（七）研究三家监管机构在金融监管方面的联系、沟通与合作的层次和方式；

（八）其他需要协商、通报和交流的事项。

联席会议仅协调上述重大问题，联席会议成员单位原有的职责分工和日常工作机制不变。

第四条　作为联席会议制度的重要组成部分，三家监管机构将定期进行监管信息和数据的交流，具体内容包括季度业务汇总数据、监管报告（季度监管形势分析报告）、高级管理人员不良记录名单和其他需要交流的内容。信息交流材料由三家监管机构的办公室（综合管理处）统一负责收集准备。

第五条　联席会议成员由三家监管机构的主要负责人组成。根据会议议题，会议成员可带若干名助手参加会议。

第六条　会议实行轮值主席制度。轮值主席按照银行、证券、保险监管机构的顺序，由三家监管机构的主要负责人轮流担任。

第七条　轮值主席是联席会议的召集人、承办人和主持人。

第八条　联席会议原则上每半年召开一次，召开时间为三月、十月的第一个星期，遇法定假日可顺延，会期视会议议题情况确定。如遇重大问题或需要协调合作的事项，轮值主席也可根据某一家监管机构的提议，并征得其他两家监管机构同意后临时召开联席会议。

第九条　联席会议设立联席会议秘书处作为日常联络常设机构。联席会议秘书处成员由三家监管机构的办公室（综合管理处）负责人组成。联席会议秘书处设秘书长一人，由担任轮值主席方的办公室（综合管理处）负责人担任。

第十条　联席会议秘书处秘书长于联席会议召开的前 20 天，征询其他两家监管机构对本次会议议题的建议。轮值主席于联席会议召开的前 10 天确定议题，并通过联席会议秘书处，将会议议题及相关会议材料印送各联席会议成员。

第十一条　轮值主席根据会议议题需要，征得其他两家监管机构同意，可邀请三家监管机构的上级主管部门、中国人民银行营业管理部、北京市政府有关金融管理部门、各金融行业协会及其他金融机构参加联席会议。

第十二条　联席会议基本议事程序：

（一）轮值主席主持会议，宣布会议成员和会议议题；

（二）议题涉及方按照轮值主席安排顺序依次发言；

（三）三家监管机构讨论议题报告；

（四）轮值主席汇总各家监管机构观点形成联席会议决议。

第十三条　联席会议秘书处秘书长可安排有关工作人员列席会议，做好会议记录，并负责整理会议纪要。

第十四条　会议纪要由三家监管机构共同签发。

第十五条　三家监管机构要在各自主管部门授权范围内，按照会议纪要议定事项做好协调工作。

第十六条　如遇重大事项时，联席会议轮值主席在征得其他两家联席会议成员同意后，可向新闻媒体公布会议情况。

第十七条　本制度的修订需经联席会议讨论，并经全体成员同意。

第十八条　本制度由三家监管机构主要负责人共同签发后施行。

关于加强保险公司内控管理制度建设的指导意见

中国保险监督管理委员会北京办事处

保监京发［2003］1号

为了更好地贯彻落实“十六大”精神，认真执行2003年实施的新《保险法》的各项法律规定，加快全面建设小康社会和实现经济翻两番提供充足的保险保障，继续开创2003年北京市保险市场发展和保险监管工作的新局面，按照解放思想、改革创新、求真务实、扩大开放、加速发展的总体要求，现提出加强保险公司内部控制制度建设的指导性意见。

一、以改革为动力，推进公司内部各项管理制度的创新

经过近几年快速发展，北京保险业在公司业务发展战略、业务经营规划、业务经营区域、目标客户群体、销售代理渠道等方面，对分支机构组织架构和业务经营活动计划、监督、评估和管理等，进行了许多大胆和有益的改革创新，在防范和化解经营风险和加强内部控制管理制度建设方面取得了显著的成效。但同时，由于保险公司数量的增加、规模的扩大和业务活动日益复杂化，保险市场中也出现了一些违法违规的突出问题。在北京保险市场对外开放步伐加快和市场竞争日益加剧的情况下，为防范和预先发现经营中存在的问题，避免或者减少可能遭受的经营损失，保证北京保险业可持续发展，在加强保险监管的同时，各保险公司经营决策者应该认真制定和切实执行公司控制风险、加强管理、稳健经营的内部控制管理制度。

在日益激烈的市场竞争中，保险公司的竞争优势主要取决于公司的人才技术优势和组织管理优势，而不是传统的资源优势和资金优势。保险资源配置和经营管理能力的差异性和保险公司利用这些资源的独特方式，形成了各自公司的竞争优势和比较优势。建立内控制度和管理制度的目的是提高保险公司自我约束意识，防范和及时发现经营风险，建立公司内部相互制衡机制，确保正确反映公司的经营效益，提高公司的核心竞争力。健全有效的内控制度可以监督和弥补公司管理功能可能存在的缺陷，使公司在市场环境变化和人员素质差异的情况下，实现公司的市场经营目标。

保险公司的内部控制管理制度建设应注重体制创新和机制创新，应参照国际先进的管理模式进行公司内部管理体制方面的改革创新。比如公司价值链管理、组织结构管理、业务绩效管理、客户关系管理、公司价值管理、销售渠道管理、服务质量管理、公司品质管理、人力资源管理、激励约束机制管理等。

2003年车险管理制度改革是保险业的一次理论创新、体制创新、管理创新、实践创新，对我市保险业的深化改革，对保险公司经营增长方式的转变，对保险业务结构的调整，促进我市保险业快速健康稳定发展将产生重大影响。各财产保险公司要充分认识这项制度创新对公司的经营管理体制和方式所带来的变革，最大限度地引入市场竞争机制，通过改革创新推动保险公司按照市场经济规则提高自身的核心竞争力。车险条款费率管理制度的创新是市场化改革以后，保险公司必须认真对待的一项新的管理任务，应按照市场化改革的要求，提高公司管理保险费率的水平，保证保险费率在市场资源配置和引导保险供求关系调整方面发挥最大的效益。

各财产保险公司分公司与所属分支机构间应该建立严格的管控机制和费率反馈机制。分公司对支公司的经营活动必须做到心中有数，及时指导，监控到位，分公司应建立严格的核保和核赔分离制度，建立必要的审核制度和检查制度。对支公司擅自越权和违法违规的经营行为，对违反公司内部控制管理制度的行为，必须认真进行内部监督和检查，加大处罚力度，并及时修改和完善内部控制管理制度。否则保险监管部门可以追究分公司的领导责任。

二、以监管为核心，监控和指导公司内控管理制度建设

加强保险监管部门对保险公司内部控制管理制度建设的目的是在新的市场和法律环境下，将以往部分监管责任转变为保险公司的管理责任。保险监管部门的监管责任是保护被保险人的利益，保证投资人的正当投资回报权益不受侵害，监督保险公司合法合规经营，具备足够的偿付能力。以往这种监管职能是通过对保险公司现场和非现场的例行检查来实现的，但由于保险公司管理体制和业务经营的复杂程度增高，保险监管部门例行的检查和抽查的真实性、准确性、即时性、有效性遇到了现实的挑战，增加了保险公司的经营风险，增大了有效监管的难度。在国际化竞争的大背景下，保险监管部门必须认真研究和充分发挥保险公司内部控制管理制度建设的积极作用，将内部控制管理制度建设作为强化监管的重要内容，保险公司则应该认真检讨和审视公司内部控制管理制度执行的现状，增强对公司内部机构、业务、财务、投资等方面的风险管理，完善和弥补内部控制管理制度方面的缺陷和不足。保险监管部门在加强保险法律法规建设的同时，应督促保险公司加强公司内部控制管理制度建设，两者是相辅相成、不可替代、互为补充、缺一不可的。

保险公司内部控制管理制度建设是保险公司为实现经营战略和经营目标，控制经营风险和加大风险管理，加强对各级机构管理者的监督和检查，确保会计和统计数据的真实完整等自身要求，出于生存发展和外部竞争的需要，而主动采取的一种自我控制管理风险的自律行为。国际上一般对内部控制按职能划分为内部会计控制和内部管理控制两类。保险公司内部会计控制包括涉及直接与财产保护和财务记录可靠性有关的所有方法和程序，包括分支机构授权和批准制度、责任分离制度以及对财产的实物控制和内部审计等。保险公司内部管理控制包括与管理层业务授权相关的组织机构的计划、决策程序、控制环境、风险评估、控制手段、信息交流、监督管理以及各种内部规章制度的执行状况。

保险公司分公司必须对支公司和其他经营单位的经营范围和经营规模是否相适应，内部控制管理制度建设是否完备和完善，权力与责任的平衡是否对称，重要职能和关键岗位的设立是否相互制约，独立的内部稽核和公正的外部审计是否健全，内部制度建设和内部监督机制是否执行落实，职业道德水平和培训质量是否提升，违法违规行为和有意误导行为是否得到遏制，财务制度和会计准则是否得到执行等施行严格的绩效评估和管控。这要求保险公司必须建立科学完善的内部控制管理制度，提高操作效率，确保现有规章制度的执行，同时保险监管部门必须对公司内部控制管理制度的建立和执行情况进行认真检查和必要指导。

三、以竞争为手段，建立内外资保险公司竞争合作机制

北京市保险市场的对外开放，为内外资保险公司提供了一个竞争与合作的大市场，使国内保险公司实际上直接或间接地参与了国际保险业的竞争，因此，保险公司应该从国际竞争的高度，提高公司的经营管理水平和质量，应该具备全球化的经营视野和更强的合作意识，积极主动地参与业内的竞争与合作。我市内外资保险公司各自具有不同的优势，如何在激烈的竞争中获得最低成本、最佳产品、最优服务、最大份额、最高利润，是公司竞争所追求的目标。在全球经济一体化的过程中，保险公司共同开发和利用保险资源、保险科技、保险信息，以及保险公司经营过程中的合作与联系，是国际化经营的必然要求和发展趋势。

从管理的层面上看，外资保险公司在内部控制管理制度建设方面的先进经验和做法值得我市各保险公司学习和借鉴。首先，我市内外资保险公司应该加强在国际通行的内部控制管理制度方面的交流，增强公司管理者对内部控制管理的意识。其次，应注重公司内部控制管理水平和质量的提高，以适应竞争与合作的要求。第三，应加强对业务无序竞争的管控，在管理创新、服务创新、机制创新等方面开展竞争活动。最后，共同营造一种合作创新、共同发展的市场协作精神和协作方式，提高公司的获利水平和竞争力。

四、以管理为目标，提高公司经营管理整体素质和水平

保险公司的组织结构是保证公司各部门和各分支机构各司其责、有序结合、分工明确和有效运作的组织保障。合理的组织管理结构可以把分散的、单个的力量聚集结合成为集中的、强大的集体力量，可以使保险公司每个员工的工作职权在组织管理结构中以一定形式固定下来，保证保险公司经营活动的连续性和稳定性，有利于明确经营者的责任和权利，避免相互推诿，克服官僚主义，提高工作效率，克服办事拖拉的弊端；可以确保公司领导制度的实现，公司经理只有依靠一套完善的组织管理机构才能有效地行使自己的权力。

围绕风险控制和增进效益两个目标，保险公司应该加强内部控制管理水平，增强竞争能力，在日渐市场化和日益开放的经营环境中立于不败之地。一是应建立起高效的风险管理机制，以风险管理为核心，严格控制经营风险，保证其业务收益的稳定，满足被保险人日益增长的保险需求；二是运用高新技术手段和先进方法对风险变动趋势进行科学的预测，有效进行公司经营风险的控制和管理；三是完善保险风险内部控制机制，对经营风险实行严格的监控，建立科学的风险监测反馈系统，提高公司经营效益；四是完善内部控制管理制度，用制度管人、管机构、管业务、管经营，并接受保险监管部门的指导和检查。

五、以服务为理念，提升产品创新服务创新的科技含量

1. 产品创新能力反映公司管理和竞争水平。保险产品的系列结构、规格品种，特别是产品更新换代的频度，对保险公司产品管理能力的高低有着十分重要的影响。因此，根据竞争的客观需要，在京保险公司都把优化产品结构、增加和更新产品作为提高其管理水平和国际竞争力的一个重要方面。但同时我们必须看到，北京保险市场中仍然不同程度地存在保险产品结构雷同、业务单一、创新不足、粗放经营等问题。比如在业务结构方面，财产险保险费收入来源70%以上为机动车保险，经营缺乏特色和品牌；在业务品种方面，财产险传统型业务比重大，创新型业务、高附加值业务和延伸型业务比较少或基本上没有开展。

随着新《保险法》的实施，保险监管部门对保险条款费率的管制得以放松，保险公司有了更大的条款费率制定权。因此，在日益激烈的市场竞争下，保险公司应该跳出传统的业务框架，认真分析市场需求，建立推进产品更新换代的产品管理制度，加速开发和创新公司自身的产品系列，提高公司产品的国际化、多样化、专业化水平，努力开拓各种市场空间。培养适应产品创新的人才队伍，造就一支掌握现代产品风险管理技能和方法的高素质管理队伍，是对保险公司管理水平和内控机制是否完善的考验。因此，保险公司应该注重培养自己的专业技术人才，建立适应市场发展的产品创新机制。

2. 科技创新引导保险公司的服务创新。北京保险市场近年来能有快速发展，同保险公司重视服务创新密切相关。目前北京保险市场中的服务创新表现为：服务科技方面的电话语音服务、网络和电子商务、银行结算支付方式等；服务管理方面的计算机网络管理、承保、理赔、结算中心、代理人业绩管理、营销管理等；服务方式方面的服务之家、客户回访、24小时电话咨询服务等。服务理念得到不断提升和转变。

保险公司应在现有的基础上，加快电子化和网络化建设的步伐，采用电子计算机和现代通讯技术，促进办公自动化、电子商务和网络保险以及由此延伸的服务手段和领域，提高保险公司的业务处理能力和运作效率，以高效、快捷、优质的服务，积极参与保险业的国际和国内竞争。

在信息技术引发的保险创新浪潮中，在京保险公司已经意识到，公司间竞争的重点不再是产品的价格竞争，而是服务质量和方式的竞争。只有通过高质、高效、高附加值的服务竞争，才能将各种保险产品更快更好地送达顾客，才有利于扩大和稳定客户关系，占有更高的市场份额，增加业务创新的机会。

3. 加强代理人管理制度促进服务质量提升。新《保险法》修改的一条重要内容，是加重了保险公司对保险中介人和中介业务管理的法律责任和管理责任。保险公司应根据中介业务发展的实际，制定相应的保险中介业务管理办法，加强和完善对保险中介业务的管理。保险公司必须认真落实保险代理人持证上岗的规定。这是保险公司对社会公众的一种职业责任，可以遏制不正当竞争和误导行为的发生，北京保监办将通过多种方式公布持证上岗的保险代理人名单，利用公司查询、协会查询、语音查询、网上查询等手段，增加社会公众的监督，用市场化做法推进保险代理人持证上岗规定的落实。

北京保险业的代理营销方式最终将建立在市场导向型、客户需求型这样一种新的发展模式基础上，使人寿保险这一“以人为本”的保险服务行业在服务意识、服务效益、服务质量、服务渠道、服务方式、服务内容等多方面和多层次发生根本变化。

保险服务质量的提高关键是靠保险公司的服务意识的提高，靠保险公司服务创新。我国加入世界贸易组织后，保险业的制度体制改革、机构业务管理、人事分配制度等方面的改革，归根结底都将落在服务竞争上，因此，提高保险服务与促进保险发展是相辅相成的，是保险公司在今后激烈的市场竞争中能否立于不败之地的客观要求。保险公司必须高度重视售前服务、售中服务、售后服务的各个环节，遵循公司的工作流程和管理制度运行，不能因人而异，降低服务水平和质量。

4. 高度重视银行保险的发展机遇和经营风险。银行保险最直接的含义就是通过银行网络来销售保险产品。充分利用庞大的金融机构网络，增加保险的销售渠道，高效率地覆盖市场与客户是保险公司热衷于银行保险的最现实的愿望。银行保险所显示出来的独特魅力和广阔前景对保险公司拓展销售渠道意义重大。一是可以建立客户资源共享机制，为双方客户提供综合性互惠服务；二是加强银行保险业务的深层次合作；三是适应网上保险的需求，实现双方网站的方便连接，为客户提供更方便、更快捷的网上保险、网上查询和网上转账等多方面、多渠道的服务。

银行保险业务在我市发展势头迅猛，已经占据人寿保险销售渠道的32%强。但同时，各保险公司应该清醒地认识到，银行保险不是零风险。由于保险公司在内部控制管理制度方面的滞后性，目前有些问题已经暴露，如经营效益风险、资金回报风险、资产负债匹配风险、违规操作和误导宣传等事件时有发生。这必须引起各保险公司的高度重视，加快制定相关的风险控制管理规定。银行保险注重的是品牌形象和诚信经营，保险公司要严格依法合规经营，塑造自己稳健经营、诚信经营、合法守规的品牌形象，形成自己值得信赖的品牌优势。银行保险需要强调的是加强人才培养和培训，保险公司必须加强培训内容和时间。银行保险的核心产品是服务，服务质量是决定银行保险业务经营成败的关键所在。

六、以效益为中心，用内控制度管控公司所有经营行为

保险公司的经营目标是实现股东价值的最大化，这就需要保险公司对其分支机构的管理层进行监督，保证分支机构的管理层能够按照公司的既定目标履行职责，有序、有效地开展业务，确保公司的经营目标能够得以实现。以实现股东价值的最大化为基础的管理是一个综合的管理工具，它可以用来推动创造价值的观念深入到公司一线员工中去。用效益的观点，通过内部控制管理制度和经营目标的实施，监督和管理公司管理层的所有经营行为。内部控制管理制度是保证保险公司实现经营效益的保证，而分支机构的管理层是相关制度的制定者和执行者，他们的经营行为直接影响内部控制管理制度的执行绩效。

目前，在北京保险市场中时有发生的分支机构违法违规经营行为，反映出上级公司仍然存在以保费论英雄，以规模为发展目标的经营指导思想。有些内部控制制度对部分分支机构管理者的经营行为缺乏必要的约束和监督，不能保证会计和统计数据的真实性和准确性，内部稽核和外部审计制度形同虚设，削弱了内部控制制度的监督效力，同时增加了保险公司经营风险和保险监管的难度和成本。

保险公司内部控制管理制度必须引入有效的激励和约束机制。一是应该提高管理者和员工的风险控制意识，增强自觉遵纪守法的观念和氛围；二是制定切实可行的内部控制管理制度和监督检查制度，并在运行中不断补充完善；三是强化会计核算的内部控制系统，确保业务数据和报表的真实性和完整性；四是加强和保证内部控制管理制度的有效运行，加大公司内部稽核和外部审计的检查力度；五是建立和完善公司的法人治理机构，加强对决策者和管理者的监督和制约作用；六是加大对公司内部控制管理制度的检查和完善，确保上级公司对下级公司的有效监督和管理；七是保险监管部门可以根据公司内部控制管理制度建设的实际情况，制定符合公司业务和机构发展的监管政策。

二〇〇三年一月十日

关于简化部分行政审批事项手续的通知

中国保险监督管理委员会北京办事处

保监京发［2003］41号

各保险公司在京分公司（营业部），北京保险行业协会，北京保险学会：

为贯彻落实国务院关于精简政府行政机关行政审批事项文件精神，提高办事效率，简化审批手续，积极推动保险业发展，我办现对部分行政审批事项调整如下：

一、保险公司分支机构的筹建和设立管理

各公司向我办申请办理分支机构筹建和设立时，应根据《保险公司管理规定》报送相关材料，并报《在京保险机构情况表》（详见附件，文字及磁盘两种形式），不再填报《北京市保险机构筹建申请审批表》和《北京市保险机构开业申请审批表》。我办对相关材料审核后，以正式文件批复。

二、保险公司分支机构的重要事项变更管理

保险公司分支机构的重要事项变更管理主要包括机构名称、营业地址、经营范围等，各公司申请变更上述事项时，需向我办报送变更相关事项的申请，并报《在京保险机构情况表》（详见附件，文字及磁盘两种形式）。在申请文件中说明需变更事项、变更前情况、变更后状况和变更原因等内容。不再填报《北京市保险机构重要事项变更审批表》。如果同时申请多家机构或多种事项的变更，应以列表方式逐一写明上述拟变更机构名称、变更事项、变更前情况和变更后情况等内容（文字及磁盘两种形式）。在涉及营业机构地址变更时，应报送拟迁营业场所房屋的使用证明材料复印件，不再填报《北京市保险机构迁址变更申请审批表》，我办也不再现场查勘。我办对请示文件审核后，以正式文件批复。公司接到批复后，应在10个工作日内持原《经营保险业务许可证》到我办办理有关许可证换发事宜。

三、保险公司分支机构高级管理人员任职资格管理

保险公司分公司高级管理人员任职资格管理实行核准制。各公司申请分公司高级管理人员任职资格时，应根据《保险公司高级管理人员任职资格管理规定》报送任职资格审核的申请、《保险公司高级管理人员任职资格申请表》、身份证和学历证书复印件、拟任人品行和相关能力的综合鉴定、离任审计报告（拟任人在原任职机构主持全面工作的提供）等材料，并报《在京保险机构情况表》（详见附件，文字及磁盘两种形式），不再填报《北京市保险机构高级管理人员任职资格审查表》和《北京市保险机构重要事项变更审批表》。我办自收到完整材料之日起20个工作日内，以正式文件批复。公司接到批复后，应在10个工作日内持原《经营保险业务许可证》到我办办理有关许可证换发事宜。

分公司以下各级高级管理人员任职资格管理实行备案制。公司任命支公司及营业部负责人时，应根据《保险公司高级管理人员任职资格管理规定》报送任职资格备案报告、《保险公司高级管理人员任职资格备案表》及相关证明材料，并报《在京保险机构情况表》（详见附件，文字及磁盘两种形式），不再填报《北京市保险机构重要事项变更审批表》。我办自收到完整材料后20个工作日内未提出异议的，公司应在随后10个工作日内持原《经营保险业务许可证》到我办办理有关许可证换发事宜。

已经取得任职资格的保险公司高级管理人员在同级分支机构间调动或向低级别调动的实行备案制，应报送备案报告，并在备案报告中写明原任职机构和职务及拟任职机构和职务，并附原任职资格备案文件和《在京保险机构情况表》（详见附件，文字及磁盘两种形式），不再填报《北京市保险机构高级管理人员任职资格审查表》和《北京市保险机构重要事项变更审批表》。保险公司自向我办备案起10个工作日内持原《经营保险业务许可证》到我办办理有关许可证换发事宜。

四、《经营保险业务许可证》管理

根据中国保监会《保险公司管理规定》的有关规定，保险公司丢失《经营保险业务许可证》后，应及时在市级或以上级报纸上刊登许可证遗失声明（应注明丢失许可证的流水号和编号），并附随许可证遗失补办申请报我办。《申请》中应写明原许可证流水号和编号。

由于《经营保险业务许可证》到期、经营范围等许可证项下内容的调整，需要换发许可证的，保险公司应持我办同意调整许可证项下内容的批复文件和拟作许可证项下内容变更机构的旧《经营保险业务许可证》到我办办理有关许可证换发事宜。

特此通知

附件：在京保险机构情况表（略）

二〇〇三年二月二十五日

北京市机动车辆保险条款费率管理暂行办法

中国保险监督管理委员会北京办事处

保监京发［2003］91号

第一条 为了加强对北京市机动车辆保险条款费率的管理，维护被保险人的利益，促进机动车辆保险业务的健康发展，制定本办法。

第二条 本办法依据中国保监会《关于改革机动车辆保险条款费率管理办法有关问题的通知》（保监发［2002］26号）、《关于改革机动车辆保险条款费率管理制度的通知》（保监发［2002］87号）和《关于印发〈机动车辆保险条款费率审批程序及核心内容〉的通知》（保监发［2002］95号）制定。

第三条 本办法所称的机动车辆保险条款费率（以下简称“条款费率”）是指由保险公司总公司制定，并经中国保监会批准，拟在北京地区执行的条款费率。

第四条 公司使用经中国保监会批准同意的条款费率前，应依法向北京保监办办理有关备案手续；公司废止条款费率和使用已经备案或审批的条款费率前应向社会公告，并在公告后10日内向北京保监办报告公告情况；公司如要调整费率，应事前报经北京保监办批准。

第五条 公司应当指定专门部门，统一负责申请办理条款费率方面的备案、审批或报告工作。

第六条 公司总经理或其授权的副总经理对申请备案、审批的条款或费率材料的真实性负责，保证没有对中国保监会或其总公司的批准材料擅自做出任何改动，并签署声明书。

第七条 声明书签署人由于失职致使其出具的备案材料三次违反本办法，并且第一次与第三次时间间隔不足两年的，北京保监办两年内不再接受其出具的声明书。

第八条 公司备案条款费率时，应提交以下材料（一式二份）：

一、备案报告；

二、声明书（详见附件一）；

三、条款费率备案表（样本和填报说明参见保监发［2002］26号文件附件3）；

四、总公司同意在北京地区使用该条款费率文件复印件；

五、中国保监会同意该条款费率文件复印件；

六、条款文本（书面材料、文本磁盘（仅条款备案时提供））；

七、法律责任书复印件（参见保监发［2002］87号文件附件一）；

八、总公司向中国保监会报备费率方案文本复印件；

九、总公司向中国保监会报备费率测算报告复印件；

十、北京保监办要求提供的其他材料。

该条第一项至第六项和第十项为备案条款费率时均须提供的材料，第七项仅适用于条款备案，第八、九项仅适用于费率备案。

第九条　公司在向北京保监办报送条款费率备案材料之日起，即可使用。

第十条　公司申请调整费率时，应提交以下材料（一式三份）：

一、调整费率请示（包括调整前水平、调整后水平和调整原因，并以列表方式说明）；

二、声明书（详见附件一）；

三、费率审批表（样本和填报说明参见保监发［2002］26号文件附件3）；

四、总公司同意保险公司在北京地区使用该费率文件复印件（该文件应包含已对本条第六项内容进行了全面、客观、科学地审核的承诺，并应对各项内容逐一进行简要评价和说明，如调整前后说明、调整前后业务分析和预测、测算数据来源和处理、费率测算方法、费率公式、测算数据情况等）；

五、条款文本；

六、费率方案文本，主要内容：

（一）费率制定或调整说明；

（二）制定或调整后的经营情况预测；

（三）费率表和费率表使用说明；

七、费率测算报告，具体包括：

（一）上一年经营情况分析；

（二）费率公式：纯费率公式和附加费率公式；

（三）测算数据：标的的经验损失率、预期赔付率、预期各项管理费用率（应单独列示代理人手续费比例）、预期利润率、调整因素等（以列表形式报送）；

八、样本测算情况（具体说明见附件二）；

九、北京保监办要求提供的其他材料。

第十一条　北京保监办自收到完整的费率报备材料之日起（以收文日期为准）三个月内以正式文件形式做出是否批准的决定。

第十二条　公司报告条款费率社会公告情况时，应提供以下材料（一式两份）：

一、条款费率社会公告情况报告；

二、声明书（详见附件一）；

三、公告条款费率及相关材料复印件。

第十三条　公司报告废止条款费率时，应提交以下材料（一式二份）：

一、废止条款费率报告；

二、声明书（详见附件一）；

三、总公司同意废止的证明文件复印件；

四、废止条款文本；

五、北京保监办要求提供的其他材料。

第十四条　上述书面材料一律使用A4纸，并按照上述顺序进行罗列报送。

第十五条 对于公司不完整的报备材料，我办将全部退回所报材料，公司补充完整后可重新上报。

对公司报备材料的完整性考察，我办主要关注：

一、报备内容是否在我办权限范围内；

二、申请机关是否为保险公司分公司；

三、备案报告或请示是否为正式文件；

四、材料是否齐全、装订是否整齐；

五、报备材料是否作为备案报告或请示的附件，并清晰列明。

第十六条 外国财产保险公司和港、澳、台地区的保险公司在北京地区设立的分支机构参照本办法执行。

第十七条 本办法由中国保监会北京办事处负责解释和修订。

第十八条 本办法自下发之日起实施。

附件一：声明书（略）

附件二：样本测算情况报送说明（略）

二〇〇三年四月十六日

关于落实北京市保险业做大做强发展战略的指导意见

中国保险监督管理委员会北京办事处

保监京发［2003］208号

各保险公司在京分公司（营业部）、各保险中介公司、北京保险行业协会、北京保险学会：

在2003年7月全国保险工作座谈会上，中国保监会吴定富主席强调，用“三个代表”重要思想统领保险业发展，指导保险业改革和发展工作，关键是要抓住保险业的主要矛盾。当前我国保险业面临的最突出的矛盾，就是保险业发展水平与国民经济和社会发展的需求不相适应。实现人民的愿望、满足人民的需要、维护人民的利益，是“三个代表”重要思想的根本出发点和落脚点。我们所说的发展，不仅仅指规模的增长，而是有着深刻内涵的全面发展。概括起来说，就是要把中国保险业做大做强，大是速度和规模，强是质量和效益。做大做强是辩证统一的。

一、加深对做大做强发展战略现实意义的认识

保险业做大做强发展战略的思想内涵非常丰富，它确立了保险业发展的方向，定位了保险业在国民经济中的地位，指明了保险业在促进全面实现小康社会中的作用。北京保监办和保险业要结合“三个代表”重要思想的学习，认真研究实现这一发展战略目标的具体措施，公司领导班子必须树立做大做强的观念，提高政治意识、大局意识、责任意识，发扬抗击“非典”中保险公司所表现出来的“服务大局、勇担责任、团结协作、为民分忧”的精神，明确做大做强的发展目标，创新做大做强的发展思路。

目前，北京市已经初步形成了中资保险公司与外资保险公司并存，国有保险公司与股份保险公司并存，商业保险公司与政策性保险公司并存，直接保险公司与再保险公司并存，保险公司与各类中介机构并存，共同发展的保险市场格局。北京保险市场要素结构的变化以及保险公司法人治理结构的不断完善，必然推进竞争与合作、竞争与创新、竞争与规范等市场要素方面的改进，为做大做强我市保险业奠定了坚实的发展基础。

近几年，北京保险市场呈现出跨越式的高速发展态势，为首都经济建设和人民生活安定提供了强有力的风险保障支持。随着首都经济和保险市场的发展，新形势下保险业的保险补偿功能、社会管理功能、融通资金功能，对于促进改革、保障经济、稳定社会、造福人民等方面必将发挥不可替代的作用。

改革开放是社会经济和社会发展的强大动力，中国加入世界贸易组织为北京市保险业带来了广阔的发展空间，市场规则、市场环境已经发生了重大变化。随着美国友邦保险公司在京开业以及部分其他合资寿险公司和外资再保险分公司获得在京开业的批准，首都保险市场全面对外开放的格局已经形成。

当前北京保险市场正处于快速发展的重要历史机遇期，北京保险业必须结合学习贯彻“三个代表”重要思想，认真研究做大做强保险市场的内外部环境，深刻认识保险公司做大做强的历史使命，转变观念，开拓进取，创新北京保险业发展思路。

一是积极配合北京市“新北京、新奥运”的发展战略，为奥运经济提供充足的保险支持，提升北京保险业的开放程度；积极研究拓宽保险资金运用渠道的政策，扩大北京市经济发展的资本来源。

二是适当增加经营主体，促进市场竞争，形成北京保险市场新的公司结构和功能齐全的市场结构，推进保险公司间的业务竞争，更加有效地满足社会公众对保险的社会需求。

三是进一步促进财产保险市场的发展，推进车险费率管理制度改革，提高车险承保覆盖率，关注车险业务隐性亏损，建立反应灵敏的费率传导机制，深度开发责任险、家庭保障险等，培育市场发展新的业务增长点，创新销售体制和销售渠道，最大限度地满足社会需求。

四是大力推进健康保险、养老保险、企业年金、长期寿险、意外保险等产品的协调发展，进一步调整产品结构，努力开创商业性补充养老保险和补充医疗保险的新局面，不断完善首都的社会保障体系建设。

在市场开放和保险业快速发展的今天，北京保监办一是必须按照“三个代表”重要思想为指引，抓住“三个代表”重要思想的本质，努力实现好、维护好、发展好最广大人民的根本利益，为北京保险业做大做强的发展战略提供有效的保险监管保证和政策支持；二是必须致力于转变思想、创新观念、加强服务、改进作风，防范风险、促进发展，妥善处理发展与监管的关系，创新保险监管思路，积极培育和提高各类市场要素的质量；三是必须加强法律法规建设，增强依法监管和监管服务意识，积极转换政府监管职能，大力推进行政审批制度改革，精简审批事项和审批手续，实施监管电子政务工程，增强监管透明度，逐步实现从事前监管向事后监管的过渡，实现从市场行为监管向偿付能力监管的过渡。

二、积极培育市场要素的若干指导意见

北京市经济快速发展和社会公众对保险消费需求的增长，要求保险业充分发挥保险补偿功能、社会管理功能、融通资金功能，正确处理公司利益与社会责任的辩证关系，最大限度地满足社会公众的保险需求，实现北京保险业的跨越式发展。

虽然，北京市保险密度和保险深度在国内排位较高，业务结构比较合理，产品创新的能力较强，销售渠道实现了多元化，服务质量和水平有了较大程度的改善，服务意识和竞争合作意识得到加强，社会公众的认知度和满意度得到提升，但北京财产保险市场保费收入与北京市社会固定资产和家庭财产总量的承保比例较低，投保个人人寿保险人数与北京市总人口相差甚远，商业保险与社会保险的承保覆盖率相比较低，北京保险市场的发展潜力仍然非常巨大，具有做大做强的市场基础，北京保险业完全有能力和条件为北京率先步入小康社会做出贡献。

目前北京市保险业发展中的市场要素基本齐全，要素构成基本合理，但这种市场要素的均衡和配置始终处于一种变化之中，既要通过市场机制，也要利用宏观调控手段配置保险资源，积极培育和完善各种市场要素，全面提高公司经营管理水平，增强产品创新能力，实现销售渠道多元化，改善保险服务质量和水平，加强服务意识和竞争合作意识，提升社会公众的认知度和满意度，保证北京保险业实现做大做强的战略发展目标。

1. 增长要素。“发展是硬道理”、“发展是执政兴国的第一要务”，是第二代和第三代领导人对我国政治、经济、社会等领域进行综合分析得出的科学论断。我们强调发展，是指北京保险市场规模和公司增长速度应该保持在一个适度发展的水平，公司的经营成果要对扩大保险市场规模和满足社会保险需求有一定的贡献率。结构调整应对促进业务发展和提高经营效益有双重积极作用。公司要在保持适度发展的基础上，进行产业结构、公司结构、业务结构、管理结构等方面的调整和改革。从改革和发展的要求出发，通过公司产权制度改革和公司法人治理结构的完善，推进公司增长方式逐步转变为集约型内涵式的发展模式，增强公司可持续发展的能力，提高公司的综合竞争力。市场化改革是保险业改革的方向。推进市场化改革的目的是提高市场在配置保险资源方面的基础性作用和效率，市场化改革对于公司转变经营方式和增长方式具有良好的外部推动作用。对于市场发展中遇到的新问题，我们必须采取有力措施，更多地利用市场手段予以解决。当前，必须加快推进机动车辆费率管理制度市场化改革的进程。北京保险市场在保持发展的同时，应该适当增加市场经营主体的数量，真正引入竞争机制，既要防止片面追求规模扩张的错误做法，也要坚持北京保险业“以竞争促发展，以规范促发展，以创新促发展，以服务促发展”的行风。保持北京保险市场的增长活力和动力。

2. 创新要素。“科学技术是第一生产力”。科技创新在公司的制度创新、体制创新、产品创新、管理创新、服务创新等发展要素的排列组合中，始终发挥着深层次和决定性的最终作用。公司要利用计算机技术和通讯信息技术，推动传统保险业的升级换代，提高保险业发展中的科技含量和科技贡献率。从近几年北京保险市场快速发展的实际，不难看出，重要的推动力是保险产品的创新，而且这种产品创新更在很大程度上满足了社会公众对保险的需求。公司创新能力和水平是市场做大做强的不竭动力。公司创新的内容和领域非常宽泛，市场要容纳和宽容公司的创新活动，鼓励和支持公司进行创新，为他们营造创新的环境。按照专业化、职业化、市场化的原则，北京保监办将加强对销售体制和销售渠道的研究，积极扶持和培育北京保险中介市场的发展，丰富保险产品，创新营销方式，拓展销售渠道，转变保险公司经营理念，减少保险公司经营成本。

3. 管理要素。管理是科学。实现做大做强的发展目标，不等于可以放松公司管理和保险监管，反而应该加强管理和监管。公司应努力提高承保、理赔、服务等方面的管理水平，在加强管理中，实现员工培训制度化、决策管理科学化、业务管理信息化、管理手段现代化、组织管理绩效化。管理出生产力。公司经营管理的目标是将公司内的各种资源进行合理优化配置，公司管理水平对公司产品创新和提高综合竞争力会产生重要影响。公司管理的核心是内部控制制度的建设，内控制度建设的关键在于执行。这与公司治理结构紧密相关，与公司防范经营风险紧密相关，与保险监管的法律法规建设紧密相关，它可以保证公司做大目标的稳步实现。管理出效益。目前国内保险公司都在争取做大，公司管理必须同公司规模扩张相同步，不能只是重规模、轻管理，重速度、轻效益，要将公司经营的各种要素优化组合，提高保险资源的利用效率。

4. 功能要素。在新形势下保险业的保险补偿功能、社会管理功能、融通资金功能，以及保险监管部门和保险公司在经济发展和社会管理的市场定位，将会对保险业的经营效益和社会效益产生深远影响，决定保险业做大做强发展战略的走向。保险业三项功能是一个有机整体，缺一不可。公司应该加强功能意识和社会意识，自觉转变经营方式，最大限度地满足保险社会需求。保险业三项功能的理论研究和理论创新，必将直接推动和指导保险业实现做大做强发展战略的新的实践。

5. 效益要素。做大是手段和过程，做强才是目的和目标，它们既对立又统一。公司在做大做强的过程中，应处理好多方面的结构关系，不能过分强调公司利益和效益，而淡忘社会责任和效益，要对民族保险业的发展做出贡献。追求效益是公司经营的最终目标，公司效益同公司经营目标和经营管理密不可分。目前保险公司业务质量较低、效益不高的问题始终困扰着行业发展，其中的重要原因与经营管理水平低下有直接关系，提高公司效益的关键是转变增长方式，改变以保险费规模论英雄的做法，将质量和效益真正融入公司经营发展目标中。

6. 开放要素。中国经济是开放型经济，保险业也必须走开放型行业的发展道路。改革开放以来，国内保险业的改革开放进程主要是按国内的客观需求确定的，加入世界贸易组织后，我们既要根据国内保险业改革开放的需要，更要根据世界贸易组织规则来制定和实行保险业改革开放战略。只有开放，公司才能在与国内外同行竞争的比较中，理解做强的真正含义，保险业监管也才能向以风险管理和偿付能力为核心的质量型监管模式转变。实现保险业开放的关键是观念和思维的转变。公司应该树立对外开放和合作竞争的观念，借力发展，否则我们无法与外资保险公司进行长期的市场竞争，更无法真正实现“走出去”战略。

7. 服务要素。服务的核心内容是通过有形和无形的方式解决客户遇到的问题。政府和公司共同面临的任务是如何提高服务水平和服务质量，实现最大限度地满足人们需要的社会目标。目前在北京保险业内开展一年多的行业文明创建和规范化服务达标活动，就是要在提高服务水平和服务质量方面取得实实在在的成效。保险业是名副其实的服务性行业，客户满意、社会满意始终是保险服务的最高标准，增加社会对保险服务的认同度和提高保险服务质量是保险业发展的永恒主题。目前市场竞争理论越来越强调服务竞争和客户服务，服务竞争和服务创新应该成为保险业做大做强的一项重要任务，应该成为行业的行动标准和准则。

8. 人才要素。人才是一切竞争的关键，市场竞争是人才素质、知识总量、科技实力的大较量，人力资源素质的高低决定公司的竞争力，保证公司做大做强战略的实施。因此，公司应该加大对人才的培养和投资，建立有利于人才培养的激励约束机制。人才是公司最现实的资本，是公司最稀缺同时又是最能动的资源。保险业发展的实践告诉我们，公司的竞争力来源于效率和技术创新，效率和技术创新的关键因素是人力资本构成结构，人力资本在公司做大做强中的地位已经凸显，人力资源管理正在成为公司经营战略的重要组成部分。

总之，我们的任务就是努力培育和提高市场要素的质量，保证做大做强保险业的发展战略得到贯彻落实。

二〇〇三年八月二十日

关于落实国务院和北京市政府进一步加强道路交通事故安全管理的意见

中国保险监督管理委员会北京办事处

保监京发［2003］266号

各产险公司在京分公司、北京保险行业协会：

近期，国务院及北京市政府分别召开电视电话会议，就加强道路交通安全管理工作进行了统一部署，并就推行机动车辆交通违章及交通事故与保险费率挂钩，充分发挥机动车辆保险费率的经济杠杆作用，增强机动车驾驶员交通安全意识，改善道路交通秩序提出了明确要求。中国保监会财产险部与我办同北京市公安交通管理局相互沟通，就下一步落实措施基本达成共识。

现就贯彻落实国务院及北京市政府关于道路交通安全管理工作有关要求，充分发挥保险行业应尽的社会管理职能，进一步强化车险费率和赔偿机制对改善交通违章和交通事故的作用，加快北京市车险改革，推动北京市车险业务快速、健康、持续发展，提出几点要求，请认真执行。

一、认清形势、统一思想，积极贯彻国务院和北京市政府加强道路交通安全工作电视电话会议精神

此次加强道路交通安全管理工作，是根据国务院有关指示精神，认真贯彻“三个代表”重要思想的重要举措，北京市政府高度重视，并要求各部门、各单位认真部署，率先在全国落实国务院有关要求，为此特别成立了由交通委、公安局、安监局和我办等12个单位组成的联系会议小组，要求北京保监办及市交管局抓紧研究建立保险费率浮动制度，将交通违章、交通事故、驾驶员记分与保险费直接挂钩。因此，北京保险业一是要统一认识，高度重视，认真研究机动车辆交通违章及交通事故与车险保费挂钩的具体实施办法和措施；二是要组织落实，切实贯彻落实国务院和北京市政府电视电话会议有关精神。

二、周密安排，明确分工，认真做好机动车辆交通违章及交通事故与车险保费挂钩落实工作

为尽快落实国务院和北京市政府电视电话会议精神，周密安排，精心组织，确保此项工作井然有序地推进，各公司应尽快拿出落实方案，制定任务时间表，明确具体责任人。北京保险行业协会应立足保险全行业认真研究和制定行业整体的实施计划和宣传方案。我办将全力支持、引导和督促各公司、北京保险行业协会开展各项工作。请各公司及行业协会于10月25日前将有关方案报我办。

三、先易后难，逐步展开，将试点工作的近期目标和远景规划措施有机结合

鉴于此项工作时间紧、任务重，我办考虑，按照先易后难，先试点上浮措施，后实行下浮措施的原则，逐步展开和不断深化该工作，各公司应从以下几方面入手开展工作：

（一）立足现实。鉴于各公司现行车险条款费率中已经体现了将交通违章和交通事故与保险费率和保险赔偿挂钩的内容，为此各公司应认真做好以下工作：

1. 认真分析现行车险条款费率，归纳总结现行车险条款费率表中已有的体现与道路交通事故和交通违章行为挂钩的内容及与其他省市车险费率突出的差异性内容，于10月12日前将有关情况报我办。

2. 严格执行现行条款、费率的规定，保证现行车险条款费率中针对交通违章、交通事故、保险赔付发生频率设定的各种风险调节因子执行到位。

3. 要充分利用现有的20%车险费率浮动权，结合道路交通事故及违章情况，根据车型、车辆使用性质、事故发生率等情况适当调整现行车险费率，突出车险费率“奖优罚劣”原则，尤其是对事故率、违章率、赔付率较高的高风险车辆，要强化费率的差异性，使车险费率水平能更加准确地体现风险水平，真正维护被保险人的合法经济利益。

对于事故率和赔付率较高的运营单位、营业车辆和私家车险，各公司应根据道路交通事故发生情况和有关数据统计情况，在征得总公司同意后，尽快对现有车险条款费率进行上浮20%的调整，如需继续上浮可单独请示我办。不得以正式发文等行政命令方式拒保、限制承保高风险、高事故车。

（二）着眼未来。按照将交通违章、事故、记分与保费直接挂钩的道路交通安全管理新要求，以北京市公安交通管理局提供的各种交通事故和交通违章信息为基础，各公司应积极调整现有条款和费率，丰富和细化随车随人因素，逐步实现车险费率的科学性、公平性、合理性目标。为此各公司应积极做好以下工作：

1. 充分利用“车险风险信息库”共享信息资源和北京市交管局可能提供的各种道路交通事故及违章信息，主动对市场和风险标的进行细分，通过总公司向中国保监会申请更大幅度的费率差异化调整，真正发挥车险费率对道路交通安全管理的经济杠杆作用，不断深化车险费率改革。

2. 进一步加快“车险风险信息库”建设步伐，不断完善信息库内容，充分发挥信息库对车险经营风险防范的积极作用，为进一步深化车险费率改革和道路交通安全管理发挥更加积极的作用。

3. 认真做好车险费率与道路交通事故及交通违章行为挂钩落实情况的总结汇报，及时向我办反映公司最新动态和举措，以及下一步构想，以便我办及时给予政策上的指导和支持，并向有关部门和社会公众通报最新进展情况。

（三）发挥整体优势。保险协会作为行业性自律组织，应在保险行业参与道路交通安全管理工作中，充分发挥其不可替代的重要作用：

1. 积极组织行业整体对外宣传。北京保险行业协会作为行业性组织，应从行业整体角度出发，在北京地区进一步推动车险费率与道路交通安全管理挂钩过程中，积极组织联络各家公司，统一思想，交流经验，做好保险行业整体对外宣传工作。并根据实际需要，适时地推出一些行业性规范协议，提高行业整体形象。

2. 加快推动各项风险防控基础性工作。为充分发挥车险费率在道路交通安全管理中的经济杠杆作用，为各公司车险费率调整提供真实、完整的数据基础，保险协会应协调和督促各公司进一步加快和完善车险风险信息库建设，为深化车险费率改革和道路交通安全管理提供可靠的数据保障。

（四）全力配合支持。在认真贯彻国务院和北京市政府电视电话会议精神，进一步推进道路交通安全管理与车险费率挂钩工作中，我办将在保监会的指导下，一方面积极引导和支持各公司根据道路交通事故及交通违章情况进行费率调整；另一方面积极做好各项宣传工作及与政府有关部门的协调沟通工作，为进一步推动北京地区车险费率改革深化，配合道路交通安全管理，充分发挥北京保险行业在社会风险管理中应有的作用，创造良好的条件。

二〇〇三年九月二十九日

附：

2003 年文件与规章目录选编

中国人民银行营业管理部

2 月 19 日 人行营业管理部印发《北京市财政国库管理制度改革试点资金银行支付清算暂行办法》（银管发［2003］32 号）。

3 月 14 日 人行营业管理部印发《中国人民银行营业管理部〈金融统计管理规定〉实施细则》（银管发［2003］51 号）。

3 月 27 日 人行营业管理部与市财政局、市经济委员会、市劳动与社会保障局联合下发《北京市下岗失业人员小额担保贷款管理办法》（银管发［2003］88

号），并于2003年5月1日起实施。

4月14日　人行营业管理部印发《关于取消经营黄金制品业务行政审批项目的通知》（银管发［2003］85号）。

4月24日　人行营业管理部与北京市财政局、中信实业银行总行营业部、北京市商业银行联合印发《关于防治“非典”时期紧急情况下财政资金调度的应急措施预案的通知》（京财国库［2003］783号　银管发［2003］96号）。

人行营业管理部印发《关于进一步加强发行基金调拨确保现金供应的通知》（银管发［2003］94号）。

人行营业管理部下发《关于进一步推动北京市银行卡应用发展工作的通知》（银管发［2003］92号）。

4月25日　北京市政府金融办、人民银行营业管理部、北京证管办、北京保监办对全市金融企业联合发出《关于做好金融系统“非典”防治工作的紧急通知》。

4月28日　人行营业管理部印发《关于做好北京市国库各代理支库防范“非典”应急工作的通知》（银管发［2003］97号）。

5月7日　人行营业管理部印发《中国人民银行营业管理部发行基金保管库达标升级考核办法（试行）》（银管发［2003］102号）。

5月12日　人行营业管理部印发《北京大额支付系统准入退出及系统运行故障处理暂行办法》（银管发［2003］110号）。

5月14日　人行营业管理部与北京市对外经济贸易委员会、北京市国家税务局联合印发《关于进一步做好北京市出口退税账户托管贷款工作的意见》（银管发［2003］124号）。

人行营业管理部印发《关于发行基金保管库升级考核办法的补充通知》（银管货金［2003］9号）。

5月27日　人行营业管理部印发《关于定期重启支付系统北京城市处理中心中间件的通知》（银管发［2003］126号）。

5月28日　人行营业管理部转发中国人民银行发布的《关于应对非典型肺炎影响　全力做好当前货币信贷工作的意见》（银发［2003］111号、银管发［2003］129号）。

6月5日　中国人民银行发布《关于进一步加强房地产信贷业务管理的通知》（银发［2003］121号）。

6月18日　人行营业管理部印发《中国人民银行营业管理部支付系统运行管理暂行办法》（银管办［2003］40号）。

6月23日　人行营业管理部印发《中国人民银行营业管理部假币收缴、鉴定管理实施细则（试行）》（银管发［2003］139号）。

8月20日　人行营业管理部印发《北京市人民币结算账户管理实施细则（试行）》（银管发［2003］167号）。

人行营业管理部印发《北京市国库经收处备案管理办法》（银管发［2003］166号）。

9月1日　中国人民银行发布《关于邮政储蓄转存款利率有关问题的通知》（银发［2003］177号）。

9月10日　人行营业管理部印发《北京市银行系统银行卡受理市场建设指导意见》（银管发［2003］178号）。

11月3日　人行营业管理部印发《北京市大额支付系统高额罚息贷款管理办法》（银管发［2003］199号）。

11 月 4 日 人行营业管理部印发《北京市大额支付系统高额罚息贷款管理办法》（银管发［2003］199 号）。

12 月 8 日 人行营业管理部印发《中国人民银行营业管理部大额支付系统高额罚息贷款管理操作流程的通知》（银管办［2003］75 号）。

12 月 10 日 中国人民银行发布《关于扩大金融机构贷款利率浮动区间有关问题的通知》（银发［2003］250 号）。

中国银行业监督管理委员会北京银监局

10 月 22 日 北京银监局印发《关于进一步做好促进首都经济稳定持续发展防范新的金融风险工作的通知》（京银监发［2003］2 号）。

11 月 13 日 北京银监局印发《北京金融监管联席会议制度》（京银监发［2003］6 号）。

11 月 19 日 北京银监局印发《关于做好辖内银行业金融机构当前和今后一个时期维护稳定工作的通知》（京银监发［2003］7 号）。

11 月 27 日 北京银监局印发《关于对认真做好辖内银行业金融机构不良贷款"双降"工作的监管意见》（京银监发［2003］8 号）。

北京银监局印发《北京向外资银行开放人民币业务有关事项指引》（京银监办［2003］15 号）。

12 月 23 日 北京银监局印发《关于认真做好辖内银行业金融机构表内表外业务风险防范工作的监管意见》（京银监发［2003］16 号）。

中国保险业监督管理委员会北京办事处

1 月 10 日 北京保监办印发《关于加强保险公司内控制度建设的指导意见的通知》（保监京发［2003］1 号）。

2 月 25 日 北京保监办印发《关于简化部分行政审批事项手续的通知》（保监京发［2003］41 号）。

2 月 28 日 北京保监办印发《关于实施保险代理人员从业资格信息披露制度有关问题的通知》（保监京发［2003］46 号）。

北京保监办印发《机动车辆保险监制单证管理暂行办法》（保监京发［2003］50 号）。

3 月 4 日 北京保监办印发《关于北京地区航空意外保险实施电脑化管理有关问题的紧急通知》（保监京发［2003］51 号）。

3 月 28 日 北京保监办印发《关于妥善处理客户投诉等有关问题的通知》（保监京发［2003］70 号）。

4 月 14 日 北京保监办印发《关于规范学生平安保险业务经营的通知》（保监京发［2003］81 号）。

4 月 16 日 北京保监办印发《北京市机动车辆保险条款费率管理暂行办法的通知》（保监京发［2003］91 号）。

5 月 20 日 北京保监办印发《关于加强北京市投资型财产保险产品管理的通知》（保监京发［2003］116 号）。

6 月 30 日 北京保监办印发《关于开展 2003 年北京市整顿和规范保险市场秩序的通知》（保监京发［2003］154 号）。

8 月 20 日 北京保监办印发《关于落实北京市保险业做大做强发展战略的指导意见》（保监京发［2003］208 号）。

9 月 29 日 北京保监办印发《关于落实国务院和北京市政府进一步加强道路交通事故安全管理的意见》（保监京发［2003］266 号）。

七、专题与调研

北京市2003年经济金融运行情况分析

中国人民银行营业管理部统计研究处课题组

2003年，北京市克服了“非典”的不利影响，经济保持较快增长，工业成为拉动经济增长的主要力量。固定资产投资和社会消费品零售额以较快速度增长。金融运行健康平稳，存贷款增速先升后降，宏观调控效果初步显现，信贷资金对经济增长和结构调整的支持力度加大。

一、经济运行概况

（一）经济保持较快增长速度，工业成为经济增长主要力量。

2003年，北京市实现国内生产总值3611.9亿元，同比增长10.5%，比上年提高0.1个百分点，连续5年实现两位数增长。分季度考察，全年各季度累计增速分别为12.7%、9.6%、10%和10.5%。从三次产业看，第一、二、三产业分别实现增加值95.3亿元、1298.5亿元和2218.2亿元，同比分别增长3.3%、11.9%和10%。三次产业比重分别为2.64%、35.95%和61.41%。

工业成为经济增长的主要力量。规模以上工业累计实现增加值970.8亿元，同比增长12.3%。工业增长表现出四个特征：一是重工业同比增长13.6%，高于轻工业5.8个百分点。二是高新技术产业恢复增长，实现增加值314.1亿元，同比增长7.1%。三是重点行业全面增长，交通运输设备制造业尤为突出。四是工业企业效益明显改善，全年工业企业实现利润219.5亿元，同比增长40.6%；综合效益指数为155.4%，比上年提高了19.1个百分点。

（二）固定资产投资增长较快，社会消费品零售额快速增长。

投资、消费需求增长势头强劲。全年累计完成全社会固定资产投资2157.1亿元，同比增长18.9%，比上年提高0.4个百分点，为1999年以来最高增速。各季度累计增速分别为12.4%、15.2%、20.2%和18.9%。其中，累计完成基本建设投资514.7亿元，同比增长24.1%；更新改造投资216.2亿元，同比增长27.5%；房地产开发投资1202.5亿元，同比增长21.5%。对工业为主的第二产业投资快速增长，全年完成投资185.7亿元，同比增长19.6%。

累计实现社会消费品零售额1916.7亿元，同比增长14.5%，比上年提高5个百分点，是1997年以来最高增速。全年各月增速波动较大，因“非典”疫情影响，5月份同比下降9.6%，但6月、7月得到较快恢复。居民消费结构升级显著，汽车、住宅、电子通讯类产品消费快速增长。全年销售汽车407649辆，同比增长56.6%。建材、家具、家电等实现零售额154.7亿元，同比增长16.6%。移动电话等通讯器材实现零售额28.1亿元，同比增长35.5%。

（三）利用外资保持较快增长，出口增速放缓。

全年累计合同利用外资金额32.7亿美元，同比增长16.5%；累计实际利用外资金额21.5亿美元，同比增长19.8%。

据海关统计：2003年地方进出口总值189.3亿美元，同比增长34.8%；其中，地方出口总值73.7亿美元，同比增长24.9%，增速自5月份的35.1%逐月下降；地方进口总值115.7亿美元，同比增长42%。全年累计进出口逆差为42亿美元，是1997年以来同期最高值。

由于暴发"非典"疫情，海外旅游受到严重影响，仍未完全恢复。全年接待入境旅游人数185.1万人，同比下降40.4%。旅游结汇9.5亿美元，同比下降31.69%。

（四）财政收入增速下降，居民收入保持较高增速。

累计实现地方财政一般预算收入592.5亿元，同比增长18.2%，比上年下降7.7个百分点。地方财政一般预算支出737.2亿元，同比增长17.3%。"非典"疫情对财政收支产生较大的不利影响，一方面，由于减免部分因疫情损失较重行业的税费，引起财政收入减少；另一方面，为抗击"非典"，财政支出增加，全年卫生经费支出49.5亿元，同比增长30.6%。

居民收入继续保持较高增速。累计城镇居民人均可支配收入13882.6元，同比增长11.4%。农民人均现金收入7409.5元，同比增长8.8%。

价格指数全面回升。累计居民消费价格指数100.2%。工业品出厂价格与原材料、燃料及动力购进价格走势继续背离。累计工业品出厂价格指数101.5%；累计原材料、燃料及动力购进价格指数104.7%。

二、金融运行状况

（一）存贷款增速先升后降，宏观调控效果初步显现。

2003年，存贷款增速均呈先升后降态势。截至12月末，辖内金融机构本外币各项存款余额20398.2亿元，比上年末增加3028.4亿元，增长17.43%，增幅比上年末下降6.25个百分点。其中，人民币各项存款余额18321.9亿元，增加2929.2亿元，增长19.03%，比上年末下降6.88个百分点。人民币存款余额占全国比重为8.82%，比上年下降0.2个百分点；分别比上海和天津高1.46和6.88个百分点。从全年人民币存款增速走势看，一季度逐月上升，3月份达全年最高点29.35%（亦是2000年以来最高点）后逐月下降，12月末为全年最低点，比3月末下降10.32个百分点（见图1）。

截至12月末，本外币各项贷款余额11912.9亿元，比上年末增加2310.5亿元，增长24.1%，比上年末提高0.69个百分点。其中，人民币各项贷款余额11343.3亿元，增加2112.5亿元，增长22.9%，比上年末下降1.02个百分点。人民币贷款余额占全国比重为7.15%，比上年增加0.1个百分点，分别比上海和天津高0.1和4.99个百分点。全年各月人民币贷款增速先升后降，6月为全年最高点27.61%，下半年波动下降，12月末增速比6月末下降4.72个百分点（见图1）。

中国人民银行6月份以来出台的房地产信贷、存款准备金率调整等政策的效应初步显现，是存贷款增速前高后低的主要原因。

（二）企业存款增速下降，储蓄存款增速减缓。

企业存款增速下降。截至12月末，人民币企业存款余额9986.4亿元，增加1423.7亿元，增长16.63%，比上年末下降10.57个百分点，为2003年各月最低增速。全年工业存款、商业存款分别增加66.8亿元和170.2亿元，同比分别多增134亿元和71.2亿元。

储蓄存款增速减缓。截至12月末，人民币储蓄存款余额5293.5亿元，增加903.8亿元，增长20.59%，比上年末下降3.54个百分点。定期储蓄余额所占比重逐年下降，2003年末为64.48%，比上年末下降1.03个百分点，比1998年末下降16.46个百分点，表明储蓄存款流动性不断增强。储蓄存款增速下降的主要因素是居民投资股票、国债、保险、基金等对储蓄存款的分流。据人行营业管理部四季度城镇居民储蓄问卷调查，居民拥有股票资产的比重为11.25%，是1999年四季度以来第二高点，仅次于2000年一季度的12.75%，与股指大幅下跌前的2001年二季度持平。此外，全年销售凭证式国债436.4亿元，比上年多销售202.2亿元。

年末，外汇储蓄存款余额137.7亿美元，比上年末减少3.2亿美元。外汇储蓄存款减少主要是由于居民对人民币升值预期较强，居民结汇大幅上升所致。全年国内居民净结汇33.4亿美元，同比增长91.13%。

由于保费收入增长，人民币各项存款中的保险公司存放大幅增加。年末保险公司存放余额628.1亿元，增加265.4亿元。

（三）贷款对经济增长支持力度加大。

人民币短期和中长期贷款增加较多，两者分别增加710.5亿元和1167.1亿元，同比分别多增342.7亿元和106.1亿元。中期流动资金贷款和票据融资增加较少，两者分别增加53.3亿元和178.7亿元，同比分别少增82.1亿元和264.2亿元。

从人民币新增贷款的行际分布看，政策性银行、股份制商业银行、农信社同比多增，国有独资商业银行同比少增。政策性银行新增贷款246.4亿元，同比多增36.6亿元；股份制商业银行新增贷款1029.2亿元，同比多增217.1亿元；农信社新增贷款166.1亿元，同比多增110.8

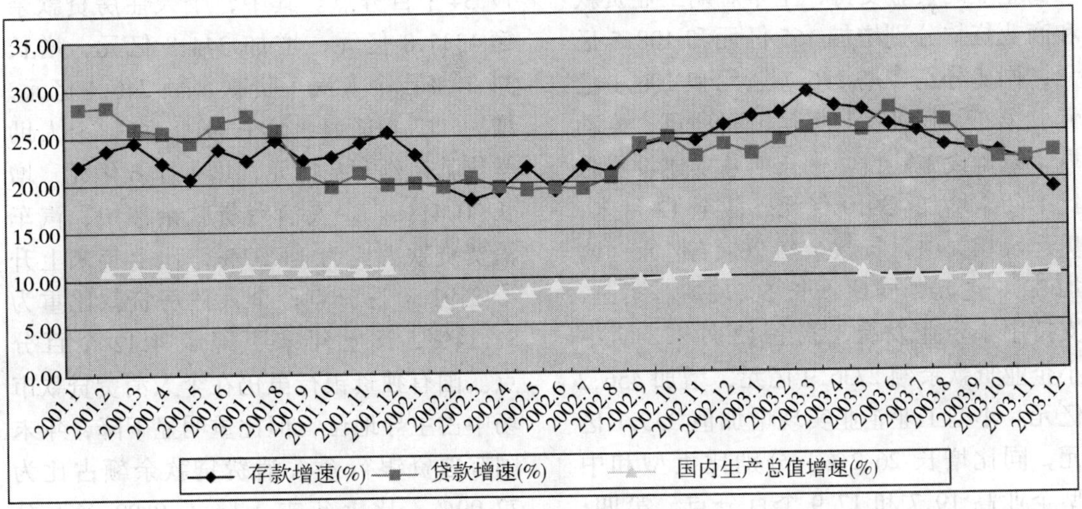

图1　北京市国内生产总值及金融机构人民币存贷款同比增速

表1 北京市各银行人民币存贷款增加额行际结构

机构类别	各项存款增加额（亿元）				各项贷款增加额（亿元）			
	2003年	2002年	2001年	2000年	2003年	2002年	2001年	2000年
各银行合计	2740.36	3045.57	2343.49	1364.41	1957.27	1674.05	1137.34	1283.92
其中：1. 政策性银行	15.07	-0.39	4.51	17.79	246.42	209.84	84.37	335.33
2. 国有独资商业银行	1364.40	1663.73	1376.36	771.61	632.95	666.25	628.97	454.03
3. 股份制商业银行	1328.93	1335.82	928.41	564.61	1029.16	812.02	440.64	494.56
机构类别	各项存款增加额市场份额（%）				各项贷款增加额市场份额（%）			
	2003年	2002年	2001年	2000年	2003年	2002年	2001年	2000年
各银行合计	100.00	100.00	100.00	100.00	100.00	100.00	100.00	100.00
其中：1. 政策性银行	0.55	-0.01	0.19	1.30	12.59	12.53	7.42	26.12
2. 国有独资商业银行	49.79	54.63	58.73	56.55	32.34	39.80	55.30	35.36
3. 股份制商业银行	48.49	43.86	39.62	41.38	52.58	48.51	38.74	38.52

亿元。国有独资商业银行新增贷款632.9亿元，同比少增33.3亿元。国有银行新增贷款的市场份额有所下降，全年国有银行新增贷款占各银行的比重为32.34%，比股份制银行比重低20.24个百分点，比上年下降7.46个百分点（见表1）。

信贷资金结构调整明显，多方面支持经济结构调整及经济增长。第一，增加对工商企业的资金支持，全年短期工业贷款和商业贷款分别增加165亿元和108.5亿元，同比分别多增176.7亿元和106.1亿元。第二，积极参与奥运工程项目，推动城市基础设施建设，中长期基本建设贷款比上年末增加439.9亿元。截至12月末，奥运及相关项目贷款余额267.7亿元，增加89.4亿元，同比增长50.12%。第三，支持中小企业发展，截至12月末，对中小企业贷款余额2736.9亿元，增加456.2亿元。小型工业企业实现增加值335.1亿元，同比增长26.2%，分别比大型和中型企业高19.7和17.9个百分点。第四，为保证抗击“非典”顺利进行，银行加大对有关企业的信贷支持。第五，为满足农户资金需求，市农信社全年累计向3635户农户发放小额信用贷款7497.8万元，同比增长43.94%，向5712户农户发放农户联保贷款1.6亿元，同比增长79.56%。

个人消费贷款一直保持较快增长速度，但增速有所减缓。12月末，人民币个人消费贷款余额1646.3亿元，增加484亿元，增长41.64%，增幅同比下降17.34个百分点。其中，个人住房贷款余额1335.8亿元，增加344.8亿元，增长34.79%；个人汽车贷款余额246.4亿元，增加117.8亿元，增长91.64%；个人助学贷款余额6.9亿元，增加1.6亿元，增长30.41%。个人消费贷款余额中，汽车消费贷款占比为14.97%，比上年末上升了3.91个百分点；个人住房贷款比重为81.14%，比上年末下降了4.12个百分点。国有独资银行虽仍在个人消费贷款市场中占主导地位，但比重明显下降，年末国有独资银行个人消费贷款余额占比为72.99%，比上年末下降了8.08个百分点。个人消费贷款的快速增长推动了居民住房、汽车、教育等消费增长。银行当年发放个人住房贷款共支持172583户居民购房1974万平方米。截至12月末，汽车消费贷款累计共支持居民购车219514辆，助学贷款共帮助58078位学生就学。

票据融资业务进一步规范发展。年末票据融资余额920.4亿元，比上年末增加178.7亿元。尽管票据融资同比少增264.2亿元，但票据市场继续保持良好的发展态势。全年各商业银行、农信社累计签发银行承兑汇票1255.6亿元，办理票据贴现4385.5亿元，同比分别增加了566.8亿元和1314.5亿元，同比分别增长82.29%和42.8%。

外汇贷款同比增加较多。截至12月末，外汇贷款余额68.8亿美元，比上年末增加23.9亿美元，同比多增16.4亿美元。全年进出口贸易融资增加10.7亿美元，同比多增5.3亿美元，支持了进出口贸易的发展。

（四）新股发行上市对银行资金来源及运用产生较大影响。

由于新股发行采取网下申购和网上配售相结合的方式，且要对网下申购资金进行冻结，大盘股上市（如11月上旬"长江电力"发行筹资100亿元）对银行的资金来源与运用产生较大影响。一是申购前后，企业存款先降后升，波动明显。如"长江电力"发行前，10月份银行企业存款减少225.4亿元，发行后，11月中旬存款增加106.4亿元。二是申购期间，财务、信托、证券等金融性公司在银行的同业存放上升，股票上市之后，同业存放减少，波动达数百亿元。三是由于巨额申购资金短期内处于冻结状态（"长江电力"发行时2381亿元申购资金冻结一周），造成银行间市场资金暂时性紧张。

（五）现金净回笼增多。

全年累计现金收入14480.4亿元，现金支出14389.8亿元，净回笼现金90.6亿元，比上年多回笼8.3亿元。现金收支表现出两个特点，一是受"非典"疫情重创的第三产业在疫情过后迅速恢复，对现金收支的影响年内基本被消化。二是12月份现金净投放41亿元，同比多投放8.8亿元，主要原因是2004年春节在1月，工资、奖金、过节费等现金投放较前两年提前10~20天（2003年春节在2月1日，2002年春节在2月12日）。

（六）银行结售汇逆差同比下降。

全年北京地区银行累计结汇321.3亿美元，同比下降2.51%；累计售汇571亿美元，同比下降21.91%；结售汇逆差为249.7亿美元，同比下降37.83%。其中，贸易项目逆差290.1亿美元，非贸易项目顺差72.7亿美元，资本项目逆差32.3亿美元。

三、经济金融运行中值得关注的问题

（一）各类价格指数走势差异较明显。

2003年各类物价指数基本走出上年负增长区间，但不同类别价格指数的走势差异较显著。累计原材料、燃料及动力购进价格指数连续上扬，从1月份的101.9%上升到12月的104.7%，提高了2.8个百分点。虽然生产资料物价指数自1998年以来一直走低，2003年末仍低于1998年水平，属于恢复性增长，但其增长趋势值得密切关注。累计居民消费价格指数与累计工业品出厂价格指数走势自年初起呈下降态势。其中，累计居民消费价格指数12月比1月下降了0.6个百分点。累计工业品出厂价格指数12月为101.5%，比1月下降了2.8个百分点。各类物价走势的差异一方面反映出原材料价格上涨传导到工业产品出厂价格及消费品价格之间存在时滞，另一方面表明部分产品有效需求不足的约束仍然存在。

（二）房地产投资及房地产类贷款较快增长使金融机构潜在风险加大。

2003年北京市房地产行业继续保持较快发展。全年房地产投资占固定资产投资的比重为55.75%，比上年提高1.22个百分点，连续3年占比在50%以上，是推动投资增长的主要力量。房地产业增加值为185.9亿元，同比增长11.8%。商品房销售额789.2亿元，同比增长10.1%。房地产价格平稳，房地产销售价格指数和土地出让价格指数分别为100.3%和100.6%。

房地产业快速发展的同时，也存在两个问题：一是高档公寓别墅投资增速偏快。2003年公寓别墅投资99.5亿元，同比增长15.13%，比同期其他普通住宅投资增速高8.5个百分点。二是资金来源对银行贷款依赖较高，加大了银行潜在风险。全年房地产投资资金来源1871.4亿元，同比增长36.75%，其中国内贷款586.9亿元，同比增长53.32%，此外，在定金及预收款中还有很大比例来自个人住房贷款。而从金融机构的信贷投向看，到12月末，金融机构房地产贷款余额占贷款余额的比重已达27.53%，比上年末提高1.95个百分点。全年新增房地产贷款761.9亿元，占金融机构贷款增加额的35.7%。其中，自营性开发类贷款增加额322.9亿元，占自营性房地产贷款增加额的44.28%，比上年末提高3.05个百分点。

为预防房地产信贷风险，中国人民银行6月份发布了《关于进一步加强房地产信贷业务管理的通知》（银发［2003］121号）。各行应继续密切关注房地产业发展，落实文件要求，强化房地产信贷管理，以加强贷款安全性。

（张新宇）

北京市固定资产投资形势分析

中国人民银行营业管理部统计研究处

1998年以来，北京市固定资产投资稳步增长，房地产投资比重逐年提高，由于房地产投资对银行信贷资金依赖程度较高，房地产贷款也快速增长。预计未来两三年，北京市固定资产投资仍将保持较快增长速度。

一、固定资产投资基本特点

（一）投资总量稳步增长。

1998年以来，北京市固定资产投资稳步增长，1998～2003年平均增速为14.42%。2003年完成全社会固定资产投资2157.1亿元，同比增长18.89%，比2002年提高0.35个百分点（见表1）。

（二）固定资产投资的结构特点。

1. 基本建设、更新改造投资比重下降，房地产开发投资比重上升。

2003年，全社会固定资产投资中，基本建设投资和更新改造投资比重分别为23.86%和10.02%，分别比1998年下降了13.32和8.28个百分点。而房地产开发

表 1 1998～2003 年北京市固定资产投资情况 单位：亿元，%

时间	金额				同比增速			
	投资总额	基本建设	更新改造	房地产	投资总额	基本建设	更新改造	房地产
1998 年	1155.60	429.60	211.50	377.40	20.22	14.77	10.62	14.26
1999 年	1170.60	432.70	175.20	421.50	1.30	0.72	-17.12	11.69
2000 年	1297.40	447.00	185.90	522.10	10.83	3.30	6.11	23.87
2001 年	1530.50	387.30	186.50	783.80	17.97	-13.36	0.32	50.12
2002 年	1814.30	414.70	169.60	989.40	18.54	7.07	-9.06	26.23
2003 年	2157.10	514.70	216.20	1202.50	18.89	24.11	27.48	21.54

投资比重从 1998 年的 32.66%上升到 2003 年的 55.75%，提高了 23.09 个百分点(见表 2)。

表 2 1998～2003 年北京市固定资产投资结构

单位：%

时间	投资总额	基本建设	更新改造	房地产开发	其他投资
1998 年	100.00	37.18	18.30	32.66	11.86
1999 年	100.00	36.96	14.97	36.01	12.06
2000 年	100.00	34.45	14.33	40.24	10.98
2001 年	100.00	25.31	12.19	51.21	11.30
2002 年	100.00	22.86	9.35	54.53	13.26
2003 年	100.00	23.86	10.02	55.75	10.37

从房地产开发投资增速考察，适当结合其所占投资总额的比重，1990 年以来北京市房地产开发投资经过两个周期，第一个周期从 1990～1996 年，以 1995 年为最繁荣时期，当年的房地产开发投资增速为 2.55 倍，房地产投资占比为 41.93%。第二个周期从 1997～2003 年，2001 年房地产开发投资增速为 50.12%，为 1997 年以来的最高速度，2002 年起增速下降，2003 年增长 21.54%，比 2002 年下降 4.69 个百分点，表明这一周期的投资势头趋于下降。根据国外经验，房地产开发周期平均约为 5～6 年，北京市情况与之基本一致。此外，从 2001 年起，房地产开发投资占固定资产投资一半以上，说明房地产投资的主导地位并未发生改变。

2. 三次产业投资以第三产业投资为主，且比重不断上升。

2003 年，对第三产业的固定资产投资（不含房地产开发投资）为 605.6 亿元，占三次产业固定资产投资的 76.31%，比 1998 年上升了 6.07 个百分点。投资结构的调整促进了产业结构的不断升级。2003 年第三产业增加值比重达 61.41%，比 1998 年提高了 4.83 个百分点。

3. 投资主体日益多元化，非国有经济投资比重不断提高。

非国有经济投资在数量上已成为投资的主要力量。2003 年，非国有经济投资额为 1412 亿元，占固定资产投资总额的 65.5%，比 1998 年提高 28.49 个百分点。不过，非国有投资存在领域较窄的局限，主要集中在房地产开发投资中。2002 年非国有房地产开发投资额 762 亿元，占全部非国有投资额的 73.07%。

4. 非房地产投资资金来源以自筹为主，房地产投资资金来源以银行贷款为主。

对固定资产投资资金来源的分析从房

地产投资和非房地产投资两个角度进行。

1998～2002年间，剔除房地产投资的固定资产投资资金来源以自筹为主，在54%～58%之间波动。2003年自筹投资额为509.6亿元，所占比重为63.76%，比2002年提高了9.16个百分点。

房地产开发投资资金来源高度依赖银行贷款。2003年，房地产开发投资资金来源1871.4亿元，其中，国内贷款586.9亿元，自筹资金375.8亿元，自筹中的自有资金192亿元，其他资金来源的定金及预收款742.6亿元。假设定金及预收款的80%来自居民个人住房消费贷款，与国内贷款合计占资金来源的比重达63.1%，而自筹资金比重只有20.08%，其中的自有资金仅占10.26%。房地产开发企业平均资产负债率从另一个侧面验证了这一情况。2002年末，全市1508家房地产开发企业实收资本993.6亿元，资产总额5637.2亿元，资产负债率为82.37%（见《2003年北京市统计年鉴》）。

房地产开发投资资金来源的另一个特点是，近两年资金结余较多，如2001年、2002年分别结余资金285.5亿元和312.2亿元，分别占当年房地产投资额的36.42%和31.56%，2003年资金来源已超出同期房地产投资668.9亿元，超出55.63%。这些结余资金为今后1～2年房地产投资继续保持较快增长提供了一定保障。

（三）固定资产投资效益分析。

1. 新增大量固定资产。

基本建设投资和更新改造投资的明显效果是新增大量固定资产。1998～2002年，基本建设投资合计达2111.3亿元，共新增固定资产1879亿元；同期，更新改造投资合计为928.7亿元，共新增固定资产803.5亿元。

2. 城市基础设施得到极大改观。

1998年以来，基础设施投资规模不断扩大，极大地改善了城市基础设施状况。2003年完成基础设施投资417.8亿元。全市基本形成了放射状交通网络，大气污染得到有效控制，并加强了对城市水系综合整治工作。

3. 居民居住状况不断改善。

1998～2003年，商品房竣工建筑面积合计10102.4万平方米，商品房销售建筑面积合计6719.6万平方米。其中，2003年商品房销售面积1895.8万平方米，同比增长10.97%；商品房销售额898亿元，同比增长10.3%。城市人均居住面积逐年提高，从1998年10.03平方米增加到2002年的11.93平方米，增长18.94%。

二、固定资产投资增长的原因

（一）与经济增长周期趋于一致。

20世纪90年代以来，投资波动与国内生产总值波动的一致性增强，1991～2003年国内生产总值增速与投资增速的相关系数为0.86，比1979～1990年两者的相关系数高0.34。

（二）经济政策的影响。

1. 稳健货币政策的影响。

1998年起，取消贷款规模控制是货币政策的重大调整，标志着货币政策手段从直接调控为主转向间接调控为主。贷款规模的取消为商业银行自主发放贷款提供了条件。同时，中国人民银行实行稳健的货币政策，5次下调了金融机构贷款利率，且中长期贷款利率下降幅度大于短期贷款利率。5个档次贷款利率减少点数和下降幅度随期限延长而扩大，从“期限在6个月内”的累计减少2.61个百分点扩大到“期限在5年以上”的累计减少4.77

个百分点（见表3），下降幅度相应从34.12%扩大到45.3%。期限越长，利率下调幅度越大，在一定程度上减少长期资金筹集成本，促进了中长期贷款的增长，增加了固定资产投资、尤其是房地产投资的资金来源。

表3 1997～2002年金融机构人民币贷款利率

单位：%（年利率）

调整时间	6个月以内	6个月～1年	1～3年	3～5年	5年以上
1997年10月23日	7.65	8.64	9.36	9.90	10.53
1998年3月25日	7.02	7.92	9.00	9.72	10.35
1998年7月1日	6.57	6.93	7.11	7.65	8.01
1998年12月7日	6.12	6.39	6.66	7.20	7.56
1999年6月10日	5.58	5.85	5.94	6.03	6.21
2002年2月21日	5.04	5.31	5.49	5.58	5.76

2003年末，北京市金融机构人民币中长期贷款余额占比为37.63%（剔除开发银行总行营业部和进出口银行总行营业部，既为口径可比，也因两个机构的贷款主要针对全国性企业集团），比1998年末提高了13.43个百分点。2003年中长期贷款增加1164.4亿元（剔除开发银行、进出口银行为929.8亿元）。其中，基本建设贷款增加439.6亿元（剔除开发银行、进出口银行为374.1亿元）。

2. 积极财政政策的影响。

1998年开始实行积极的财政政策，发行大量国债，政府投资力度加大。固定资产投资资金来源中，2001年和1999年的国家预算内投资比重分别为20.92%和20.64%，是1992年以来的第一、第二高点。

3. 投融资体制改革不断推进。

北京市政府出台了一系列深化投融资体制改革的政策措施。对经营性基础设施项目投资实行回报补偿政策，完善了重大基础设施项目前期工作程序，对民营资本进入有关投资领域的限制逐步取消。此外，改革行政审批程序，实行网上审批；并在互联网建立了“北京投资平台”，向全社会公开项目招投标信息。

4. 住房制度改革力度加大。

1998年国家实行住房制度改革，取消福利分房，促进了居民个人购房需求的增加，这是房地产投资、特别是住宅投资较快增长的最主要政策因素。北京市政府进一步完善了与房地产市场相关的政策，2001年以政府令形式公布了《北京市商品住宅销售价格构成管理办法》，规范商品房市场价格。2003年上半年，出台了《北京市已购公有住房上市出售实施办法》等政策，推动房地产二级市场的发展。

（三）城市化进程加快以及奥运经济的推动。

1998年以来，城市化进程加快带动了基础设施投资的增长，交通、能源、环境保护等方面投资迅速增加。申奥进程及申奥成功引起的奥运经济效应，进一步推动了城市化发展，奥运场馆的陆续建设，客观上增加了固定资产投资需求。

三、固定资产投资存在的问题

（一）固定资产投资效果系数下降。

1997～2003年每年投资效果系数均低于0.25；而1979～1996年间，除1981年外，各年均高于0.25。投资效果系数下降表明投资的总体效益下降。原因之一是，与过去以扩大生产能力为主的固定资产投资相比，以基础设施投资和房地产投资为主的固定资产投资的产出效益和盈利能力偏低。

（二）更新改造投资比重下降。

更新改造投资比重从1998年18.30%

下降到2003年10.02%。2002年制造业更新改造投资为52.94亿元，占全市更新改造投资的31.21%，并且主要集中在汽车制造业、黑色金属压延、石油化工等行业，三个行业更新改造投资占制造业更新改造投资的比重分别为20.21%、10.5%和9.39%。

（三）房地产开发投资结构不太合理。

房地产开发投资结构不合理的表现之一是公寓别墅类高档商品房开发投资增长速度偏快，空置面积比重较高。

2003年公寓别墅开发投资同比增长15.13%，同期其他普通住宅投资同比仅增长6.63%，前者高于后者8.5个百分点。形成公寓别墅投资增长速度快于其他普通住宅投资的主要原因：一是公寓别墅投资基数相对较小；二是公寓别墅投资具有更高的利润空间。2003年，公寓别墅平均每平方米销售额7415.9元，比其每平方米竣工价值（相当于建筑成本）高4049元；而其他普通住宅平均每平方米销售额4217.7元，比其每平方米竣工价值高2647.7元（见表4）。

从商品房空置情况看，公寓别墅空置面积比重偏高。2003年末，公寓别墅空置面积160.1万平方米，占住宅空置面积的17.85%，比住宅施工面积中公寓别墅占比高6.75个百分点。

（四）房地产开发投资对银行资金依赖度高，银行信贷风险增大。

无论从房地产开发投资资金来源，还是从金融机构贷款增长角度看，房地产投资对银行贷款的依赖程度都相当高。如前所述，2003年房地产开发投资资金来源中至少60%来自银行贷款。2003年12月末，金融机构对房地产贷款余额3122.8亿元，占金融机构贷款余额的27.52%，比2002年末提高1.95个百分点。全年房地产贷款增加761.9亿元，占同期贷款增加额的35.73%。银行贷款向房地产行业集中无疑会加大银行信贷风险。房地产不良贷款率已呈现上升苗头。2003年6月末，房地产贷款不良率比2002年末上升0.58个百分点。

四、未来两三年固定资产投资趋势判断

1998年以来，北京市固定资产投资稳步增长，结合目前经济增长处于上升阶段的形势，未来两三年仍能保持较快增长速度。

2001年起占固定资产投资一半以上的房地产投资能否持续增长，是判断未来两三年固定资产投资能否持续增长的重要因素之一。从需求角度分析，商品房销售面积自2000年以来增长较快。居民住房需求仍处于快速增长时期，预计两三年内仍能保持较高增长势头。从土地供给和资金来源方面看，尽管从2002年起陆续出台

表4　2003年北京市不同类型住宅竣工与销售情况

项目	竣工价值（万元）	竣工面积（万平米）	竣工价值/平米（元/平米）	销售额（万元）	销售面积（万平米）	销售额/平米（元/平米）
住宅	3496654.00	2080.75	1680.48	7891587.00	1771.05	4455.88
公寓别墅	430722.00	127.93	3366.86	978154.00	131.90	7415.88
其他普通住宅	3065932.00	1952.82	1570.00	6913433.00	1639.15	4217.69

数据来源：北京市统计局，北京市国民经济统计资料（2003年12月）。

了适当收缩的政策，但部分开发企业已做好一定准备。2002年土地购置面积达2092.5万平米，2003年又购置土地1409.6万平米。同时资金来源出现大量结余，2003年资金来源超出房地产投资55.63%，储备的土地和资金可部分抵消政策将产生的收缩效应。因而，尽管2002年以来房地产投资增速有所下降，但未来两三年仍将保持15%左右的增长速度，增速不太可能出现较大幅度下降。

除房地产投资外，近几年在固定资产投资增长中发挥较大作用的基本建设投资，未来两三年仍将稳步增长。促使其增长的主要原因，一是奥运经济引起的增加基础设施投资的要求；二是居民购车需求持续增长对道路交通投资增长的要求（截至2003年12月末，全市私人汽车拥有量达107.1万辆）。不过，由于部分基本建设投资项目缺乏盈利能力，在积极财政政策逐步淡出之后，其资金来源将制约其增长。在解决好资金来源问题的前提下，预计未来两三年基本建设投资能保持5%~10%的增长速度。

1998年更新改造投资额为211.4亿元，之后直到2002年仍低于此金额。尽管2003年同比增速达27.5%，但其绝对额仅略高于1998年4.7亿元，而且能否持续仍难以确定。如国有企业改革取得突破性进展，同时，以汽车、医药、电子等为代表的现代制造业振兴计划能较顺利地实施，今后两三年更新改造投资则可能保持15%~20%的增长速度。

综上所述，今后两三年，推动北京市固定资产投资增长的因素主要是住房需求增长、城市化进程加快、奥运经济推动、现代制造业技术进步等力量。而使固定资产投资增速可能放慢的主要因素有：一是房地产信贷资金进行结构性收紧，以及上调存款准备金率发出的适当收缩信贷的信号，中长期贷款低利率政策不一定长期延续，使银行贷款对固定资产投资增长的支持程度可能减弱；二是积极财政政策力度减缓，国家预算投资有所减少，2003年剔除房地产投资的固定资产资金来源中，国家预算内投资为78.4亿元，比2002年减少30.1亿元，占资金来源的比重为9.81%，比2002年下降5.54个百分点，这将使固定资产投资增速适当放慢。综合考虑，预计未来两三年固定资产投资每年能保持13%~18%的增长。

注：文中有关固定资产投资数据均来自北京市统计局，年度数据来自《北京统计年鉴》和《2003年度初步统计》，月度数据来自《北京经济发展月报》，房地产投资具体数据来自《北京市国民经济统计资料》。

（张新宇）

“非典”时期北京银行业的风险、机遇与政策建议

中国人民银行营业管理部货币信贷处

为掌握北京银行业在“非典”疫情中所受影响，了解货币信贷政策实施中存在的实际问题，维护银行的稳健经营，有效化解“非典”带来的经营风险，人民银行

营业管理部货币信贷处建立了“防治‘非典’工作期间金融运行情况通报制度”，就近期货币政策执行和信贷运行中出现的新情况、新问题与各银行及时沟通。

从反馈的信息资料看，各银行认为：“非典”给其正常的经营活动带来了风险，同时也带来了机遇，表现在存贷款业务、贷款的日常管理和金融服务等多方面。同时，建议有关部门尽快研究协商，采取措施，以更好地协助政府抗击“非典”，化解“非典”给北京地区银行业带来的风险，为支持首都经济的发展做出积极努力。

一、风险与机遇

（一）贷款业务受各行业风险的影响不同，需要警惕中期经济景气带来的影响。

1. 公司信贷业务。

(1) “非典”疫情压制了当前的居民消费和商务消费，旅游、交通、商业零售、餐饮、娱乐、酒店等行业的贷款安全受到重大影响；随着“非典”疫情的控制，商业零售和餐饮业的经营情况恢复较快，行业中期风险较低。

“非典”疫情导致居民减少了外出旅行、就餐、购物、娱乐，企业减少了各种公务活动等，使得旅游、交通、商业零售、餐饮、娱乐、酒店等行业的业务量急剧减少，营业额大幅度下降，经营性现金流入大幅降低，直接导致银行在这些行业的信贷风险大幅上升，已经出现了餐饮企业贷款逾期的现象。预计部分 2003 年 5 月份到期的旅游、商业、餐饮、娱乐等行业的贷款会推迟还款。

但是如果我国的“非典”疫情控制能够将新发病例稳定到个位数，预计当前被推迟的居民耐用消费品支出和部分商务消费会较快恢复，商业零售和餐饮业的经营状况恢复应是最快的，预计中期风险较低。但是由于消费者信心受到重大打击，旅游、交通、娱乐、酒店行业的恢复会较慢，中期风险仍较高。

(2) “非典”疫情刺激了医疗器械和药品、消毒用品、洗涤用品、方便食品以及个人计算机的需求，同时其生产和销售大幅增加，当期银行信贷投入有所侧重，但如果危机在“短期”内基本消除，银行应关注此类企业的还款情况。

抗击“非典”刺激了床头 X 光机、呼吸机等专用医疗器械的需求，居民对预防药品、消毒用品、洗涤用品、方便食品和个人计算机的需求也很旺盛。银行业为支持抗击“非典”的工作，提供了加强及时结算等基本服务，还特别加大了对医疗科研、公共卫生、医院基建、医药化工及医药进出口等企业流动性资金的信贷支持力度，简化审批环节，缩短审查时间，保证所需资金及时足额到位，特别是保证“非典”定点医院的资金需求。

但是“非典”疫情如果在今后“短期”（1～3 个月）内基本消除，专用设备和用品可能出现过量剩余积压，近期银行此类的信贷投入的信贷风险将会上升。

(3) “非典”疫情一定程度上打击了经济景气，进出口贸易和其他一些与经济景气高度相关的行业受到影响最大，中短期内恢复较难，此类贷款风险大大提高。

“非典”疫情导致进出口企业业务下降明显，原因是“非典”影响了合同履约和签订，资金占压严重，而且国际市场信心在中短期内恢复的难度较大。另外会展、广告、装饰装潢等行业与经济景气高度相关，几乎处于停业或半停业的状态。商业活动的频度只会随着经济景气回升逐渐增强，在中短期内这些行业经营活动的恢复难度较大，出现贷款风险的可能性也较大。

(4)“非典”疫情增大了房地产及工程施工企业的经营成本，工程进度也受到影响，商品房销售基本停滞，资金链条更加脆弱，需要警惕贷款风险。

疫情导致部分项目停工，未停工项目也因消毒、改善民工居住和伙食条件，经营成本有所增加，建设进度放缓。另外原有大批民工返乡，近期进京民工很少，工程现场工期受到影响，比如有些工程虽部分完工，但原有民工无法撤出，仍需支付工资，而新阶段工程的民工也无法进驻。另外居民对购房支出比较谨慎，因“非典”推迟了考察楼盘，进而推迟买楼，所以许多售楼处已放假，售楼活动又无法像其他行业一样采取网上销售，基本停滞。房地产行业的资金链条历来比较脆弱，现在工期受到影响，资金链条更加脆弱。目前房地产行业的贷款占银行贷款量比重较高，需要警惕贷款风险。

新开工项目及投资的进度也会在一定程度上对钢铁、建材等行业的生产产生影响。

(5)“非典”疫情影响了交通运输的通畅，部分农户蒙受经济损失，种鸡、种羊、饲料等无法运入，水果、蔬菜和水产不能及时运出，贷款风险加大，影响了农户的生产积极性，将影响下一阶段“支农贷款”的投放。

(6)一般工业生产受到“非典”的近期影响不明显，通讯和网络行业是疫情中最明显的赢家。但如果“非典”疫情在年内不能得到消除，可能会影响宏观经济景气，造成银行信贷资产中长期风险增高。

2. 个人消费信贷业务：“非典”疫情促进了私人购车消费，同期汽车消费信贷的增长额却逐旬递减，但整体增长好于去年同期，短期可能进一步下降。

非常时期，许多人改变了出行方式，私家车销售旺盛，4月份共销售3.4万辆；其中新车2.3万辆，同比增长1.7%，年内首次超过去年同期数。但是4月份，北京汽车消费信贷新增15.01亿元，其中上、中、下旬的增长数分别为5.60亿元、4.94亿元和4.47亿元，逐旬下降。由于汽车牌照暂停发放，短期汽车消费信贷额可能进一步下降，进入5月份，个别银行的汽车消费信贷业务几乎处于停滞状态。

3. 票据业务：短期内票据贴现业务跨地区业务量减少，本地业务量增加，整体业务量近期将进一步下滑。

年内由于利率、银行票据业务与各银行信贷业务比例安排的原因，票据融资业务一直呈下降态势，同比下降82亿元，其中4月份当月同比下降81.8亿元；因为“非典”的影响，4月下旬业务量下降最明显。按照银行平均持有贴现票据3个月的情况估计，近期（1～3个月内）整体业务量还会进一步下滑，其中跨地区业务量会逐步减少，本地业务量增加。

（二）存款业务中，公司、个人业务影响情况差异明显，居民持有现金量有所增加。

截至4月末，北京金融机构本外币各项存款余额18 003.5亿元，同比增长25.09%。

1. 企业存款保持增长态势，当前受“非典”的影响程度还不太高。

截至4月末，人民币企业存款余额8 739.8亿元，比年初增加177.1亿元，同比多增155.6亿元。4月份当月增加86.3亿元。虽然当前“非典”对企业存款的影响程度还不太高，但今后的发展态势还有待观察。

2. 居民储蓄年内保持了增长势头，4月下旬，因“非典”影响，增势轻微减弱。

截至4月末，人民币储蓄余额为4 768亿元，比年初增加378.3亿元，同比多增73亿元。4月份当月储蓄存款增加了70.87亿元，同比多增10.7亿元，但下旬同比少增7亿元，其中活期存款占比提高了5.1个百分点，储蓄存款的稳定性有所降低。

3. 4月下旬，受“非典”因素的影响，居民个人手持现金量有所增加。

由于“非典”的原因，居民增加了手持现金量，个别日内发行基金基库现金净投放数额较大，甚至没有货币回笼，主要原因有：（1）预防动机持有的现金量增加；（2）4月下旬居民抢购生活物资，所需现金量增加；（3）外地人返乡，以现金形式提取了部分存款；（4）居民不愿出门，本打算存在银行的现金暂时闲置持有。预计随着“非典”疫情逐步得到控制，居民恐慌情绪逐步平息，现金回笼情况会逐步好转。

（三）贷款管理受到的负面影响较大，二、三季度的利润可能会受到影响。

银行贷款管理受到的负面影响较大，传统营销“面对面”的方式不适应当前形态，贷前调查、核保、抵质押登记、贷后检查等工作基本停滞，影响了二季度的贷款审查和投放工作；部分个人住房贷款出现本息逾期，原因有“恐典”未能及时存款，也有一线医护人员和隔离区人员、离京人员无法存款，旅游等行业从业人员收入受到严重影响、支付能力下降；另外对不良贷款的催收工作造成一定影响，由于有些企业和政府部门实行轮岗工作，法律手续、文本办理滞后，影响了清收进度和控制力度。这些可能会影响银行本年度二、三季度利润目标的实现，必须加强对年度信贷计划执行情况的控制。

为了支持抗击“非典”的工作，部分银行也在贷款政策方面采取了一些措施，如针对一线医务人员和处于隔离区借款人的特殊情况，工商银行北京分行已经下发了紧急通知，提出剔除因疫情造成的这部分逾期贷款，并采取减免罚息的政策。

（四）金融服务方面出现机遇。

由于“非典”，人们刻意减少与他人的会面，电话银行、电子银行、网上银行、银行卡业务因而得到发展的机遇，普及程度大大提高。仅5月1日至5日五天时间，工商银行北京分行的电话银行、网上银行的个人交易达2.1万笔，同比增长了110%，交易额同比增长了189%。

二、政策建议

预计下一步首都经济发展需要银行信贷更大的支持。由于近期贷款风险有所上升，年度信贷计划受到负面影响较多，中央银行应引导商业银行提高现有资产质量，化解风险，加强以下几方面的工作，保证全年工作的顺利完成。

（一）政府、中国人民银行和商业银行一同做好有针对性的调查研究，摸清损失较大的行业、企业情况，进一步加强监控的力度，加强信息沟通，并及时向有关部门进行反映。

（二）做好各项准备工作，在疫情稳定，生产、生活秩序恢复正常以后，加大信贷投入，帮助企业恢复生产、经营，进一步简化贷款手续，建立畅通的工作渠道，在贷款利率浮动权限内给予企业一定的贷款利率优惠。

同时，建议财政、税务部门采取相关配套措施，通过贴息、借款、减免税费、及时核销因疫情形成的呆账贷款等方式，鼓励商业银行加大对企业的信贷投入。

（三）各商业银行要严格加强对房地产信贷运行情况的跟踪调查，认真分析企业经营和资金状况，督促企业调整开发和销售计划、防范信贷资金风险。同时，商业银行要客观评估北京房地产市场的发展前景，在加强信贷市场规范管理的前提下，对于发展前景较好、经营状况良好、公司实力较大的企业要加大信贷支持力度，加快调整房地产信贷结构，保证北京市房地产业的平稳发展。

（四）加强金融服务，采取多种措施，保证各项房地产贷款的发放，通过各种手段保持个人住房贷款的正常还款，并采取灵活的措施，对因疫情导致不能正常还款的客户采取适当的补救办法。

（五）人民银行营业管理部将尽快出台有关指导意见，协助北京地区银行进一步做好防治“非典”工作期间信贷运行和金融服务工作，协调解决银行遇到的各类问题，以充分发挥银行业在维护国民经济持续稳定运行方面的重要作用，确保稳健货币政策的有效贯彻落实。

（贾　蕾）

关于2008年北京奥运会项目建设的信贷支持对策研究

中国人民银行营业管理部统计研究处

2008年北京奥运会项目建设已进入全面实施阶段，奥运项目建设直接关系到“发展奥运经济，举办新奥运，建设新北京”这一新世纪初期首都经济发展战略能否顺利实现。作为北京市历史上建设规模最大的工程，奥运项目建设资金需求无疑是相当巨大的，本文将围绕奥运项目建设的资金筹措与运用问题，重点探讨如何进一步发挥北京市银行业作用，支持奥运项目建设。

一、奥运项目建设资金需求特点分析

一是建设资金需求规模大。奥运项目按窄和宽口径可分为两大类，窄口径仅指新建、改扩建奥运场馆，为配合奥运会比赛转播及居住而兴建的会议中心、奥运村、记者村等相关设施。根据北京奥运会项目建设最新情况介绍，2008年北京奥运会一共需要建设35个比赛场馆①，5个相关设施，总投资共计187.11亿元，其中在北京地区建设奥运场馆项目投资169.49亿元。宽口径除场馆设施建设外，还包括由纯奥运因素引发的投资（不含在“十五”规划中投资），如城市公共交通枢纽和道路、数字通讯网络、水电气改造、绿化环保等项目，需要投资约1349亿元②。

① 按原计划，2008年北京奥运会一共需要37个比赛场馆，其中新建19个，改建13个，临时建设5个。

② 还有对奥运投资规模更广的统计口径，即由奥运引起所有的直接和间接投资，总规模约2800亿元，本文仅采用前两种口径。

二是项目投资的资金集中度高。以在北京市将新建国家体育场、国家体育馆、国家游泳中心等15所体育场馆及会议中心和奥运村为例，投资规模达152.68亿元，平均每个项目需要资金8.98亿元，其中投资规模最大的国家体育场和奥运村分别需要资金34.97和32.9亿元。如此密集的资金需求，单一的投资主体、单一的投资方式是很难满足的。

三是资金需求的持续性长。奥运项目建设周期大多比较长，根据北京奥运行动规划，2003年7月至2006年6月为奥运全面建设阶段，奥运直接投资部分将于2006年全面完工，奥运间接投资部分最迟到2007年底以前完工，2003～2007年投资比例大约为15%、20%、25%、、30%、10%。这些项目竣工后，在运营过程中，可能还会需要一定后续资金投入。

四是资金投入的项目同质性强。项目的同质性较强。就具体形态而言，基本上都是体育场馆以及城市基础设施建设。从经济循环过程看，属于价值生产链的中下端，受宏观经济形势以及上游行业影响较大。特别是体育场馆，价格需求弹性大，市场消费能力易饱和，本身现金流不稳定。因此，当市场运行环境发生变化时，项目的同质性不易分散市场给资金安全带来的风险。

二、奥运项目资金筹措

奥运项目建设资金需求量大，那么怎样解决钱从何处来的问题？目前主要有以下渠道：银行贷款、财政拨款、市场融资、奥运市场开发、企业自筹、利用外资等形式的融资。

首先结合近年来北京市固定资产投资来源情况，分析除银行贷款外其他各种渠道的筹资可得性：

1. 财政拨款，近年预算内投资在全市固定资产投资来源中逐步下降，2002年国家预算内资金比例为15.35%，比上年下降5.6个百分点。考虑奥运投资因素，中央和北京市地方财政会在原有基础上增加一部分拨款，但来自预算内拨款的资金增长可能有限。从目前奥运项目的建设方式看，政府大都采用招标方式，给中标企业特许经营权，由企业自己筹集资金，项目完工后，给予企业30～50年的经营权。政府只对盈利性较差、没有企业投标的项目进行投资。

2. 市场融资，主要包括股票融资和债券融资，但规模都不大。2002年全市股票融资额16.2亿元，与当年银行新增贷款之比为0.0078:1，全市固定资产投资来源中股票筹资只占到0.27%，债券筹资占0.9%。不可否认，随着市场经济体制改革的不断深入，我国的金融市场将得到进一步发展，通过市场将是筹集建设资金的重要形式，但从当前的情况看，市场融资难以担当奥运项目建设投资的大任。

3. 奥运市场开发收入。根据2008年奥运会财政预算，奥运会各项收入16.25亿美元，支出16亿美元，结余2000多万美元。但这些资金属于奥组委会的运营收入，按国际奥委会规定，只能用于奥运会运营支出，不能用于投入奥运场馆和辅助设施建设。即使把这些结余款用于投资，相对于数千亿元的投资规模，也是杯水车薪。

4. 建设单位自筹资金。包括企事业单位的预算外资金、历年积累及生产经营过程中闲置资金，这部分资金在投资来源中占有很大比例，但由于生产经营过程中资金一半以上是从银行贷款转化来的，因此，如果剔除银行贷款因素，自筹资金是有限的。此外，奥运项目建设还可以通过利用外资等方式筹集资金，但由于外资在北京市固定资产投资来源只占2%～3%，因此只能起到辅助作用。

表1 2000～2002年固定资产投资来源比重

年份	国家预算内资金	债券融资	股票融资	国内贷款	利用外资	自筹及其他资金
2000	16.22%	0.00%	1.45%	20.52%	2.19%	59.63%
2001	20.92%	0.39%	0.36%	13.80%	2.38%	62.16%
2002	15.36%	0.90%	0.27%	22.78%	3.49%	58.02%

资料来源：2002、2003《北京统计年鉴》。

其次，分析银行在北京市社会资金配置格局中的作用。2002年末各银行本外币存款余额16566.5亿元，增长24.1%，本外币贷款余额9223.7亿元，增长26.3%，其中基本建设贷款余额2327.2亿元，增长26.3%。比同期基本建设投资增速快9.3个百分点。从全市固定资产投资来源看，银行贷款也发挥着主要渠道的作用，2002年银行贷款占全部投资资金来源的比重为22.8%，比上年上升9个百分点。此外，企业自筹资金以及以其他形式筹集的建设资金中也有相当大的部分是由银行贷款转化而来的，如果将这些因素考虑进去，银行贷款在固定资产投资资金来源的比重占到50%以上，由此可见，银行贷款是投资的首要来源渠道。由于奥运项目建设以企业投资为主，而企业又主要依赖银行贷款，据调查，奥运项目的中标企业都有银行开出的投标履约函和贷款承诺函。因此，随着奥运项目进入全面施工阶段，奥运项目银行贷款将会进一步增加，银行融资中介的主导作用也将得到进一步发挥。

三、银行在支持奥运项目建设中需要解决的几个重点问题

根据奥运项目建设资金需求的特点，北京市银行在支持奥运项目建设资金需求方面，需要重点解决以下几个问题。

（一）资金总量的筹措。

如果按照奥运项目建设资金总量中一半由银行贷款提供，以包括全部奥运项目投资的宽口径来估算，总计需要新增银行贷款700亿元左右，假设全部新增存款都用于奥运项目贷款，按照近几年年平均55.7%的存贷比率，年均需要新增存款250亿元，相当于在2002年的增长水平基础上，存款平均每年增速再提高1.5个百分点，全部新增本外币存款平均每年超过3000亿元，当然，这只是一个粗略的估算，不十分精确。此外，银行还可以通过提高存贷比率和调整现有贷款结构来化解资金压力，即使如此，资金筹措的压力仍是十分巨大的。

（二）资金流量的可持续性。

北京市银行吸收的资金总量虽较大，但流动性较强。2002年末企事业机关团体及其他存款占全部银行存款的比重为71.3%，企事业单位对外经济活动较为频繁，具有较高流动性。以银行企业存款为例，2002年企业活期存款占全部企业存款的比重为59.3%，在企业定期存款中，以通知存款为主的一年以内的定期存款占全部企业存款比例为25.3%，流动性较强的信贷资金来源与较长期稳定的贷款需求不匹配，如何保证奥运项目建设资金供给的可持续性成为现实问题。

（三）贷款方式及品种的创新。

奥运项目建设期间，我国将完成对加入世贸协议的承诺的履行，开放国内金融市场，2006年以后，外资银行将不受地域

表 2 北京市银行企业存款期限结构 单位：亿元

年 份	全部企业存款余额	活期存款		定期存款		其中：一年以内	
		余额	占比	余额	占比	余额	占比
2001	6 669.2	4 298.2	64.40%	2 370.1	35.60%	2 171.1	32.55%
2002	8 493.3	5 030.7	59.30%	3 462.6	40.70%	2 152.9	25.34%

资料来源：人行营管部统计信息网站。

限制，金融业的竞争将更为激烈，这种竞争也会在奥运项目建设中得到充分体现。奥运项目是面向世界各国的建设工程，奥运项目投资主体、建设单位众多，涉外经济活动要远远多于国内其他的建设工程，贷款方式会有不同的需求，还款的安排形式各异，需要进行多种贷款组合，以实现不同币种、利率、汇率的最佳搭配。由于北京市的金融环境相对宽松，市场竞争程度仍然不充分，金融创新不够，金融服务产品不足，在开展具有特色的、个性化的信贷服务产品经验不足，技术手段不够，需要加快金融创新步伐，以更好满足奥运项目建设的信贷需求。

（四）贷款的风险防范。

首先是奥运经济周期可能带来的风险，由于为举办奥运前期投入太多，引起经济过热，资产价格上涨，而奥运会后，大量场馆、写字楼闲置，资产价格下跌，整体经济由扩张逆转为收缩，形成所谓“后奥林匹克衰退”。在一些举办过奥运会的国家和城市，曾经出现过低谷效应（如“蒙特利尔陷阱”）。在这种经济环境中，由于银行对奥运项目投资数量巨大，投资行业和项目也比较集中，具有较强的同质性，分散风险能力较弱，银行不良资产势必增加。其次是项目本身的财务风险，由于奥运场馆以及相应的基础设施建设，具有一定的社会公共产品性质，其收益率要低于社会平均项目投资回报水平，如果仅仅依靠项目本身的收益如期收回贷款难度较大，特别是奥运场馆，奥运单个项目投资规模都很大，而本身的利用效率却受到重大体育赛事的影响，需求弹性大，项目能否有持续的现金流，其本身的财务风险需要重视。据了解，不少项目都是通过相关房地产开发项目收益来担保，而房地产本身的风险也是值得关注的。三是利率和汇率风险，未来几年我国利率市场化改革将会取得新的进展，外汇汇率形成机制也将更为灵活和富有弹性，利率和汇率的管制将会进一步放松，市场供求等经济因素将在利率和汇率水平决定中发挥更大的作用，奥运项目贷款中汇率和利率风险凸显。从利率方面看，从 1996 年开始，经过连续 8 次降息，我国的人民币贷款利率水平已经到达历史低位，如 3～5 年期利率水平从 1996 年 15.12% 降到目前的 5.58%，降幅达 58.67%；外汇贷款利率已实现市场化，和国际金融市场外汇利率水平基本一致，目前国际金融市场利率处于近 50 年来最低水平。从汇率方面看，国际资本流动的规模会更大、频率会更快，国际金融市场的变化对人民币汇率的冲击进一步增强，汇率变动的幅度将会加大，特别是在目前升值预期较为强烈，外汇贷款风险增加。

四、北京市银行业支持奥运项目建设的对策建议

（一）加强组织领导和协调，制定相

应的信贷支持策略。

认真研究“奥运经济”周期规律以及对银行信贷资金运行方式的影响，较为准确预测奥运项目建设以及相关行业发展的资金需求，加强对项目业主和建设单位的联系，确定银行信贷支持的重点、支持的具体方式和步骤。通过借助奥运会的社会关注力，提高本银行社会知名度，更好地开展贷款营销。此外，加强与其他银行以及证券保险机构的联系，大力开展金融创新，为银行信贷产品的开发提供相应配套措施。

（二）大力组织和动员社会资金。

奥运经济的兴起，将给高速增长的首都经济带来新的活力，经济总量的增加将为北京市银行业吸收资金提供了较大空间。银行应加强个人理财服务，通过富有个性、差异化的金融服务，增加对稳定性较好储蓄存款的吸引力，保持储蓄存款稳步增长；积极发挥银行的综合服务优势，利用银行网络和信息技术优势，通过融资、结算、代理和其他业务手段，吸引企事业单位和大机构客户存款；加强与证券、保险、信托、财务公司等金融机构的协作，增加同业存款，为奥运项目贷款提供充足稳定的信贷资金。

（三）积极开展信贷创新，支持奥运项目建设。

一是开展信贷资产证券化。通过信贷资产证券化，将奥运有关项目的信贷资产打包组合，以未来的现金流作为保证发行证券，盘活信贷资产存量，增加资金来源，同时也利于扩大贷款投放。

二是积极开展项目融资和银团贷款。作为国际上为大型建设工程项目筹措资金的一种中长期贷款方式，项目融资具有资金来源较广、担保主体多、透明度高等优点。但目前在奥运项目贷款中，这种银团贷款形式的项目融资还不多，因此应积极进行奥运项目的国内外推介活动，吸引国内外金融机构开展项目融资。

三是开展融资租赁。在奥运项目建设工程中，有许多大型的设备投资、奥运交通运输、电视转播设备、体育设施等，可由专业融资机构来承担，通过发展融资租赁，引进先进技术设备，满足奥运项目建设的不同需要。

（四）大力支持通过市场筹集奥运项目建设资金。

尽管中标企业不能将奥运项目本身上市融资，但可以通过其他项目上市筹集建设资金。银行在这个过程中可为企业发放并购贷款、置换贷款、股本金贷款等方式支持企业上市融资，通过为承销股票发行的证券公司发放过桥贷款支持项目支持发行成功。从债券市场上看，应利用当前利率水平处于非常低的有利时机，增加债券发行量，除了发行企业债券外，还可以考虑由地方政府或由政府授权有关部门发行奥运建设特种债券（市政债券），银行除代理债券发行买卖外，还可以通过为发行人提供相应担保、短期贷款支持。此外，随着信托基金、产业投资基金以及 BOT、TOT 等新型的投资运作模式在奥运项目建设的运用，银行也可以为这些基金和投资者提供贷款支持。

（五）努力防范金融风险。

一是要加强投资项目管理，从源头将风险程度化解到最小。在工程立项前，要加强项目的审查，对其发展前景、盈利能力、还款保证等方面要进行细致的审查，防止借炒奥运概念一哄而上的现象；对于银行贷款项目的工程，要进行动态跟踪，掌握贷款使用状况。二是要加快金融工具和金融产品的开发。灵活运用利率、汇率和证券化等工具，开办远期合约、互换、期货、期权等金融交易，规避金融风险，实现金融产品由单纯融资型向融资和避险综合型的转变。三是建立风险的分散和转移机制。其关键是资金来源多样化，投资主体多元化，社会信用规范化。

（盛朝晖）

关于促进北京市银行支持再就业工作的调查报告

中国人民银行营业管理部货币信贷处

再就业作为关系到改革、发展和稳定大局的一项重要工作，受到了党中央、国务院的高度重视。2002年9月召开的全国再就业工作会议对此提出了明确的目标任务和基本要求。再就业工作对北京市这样一个在国内屈指可数的人口密集的大城市而言，尤为重要。而中国人民银行作为宏观调控的重要部门，对发展经济、增加就业这一宏观调控目标密切关注也是责无旁贷。为此，人行营业管理部就如何将支持和推动再就业工作落到实处、信贷支持应该从何处切入等组织了专门的调查研究。

一、当前面临的矛盾

（一）劳动力市场供需总量矛盾。

随着第一、二产业释放劳动力速度加快，第三产业创造的就业机会难以将其完全消化，劳动力供求平衡差逐年增大。下岗失业人员是形成当前再就业市场供求不平衡的主要因素。

北京市的劳动力供给总量主要由下岗失业人员、农村富余劳动力、外来人口及人口自然增长四部分构成，从现状和未来预期来看，均呈持续快速增长的态势。

一是下岗失业人员增长迅速。随着近几年国有企业改革和经济结构调整力度的加大，全市失业人员每年以40%的速度递增，到2002年年末，预计将有27.2万人，比2001年增长57.4%，将达到历史最高水平。而且这种趋势还会持续3～5年，形成了北京市再就业的主要矛盾。

二是农村富余劳动力继续增加。据统计，北京市2002年有农村剩余劳动力25万人，每年农转居人员约20万人，形成城市再就业的压力。

三是外来人口形成的就业压力。在我国城乡差距、地域差距明显存在的国情下，外来人口的涌入仍是城市就业的一个矛盾，北京表现得更为突出。截至2001年末，北京市共有居住一天以上的外来人口328万人，其中有262.8万在京居住半年以上的外来人口对北京市形成就业压力。

四是人口自然增长形成的供给。目前北京市正处于劳动人口增长高峰期。据有关部门统计，1979～1982年是北京市人口增长的高峰期，人口自然增长率为7.75‰～14.36‰，以16年为劳动力成长的一个周期计算，那个时段出生的人口2000年前后开始进入就业高峰期，从而使得劳动年龄人口占总人口比重逐年加大，到2001年已经达到71.9%，且预计今后几年仍将处于上升趋势。

相对于迅速增长的劳动力供给，劳动力的需求却呈逐年下降趋势，形成了北京市劳动力市场供需不平衡的突出矛盾。从三次产业对劳动力供需的情况看，经济结构调整下的经济增长，对就业的吸纳能力正在逐渐减弱。

据有关部门统计，近几年北京市第一、第二产业在经济增长率累计达到13.47%、169.49%的情况下，就业增长率分别为-20%、-22%，就业弹性系数分别为-1.477、-0.129，吸纳就业能力下降尤为突出。第三产业虽然就业空间大于第一产业和第二产业，就业增长率达到43%，但就业弹性系数也仅为0.154。由此可见，第一、二产业已经成为完全释放劳动力的部门，就业需求总量明显下降，只有第三产业是“八五”以来北京市三次产业中惟一吸纳劳动人口的产业，但也难以将第一、二产业过剩的劳动力完全消化。

由于全市劳动力供给总量的持续增加和就业需求总量的减少，劳动力供求平衡差逐年增大，劳动力供需总量矛盾突出。表现为劳动力资源数和就业需求的走向呈喇叭口状（见图1），缺口扩大趋势明显。到2001年末需求缺口为236.3万人，比1997年增加了85.8万人。

（二）劳动力市场供需结构性矛盾。

从北京市劳动力供给的构成可以看出，以下岗失业人员和农村富余劳动力居多，两者合计约在52.2万人，此外，外来人口也有相当数量。这种结构决定了劳动力供给的资源普遍存在着知识层次低、年龄偏大、职业技能弱的问题，这种供给与北京市经济发展要求的劳动力市场以高素质、高学历、年轻化、职业化的有效需求难以吻合，因此，存在着下岗失业与岗位缺口同时并存的现象，供需结构性矛盾突出。

一是劳动力供给普遍存在着知识层次低、年龄偏大、职业技能弱的问题。据北京市劳动和社会保障局的统计数字，截至2002年三季度，北京市下岗失业人员约有28.5万人，是再就业工作需要解决的重点人群和重点领域。人员主要来自五个方面。一是国有企业的下岗职工，有5 888人，其中40岁以上的占52%；二是国有企业的失业人员，占全部失业人员总数的50%，其中年龄在40岁以上的占65.6%；三是国有企业关闭破产需要安排就业的人员，年内预计达到2.8万人；四是享受最低生活保障待遇并且失业一年以上的其他城镇失业人员，预计全年将达到5.75万人；五是国有企业搬迁需要安排的人员，涉及职工6万多人。

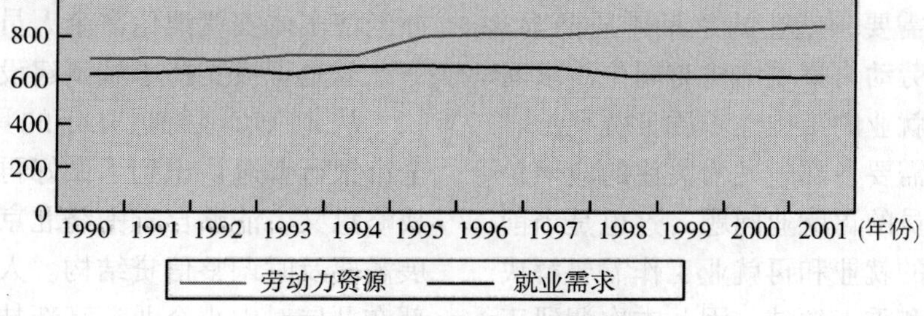

图1 北京市劳动力供需情况

上述数据表明，北京市的再就业人群构成中，重点人群有近50%来自国有企业，近70%是就业转失业人员，绝大多数年龄偏大，技能偏低，再就业难度较大。城市化以及农业现代化进程加快释放的农村剩余劳动力，同样存在着知识层次低、职业技能差的问题。而大量的外来人口中，受过高中以上教育的仅占25%。这三个群体均因为职业技能不足而只能集中在低技能就业岗位形成供给。

二是劳动力市场的供给难以满足市场的有效需求。从北京市劳动和社会保障局发布的劳动力市场2002年三季度的职业供求信息看，高素质、高学历、年轻化、职业化的专门人才受到用人单位青睐，对此，劳动力市场的供给明显不足。从行业看，缺口最大的前三位分别是建筑工程技术人员、装饰美术设计和部门经理，求人倍率分别为35.8、12.13和4.85；从文化程度看，对大本需求最高，求人倍率为0.64；从年龄结构看，对16～25岁及26～35岁两个年龄段的需求最大，求人倍率分别为0.68和0.63。

综上所述可以看出，北京市劳动力市场供求的实际状况是：一方面传统工业兼并破产和重组的力度加大，在提供就业岗位的能力减弱的同时释放出大量劳动力；城市化和农业现代化进程的加快，使农村富余劳动力集中大量转出；第三产业虽然迅猛发展，但新增就业岗位在短期内难以满足就业的需要，就业的总量矛盾凸显。另一方面，劳动力素质结构与岗位需求间的差距也使就业的结构性矛盾日益突出。

这其中需要各部门尤为关注的应该是下岗失业人员的再就业问题，这也是当前北京市确定的就业和再就业工作需要解决的重点人群和重点领域，因此本次调研工作也是重点围绕着这个问题来展开的。

二、银行支持再就业工作的切入点及遇到的问题和难点

信贷支持对再就业工作的切入，有直接和间接两种方式。所谓直接方式就是商业银行直接对下岗失业人员或其开办的符合银行信贷条件的自主创业的企业所需资金发放小额贷款予以支持；间接方式就是对符合银行信贷条件的、可以拓展再就业空间、创造再就业岗位的企业提供资金支持。具体到北京市来讲，切入点主要有以下几个方面。

一是大力支持发展第三产业，尤其是发展各类服务业。如开发面向社区居民生活服务、机关企事业单位后勤保障和公共管理服务就业岗位的企业，可以有效缓解北京市再就业群体对就业岗位选择集中的矛盾。

二是积极支持发展具有比较优势的劳动密集型产业和就业容量大的中小企业，将有助于解决北京市再就业问题。

三是进一步改进对个体、私营、民营、股份合作制经济等非公有制经济实体的信贷支持工作。据统计，目前私营及个体企业和股份制企业已成为劳动力市场上最为活跃的需求主体，截至2001年末，北京市城镇新增就业人员中非公经济占比达到63%，对劳动力的吸纳能力明显增强。（见图2）

四是支持国有大中型企业主辅分离兴办经济实体安置消化富余人员。

五是积极支持小城镇建设。

从北京市银行近几年的具体实践看，全市银行普遍认识到了做好再就业工作的战略意义，能够自觉围绕北京市的经济发展需要及时调整信贷结构。人行营业管理部在开展对中小企业、高新技术企业调查

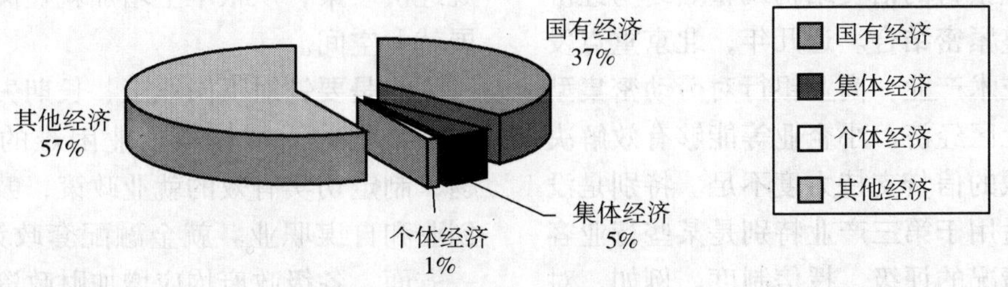

图2　2001年北京城镇新增就业人数构成情况

的基础上，2002年专门出台了信贷支持中小企业发展的指导意见；各家银行均在调整信贷结构时按不同分类将中小企业、私营个体企业、高科技企业以及第三产业作为贷款重点投入的对象之一；不断改进对中小企业及私营个体企业的信贷服务，加快信贷审批效率，采用“一站式”审批办法，提高信贷工作效率；加大了贷款营销力度，采取“行长营销、立体营销、分行营销”的“三营销”策略；为中小企业量身定做了一些创新的信贷品种，针对不同类型客户的融资需求，逐步开办了票据融资、保理、买方信贷、卖方信贷、银团贷款以及利率互换等业务，完善了透支账户管理、流动资金循环贷款、教育及医疗机构贷款等业务，为第三产业客户提供了更加全面的金融服务。如工商银行北京分行出台了《中国工商银行北京市分行教育及医疗机构贷款管理暂行办法》，为缓解中小企业贷款难，对小企业的标准进行了界定，并确定海淀、丰台、中关村三个支行为支持小企业试点行，适当放宽了审批权限。同时开办自然人担保贷款业务，解决小企业担保难问题等。

除了上述间接的信贷支持外，近几年专门发放过下岗职工再就业贷款的银行有两家，即：中国银行北京分行和北京市商业银行。自1998～2001年，两家银行累计发放的再就业贷款超过3亿元。

从调查了解到的情况看，各行的工作虽然取得了一定的社会效益和经济效益，但也遇到了一些共性的问题。

一是适合再就业形势需要的小额贷款推广难。小额贷款是信贷支持再就业工作的有效形式，能够帮助下岗职工获得自主创业的资金。但能够吸纳下岗及失业职工再就业的企业多为劳动密集型的服务企业，规模小且盈利水平不高，而对其发放贷款与一般贷款的管理成本基本相同，商业银行发放小额贷款的积极性不会很高。再就业是一项长期的工作，需要资金的持续进入。如何鼓励和引导商业银行发放小额贷款，不断扩大该项贷款规模十分关键。

二是贷款担保机构对担保条件要求高、审查严，不适合再就业贷款本身的特点。目前，担保机构对担保审查十分严格，不亚于银行的贷款审查，这种审查方式不适合再就业贷款。再就业贷款完全针对弱势群体，不能用常规条件要求。部分中小企业难以提供银行认可的担保。多数小企业创办初期自有资本少，资本积累的过程短，资金实力比较薄弱，无法提供商业银行认可的担保，同时也很难获得有效的第三方担保。

三是商业银行的信贷结构仍以资本、技术密集型的优质企业为主，对有助于解决就业的领域的信贷投入缺乏力度。多年来，商业银行的信贷结构调整始终与经济结构调整紧密结合。近几年，北京重点发展高新技术产业，商业银行对劳动密集型企业、社区经济、小企业等能够有效解决就业领域的信贷支持力度不足。特别是没有专门适用于第三产业特别是某些行业客户具体情况的评级、授信制度。例如，对于教育、医疗行业客户，由于其不能出具符合银行评级、授信要求的规范会计报表，造成银行难以根据常规程序对此类客户进行评价。而评级、授信是商业银行开展信贷业务的基本依据，因而使商业银行丧失了一些争取优质客户、支持第三产业发展的机会。

四是对一些新兴行业的发展前景把握不准。随着北京经济的高速发展，第三产业呈现出发展快、变化大、新兴行业不断涌现的特点。面对这一情况，商业银行在制定相应信贷政策时遇到的突出问题是对一些新兴行业了解不够，难以预测其未来的发展趋势。

三、现阶段信贷支持再就业工作的政策建议

再就业工作事关促进经济增长和维护社会稳定的大局，是一项具有全局性和战略性的工作，需要全社会的密切关注。

（一）就政府而言，在做好对再就业工作的宣传，引导下岗失业人员更新择业观念；通过职业技能培训，全面提高劳动者的就业能力、工作能力和职业转换能力；调整完善再就业政策体系等工作的同时，还应着重抓好以下几项工作：

一是要妥善处理好经济结构调整与扩大就业的矛盾。在目前富余劳动力较多，就业压力较大的国情下，政府在保持经济稳定发展的同时，应通过大力发展劳动密集型产业以及就业容量大的中小企业等宏观经济政策，从根本上增加就业岗位，拓展就业空间。

二是要针对下岗职工、长期失业人员和城市低收入群体再就业困难的实际问题，制定切实有效的就业政策，鼓励他们创业和自谋职业。就金融配套政策而言，一方面，各级政府均应增加财政资金对从事服务、吸纳劳动力能力强的微利项目贷款予以贴息；另一方面，应由劳动保障部门、财政部门和担保机构参与，建立和扩大下岗失业人员贷款担保基金，简化担保手续，以帮助下岗失业人员降低创业成本和贷款门槛。同时对商业银行发放的用以支持社区经济、劳动派遣企业发展的贷款利息收入给予税收优惠，以提高商业银行经营积极性。

三是由政府权威部门定期发布新兴行业、企业、产品指导名录，以方便商业银行在贷款调查时准确把握其发展趋势，降低商业银行信息搜寻成本。

（二）就中国人民银行而言，应重点从两个方面开展工作。

一是发挥中国人民银行窗口指导作用，通过下发文件、召开行长联席会、货币政策执行情况通报会等方式引导商业银行信贷投向。鼓励商业银行多渠道开展业务，积极为下岗失业人员提供金融服务。

二是积极协调相关政府部门，完善配套措施，建立良好的社会环境。会同工商、税务、审计等政府有关职能部门加强社会信用建设，建立企业资信公开平台，逐步解决信息不对称问题，为商业银行及时掌握企业真实状况提供便利条件。

（三）就商业银行而言，应从支持第三产业发展的角度寻找适当的切入点，积极参与再就业工作。

一是对有就业能力和就业愿望及一定

基本技能的人员，按照中国人民银行即将出台的有关信贷办法，积极发放小额担保贷款及商业性的助业贷款，支持下岗职工自谋职业、自主创业。

二是对社区服务、餐饮、商贸流通、旅游等劳动密集型服务行业各类服务型企业，对吸收下岗失业人员超过一定比例，享受政府各项减免税费政策的，商业银行也可加大信贷支持力度，解决其资金短缺问题，帮助其提高盈利水平。

三是从支持国有企业改革的高度出发，对国有企业通过主辅分离和辅业转制分流安置本企业富余人员兴办的经济实体，给予适当的信贷支持，既保证国有企业能够按照现代企业制度的要求，精简机构和人员，增强市场竞争力，同时，也减轻分流人员对社会就业造成的压力。

四是配合北京市农村小城镇建设工作，加大对小城镇建设的支持力度，力争将农业人员就地转化，做到离土不离乡，缓解城区的就业压力，为下岗、失业人员创造更多的就业岗位。

（康　倩）

北京市现金投放回笼历史回顾

中国人民银行营业管理部货币金银处

现金又称现钞，是货币当中最活跃的部分，直接影响着市场货币供应量和物价水平，因此研究和把握现金流通规律，借以指导经济和金融工作的开展是中国人民银行的重要任务，而北京作为传统意义上的现金回笼地区，深入研究现金收支的特点、规律及影响因素，对于更好地指导货币金银工作具有十分重要的作用。为此，人行营业管理部组织人员对北京市历年的现金收支情况进行了调查、统计、分析，现将有关情况汇报如下：

一、20世纪90年代以前现金投放回笼情况回顾

（一）现金投放回笼的基本情况。

从图1我们可以发现，自1954～1979年，北京市的现金投放基本处于一个较为稳定且小幅增长的过程，在这25年间，全年现金投放和回笼数量分别从1954年的10.83亿元和10.57亿元增长到1979年的45.58亿元和53.35亿元，25年间仅增长了3.2倍和4倍，年平均增长也仅仅只有5.82%和6.69%。

1979年我国开始实行改革开放，1980年改革开放初见端倪，受我国经济发展速度逐渐加快，经济主体多元化，土地联产承包等因素的影响，北京市现金投放、回笼也呈现出增长较高的势头。据统计，在这近10年间，现金投放和回笼数量分别从1980年的55.06亿元和63.77亿元分别增长到1989年的351.87亿元和364.5亿元，短短十年间增长了5.4倍和4.7倍，年平均增长达到了22.89%和21.37%。

（二）现金流通的特点和规律。

1. 现金流通渠道分析。

我们通过对历史数据的研究发现：1954～1989年间，现金回笼的主要渠道是商品销售收入和城镇储蓄收入；现金投放的主要渠道是工资性现金支出和城乡储蓄

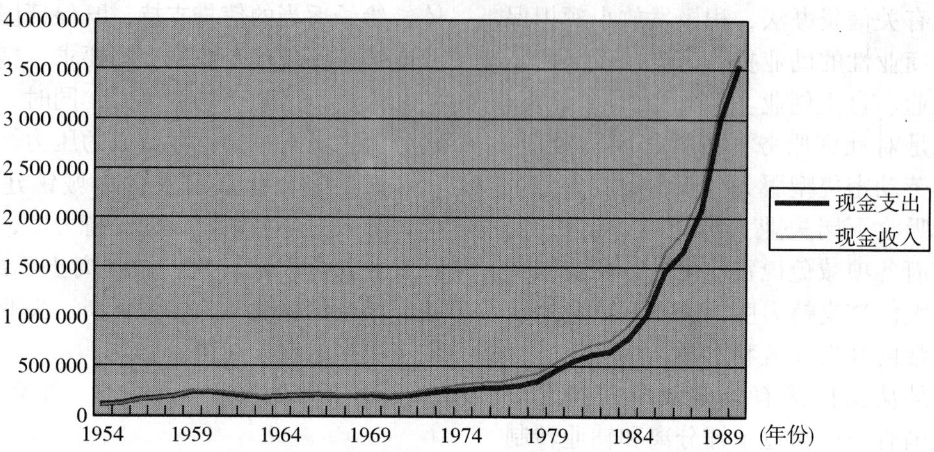

图1　北京市1954～1989年现金投放回笼趋势图

存款支出。

（1）现金回笼渠道分析。

①商品销售收入一直是北京市现金回笼的最主要渠道。自建国至80年代前，我国长期实行以指令性计划为主的产品经济，现金流通范围极小，使得通过商品销售回笼的现金占了现金总收入绝对比重，因此这一比例在80年代前呈现逐渐上升的趋势，1975年达到了74.24%，占到了约3/4；但自1975年后，特别是十一届三中全会以来，由产品经济逐步发展为商品经济，经营成分的多元化和经营方式多样化，使得现金收入渠道逐渐趋于多元化，虽然商品销售回笼的主渠道仍没有得到根本改变，但商品销售收入占现金回笼比例却呈逐年下降之势，1978年为73.42%，1983年为66.55%，直至1989年的不足50%。

②城镇储蓄收入占现金总收入比重逐渐上升。建国后至改革开放前，人民生活处于解决温饱状态，手持现金较少，特别是“大跃进”和“文化大革命”时期，储蓄工作受到严重干扰和破坏，因而储蓄现金收入长期徘徊于低水平，1954年不足1/10，直至1978年也才只占10.15%。但自十一届三中全会以后，随着国民经济迅速发展，居民生活水平逐渐提高，为储蓄存款的增长提供了有利条件，使得北京市银行现金收入中，居民储蓄收入比重逐渐增加，1989年占到了1/3。

（2）现金投放渠道分析。

①工资性支出是银行现金支出的主要途径，但所占比重逐年有所下降。在90年代前，现金的支出范围较小，现金主要用于单位与个人之间的结算，因此，工资性支出就成为现金投放的主要途径，工资性支出占现金总支出的占比从1954年的48.91%增长到1978年的61.45%；而自80年代初开始，虽然工资性支出出现较大增长，但因储蓄增长比例更快而比重有所下降，到1989年已下降为36.72%。

②储蓄存款支出增长快速。随着居民储蓄的增加，储蓄存款支出所占比例迅速上升，与工资性支出相差的比例从1954年的38个百分点迅速缩小为1989年的14个百分点，并有超出的趋势。

2. 现金流通部门分布分析。

(1) 不论是在计划经济时代，还是改革开放初期，我国各单位之间的经济往来，绝大部分都是采用转账结算的方式；而城乡居民与单位之间、居民个人之间的经济交易结算，由于信用工具的不发达，绝大部分采用现金结算。这就决定北京地区市场现金在社会各部门的分配：集团单位库存现金仅仅占到10%左右，90%左右的现金掌握在城乡居民个人手中。

(2) 在不同的历史时期，现金在各部门的分布也是不均衡的。

①1961～1978年近20年间，其间主要经历了10年文化大革命，经济发展速度放缓，甚至出现停滞，现金投放和市场现金量也呈现增长缓慢。在这一时期，按平均手持现金量计算，尽管城镇居民的增幅低于农村居民，但绝对数量上，城镇居民平均每人手持26.55元，高于农村居民的19.45元。

②1979～1983年的5年间，由于改革开放和恢复经济发展，城乡居民收入水平的逐步提高，特别是土地联产承包责任制的实行和大幅提高农副产品收购价格，农村居民手持现金增长较快，按平均每人手持现金量计算，农村居民年均增长19.46%，远远高于城镇居民的10.30%；而且，在1983年，农村居民平均每人的手持现金量（46.89元）甚至超过了城镇居民（43.31元）。

③1984～1989年。在这6年间，由于经济快速健康发展，经济货币化程度的提高，物价水平的变化，城乡居民手持现金均出现大幅增长，年平均增长率也分别达到了33.70%和33.09%，均高于市场现金总量增长。在这一时期值得注意的是，城市经济快速增长，金融产品迅速增加，城镇居民平均每人手持现金量已不能真实反映其可支配货币量；而农村信用制度不发达，收入中大部分仍以现金方式持有，导致按平均每人手持现金量计算，1989年，农村居民（257.62元）大幅高于城镇居民（214.72元）。

3. 现金流通的时间性分析。

我们对1967～1989年北京市各年现金投放回笼的时间段进行了统计，发现北京市现金投放回笼具有以下时间性：

(1) 1967～1980年，在这14年中现金净投放呈现较强的规律性，现金净投放的高峰期主要集中于每年的1月份和9月份。主要原因是在传统的计划经济体制下，经济发展结构单一、经济发展速度较慢，现金收支渠道也就没有大的变化，而且北京并不是传统的农业地区，所以现金投放高峰期集中于工资性投放（“十一”前的提前发薪）和春节前（春节一般集中于1月底、2月初）农村社队年终分红兑现和煤火费的发放、教师工资的提前支取等。

(2) 1981～1989年期间随着改革开放的深入，经济的快速增长，城乡储蓄现金收入占北京市现金收入的比重越来越高，使得北京市现金投放回笼也呈现出新的时段性分布。这一时期最明显的变化除去上一时期1月和9月净投放月份外，12月也逐渐成为净投放的主要月份，与1月份净投放出现的频率持平，在这9年中，出现6次，仅低于9月份净投放出现的频率（出现7次），特别是自1984年以后，每年均为净投放月份，究其原因，主要是元旦节日的影响和农社年终分红兑现及企事业单位年终奖金的发放。

二、20世纪90年代以后现金投放回笼情况回顾

（一）现金投放回笼的基本情况。

表 1　北京市 1990～2002 年现金收支统计表　　单位：万元

年　份	现金支出	增长比例（%）	现金收入	增长比例（%）	现金净回笼
1990	4 129 331		4 242 551		113 220
1991	5 017 170	21.50	5 247 143	23.68	229 973
1992	7 420 326	47.90	7 560 489	44.09	140 163
1993	12 058 507	62.51	12 399 054	64.00	340 547
1994	17 633 706	46.23	17 593 104	41.89	－40 602
1995	23 802 747	34.98	24 089 001	36.92	286 254
1996	31 419 193	32.00	31 783 122	31.94	363 929
1997	41 315 616	31.50	41 505 683	30.59	190 067
1998	60 855 386	47.29	61 562 148	48.32	706 762
1999	72 137 812	18.54	72 537 463	17.83	399 651
2000	86 974 453	20.57	88 646 211	22.21	1 671 758
2001	104 596 983	20.26	105 779 237	19.33	1 182 254
2002	121 117 468	15.79	121 939 311	15.28	82 184 300
平均每年增加（增长）		32.52		32.29	

从表 1 我们可以发现，进入 90 年代以后，伴随着经济的快速健康增长，北京市现金投放回笼也出现较快增长，同时净回笼也呈现出稳中有升的态势，但其中有几年的净回笼出现了反常变化：

1．1994 年北京市现金出现净投放，改变了北京市 35 年来年末现金净回笼的局面，究其原因，主要是由于外汇管理体制改革，作为第二货币的外汇兑换券，宣告停止发行，外汇券退出流通领域。外汇券退出流通预示着人民币的现金投放的增加，截至 1994 年 12 月末，全市外汇券兑换支出人民币 20.3 亿元，收入 1.1 亿元，收支相抵，净投放 19.2 亿元，同比增长 23 倍，同比多投放 18.4 亿元；回笼并轨后，原来发行 1 元外汇券等于现在投放 1.4 元人民币，相应增加了现金投放；同时由于取消了外汇券支付工资，相应增加了“三资”企业人民币备用金和工资的现金投放，以上因素使中国银行北京市分行由往年的回笼行变为投放行（1994 年末中国银行北京市分行净投放 8.2 亿元，1993 年净回笼 10 亿元）。

2．1997 年现金净回笼较 1996 年减少了 17.39 亿元，且改变了自 1994 年开始的净回笼上升趋势，之所以出现此种状况，主要是因为：1996 年 5 月第一次减息后，储蓄收益率下降，居民储蓄存款，特别是定期存款呈现下降趋势，引起储蓄存款收入减少；从储蓄分流的资金开始追逐更高的投资收益和部分地进入消费领域，同时，股市的升温以及邮币卡市场的火爆（1997 年集邮炒币活动达到历史高峰，而北京拥有全国最大的邮币卡市场），引起储蓄存款支出大幅上扬。据统计，1997 年北京市储蓄存款收入较上年同期增加 590.42 亿元，但储蓄存款支出却较上年同期增加了 785.86 亿元，两者比较，现金净回笼减少近200亿元。

3. 1999年净回笼较1998年出现大幅下降，主要是受到以下因素影响：

（1）千年虫问题的影响。为解决计算机2000年问题，各企事业单位为防止银行因为计算机问题而不能提现均加大了业务库存现金，增大了现金投放。这同时也反映在银行加大业务库存上，据统计，全市银行业务库存现金余额较1998年底增长了87%。银行和企业均加大业务库存甚至使得当年发行基金出现净投放9.1亿元。

（2）1999年进入6月份后，受股市活跃、中央银行大幅度降息和开征利息所得税等因素的影响，储蓄增幅迅速下降，其中城镇定期存款还出现了连续6个月的下降。

（二）现金投放回笼变化的主要特点。

1. 投放、回笼数量大幅加快。

进入20世纪90年代后，受经济发展速度加快和物价水平提高的影响，北京市现金投放、回笼速度大幅加快，数量急剧上升，据统计，这期间，北京市现金支出和现金收入分别从1990年的412.93亿元和424.26亿元增加到2002年的12111.7亿元和12193.9亿元，年平均增长32.52%和32.29%。

与80年代相比，进入90年代后，北京市现金支出和收入年平均增长比例（32.52%和32.29%）较80年代（22.89%和21.37%）均高出约10个百分点。

2. 现金投放回笼的时间性出现新的变化。

与20世纪90年代前相比，90年代后北京市现金投放回笼的时间分布上出现了一些新的变化，基本遵循着节前投放、节后回笼；两头投放、中间回笼的规律：

（1）11月成为现金净投放月份。在1990～2002年的11年间，其中有8年11月为现金净投放月份。

（2）进入20世纪90年代后期，特别是自1998年开始，4月逐渐成为现金净投放的月份，且投放量有增大趋势。

（3）2月成为一个较为特殊的月份，其出现净投放或净回笼与春节密切相关。

3. 现金收支结构出现较大变化，储蓄存款收入和支出对现金流通的决定性作用日渐突出。

与20世纪90年代前进行对比，我们可以发现非常显著的变化：储蓄现金收支已经成为了影响现金流通的决定性因素。

20世纪90年代前，虽然储蓄现金收支的比例逐年上升，但仍然屈居次席，储蓄收入和支出所占比重比商品销售收入和工资性支出均相差十几个百分点。

进入20世纪90年代后，随着个人收入水平的增加，储蓄现金收支的比例逐年上升，1993年分别达到了46.51%和39.37%，已经跃居首位，并分别比列第二位的商品销售收入和工资性支出高出16个百分点和8个百分点。

而到了2002年，储蓄存款收入所占比重更是达到了67.24%，占到了2/3，比第二位的商品销售收入高出52个百分点；而在现金支出结构中，储蓄存款支出也占到了66.76%，2/3强，而原来居第二位的工资性支出由于目前代发工资业务的广泛推行，工资支出相当一部分直接转入储蓄，因此所占比例急剧下降，甚至低于行政企事业管理费支出3.5个百分点，位居第三。

（三）影响现金投放回笼的因素。

1. 经济发展的影响。

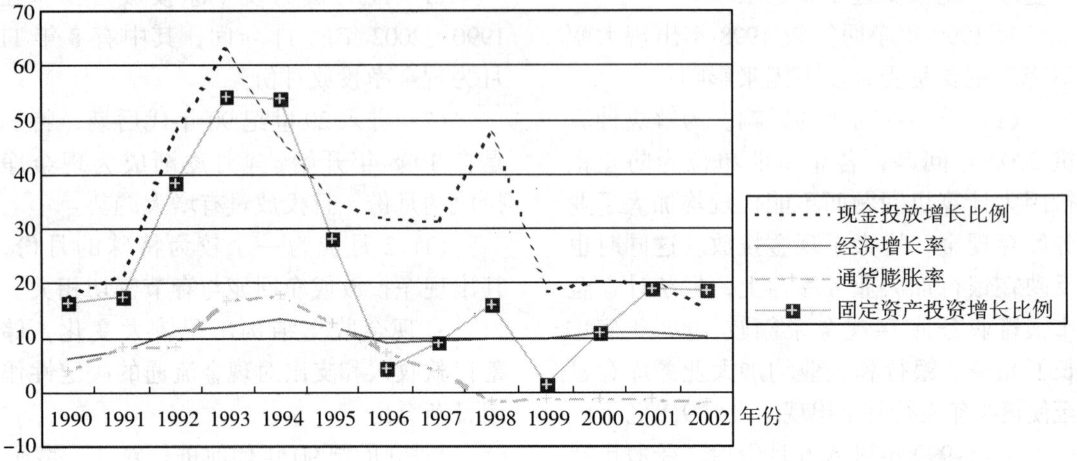

图 2　现金投放增长比例与主要经济指标比较图

现金的收支结构的变化其实就是经济发展变化的反映，从图 2 我们可以看出，进入 20 世纪 90 年代以来，北京市现金投放与经济增长率、通货膨胀率以及固定资产投资增长比例之间存在正相关的关系。

（1）经济增长率、通货膨胀率的变化对现金投放的影响。从图 2 我们可以发现，在 90 年代的上半期，现金投放、经济增长率以及通货膨胀率之间密切相关。从 1990 年开始，上述三项指标逐渐开始增加，而 1993 年出现较为严重的通货膨胀，因此现金投放也于 1993～1994 年间达到峰值，之后开始回落。

自 1996 年以后，北京市经济增长率基本稳定在 10%左右，而自 1998 年开始通货膨胀率逐渐下降，甚至出现负值；但与此同时，现金投放量却没有呈现出与上述两项指标相同的走势。这是因为，随着经济的发展，金融资产的增加、人民手中手持货币的增加，经济增长率、通货膨胀率的变化已经渐渐脱离了现金投放的变化，而更多地取决于广义货币 M_2 的变化，现金 M_0 对经济的直接影响将逐渐弱化。

（2）固定资产投资的变化直接影响现金投放。从图 2 我们还可以发现，固定资产投资的变化直接影响现金投放的变化，1993 年和 1994 年北京市固定资产投资增长率分别达到了 54.3% 和 53.8%，受其影响，现金投放增长率也达到了高点，分别为 62.51% 和 46.23%。1990 年北京市固定资产投资额为 135.65 亿元，而到了 2002 年，北京市固定资产投资额达到了 1 814.3亿元，特别是近几年北京市旧城改造、地铁、轻轨的城市交通设施建设的加快，更是带动了现金投放的迅速增加。

2. 节假日的影响逐渐突出。

（1）春节的作用更为突出。每年 12 月至春节前的旺季现金供应已经逐渐成为北京市银行、各发行基金保管库每年工作的重点。2000 年，北京市现金净回笼为 167.17 亿元，但在旺季期间，却净投放 152.81 亿元，接近全年的净回笼数量。由于春节基本集中在 1 月末 2 月初，因此春节日期的变更对于 2 月现金投放回笼的影响极大。我们对 1998～2002 年现金投放回笼的月度分布进行了统计分析，发现，在这5年中，1998年、2000年、2001年均为大的回笼月份，而在1999年和2002年却为少量净投放。之所以出现此种趋势，主要是因为前三个回笼年的春节分别为1月28日、2月5日和1月24日；而后两个投放年的春节则出现在2月16日和2月12日。由于节后回笼天数太短、无法将节前投放进行弥补，才出现了少量的净投放。

(2) 实行“五一”及“十一”长假后，节日的影响更加突出。自从国家1999年实行“五一”长假以来，北京市作为全国著名的旅游城市，流动人口较多，节前大投放、节后大回笼使得4月逐渐成为净投放月份，而“十一”长假则延续了往年的基本规律。2002年北京市4月净投放现金3.6亿元，5月净回笼56.26亿元；9月净投放现金7.87亿元，10月则净回笼现金26.28亿元。

3. 居民收入的变化使得储蓄成为北京市现金收支的决定因素。

储蓄存款现金收支之所以能够占有北京市银行现金收支2/3的比例，主要是因为：

(1) 进入20世纪90年代后，经济发展速度明显加快，实力迅速加强，随着分配体制的改革，国民收入的分配逐渐向个人倾斜，个人生活水平快速提高，用于基本消费后的货币逐渐增多，为储蓄业务的发展提供大量的资金来源。

1990年，北京市城镇和农村居民可支配收入仅仅为1786元和1296元，收入仅能解决温饱问题的需要；而到了2002年，北京市城镇和农村人均可支配收入分别达到了12463.9元和5880元，较1990年分别增长了5.98倍和4.54倍。

(2) 代发工资业务的开展。进入20世纪90年代末期，银行卡结算工具的普及，电子货币发展速度加快和其他结算工具多元化，特别是银行卡跨行使用环境的改善，为代发工资业务的开展提供了有利条件。因此，越来越多的企事业单位发放工资性支出不是选择现金方式提取，而是与银行签订代发工资协议，直接将员工工资转入员工个人储蓄账户，由个人选择取现或是留存。这种新的发放工资方式的实行，对于在银行现金收支统计中，一方面减少了工资性支出的数量，另一方面增加了储蓄性支出的金额，两项因素叠加，加快了储蓄支出在现金总支出中的比重。

(刘治国)

2003年北京市利用外资情况分析

中国人民银行营业管理部统计研究处

一、外商直接投资基本情况

2003年北京市外商直接投资合同项目1360个，比上年下降0.7%；合同外资金额32.7亿美元，比上年增长16.5%；实际利用外资额21.5亿美元，比上年增长19.8%。扭转了2002年利用外资增速下滑的情况，合同项目和实际利用外资金额达三年来新高。

利用外资合同项目中，采用外商独资企业形式的801个，占合同项目总数的59%；采用合资经营企业形式的482个，占35.4%。从协议金额来看，采用独资和合资经营的项目分别占46.5%和35.2%。外商独资已经成为外商直接投资的最主要形式。

北京市利用外资情况

单位：亿美元

年份	合同项目	比上年增长	合同金额	比上年增长	实际金额	比上年增长
2003	1360	-0.7%	32.7	16.5%	21.5	19.8%
2002	1370	19.4%	28.1	3.6%	17.9	1.4%

从行业分布看，外商投资主要集中在制造业和社会服务业。上半年外商投资制造业项目494个，合同金额9亿美元，占合同外资金额的27.7%；服务业项目614个，合同金额7.3亿美元，占合同金额的22.3%。在制造业以机械设备和电子通信设备制造为主，社会服务业中以信息咨询和计算机服务为主。

二、外商投资在北京市经济中的作用

1. 外商投资企业占地方企业出口的68.7%，进口的55.9%，作用显著。外商投资企业出口占全市出口比重进一步加大。在地方企业中，外商投资企业出口51.3亿美元，增长27.7%，增幅高于国有企业14.8个百分点，占出口总额69.7%，拉动出口的作用进一步增强。在北京地方前20家出口企业中，外商投资企业有15家，占前20家出口额的87.4%，国有企业5家，占前20家出口额的12.6%。前20家进口企业，外商投资企业15家，占前20家进口额的61.1%；国有企业5家，占前20家企业进口额的38.9%。

2. 外商投资工业企业已成为北京市工业的重要支柱。2003年外商投资工业企业实现产品销售收入1370.6亿元，比上年增长13.4%，占北京市工业产品销售收入的36.7%；利润总额120.5亿元，比上年增长74.3%，占工业利润总额的54.9%。利税总额182.3亿元，比上年增长58.6%，占工业企业利税总额的45.1%。外商投资工业企业的综合指数、总资产贡献率、资产负债率、成本费用利润率和全员劳动贡献率等经济效益指标都大大优于其他企业。

3. 外商固定资产投资增速超过全社会固定资产投资增速。从实际完成的固定资产投资来看，全年外商投资企业完成固定资产投资276.8亿元，比上年增长29.7%，而全社会固定资产投资完成2 157.1亿元，比上年增长18.9%。外商固定资产投资速度高于全社会固定资产投资速度10.8个百分点，且呈现逐季加快趋势。

更重要的是，目前北京市全社会固定资产投资主要靠房地产开发投资推动，而外商固定资产投资主要不在房地产开发。随着房地产投资增速的趋缓，外商固定资产投资将成为维持投资平稳增长的重要力量。

三、2003年外商投资的特点

1. 跨国公司在京投资又有新进展。2003年有包括诺基亚、摩托罗拉等4家知名跨国公司地区总部落户北京，使北京市认定的跨国公司地区总部达24家。上半年新批和记黄埔、首创威水、爱依斯3家投资性公司，使北京投资性公司总数达到125家。

2. 利用外资大项目增长突出。1～6月，新批投资规模千万美元以上的大项目

50个，投资总额15.2亿美元，合同外资6.1亿美元，分别比上年同期增长28.2%、42.3%和52.5%。这些大项目主要集中在制造业、社会服务业和金融等行业。

（刘 江）

关于下岗失业人员小额担保贷款业务开展情况的调查报告

中国银行业监督管理委员会北京监管局

2003年1月10日，中国人民银行会同财政部、国家经贸委、劳动和社会保障部共同制定发布了《下岗失业人员小额担保贷款管理办法》，办法为下岗职工个人创业提供了资金帮助。为了解上述办法的实施情况，北京银监局对北京市商业银行（以下简称"市商行"）下岗失业人员小额担保贷款（以下简称"小额担保贷款"）发放情况进行了调查。

一、基本情况

根据《北京市下岗失业人员小额担保贷款管理办法》（银管发［2003］88号）要求，市商行于2003年5月1日起，正式开办小额担保贷款业务，该业务主要资金来源为该行信贷资金。北京市财政局出资建立了"北京市下岗失业人员小额担保贷款担保基金"，基金专户开立在北京市商业银行所属陶然支行，初始规模为5000万元人民币，目前余额为5000万元人民币。基金采用单独核算、封闭运行的模式，专款用于下岗失业人员小额贷款的担保。同时，北京市财政局还颁布了《北京市下岗失业人员从事微利项目小额担保贷款财政贴息资金管理办法》（以下简称《贴息管理办法》），对符合贴息条件的微利项目在财政预算中给予贴息支持。

截至10月30日，市商行已有8家支行受理了小额担保贷款业务，累计发放贷款11笔，金额30万元。其中发放给由下岗失业人员合伙成立的小企业贷款1笔，金额10万元；个人微利贴息贷款5笔，金额10万元；个人非微利贴息贷款5笔，金额10万元。在已发放的11笔贷款中，二年期贷款10笔，金额28万元，占93.33%，一年期贷款1笔，金额2万元，占6.67%。贷款主要用于开办小卖部、家政服务、加工制作、日用百货、废品回收等项目。

从市商行发放第一笔小额担保贷款至今，其中最长一笔贷款用款期限为3个月。截至三季度结息日，上述11笔贷款应结利息1152.17元，已结利息808.25元，其余343.92元由财政贴息，尚无欠息记录。贷款形态均为正常。上述贷款虽然金额不大，但拓宽了下岗失业人员筹集资金的渠道，对于稳定下岗失业人员心态，保证首都的社会稳定起到了积极的作用。

二、主要问题

（一）由于贷款手续较为复杂等原因，银行推广此项业务带有一定难度。

首先，贷款手续较为复杂。小额担

保贷款要经过申请、社区推荐、劳动保障部门审查、贷款担保机构审核并承诺担保、商业银行核贷等程序。借款人在申请贷款过程中，需要到很多部门办理审核审批，贷款手续较为繁琐。其次，商业银行积极性不高。下岗失业人员再就业主要从事服务、餐饮、修理等力所能及的微利项目，科技含量低、不确定因素大，发放小额担保贷款，不仅笔数多、金额小，而且管理难度大，出于风险及管理成本方面的考虑，商业银行发放此类贷款的积极性并不高。上述两方面的因素给此项业务的开展和进一步推广带来了一定难度。

（二）现行贷款贴息认定程序易引发潜在信贷风险。

根据《贴息管理办法》中的有关规定，对借款人申请小额担保贷款贴息的认定程序是：先由社会保障所、受托担保公司审核并办理相应确认手续，再由银行复核认定并与借款人签订贴息贷款合同，季度结息后北京市财政局根据银行报送的汇总表等相关材料进行审核，决定是否拨付贴息资金。据调查了解，该程序在执行过程中存在以下问题：一是北京市财政局对小额担保贷款贴息的确认滞后于商业银行放款，如果事后财政局不能对贴息贷款项目给予确认，将对银行已经发放的贷款造成利息损失。二是依据《贴息管理办法》，目前市商行对贴息借款人资格进行复核的主要依据是其个体经营执照，而执照的营业范围较为宽泛，给确认工作带来了较大的难度。三是在社会保障所、受托担保公司对贴息借款人的资格审核并确认后，若银行在复核中发现借款人不符合条件并拒绝贷款时，极易激发与借款人之间的矛盾。

（三）银行贷后检查工作存在薄弱环节。

小额担保贷款主要用于下岗职工自主创业的启动资金。调查中发现，市商行对借款人经营状况及贷款资金使用情况缺乏必要的检查，贷后检查工作基本没有开展。主要原因：一是由于借款人均为下岗失业人员或合伙成立的小企业，多数缺乏财务知识和必要的财务资料，给银行的贷后检查工作带来了一定的难度。二是银行缺乏贷后检查的积极性。小额担保贷款金额小、笔数多、项目种类繁杂，银行往往不愿投入更多的成本和精力进行贷后跟踪检查，缺乏与借款人的联系，不能及时了解其资金使用和经营情况。

三、几点建议

小额担保贷款在目前实施中虽然还没有表现出良好的政策效应，但其政策倾向性是显而易见的，是解决下岗失业人员再就业的重要资金渠道，是促进社会稳定的一项良策。为推动小额担保贷款业务更好地开展，提出以下建议：

（一）适当调整小额担保贷款财政贴息认定程序。

财政部门作为贷款贴息资金的最终审核和拨付单位，应对借款人贷款贴息资格的审查认定工作置于银行贷款发放之前，以规避可能造成的信贷风险。

（二）将小额担保贷款同加强对中小企业信贷扶持相结合。

鉴于目前对下岗失业人员提供开办经费贷款存在较大困难，建议鼓励中小企业多吸纳下岗失业人员，并在信贷扶持上根据企业吸纳的下岗失业人员的数量比例，担保机构在担保比例上适当放大，金融机构在贷款利率上给予一定优惠。这样做一是促进了下岗失业人员的再就业，二是中小企业在信贷融资中降低了融资成本，三是金融机构和担保机构在信贷投放中可以获得较稳定的担保和反担保，降低了风险。

（三）发挥社会保障等部门的合力，进一步加强对小额担保贷款的管理。

申请小额担保贷款的债务人普遍在社区内创业、经营和生活，银行应积极发挥与下岗失业人员接触最为密切的社会保障所等部门的力量，加强与下岗失业人员的沟通并给予必要的业务指导，及时了解其资金使用和经营情况，帮助下岗失业人员健康创业，共同维护信贷资金的安全。

（李自力）

北京市健康保险发展的现状、问题及建议

中国保险监督管理委员会北京办事处

一、北京健康保险发展的现状

健康保险是对健康原因（疾病、意外受伤等）引起的损失提供补偿或保障的保险，目前主要由商业保险公司和政府机构开办（我们习惯把前者简称为商业健康保险，把后者简称为社会医疗保险）。

（一）北京市商业健康保险的现状。

从总体来看，北京市商业健康保险呈现起步晚，发展快，占寿险总体份额低的特点。

1. 业务情况。从经营主体来看，有9家寿险公司在京开办商业健康保险业务（含个人和团体业务），根据新修订的《保险法》，财产保险公司也于2003年开始允许经营健康保险业务。从业务规模来看，2001年、2002年、2003年1～9月份的商业健康保险费收入分别为6.62亿元、18.59亿元、22.94亿元，与上年同期相比分别增长为－20.75%、180.68%、83.54%。同时期寿险保费收入分别为102.65亿元、188.20亿元、170.59亿元，增长速度分别为67.16%、83.3%、38.14%，近两年商业健康险业务的增长速度大大快于同期寿险业务的增长速度，但占比依然较低，2002年商业健康保险保费收入占人身保险的9.88%，2003年1～9月份为13.45%，低于全国的平均水平。

从市场份额来看，相对比较集中，2003年1～9月份，新华人寿占40.94%，中国平安占38.72%，而其他保险公司的市场份额总和不到21%。（见表1）

2. 经营模式。对于商业性补充健康保险，大部分保险公司采取团险营销的模式，个别保险公司（如新华）建立专门的部门从事业务培育、开发、拓展和管理，并加强了分险种的核算与管理，在经营模式上初显专业化经营的趋势。除此之外的健康保险业务目前主要采取营销模式来销售，此类业务大多是储蓄性险种，保险责任相对简单，保费较高，并在健康险业务中占有很高的比重。

3. 产品类型。在京各寿险公司先后推出100多种各类型的健康保险产品，按保险责任可分为定额给付型、费用报销型及住院津贴型三大类，其中重大疾病保险占健康保险业务的绝大部分份额，而纯粹

费用保障型的险种份额相对较小。从产品特点来看，部分意外伤害保险含有伤害医疗保险责任，而重大疾病保险则含有死亡责任。

（二）北京市社会医疗保险的框架。

2001年北京市以政府令的形式颁布并实施《北京市基本医疗保险规定》（北京市政府68号令），北京新的社会医疗保险分基本医疗保险和大额医疗互助保险两部分。

1. 资金来源。北京社会医疗保险制度采取用人单位和职工个人双方负担、共同缴纳、全市统筹的办法筹集资金，如表2所示。

2. 资金管理。北京市社会医疗保险制度将资金划分为社会统筹账户、大额互助医疗和个人账户三大块，在一定程度体现了“公平优先、兼顾效率”的社会保障原则。

统筹账户来源于单位缴纳的基本医疗保险费。大额互助医疗资金来源于企业和职工双方的交费，并统一管理。

个人账户资金主要由个人缴纳和单位缴纳两部分构成，个人缴费全部进入个人账户；并从单位缴费中按不同年龄段以不同比例提取一部分划入到个人账户。划入的比例如表3所示。

3. 保障水平。北京社会医疗保险制度分类负担投保人的门诊医疗费、住院费和大额医疗费，强调了用人单位、被保险人等保险对象的责任。各账户支付范围和方法如表4所示。

表1　2003年1～9月份在京各寿险公司健康险业务情况表

保险公司	健康险保费总收入（亿元）	市场份额（%）	其中：补充健康险保费收入（万元）	市场份额（%）
平安人寿	8.89	38.72	2656.5	12.9
新华人寿	9.39	40.94	4337.4	21.07
中国人寿	1.36	5.92	4582.8	22.26
太平洋	1.18	5.15	5575.1	27.08
泰康人寿	1.52	6.6	3086	14.99
太平人寿	0.46	2	346.4	1.68
友邦	0.13	0.59		—
民生	0.02	—	—	—
信诚	0.008	—	—	—
总　计	22.95	100	20 584.1	100

表2　北京市社会医疗保险缴费方式

缴费主体	基本医疗保险	大额医疗互助保险
用人单位	职工工资总额的9%	工资总额的1%
职工	本人上一年月平均工资的2%	每月3元
政府	鼓励企事业单位建立补充健康保险，保险费在职工工资总额4%以内的部分，在税前列支，列入成本	

表3 个人账户的资金构成

年龄段	用人单位缴纳的基本医疗保险费划入个人账户的比例	个人缴纳金
35岁以下	本人月缴费工资基数的0.8%	个人缴的2%
35~45岁	本人月缴费工资基数的1.0%	个人缴的2%
45岁~退休	本人月缴费工资基数的2.0%	个人缴的2%
退休~70岁	上一年职工月平均工资的4.3%，启动时一次性注入200元	个人不缴
70岁以上	上一年职工月平均工资的4.8%，启动时一次性注入200元	个人不缴

表4 各账户支付范围及方法

账 户	支 付 范 围	支 付 方 法
个人账户	1. 个人门诊、急诊的医疗费用；2. 定点药店购药；3. 支付统筹账户起付标准以下的医疗费用；4. 支付超过统筹账户起付标准，按照比例应当由个人负担的医疗费用	自费
统筹账户	支付住院治疗的医疗费用；急诊抢救留观并住院治疗的，其住院前留观7日内的医疗费用；恶性肿瘤放射治疗和化学治疗、肾透析、肾移植后服抗排异药的门诊医疗费用	2001年，统筹账户起付标准为1300元，最高支付额为5万元。从起付金到5万元之间分为4档，数目越大，统筹基金报销的比例越高、个人账户支付的比例越低
大额医疗费用互助资金	支付职工和退休人员在一个年度内累计超过一定数额的门诊、急诊医疗费用和超过基本医疗保险统筹基金最高支付限额的医疗费用，对于需要肾移植手术的、移植后需要长期服用抗排异药物的、癌症术后需要做放化疗的人员，也给予相应的保障	1. 门诊、急诊医疗费用累计超过2000元的部分，支付50%。2. 退休人员门诊、急诊医疗费用累计超过1500元的部分，不满70周岁的，支付60%；70周岁以上的，互助资金支付70%。3. 累计支付门诊、急诊医疗费用的最高数额为2万元。4. 超过统筹基金最高限额（5万元）的住院医疗费用，恶性肿瘤放射治疗和化学治疗、肾透析、肾移植后服抗排异药的门诊医疗费用，支付70%，累计最高数额为10万元

二、北京健康保险发展存在的问题

（一）捆绑式补充医疗保险存在隐患。

北京建立大额医疗费用互助制度，作为基本医疗保险的补充形式，并强制参加。这种捆绑式补充医疗保险制度存在隐患，主要表现在以下几点：

1. 与改革方向相悖。从改革趋势来看，政府应收缩在健康保险体系中的财政责任，尽量让市场充分发挥作用。因此，根据经济发展水平和财政能力，及时调整社会医疗保险保障的人群、保障项目、保障水平和范围，以减轻国家财政的负担，提高社会医疗保险的经营效率，是当前改革的方向。而北京市捆绑式补充医疗保险制度无疑与改革的方向相悖。

2. 增加管理难度。从体制上很难判定补充医疗保险的盈利与否，从而导致社会保险部门在运作过程中难以操作。很显然，如果说补充健康保险举办的目的在于盈利，则有悖于政府部门的职能；如果说补充健康保险举办的目的是非盈利性，则无异于基本医疗保险在量上的扩张，导致资金管理上的困难和政府部门人力成本的加大。

3. 加大财政负担。现行收费的比例可能不足以应付未来的支付，未来健康保险费用的增长趋势与政府收费的稳定性之间的矛盾难以克服。一旦出现补充健康保险账户资金不足，难免出现向其他账户透支而导致资金管理混乱，或由财政垫付而增加财政的负担，或给付不及时而影响整个社会保障体系和政府的信誉。

（二）商业健康保险的作用未得到充分发挥。

1. 政府介入深，商业保险发展空间小。一般来讲，商业健康保险的发展空间在于社会医疗保险不保的项目、费用和对象，如个人自付比例部分、医疗费用超封顶线部分、非城镇用工人员等。北京基本医疗保险的起付线为1300元，封顶线为5万元，大额医疗费用互助制度在一个年度内累计支付最高数额为10万元。按北京市目前的经济水平，政府负担太多，挤压了商业健康保险的空间。

2. 同国际水平相比，差距较大。即使与国际上以社会医疗保险为主、商业健康保险为辅的发达国家相比，北京市商业健康保险在保险深度与密度方面也存在差距。2002年，北京商业健康保险保费占国民生产总值的0.8%，年人均支付商业健康保险费约163.6元。而社会医疗保险覆盖面达90%以上的德国1996年商业健康保险收入约合人民币1690亿元，占国民生产总值的1%，年人均支付健康保险费折合人民币2100元。由此可见，商业健康保险在医疗保障事业中远未发挥应有的作用，也预示着商业健康保险有着广阔的发展前景。

（三）产品创新力度不足。

目前各寿险公司提供的健康保险产品，范围和责任雷同，缺乏特色，缺少市场细分。这些产品难以有效地满足社会大众健康保险需求，已影响了商业保险社会管理职能的发挥。更为严重的是，产品创新力度的不足，直接导致在市场竞争中和在经营过程中，团体健康险多以“价格战”和“手续费”为主展开竞争，而很少在服务和技术上作比拼，各保险公司难以形成自身的竞争优势。

（四）风险管控能力差。

对投保人的逆向选择和道德风险，缺乏有效的管控手段，医患合谋等情况时有发生，骗保、骗赔依然是当前健康保险业务发展的瓶颈。

（五）农村健康保险的缺失。

农村人口（含弱势群体）占北京市总人口的很大比例，但由于财政支持力度有限等方面的原因，北京健康保障制度改革中对农村人口着墨很少，几近空白。此外，商业保险公司也因农村穷、有效保险需求低等问题对此涉足较少。从而导致农村地区健康保险的缺失，这既不利于农村经济的发展，也可能成为经济发展薄弱环节。

三、做大做强北京健康保险的建议

（一）补充医疗保险商业化。

1. 要明确界定基本医疗保险和商业健康保险的界线，明确补充健康保险的商业化经营运作的原则。

2. 政府社保部门应集中精力办好基本医疗保险，可根据财政能力适当提高基本医疗保险的保障水平，但一定要强化收支两条线的管理，管好医保基金。

3. 政府应根据各地经济发展水平，确定补充医疗保险的项目及保障范围，并制定企业参加补充医疗保险的条件及相应的税收优惠，要求符合条件的企业一定要为职工建立补充保险。至于购买哪家公司的保险以及怎样承保的问题，应交市场去解决。

4. 政府监管部门应依法对补充医疗保险的监管有一个合理的分工，原则上社保部门监管投保企业，要监管各个领域条件的企业建立补充保险；而保监会监管保险公司，确保其能履行补充医疗保险合同。

（二）大力发展商业健康保险业务。

1. 财税支持政策。财税部门要创新商业健康保险发展的税收支持政策，以充分发挥其在健康保险体系中的地位和作用。对商业健康保险业务免征营业税和所得税。并通过税收优惠引导、鼓励消费者购买商业健康保险。

2. 增加经营主体。在北京市增批几家寿险公司或专业健康保险公司，实现经营主体多元化；在条件成熟时，也可让外资保险公司进行团体健康保险业务试点。

3. 专业化经营。专业化是商业健康保险的发展方向，是保险公司改善经营管理、提高经营效益和服务质量的重要手段，是实现健康保险跨越式发展的必要途径。健康保险专业化经营，一是要树立专业化的经营理念；二是要应用专业化的经营技术，完善风险控制体系，推进医疗机构和保险公司形成合作机制；三是要培养专业化的经营人才。

4. 鼓励创新试点。积极争取相关部门支持，采取多种方式，鼓励保险公司探索与医院有效合作的各种方式，包括保险公司投资建立医院、医保一体化等。

（三）加大保险产品创新力度。

1. 战略上高度重视。如何创新开发保险产品，满足社会公众的健康保险需要，关系到商业保险公司能否在健康保险体系中发挥其应有的作用，及作用发挥的程度。虽然健康保险近期经济效益并不乐观，但要从长期的、综合的角度和社会管理责任的高度认识发展健康保险的意义，加大产品开发的力度。

2. 策略上塑造竞争优势。保险公司应根据自身的竞争优势，进行市场细化，找准切入市场的着力点和客户群，塑造各自的核心竞争力。在管控经营风险的基础上，提高经营效益，满足社会大众健康保险需求，做大做强健康保险业务。

3. 借鉴国外产品设计思路。目前部分国外保险公司在经营和开发健康保险产品方面积累了一定的经验，技术相对比较先进，实际业务中出现了许多非传统的风险转移产品，如租借式企业自保账户、提前给付期权、多触发型健康保险产品等，国内保险公司可充分汲取其中的产品设计思路，结合国内的具体情况进行产品创新。

（四）建立有效的风险管控制度。

建立有效的风险管控制度，其根本在于形成“风险共担、利益共享”的利益激励机制。主要包括以下几点：

1. 引入医疗费用的合理分担技术。这主要通过在条款中恰当地应用除外责任、规定合理的免赔额、自负比例和支付限额等技术进行。

2. 建立定点医疗机构的管理制度。定点医疗机构网络是建立有效风险控制机制的基础部分。保险公司可根据方便就医、有利竞争的原则，建立一定数量的定点医疗机构，形成一体化的医疗服务网络。被保险人首先在指定医院就诊，由指定医院提供全面的医疗服务，如果指定医院无法满足医疗需求的，可以转入网络内其他机构就诊。

（段家喜）

关于北京汽车消费信贷保证保险经营情况的报告

中国保险监督管理委员会北京办事处

2003年，太保、人保等总公司先后下文停止销售或暂停销售汽车保证保险，在保险业、银行业、汽车行业引起了不小反响，新闻媒体给予了广泛关注。为切实掌握北京汽车消费贷款保证保险的实际经营情况，北京保监办开展了汽车消费信贷保证保险专项调研。

一、经营情况

自1998年华泰北分率先开办汽车消费信贷保证保险（以下简称汽车保证保险）以来，人保、平安、太保也相继开办。6年来，汽车保证保险业务在高速发展后，2003年开始急剧萎缩。具体情况如下表：

北京地区汽车信贷保证保险业务情况

单位：万元，件，辆

项目年度	保费收入	保险金额	承保车辆	赔款件数	赔款支出	未到期责任	备注
1998	235.31	11765.37			578（已决） 2779（未决）	0	均为华泰业务
1999	101	3600	352	0	0	60	均为人保业务
2000	631	21476	2160	0	0	3052	均为人保业务
2001	1432	79332	6958	3	29	36170	平安开始开展
2002	4247	275610	16198	11	179	218806	2002年7月太保停止业务
2003年1~7月	973	66030	2338	13	223	65890	2003年8月1日人保暂停业务
合计	7618	457814	28006*	27*	1009（已决） 2779（未决）	323979	

注：承保车辆和赔付件数不含华泰数据。

1. 承保及赔付情况。

从各公司承保情况来看，华泰北分1998年共承保了5笔，目前保险责任均已到期，1998年之后公司未再开展此业务。华泰北分的业务并非严格意义上的消费贷款保证保险，其投保人是法人单位，而其他公司的投保人是个人消费者。目前市场上仅有平安北分仍在开展汽车保证保险。平安北分由分公司集中核保、出单，管控措施较严，目前尚未形成赔付。但由于核保政策过于严格，加之其他担保方式的冲击，其业务实质上已停滞。

从各公司赔付情况来看，华泰北分此险种已决赔付率为246%；未决赔款部分，已预付1500万元。其他公司赔付件数不断增加。目前未到期责任仍有32.4亿元，无法准确判断整体的赔付情况。

2. 产品情况。

现行的汽车保证保险责任范围较宽，免责条款较少。投保人连续3个月未偿还贷款，保险公司就要负责偿还剩余贷款本金和利息。以人保产品为例，仅对以下5种情况，保险公司可以免责：

(1) 因战争、军事行动、暴动、政府征用、核爆炸、核辐射或放射性污染、地震等原因导致投保人不按期偿还贷款合同约定的所欠款项。

(2) 机动车辆消费贷款合同被依法认定无效或被撤销，且被保险人有过错。

(3) 贷款期间内投保人未将贷款所购机动车辆向保险人连续投保机动车辆损失险、第三者责任险、盗抢险、自燃险，且被保险人未代投保人投保上述四个险种。

(4) 被保险人未按规定对投保人进行资信调查或未按规定程序进行贷款审批。

(5) 投保人与被保险人事先未征得保险人书面同意对所签订的机动车辆消费贷款合同及其附件进行修订。

此险种开办初期，各公司为争抢业务，不断缩小免责范围，上述第(3)项未得到真正执行；而第(4)项是软约束，法律诉讼中保险公司以此抗辩较难。

二、保险公司淡出对汽车保证险市场的影响

目前，北京汽车消费信贷主要有三种担保方式：一是汽车经销商担保。经销商在风险评估后，向低风险客户收取一定担保费（比保费低），为购车者担保。经销商在银行存一定数额保证金，当借款人不还款时，银行直接从保证金中扣划，然后经销商补足保证金。二是"分期公司"担保。部分汽车经销商主要业务不是汽车销售而是提供担保并协助申请贷款，俗称"分期公司"。分期公司和专业的汽车经销商、银行建立了合作关系，由银行提供贷款，专业汽车经销商提供车，分期公司提供担保，分期公司起到了担保公司的作用。三是保险公司提供保证保险。

由于经销商担保和分期公司担保分流了部分优质客户，汽车贷款保证保险受到较大冲击。

由于汽车经销商保证金的数额远低于贷款额，且经销商、担保公司的资质和保险公司相差甚远，市场上曾出现经销商虚构销售骗取贷款的现象，因此银行更希望保险公司能够提供保证保险。随着汽车信贷风险的逐步显现，在得不到保证保险保障的情况下，银行在收缩汽车消费贷款业务。如中国银行仅对在该行有住房按揭贷款的客户提供汽车消费信贷。

三、经营中存在的问题和面临的风险

各家保险公司对汽车保证保险从过去趋之若鹜，到现在避之不及，原因是多方面的。既有投保人道德风险的原因，也有

保险公司管理水平低以及社会环境方面的原因，但最主要的是保险公司与经销商、银行合作模式不完善。

1. 源自投保人的风险。

由于社会信用体系尚未建立，投保人信用风险很高。这种风险是汽车保证保险的风险根源，但也是汽车保证保险的存在基础。既有部分投保人蓄意不还款，也有部分投保人有偿还能力，但由于种种原因不愿还款，如由于汽车价格下跌，旧车因磨损或撞坏已严重贬值，投保人在为已严重贬值的车偿还高额贷款时心理不平衡，或者是因汽车质量纠纷等，还有部分投保人确实是没有还款能力。

2. 源自经销商和银行的风险。

经销商已积累了一定的资信调查和风险管理手段，对低风险业务自留，对高风险业务则推向保险公司。银行为吸引优质客户，甚至不要求其购买保证保险。经销商和银行的逆选择导致保险公司集中了高风险客户。这种逆选择使得按照大数法则厘定的保险费率无法与实际风险配比。

经销商、银行、保险公司三者中，大部分的风险都留给了保险公司。银行和汽车经销商有多卖车、多放贷而不考虑风险的内在动力。银行放贷时审贷流于形式，延长还款期，降低首付比例，甚至出现“零首付”。经销商为投保人通过保险公司的核保提供便利，甚至与投保人串通利用保险公司信用恶意骗贷。市场上曾出现经销商伪造汽车销售合同，利用保证保险骗取银行贷款（俗称“假按揭”）。

源自经销商和银行的风险是保险公司难以、甚至无法控制的，这也是保险公司退出市场的直接原因。经销商的逆选择导致业务整体质量下降，提高了核保成本，降低了核保的有效性。银行收益、风险的不对称使得保险公司在风险控制上势单力薄。

3. 源自保险公司的风险。

汽车保证保险风险较高，操作复杂，保险公司经营管理水平尚不适应汽车保证保险的要求。保险公司缺乏快捷、高效的核保技术，未能有效控制风险。公司在风险控制措施、业务流程设计上经验不足，缺乏资信调查、核保、理赔的技术力量和专业人员。

保险公司内控不严，违规经营加大了经营风险。前期，保险公司对风险估计不足，追求保费规模，放松对风险的控制，采取多种违规手段争抢业务，如降低绝对免赔率，由10%降至5%，不要求银行保证机动车辆保险的连续续保，擅自降低保险费率等，提高了经营成本，扩大了风险。

4. 源自社会环境的风险。

保证保险需要社会信用体系、抵押担保体系以及法律体系的支持，否则，对很多风险，保险公司无法控制。

目前保险公司的主要风险控制措施是要求投保人将车辆抵押或提供保证人。车辆易流动，贬值快，且抵押登记系统未能全国联网，抵押登记手续繁琐且费用较高。投保人很难提供愿意担保的保证人，而且，对保证人的资信调查也很困难。

保险公司在追偿时困难重重。若投保人拒不还款，保险公司起诉到法院，虽然能胜诉，但由于种种原因无法执行，而保险公司还预支了诉讼费、诉讼保全费、案件执行费，增加了公司的负担。即使能取得车，由于车的价值损耗较快，再扣除变卖中的费用，保险公司所得已不多。

对于恶意欺诈的投保人，因找不到人、车，公安机关又不能以刑事案件给予立案，保险公司无能为力。

四、关于发展汽车保证保险的意见和建议

保险公司是经营风险的企业，有风险才有保险公司存在的空间和存在的意义。如果保险公司对社会需求较大的风险一概说“不”，那么不仅会影响保险行业社会功能的发挥，而且将影响保险行业的社会形象。因而，我们认为对汽车保证保险不应持简单的否定态度，而应鼓励保险公司采取积极措施，探索保险公司和银行之间风险共担的合作模式。

在当前阶段，可从以下方面入手，加强风险控制：

1. 改进保险产品，实现风险共担。

汽车保证保险的设计初衷看重保证保险带来的车险业务，但由于车险利润越来越薄，市场环境已发生了变化，保险公司有必要重新审视汽车保证保险的条款、费率。

费率厘定应体现风险差异。当前的汽车保证保险产品实行统一费率，未区分被保险人的风险和信用等级。由于保证保险保障的是购车人的信用，费率厘定应体现购车人的信用等级，否则将对信用较好的优良客户有失公平。

责任免除条款和绝对免赔率应体现保险公司与银行、购车人的风险共担原则，降低道德风险。在条款中，应通过责任免除、绝对免赔率、被保险人义务等条款强化汽车经销商、银行的约束和风险控制措施，强化银行的资信审查义务等。

2. 加强公司内控建设，提高经营管理水平。

保证保险是长期业务，风险的爆发具有滞后性。如果公司的考核只重业务规模不顾业务质量，保险公司个别人员为了个人眼前私利，不顾公司长期利益，那么保证保险的经营后果是可怕的。各公司应研究有效的内部控制措施，避免违规行为和短期行为。

各公司应积极探索有效的风险控制措施，严格核保机制、完善费率厘定机制，明确市场定位、客户定位，研究有效的资信评估方法，探索有效的风险控制措施。各公司应加强相关人才的培训，造就专业化的业务队伍。各公司应创新业务流程，提高资信调查有效性，提高核保效率，创新和经销商、银行的合作方式，争取“多赢”的局面。

3. 提高认识，研究有效的风险控制措施。

各公司应充分认识到保证保险市场的广阔前景，认真研究市场，开拓市场。信用消费是社会发展的趋势，保证保险有着广阔的市场需求，如果保险公司能够在控制信用风险上取得先机，不仅将取得良好的经济效益，也将取得良好的社会效益。

为此建议保监会通过政策引导和鼓励保险业适应社会信用消费的发展趋势，在资金供给、风险控制、保障等方面发挥保险业经济运行润滑剂的作用。当前应推动产寿险公司积极研究开发具有各自经营特色、市场和客户定位、有利于有效控制风险的产品和服务，如寿险保单质押贷款，寿险现金价值贷款等。

（胡健强）

八、大事记

1月

1月1日 中国人民银行将邮政储蓄转存款利率由4.347%暂时下调到4.131%，下调0.216个百分点。

太平洋财产保险股份有限公司北京分公司推出新一代车险产品——“神行车保”，成为产险公司中首个车险品牌。

1月3日 北京市银行卡应用发展工作动员大会在京举行。北京市委副书记、常务副市长孟学农作了《积极推进银行卡应用工作，促进首都社会经济健康持续发展》的动员讲话。当日，北京市政府印发了《北京市银行卡应用发展实施规划纲要》。

1月10日 北京市商业银行ATM受理VISA卡的查询、取现业务在试点支行运行，成为第一家与VISA和中国银联合作开通此项业务的银行，同时也标志着外卡收单业务的全面开通。

北京保监办向各保险机构下发《关于加强保险公司内控制度建设的指导意见的通知》（保监京发［2003］1号）。

1月13日 中国人民银行对外发布了《金融机构反洗钱规定》，该规定自3月1日起施行。《人民币大额和可疑支付交易报告管理办法》，并于3月1日正式实施。为保证北京市人民币反洗钱工作顺利开展，人行营业管理部及时对辖内各家商业银行进行了有关业务培训。

中国银行北京分行推出“中银尊贵银行服务”这是中国银行为往来于内地和香港并享受“中银理财”的客户提供的贵宾式服务。

北京证券公司获中国证监会批准，取得开办开放式证券投资基金代销业务资格。

1月18日 北京市银行卡应用发展联席会议办公室在全市范围内统一组织“银行卡宣传日”活动。与宣传日同步，由市政府、中国银联北京分公司、各发卡银行及万事达卡国际组织共同出资，与全市银行卡特约商户联合推出的为期两年的北京市银行卡刷卡消费抽奖活动正式启动。

1月21日 中国银联股份有限公司在北京、上海、广州、深圳、厦门5个试点城市正式开通银行卡（ATM）跨行转账业务。

1月23日 中国民生银行北京管理部与中国电信集团北京市电信有限公司在钓鱼台国宾馆举行银企合作框架协议签字仪式。

1月24日 全国银行、证券、保险工作会议在北京召开，中共中央政治局常委、国务院副总理温家宝出席会议并发表重要讲话。

1月29日 交通银行北京分行正式推出太平洋国际卡。

2月

2月1日 交通银行北京分行正式推出“交e通”网上银行交易系统。

2月11日 中国银行北京市分行95566客户服务咨询中心正式开通运行，该中心具备电话银行、业务咨询、新产品营销、受理投诉等多种服务功能。

2月13日 根据中国信达资产管理公司决定：北京办事处主任赵毅调总公司任职。2月25日，北京办事处副主任左凤高主持工作。

2月14日 华夏证券有限公司正式

更名为“华夏证券股份有限公司”。

2月18日　中国银行北京市分行在北京市银行同业中率先推出外汇期权宝业务。这种集外汇期权宝和两得宝于一身的远期外汇买卖业务为本市中高端客户提供了一项新的投资理财服务。

2月19日　华泰财产保险股份有限公司北京分公司与泰康人寿保险股份有限公司北京分公司签订保险合作协议，正式确立了双方的合作关系。

2月20日　2003年第一期凭证式国债发行，发行期为2月20日至3月31日。3年期利率为2.32%，5年期利率为2.63%，在京发行额度为85.89亿元，占市场份额的14%，其中3年期、5年期各半。实际发售85.56亿元。

经建设银行总行批准、建设银行北京市分行意向承诺北京地铁9号、10号线和奥运支线固定资产贷款194亿元。

2月25日　北京保监办下发《关于简化部分行政审批手续的通知》（保监京发［2003］41号），对保险机构的筹建和设立、重要事项变更、高管人员任职资格管理、《保险经营业务许可证》管理等部分行政审批事项做了精简和调整。

2月26日　北京市召开金融工作座谈会。全市各综合经济部门、区县政府、各金融机构主要负责同志参加了会议。副市长翟鸿祥出席会议并作了重要讲话，指出：将优化发展环境，加快首都金融发展作为2003年金融工作的主要任务。

华夏银行总行决定：叶望春任华夏银行总行营业部党组书记，以党组书记身份主持工作。李国鹏不再兼任该总行营业部党组书记、总经理职务。

2月27日　中国人民银行北京市发行基金保管库工作会议在建设银行北京市分行召开。北京分库、24个发行保管库及工商银行北京市分行有关负责人参加了会议。

2月28日　人行营业管理部组织召开北京市金融机构2003年第一次行长（总经理）联席会。会议通报了2002年辖内金融工作情况及2003年工作思路；通报了2003年国家外汇管理局分局长会议精神；通报了北京市银行卡2002年工作情况和2003年工作安排意见。

建设银行北京市分行龙卡发卡总量突破500万张，至年底达到598.7万张。

为适应机动车辆保险改革的需要，根据中国保监会《机动车辆保险监制单证管理办法》，北京保监办制定并下发《机动车辆保险监制单证管理暂行办法》（保监京发［2003］50号）。

东亚银行有限公司北京分行成立。该银行是香港最大的独立华资银行，目前在全球共有140多家分行与代表处，在香港设有105家分行，在中国内地设有8家分行。

2月，经国务院批准，中国平安保险股份有限公司完成分业重组，更名为中国平安保险（集团）股份有限公司。集团控股设立：中国平安人寿保险股份有限公司；中国平安财产保险股份有限公司；中国平安保险海外（控股）公司及平安信托投资公司。中国平安保险股份有限公司北京分公司（寿险）随之更名为中国平安人寿保险股份有限公司北京分公司。

3月

3月1日　经国家外汇管理局批准，北京地区开始进行境外投资外汇管理改革试点，扩大境外投资主体范围，增加境外投资资金来源渠道，弱化事前审批，简化审批手续，加强事后监管。

中关村技术产权交易所开业典礼举行，北京市商业银行入驻该交易所。

3月3日 福建兴业银行北京分行正式更名为兴业银行北京分行。

华泰财产保险股份有限公司北京分公司与新华人寿保险股份有限公司北京分公司签订保险合作协议。

3月4日 为充分利用科技手段，实现航意险联网销售全天候网络出单，北京保监办下发《关于北京地区航空意外保险实施电脑化管理有关问题的紧急通知》。

3月5日 北京市商业银行与北京地铁集团有限公司举行银企合作协议签字仪式，向该集团公司综合授信60亿元人民币，独家贷款支持北京地铁九号线工程。

3月7日 太平人寿北京分公司与民生银行签署理财合作协议，标志着银保理财项目的启动。

3月8日 华夏银行总行营业部在天伦王朝饭店举行华夏丽人卡推广发布会。

3月10日 十届全国人大一次会议第三次全体会议表决批准了国务院机构改革方案。方案中确定设立中国银行业监督管理委员会，统一监督管理银行、资产管理公司、信托投资公司及其他存款类金融机构。

由华夏证券主承销的IPO项目四川路桥10000万A股股份在上交所上网定价发行，并于3月25日挂牌上市。

根据华泰财产保险股份有限公司总公司决定，免去韩伟严北京分公司总经理职务，调任总公司工作，总公司副总经理臧家瑞兼任北京分公司总经理。

3月14日 交通银行北京分行中标成为北京市财政局授权支付代理银行。

3月18日 北京外汇管理部在北京市经济技术开发区设立办公点，为区内企业提供进出口核销服务。

光大银行总行营业部与北京产权交易中心举行银企合作签字仪式，该行是北京市首家进入产权交易市场的银行。

光大银行总行营业部与北京市红十字会、北京市红十字会急诊抢救中心合作，联袂推出“阳光健康999”业务，为“北京市红十字会999社区健康援助系统”提供配套金融服务，成为北京市首家介入社区健康援助系统的银行。

3月20日 北京保监办下发文件，就2003年北京保险业创建文明行业规范化服务达标工作做出安排。经过各单位自查自检、整改、行业互查和“首都创建文明行业规范化服务达标协调小组”考核，到12月，11家保险公司在京分公司（营业部）全部通过达标。

3月23日 人行营业管理部主任韩平参加北京市首批“刷卡消费无障碍商业区”授牌仪式。

3月25日 根据新华人寿保险公司决定，免去林克屏北京分公司总经理职务，调广州分公司任职。聘任马健平为北京分公司总经理。

3月26日 北京市召开支农支山工作会议。会议表彰了2002年度支农支山先进集体和先进个人，交流了工作经验并鉴订了一批银农、银企合作协议。市政府牛有成副市长、人行营业管理部韩平主任、市农委聂玉藻副主任等应邀出席了会议。

中国民生银行北京管理部与普天首信集团在钓鱼台国宾馆举行银企合作框架协议签字仪式。

3月27日 人行营管部、市财政局、市经委、市劳动与社会保障局联合下发《北京市下岗失业人员小额担保贷款管理办法》（银管发［2003］88号）。

招商银行北京分行在京推出“点金理财”对公品牌及服务体系。

3月27~28日　北京市银行系统2003年第一次保卫工作会议召开。会议总结2002年工作，提出2003年金融保卫工作要点。

3月28日　中国东方资产管理公司北京办事处与中国五矿进出口公司签署“债务重组协议”，对五矿公司总额10.96亿元的不良资产进行处置。

3月　北京发生非典型肺炎疫情。

3月底　人保北京分公司崇文支公司在承保新城·国际一期工程的基础上，再次与北京万置房地产开发有限公司签订保险合同，承保了北京新城·国际二、三、四期工程，保额达12亿元。

3~5月　中国建设银行分别与中国华电集团、大唐集团、国电集团、国家电网公司签订全面战略合作协议，支持电力行业改革及生产经营、项目建设和资产收购活动，建行北京分行为各大集团开通了资金结算网络。

4月

4月1日　2003年第二期凭证式国债发行，发行期为4月1日至7月31日。3年期利率为2.32%，5年期利率为2.63%。发行额为149.25亿元，实际发行142.71亿元。

人行营业管理部组织召开2003年外资银行北京分行行长联席会暨外资金融机构驻京代表处首席代表联席会。

工商银行北京市分行正式开办远期结售汇业务。

4月2日　建设银行与北京市政府签订战略合作协议，建行承诺在2008年底前投放上千亿元信贷资金，支持北京基础设施、高新技术产业群及奥运项目建设，提供全方位的金融、技术支持和服务。北京市政府向建行做了非常积极的合作承诺。

4月3日　人行营业管理部组织召开北京市金融系统预防职务犯罪网络成员工作会议。

4月4日　新华人寿北京分公司与大兴区旧宫镇庑店第二村民委员会签署合作协议，该公司将为庑店第二村500多位村民提供2900多万元的“补充养老保险”保障服务。此次签约，是该公司拓展农村寿险市场的良好开端。

华泰财产保险公司决定：任臧家瑞为北京分公司总经理。

4月10日　在全国厂务公开工作电视电话会议上，北京市商业银行被授予“全国厂务公开工作先进单位”称号。

中华联合财产保险公司北京分公司成立。该公司总部设在新疆乌鲁木齐市，已在北京、上海等九大省、市设立了分公司。

4月11日　世界卫生组织发布对北京的SARS疫区警告。

4月16日　为加强对北京市机动车辆保险条款费率管理，维护被保险人的利益，北京保监办制定并下发《北京市机动车辆保险条款费率管理暂行办法》（保监京发［2003］91号）。

北京市农村信用社正式启动“百亿双千”计划，该计划的总体目标是：动员、培养和锻炼出上千名以负债业务为主的市场营销队伍；利用三年的时间，每年增加存款100亿元以上；三年内实现全市信用社存款总规模突破1000亿元的目标。

4月17日 首都金融系统研发联席会成立。联席会有成员单位20余家，包括中国人民银行、证监会、保监会驻京机构和在京金融企业。联席会的主要任务是研究金融理论与实践以及最新金融动态，为市委、市政府领导提供经济金融决策依据，提高首都金融系统研究工作水平。

泰康人寿保险公司决定：任苗力为北京分公司总经理。

4月20日 中共中央决定对卫生部、北京市主要负责同志职务做出调整，并决定成立北京非典型肺炎防治联合工作小组，由北京市统管北京地区的防治工作。

4月21日 人行营业管理部、市财政局、市经济委员会、市劳动与社会保障局联合下发《北京市下岗失业人员小额担保贷款管理办法》（银管发［2003］88号），该办法于2003年5月1日起实施。

4月23日 世界卫生组织发布对北京、山西的旅行警告。

4月24日 北京地区当日发行基金投放8.04亿元，回笼1.26亿元，净投放达到6.78亿元，较上年同期增加了993.95%。之所以出现大幅净投放，主要是由于“非典”在北京的流行及谣言的误导，特别是从23日开始，本市部分地区和超市出现部分群众集中购买生活必需品，从而引起现金投放大幅增加。

北京市财政局、人行营业管理部、中信实业银行总行营业部、北京市商业银行联合印发了《关于防治“非典”时期紧急情况下财政资金调度的应急措施预案的通知》，以确保资金调度的顺利进行。

人行营管部下发《关于进一步推动北京市银行卡应用发展工作的通知》（银管发［2003］92号）。

针对非典型肺炎的流行，太平洋寿险北京分公司开通紧急理赔绿色通道。

4月25日 北京地区共投放发行基金19.72亿元，回笼0.944亿元，净投放18.77亿元，同比增长1634.87%。较24日的净投放增加了11.99亿元。

北京市政府金融办、人行营业管理部、北京证管办、北京保监办对全市金融企业联合发出《关于做好金融系统“非典”防治工作的紧急通知》。

太平洋寿险北京分公司实施该公司首例“非典”赔付。该公司获悉一位被保险人因非典型肺炎病故，被保险人投保了万能寿险，接到此报案后该公司迅速启动非典型肺炎理赔绿色通道，经与受益人联系确认后，第一时间向受益人发出了“理赔领款通知书”。

4月28日 人行营业管理部向有关金融机构印发了《关于做好北京市国库各代理支库防范“非典”应急工作的通知》，对各项应急防范准备工作提出了具体要求。

中国银行业监督管理委员会挂牌正式履行职责。

4月29日 泰康人寿北京分公司向北京战斗在抗击“非典”一线近5000名医护人员提供1.5亿元保额的一年期团体定期人寿保险，每人保额3万元，是北京第一家对抗击非典人员赠送保险的公司。

4月30日 泰康人寿北京分公司推出抗击“SARS”专项保单“世纪泰康抗击‘SARS’保险计划”，并在极短时间内完成了该险种的开发、报备、组织和销售。

4月末 中国银行北京市分行向受到非典疫情影响的中国国际航空公司紧急发

放了数额达7000万美元的短期贷款。

4月　兴业银行北京分行正式启用“95561”电话银行号码。

5月

5月1日　北京“五一”期间（1~5日）发行基金回笼大幅下降。该期间发行基金累计投放3.53亿元，回笼8.17亿元，较上年同期投放增加了47.12%，回笼减少了87.69%，净回笼减少了178.7%。

5月7日　人行营业管理部下发《中国人民银行营业管理部发行基金保管库达标升级考核办法》。

5月8日　中国保监会向社会公布批准开发的17项应对非典型肺炎新产品和服务的详细情况。

邮政储蓄开办实时汇款业务，汇款实时到达。

5月12日　人行营业管理部向各金融机构印发了《北京大额支付系统准入退出及系统运行故障处理暂行办法》，率先在全国制定了比较详尽的大额支付系统准入退出及异常情况处理的规程。

深圳发展银行总行任命万安培为深圳发展银行北京分行行长。

华夏银行总行营业部21家支行推出代理“世纪康泰抗击SARS保险”。

中信实业银行总行营业部继2003年1月在北京地区率先推出个人手机短信通业务之后，再次推出对公账户手机短信通业务。

5月14日　人行营业管理部与北京市对外经济贸易委员会、北京市国家税务局联合向相关单位印发了《关于进一步做好北京市出口退税账户托管贷款工作的意见》，对该项业务进行了规范。

5月20日　经中国保监会批准，太平洋寿险推出4款针对“非典”的新险种：《太平盛世·特种定期寿险》、《太平盛世·特种住院补贴医疗保险》、《团体特种疾病定期寿险》、《团体特种住院补贴医疗保险》，为广大客户提供非常时期的特别保障。

华泰财产保险公司北京分公司成功共保杭州湾跨海大桥项目一切险，总保额102亿元。该工程是我国“五纵七横”国道主干线的通道工程，是世界上最长的跨海大桥。共保人还有人保、太平洋、平安与大众保险公司。华泰产险北京分公司承保份额占5%。

5月20日~6月20日　北京国投发行“三环新城”经济适用住房开发建设项目资金信托计划，规模为1.6亿元人民币。

5月23日　太平洋寿险北京分公司与北京市海淀区卫生局举办了隆重的保险合同签约仪式，太平洋寿险北京分公司承保海淀区2800名医护人员，总保险金额高达11.2亿元的团体寿险，保险期限3年。

5月26日　中国银行北京市分行正式推出了网上银行外汇买卖业务。

5月27日　交通银行北京分行与中国进出口银行总行营业部签署结算委托代理协议，正式确立双方在国际结算、国内资金结算和外汇买卖等方面的业务委托代理关系。

由华夏证券主承销的“鲁抗医药”4700万A股股份增发项目，采用网上网下同时累计投标询价的方式发行，并于6月10日挂牌上市。

5~8月　中国移动网络非上市公司

和上市公司陆续开通资金结算网络，建设银行北京市分行帮助建行23个省市分行上线，日均归集资金174亿元，上线快、运行稳、结息准，得到中国移动公司肯定。

5月 建设银行北京市分行将财政专项拨款近1亿元速拨至市卫生局及佑安医院、中日友好医院、北京胸科医院、安贞医院及小汤山医院等十余家定点医院，保证了建院、改造设施、购置器械药品急需。并通过发放贷款11300万元，开承兑汇票450万元，开信用证39万美元，支持SARS病毒全基因组芯片和检测系统研制，支持SARS灭活疫苗研制和生产。

国内最大的空运承运人中国国际航空公司向人保北京分公司营业部签下一年期的“承运人非典型肺炎责任保险”第一单。从即日起，凡乘坐国航航班的旅客，因班机原因感染“非典”，得到医院确诊后，每人每天即可获得住院补贴200元，总限额为2万元，死亡赔偿金为每人20万元的保险保障。

6月

6月1日 北京地区正式推广使用由北京外汇管理部开发的国际收支网上申报系统。

北京市邮政管理局设立邮政保险代理局，代理保险业务管理工作由邮政储汇局移交邮政保险代理局。

6月3日 北京国际信托投资有限公司与北京市商业银行签署全面合作协议。

信达资产管理公司北京办事处与紫竹药业签署股份制改制及上市承销委托协议，并召开第一次中介机构协调会，确定紫竹药业股改上市三家中介机构及股份制改制流程。

6月4日 深圳发展银行北京分行与中粮集团签署合作协议。

深圳发展银行北京分行与中关村科技担保有限公司签署合作协议。

6月5日 中国人民银行发布《关于进一步加强房地产信贷业务管理的通知》（银发［2003］121号）。

6月8日 工商银行北京市分行成功与中粮（国际）北京有限公司叙做进口代收项下进口押汇业务，金额为1521万美元。

6月10日 中信实业银行总行营业部利用北京银联和北京电信集团恒信通公司合作开发的“银行卡支付缴费业务平台”，在北京市率先推出银行卡电话支付业务，可提供无线市话、固定电话、移动电话和IP电话的代缴费业务。

由华夏证券主承销的黑龙江电力股份有限公司可转换债券正式向社会公众发行。

6月初 随着“非典”疫情得到控制，北京地区银行业务已趋于正常。

6月11日 市农委和市政府金融办共同组织召开“在京金融企业与郊区经济合作座谈会”。北京各郊区县及在京部分银行、信托公司、担保公司等金融机构领导聚集一堂，共商合作发展大计。北京市副市长牛有成、市委金融工委书记、市政府金融办主任成燕红、市农委主任李进山同志出席会议并讲话。

6月12日 光大银行总行营业部与中关村技术产权交易所举行银企合作框架协议签字仪式，为其提供10亿元人民币的授信额度。

6月13日 工商银行北京市分行首次参加为诺基亚公司提供的20亿美元多币

种、循环使用的世界银团贷款，最终贷款承诺额度为7200万美元。

6月17日 人行营业管理部组织召开北京市各商业银行信贷登记系统全国联网工作会议，正式启动信贷登记异地报数和异地查询工作。

6月18日 建设银行北京市分行又有34家升格支行开业，至年底，已有综合性支行24家，直管支行7家，升格支行85家，“扁平化”机构管理模式在稳步形成中。

光大银行北京长安支行正式对外挂牌营业，光大银行北京地区开业网点达到26家。

6月20日 中国平安人寿保险股份有限公司北京分公司与中国银行北京市分行签署《人寿保险保单质押贷款合作协议书》。

6月23日 人行营业管理部印发《中国人民银行营业管理部假币收缴、鉴定管理实施细则》，拟于2003年7月1日起施行。

6月24日 世界卫生组织宣布，从即日起解除对北京的旅行警告，同时将北京从疫区名单中删除。

农业银行北京市分行与东亚银行北京分行签订全面合作备忘录，确立全面合作关系。

6月26日 农业银行北京市分行与铁道通信信息有限责任公司北京分公司签署全面合作协议。

6月27日 深圳发展银行北京分行与中国平安人寿保险股份有限公司北京分公司签署《银保业务合作协议》，并召开了业务启动会。

慕尼黑再保险公司北京分公司成立。该公司为外资保险公司分公司，运营资金3亿元人民币。

6月29日～7月5日 北京市金融机构开展了2003年反假货币宣传周活动。在此期间，共发放宣传资料10余万份，中央电视台、中央人民广播电台、《北京日报》、《北京青年报》等多家媒体对宣传周活动进行了报道。

6月30日 北京保监办召开“2003年北京市整顿和规范保险市场秩序工作会议”，同时下发《关于开展年北京整顿和规范保险市场秩序的通知》（保监京发［2003］154号）。

由华夏证券主承销的可转换债券项目桂冠电力80000万股股份，采用网下对机构投资者配售和通过上交所交易系统网上定价发行相结合的方式发行，并于7月15日挂牌上市。

6月 永安财产保险股份有限公司北京分公司成立。该公司成立于1996年，总公司设在西安，目前在全国设立15家分公司。

7月

7月2日 中国人民银行下调境内商业银行美元、欧元、港币、英镑和瑞士法郎的小额存款利率。

7月8日 上海浦东发展银行北京分行与中国航空第一集团公司签署10亿元人民币综合授信协议，向中航一集团提供贷款和贸易融资。

7月9日～8月8日 北京国投发行债券投资资金信托计划，规模为0.6亿元人民币。

7月10日 广东发展银行北京分行与首都百家民营企业在人民大会堂隆重举行合作签字仪式。该行承诺在未来三年向北京中小民营企业综合授信300亿元，并为有效解决民营企业融资难、担保难、理财难等共性难题设计开发了一系列专项金融服务方案。

7月10～11日 北京市银行系统2003年第二次保卫工作会议召开。会议通报社会治安形势及北京市金融紧急报警网的有关情况，农业银行、中国银行结合案例介绍了防抢劫工作经验。

7月11日 工商银行北京市分行与北京经济技术开发区土地整理储备分中心签署金融合作协议，为该中心提供60亿元综合授信额度，支持开发区二期扩区基础设施工程建设。

7月15日 工商银行北京市分行开办人寿保险单质押贷款业务。

7月18日 中国人民保险公司北京分公司正式更名为中国人民财产保险股份有限公司北京分公司。

7月22日 华泰财产保险公司北京分公司与中国出口信用保险公司签署业务合作协议，双方在险种上优势互补、通过互为代理的方式，共同为出口企业提供完整、配套的出口贸易综合保障保险服务——无忧保险伞。

7月25日 中共北京市委、北京市人民政府、首都防治非典型肺炎联合工作小组在人民大会堂隆重召开"首都防治非典型肺炎工作总结表彰大会"。大会共授予1000个单位"首都防治非典型肺炎工作先进集体"荣誉称号，授予5000名同志"首都防治非典型肺炎先进个人"荣誉称号。

韩国友利银行有限公司北京分行成立，运营资金为2亿元人民币。

7月28日 中国民生银行北京管理部在京都信苑饭店举办新闻发布会，宣告民生银行"非凡理财万里行"大型系列营销活动在北京正式启动。

7月29日 北京市农村信用合作社联合社加入中国银联网络正式上线运行，开始办理ATM收单业务。9月8日实现了其发卡系统的上线运行。

8月

8月1日 市委金融工委、市政府金融办在北京会议中心隆重召开北京金融系统抗击非典总结表彰大会，对北京金融系统在抗击非典斗争中做出突出贡献的57个先进集体和95名先进个人进行了表彰。

市委金融工委、市政府金融办召开北京市金融工作座谈会，在京金融机构主要负责人参加会议。中国建设银行北京分行行长、新华人寿保险公司董事长代表金融企业发言，人行营管部主任韩平、北京证管办主任张新文、北京保监办主任刘京生分别对银行、证券、保险行业上半年工作情况、发展情况进行了总结，并对下半年工作做了部署。

中国人民银行将邮政储蓄转存款利率由4.131%下调至1.89%，与商业银行存款准备金利率相同。

国家金库北京分库开始为北京市科学技术委员会、北京市卫生局等9家预算单位正式提供财政国库管理制度改革试点资金的支付清算服务。

太平人寿保险有限公司新一代健康保险产品怡康、益康上市，保障范围独创性地包含了因输血感染艾滋病的赔付，在市场上引起了巨大轰动。

8月4日 深圳发展银行北京分行与全国棉花交易市场在中国科技会堂举行棉花仓单质押授信银企合作签字仪式。

8月5日 光大银行总行营业部在光大大厦举办“珍爱健康，享受阳光——中国光大银行阳光国际旅行卡首发式”。

中国民生银行北京管理部启动“国内信用证业务全面推动计划”，正式向市场推出“国内信用证”业务。

8月6日 由华夏证券主承销的IPO项目“国阳新能”15000万A股股份在上交所上网定价发行，并于8月21日挂牌上市。

8月8日 北京市政府召开全市银行卡应用发展推进工作电视电话会议。翟鸿祥副市长出席并作了重要指示，要求各部门、各区县进一步推进银行卡应用发展工作。会后，北京市银行卡应用发展联席会议办公室正式更名为北京市银行卡应用发展推进工作办公室。

中国银行北京市分行党委书记、行长谢智勇同志因心源性猝死，抢救无效，不幸逝世，终年52岁。

信诚人寿保险有限公司北京分公司成立。该公司是中外合资保险公司，注册资本5亿元人民币，中国中信集团和英国保诚集团各占50%股份，总部设在广州。

8月12日 中国东方资产管理公司北京办事处与中国银行北京市分行签署“债权置换协议”，东方资产北京办事处将7户8笔、3488.75万元的不良资产与中国银行北京市分行进行置换。

8月15日 中国证监会批复首创证券经纪有限责任公司增资扩股申请，同意首创证券经纪有限责任公司增资扩股至6.5亿元，并更名为首创证券有限责任公司。

8月18日 中信市政交通联名卡面世。这是继中信总行营业部2002年协助北京市政交通一卡通公司推出市政交通一卡通之后的又一举措。

华融资产管理公司北京办事处与北京中关村技术产权交易所签订《合作推介、营销不良资产协议》。此举标志着资产管理公司与技术产权交易中介机构联手处置金融不良资产的开始。北京办事处首批挂牌交易的不良资产20余户30余亿元。

8月19日 国家外汇管理局发布新的《出口收汇核销管理办法》，对现行出口收汇核销制度进行了改革。

8月20日 人行营业管理部印发《北京市人民币结算账户管理实施细则（试行）》（银管发［2003］167号）。

2003年度北京市国库工作会议召开。

北京保监办下发《关于落实北京市保险业做大做强发展战略的指导意见》（保监京发［2003］208号）。

8月21日 人行营业管理部组织召开北京市贯彻实施《人民币银行结算账户管理办法》动员大会。

8月23日 工商银行北京市分行与北京广播电台经济台联手在丰台怡海花园等四个社区举办“走进社区，融入生活”个人金融产品进社区活动启动仪式。此次活动为期一年，活动期间，该行的各家支行每月将举办金融产品进社区活动。

8月25日 工商银行北京市分行为奥运森林公园开发建设项目发放10亿元项目贷款。

8月26日 华夏银行10亿A股即日发行，其发行方式为向二级市场定价配售和上网定价发行相结合。华夏银行因此也成为继深圳发展银行、上海浦东发展银行、民生银行和招商银行之后的第五家上市银行。

中国银河证券有限公司决定：免去孟京生中国银河证券有限公司北京管理部总

经理职务，任命霍肖宇为中国银河证券有限公司北京管理部总经理。

8月28日 中国太平洋财产保险股份有限公司北京分公司与中国民航总局空中交通管理局正式签署了空管责任保险。这是我国航空业内签署的首张空中交通管理责任险保单，总保额高达3亿美元，保费为120万美元，承保范围涉及了13个空管单位管辖的14个机场。

8月29日 天安保险股份有限公司北京分公司成立。该公司于10年前成立，注册资本金5.015亿元人民币，主要股东为中信国安集团公司，总公司设在上海，目前设有31家分公司。

9月

9月1日 2003年第三期凭证式国债在京发行，3年期利率为2.32%，5年期利率为2.63%，发行期为9月1日～11月30日，发行额为86.71亿元，实际发售86.21亿元。

自即日起，北京外汇管理部对北京地区企业国际承包工程、国际劳务、国际海运及船务运输代理、货物运输代理、国际招标等项下经常项目外汇账户限额按照其外汇收入的100%核定。

9月2日 北京银行业首家专业化按揭贷款机构——中国民生银行北京按揭中心开业。

9月3日 交通银行北京分行与北京海关、中国电子口岸数据中心签署“网上支付税费合作协议”，联合推出“报关一点通——交通银行电子口岸网上支付系统”。

9月4～5日 北京市银行系统2003年第三次保卫工作会议召开。会议通报社会治安形势，工商银行、农业银行、中国银行、建设银行分别介绍了安全保卫工作经验。

9月5日 交通银行北京分行与中国出口信用保险公司签署“出口信用保险与出口融资业务的合作协议”。

9月8日 中国人民银行北京重点库及钞票处理中心筹备办公室成立。

北京市农村信用社系统具有“银联”标识的银行卡——“信通卡”正式发行。

9月8～17日 北京保监办分别举办“北京地区财产保险公司内控制度培训班”和“北京地区寿险公司内控制度培训班”，各保险公司分公司部分领导、部门负责人、支公司经理及部分营销服务部负责人共200余人参加。

9月10日 人行营业管理部印发《北京市银行系统银行卡受理市场建设指导意见》(银管发［2003］178号)。

太平保险有限公司北京分公司与工商银行北京市分行签署了“保单质押贷款”合作协议。

9月12日 在第六届中关村电脑节签字仪式暨闭幕式上，北京市商业银行与北京市土地整理储备中心海淀区分中心签订了加快海淀北部地区城市化建设金融合作意向书，承诺提供贷款授信10亿元支持海淀新区温泉城镇化改造。

9月12～15日 华融资产管理公司北京办事处本着“广泛推介，突出重点，立足北京，面向全国”的宗旨，在第六届中国北京科技产业博览会上，以股权资产和实物资产作为重点，与中关村技术产权交易所有限公司合作推出“金融资产超市”资产推介会。北京办事处推介20户，涉及金额23.1亿元。

9月14日 中国东方资产管理公司

北京办事处与中关村产权交易所签署“金融不良资产挂牌交易营销合作协议”。

9月15日 华泰财产保险公司北京分公司成功承保国家电网公司项目中的三项业务，分别是三峡交流输变电项目、三峡直流输变电项目——龙政直流项目的财产综合险和公众责任险及长寿到万洲电网项目，该三项业务的保费收入高达1368余万元。

9月16日 中国人寿保险股份有限公司中标“神舟五号”载人太空飞行人寿保险。由国寿北京分公司独家为航天员杨利伟提供了500万元人民币的人寿保险，并为所有入选的航天员及其配偶和子女以及宇航专家提供了1390.8万元的人身保险。

9月17日 由北京国投控股的北京国投公路建设发展有限公司成立。该项目是该公司重新登记后，开展的最大的投资项目。

9月18日 为了给人保产险公司实施股份制改革奠定基础，人保产险北京分公司召开本部机构、人员重组动员大会，拉开了北京分公司机构人员重组工作的序幕。

9月21日 经国务院批准，中国人民银行决定从即日起，提高存款准备金率1个百分点，即存款准备金率由现行的6%调高至7%。

北京市银行卡发展推进工作办公室代表市政府向海龙电子城颁发“刷卡消费无障碍市场”铜牌。该市场成为全市第一家刷卡消费无障碍市场。

北京市农村信用社系统第三届职工运动会在国家奥林匹克体育中心田径场隆重召开，系统16支代表队、638名运动员参加了包括团体及个人35个项目的角逐。分获团体总分前三名的是海淀联社、怀柔联社、朝阳联社。

9月22日 兴业银行北京分行成功完成中煤信托投资有限责任公司的太阳星城贷款项目集合资金信托计划的代销工作，在7天内累计代销5亿元人民币。

9月24日 为大力促进中小企业贷款业务，北京市商业银行召开以助“小巨人”成长，创商行优势品牌为主题的推进担保信贷业务工作会议。

9月25日 北京国际金融人才服务中心成立，北京金融人才网开通。

9月28日 民生人寿保险股份有限公司北京分公司成立。该公司以民营资本为投资主体，由全国工商联牵头、21家企业发起设立，实收资本金8.73亿元人民币。总部设在北京。

9月29日 工商银行北京市分行成立个人理财专家组和顾问团，为该行的贵宾客户提供金融咨询服务、投资理财指导和个性化理财方案。

中国东方资产管理公司决定：免去王一开中国东方资产管理公司北京办事处总经理职务，批准其退休。任命张晓昌为中国东方资产管理公司北京办事处总经理。

北京保监办下发《关于落实国务院和北京市政府进一步加强道路交通事故安全管理的意见》（保监京发［2003］266号）。

瑞士再保险公司北京分公司成立。该公司为外资保险公司分公司，运营资金为3亿元人民币。

9月 建设银行总行与铁道部全面合作。建行北京分行为铁道部设计了低成本融资、票据承兑贴现、长短贷滚动连接等方案，全年发放贷款150余亿元，并承办了境外筹资美国出口信贷转贷款等业务。

深圳发展银行北京分行与北京市商业

银行、中国民生银行、中信实业银行在北京地区联合推出ATM跨行转账业务。

10月

10月1～7日　“十一”黄金周期间，北京市发行基金净回笼21.54亿元，同比增加1.97亿元，增长10.03%。

平安人寿保险公司全球急难援助升级以来北京地区首位客户获得援助，在外地出险的蒋先生通过国内急难援助服务顺利转送回京接受良好的治疗，充分体现了平安人寿保险公司的服务品牌。

10月8日　华泰财产保险公司北京分公司从西城区复兴门外A2号中化大厦迁至宣武区南滨河路1号高新大厦首层、3层及13层。

10月9日　经市政府批准，市政府金融工作办公室成立北京市金融发展顾问团。

10月10日　中国银行业监督管理委员会北京监管局正式挂牌成立。这是金融体制改革进程中的一项重要举措。北京银监局将根据中国银监会授权，统一监管辖内银行、金融资产管理公司、信托投资公司、财务公司、金融租赁公司及其他存款类金融机构，维护辖内银行业的合法、稳健运行。

北京金融街商会正式揭牌成立。会员来自金融街区域内的不同行业，涉及银行、证券、保险、电信、法律服务等领域。成立金融街商会，旨在为该地区金融机构、大型企业、政府部门构建一个全方位的信息交流平台，联合区域内各企业实现资源共享。

工商银行北京市分行成功中标铁道部“渝（重庆）怀（怀化）线”德国政府6600万欧元转贷款项目，该项目是我国西部大开发十大重点建设项目之一。

招商银行北京分行开展“金葵花理财服务月”活动。

10月10日～11月8日　建设银行北京市分行举办第三届职工文化艺术节，围绕“人文兴行，共建家园”主题，组织了合唱、舞蹈、器乐、小品、曲艺、独唱、戏曲、书法、绘画、摄影、工艺品、诗词、散文、对联14类28项比赛，收集作品1386件，演出节目224个，展出了书画摄影作品和近几年分行获得的国家和市级奖品。出版了职工书画摄影集、文学作品集、Flash动画设计获奖作品光盘和节目光盘，受到上级领导、广大员工和客户的一致好评。

10月15日　中国保监会决定，免去刘京生北京保监办主任职务，调中国保监会任职。任命丁小燕为北京保监办副主任，主持工作。

北京市商业银行与长城计算机集团签署了全面合作协议，并提供授信贷款10亿元。

10月17日　农业银行北京市分行经过激烈竞标，取得独家代征北京市路政局公路养路费业务资格。12月1日，农业银行北京市分行所有网点将在全市范围内开始代征公路养路费。

10月20日　工商银行北京市分行推出“汇财通”——个人外汇可终止理财产品。该产品为国内市场首次推出。

10月21日　人行营业管理部组织召开北京支付系统运行管理工作座谈会。

法国里昂信贷银行有限公司北京分公司成立。

截至10月21日，中国银行北京市分行当年共有51家分理处获准升格为支行，使全辖200个网点机构中的支行总数达到72个。

10月22日 北京银监局印发《关于进一步做好促进首都经济稳定持续发展防范新的金融风险工作的通知》（京银监发［2003］2号）。

北京市商业银行举行ISO9001国际标准认证颁证典礼暨个人金融产品推介会，英国标准协会向该行个人金融业务颁发认证证书。

北京银监局向辖内银行业金融机构下发了《关于进一步做好促进首都经济持续稳定发展，防范新的金融风险工作的通知》。

10月24日 中国银行业监督管理委员会对外公告撤销北京中兴信托投资有限责任公司。同日，受中国银监会委托，人民银行营业管理部成立中兴信托撤销清算组。

中国建设银行DCC系统在北京分行的所有营业网点成功上线，实现了向建总行数据集中的目标。

10月24~26日 在第七届京港经济合作研讨洽谈会举办之际，北京市政府金融工作办公室与北京市西城区政府联合举办“北京—香港金融合作论坛”、“北京金融服务咨询日”、“北京金融新产品推介会”系列活动，研究京港金融合作的发展与前景，搭建金融产业产品创新和走向企业、走向市民的发展平台，充分展示金融街开发建设10周年成果与优势，着力打造“金融西城”特色品牌。

10月25~26日 中国银联北京分公司参加了由北京市金融工委等单位举办的“2003年北京金融服务咨询日”活动。分公司确定的参展活动主题是“中国银联与您共建现代国际金融大都市、中国银联与您共享现代健康美好生活”，主要对分公司的具体工作、北京市联网通用服务、刷卡消费抽奖活动及银行卡电话缴费业务等情况进行宣传介绍，对持卡人进行现场咨询解答。

10月28日 由华夏证券主承销的中国石油企业债券正式向社会公众发行。

10月 招商银行北京分行正式开办个人因私售汇业务。

11月

11月3日 人行营业管理部向辖内金融机构印发了《北京市大额支付系统高额罚息贷款管理办法》。

《国家金库会计核算系统（2.0）版》在北京市21家代理支库全部投入运行，顺利完成了新旧系统的平稳切换。

11月5~6日 中国光大银行总行营业部在京都信苑饭店举行“阳光理财新品推介会暨新闻发布会”，向社会各界展示了“网上一柜通”、银企通、网上基金业务等处于银行电子化前沿的业务新品，“阳光业主卡”、“写字楼一卡通”、“阳光瑞丽卡”等独具特色的阳光卡新业务，以及个人贷款、个人理财等特色鲜明的个人服务产品。

11月11日 中国平安财产保险股份有限公司北京分公司与中国石油化工股份有限公司签署《董事及高级职员责任险》协议，保费收入35万美元。

11月12日 中国银行与首都机场集团就首都机场改扩建项目的合作问题交换意见。商定由中行为机场集团提供包括存款、贷款、票据业务等系列服务，中国银行北京市分行于当月18日向该集团提供了100亿元的授信额度。

建设银行北京市分行承接奥运会自行车赛馆项目招标代理业务。该馆占地10公顷，建筑面积3万平方米，投资2亿多元，是建行首次承接奥运场馆招标代理项目。

11月13日 北京银监局印发《北京金融监管联席会议制度》（京银监发［2003］6号）。

北京银监局向辖内银行业金融机构下发了《关于对辖内金融机构当前监管工作重点及监管要求的通知》。

北京银监局与北京证管办、北京保监办联合印发《北京金融监管联席会议制度》。

11月16日 中国科技证券公司开通深圳A、B股登记业务。

11月17日 香港交易所为其在京设立的代表处举行揭牌仪式。该北京代表处是香港交易所在内地设立的首家代表机构。

11月18日 农业银行北京市分行与首大置业集团有限公司签订合作协议，成为其集团及直属企业的结算、信贷业务主办行之一，并为其提供6亿元授信额度。

上海浦东发展银行北京分行与荣光旅游网联手推出“东方荣光商旅卡”，专供经常出差、热爱旅游和驾车自助游的客户使用。

信达资产管理公司北京办事处与中国建筑材料集团公司签署股权抵债协议，约定该集团以其持有的昆明水泥股份有限公司38.2%的股权，抵偿1亿元的债务。

11月19日 人行营业管理部批准渣打银行北京分行和香港上海汇丰银行有限公司北京分行直接参加北京票据交换，使上述机构成为首批参加北京票据交换的外资银行。

11月20日 2003年第四期国债在京发行，发行期为11月20日~12月20日。在京发行额度为119.37亿元，实际发售121.90亿元。全年本市各承销、分销机构共发行凭证式国债441.22亿元，占市场份额的16.97%，实际向社会公众发售436.37亿元，完成原定发行额的98.8%。

泰康人寿北京分公司向客户张先生赔付常青树理赔金，以及重大疾病保险金和附加住院医疗保险金，共计赔款820万元，是目前国内个人寿险的最大赔案。

11月23日 中国科技证券公司取得证券业务外汇经营许可证。

11月24日 北京市商业银行与日本东京都民银行签署合作协议，结成战略伙伴，为中小企业提供更多便利。

11月26日 中国银行北京市分行与市农信联社签署了业务合作协议。

11月27日 北京银监局印发《北京向外资银行开放人民币业务有关事项指引》（京银监发［2003］15号）。

11月28日 中国平安人寿保险股份有限公司北京分公司与中国工商银行北京市分行签署人寿保险单质押贷款协议。

中国大地财产保险股份有限公司北京分公司成立。该公司由中国再保险（集团）公司投资，总部设在上海。

12月

12月1日 北京银监局向辖内银行业金融机构下发《北京向外资银行开放人民币业务有关事项指引》。

12月1日~12月30日 北京国投发行上市公司法人股投资资金信托计划，募集资金4317万元人民币。

12月4日 中国银行北京市分行向

本市重点客户首钢总公司提供总额为31亿元人民币的授信额度。

韩国银行北京代表处揭牌仪式在京举行。韩国银行是首家在中国设立代表处的外国中央银行。

12月5～6日 北京市总工会、北京市金融工委、北京市银行业协会、北京市证券业协会、北京保险行业协会联合举办“首都金融系统技术比赛”。

共青团北京市金融工委组织了北京金融行业青年理财服务综合技能大赛。

12月8日 瑞泰人寿保险有限公司成立。该公司由瑞典斯堪的亚公共保险有限公司和北京市国有资产经营有限责任公司各出资50%组建，是第一家总部设在北京的合资寿险公司。

12月8～10日 北京保监办召开2003年北京保险代理公司高级管理人员监管政策培训班。

12月10日 北京国投发行法国欧尚天津第一店资金信托计划，规模为1亿元人民币。

中国华融资产管理公司北京办事处与中国机床总公司等四户债务企业及担保方北京地鑫房地产开发有限责任公司签订以“执行和解、以物抵债”为主要内容的《债务重组协议》。12月15日，北京市高级人民法院下达民事裁定书，裁定地鑫公司以其所有的洲际大厦房产及土地使用权（评估价值6.3亿元）抵偿中国华融资产管理公司北京办事处的债务5.36亿元。

12月11日 华夏证券与美国“世纪资本公司”签署战略合作协议。

12月12日 信达资产管理公司北京办事处与北京医药集团有限责任公司签订股权转让协议，信达公司以1.0768元/股的价格转让1826万紫竹药业股权。

12月16日 北京市商业银行本外币定期一本通及借记卡外币储蓄两项业务正式开办。

12月18日 工商银行北京市分行开启“百家名店工程”，在海淀区举行“中国工商银行北京分行8N个人金融服务中心北部中心”开工剪彩仪式，在石景山北辛安网点支行举行授牌第一家“百家名店”（三星级）仪式。

深圳发展银行北京分行与清华控股有限公司签署综合授信额度为人民币10亿元的银企合作协议。

深圳发展银行北京分行知春路支行开业。至此，该分行网点数达到10家。

12月18～19日 北京市银行系统2003年第四次保卫工作会议召开。会议通报了银行系统营业网点达标评比和有线报警网的有关情况。

12月19日 交通银行北京分行在昆仑饭店隆重举行“太平洋贷记卡首发暨太平洋卡中心成立仪式”。

12月24日 交通银行北京分行与交通银行香港分行、中谷粮油集团公司、中谷（香港）国际有限公司签署四方合作协议，并授予中谷粮油集团公司11.14亿元授信额度。

12月26日 经中国银行总行批准，原中国银行辽宁省分行党委书记、行长赵世刚同志被任命为中国银行北京市分行党委书记、行长。

农业银行北京市分行举行直属支行成立揭牌仪式，骡马市分理处等12家分理处升格为直属支行。

12月31日 中国人民银行周小川行长，吴晓灵、李若谷副行长，北京市政府翟鸿祥副市长，以及中国人民银行总行有关司局、市政府金融办的领导到营业管理部慰问参加年终决算工作的职工。

北京银监局局长赖小民陪同中国银监会主席刘明康、北京市常务副市长翟鸿祥到辖内部分金融机构进行慰问。

北京邮政储蓄余额突破280亿元。

12 月 华安财产保险股份有限公司北京分公司成立。该公司成立于 1996 年，总公司设在深圳，原为区域性公司，现转为全国性公司，下设上海、北京等 7 家分公司。

新华人寿北京分公司通过 ISO9001 国际认证。

泰康人寿北京分公司通过 ISO9001 国际认证。

根据证监人教字［2003］32 号精神，中国银河证券有限责任公司监事会同时履行中国科技证券公司监事会职责。

九、统计资料

北京市统计局2003年
国民经济和社会发展统计公报

2004年1月12日

2003年是全面建设小康社会的开局之年。在市委、市政府的领导下，全市人民以“三个代表”重要思想和党的十六届三中全会精神为指导，围绕“新北京、新奥运”的战略目标，以加快发展为总基调，着力优化发展环境，积极应对国内外形势的新变化，努力克服“非典”疫情的负面影响，扎实工作，开拓创新。全市经济继续保持了快速增长的良好态势，改革开放和现代化建设不断取得新进展，科技、教育、文化、卫生、体育等各项社会事业全面进步，城乡居民收入较快增长，人民生活水平进一步提高。

一、综合经济

经济实力：国民经济保持快速健康发展。初步统计，2003年全市实现生产总值3611.9亿元，比上年增长10.5%，实现了预期增长目标，经济增长率连续5年保持在10%以上。人均生产总值达到31613元，比上年增长9.2%，按当前汇率折算，约合3819美元。

运行趋势：全市经济经受住了上半年“非典”疫情的严峻考验，全年经济运行呈现“高开—回落—恢复—回升”的特点。

产业结构：“三、二、一”产业格局稳固。第一产业实现增加值95.3亿元，比上年增长3.3%；第二产业1298.5亿元，增长11.9%；第三产业2218.2亿元，增长10%。三次产业比重分别为2.6%、36.0%和61.4%，其中第二产业比重比上年提高1.2个百分点。三次产业对经济增长的贡献率分别为0.93%、41.74%和57.33%。

全年经济运行趋势

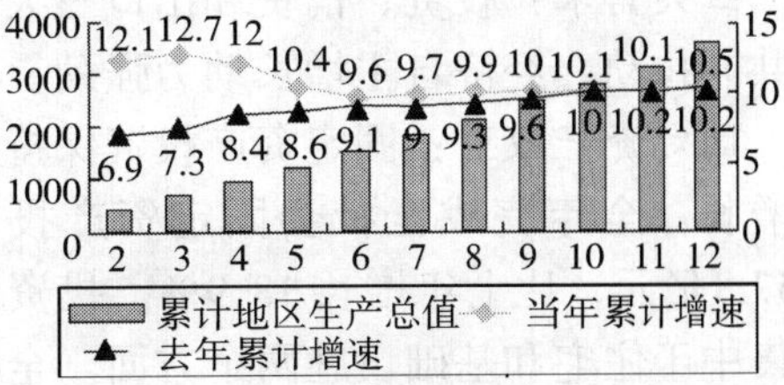

GDP分产业结构图

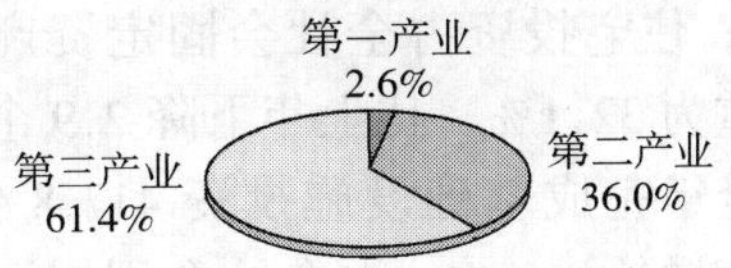

财政收支：财政收入保持较快增长，调控能力不断增强。全年完成地方财政一般预算收入592.5亿元，比上年增长18.2%。其中，增值税、营业税分别为75.3亿元和263.7亿元，比上年增长12.8%和15.8%；企业所得税、个人所得税分别为93.7亿元和57.2亿元，增长17.8%和16.7%。地方财政一般预算支出737.2亿元（含中央追加支出36.1亿元），增长17.3%。其中，科教文卫事业费175.5亿元，增长19.6%；基建、挖潜支出121.7亿元，增长15.1%。地方财政为抗击“非典”共减免各项税费和基金14.9亿元。

市场价格：价格指数有所回升。全市

居民消费价格指数为100.2%，工业品出厂价格指数为101.5%，原材料、燃料及动力购进价格指数为104.7%，分别比上年上升2个、4.9个和7.6个百分点。

当月居民消费价格指数情况

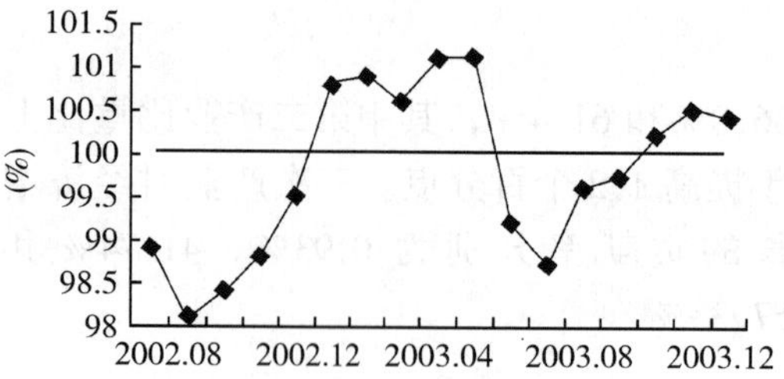

三大需求：投资、消费和出口三大需求共同拉动，经济自主增长动力强劲。

固定资产投资：固定资产投资保持较快增长。全年完成全社会固定资产投资2157.1亿元，比上年增长18.9%。投资重点集中于住宅和基础设施两个方面。全年完成住宅投资692.4亿元，比上年增长9.1%；住宅投资占全社会固定资产投资的比重为32.1%，比上年下降2.9个百分点。全年完成基础设施投资417.8亿元，比上年增长1.4%，占全社会固定资产投资的比重为19.4%。

社会投资趋于活跃，非国有单位投资成为带动全市投资快速增长的主要力量。全年非国有单位完成投资1412.0亿元，增长35.4%，占全社会固定资产投资的比重达到65.5%。其中非国有内资单位完成投资1135.2亿元，增长35.2%，占全社会投资的比重为52.6%。

更新改造投资和工业技改投资全面启动。全市完成更新改造投资216.2亿元，比上年增长27.5%；完成工业技改投资92.4亿元，比上年增长58.6%。

固定资产投资效果系数为0.19，与上年的0.20基本持平。固定资产投资率为59.7%，比上年增加3.3个百分点。

消费：消费市场热点突出。全年实现社会消费品零售额1916.7亿元，增长14.5%，扣除价格因素，实际增长16.6%。结构升级成为推动消费需求增长的重要因素，消费热点主要集中于住房、交通和通信等领域。全年销售商品住宅1771.1万平方米，增长10.4%，实现销售额789.2亿元，增长10.1%；销售各类汽车40.8万辆，实现零售额305.2亿元，分别增长56.6%和51.2%。城镇居民人均消费支出11123.8元，增长8.1%。其中，服务性消费比重达到30.3%，与上年基本持平；城镇居民人均用于交通通信方面的支出1688.1元，增长32.8%。农村居民家庭人均消费支出4655.3元，增长10.7%，扣除价格因素，实际增长11.7%。农村居民消费支出增长较快的领域分别为：交通通讯，增长32.2%；居住，增长29.0%；文教娱乐用品及服务，增长16.3%；三项支出之和占农村居民家庭人均消费支出的比重为45.3%，比上年提高5.2个百分点。全市最终消费率为53.1%，比上年提高1个百分点。

出口：外贸企业市场竞争力增强，出口大幅增长。全市出口168.5亿美元，比上年增长33.6%；其中地方企业出口总值达到73.7亿美元，比上年增长24.9%，增幅提高3.8个百分点。地方企业出口中，机电产品和高新技术产品为主要出口商品，出口额分别为48.5亿美元和34.1亿美元，分别比上年增长29.5%和29.8%，占全市地方企业出口的比重分别达到65.8%和46.3%。

二、城市建设与管理

土地管理：土地管理工作继续加强。土地开发整理项目管理制度初步形成。

1999~2002年，市级财政共投入资金3.5亿多元，区县乡镇自筹资金1亿多元，共新增耕地16.7万亩，基本上实现了非农业建设占用耕地的占补平衡。另外，争取国家投资土地开发整理项目16个（2个项目已通过国家验收），项目总规模达0.75万公顷（约11.2万亩），新增耕地0.18万公顷（约2.65万亩）。土地征用供应结构更趋合理。全年征地9.21万亩，其中耕地2.97万亩。土地征用主要用途为：住宅3.06万亩，交通用地1.88万亩，绿化用地1.72万亩，其他2.55万亩。

道路建设：道路建设取得新成果。全年道路建设总投资129.2亿元，占基础设施投资的比重达到30.9%。轨道交通工程建设全面展开，城市轻轨（十三号线）全线贯通，地铁八通线通车试运营，地铁五号线、四号线、十号线年内陆续开工。高速公路、城市快速路、主干路和城区路网加密工程加快实施。五环路全线贯通、三环路改造、玉泉路一期、马家堡西路、西外大街西延、万寿路南延等多个项目建成通车。22条奥运地区道路陆续开工建设，北辰东路、安立路、潮白河东、西堤路等项目前期工作按计划开展。平蓟路、108国道（石门营至六环段）改造、110国道（延庆县路段）改线、110国道大修等重点工程相继竣工。年末，全市道路总长度约5500公里，完成新改扩道路长度110公里。轨道交通运营里程达到114公里，比上年末增加40公里。

危旧房改造：危旧房改造进程加快。全年城八区完成危旧房改造投资203.9亿元，比上年增长13.7%；拆除房屋184.6万平方米，其中危房70万平方米，动迁居民近5.3万户。截止到年底，全市危旧房改造工程开复工总面积达到1586.7万平方米，比上年增长36.7%，其中本年新开工608.7万平方米，增长33.9%；竣工382.1万平方米，增长15.0%。

环境保护和治理：城市环境综合整治工作成效明显。下大力气治理城乡环境卫生，完成158项环境整治重点项目，环境总体水平又有新的提高。大气污染得到有效治理。第九阶段大气污染防治计划发布实施。全市空气质量达到二级和好于二级的天数为224天，占全年总天数的61.4%，比上年增加21天。在生态治理方面，永定河、潮白河、大沙河、延庆康庄、昌平南口五大重点风沙危害区的20万亩裸露土地全部“披绿”，京津风沙源治理工程使林草植被得到了快速的恢复和增加，为首都提供了绿色屏障。水环境治理取得新进展。肖家河、吴家村两座污水处理厂和酒仙桥中水处理厂正式运营，小红门污水处理厂近期投入使用，转河治理、凉水河流域污水截流工程基本完成。城市污水处理能力达到188.6万吨/日，其中城近郊区160万吨/日，城近郊区污水处理率达到56%，比上年提高9个百分点。全年清运垃圾361.4万吨，比上年增长12.6%。建成阿苏卫、高安屯、丰台垃圾综合处理场，高安屯垃圾焚烧厂开始动工，门头沟焦家坡垃圾卫生填埋厂已投入使用。城近郊区生活垃圾无害化处理率达91.3%，比上年提高4.8个百分点。城八区共有1900多台燃煤锅炉改用清洁能源，超额28%完成改造任务，其中四个城区已基本完成对20吨以下燃煤锅炉改用清洁能源工作。全年汽车维修行业共免费检测汽车尾气180.4万辆次，治理尾气排放不合格车辆18.9万辆次。

城市绿化：城市绿化取得新进展。第

一道绿化隔离带完成绿化面积1000公顷，第二条绿化隔离带、温榆河生态走廊和奥林匹克公园等重大生态保护和建设项目陆续启动，全市林木覆盖率达到47.5%，城近郊区绿化覆盖率达到41%，分别比上年提高2个和0.8个百分点。城近郊区新增绿地面积409公顷，人均公共绿地面积突破10平方米。

公共交通：城市公交体系逐步完善。年末，全市共有公交电汽车运营车辆1.76万辆，客运出租车运营车辆6.3万辆，公共电汽车线路776条。全年城市公共交通共运送乘客41.98亿人次（不含出租车），比上年下降12.6%；其中公共电汽车运送乘客37.26亿人次，占88.76%；轨道交通4.72亿人次，占11.24%。全年出租汽车客运量达到5.18亿人次，比上年下降13.4%。

公用事业：城市水电气热供应得到充足保障。全年自来水售水量5.98亿吨，比上年下降0.2%；其中生活用水4.98亿吨，比上年下降0.7%。怀柔应急备用水源工程建成供水，张坊、平谷应急供水工程、南水北调石家庄至北京段总干渠工程于年内开工。全年北京地区用电414.8亿千瓦时，比上年增长7.8%。其中城乡居民生活用电70.5亿千瓦时，增长12.3%，城乡居民生活用电占用电总量的17%。全市新增220千伏变电站2座、110千伏变电站18座、35千伏变电站8座。全年煤气销售量达2.3亿立方米，天然气销售量达19亿立方米，分别比上年增长9.3%和18%；液化石油气销售量达14.6万吨，下降1.4%。陕北天然气进京市内及扩建工程基本竣工，天然气管线逐步向远郊区县挺进，管线长度6504公里。年末，全市燃气用户达到357.7万户，其中天然气家庭用户达到225.8万户，占全市燃气总户数的63.1%，比上年上升5.8个百分点。城市热力管网供热面积达到7652万平方米，比上年增长10.9%。

三、主要行业

农业：农业结构调整继续深化。全年实现农业增加值95.3亿元，比上年实际增长3.3%。农业占全市经济的比重进一步下降，由上年的3.1%下降到2.6%。全市完成农林牧渔业总产值237.9亿元，比上年增长7.7%。其中，种植业产值102.3亿元，增长5.2%，养殖业产值135.6亿元，增长9.6%。种养结构由2002年的45:55调整到43:57。年末，耕地面积为19.56万公顷，比上年末减少5.36万公顷，下降21.5%。全年粮食播种面积212万亩，比上年调减16.3%；各类经济作物和其他农作物占耕地面积的比重由上年的45.4%上升到48.5%。全年粮食产量58.0万吨，粮食亩产273.7公斤，分别比上年下降29.5%和15.7%。主要农副产品肉类、牛奶产量分别比上年增长0.3%和15.6%，蔬菜产量下降3.4%。

新兴农业发展迅速。设施农业、籽种农业、精品农业、观光农业、创汇农业和加工农业“六种农业”实现产值148.3亿元，占郊区农林牧渔业总产值的比重为62.9%。“六种农业”对农业总产值增长的贡献率达133.6%。

工业：工业生产快速增长。全年完成工业增加值1017.3亿元，比上年增长12.0%，增幅比上年提高4.2个百分点。工业增加值占全市生产总值的比重为28.2%，对全市经济增长的贡献率为33.2%。全年规模以上工业增加值970.8

亿元，增长12.3%；其中国有工业企业完成增加值141.7亿元，比上年下降1.5%；股份制工业增加值374.5亿元，比上年增长18.2%；外商及港澳台工业增加值391.6亿元，比上年增长12.0%。

产销衔接基本正常，企业经营状况明显改善。全年规模以上工业企业产品销售率达到98.2%，比上年提高1个百分点。规模以上独立核算工业企业实现利润219.5亿元，比上年增长40.6%；利税总额404.6亿元，增长31.6%。工业企业经济效益综合指数达到155.4%，比上年提高19.1个百分点。成本费用利润率为6.1%，比上年提高1个百分点；全员劳动生产率为98873.0元/人，比上年提高24.5%。

交通运输设备制造业成为现代制造业新的增长点。交通运输设备制造业实现总产值429.6亿元，比上年增长近1倍；占全市规模以上工业的比重达到11.7%，成为仅次于通信设备、计算机及其他电子设备制造业的第二大行业；对全市工业增长的贡献率达到44.7%，比上年提高16.4个百分点。全年汽车产量为34.7万辆，比上年增长1倍，其中轿车产量达到7.3万辆。

高新技术产业恢复增长。全市高新技术产业实现工业增加值314.1亿元，比上年增长7.1%（按当年价格计算），对工业增长的贡献率为27.6%。其中电子与信息领域增长2.9%，生物医药增长13.2%，新材料增长14.4%，光机电一体化增长21.3%。高新技术产业工业增加值占全市生产总值的比重为8.7%，比上年下降0.4个百分点，占全部工业增加值的比重为30.9%。

建筑业：建筑业生产快速增长。全市建筑业总产值达到1306.7亿元，比上年增长23.8%。实现增加值281.2亿元，比上年增长11.6%。建筑业增加值占全市生产总值的比重达到7.8%，与上年持平。建筑企业劳动生产率继续提高，全员劳动生产率达到13.4万元/人，比上年提高14.5%。建筑业实现利润30.6亿元，增长23.9%。

邮电通信业：邮电通信业稳步发展。邮电通信业实现增加值174.8亿元，比上年增长12.4%；其中通信业实现增加值161.3亿元，比上年增长13.0%。全年完成邮电业务总量283.0亿元，比上年增长18.9%。

邮政业务有涨有落。全年完成邮政业务总量31.3亿元，比上年增长5.0%。全年订销报纸11.7亿份，比上年下降7.1%；订销杂志5284万份，比上年增长0.4%；收寄函件8.4亿份，比上年下降1.2%；收寄特快专递1189万件，比上年增长11.4%。年末邮政储蓄余额达到280.8亿元，比上年增长12.8%。

通信业快速增长。全市固定电话用户达680.4万户，比上年增长16.2%。局用交换机容量达834万门，比上年增长3.8%。固定电话主线普及率达到47.3线/百人，比上年增长13.4%。全市移动电话用户达到1095.6万户，比上年增长19.2%。移动电话普及率达到76.1户/百人，比上年增长16.2%。新兴通信业务如数据通信、多媒体、互联网、电话信息服务、手机短信等迅速扩展。IP电话通话时长达到75.3亿分钟，增长1.2倍；移动短信业务量达到89.2亿条，增长1.5倍；北京通信公司推出的无线市话（“小灵通”）业务，用户达47.8万户。

交通运输业：运输总量平稳增长，运

输结构基本稳定。交通运输仓储业实现增加值78.6亿元，比上年下降1.7%；占本市生产总值的比重为2.2%。

货物运输稳中微增。全年货运总量30936.1万吨，比上年增长0.5%。其中，公路运输28606万吨，增长0.8%；铁路运输2283.4万吨，下降2.7%；民用航空运输46.7万吨，增长2.0%。公路、铁路、民航三种运输方式货运量比重分别为92.5%、7.4%和0.1%，公路货运比重上升0.3个百分点，铁路下降0.3个百分点，民航基本持平。

旅客运输一升两降。全年旅客运输量31237.4万人，比上年增长6.2%。其中，公路25702万人，增长11.2%；铁路4289.9万人，下降14.8%；民用航空1245.5万人，下降2.5%。公路、铁路、民航三种运输方式客运量比重分别为82.3%、13.7%和4.0%，公路客运比重上升3.7个百分点，铁路下降3.4个百分点，民航下降0.3个百分点。

商业：多元业态促进商业繁荣。全年批发零售贸易和餐饮业实现增加值271.3亿元，比上年增长7.8%。社会商品销售总值4587.3亿元，增长31.6%；购进总值4344.9亿元，增长35.8%。大中型商业企业经济效益进一步改善，实现销售收入3808.4亿元，增长23.3%；实现利润79.0亿元，增长24.4%；实现利税总额124.5亿元，增长16.4%。以连锁经营为标志的现代流通方式活力显现。年末，连锁企业146家，连锁商业全年实现零售额463.0亿元，占全社会消费品零售额的比重超过20%，为24.2%；比上年增长23.7%，高于全市商业平均增速9.2个百分点。其中300多家便利店实现零售额12.5亿元，增长1.1倍。

金融保险业：金融保险业为我市第三产业中的第一大行业。全年金融保险业增加值达513.8亿元，比上年增长8.5%，占全市生产总值的比重为14.2%。

金融业务进一步扩大。年末，北京市中资金融机构各项人民币存款余额18321.9亿元，比年初增加2929.4亿元，增量比上年下降7.3%。其中企业存款余额9986.4亿元，比年初增加1423.7亿元，增量比上年下降23.4%；居民储蓄余额5293.5亿元，比年初增加903.8亿元，增量比上年增长5.9%。金融贷款余额11343.3亿元，比年初增加2131.7亿元，增量比上年增长23.6%。消费贷款余额1646.3亿元，比年初增加484亿元，增量比上年增长12.3%。全年金融机构现金收入14480.4亿元，现金支出14389.8亿元，收支相抵回笼现金90.5亿元。

金融机构贷款月末余额及增加额增速

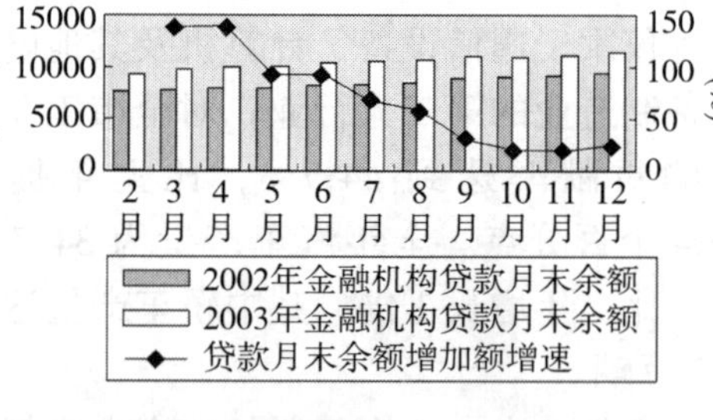

保险市场快速发展。保费收入282.5亿元，比上年增长20.7%。其中，财产险保费收入51.9亿元，增长13.3%；人身险保费收入230.6亿元，增长22.5%。产、寿险各项赔款给付支出48.0亿元，比上年增长2.3%。

证券市场：证券市场发展迅速。全年证券市场各类证券成交额23369.8亿元，比上年增长86.0%；其中股票成交额5041.4亿元，比上年增长33.1%。全市发行A股上市企业76家，当年上市企业

6家，通过股票市场筹资241.9亿元。

房地产业：房地产业稳步发展。全年实现增加值185.9亿元，比上年增长11.8%，占第三产业增加值比重达到8.4%，占全市生产总值的比重为5.1%。全市完成房地产开发投资1202.5亿元，比上年增长21.5%，房地产投资占全社会投资的比重达到55.7%，比上年增加1.2个百分点。全市商品房施工面积达9070.7万平方米，竣工面积2593.6万平方米，销售1895.8万平方米，分别比上年增长20.8%、8.8%和11.0%。全年实现商品房销售额898亿元，比上年增长10.4%。

房地产开发热点是商品住宅。全年完成商品住宅投资633亿元，比上年增长7.9%，占房地产投资的比重达到52.6%。商品住宅开复工面积6352.9万平方米，增长17.7%；竣工面积2080.8万平方米，增长8.0%。

四、对外开放

外贸进出口：对外贸易规模不断扩大。据海关统计，全市海关进出口贸易总值684.6亿美元，增长30.4%。其中进口总值516.1亿美元，出口总值168.5亿美元，分别比上年增长29.4%和33.6%。地方企业进出口贸易总值为189.3亿美元，增长34.8%。其中进口115.7亿美元，增长42.1%；出口73.7亿美元，增长24.9%。

对外承包工程和劳务合作：对外服务贸易大幅增长。全年新签对外承包工程和劳务合作合同额4.8亿美元，完成营业额3.5亿美元，分别比上年增长72.7%和50.8%。年末在外人数2091人，为去年末的98%。

旅游：受"非典"疫情影响，上半年旅游业遭受重创，下半年旅游市场逐步恢复。全年接待海外游客为185.1万人次，比上年下降40.4%。旅游外汇收入19.0亿美元，下降38.9%。接待国内旅游者8737.0万人次，比上年减少24.0%；旅游收入706亿元，比上年减少23.9%。年末，全市共有旅游定点饭店659家，其中星级饭店614家，客房数达到10.9万间，比上年末增加0.6万间。客房出租率恢复到51.7%，比上年末下降10.3个百分点。

各月接待国内外游客数量及增减情况

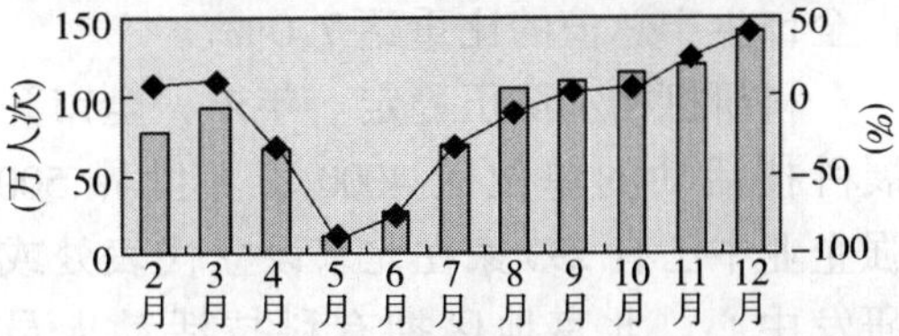

利用外资：利用外资迅速增长。全市新批外资项目1360项，比上年减少0.7%。合同外资金额32.7亿美元，比上年增长16.5%。实际利用外商直接投资21.5亿美元，增长19.8%。合同外资投向趋于合理，投向第三产业的外资比重为70.6%，同比上升10个百分点。第三产业中引资规模较大的批发零售餐饮业、计算机应用服务业、信息咨询服务业增速分别高达35.8%、42.3%和38.1%，金融保险业引资规模也扩大了7.0%。

开发区：开发区建设迈出新步伐。全市26个开发区累计入区企业24181家，其中投产企业20281家。全年各类开发区实现总收入3701.4亿元，比上年增长18.5%；实现工业总产值1989.5亿元，增长11.5%（现价）；实现利润193.6亿元，增长26.0%；应缴税金182.7亿元，增长21.8%。

中关村科技园区保持快速发展势头。

年末，园区高新技术企业总数达16299家，全年实现总收入2852.5亿元，比上年增长18.6%；实现增加值608.0亿元，增长17.1%（现价），占全市生产总值的比重为16.8%；应缴税金122.2亿元，增长22.7%。

五、社会事业

科学技术：科技投入继续增加。全市科技活动经费支出总额达457.5亿元，比上年增长11.3%；其中R&D经费支出252.8亿元，增长15.2%。R&D经费支出占全市生产总值的比重达7.0%。

科研机构和队伍稳定。年末，全市开展科技活动的单位近4000家。世界500强企业中已有293家在北京设立代表处或研发中心。北京地区拥有科技活动人员27.4万人，其中科学家和工程师（指大学本科及以上学历或有中高级技术职称的人员）22.7万人，占科技活动人员总数的82.8%。

“二四八工程”进展顺利。首都创业孵化体系建设成效显著。孵化器数目及孵化面积以每年20%以上的速度增长，孵化器达61家，孵化面积达64万平方米，在孵企业2082家，实现销售收入81亿元。年末，大学科技园达14个，其中国家级6个。创新服务体系初步建立，创新中介服务体系环境优化。全市共有科技中介机构近5000家，相关行业协会150余家，各类专业服务中心500家。全年技术合同登记32173项，合同成交总金额265.4亿元，其中技术交易额226.6亿元，分别比上年增长19.0%、20.0%和25.2%。软件产业基地、微电子、新材料、生物工程和新医药等领域产业基地取得明显进展。截至年底，当年认定软件企业514家，登记软件产品1213个，累计认定软件企业1749家，累计登记软件产品达到4820个，全国约有70%的自主软件产品在北京开发。软件出口达1.38亿美元，增长48.2%。中芯国际、京东方TFT－LCD模块、中科稼英硅片、摩比斯汽车变速器等重大项目顺利实施。清华大学研制出万亿次超级计算机“深超－21C”，联想集团研制成功万亿次高性能计算机产品——联想深腾1800大规模计算机系统。

教育：各级各类教育全面发展。高等教育率先进入普及化阶段。全市共有普通高等学校73所，比上年增加11所。46所普通高校和118个科研机构培养研究生。本专科在校生达到45.7万人，增长17%。在校研究生人数首次突破10万人大关，达到12万，增长23.2%。外国留学生达到1.7万人。高等教育招生规模继续扩大，招生人数为14.2万人，创历史新高。北京高等教育毛入学率达到52%，比上年增加3个百分点。2003年，毕业生人数达到8.3万人。北京地区高校毕业生就业率达到89.7%。

基础教育走在全国前列。全市学龄儿童入学率一直保持在99.9%以上，初中阶段毛入学率保持在100%，普通高中特别是优质高中招生规模稳步扩大，普通高中实际招生9.5万人，高中阶段入学率达96%以上。

中等职业教育教学改革继续深化。全市完成8个骨干特色中等专业学校的评估，完成7个重点实验实训基地学校的论证工作，全面启动了10所现代化标志学校的建设，新评出5所国家级、3所省部级重点学校。中等专业学校、技工学校和职业中学在校学生26.3万人，比上年增加1.1万人，其中职业中学在校学生数8.4万人。

教育信息化程度明显提高。作为“数字北京”工程重要组成部分的“校校通”工程进展顺利。全市投入1000多万元改善网络教育条件，完成了123个网络计算机教室和205个计算机教室的建设工作，建成557个中小学校园网。市属市管高校校园网信息点数达到了7.6万个，联网计算机台数达到了5.9万台。“非典”时期，陆续开辟了“空中课堂”和“教育在线”等教育形式，信息化教育发挥了重要的作用。

文化：影视、图书出版事业欣欣向荣。至2003年底，全市共有各类电影放映单位180个，其中电影院56个。放映场次10.3万场，观众人次达到609.4万人，票款收入1亿元。北京电视台电视节目19套，数字电视频道已经在北京试播，广播电视综合覆盖率达99.9%，有线电视入户率为57.9%。出版发行业经过改组改造，集约化程度不断提高。北京地区出版的报纸达到248种，出版的期刊达到2375种，均与上年基本持平；出版图书88687种，增长8.4%。共有26种图书、期刊、音像制品在国家各类大奖的评选中获奖。

文物古迹保护工作成果显著。“3.3亿文物抢险工程”继续实施，几年来累计对98项文物保护单位的文物建筑进行了抢修修缮，带动社会各方面配套资金30亿元。“人文奥运”文物保护规划正式启动，投入专项资金1.2亿元。2003年共有14片56万平方米的危改项目重新划入文化保护区。皇城墙遗址和专供皇宫御用的“雪池冰窖”等共30多处文物被列入保护名单。十三陵进入世界文化遗产名录，元大都土城遗址公园建成开放。年末，全市拥有市级文物保护单位264处。全市面向社会开放的博物馆达到123个，博物馆馆藏文物226余万件，固定展览200多项，临时推出展览400多项，参观人次达2500万人次。

卫生：国民健康水平不断提高。孕产妇死亡率为15.6/10万，婴儿死亡率为5.89‰，平均期望寿命达到79.62岁，均已达到或超过中等发达国家的先进水平。全市计划免疫四苗全程接种率达到99%以上。

医疗卫生环境进一步优化。全市有卫生机构4998个，床位7.5万张；平均每千人拥有医院床位6.46张。卫生技术人员11万人，平均每千人拥有执业医师4.2人。医院硬件设施逐步接近国际先进水平，一般医疗设备的普及率达到100%。

公共防疫、医疗急救应急机制初步形成。“非典”疫情发生后，迅速果断推进定点医院和应急救治体系建设，为卫生体系的完善打下坚实基础。生物和微生物实验室进一步完善，已建立了59个艾滋病实验室和262个肠道传染病监测点，传染病危害程度显著下降。

农村卫生保健全面推进。10个远郊区县全面实行了以大病统筹为主要形式的新型农村合作医疗制度，全市共有173万农民参加了新型农村合作医疗制度。农村改水改厕取得新的进展，全市完成农村改水项目共计111个，受益人口达到27万人。11个区县101个乡镇438个村参与了农村改厕工作。全市卫生厕所普及率为73%。

体育：全民健身设施发展迅速，群众体育蓬勃开展。全年配建1239个全民健身工程，总面积94.5万平方米，总投资1.7亿元，其中市体育彩票公益金投入达

4630万元。截至年底，全市所有街道、乡镇和有条件的社区居委会、25%的行政村均配建了全民健身工程。全民健身晨、晚练活动场所达3811个，社区活动达8749项次，参与人数134万人。

竞技体育水平稳步提高。全市共有专业体育运动员近千人，共获得国际和全国性比赛奖牌109枚，其中金牌47枚，银牌31枚。在第六届全国残疾人运动会上，我市残疾人运动员共夺得金牌34枚，超2项世界纪录，破27项全国纪录。

残疾人事业：残疾人事业向前发展。残疾人基本生活保障受到重视。2.17万名残疾人享受低保待遇，2万名以上贫困残疾人得到各种特殊救助。就业工作稳步推进。有关部门为6951名残疾人进行了求职登记，按比例新安置1080名残疾人就业。职业技能培训加强。4979名残疾人接受职业技能培训。在第二届全国残疾人职业技能竞赛上，我市有6名选手获得单项第一名，并被劳动部授予全国技术能手称号。在第六届国际残疾人职业技能竞赛中，我市选手获得一金一银。特殊教育体系更加完善。残疾人儿童少年九年义务教育入学率达到97.5%，城区达到100%，155名残疾考生被高校录取，实现了残疾人成人大学单考单招。

六、人口、就业、人民生活

人口：人口总量得到控制，常住人口缓慢增长。年末，全市共有常住人口（在京居住半年以上人口）1456.4万人，比上年增加33.2万人，增长2.3%，增速比上年下降0.6个百分点。全市人口出生率为5.1‰，比上年降低1.5个千分点；死亡率5.2‰，比上年降低0.5个千分点；自然增长率－0.1‰，比上年降低1个千分点。据公安部门统计，2003年末，全市户籍人口1148.8万人，比上年末增长1.1%，比上年增速低0.1个百分点。

外来人口增速趋缓。2003年11月1日零时，在京居住一天以上的外来人口为409.5万人，比上年增加22.9万人，增长5.9%，增速比上年低11.9个百分点。外来人口中，在京居住半年以上的为307.6万人，占75.1%，比上年增加20.7万人；务工经商人员318.5万人，占77.8%，比上年增加22.0万人。

外来人口分布呈现出由近郊区向远郊区扩散的趋势。2003年城区外来人口37.4万人，占9.1%，近郊区外来人口229.0万人，占55.9%，远郊区县外来人口143.1万人，占35.0%。城区和近郊区外来人口比重分别下降了2.9个和2个百分点，远郊区县外来人口比重上升了4.9个百分点。从增长幅度看，远郊区县外来人口增幅最高，达23.1%，近郊区的增幅只有2.3%，城区则减少了19.6%。远郊区县的外来人口86.9%集中在房山、通州、顺义、昌平、大兴五个区。

就业和社会保障：全市多渠道、多元化开发就业岗位。全市净增就业岗位20.12万个，安置城镇登记失业人员17.92万人，失业人员就业率达到68.1%，城镇登记失业率为1.43%，比上年提高0.08个百分点。市、区（县）、街道（乡、镇）、社区四级就业服务组织网络得到进一步完善，社区劳动保障平台基本搭建完成，社区就业岗位开发成为重点。开发了包括物业管理、社区商业便民连锁、城市公共设施维护、保洁保养、城市公共秩序维护、家政服务在内的六条社区就业绿色通道，采取了“四进社区”等措施，共开发社区就业岗位13.35万个。

全市以深化体制改革为重点，逐步建立和完善多层次的社会保障体系。养老、医疗、失业、工伤保险参保人数分别达到448.5万人、436.1万人、306.6万人和242.9万人，比上年分别增加12.3万人、82.3万人、7.1万人和21.9万人。

居民收入：城乡居民收入较快增长。城镇居民人均可支配收入13882.6元，比上年增长11.4%，扣除价格因素，实际增长11.2%；全年人均消费支出为11123.8元，比上年增长8.1%，扣除价格因素，实际增长7.9%。城镇居民恩格尔系数31.7%，比上年降低2.1个百分点。农民人均纯收入6496.3元，比上年增长10.5%，扣除价格因素，实际增长11.5%；农民人均生活消费支出4655.3元，比上年增长10.7%，扣除价格因素，实际增长11.7%。农村居民恩格尔系数31.7%，比上年降低1.3个百分点。

居民住房：居住环境有较大改善。全市住宅竣工2320.4万平方米，增长6.0%；其中经济适用住房竣工363.1万平方米。全市城镇居民人均使用面积达到18.7平方米，比上年增加0.4平方米。农村居民人均生活用房面积33.9平方米，比上年增加1.3平方米。

附1 公报注释：

1. 本公报数据为初步统计数。

2. 本公报中增加值为现价，除注明外，增长速度均按可比价计算。

3. 固定资产投资效果系数是一定时期内国内生产总值增加额与全社会固定资产投资额的比值。

4. 固定资产投资率是固定资产投资占地区生产总值的比率。

5. 最终消费率是指总消费占地区生产总值的比重。

6. 社会劳动生产率按现价增加值计算。

7. 社会消费品零售额中不含居民住宅销售额。

8. “二四八工程”是首都二四八重大创新工程的简称。指建立两大体系、建设四个基地、实施八项高新技术产业化示范项目。两大体系即首都创业孵化体系和首都经济创新服务体系。四个基地即北京软件产业基地、北京北方微电子基地、北京生物医药基地和北京新材料基地。八个高新技术产业化示范工程即数字北京工程、高清晰度数字电视产业化工程、大直径半导体硅芯片及大规模集成电路产业化工程、能源结构调整及清洁燃烧技术产业化工程、现代医药生物技术产品产业化工程、绿色食品及良种工程、水资源可持续利用工程和北京保护臭氧层工程。

9. 恩格尔系数是指居民食品消费支出占消费支出的比重。

附2 2003年经济发展统计表

指标名称	单位	2003年	2003年为2002年%
社会消费品零售额	亿元	1916.7	114.5
吃	亿元	497.7	106.7

续表

指标名称	单位	2003年	2003年为2002年%
穿	亿元	210.6	111.8
用	亿元	1131.9	118.9
主要农副产品产量			
粮食总产量	万吨	58.0	70.5
蔬菜总产量	万吨	527.3	96.6
肉类总产量	万吨	73.7	100.3
鲜蛋总产量	万吨	16.2	106.6
牛奶总产量	万吨	63.7	115.6
水产品总产量	万吨	7.2	97.3
出栏猪	万头	470.1	99.0
主要工业产品产量			
成品钢材	万吨	784.6	104.4
发电量	亿千瓦小时	145.1	105.5
供热量	万百万千焦	3958.0	109.5
液化石油气	万吨	38.4	92.2
化肥（折纯）	万吨	0.9	89.9
水泥	万吨	882.0	105.0
乙烯	万吨	88.8	98.2
汽车	万辆	34.7	200.1
彩色显像管	万只	886.0	117.9
显示器	万部	359.6	115.7
移动通信设备	万部（信道）	38.4	108.7
微型计算机	万部	469.3	107.4
移动电话机	万部	3334.5	146.3
程控交换机	万线	1934.7	95.5
饮料、酒	万吨	132.8	96.3
乳制品	吨	13426.0	101.7
各种运输方式运量（北京地区）			
货物运输量	万吨	30936.1	100.5
铁路	万吨	2283.4	97.3

续表

指标名称	单位	2003年	2003年为2002年%
公路	万吨	28606.0	100.8
民航	万吨	46.7	102.0
旅客运输量	万人	31237.4	106.2
铁路	万人	4289.9	85.2
公路	万人	25702.0	111.2
民航	万人	1245.5	97.5
居民消费价格指数（以上年为100）			98.2
食品			103.2
烟酒及用品			100.2
衣着			97.1
家庭设备用品及维修服务			97.7
医疗保健和个人用品			100.1
交通和通讯			97.8
娱乐教育文化用品及服务			98.3
居住			101.6
城镇居民耐用消费品拥有量（每百户）			
空调器	台	119.3	112.0
淋浴热水器	台	85.4	102.3
彩电	台	147.0	99.1
电冰箱	台	100.4	98.8
洗衣机	台	99.3	100.7
家用电脑	台	68.3	123.1
微波炉	台	79.2	108.3
脱排油烟机	台	81.3	103.6
电炊具	台	107.8	109.9

（一）北京市主要经济社会指标

表1－1 国民经济和社会发展总量与速度指标

项目	总量指标					速度指标（%）			
						指数（2003年比以下各年）			
	1990年	1995年	2000年	2002年	2003年	1990年	1995年	2000年	2002年
人口与就业									
人口（万人）									
年末全市常住人口	1086.0	1251.1	1363.6	1423.2	1456.4	134.1	116.4	106.8	102.3
年末户籍人口	1032.2	1070.3	1107.5	1136.3	1148.8	111.3	107.3	103.7	101.1
就业（万人）									
从业人员	627.1	665.3	619.3	679.2	703.3	112.2	105.7	113.6	103.5
#在岗职工人数	454.9	470.9	434.2	434.2	436.3	95.9	92.7	100.5	100.5
城镇登记失业人数		2.19	3.32	6.02	6.96		317.8	209.6	115.6
宏观经济									
国民经济核算									
地区生产总值（亿元）	500.8	1394.9	2478.8	3212.7	3663.1	381.8	218.4	135.9	110.7
第一产业	43.9	81.4	90.0	98.1	95.6	124.4	120.2	113.3	103.3
第二产业	262.4	615.2	943.5	1116.5	1311.9	354.3	210.8	132.8	111.9
第三产业	194.6	698.3	1445.3	1998.1	2255.6	462.8	235.0	139.4	110.3
人均生产总值（元）	4878	13085	22460	28449	32061	346.2	203.9	131.3	109.4
工农业总产值（亿元）（现价）			**2902.6**	**3603.9**	**4259.3**				
固定资产投资									
全社会固定资产投资（亿元）	179.2	841.5	1297.4	1814.3	2157.1	1203.7	256.3	166.3	118.9
#房地产开发投资	22.5	352.8	522.1	989.4	1202.5	5344.4	340.8	230.3	121.5
#国有单位	154.2	514.2	765.8	771.5	745.1	483.2	144.9	97.3	96.6
财政									
地方财政收入（亿元）	74.0	115.3	398.4	601.0	665.9				117.2
#一般预算			345.0	534.0	592.5				118.2
地方财政支出（亿元）	66.5	154.4	490.3	684.0	809.4	1217.1	524.2	165.1	118.3
#一般预算			443.0	628.3	734.8			165.9	116.9
物价									
居民消费价格指数（%）	105.4	117.3	103.5	98.2	100.2				
商品零售价格指数（%）	104.1	112.6	98.9	98.4	98.2				
工业品出厂价格指数（%）	107.9	107.3	102.5	96.6	101.5				

续表

项目		总量指标					速度指标（%）			
							指数（2003年比以下各年）			
		1990年	1995年	2000年	2002年	2003年	1990年	1995年	2000年	2002年
在岗职工工资										
工资总额	（亿元）	118.9	382.0	695.5	950.9	1098.9	924.2	287.7	158.0	115.6
平均工资	（元）	2653	8144	15726	21852	25312	954.1	310.8	161.0	115.8
利用外资										
协议利用外商直接投资	（亿美元）	1.2	27.4	43.3	28.1	32.7	2798.9	119.6	75.5	116.5
实际利用外商直接投资	（亿美元）	2.8	14.0	24.6	17.9	21.5	775.1	153.0	87.3	119.8
产业										
农村经济										
耕地面积	（万公顷）	41.3	39.9	32.9	24.9	26.0	63.0	65.2	79.0	104.4
农业总产值（现价）	（亿元）	70.2	164.4	195.2	221.3	237.9	338.9	144.7	121.9	107.5
主要农副产品产量										
粮食产量	（万吨）	264.6	259.8	144.2	82.3	58.0	21.9	22.3	40.2	70.5
蔬菜	（万吨）	356.1	397.3	489.1	545.6	527.3	148.1	132.7	107.8	96.6
鲜蛋	（万吨）	25.8	28.5	16.0	15.2	16.2	62.8	56.8	101.3	106.6
牛奶	（万吨）	21.7	20.6	30.3	55.1	63.3	291.7	307.3	208.9	114.9
肉类	（万吨）	26.8	37.9	56.3	73.5	73.7	275.0	194.5	130.9	100.3
工业										
工业增加值（生产法，规模以上）	（亿元）			745.2	840.4	1012.5			135.9	120.5
工业总产值（现价，规模以上）	（亿元）	646.4	1490.8	2707.4	3173.5	3810.4	589.5	255.6	140.7	120.1
#高新技术产业				867.6	1175.9	1520.9			175.3	129.3
轻工业		270.8	471.4	685.2	773.5	808.4	298.5	171.5	118.0	104.5
重工业		375.6	1019.4	2022.2	2400.0	3002.0	799.3	294.5	148.5	125.1
工业企业主要经济指标										
资产总计	（亿元）	498.3	2582.6	4612.7	4742.9	5178.0	1039.1	200.5	112.3	109.2
负债总额	（亿元）		1528.8	2676.4	2527.8	2751.2		180.0	102.8	108.8
产品销售收入	（亿元）	610.5	1590.4	2821.4	3182.8	3885.7	636.5	244.3	137.7	122.1
利润总额	（亿元）	48.9	85.3	127.1	165.5	235.3	481.2	275.8	185.1	142.2
能源生产与消费	（万吨标准煤）									
能源消费总量	（万吨标准煤）	2719.3	3517.9	4211.5	4503.9	4707.5	173.1	133.8	111.8	104.5
建筑										
建筑业总产值	（亿元）	94.7	370.7	727.5	1055.1	1306.7	1379.8	352.5	179.6	123.8

续表

项目	总量指标					速度指标（%）			
						指数（2003年比以下各年）			
	1990年	1995年	2000年	2002年	2003年	1990年	1995年	2000年	2002年
运输									
货物周转量（亿吨公里）	268.8	323.1	299.6	340.5	362.1	134.7	112.1	120.9	106.3
#铁路（亿吨公里）	206.7	239.3	200.2	221.4	241.0	116.6	100.7	120.4	108.9
公路（亿吨公里）	57.5	76.2	82.6	83.6	79.0	137.4	103.7	95.6	94.5
民航（亿吨公里）	4.5	7.5	16.8	19.6	20.8	462.2	277.3	123.8	106.1
旅客周转量（亿人公里）	119.8	207.7	314.0	396.2	393.3	328.3	189.4	125.3	99.3
邮电									
邮电业务总量（亿元）	7.7	56.1	214.7	254.0	304.0	3948.1	541.9	141.6	119.7
年末全市移动电话用户（万户）			347.2	919.5	1109.0			319.4	120.6
移动电话普及率（部/百人）				80.9	77.0				95.2
商业									
社会消费品零售额（亿元）	307.7	827.0	1443.3	1673.3	1916.7	622.9	231.8	132.8	114.5
批发零售贸易业	247.7	584.9	1025.5	1366.4	1611.2	650.5	275.5	157.1	117.9
餐饮业	19.3	63.0	86.4	112.4	121.4	629.0	192.7	140.5	108.0
其他	40.7	179.1	331.4	194.5	184.1	452.3	102.8	55.6	94.7
商业饮食业服务业营业网点（万个）	12.4	28.0	23.6	32.3	44.1	355.6	157.5	186.9	136.5
#商业	8.2	20.4	17.5	23.4	30.3	369.5	148.5	173.1	129.5
饮食业	1.4	3.9	2.9	4.0	7.3	521.4	187.2	251.7	182.5
服务业	1.0	3.6	3.3	4.8	6.4	640.0	177.8	193.9	133.3
对外经济贸易和旅游									
海关进出口总额（亿美元）		370.3	496.2	525.1	684.6		184.9	138.0	130.4
进口额		267.8	376.5	399.0	516.1		192.7	137.1	129.4
出口额		102.5	119.7	126.1	168.5		164.4	140.8	133.6
地方企业进出口总额（亿美元）	21.5	53.1	116.5	140.4	189.3	880.5	356.5	162.5	134.8
进口额	10.3	30.4	70.2	81.4	115.6	1122.3	380.3	164.7	142.0
出口额	11.2	22.7	46.3	59.0	73.7	658.0	324.7	159.2	124.9
接待海外旅游人数（万人次）	100.1	206.9	282.1	310.4	185.1	184.9	89.5	65.6	59.6
旅游外汇收入（亿美元）	6.6	21.8	27.7	31.1	19.0	287.9	87.2	68.6	61.1
金融保险									
金融机构存款余额（亿元）		3527.2	9705.0	15276.0	20243.6		573.9	208.6	132.5
金融机构贷款余额（亿元）		1779.1	5944.6	9224.8	11853.1		666.2	199.4	128.5
城乡居民储蓄存款余额（亿元）	226.6	1254.0	2923.2	4389.7	5293.5	2336.1	422.1	181.1	120.6
城镇（亿元）	188.0	1111.5	2663.3	4073.1	4926.5	2620.5	443.2	185.0	121.0
农村（亿元）	38.6	142.5	259.9	316.6	367.0	950.8	257.5	141.2	115.9
保险费收入（亿元）	5.2	26.3	88.9	226.8	278.1	5348.1	1057.4	312.8	122.6

续表

项　　目	总量指标					速度指标（%）			
						指数（2003年比以下各年）			
	1990年	1995年	2000年	2002年	2003年	1990年	1995年	2000年	2002年
教育、文化、科技、卫生									
教育									
在校学生数（万人）	168.7	203.2	201.7	229.8	230.1				100.1
#研究生				9.8	12.0				122.4
普通高等学校本专科				39.9	45.1				113.0
中等专业学校	5.7	7.6	11.9	11.4	11.7	205.3	153.9	98.3	102.6
普通中学	40.9	62.8	69.1	73.1	70.4	172.1	112.1	101.9	96.3
小学	99.6	100.7	74.3	59.4	54.7	54.9	54.3	73.6	92.1
文化									
出版数量									
图书（万册张）	59372.0	83340.5	91006.0	121627.0	138209.0	232.8	165.8	151.9	113.6
杂志（万册）	58981.0	63848.1	79124.0	82291.0	81772.0	138.6	128.1	103.4	99.4
报纸（万份）	680000.0	729292.0	686740.0	710227.0	724451.0	106.5	99.3	105.5	102.0
公共图书馆藏书（万册）	2205.4	2629.0	3020.0	3248.2	3355.2	152.1	127.6	111.1	103.3
艺术剧团国内演出场次（场）	7527.0	6728.0	7610.0	9528.0	8797.0	116.9	130.8	115.6	92.3
科技									
专业技术人员（万人）	91.9	112.7	119.2	144.5	147.0	160.0	130.4	123.3	101.7
研究与发展经费支出（亿元）				219.5	230.8				105.1
卫生									
卫生机构病床数（万张）	5.9	6.7	7.1	7.5	7.4	125.4	110.4	104.2	98.8
卫生技术人员数（万人）	11.2	11.6	11.6	11.0	11.2	100.5	96.8	97.1	102.4
#执业医师（万人）	5.1	5.4	5.2	4.7	4.8	94.1	88.9	92.3	101.4
注册护师（士）（万人）	3.5	3.7	4.0	3.9	4.0	115.5	108.7	100.0	102.7
平均预期寿命（岁）	72.47	74.04	73.81	77.93	79.62				
#男性（岁）	70.86	72.08	71.87	76.08	78.10				
女性（岁）	74.20	76.11	75.88	79.78	81.14				
生活与环境									
婚姻									
结婚登记总数（万对）	9.3	8.5	8.0	7.6	9.4	101.1	110.5	117.6	122.8
离婚数（万对）	1.5	2.0	2.7	0.6	1.0	68.8	50.3	38.1	174.6
居住									
城市人均住房使用面积（平方米）	11.2	13.3	16.8	18.2	18.67	166.7	140.4	111.1	102.6
农村人均居住面积（平方米）	20.6	24.7	28.9	32.6	33.95	164.6	137.2	117.5	104.1
生活									
城市居民人均可支配收入（元）	1787.1	5868.4	10349.7	12463.9	13882.6	776.8	236.6	134.1	111.4

续表

项　　目	总量指标					速度指标（%）			
						指数（2003年比以下各年）			
	1990年	1995年	2000年	2002年	2003年	1990年	1995年	2000年	2002年
农村居民人均纯收入（元）	1297.1	3208.5	4687.0	5880.1	6496.3	500.8	202.5	138.6	110.5
工资									
工资总额（亿元）	118.9	382.0	695.5	950.9	1098.9			158.0	115.6
在岗职工平均工资（元）	2653	8144	15726	21852	25312			161.0	115.8
市政建设									
用电量（亿千瓦时）	150.5	222.6	331.8	384.2	414.8	275.6	186.3	125.0	108.0
自来水销售量（亿吨）	5.3	6.8	7.5	7.9	7.2	135.8	105.5	95.0	90.2
居民燃气用户（万户）	176.1	219.8	291.9	341.2	406.0	230.6	184.7	139.1	119.0
城市公共交通客运量（亿人次）	33.5	37.2	40.7	49.2	42.7	127.5	114.8	104.9	86.7
城市大型立交桥（座）	33	84	149	180	368	1115.2	438.1	247.0	204.4
环境									
城市绿化覆盖率（%）	28.0	32.7	36.5	40.6	40.9				
污水处理率（%）	7.3	19.4	39.4	45.0	50.1				
空气质量二级及好于二级的天数（天）			177	203	224			126.6	110.3

注：1. 地区生产总值绝对值按现价计算，发展速度按可比价格计算。

2. 从2001年开始，有关职工的指标调整为在岗职工的指标。

表1－2　地方财政收入

项　　目	绝对数（万元）		2003年为2002年%	构成（%）	
	2003年	2002年		2003年	2002年
总　计	**6659427**	**6009594**	**117.2**	**100.0**	**100.0**
一般预算财政收入	**5925388**	**5339900**	**118.2**	**89.0**	**88.9**
#增值税	752553	666884	112.8	11.3	11.1
营业税	2636946	2277893	115.8	39.6	37.9
个人所得税	572106	612931	116.7	8.6	10.2
城市维护建设税	288542	249114	115.8	4.3	4.1
固定资产投资方向调节税	631	2387	26.4	…	…
农牧业税和耕地占用税类	24104	18916	127.4	0.4	0.3
企业所得税	937007	1024446	117.8	14.1	17.0
国有资产经营收益	6992	8270	84.5	0.1	0.1
国有企业计划亏损补贴类	－510546	－516958	98.8	－7.7	－8.6
企业所得税退税		－24464	…	…	－0.4
罚没收入、行政性收费	283417	242614	116.8	4.3	4.0
基金预算收入合计	**734039**	**669694**	**109.6**	**11.0**	**11.1**

注：增速为可比增速。

表 1－3 地方财政支出

项目	绝对数（万元）		2003 年为 2002 年%	构成（%）	
	2003 年	2002 年		2003 年	2002 年
总 计	**8093859**	**6839751**	**118.3**	**100.0**	**100.0**
一般预算财政支出	**7348043**	**6283496**	**116.9**	**90.8**	**91.9**
# 基本建设支出	719875	643100	111.9	8.9	9.4
企业挖潜改造资金	458741	413647	110.9	5.7	6.0
科技三项费用	63736	63704	100.1	0.8	0.9
流动资金					
农林水支出	261821	234957	111.4	3.2	3.4
城市维护费	361534	332346	108.8	4.5	4.9
工业交通等部门的事业费	41309	29166	141.6	0.5	0.4
文体广播事业费	164145	141881	115.7	2.0	2.1
教育事业费	988222	858185	115.2	12.2	12.5
卫生经费	496358	379281	130.9	6.1	5.5
科学事业费	107629	87806	122.6	1.3	1.3
行政管理费	390900	352020	111.0	4.8	5.1
公检法司支出	562899	500775	112.4	7.0	7.3
抚恤和社会福利救济费	228318	179808	127.0	2.8	2.6
政策性补贴支出	44901	42057	106.8	0.6	0.6
基金支出合计	**745816**	**556255**	**134.1**	**9.2**	**8.1**

表 1－4 地区收入总值

项目	2003 年	2002 年	2003 年为 2002 年%	构成（%）	
				2003 年	2002 年
地区收入总值	**36639300**	**32134400**	**110.7**		
地区生产总值	**36631000**	**32127100**	**110.7**	**100.0**	**100.0**
第一产业	**956400**	**980500**	**103.3**	**2.6**	**3.1**
第二产业	**13118600**	**11165300**	**111.9**	**35.8**	**34.7**
工业	10320300	8741500	112.2	28.2	27.1
建筑业	2798300	2423800	110.7	7.6	7.6
第三产业	**22556000**	**19981300**	**110.3**	**61.6**	**62.2**
农林牧渔服务业	26600	21700	115.3	0.1	0.1
地质勘查业、水利管理业	59500	64200	92.6	0.2	0.2
交通运输、仓储及邮电通信业	2538000	2355600	107.4	6.9	7.3
批发和零售贸易、餐饮业	2796900	2563200	109.2	7.6	8.0
金融保险业	5373200	4694400	110.1	14.7	14.6
房地产业	1905500	1631200	112.1	5.2	5.1
社会服务业	3654000	3226000	108.1	10.0	10.0
卫生、体育、社会福利业	631000	554500	111.8	1.7	1.7
教育、文艺广播电影电视业	2426600	2121600	114.4	6.6	6.6
科学研究和综合技术服务业	1977300	1710000	113.5	5.4	5.3
国家机关、政党机关和社会团体	965200	842600	112.4	2.6	2.6
其他行业	202200	196300	101.1	0.6	0.6
国外（地区）净要素收入	**8300**	**7300**	**108.6**		
人均地区生产总值（元）	**32061**	**28449**	**109.4**		

注：按国民经济行业分类（GB/T 4754－94）核算。

表 1-5 地区生产总值项目构成（一） 单位：万元

项　目	增加值	劳动者报酬	生产税净额	固定资产折旧	营业盈余
地区生产总值	**36631000**	**15088700**	**4423500**	**5730800**	**11388000**
第一产业	**956400**	**557300**	**4900**	**65100**	**329100**
第二产业	**13118600**	**5412400**	**2469300**	**2096000**	**3140900**
工业	10320300	3754200	1903400	1869300	2793400
建筑业	2798300	1658200	565900	226700	347500
第三产业	**22556000**	**9119000**	**1949300**	**3569700**	**7918000**
农林牧渔服务业	26600	20500	100	9200	-3200
地质勘查业、水利管理业	59500	41100	5300	23400	-10300
交通运输、仓储及邮电通信业	2538000	634000	126200	987100	790700
批发和零售贸易、餐饮业	2796900	1095700	198600	230400	1272200
金融保险业	5373200	515800	349600	204400	4303400
房地产业	1905500	522700	481600	750200	151000
社会服务业	3654000	1964200	330200	552700	806900
卫生、体育、社会福利业	631000	532700	4300	83100	10900
教育、文艺广播电影电视业	2426600	1729400	158900	296300	242000
科学研究和综合技术服务业	1977300	1198100	224800	207200	347200
国家机关、政党机关和社会团体	965200	757000	27100	182000	-900
其他行业	202200	107800	42600	43700	8100

注：按国民经济行业分类（GB/T 4754-94）核算。

表 1-6 地区生产总值项目构成（二） 单位：万元

项　目	增加值	劳动者报酬	生产税净额	固定资产折旧	营业盈余
地区生产总值	**36631000**	**15088700**	**4423500**	**5730800**	**11388000**
第一产业	**983000**	**577800**	**5000**	**74300**	**325900**
第二产业	**13118600**	**5412400**	**2469300**	**2096000**	**3140900**
工业	10320300	3754200	1903400	1869300	2793400
建筑业	2798300	1658200	565900	226700	347500
第三产业	**22529400**	**9098500**	**1949200**	**3560500**	**7921200**
交通运输、仓储和邮政业	1329900	777500	29300	524100	-1000
信息传输、计算机服务和软件业	2854400	807800	262100	704100	1080400
批发和零售业	2488600	901500	155200	192000	1239900
住宿和餐饮业	697300	452100	105300	198600	-58700
金融业	5373200	515800	349600	204400	4303400
房地产业	1905500	522700	481600	750200	151000
租赁和商务服务业	1264500	584500	191300	128600	360100
科学研究、技术服务和地质勘察业	2001100	1234200	230600	214400	321900
水利、环境和公共设施管理业	247200	213500	-61800	54200	41300
居民服务和其他服务业	384500	69900	22900	23800	267900
教育	1518900	1305000	12400	184400	17100
卫生、社会保障和社会福利业	587900	511700	1600	76500	-1900
文化、体育和娱乐业	911200	445300	142000	123200	200700
公共管理和社会组织	965200	757000	27100	182000	-900

表 1－7 全社会固定资产投资额 单位：亿元

项目	2003年			2002年		
	合计	#国有	#集体	合计	#国有	#集体
全社会固定资产投资额	**2157.1**	**745.1**	**62.4**	**1814.3**	**771.5**	**53.9**
#地方	1900.7	517.3	62.4	1581.8	551.8	53.4
在固定资产投资中						
基本建设投资	514.7	365.9		414.7	316.9	
中央	160.5	147		154.0	152.2	
地方	354.2	218.9		260.7	164.7	
更新改造投资	216.2	128.4		169.6	110.5	
中央	68.4	67		53.6	51.5	
地方	147.8	61.4		116.0	59.0	
国有其他	56	56		107.9	107.9	
城镇集体	7.2		7.2	6.6		6.6
房地产开发	1202.5	178.8	27.4	989.4	227.4	25.3
#地方	1177.1	170.6	27.4	967.2	213.7	25.3
零星固定资产建造及购置	12.5	10.4	2.1	11.5	8.8	2.7
中央	2.1	2.1		2.7	2.3	0.4
地方	10.4	8.3	2.1	8.8	6.5	2.3
城镇私营、个体投资	15.9			11.9		
城镇私人建房投资				0.2		

表 1－8 产业投资及比重

项目	投资额（万元）		比重（%）	
	2003年	2002年	2003年	2002年
总计	**7974344**	**6988352**	**100.0**	**100.0**
第一产业	22571	19581	0.3	0.3
第二产业	1785275	1553588	22.4	22.2
第三产业	6166498	5415183	77.3	77.5

注：本表不含房地产开发投资。

表1-9 全市固定资产投资额

单位：万元

项目	2003年			2002年		
	合计	#基本建设	#更新改造	合计	#基本建设	#更新改造
投资额	**7974344**	**5147017**	**2162741**	**6988352**	**4146951**	**1696309**
按构成分						
建筑安装工程	4170277	3106804	703496	3922460	2795576	485299
设备工器具购置	1716279	527300	1152660	1417590	428526	957024
其他	2087788	1512913	306585	1648302	922849	253986
按用途分						
农林牧渔业用	22049	22049		12903	12801	102
工业、建筑业用	1660403	685366	925572	1411748	786933	598218
商业、运输邮电业用	2148885	730630	859744	2112886	321887	708847
住宅	597101	560285	9514	478541	442725	25805
其他	3545906	3148687	367911	2972274	2582605	363337
更新改造投资按用途分						
增产	229092		229092	147340		147340
节约能源	12403		12403	9014		9014
其他节约	2710		2710	583		583
增加品种	73321		73321	52880		52880
提高产品质量	22276		22276	56613		56613
三废治理	217968		217968	131317		131317
其他	1604971		1604971	1298562		1298562
按建设性质分						
新建	2652504	2096297	41848	2561497	1470922	9773
改建和扩建	4815894	2842647	1844937	3875903	2498431	1330925
单纯建造生活设施	175775	155706	9989	150793	134129	11479
迁建和恢复	203590	40019	152288	221197		170849
单纯购置设备	126581	12348	113679	178962	5319	173283
按建设项目规模分						
基本建设大中型项目	557964	557964		378641	378641	
基本建设小型项目	4576705	4576705		3762991	3762991	
更新改造限额以上项目	1854428		1854428	969878		969878
更新改造限额以下项目	194188		194188	553148		553148
其他	791059	12348	114125	1323694	5319	173283
按企业登记注册类型分						
内资企业	7067107	4820412	1582109	6419738	3925359	1349287
国有企业	5501273	3658843	1283727	5353037	3169144	1104548
集体企业	71612			65747		
联营企业	9705	9698	7	2601	2230	371
股份合作企业	23186	21386	1800	17383	12127	5256
股份有限公司	439652	287847	150854	443394	272202	171192
有限责任公司	920788	775229	145559	454560	387914	66646
其他企业	100891	67409	162	83016	81742	1274
港澳台商投资企业	129867	122060	7807	355178	63990	291188
港澳台合资经营	64818	63752	1066	31742	22332	9410
港澳台合作经营	20285	20285		5235	5063	172
港澳台商独资企业	17788	17363	425	10452	10090	362
港澳台商投资股份有限公司	26976	20660	6316	307749	26505	281244
外商投资企业	777370	204545	572825	213436	157602	55834
中外合资经营	338835	49308	289527	82351	38469	43882
中外合作经营	15500	15500		29791	28904	887
外资（独资）企业	108584	94304	14280	100494	90229	10265
外商投资股份有限公司	314451	45433	269018	800		800

注：本表及以下各表包括基本建设、更新改造和其他投资，不含房地产开发投资。

表 1-10 各种物价总指数

单位：%

项目	1978=100	1980=100	1985=100	1990=100	2000=100	2002=100
居民消费价格指数	631.9	585.4	470.0	272.4	101.4	100.2
商品零售价格指数	444.4	408.8	324.8	186.2	95.5	98.2
农副产品收购价格指数	405.3	350.9	257.3	153.0	96.5	102.4
农业生产资料价格指数	371.4	370.3	328.6	198.1	101.6	98.5
工业品出厂价格指数					97.4	101.5
原材料、燃料、动力购进价格指数					102.2	104.7
固定资产投资价格指数					103.2	102.2
建筑安装工程价格指数	518.9	371.2	300.0	110.6	107.1	104.3

表 1-11 居民消费价格指数

单位：%

项目	1978=100	1980=100	1985=100	1990=100	2000=100	2002=100
总指数	**631.9**	**585.4**	**470.0**	**272.4**	**101.4**	**100.2**
服务项目	2526.2	2519.9	2242.9	1084.8	116.0	100.7
食品类	664.7	601.9	425.2	241.0	102.7	103.2
#粮食	596.6	596.6	573.6	404.3	92.8	99.1
油脂类	482.2	482.2	412.1	189.3	94.6	114.1
肉禽及其制品	640.1	518.1	381.0	222.3	102.4	100.9
水产品	1502.7	1067.5	425.8	167.7	95.0	102.5
菜类	1382.5	1223.0	634.4	336.5	120.2	139.8
#鲜菜	1497.6	1310.8	618.5	325.8	123.4	145.4
干菜及菜制品	495.9	477.7	415.7	229.6	96.4	99.7
调味品	728.5	750.0	682.3	369.5	105.4	100.3
干鲜瓜果类	670.0	626.1	344.0	171.8	105.9	109.0
烟酒及用品	383.1	383.1	268.4	175.0	102.3	100.2
衣着类	354.5	362.6	383.3	216.9	93.5	97.1
#服装	366.1	377.8	417.7	221.4	93.2	98.3
衣着材料	249.4	250.3	283.4	176.3	95.4	99.0
鞋袜帽	388.3	394.0	370.5	230.2	92.9	93.3
家庭设备用品及维修服务	271.2	269.7	252.5	142.1	91.9	97.7
医疗保健和个人用品	628.6	578.0	469.9	256.3	99.0	100.1
交通和通讯	126.3	126.3	142.4	106.5	98.1	97.8
娱乐教育文化用品及服务	227.8	221.8	215.7	117.3	108.4	98.3
居住	552.6	743.0	712.7	544.5	107.9	101.6
#房租	1456.2	2300.6	2282.8	2282.8	116.7	100.0
水电燃料	593.1	593.1	524.1	489.2	130.1	109.2

表 1－12　社会消费品零售额　　　　单位：万元

项　　目	2003 年	2002 年	2003 年为 2002 年%
总　　计	**19167161**	**16733428**	**114.5**
按用途分			
吃的商品	4977096	4664833	106.7
穿的商品	2105681	1883869	111.8
用的商品	11318605	9516315	118.9
烧的商品	765779	668411	114.6
按地区分			
城镇零售额	16245515	14143064	114.9
农村零售额	2921646	2590364	112.8
按行业分			
批发零售贸易业	16112226	13664007	117.9
餐饮业	1214396	1124396	108.0
其他	1840539	1945025	94.6
在总计中：限额以上批发零售贸易业	**10055157**	**9044022**	**111.2**
按登记注册类型分			
内资企业	9260292	8347689	110.9
# 国有企业	2429082	2634294	92.2
集体企业	633065	482920	131.1
股份有限公司	1592173	1324079	120.2
港澳台商投资企业	215604	198522	108.6
外商投资企业	579261	497811	116.4

注：自 2003 年起社会消费品零售额中不再包括制造业及农民对非农民的销售情况（同期数已作调整）。

表 1－13　海关进出口贸易总额（一、按登记注册类型分）

项　　目	金额（万美元）		2003 年为 2002 年%	构成（%）	
	2003 年	2002 年		2003 年	2002 年
进出口总额	**6846262**	**5250870**	**130.4**	**100.0**	**100.0**
出口总额	1685173	1261464	133.6	24.6	24.0
进口总额	5161089	3989406	129.4	75.4	76.0
进出口总额（地方）	**1893214**	**1404171**	**134.8**	**100.0**	**100.0**
出口总额	736595	589901	124.9	38.9	42.0
进口总额	1156619	814270	142.0	61.1	58.0
地方出口按登记注册类型分					
内资企业	223558	188196	118.8	30.4	31.9
国有企业	197833	175176	112.9	26.9	29.7
集体企业	8305	7761	107.0	1.1	1.3
其他	17420	5259	331.2	2.4	0.9
外商投资企业	513037	401705	127.7	69.6	68.1
中外合资	362874	318115	114.1	49.2	53.9

续表

项　　目	金额（万美元）		2003 年为 2002 年%	构成（%）	
	2003 年	2002 年		2003 年	2002 年
中外合作	7424	5916	125.5	1.0	1.0
外商独资	142739	77674	183.8	19.4	13.2
外商投资股份有限公司					
地方出口按登记注册类型分					
内资企业	487734	338692	144.0	42.2	41.6
国有企业	442425	321082	137.8	38.3	39.4
集体企业	6895	2509	274.8	0.6	0.3
其他	38414	15101	254.4	3.3	1.9
外商投资企业	668885	475578	140.6	57.8	58.4
中外合资	444338	372768	119.2	38.4	45.8
中外合作	12116	15127	80.1	1.0	1.9
外商独资	212431	87683	242.3	18.4	10.7

表 1－14　海关进出口贸易总额（二、按国别、地区分）

项　　目	金额（万美元）		2003 年为 2002 年%	构成（%）	
	2003 年	2002 年		2003 年	2002 年
地方出口按国别（地区）分	**736595**	**589901**	**124.9**	**100.0**	**100.0**
# 中国香港	81736	80217	101.9	11.1	13.6
中国澳门	176	547	32.2	0.0	0.1
日　本	132005	109243	120.8	17.9	18.5
新加坡	11593	6225	186.2	1.6	1.1
英　国	10049	8931	112.5	1.4	1.5
德　国	56594	44798	126.3	7.7	7.6
法　国	8497	4726	179.8	1.2	0.8
意大利	8737	8266	105.7	1.2	1.4
瑞　士	1474	972	151.7	0.2	0.2
波　兰	1952	825	236.6	0.3	0.1
俄罗斯联邦	9259	7086	130.7	1.3	1.2
埃　及	1488	1398	106.4	0.2	0.2
加拿大	8493	7243	117.3	1.2	1.2
美　国	106531	101696	104.8	14.5	17.2
澳大利亚	10839	8569	126.5	1.5	1.5
地方进口按国别（地区）分	**1156619**	**814270**	**142.0**	**100.0**	**100.0**
# 中国香港	81222	87714	92.6	7.0	10.8
日　本	204921	172203	119.0	17.7	21.1
新加坡	28940	17810	162.5	2.5	2.2
英　国	20434	16114	126.8	1.8	2.0
德　国	87020	51424	169.2	7.5	6.3

续表

项　　目	金额（万美元）		2003年为2002年%	构成（%）	
	2003年	2002年		2003年	2002年
法　国	18806	15229	123.5	1.6	1.9
意大利	20020	13298	150.5	1.7	1.6
瑞　士	14395	7562	190.4	1.2	0.9
比利时	8358	5200	160.7	0.7	0.6
俄罗斯联邦	7644	1433	533.5	0.7	0.2
加拿大	8653	9305	93.0	0.7	1.1
美　国	121540	103531	117.4	10.5	12.7
澳大利亚	27226	19982	136.3	2.4	2.5

表1－15　海关进出口商品类别及构成（地方企业）

项　　目	金额（万美元）		构成（%）	
	2003年	2002年	2003年	2002年
出口总额	**736595**	**589901**	**100.0**	**100.0**
初级产品	62602	48495	8.5	8.2
食品及主要供食用的活动物	44871	34885	6.1	5.9
饮料及烟草	664	846	0.1	0.1
非食用原料（燃料除外）	9066	7630	1.2	1.3
矿物燃料、润滑油及有关原料	7959	5079	1.1	0.9
动植物油、脂及蜡	42	55	…	…
工业制成品	669419	537388	90.9	91.1
化学品及有关产品	24018	25516	3.3	4.3
按原料分类的制成品	57636	51950	7.8	8.8
机械及运输设备	434475	331437	59.0	56.2
杂项制品	153290	128485	20.8	21.8
未分类商品	4574	4018	0.6	0.7
进口总额	**1156619**	**814270**	**100.0**	**100.0**
初级产品	106727	57582	9.2	7.1
食品及主要供食用的活动物	26112	21090	2.3	2.6
饮料及烟草	1854	1539	0.2	0.2
非食用原料（燃料除外）	61021	31873	5.3	3.9
矿物燃料、润滑油及有关原料	7787	1945	0.7	0.3
动植物油、脂及蜡	9953	1135	0.7	0.1
工业制成品	1048222	755798	90.6	92.8
化学品及有关产品	72752	52776	6.3	6.5
按原料分类的制成品	112390	66095	9.7	8.1
机械及运输设备	747200	568452	64.6	69.8
杂项制品	115880	68475	10.0	8.4
未分类商品	1670	890	0.2	0.1

表 1-16 外商投资企业签约情况

项目	项目数（个）		合同总金额（万美元）		#合同外资金额	
	2003 年	2002 年	2003 年	2002 年	2003 年	2002 年
合计	**1360**	**1370**	**779632**	**601244**	**327132**	**280823**
按登记注册类型分						
合资经营	482	504	378084	262138	115297	78089
合作经营	73	111	159505	116210	51782	41239
独资经营	801	754	207497	205406	152105	153757
其他	4	1	34546	17490	7948	7738
按三次产业分						
第一产业	18	33	8429	11011	5684	8547
第二产业	495	553	180281	226938	90470	100243
第三产业	847	784	590922	363295	230978	172033
按行业分						
农、林、牧、渔业	18		8429		5684	
制造业	494		180235		90507	
建筑业	21		8369		4306	
信息传输、计算机服务和软件业	278		68261		42691	
批发和零售业	17		35379		8057	
住宿和餐饮业	40		2289		1217	
房地产业	45		140326		37478	
租赁和商务服务业	330		120759		86107	
其他行业	117		215585		51085	
按客商国别（地区）分						
#日本	89	95			39272	18273
美国	244	217			23440	20433
中国香港	280	308			74403	61128
澳大利亚	37	26			2002	1527
法国	19	13			2531	4115
新加坡	64	66			8268	15153
加拿大	57	59			3135	2014
德国	32	30			6444	15819
西班牙	2	5			1163	294
中国台湾	51	98			4264	2255
瑞典	1	6			1218	3623
泰国	3	4			846	-455
比利时	6	3			1589	180
丹麦	4	2			375	30
韩国	175	185			26785	28792
俄罗斯	6	7			28	72

注：以上统计表选自《北京统计年鉴（2004）》。

（二）金融业务综合统计

表 2－1　北京市金融机构（含外资）本外币信贷收支统计　　单位：万元

资金来源项目	本期余额		比年初增减	
	2003 年	2002 年	2003 年	2002 年
一、各项存款	204759796	174383660	30378371	33246589
（一）企事业单位存款	108875535	93835232	15039587	18898892
1. 活期存款	60232539	52267547	8157260	7304283
2. 定期存款	48642996	41567685	6882328	11594609
（二）储蓄存款	64413910	55595242	8820213	9604714
1. 活期储蓄	20795378	16754086	4042805	4374962
2. 定期储蓄	43618532	38841156	4777408	5229752
（三）信托存款	25421	26236	－815	－20959
（四）委托存款	－35309	－40094	8134	84013
（五）其他存款	31480240	24967044	6511252	4679928
二、所有者权益	3074882	2906613	178649	130882
其中：实收资本	889013	800642	88372	167458
当年结益	2039747	1830493	2040632	1818799
三、其他	－79225925	－71127884	－7118589	－13913502
资金来源总计	128608754	106162390	23438431	19463970

资金运用项目	本期余额		比年初增减	
	2003 年	2002 年	2003 年	2002 年
一、各项贷款	120577117	97043226	23749080	17965558
（一）短期贷款	45803070	38013680	8003564	3321748
（二）中长期贷款	63520138	50269090	13249637	9717658
（三）信托贷款	124078	113026	11135	－78704
（四）委托贷款	24413	29542	－1780	－2539
（五）其他贷款	1770072	889563	880508	494795
（六）票据融资	9172652	7495466	1676178	4495778
（七）各项垫款	162695	232858	－70163	16821
二、有价证券及投资	8031637	9119164	－310649	1498412
资金运用总计	128608754	106162390	23438431	19463970

表 2-2　北京市中资金融机构本外币信贷收支统计　　　　单位：万元

资金来源项目	本期余额		比年初增减	
	2003 年	2002 年	2003 年	2002 年
一、各项存款	203981584	173698911	30284908	33167876
（一）企事业单位存款	108342174	93279812	15061646	18859615
1. 活期存款	59999278	52039057	8152488	7211591
2. 定期存款	48342896	41240754	6909158	11648024
（二）储蓄存款	64328969	55552093	8776503	9576810
1. 活期储蓄	20771284	16738032	4033100	4367878
2. 定期储蓄	43557685	38814062	4743403	5208932
（三）信托存款	25421	26236	-815	-20959
（四）委托存款	-35309	-40094	8134	84013
（五）其他存款	31320330	24880864	6439440	4668397
二、所有者权益	2754507	2652037	112860	55871
其中：实收资本	563363	535084	28280	91536
当年结益	2031711	1824929	2031620	1823671
三、其他	-79864800	-71205766	-7679591	-13883828
资金来源总计	126871291	105145182	22718177	19339920

资金运用项目	本期余额		比年初增减	
	2003 年	2002 年	2003 年	2002 年
一、各项贷款	118843783	96026018	23032954	17841508
（一）短期贷款	45102516	37608595	7708097	3327806
（二）中长期贷款	62810298	49850258	12958630	9740195
（三）信托贷款	124078	113026	11135	-78704
（四）委托贷款	24413	29542	-1780	-2539
（五）其他贷款	1616688	745648	871040	362289
（六）票据融资	9003095	7446092	1555995	4475640
（七）各项垫款	162695	232858	-70163	16821
二、有价证券及投资	8027509	9119164	-314777	1498412
资金运用总计	126871291	105145182	22718177	19339920

表 2-3 北京市金融机构人民币信贷收支统计　　单位：万元

资金来源项目	2003 年		2002 年	
	余额	比年初	余额	比年初
一、各项存款	183219128	29294393	153926730	31613081
（一）企业存款	99864057	14236511	85627542	18579111
1. 活期存款	58079765	7681905	50590641	7246879
2. 定期存款	41784292	6554606	35036901	11332232
（二）财政存款	1631149	371140	1260008	204540
（三）机关团体存款	6532725	524376	6008349	1015129
（四）储蓄存款	52935333	9038434	43896899	8533709
1. 活期储蓄	18804989	3666218	15138801	3818793
2. 定期储蓄	34130344	5372216	28758098	4714916
（五）农业存款	4299332	840949	3458383	473182
（六）信托存款	25421	-815	26236	-101
（七）委托存款	-35243	8270	-41513	84793
（八）其他存款	17966354	4275528	13690826	2722718
二、金融债券	-4175981	-1365872	-2033228	-203574
三、应付及暂收款	2773025	687192	2095562	-122181
其中：应付及预收利息	1059395	217910	842447	114039
四、同业往来	3431972	-256818	3860477	-1534897
五、流通中货币				
六、各项准备	808774	131850	676784	171189
其中：贷款损失准备	799712	128967		
七、所有者权益	2415282	-79645	2307934	-15515
其中：实收资本	527823	62219	465604	92674
当年结益	1983408	1983408	1775003	1775003
八、其他	-62741254	-7384998	-55322899	-12132467
资金来源总计	125730946	21026102	105511360	17775636

续表

资金运用项目	2003年		2002年	
	余额	比年初	余额	比年初
一、各项贷款	113432823	21317384	92307806	17243544
（一）短期贷款	43502848	7298165	36397459	3678664
1.工业贷款	12345972	1651046	10695594	-687910
2.商业贷款	7824318	1089307	6739769	-62214
其中：农副产品贷款	604826	-6553	611379	-114692
3.建筑业贷款	3941399	403927	3538982	1061943
4.农业贷款	766798	11823	754975	-39444
5.乡镇企业贷款	2778071	321545	2460410	214522
6.三资企业贷款	1121404	-238698	1358992	-70652
7.私营企业及个体贷款	947841	350985	596960	51609
8.其他短期贷款	13777045	3708230	10251777	3210810
其中：个人短期消费贷款	234992	-135966	371033	117063
（二）中期流动资金贷款	5590374	559533	5056934	1185158
（三）中长期贷款	54971072	11643857	43299712	8197709
1.基本建设贷款	26179099	4395782	21779717	2534279
2.技术改造贷款	2453880	-456366	2909987	-117551
3.其他中长期贷款	26338093	7704441	18610008	5780981
其中：个人中长期消费贷款	16227634	4976136	11251499	4192787
（四）信托贷款	101425	46423	55002	-22144
（五）融资租赁	4970	-362	5332	-1861
（六）委托贷款	24413	-1780	28193	-1736
（七）票据融资	9203624	1786430	7416195	4260978
其中：贴现	9202624	1786430	7416195	4260978
（八）各项垫款	34097	-14882	48979	-53224
二、有价证券及投资	7606333	-392823	8776034	1335624
三、应收及暂付款	1153276	-151082	1304204	-860803
其中：应收利息	106428	-74082	180510	-153460
四、同业往来	612118	272527	173900	28332
五、人行对资产管理公司再贷款				
六、委托投资	61436		61436	-4109
七、金银占款	2651	865	1786	-156828
八、外汇占款	123193	-82260	208532	45634
九、固定资产	2093135	43029	2050138	-2524
十、库存现金	645981	18462	627524	146766
十一、财政借款				
资金运用总计	125730946	21026102	105511360	17775636

表 2－4 北京市金融机构外汇信贷收支统计　　单位：万美元

资金来源项目	2003 年		2002 年	
	余额	比年初	余额	比年初
一、各项存款	2508617	119751	2388731	187703
（一）单位活期存款	231918	56869	174986	－4274
其中：中资企业存款	118269	18726	99539	1295
外商投资企业存款	61257	21702	39555	761
（二）单位定期存款	792418	42892	749502	38109
其中：中资企业存款	628906	45722	583182	27128
外商投资企业存款	44304	－12546	56850	－11760
（三）储蓄存款	1376592	－31545	1408091	125942
其中：定期存款	1139022	－75886	1214885	59613
（四）信托存款				－2520
（五）委托存款	66	－114	180	－97
（六）其他类存款	105863	50945	54915	31032
（七）境外存款	1761	704	1057	－489
二、境外筹资	3832	－6433	10265	－2324
三、向中央银行借款				
四、中央银行存款				
五、同业存放	24707	－7183	31891	－1789
其中：境外同业存放	288	－972	1260	－11561
六、应付及暂收款	101334	38601	62734	－69825
其中：应付及预提利息	14647	－7962	22610	－17705
七、同业拆入	333	－223	556	－222
其中：境外同业拆入	333	－223	556	－222
八、外汇买卖	15246	－10395	26007	5702
其中：结售汇	－1464	－6524	5058	5703
九、境外联行存放				
十、证券业务款项				
十一、各项准备	5579	－2284	7863	2459
其中：贷款呆账准备	5579	－2284		
十二、所有者权益	13076	－4650	17359	－15591
其中：实收资本	7610	－4100	11710	－138
当年结益	5836	5825	6032	5880
十三、其他	－1770809	122587	－1890705	8570
资金来源总计	901915	249772	654701	114683

续表

资金运用项目	2003年		2002年	
	余额	比年初	余额	比年初
一、各项贷款	688342	241726	449211	49487
（一）短期贷款	193274	49539	146320	-42399
1.境内短期贷款	193274	49539	146320	-42399
其中：中资企业贷款	164699	57821	106877	-38712
外商投资企业贷款	15255	-5652	20907	-4167
2.境外短期贷款				
（二）中长期贷款	271709	91262	180447	43161
1.境内中长期贷款	260913	88802	172111	39396
其中：中资企业贷款	179126	64331	114795	47208
外商投资企业贷款	8831	-3617	12448	-5400
2.境外中长期贷款	10796	2460	8336	3766
（三）进出口贸易融资	172829	107230	65599	50383
（四）票据融资	10290	6672	3617	3203
其中：贴现	673	-2447	3120	3120
（五）融资租赁				-356
（六）信托贷款	2737	-4263	7010	-6834
（七）委托贷款	1218	933	1503	1173
（八）各项垫款	66	-97	163	-97
（九）境外筹资转贷款	15537	-6678	22215	8461
二、有价证券及投资	21901	-1940	23841	-6036
三、应收及预付款	50887	9433	41454	19666
其中：应收及预付利息	44350	9633	34718	20695
四、存放中央银行	54246	-7771	62015	-6393
其中：缴存准备金	1546	-7314	8861	-5088
五、存放同业	8084	-199	8282	-734
其中：存放境外同业	515	477	38	-4303
六、拆放同业	62289	22057	40232	27499
其中：拆放境外同业	16190	-11575	27765	15090
七、存放境外联行	5517	-15089	20606	16207
八、证券业务占款	5517	-11189	16706	12307
九、库存现金	6082	-3646	9728	8245
	26468	3261	23172	706
资金运用总计	901915	249772	654701	114683

表 2-5 北京地区金融机构人民币存贷款情况　　单位：万元

项目	1999 年	2000 年	2001 年	2002 年	2003 年
地区金融机构存款总计	82671615	97049590	121314687	152760305	181672732
（一）银行各项存款	78223288	91898097	115332949	145912679	173316302
1. 国家银行	61504241	69532948	83683677	100785103	114899442
其中：政策性银行	34477	243094	288176	288571	439279
2. 交通银行	2461967	3158967	4479154	5562527	7962602
3. 其他商业银行	14257080	19206182	27170118	39565049	50454258
（二）城市信用社					
（三）农村信用社	4197648	4921359	5881160	6750744	8265655
（四）地方级信托机构	238455	212166	82136	79611	75524
（五）地方级财务公司	12224	17968	18442	17271	15251
※城乡储蓄存款	26806646	29232063	35363232	43896899	52935333
其中：城镇储蓄存款	24290306	26632980	32538708	40730632	49264668
附一：中央级信托机构存款	4184306	2855693	2000608	1671645	994962
附二：中央级财务公司存款	8414821	12063029	21680738	26750523	32644962
地区金融机构贷款总计	40077590	59446110	72029099	92248165	112834246
（一）银行各项贷款	37612522	56667403	68844214	88528426	107422250
1. 国家银行	28831380	42940621	50709979	62017637	70811654
其中：政策性银行	973573	12394993	13874667	3628413	20816084
2. 交通银行	1568426	2078151	2314326	2735394	4187733
3. 其他商业银行	7212716	11648631	15819909	23775395	32422863
（二）城市信用社					
（三）农村信用社	2166522	2524679	3059343	3612564	5273981
（四）地方级信托机构	268476	226773	97681	86107	119836
（五）地方级财务公司	30070	27255	27861	21068	18179
附三：中央级信托机构贷款	4187861	3008210	2624209	2363348	1732756
附四：中央级财务公司贷款	6713589	9197224	14918654	16945138	19786958

表 2－6 北京市银行人民币存贷款情况（全市） 单位：万元

项目	1999 年	2000 年	2001 年	2002 年	2003 年
存款总计	78223288	91898097	115332950	145912679	173316300
一、企业存款	44475637	54252792	66979805	85221491	99322029
（一）活期存款	30506397	38645016	43268645	50575791	58066934
1. 工业存款	6081437	6832556	7006256	6335872	7000886
2. 商业存款	4027515	5140037	6418940	7413862	9114843
3. 建筑企业存款	2792950	3548325	2775973	3780200	3397331
4. 城镇集体企业存款	2675559	3381264	3731902	2513937	2703242
5. 乡镇企业存款	398540	456857	481461	553563	647732
6. 三资企业存款	1114947	1540015	1058384	1134582	1489077
7. 私营企业及个体户存款	546906	747155	1206231	1522120	1870741
8. 其他企业存款	12868543	16998807	20589498	27321655	31843082
（二）单位定期存款	13969240	15607776	23711160	34645700	41255095
二、城镇储蓄存款	24290306	26632980	32538708	40730632	49264668
其中：定期储蓄	18436139	18788261	21789387	26347061	31460104
三、农业存款	271969	304646	246594	280976	254539
四、其他存款	9185376	10707679	15567843	19679580	24475064
贷款总计	37612522	56667402	69044361	88588027	107989344
一、短期贷款	25601364	32138281	29897095	33244769	39794905
（一）工业贷款	9917578	10382307	10812005	10695594	12345972
（二）商业贷款	6722679	6546045	6716517	6739769	7824318
（三）建筑业贷款	1967942	2217508	2493052	3538982	3941399
（四）农业贷款	505578	368199	381178	336689	342006
（五）个体工商业贷款	178073	351104	545601	596960	947841
（六）乡镇企业贷款	285080	232109	248062	259232	277576
（七）三资企业贷款	2020192	2382786	2165472	1358992	1121404
（八）其他类短期贷款	4004242	9658223	6535208	9718551	12994389
二、中长期贷款	8229492	21569860	32435549	42971190	54579092
（一）技术改造贷款	4533975	4794528	4880173	2909987	26179099
（二）基本建设贷款	3195413	15495466	17308046	21779717	2453880
（三）其他中长期贷款	500104	1279866	10247330	18281486	25946113
三、其他类贷款	1918342	2959261	6711717	12372068	13615347
四、代理金融机构贷款	1863324				

表 2－7 北京地区金融机构外汇存贷款情况 单位：万美元

项目	1999 年	2000 年	2001 年	2002 年	2003 年
地区金融机构存款总计	1628170	2056206	2197607	2388715	2508617
（一）银行各项存款	1620337	2049486	2194749	2388474	2508473
1. 国家银行	1193874	1509080	1621494	1734167	1705026
2. 其他商业银行	426463	540406	573255	654307	803447
（二）地方级信托机构存款	7755	6642	2780	163	66
（三）地方级财务公司存款	78	78	78	78	78
地区金融机构贷款总计	401398	340025	373838	449212	685540
（一）银行各项贷款	370526	313885	361954	441289	685540
1. 国家银行	230968	184185	195574	229884	354853
2. 其他商业银行	139558	129700	166380	211405	330687
（二）地方级信托机构贷款	30122	25390	11134	7173	2803
（三）地方级财务公司贷款	750	750	750	750	

表 2－8 北京市银行外汇存贷款情况 单位：万美元

项目	1999 年	2000 年	2001 年	2002 年	2003 年
一、各项外汇存款	1620337	2049486	2194749	2388474	2508473
（一）境内外汇存款	1618330	2047839	2193203	2387417	2506712
1. 企业存款	689247	870988	893429	924411	1024258
2. 储蓄存款	889772	1124427	1282753	1408091	1376592
其中：定期	39311	1042963	1155292	1214884	1139022
3. 其他存款	39311	52424	17021	54915	105862
（二）境外存款	2007	1647	1546	1057	1761
二、各项外汇贷款	370526	313885	361954	441289	685540
（一）短期外汇贷款	185722	141732	170425	145570	193274
其中：外商投资企业	46298	33553	25776	20907	24086
（二）中长期外汇贷款	122701	102488	136050	180447	271709
（三）其他贷款	62103	69665	55479	115272	220557

表 2－9 北京市城乡居民人民币储蓄存款余额

项目	绝对数（万元）		2003 年为 2002 年%	构成（%）	
	2003 年	2002 年		2003 年	2002 年
年末储蓄存款余额	52935333	43896899	120.6	100	100
其中：定期	34130344	28758098	118.7	64.5	65.5
活期	18804989	15138801	124.2	35.5	34.5
城镇居民存款	50264668	40730632	123.4	95.0	92.8
农民存款	2670665	3166267	84.3	5.0	7.2

表 2－10 北京市金融机构现金收支统计 单位：万元

项　目	1999 年	2000 年	2001 年	2002 年	2003 年
现金收入合计	72537463	88646211	105779238	121939313	14793995
商品销售收入	11145891	13408514	14946160	17889398	2185634
服务业收入	5276897	6504105	7403024	7572973	820542
税款收入	110820	115470	160128	163337	22250
城乡个体经营收入	1128639	1303671	1057821	1179183	215678
储蓄存款收入	47542972	57294199	69514750	81991967	10158060
其他金融机构收入	755431	715103	621001	653951	56326
汇兑收入	2171475	3167595	3337304	3185133	240527
有价证券收入	1308777	1910427	1948710	739124	41440
其他收入	3096561	4227127	6790340	8564247	1053538
其中：兑换外币收入	123242	155424	128463	97992	17317
现金支出合计	72137812	86974453	104596984	121117469	15203924
工资性支出	8299772	8499925	8579940	9257838	1283538
农副产品采购支出	646585	719900	756477	1027653	149889
工矿及其他产品采购支出	639860	554794	691338	844109	159129
行政企事业管理费支出	7447870	9297416	11373636	13483490	1830524
城乡个体经营支出	2142049	2349363	2838899	3471741	473410
储蓄存款支出	47410853	58572478	69336150	80868843	9849313
其他金融机构支出	449697	507760	532297	442001	113898
汇兑支出	1333849	1604741	1996230	2192072	99791
有价证券支出	809020	1344497	1357217	570505	20430
其他支出	2958257	3523579	7134800	8959217	1224002
其中：兑换外币支出	301098	291025	551259	1003236	166844

以上统计表制表单位：人行营业管理部调查统计处。

北京市人民币存贷款、储蓄存款统计图

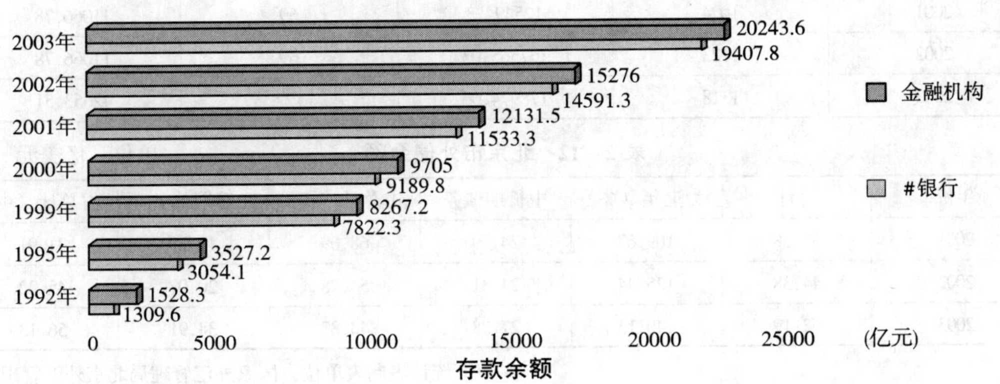

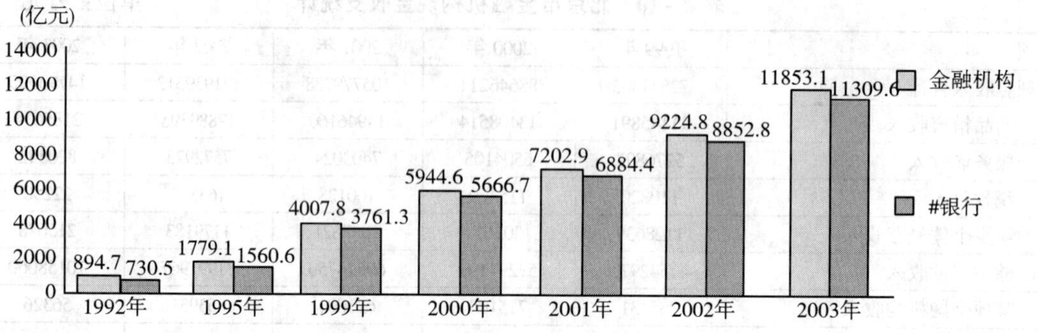

贷款余额

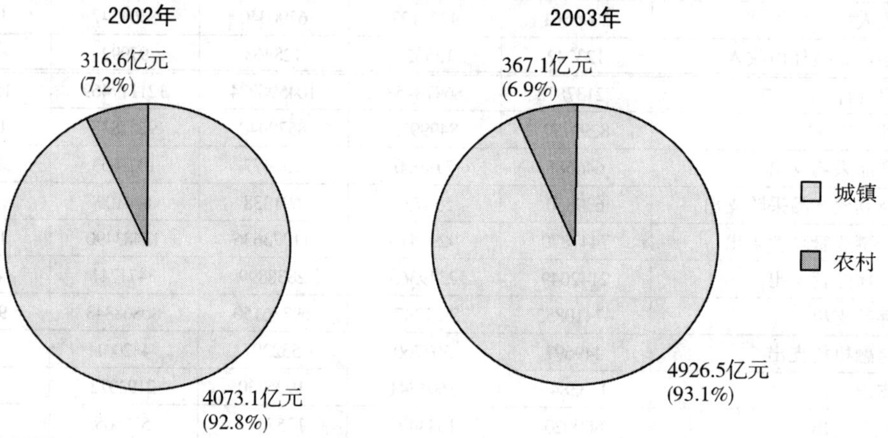

城乡居民储蓄存款余额

（本图选自《北京统计年鉴（2004）》）

表 2－11　北京市利用外资情况

项目单位：个，金额单位：万美元

年份	外商直接投资		外方利润再投资	
	项目	金额	项目	金额
2001	1024	125494.3	69	11066.78
2002	1123	167565.03	69	11066.78
2003	1318	178974.06	122	42653.51

表 2－12　北京市外债余额　　单位：亿美元

年份	总计	为上年（%）	中长期债务	占总计（%）	短期债务	占总计（%）
2001	35.38	109.67	24.09	68.09	11.29	31.91
2002	44.38	125.44	24.31	54.78	20.07	45.22
2003	62.19	140.13	27.28	43.87	34.91	56.13

以上统计表制表单位：国家外汇管理局北京外汇管理部。

表 2-13 2003 年北京市银行系统发行国家债券统计 单位：万元

	凭证式国债
一 期	855518
二 期	1427132
三 期	862077
四 期	1218985
合 计	4363712

表 2-14 北京市银行系统兑付国家债券统计 单位：万元

债券种类	单位收款单	个人无记名国库券		合 计
	本金	本金		本 金
		收款单	债券	
1981 年国库券			20.00	20.00
1982 年国库券	2000.00		4338.00	6338.00
1983 年国库券	800.00		5830.00	6630.00
1984 年国库券	500.00		9175.00	9675.00
1985 年国库券	14110.00		5615.00	19725.00
1986 年国库券	85800.00		6740.00	92540.00
1987 年国库券	109670.00		13685.00	123355.00
1988 年国库券	158530.00		13915.00	172445.00
1989 年国库券			20330.00	20330.00
1990 年国库券			56820.00	56820.00
1991 年国库券			78900.00	78900.00
1992 年国库券（3 年期）			85150.00	85150.00
1992 年国库券（5 年期）			84450.00	84450.00
1993 年国库券（3 年期）			353600.00	353600.00
1993 年国库券（5 年期）			160000.00	160000.00
1994 年国库券			406500.00	406500.00
1995 年国库券			68200.00	68200.00
1996 年国库券一期（3 年期）			6112000.00	6112000.00
1996 年国库券二期（3 年期）			1873700.00	1873700.00
1997 年无记名一期（3 年期）			7518600.00	7518600.00
1987 年国家重点建设债券	12550.00			12550.00
1988 年国家建设债券			101300.00	101300.00
1989 年保值公债			44760.00	44760.00
1988 年财政债券（2 年期）				
1988 年财政债券（5 年期）				
1990 年财政债券				
1991 年财政债券				
1992 年财政债券				
1993 年财政债券				
合计	383960.00		17023628.00	17407588.00

以上统计表制表单位：人行营业管理部国库处。

表 2-15　北京地区 2003 年首次公开发行股票（IPO）公司基本情况

公司简称	行业	发行日期	上市时间	总股本，（万股）	流通股（万股）	业　绩（元/股）	市盈率（倍）	发行价（元）	发行筹资（万元）	实际筹资（万元）
北方天鸟	机械	6月19日	7月4日	9000.00	4000	0.50	19.20	9.60	38400	36864
航天信息	信息	6月26日	7月11日	12000.00	4200	1.36	16.94	23.04	96768	93228
中创信测	软件	7月23日	8月7日	6831.60	1800	0.56	18.23	10.21	18378	17554
华夏银行	金融	8月22日	9月12日	35000.00	100000	0.28	19.86	5.60	560000	543537
三元食品	制造	8月26日	9月15日	63500.00	15000	0.13	20.00	2.60	39000	37400
长江电力	电力	11月5日	11月18日	785600.00	232600	0.24	17.99	4.30	1000180	982612
				911931.6					1752726	

制表单位：中国证监会北京证管办。

表 2-16　北京市金融市场交易量　　单位：万元

项　目	2003 年	2002 年	2003 年为 2002 年%
合　计	233698301	133311652	175.3
国家债券	11731904	6424257	182.6
股票交易	50414044	45534739	110.7
国债回购	168751779	75741088	222.8
基　金	1104532	4857661	22.7
其　他	1696042	753906	225.0

注：统计表选自《北京统计年鉴（2004）》。

表 2-17　2003 年北京市保险业务统计　　单位：万元

指标项目	2003 年	2002 年	增长率
一、保费收入	2825415.44	2340746.30	20.71%
1. 财产险	519561.11	458725.89	13.26%
其中：机动车辆保险	352568.54	323665.60	8.93%
2. 人身意外伤害险	37505.62	32160.35	16.62%
3. 健康险	298518.40	174517.09	71.05%
4. 寿险	1969830.31	1675342.98	17.58%
二、各项赔款和给付	480146.37	469155.02	2.34%
1. 财产险	272227.46	243947.18	11.59%
其中：机动车辆保险	231349.20	178994.10	29.25%
2. 人身意外伤害险	5247.41	5504.37	-4.67%
3. 健康险	40858.83	18848.24	116.78%
4. 寿险	161812.67	200855.23	-19.44%

备注：1. 数据来源于保险公司财务报表。

2.2003 年数据为决算前数字，2002 年数据为决算后数字。

表 2-18 2003 年北京市各财产保险公司业务统计 单位：万元

保险公司名称	保险业务收入			赔款支出			简单赔付率		
	2003 年	2002 年	增长率	2003 年	2002 年	增长率	2003 年	2002 年	增长率
人保北分	333976.72	264659.00	26.19%	165694.77	144261.00	14.86%	49.61%	54.51%	-4.90%
平保财北分	62846.44	69839.75	-10.01%	37101.53	36734.70	1.00%	59.04%	52.60%	6.44%
大地北分	32.66	\	\	0.00	\	\	0.00%	\	\
太保财北分	69888.84	69022.00	1.26%	41177.45	41591.00	-0.99%	58.92%	60.26%	-1.34%
天安北分	450.14	\	\	3.92	\	\	0.87%	\	\
华泰北分	29993.85	38231.31	-21.55%	21148.96	20378.58	3.78%	70.51%	53.30%	17.21%
太平财北分	6961.66	6929.43	0.47%	4481.50	915.95	389.27%	64.37%	13.22%	51.16%
中华联合北分	13690.00	\	\	2320.00	\	\	16.95%	\	\
永安北分	6023.64	\	\	368.24	\	\	6.11%	\	\
合　　计	523863.95	448681.49	16.76%	272296.37	243881.23	11.65%	51.98%	54.36%	-2.38%

备注：1. 数据来源于保险公司业务报表。2. 简单赔付率增长率 = 2003 年赔付率 - 2002 年赔付率。

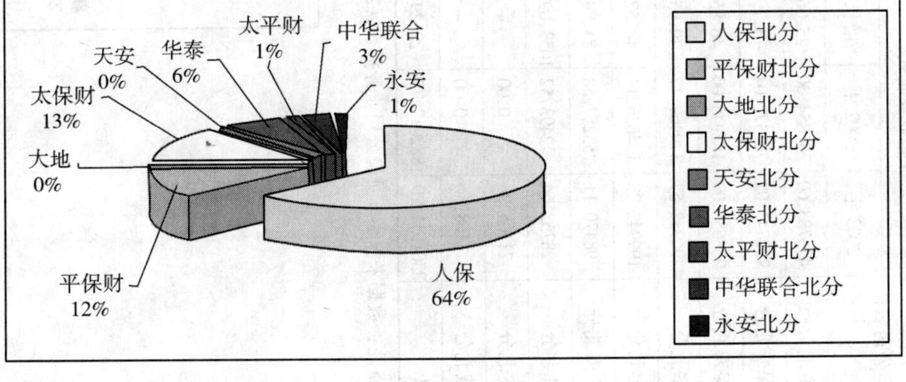

2003 年北京财产险公司保费收入市场份额

表 2－19 2003 年北京市各人寿保险公司业务统计

单位：万元

保险公司名称	保险业务收入			退保金			赔款支出			死伤医疗给付	满期给付	年金给付
	2003 年	2002 年	增长率	2003 年	2002 年	增长率	2003 年	2002 年	增长率			
国寿北分	433783.60	346854.00	25.06%	16008.40	14263.10	12.24%	12924.90	9246.10	39.79%	3584.40	6087.40	30263.70
平保寿北分	752741.02	782372.04	－3.79%	63456.39	49952.26	27.03%	11565.05	8002.55	44.52%	7544.92	25730.99	10017.63
太保寿北分	268655.00	182945.00	46.85%	19375.00	16684.00	16.13%	7065.00	2153.00	228.15%	1453.00	51671.00	2720.00
新华北分	496932.57	379469.47	30.95%	84675.97	37645.79	124.93%	4024.99	1908.57	110.89%	1607.90	458.90	14247.69
泰康北分	199942.23	134626.14	48.52%	11831.24	4945.61	139.23%	5022.41	1714.88	192.87%	1652.97	6251.44	3291.74
太平寿北分	98470.11	53257.58	84.89%	667.34	54.60	1122.21%	402.73	61.71	552.58%	26.14	0.00	138.08
友邦北分	28752.64	2493.52	1053.09%	46.79	0.15	31094.33%	91.15	4.75	1818.95%	4.55	0.00	0.24
民生北分	21105.26	0.00	–	18.19	0.00	–	1.06	0.00	–	0.00	0.00	0.00
信诚北分	1168.86	0.00	–	2.35	0.00	–	0.13	0.00	–	0.00	0.00	0.00
合计	2301551.29	1882017.75	22.29%	196081.68	123545.51	58.71%	41097.42	23091.57	77.98%	15873.88	90199.73	60679.08

备注：数据来源于人身险公司业务报表（2003 年为决算前数据），不包含财险公司意外伤害和短期健康险。

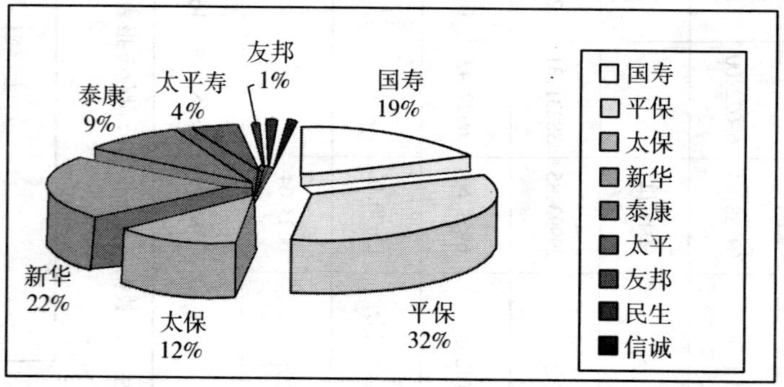

2003 年北京各人寿险公司保费收入示意图

表 2-20 2003 年北京市财产保险市场各险种保费收入与赔款统计 单位：万元

项目	保险业务收入			赔款支出		
险　别	2003 年	2002 年	同比增长	2003 年	2002 年	同比增长
一、财产保险小计	509959.57	436453.54	16.84%	269590.22	231123.33	16.64%
1. 企业财产保险	46274.55	39120.04	18.29%	3875.42	5368.06	-27.81%
2. 家庭财产保险	21894.41	23703.57	-7.63%	422.84	672.01	-37.08%
3. 机动车辆及第三者责任	351363.11	315071.87	11.52%	231005.58	178773.36	29.22%
4. 飞机保险及飞机责任保险	672.94	27992.17	-97.60%	95.87	28739.36	-99.67%
5. 船舶保险	1020.25	272.41	274.53%	122.91	88.00	39.67%
6. 货物运输保险	27190.86	20495.39	32.67%	20235.85	14702.55	37.63%
其中：进出口货物保险	\	16375.39	\	\	12779.89	\
7. 建工及安工保险及其责任险	5638.58	2969.15	89.91%	1535.99	1487.05	3.29%
8. 机器损坏保险	\	3080.71	\	\	927.80	\
9. 航天保险	28548.85	583.00	4796.89%	9877.36	6.00	164522.67%
10. 核电站保险	0.00	0.00	\	0.00	0.00	\
11. 能源保险	0.00	110.00	\	0.00	0.00	\
12. 其他财产保险	27356.02	3055.24	795.38%	2418.40	359.14	573.39%
二、责任保险小计	12374.03	9408.43	31.52%	2153.02	1951.52	10.33%
1. 产品责任保险	1766.39	1523.03	15.98%	204.03	234.54	-13.01%
2. 雇主责任保险	2122.30	1581.83	34.17%	677.27	603.91	12.15%
3. 公众责任保险	3924.35	3197.84	22.72%	944.15	910.45	3.70%
4. 其他责任保险	4560.99	3105.73	46.86%	327.57	202.62	61.67%
三、信用保险	39.00	190.96	-79.58%	49.21	8819.53	-99.44%
四、保证保险	1463.73	2621.56	-44.17%	503.22	1983.85	-74.63%
五、农业保险	27.62	7.00	294.57%	0.70	3.00	-76.67%
其中：种植业保险	8.80	0.00	\	0.00	0.00	\
养殖业保险	10.40	0.00	\	0.70	0.00	\
合　计	523863.9469	448681.49	16.76%	272296.37	243881.23	11.65%

备注：数据来源于保险公司业务报表。

表 2－21 2003 年北京市人寿保险公司各险种保费收入与赔付支出统计

单位：万元

项目	保险业务收入	退保金	赔款支出	死伤医疗给付	满期给付	年金给付
一、人寿保险小计	1969829.87	188163.26	0.00	11399.01	89734.83	60679.08
（一）非分红产品小计	366881.77	84112.61	0.00	8443.72	79420.46	52867.94
定期寿险	10268.07	1815.87	0.00	2169.34	12.00	52.00
两全寿险	163211.69	12787.05	0.00	2951.87	29861.07	19937.78
终身寿险	61789.12	2502.87	0.00	2392.97	21.83	8643.51
年　金	131612.88	67006.82	0.00	929.54	49525.57	24234.65
（二）分红产品小计	1419625.27	46718.76	0.00	1772.15	7782.88	7136.93
定期寿险	6904.00	6.00	0.00	81.00	0.00	0.00
两全寿险	1156370.33	11929.09	0.00	1047.90	5533.92	12.61
终身寿险	19907.81	748.66	0.00	417.85	0.00	0.00
年　金	236443.13	34035.01	0.00	225.40	2248.96	7124.33
（三）投资连接产品小计	154083.24	47625.89	0.00	971.14	97.49	671.20
（四）万能产品小计	29239.60	9706.00	0.00	212.00	2434.00	3.00
二、意外伤害保险小计	33308.37	0.00	5189.50	0.00	0.00	0.00
一年期以内	13289.87	0.00	899.19	0.00	0.00	0.00
一年期	20018.50	0.00	4290.31	0.00	0.00	0.00
三、健康保险小计	298413.05	7918.42	35907.92	4474.87	464.90	0.00
一年期及以内	70144.91	0.00	35803.14	105.82	0.00	0.00
一年期以上	228268.13	7918.42	104.79	4369.05	464.90	0.00
合　计	2301551.29	196081.68	41097.42	15873.88	90199.73	60679.08

备注：数据来源于人身险公司业务报表（决算前），不包含财险公司意外险和短期健康险数据。

以上统计表制表单位：中国保监会北京保监办。

表 2-22 中央银行基准利率 单位：年利率%

项目/日期	1998年3月25日	1998年7月1日	1998年12月7日	1999年6月10日	2000年	2001年	2002年2月21日	2003年
法定准备金	5.22	3.51	3.24	2.07	2.07	2.07	1.89	1.89
备付金	*（1）							
对金融机构贷款								
1年期	7.92	5.67	5.13	3.78	3.78	3.78	3.24	3.24
6个月以内	7.02	5.58	5.04	3.69	3.69	3.69	3.15	3.15
3个月以内	6.84	5.49	4.86	3.51	3.51	3.51	2.97	2.97
20天以内	6.39	5.22	4.59	3.24	3.24	3.24	2.70	2.70
再贴现	6.03	4.32	3.96	2.16	2.16	2.97*（2）	2.97	2.97
邮政储蓄转存款		6.6429	5.922	4.6008*（3）	4.6008	4.6008	4.347	4.131*（4）

*（1）1998年3月21日，准备金制度改革，存款准备金与备付金合并为一个法定存款准备金账户。

（2）再贴现利率调整时间为2001年9月11日。

（3）2000年1月11日银发［2000］17号文，规定从1999年12月21日起邮政储蓄转存款利率调整为4.6008%。

（4）银发［2003］177号文规定以2003年8月1日为界，之后存入人民银行的部分按照1.89%计息，之前的老转存款按照4.131%计息。

表 2-23 金融机构法定存款利率 单位：年利率%

项目/日期	1998年3月25日	1998年7月1日	1998年12月7日	1999年6月10日	2000年	2001年	2002年2月21日	2003年
活期	1.71	1.44	1.44	0.99	0.99	0.99	0.72	0.72
定期								
3个月	2.88	2.79	2.79	1.98	1.98	1.98	1.71	1.71
6个月	4.14	3.96	3.33	2.16	2.16	2.16	1.89	1.89
1年	5.22	4.77	3.78	2.25	2.25	2.25	1.98	1.98
2年	5.58	4.86	3.96	2.43	2.43	2.43	2.25	2.25
3年	6.21	4.95	4.14	2.7	2.7	2.7	2.52	2.52
5年	6.66	5.22	4.5	2.88	2.88	2.88	2.79	2.79
大额可转让定期存单								
3个月	3.024	2.9286	2.9286					
6个月	4.347	4.158	4.158					
1年	5.481	5.0075	5.0076					

表 2－24 金融机构法定贷款利率 单位：年利率%

项目/日期	1998年3月25日	1998年7月1日	1998年12月7日	1999年6月10日	2000年	2001年	2002年2月21日	2003年
短期贷款								
6个月以内（含6个月）	7.02	6.57	6.12	5.58	5.58	5.58	5.04	5.04
1年期以内（含1年）	7.92	6.93	6.39	5.85	5.85	5.85	5.31	5.31
中长期贷款								
1～3年（含3年）	9.00	7.11	6.66	5.94	5.94	5.94	5.49	5.49
3～5年（含5年）	9.72	7.65	7.20	6.03	6.03	6.03	5.58	5.58
5年以上	10.35	8.01	7.56	6.21	6.21	6.21	5.76	5.76

表 2－25 优惠贷款利率 单位：年利率%

项目/日期	1998年3月25日	1998年7月1日	1998年12月7日	1999年6月10日	2000年	2001年	2002年2月21日	2003年
第一类								
中国进出口银行出口卖方信贷								
成套和高技术含量		5.22	4.77	4.05	4.05	4.05	3.51	3.51
低技术含量和一般产品		5.85	5.40	4.77	4.77	4.77	4.23	4.23
第二类								
1. 民政部门福利工厂贷款	6.48	5.49	5.04	4.41	4.41	4.41	3.87	3.87
2. 广深珠高速公路贷款	6.48	5.49	5.04	4.41	4.41	4.41	3.87	3.87
第三类								
1. 老少边穷地区发展经济贷款	5.04	4.05	3.60	2.97	2.97	2.97	2.43	2.43
2. 贫困县办工业贷款	5.04	4.05	3.60	2.97	2.97	2.97	2.43	2.43
3. 民族贸易和民族用品生产贷款	5.04	4.05	3.60	2.97	2.97	2.97	2.43	2.43
其他类								
1. 银行系统印制企业基建储备贷款	4.68	4.68	4.68	4.68	4.68	4.68	4.68	4.68
2. 扶贫贴息贷款（含牧区）	2.88	2.88	2.88	2.88	2.88	2.88	2.88	2.88
3. 特区、开发区判别利率贷款								
5年以下	2.88	2.88	2.88	2.88	2.88	2.88	2.88	2.88
5年以上	4.32	4.32	4.32	4.32	4.32	4.32	4.32	4.32

以上统计表制表单位：人行营业管理部货币信贷处。

（三）金融机构业务统计

表 3-1 中国人民银行营业管理部人民币信贷收支统计 单位：万元

资金来源项目	2003年		2002年	
	余额	比年初	余额	比年初
一、财政存款	1167815	284870	882945	107295
其中：中央财政存款				
地方财政存款	1167815	284870	882945	107295
二、机关团体存款	400	-2178	2578	2578
三、金融机构准备金存款	6570225	-1615187	8185412	1775348
1. 政策性银行准备金存款	296066	256769	39297	-2434
2. 国有独资商业银行准备金存款	2107599	-1272178	3379777	738221
3. 其他商业银行准备金存款	1840200	-1078731	2918931	890493
4. 城市商业银行准备金存款	1424634	408071	1016563	183699
5. 城市信用合作社准备金存款				
6. 农村信用合作社准备金存款	772027	32958	739069	-50640
7. 资产管理公司存款				
8. 其他金融机构准备金存款	129699	37924	91775	16009
四、金融机构特种存款		-300000	300000	50000
五、邮政储蓄转存款	2507479	143195	2364284	394811
六、金融机构缴存财政性存款	706908	32687	674221	298760
七、卖出回购证券				
八、中央银行债券				
九、货币流通量				
十、中央信贷基金				
十一、当年结益	-230999	-230999	-200420	-200420
十二、其他	-9727542	2297420	-11824542	-2660171
资金来源总计	994286	609808	384478	-231799

资金运用项目	2003年		2002年	
	余额	比年初	余额	比年初
一、金融机构贷款	801326	608943	192383	-74971
1. 政策性银行贷款				
2. 国有独资商业银行贷款				
3. 其他商业银行贷款				
4. 城市商业银行贷款				
5. 城市信用社贷款				
6. 农村信用社贷款	17000	1100	15900	15900
7. 资产管理公司贷款				
8. 其他金融机构贷款	185750	68907	116843	81503
9. 再贴现	598576	538936	59640	-172374
其中：国有独资商业银行				-33127
二、专项贷款	190309		190309	
三、金银占款	2651	865	1786	-156828
四、外汇占款				
五、财政借款				
六、有价证券及投资				
七、买入返售证券				
八、库存现金				
资金运用合计	994286	609808	384478	-231799

表 3－2　国家开发银行总行营业部人民币信贷收支统计　　单位：万元

资金来源项目	2003 年		2002 年	
	余额	比年初	余额	比年初
一、各项存款	374556	159045	215511	－39055
（一）企业存款	374556	159045	215511	－39055
1. 活期存款	165218	－30293	195511	－57755
2. 定期存款	209338	189338	20000	18700
（二）机关团体存款				
（三）储蓄存款				
1. 活期储蓄				
2. 定期储蓄				
（四）农业存款				
（五）其他存款				
二、代理财政性存款				
三、金融债券				
其中：政策性金融债券				
四、应付及暂收款	13382	1828	11554	－56134
其中：应付及预提利息	549	549		－3
五、卖出回购证券				
六、向中央银行借款				
七、同业往来	884	884		
（一）同业存放	884	884		
（二）同业拆借				
八、委托存款及委托投资基金（净）				
（一）委托存款及委托投资基金				
（二）减：委托贷款及委托投资				
九、代理金融机构委托贷款基金				
其中：中央银行委托贷款基金				
十、各项准备				
其中：贷款呆账准备				
十一、所有者权益	357233	57744	299489	－97688
其中：实收资本				
当年结益	357233	357233	299489	299489
十二、其他	17816560	768240	17048320	1799819
资金来源总计	18562615	987741	17574874	1606942

续表

资金运用项目	2003年		2002年	
	余额	比年初	余额	比年初
一、各项贷款	16864336	2140837	14723499	1540112
（一）短期贷款	237000	137000	100000	－68000
1. 工业贷款				
2. 商业贷款				
其中：收购贷款				
3. 建筑业贷款				
4. 农业贷款				
5. 乡镇企业贷款				
6. 三资企业贷款				
7. 私营企业及个体贷款				
8. 其他短期贷款	237000	137000	100000	－68000
其中：个人短期消费贷款				
（二）中期流动资金贷款				
（三）中长期贷款	16627336	2003837	14623499	1608112
1. 基本建设贷款	14607773	654812	13952961	1725529
2. 技术改造贷款	246773	－113396	360169	151506
3. 其他中长期贷款	1772790	1462421	310369	－268923
其中：个人中长期消费贷款				
（四）票据融资				
其中：贴现				
（五）各项垫款				
二、有价证券及投资	1434308	－1390072	2824380	69084
三、应收及预付款项	447	－47	494	
其中：应收利息		－39	39	7
四、买入返售证券				
五、存放中央银行准备金存款	263523	247021	16502	－12253
六、存放中央银行特种存款				
七、缴存中央银行财政性存款				
八、同业往来		－10000	10000	10000
（一）存放同业		－10000	10000	10000
（二）拆放同业				
九、代理金融机构贷款				
其中：代理人行专项贷款				
十、库存现金				
十一、外汇占款				
资金运用合计	18562614	987739	17574875	1606943

表 3－3 中国进出口银行总行营业部人民币信贷收支统计 单位：万元

资金来源项目	2003 年		2002 年	
	余额	比年初	余额	比年初
一、各项存款	33675	16561	17114	12807
（一）企业存款	33202	16088	17114	12807
1. 活期存款	32574	15460	17114	12807
2. 定期存款	628	628		
（二）机关团体存款				
（三）储蓄存款				
1. 活期储蓄				
2. 定期储蓄				
（四）农业存款				
（五）其他存款	473	473		
二、代理财政性存款				
三、金融债券				
其中：政策性金融债券				
四、应付及暂收款	4771	203	4568	783
其中：应付及预提利息	2736	－347	3083	4
五、卖出回购证券				
六、向中央银行借款				
七、同业往来				
（一）同业存放				
（二）同业拆借				
八、委托存款及委托投资基金（净）				
（一）委托存款及委托投资基金				
（二）减：委托贷款及委托投资				
九、代理金融机构委托贷款基金				
其中：中央银行委托贷款基金				
十、各项准备				－23788
其中：贷款呆账准备				0
十一、所有者权益	10075	4437	5638	7416
其中：实收资本				
当年结益	10075	10075	5638	5638
十二、其他	3420521	334308	3086213	666923
资金来源总计	3469042	355509	3113533	664141

续表

资金运用项目	2003年		2002年	
	余额	比年初	余额	比年初
一、各项贷款	3393920	335501	3058419	679571
（一）短期贷款	120073	－6127	126200	123900
1. 工业贷款				
2. 商业贷款				
其中：收购贷款				
3. 建筑业贷款				
4. 农业贷款				
5. 乡镇企业贷款				
6. 三资企业贷款				
7. 私营企业及个体贷款				
8. 其他短期贷款	120073	－6127	126200	123900
其中：个人短期消费贷款				
（二）中期流动资金贷款				
（三）中长期贷款	3273847	341628	2932219	555671
1. 基本建设贷款				
2. 技术改造贷款				
3. 其他中长期贷款	3273847	341628	2932219	555671
其中：个人中长期消费贷款				
（四）票据融资				
其中：贴现				
（五）各项垫款				
二、有价证券及投资				
三、应收及预付款项	3488	－1799	5287	－1757
其中：应收利息	3468	－1819	5287	－1691
四、买入返售证券				
五、存放中央银行准备金存款	71135	44980	26155	－12054
六、存放中央银行特种存款				
七、缴存中央银行财政性存款				
八、同业往来	501	－23171	23672	－1618
（一）存放同业	501	－23171	23672	－1618
（二）拆放同业				
九、代理金融机构贷款				
其中：代理人行专项贷款				
十、库存现金				
十一、外汇占款				
资金运用合计	3469044	355511	3113533	664142

表 3-4 中国农业发展银行北京市分行人民币信贷收支统计 单位：万元

资金来源项目	2003 年		2002 年	
	余额	比年初	余额	比年初
一、各项存款	31048	-24899	55946	22337
（一）企业存款	31048	-24899	55946	22337
1. 活期存款	31048	-24899	55946	22337
2. 定期存款				
（二）机关团体存款				
（三）储蓄存款				
1. 活期储蓄				
2. 定期储蓄				
（四）农业存款				
（五）其他存款				
二、代理财政性存款	106958	8065	98893	40242
三、金融债券				
其中：政策性金融债券				
四、应付及暂收款	3022	251	2772	-170
其中：应付及预提利息		-1	1	1
五、卖出回购证券				
六、向中央银行借款				
七、同业往来				
（一）同业存放				
（二）同业拆借				
八、委托存款及委托投资基金（净）				
（一）委托存款及委托投资基金				
（二）减：委托贷款及委托投资				
九、代理金融机构委托贷款基金				
其中：中央银行委托贷款基金				
十、各项准备		-13218	13218	
其中：贷款呆账准备		-13218		
十一、所有者权益	5088	3409	1679	5383
其中：实收资本				
当年结益	4933	4933	1607	1607
十二、其他	433894	19078	414816	-181728
资金来源总计	580010	-7314	587324	-113936

续表

资金运用项目	2003年		2002年	
	余额	比年初	余额	比年初
一、各项贷款	557828	-12166	569994	-121286
（一）短期贷款	556358	-10917	567275	-120303
1. 工业贷款				
2. 商业贷款	532472	-8575	541047	-119464
其中：收购贷款	532472	-8575	541047	-119464
3. 建筑业贷款				
4. 农业贷款				
5. 乡镇企业贷款				
6. 三资企业贷款				
7. 私营企业及个体贷款				
8. 其他短期贷款	23886	-2342	26228	-839
其中：个人短期消费贷款				
（二）中期流动资金贷款				
（三）中长期贷款	1470	-1249	2719	-983
1. 基本建设贷款				
2. 技术改造贷款				
3. 其他中长期贷款	1470	-1249	2719	-983
其中：个人中长期消费贷款				
（四）票据融资				
其中：贴现				
（五）各项垫款				
二、有价证券及投资				
三、应收及预付款项	637	-1189	1827	-132
其中：应收利息	462	439	23	-122
四、买入返售证券				
五、存放中央银行准备金存款	20075	7746	12329	6821
六、存放中央银行特种存款				
七、缴存中央银行财政性存款				
八、同业往来	1444	-1683	3126	669
（一）存放同业	1444	-1683	3126	669
（二）拆放同业				
九、代理金融机构贷款				
其中：代理人行专项贷款				
十、库存现金	26	-22	48	-8
十一、外汇占款				
资金运用合计	580010	-7314	587324	-113936

表3-5 中国工商银行北京市分行人民币信贷收支统计 单位：万元

资金来源项目	2003年		2002年	
	余额	比年初	余额	比年初
一、各项存款	63271283	5752751	57518531	9128953
（一）企业存款	27695620	1515952	26179667	4759256
1. 活期存款	14202065	86028	14116037	1262569
2. 定期存款	13493555	1429924	12063630	3496687
（二）机关团体存款	4991141	244451	4746690	265781
（三）储蓄存款	24187316	3042537	21144779	3451895
1. 活期储蓄	7548661	995155	6553506	1319203
2. 定期储蓄	16638655	2047382	14591273	2132692
（四）农业存款	560	298	262	262
（五）其他存款	6396646	949513	5447133	651759
二、代理财政性存款	333084	67806	265278	67900
三、金融债券	136	-73	209	13
其中：政策性金融债券				
四、应付及暂收款	1217600	653328	564272	-186104
其中：应付及预提利息	407116	64358	342758	-38929
五、卖出回购证券				
六、向中央银行借款				
七、同业往来	5043912	1224431	3819481	-963888
（一）同业存放	5013912	1194431	3819481	-963888
（二）同业拆借	30000	30000		
八、委托存款及委托投资基金（净）	6	-469	475	43243
（一）委托存款及委托投资基金	2069928	18695	2051233	894427
（二）减：委托贷款及委托投资	2069922	19164	2050758	851184
九、代理金融机构委托贷款基金				
其中：中央银行委托贷款基金				
十、各项准备	228699	72540	156159	51286
其中：贷款损失准备	228699	72540		
十一、所有者权益	752174	16500	735673	117864
其中：实收资本				
当年结益	567067	567067	550566	550566
十二、其他	-46511430	-5039989	-41471441	-7068436
资金来源总计	24335464	2746825	21588637	1190831

续表

资金运用项目	2003年		2002年	
	余额	比年初	余额	比年初
一、各项贷款	20413237	2252139	18161098	1676283
（一）短期贷款	7491217	221094	7270123	－573658
1. 工业贷款	4863348	－421219	5284567	－1187581
2. 商业贷款	1107113	37479	1069634	－221202
其中：收购贷款				
3. 建筑业贷款	22850	2450	20400	－1270
4. 农业贷款				
5. 乡镇企业贷款				
6. 三资企业贷款				
7. 私营企业及个体贷款				
8. 其他短期贷款	1497906	602384	895522	836395
其中：个人短期消费贷款	30699	－5979	36678	36458
（二）中期流动资金贷款	1046287	－6708	1052995	－176464
（三）中长期贷款	10218360	2111044	8107316	1352300
1. 基本建设贷款	5939297	1059408	4879889	512452
2. 技术改造贷款				
3. 其他中长期贷款	4279063	1051636	3227427	839848
其中：个人中长期消费贷款	4077351	994006	3083345	742354
（四）票据融资	1650765	－70794	1721559	1089616
其中：贴现	1650765	－70794	1721559	1089616
（五）各项垫款	6608	－2497	9105	－15511
二、有价证券及投资	2082686	965386	1117300	－383504
三、应收及预付款项	60887	－20232	81119	－543218
其中：应收利息	849	－10465	11314	－25171
四、买入返售证券				
五、存放中央银行准备金存款	570886	－380815	951697	138063
六、存放中央银行特种存款				
七、缴存中央银行财政性存款	626411	37242	589169	223103
八、同业往来	361955	－74151	436107	25406
（一）存放同业	1057	－1385	2442	－234
（二）拆放同业	360898	－72766	433665	25640
九、代理金融机构贷款				
其中：代理人行专项贷款				
十、库存现金	177149	－17575	194725	63696
十一、外汇占款	42253	－15169	57422	－8998
资金运用合计	24335464	2746825	21588637	1190831

表 3－6 中国农业银行北京市分行人民币信贷收支统计 单位：万元

资金来源项目	2003 年		2002 年	
	余额	比年初	余额	比年初
一、各项存款	10703818	1727948	8975869	1445626
（一）企业存款	5703175	539681	5163493	594314
1. 活期存款	3664196	440947	3416032	－183425
2. 定期存款	2038979	98734	1747461	777739
（二）机关团体存款	217069	－76900	293969	86837
（三）储蓄存款	3880903	1080421	2800482	674427
1. 活期储蓄	1709600	675526	1034104	369146
2. 定期储蓄	2171303	404895	1766378	305281
（四）农业存款	236229	－34002	270231	35142
（五）其他存款	666442	218748	447694	54906
二、代理财政性存款	8129	1424	6704	5063
三、金融债券	16	1	16	1
其中：政策性金融债券				
四、应付及暂收款	127691	177	127514	50682
其中：应付及预提利息	36745	15519	21226	12439
五、卖出回购证券				
六、向中央银行借款				
七、同业往来	797592	76793	720798	337139
（一）同业存放	797592	76793	720798	337139
（二）同业拆借				
八、委托存款及委托投资基金（净）	31	－91	122	28
（一）委托存款及委托投资基金	214034	15031	199003	32969
（二）减：委托贷款及委托投资	214003	15122	198881	32941
九、代理金融机构委托贷款基金				
其中：中央银行委托贷款基金				
十、各项准备	65850	10663	55187	15253
其中：贷款呆账准备	65850	10663		
十一、所有者权益	232603	75135	157469	35323
其中：实收资本				
当年结益	75582	75582	69729	69729
十二、其他	－4887501	－692863	－4194637	－505387
资金来源总计	7048229	1199187	5849042	1383728

续表

资金运用项目	2003年		2002年	
	余额	比年初	余额	比年初
一、各项贷款	6489120	1283972	5205148	1294387
（一）短期贷款	3212910	344648	2868262	246551
1. 工业贷款	597218	40850	556368	36179
2. 商业贷款	1349915	204584	1145331	81692
其中：收购贷款	72354	2022	70332	4772
3. 建筑业贷款	146871	50921	95950	95950
4. 农业贷款	325206	－11343	336549	－43529
5. 乡镇企业贷款	236233	6318	229915	21977
6. 三资企业贷款	2368	115	2253	－1232
7. 私营企业及个体贷款	7011	4020	2991	－625
8. 其他短期贷款	548088	49183	498905	56139
其中：个人短期消费贷款	12690	－3471	16162	－4
（二）中期流动资金贷款	272661	84295	188366	133725
（三）中长期贷款	2245473	782447	1463026	308410
1. 基本建设贷款	801345	259514	541831	102288
2. 技术改造贷款	59703	18327	41376	－10859
3. 其他中长期贷款	1384425	504606	879819	216981
其中：个人中长期消费贷款	1068089	415159	652930	234536
（四）票据融资	756612	71687	684925	610359
其中：贴现	756612	71687	684925	610359
（五）各项垫款	1464	895	569	－4658
二、有价证券及投资	52280	－26276	78556	19687
三、应收及预付款项	131397	－17984	149381	155
其中：应收利息	28547	－24398	52945	－22043
四、买入返售证券				
五、存放中央银行准备金存款	250514	－47456	297970	24363
六、存放中央银行特种存款				
七、缴存中央银行财政性存款	2214	273	1941	1426
八、同业往来	51356	－7846	59202	32823
（一）存放同业	26		26	－3
（二）拆放同业	51330	－7846	59176	32826
九、代理金融机构贷款				
其中：代理人行专项贷款				
十、库存现金	70853	15249	55604	10548
十一、外汇占款	495	－745	1240	339
资金运用合计	7048229	1199187	5849042	1383728

表 3－7　中国银行北京市分行人民币信贷收支统计　　单位：万元

资金来源项目	2003 年		2002 年	
	余额	比年初	余额	比年初
一、各项存款	13228221	2897868	10330353	2764903
（一）企业存款	8738416	1974496	6763920	2067809
1. 活期存款	3368871	828694	2540177	484677
2. 定期存款	5369545	1145802	4223743	1583132
（二）机关团体存款				
（三）储蓄存款	4285102	956204	3328898	621774
1. 活期储蓄	1231443	308695	922748	227314
2. 定期储蓄	3053659	647509	2406150	394460
（四）农业存款				
（五）其他存款	204703	－32832	237535	75320
二、代理财政性存款	336	336		
三、金融债券	15		15	－1
其中：政策性金融债券				
四、应付及暂收款	262932	57275	205657	49478
其中：应付及预提利息	190414	52205	138209	42567
五、卖出回购证券	49968	49968		
六、向中央银行借款				
七、同业往来	299644	198068	101576	－24260
（一）同业存放	299644	198068	101576	－24260
（二）同业拆借				
八、委托存款及委托投资基金（净）				
（一）委托存款及委托投资基金				
（二）减：委托贷款及委托投资				
九、代理金融机构委托贷款基金				
其中：中央银行委托贷款基金				
十、各项准备	61936	7531	54405	11769
其中：贷款呆账准备	61936	7531		
十一、所有者权益	－2032	－71647	69615	－23935
其中：实收资本				
当年结益	－2032	－2032	69615	69615
十二、其他	－6995679	－2074114	－4921565	－1573211
资金来源总计	6905341	1065285	5840056	1204743

续表

资金运用项目	2003年		2002年	
	余额	比年初	余额	比年初
一、各项贷款	6437600	1039590	5398010	1181777
（一）短期贷款	1945200	－89317	2034517	－169644
1. 工业贷款	995387	111924	883463	51718
2. 商业贷款	537642	－75641	613283	－32578
其中：收购贷款				
3. 建筑业贷款	7300	3136	4164	4164
4. 农业贷款				
5. 乡镇企业贷款	8000	8000		
6. 三资企业贷款	308357	－152139	460496	－203823
7. 私营企业及个体贷款				
8. 其他短期贷款	88514	15403	73111	10875
其中：个人短期消费贷款	34675	－15656	50331	－5756
（二）中期流动资金贷款	699379	5491	693888	419575
（三）中长期贷款	3447571	1015502	2432069	764276
1. 基本建设贷款	971571	517579	453992	3826
2. 技术改造贷款	253931	－5300	259231	－175064
3. 其他中长期贷款	2222069	503223	1718846	935514
其中：个人中长期消费贷款	2191607	523720	1667887	941656
（四）票据融资	332673	120702	211971	167570
其中：贴现	332673	120702	211971	167570
（五）各项垫款	12777	－12788	25565	
二、有价证券及投资	33838	－1403	35241	2342
三、应收及预付款项	169492	65295	104197	9121
其中：应收利息	582	－1384	1966	－53894
四、买入返售证券	90127	90127		
五、存放中央银行准备金存款	71827	－106862	178689	－43884
六、存放中央银行特种存款				
七、缴存中央银行财政性存款	16039	651	15388	15388
八、同业往来	24520	－1771	26291	－1469
（一）存放同业				
（二）拆放同业	24520	－1771	26291	－1469
九、代理金融机构贷款				
其中：代理人行专项贷款				
十、库存现金	61626	1624	60002	11924
十一、外汇占款	272	－21966	22238	29544
资金运用合计	6905341	1065285	5840056	1204743

表3－8　中国建设银行北京市分行人民币信贷收支统计　　单位：万元

资金来源项目	2003年		2002年	
	余额	比年初	余额	比年初
一、各项存款	24428006	3265389	21162620	3297867
（一）企业存款	12649420	1508795	11140625	1184116
1.活期存款	8660451	631870	8028581	36204
2.定期存款	3988969	876925	3112044	1147912
（二）机关团体存款	72553	25224	47329	23611
（三）储蓄存款	7269992	1217324	6052671	1258901
1.活期储蓄	2955673	483344	2472329	636743
2.定期储蓄	4314319	733980	3580342	622158
（四）农业存款	3546	－1335	4881	2552
（五）其他存款	4432495	515381	3917114	828687
二、代理财政性存款	240	－5882	6122	－15937
三、金融债券				
其中：政策性金融债券				
四、应付及暂收款	87989	－37244	125233	－8695
其中：应付及预提利息	302	－130	432	－10
五、卖出回购证券				
六、向中央银行借款				
七、同业往来	2165237	196437	1968562	－846835
（一）同业存放	2165237	196437	1968562	－846835
（二）同业拆借				
八、委托存款及委托投资基金（净）	－136796	7106	－143902	51767
（一）委托存款及委托投资基金	634885	－6931	641816	－229090
（二）减：委托贷款及委托投资	771681	－14037	785718	－280857
九、代理金融机构委托贷款基金				
其中：中央银行委托贷款基金				
十、各项准备				
其中：贷款呆账准备				
十一、所有者权益	19725	－109320	129045	－38106
其中：实收资本				
当年结益	398089	398089	333191	333191
十二、其他	－9172012	－1399527	－7772638	470268
资金来源总计	17392389	1916959	15475042	2910329

续表

资金运用项目	2003年		2002年	
	余额	比年初	余额	比年初
一、各项贷款	16465304	1753756	14711160	2510056
（一）短期贷款	6716501	497632	6218869	1184147
1. 工业贷款	2343859	466431	1877428	119331
2. 商业贷款	1607163	216584	1390579	306774
其中：收购贷款				
3. 建筑业贷款	2388255	－316094	2704349	593793
4. 农业贷款		－90	90	－410
5. 乡镇企业贷款				
6. 三资企业贷款				
7. 私营企业及个体贷款				
8. 其他短期贷款	377224	130801	246423	164659
其中：个人短期消费贷款	11363	1721	9716	－4618
（二）中期流动资金贷款	1232577	198760	1033817	－34992
（三）中长期贷款	8184458	1166214	7017856	921355
1. 基本建设贷款	1804811	911708	893103	－158931
2. 技术改造贷款	1775284	－428767	2204051	－74995
3. 其他中长期贷款	4604363	683273	3920702	1155281
其中：个人中长期消费贷款	4588814	683272	3905542	1164999
（四）票据融资	327365	－112821	440186	439196
其中：贴现	327365	－112821	440186	439196
（五）各项垫款	4403	3971	432	350
二、有价证券及投资	164556	6949	157607	124696
三、应收及预付款项	59653	－9369	69022	－19356
其中：应收利息	3698	－366	4064	－9539
四、买入返售证券				
五、存放中央银行准备金存款	523639	180645	342994	237084
六、存放中央银行特种存款				
七、缴存中央银行财政性存款	20125	－11607	31732	24533
八、同业往来	56492	－17500	73992	22690
（一）存放同业	79		79	－1
（二）拆放同业	56413	－17500	73913	22691
九、代理金融机构贷款				
其中：代理人行专项贷款				
十、库存现金	102620	13146	89474	11638
十一、外汇占款		939	－939	－1012
资金运用合计	17392389	1916959	15475042	2910329

表 3-9 交通银行北京分行人民币信贷收支统计

单位：万元

资金来源项目	2003 年		2002 年	
	余额	比年初	余额	比年初
一、各项存款	7962602	2400075	5562527	1084648
（一）企业存款	6446692	2024278	4422414	719691
1. 活期存款	4670521	1421844	3248677	464297
2. 定期存款	1776171	602434	1173737	255394
（二）机关团体存款	30712	-5182	35894	1499
（三）储蓄存款	1375694	380716	994978	319213
1. 活期储蓄	669121	187158	481963	182950
2. 定期储蓄	706573	193558	513015	136263
（四）农业存款				
（五）其他存款	109504	263	109241	44245
二、代理财政性存款				
三、金融债券				
其中：政策性金融债券				
四、应付及暂收款	130679	-67660	198339	142931
其中：应付及预提利息	22316	115	22201	4753
五、卖出回购证券				
六、向中央银行借款				
七、同业往来	124667	54693	69974	-19194
（一）同业存放	124667	54693	69974	-19194
（二）同业拆借				
八、委托存款及委托投资基金（净）	67	-179	246	100
（一）委托存款及委托投资基金	130427	65867	64560	52801
（二）减：委托贷款及委托投资	130360	66046	64314	52701
九、代理金融机构委托贷款基金				
其中：中央银行委托贷款基金				
十、各项准备	4462	-13770	18232	-7292
其中：贷款呆账准备	4462	-13770		
十一、所有者权益	72398	2216	70182	18219
其中：实收资本				
当年结益	116121	116121	74274	74274
十二、其他	-2040940	-412684	-1628256	-431442
资金来源总计	6253935	1962691	4291244	787970

续表

资金运用项目	2003年		2002年	
	余额	比年初	余额	比年初
一、各项贷款	4187733	1452339	2735394	421071
（一）短期贷款	2454579	768403	1686175	1329
1.工业贷款	313542	161862	151680	26008
2.商业贷款	349643	－1507	351150	－284484
其中：收购贷款				
3.建筑业贷款	166500	166500		
4.农业贷款				
5.乡镇企业贷款				
6.三资企业贷款	131232	1937	129295	67224
7.私营企业及个体贷款	1790	－1090	2880	2880
8.其他短期贷款	1491872	440701	1051170	189701
其中：个人短期消费贷款				
（二）中期流动资金贷款	411059	－6781	417840	6222
（三）中长期贷款	1127068	513339	613730	416349
1.基本建设贷款	123150	87000	36150	
2.技术改造贷款	38590	26260	12330	－6030
3.其他中长期贷款	965328	400079	565250	422379
其中：个人中长期消费贷款	595598	312307	283292	204835
（四）票据融资	193595	177380	16215	－2821
其中：贴现	193595	177380	16215	－2821
（五）各项垫款	1432	－2	1434	－8
二、有价证券及投资	633577	100866	532711	104412
三、应收及预付款项	23370	4931	18439	2728
其中：应收利息	393	29	364	－8164
四、买入返售证券	594807	109207	485600	485600
五、存放中央银行准备金存款	345512	－142191	487703	－224259
六、存放中央银行特种存款				
七、缴存中央银行财政性存款				
八、同业往来	444831	437486	7345	－4017
（一）存放同业	152631	151086	1545	－17
（二）拆放同业	292200	286400	5800	－4000
九、代理金融机构贷款				
其中：代理人行专项贷款				
十、库存现金	23528	－601	24129	2972
十一、外汇占款	577	654	－77	－537
资金运用合计	6253935	1962691	4291244	787970

表 3－10　招商银行北京分行人民币信贷收支统计

单位：万元

资金来源项目	2003 年		2002 年	
	余额	比年初	余额	比年初
一、各项存款	4915101	1206935	3708166	874423
（一）企业存款	2708605	327938	2380667	501028
1. 活期存款	1809773	41204	1768569	313095
2. 定期存款	898832	286734	612098	187933
（二）机关团体存款				
（三）储蓄存款	1616507	465201	1151306	405655
1. 活期储蓄	822265	190944	631321	185465
2. 定期储蓄	794242	274257	519985	220190
（四）农业存款				
（五）其他存款	589989	413796	176193	－32260
二、代理财政性存款				
三、金融债券				
其中：政策性金融债券				
四、应付及暂收款	56676	10578	46098	26720
其中：应付及预提利息	18613	6355	12258	6010
五、卖出回购证券				
六、向中央银行借款				
七、同业往来	294125	46639	247486	116856
（一）同业存放	294125	46639	247486	116856
（二）同业拆借				
八、委托存款及委托投资基金（净）				
（一）委托存款及委托投资基金	189297	3425	185872	37833
（二）减：委托贷款及委托投资	189297	3425	185872	37833
九、代理金融机构委托贷款基金				
其中：中央银行委托贷款基金				
十、各项准备	49874	7826	42048	23930
其中：贷款呆账准备	49774	7826		
十一、所有者权益	21882	5296	16586	－30628
其中：实收资本				
当年结益	58364	58364	47766	47766
十二、其他	－1930712	－979945	－950767	－273141
资金来源总计	3406946	297329	3109617	738160

续表

资金运用项目	2003年		2002年	
	余额	比年初	余额	比年初
一、各项贷款	3056053	672484	2383569	571719
（一）短期贷款	1747974	237064	1510910	254524
1. 工业贷款	347868	182748	165120	－30780
2. 商业贷款	331799	108629	223170	111144
其中：收购贷款				
3. 建筑业贷款	217742	－12018	229760	122275
4. 农业贷款				
5. 乡镇企业贷款				
6. 三资企业贷款	32653	－37206	69859	34869
7. 私营企业及个体贷款	5880	－4650	10530	10530
8. 其他短期贷款	812032	－439	812471	6486
其中：个人短期消费贷款	59370	3954	55416	321
（二）中期流动资金贷款	117106	55053	62053	26772
（三）中长期贷款	886395	371981	514414	313782
1. 基本建设贷款	131808	111808	20000	20000
2. 技术改造贷款				
3. 其他中长期贷款	754587	260173	494414	293782
其中：个人中长期消费贷款	670118	224378	445740	269480
（四）票据融资	304578	8386	296192	－23359
其中：贴现	304578	8386	296192	－23359
（五）各项垫款				
二、有价证券及投资	144065	－88081	232146	－55560
三、应收及预付款项	14198	－6556	20754	－4235
其中：应收利息	102	－27	129	－18281
四、买入返售证券	22000	6000	16000	16000
五、存放中央银行准备金存款	148309	－281111	429420	222036
六、存放中央银行特种存款				
七、缴存中央银行财政性存款				
八、同业往来	3633	1389	2244	－12138
（一）存放同业	3633	1389	2244	－12138
（二）拆放同业				
九、代理金融机构贷款				
其中：代理人行专项贷款				
十、库存现金	18688	－6796	25484	338
十一、外汇占款				
资金运用合计	3406946	297329	3109617	738160

表 3－11 上海浦东发展银行北京分行人民币信贷收支统计

单位：万元

资金来源项目	2003 年		2002 年	
	余额	比年初	余额	比年初
一、各项存款	2750517	－528976	3279493	1223167
（一）企业存款	2313895	－655291	2969186	1055802
1. 活期存款	980771	－258725	1239496	336554
2. 定期存款	1333124	－396566	1729690	719248
（二）机关团体存款	90607	90607		
（三）储蓄存款	184591	33713	150878	60351
1. 活期储蓄	72172	6029	66143	26132
2. 定期储蓄	112419	27684	84735	34219
（四）农业存款				
（五）其他存款	161424	1995	159429	107014
二、代理财政性存款				
三、金融债券				
其中：政策性金融债券				
四、应付及暂收款	24372	2691	21681	6072
其中：应付及预提利息	11924	－463	12387	4999
五、卖出回购证券				
六、向中央银行借款				
七、同业往来	168865	51786	117079	66498
（一）同业存放	168865	51786	117079	66498
（二）同业拆借				
八、委托存款及委托投资基金（净）		－10	10	－6
（一）委托存款及委托投资基金		－10	10	－6
（二）减：委托贷款及委托投资				
九、代理金融机构委托贷款基金				
其中：中央银行委托贷款基金				
十、各项准备	52030	13183	38847	25561
其中：贷款呆账准备	43476	10362		
十一、所有者权益	21340	－4882	26222	－7092
其中：实收资本				
当年结益	21340	21340	26222	26222
十二、其他	－632142	619106	－1251248	－410784
资金来源总计	2384982	152898	2232084	903416

续表

资金运用项目	2003年		2002年	
	余额	比年初	余额	比年初
一、各项贷款	1868893	145673	1723220	694721
（一）短期贷款	1377089	266170	1110919	234820
1. 工业贷款	434144	92803	341341	-76304
2. 商业贷款	138424	-18446	156870	-20735
其中：收购贷款				
3. 建筑业贷款				
4. 农业贷款				
5. 乡镇企业贷款				
6. 三资企业贷款	59184	-5606	64790	7315
7. 私营企业及个体贷款	13000	-17200	30200	9900
8. 其他短期贷款	732337	214619	517718	314644
其中：个人短期消费贷款	13409	-12636	26045	3851
（二）中期流动资金贷款	160000	129460	30540	21780
（三）中长期贷款	254468	115103	139365	20796
1. 基本建设贷款	109500	34500	75000	
2. 技术改造贷款	12380	6580	5800	5800
3. 其他中长期贷款	132588	74023	58565	14996
其中：个人中长期消费贷款	116583	59044	57539	13970
（四）票据融资	77336	-365060	442396	417325
其中：贴现	77336	-365060	442396	417325
（五）各项垫款				
二、有价证券及投资	38178	-18279	56457	-12960
三、应收及预付款项	15904	2569	13335	7616
其中：应收利息	215	81	134	134
四、买入返售证券				
五、存放中央银行准备金存款	292037	-89687	381724	199644
六、存放中央银行特种存款				
七、缴存中央银行财政性存款				
八、同业往来	152188	139531	12657	-5817
（一）存放同业	2188	-469	2657	-5817
（二）拆放同业	150000	140000	10000	
九、代理金融机构贷款				
其中：代理人行专项贷款				
十、库存现金	16120	-5215	21335	1843
十一、外汇占款	1662	-21694	23356	18369
资金运用合计	2384982	152898	2232084	903416

表 3－12 广东发展银行北京分行人民币信贷收支统计

单位：万元

资金来源项目	2003 年		2002 年	
	余额	比年初	余额	比年初
一、各项存款	2374840	720708	1654132	250785
（一）企业存款	1924551	482277	1442274	184901
1. 活期存款	1044149	186464	857685	165011
2. 定期存款	880402	295813	584589	19890
（二）机关团体存款				
（三）储蓄存款	127962	40552	87410	46082
1. 活期储蓄	65009	23738	41271	20410
2. 定期储蓄	62953	16814	46139	25672
（四）农业存款				
（五）其他存款	322327	197879	124448	19802
二、代理财政性存款	3	3		
三、金融债券				
其中：政策性金融债券				
四、应付及暂收款	12762	2455	10307	160
其中：应付及预提利息	8181	2955	5226	－222
五、卖出回购证券				
六、向中央银行借款				
七、同业往来	270346	108408	161938	85906
（一）同业存放	270346	108408	161938	85906
（二）同业拆借				
八、委托存款及委托投资基金（净）		－300	300	300
（一）委托存款及委托投资基金	15628	14000	1628	1628
（二）减：委托贷款及委托投资	15628	14300	1328	1328
九、代理金融机构委托贷款基金				
其中：中央银行委托贷款基金				
十、各项准备	17828	5631	12197	3044
其中：贷款呆账准备	17828	5631		
十一、所有者权益	29664	11982	17682	8035
其中：实收资本				
当年结益	29893	29893	19448	19448
十二、其他	－638879	－260615	－378264	－15737
资金来源总计	2066564	588272	1478292	332493

续表

资金运用项目	2003 年		2002 年	
	余额	比年初	余额	比年初
一、各项贷款	1737755	518122	1219633	303238
（一）短期贷款	970458	585010	385448	－12241
1. 工业贷款	216965	149655	67310	56630
2. 商业贷款	94896	78156	16740	690
其中：收购贷款				
3. 建筑业贷款	63700	34300	29400	17400
4. 农业贷款				
5. 乡镇企业贷款				
6. 三资企业贷款	27500	21800	5700	4050
7. 私营企业及个体贷款	10150	9900	250	250
8. 其他短期贷款	557247	291199	266048	－91261
其中：个人短期消费贷款	2401	1978	423	－1049
（二）中期流动资金贷款				
（三）中长期贷款	726328	－13698	740026	312124
1. 基本建设贷款				
2. 技术改造贷款				
3. 其他中长期贷款	726328	－13698	740026	312124
其中：个人中长期消费贷款	119539	53253	66286	3384
（四）票据融资	40969	－53158	94127	3323
其中：贴现	40969	－53158	94127	3323
（五）各项垫款		－32	32	32
二、有价证券及投资		－300	300	
三、应收及预付款项	32721	11091	21630	－27952
其中：应收利息	7014	6093	921	－1431
四、买入返售证券				
五、存放中央银行准备金存款	191801	23978	167823	21170
六、存放中央银行特种存款				
七、缴存中央银行财政性存款				
八、同业往来	96459	33613	62846	33655
（一）存放同业	66459	23613	42846	13655
（二）拆放同业	30000	10000	20000	20000
九、代理金融机构贷款				
其中：代理人行专项贷款				
十、库存现金	5334	1251	4083	1724
十一、外汇占款	2494	517	1977	658
资金运用合计	2066564	588272	1478292	332493

表3－13 兴业银行北京分行（原福建兴业银行北京分行）人民币信贷收支统计

单位：万元

资金来源项目	2003年		2002年	
	余额	比年初	余额	比年初
一、各项存款	2376348	745378	1630966	805029
（一）企业存款	2083513	782767	1300745	556849
1. 活期存款	1269239	509255	759983	283554
2. 定期存款	814274	273512	540762	273295
（二）机关团体存款				
（三）储蓄存款	112788	52250	60535	34166
1. 活期储蓄	66915	30969	35946	19507
2. 定期储蓄	45873	21281	24589	14659
（四）农业存款	9895	9895		
（五）其他存款	170152	－99534	269686	214014
二、代理财政性存款				
三、金融债券				
其中：政策性金融债券				
四、应付及暂收款	9896	1845	8051	894
其中：应付及预提利息	5376	1131	4245	2104
五、卖出回购证券				
六、向中央银行借款				
七、同业往来	456268	83595	372673	35679
（一）同业存放	456268	83595	372673	35679
（二）同业拆借				
八、委托存款及委托投资基金（净）	3106	3106		
（一）委托存款及委托投资基金	6906	6906		
（二）减：委托贷款及委托投资	3800	3800		
九、代理金融机构委托贷款基金				
其中：中央银行委托贷款基金				
十、各项准备	－110	－174	64	64
其中：贷款呆账准备	－91	－91		
十一、所有者权益	30150	12600	17552	8942
其中：实收资本				
当年结益	30150	30150	17552	17552
十二、其他	－1032261	－67269	－964991	－399904
资金来源总计	1843397	779081	1064315	450704

续表

资金运用项目	2003年		2002年	
	余额	比年初	余额	比年初
一、各项贷款	1648001	953137	694865	243394
（一）短期贷款	984329	543409	440920	177813
1. 工业贷款	367377	319677	47700	12800
2. 商业贷款	117542	41382	76160	49660
其中：收购贷款				
3. 建筑业贷款	261620	261620		
4. 农业贷款	16000	16000		
5. 乡镇企业贷款				
6. 三资企业贷款		-18540	18540	3000
7. 私营企业及个体贷款		-3000	3000	1700
8. 其他短期贷款	221790	-73730	295520	110653
其中：个人短期消费贷款	1598	1598		
（二）中期流动资金贷款		-11000	11000	1000
（三）中长期贷款	356085	137139	218946	55153
1. 基本建设贷款	153500	7040	146460	89460
2. 技术改造贷款				
3. 其他中长期贷款	202585	130099	72486	-34307
其中：个人中长期消费贷款	51085	38599	12486	5693
（四）票据融资	307587	283589	23999	9428
其中：贴现	307587	283589	23999	9428
（五）各项垫款				
二、有价证券及投资	5754	3145	2607	1462
三、应收及预付款项	420	-548	968	-2237
其中：应收利息	55	55		
四、买入返售证券				
五、存放中央银行准备金存款	123940	13108	110832	76636
六、存放中央银行特种存款				
七、缴存中央银行财政性存款				
八、同业往来	58797	-191877	250674	129174
（一）存放同业	4097	-102777	106874	104074
（二）拆放同业	54700	-89100	143800	25100
九、代理金融机构贷款				
其中：代理人行专项贷款				
十、库存现金	6485	2118	4367	2274
十一、外汇占款		-2	2	1
资金运用合计	1843397	779081	1064315	450704

表 3－14 深圳发展银行北京分行人民币信贷收支统计

单位：万元

资金来源项目	2003 年		2002 年	
	余额	比年初	余额	比年初
一、各项存款	1090766	323525	767241	330875
（一）企业存款	789452	177280	612172	240364
1. 活期存款	368928	18945	349983	122169
2. 定期存款	420524	158335	262189	118195
（二）机关团体存款				
（三）储蓄存款	37910	19835	18075	4874
1. 活期储蓄	22346	13274	9072	1902
2. 定期储蓄	15564	6561	9003	2972
（四）农业存款	4304	－1272	5576	－3478
（五）其他存款	259100	127682	131418	89115
二、代理财政性存款				
三、金融债券				
其中：政策性金融债券				
四、应付及暂收款	13540	9034	4506	3314
其中：应付及预提利息	6435	5077	1358	616
五、卖出回购证券				
六、向中央银行借款				
七、同业往来	307338	195345	111993	－134851
（一）同业存放	275338	163345	111993	－134851
（二）同业拆借	32000	32000		
八、委托存款及委托投资基金（净）				
（一）委托存款及委托投资基金	8613	5159	3454	－7225
（二）减：委托贷款及委托投资	8613	5159	3454	－7225
九、代理金融机构委托贷款基金				
其中：中央银行委托贷款基金				
十、各项准备	10209	3583	6626	4899
其中：贷款呆账准备	10201	3583		
十一、所有者权益	6859	4654	2205	6331
其中：实收资本				
当年结益	6859	6859	3419	3419
十二、其他	－221913	－181031	－40882	399265
资金来源总计	1206799	355110	851689	609833

续表

资金运用项目	2003年		2002年	
	余额	比年初	余额	比年初
一、各项贷款	944722	266105	678617	488849
（一）短期贷款	648898	189253	459645	326465
1. 工业贷款	40440	－31696	72136	56136
2. 商业贷款	113702	67372	46330	27130
其中：收购贷款				
3. 建筑业贷款	42730	－54430	97160	73160
4. 农业贷款				
5. 乡镇企业贷款				
6. 三资企业贷款	31006	－10994	42000	11835
7. 私营企业及个体贷款				
8. 其他短期贷款	421020	219001	202019	158204
其中：个人短期消费贷款	1493	944	549	－256
（二）中期流动资金贷款	66200	22000	44200	25000
（三）中长期贷款	47944	33546	14398	701
1. 基本建设贷款	17600	15000	2600	2600
2. 技术改造贷款				
3. 其他中长期贷款	30344	18546	11798	－1899
其中：个人中长期消费贷款	30344	18546	11798	－1899
（四）票据融资	181680	21306	160374	136683
其中：贴现	181680	21306	160374	136683
（五）各项垫款				
二、有价证券及投资	858	－163	1021	276
三、应收及预付款项	5682	4394	1288	457
其中：应收利息	3035	2903	132	128
四、买入返售证券				
五、存放中央银行准备金存款	185898	99660	86238	39052
六、存放中央银行特种存款				
七、缴存中央银行财政性存款				
八、同业往来	68434	－14574	83008	80725
（一）存放同业	68434	－14574	83008	80725
（二）拆放同业				
九、代理金融机构贷款				
其中：代理人行专项贷款				
十、库存现金	1205	－312	1517	474
十一、外汇占款				
资金运用合计	1206799	355110	851689	609833

表 3－15 中信实业银行总行营业部人民币信贷收支统计

单位：万元

资金来源项目	2003 年		2002 年	
	余额	比年初	余额	比年初
一、各项存款	6082053	1128165	4953888	980766
（一）企业存款	4772965	983829	3789136	688449
1. 活期存款	3079878	816006	2263872	897667
2. 定期存款	1693087	167823	1525264	－209218
（二）机关团体存款	475538	80614	394924	391771
（三）储蓄存款	245613	94313	151300	59623
1. 活期储蓄	80345	24204	56141	13030
2. 定期储蓄	165268	70109	95159	46593
（四）农业存款				
（五）其他存款	587937	－30591	618528	－159077
二、代理财政性存款				
三、金融债券	1		1	
其中：政策性金融债券				
四、应付及暂收款	139410	67736	71674	29618
其中：应付及预提利息	23063	146	22917	1575
五、卖出回购证券				
六、向中央银行借款				
七、同业往来	581053	－45287	626340	－9099
（一）同业存放	581053	－45287	626340	－9099
（二）同业拆借				
八、委托存款及委托投资基金（净）	500	470	30	1
（一）委托存款及委托投资基金	147382	8772	138610	112652
（二）减：委托贷款及委托投资	146882	8302	138580	112651
九、代理金融机构委托贷款基金				
其中：中央银行委托贷款基金				
十、各项准备	47336	13801	33535	10591
其中：贷款呆账准备	47336	13801		
十一、所有者权益	38498	4093	34405	229
其中：实收资本				
当年结益	70506	70506	62617	62617
十二、其他	－1474174	333305	－1807479	148665
资金来源总计	5414677	1502283	3912394	1160771

续表

资金运用项目	2003 年		2002 年	
	余额	比年初	余额	比年初
一、各项贷款	4237273	1075023	3334004	1063945
（一）短期贷款	1618513	259310	1530957	395357
1. 工业贷款	269273	91718	177555	12959
2. 商业贷款	282954	63944	219010	－29822
其中：收购贷款				
3. 建筑业贷款	303980	169951	134029	93799
4. 农业贷款				
5. 乡镇企业贷款				
6. 三资企业贷款	120229	－20677	140906	－8039
7. 私营企业及个体贷款	4260	－1090	5350	4950
8. 其他短期贷款	637817	－44536	854107	321510
其中：个人短期消费贷款	4859	594	4265	－1278
（二）中期流动资金贷款	460658	－80235	540893	200820
（三）中长期贷款	957300	308399	648901	－34217
1. 基本建设贷款	287726	287726		
2. 技术改造贷款				－10050
3. 其他中长期贷款	669574	20673	648901	－24167
其中：个人中长期消费贷款	344856	205623	139233	83384
（四）票据融资	1200802	587549	613253	501985
其中：贴现	1200802	587549	613253	501985
（五）各项垫款				
二、有价证券及投资	156215	35341	120874	83681
三、应收及预付款项	39794	3230	36564	15197
其中：应收利息	10267	1337	8930	－9390
四、买入返售证券	492908	321154		
五、存放中央银行准备金存款	166772	－230827	397599	5735
六、存放中央银行特种存款				
七、缴存中央银行财政性存款				
八、同业往来	306299	294188	12111	－6992
（一）存放同业	304499	303188	1311	－6992
（二）拆放同业	1800	－9000	10800	
九、代理金融机构贷款				
其中：代理人行专项贷款				
十、库存现金	16200	5693	10507	101
十一、外汇占款	－785	－1519	734	－897
资金运用合计	5414676	1502283	3912393	1160770

表3－16 中国光大银行总行营业部人民币信贷收支统计

单位：万元

资金来源项目	2003年		2002年	
	余额	比年初	余额	比年初
一、各项存款	5626426	928505	4697921	1530963
（一）企业存款	4482187	521896	3960291	1344778
1. 活期存款	1997362	331177	1666185	465317
2. 定期存款	2484825	190719	2294106	879461
（二）机关团体存款	251313	136871	114442	61670
（三）储蓄存款	395421	103648	291773	121721
1. 活期储蓄	170753	51334	119419	41943
2. 定期储蓄	224668	52314	172354	79778
（四）农业存款				
（五）其他存款	497505	166090	331415	2794
二、代理财政性存款				
三、金融债券				
其中：政策性金融债券				
四、应付及暂收款	58675	10232	48443	－299085
其中：应付及预提利息	32130	10234	21896	7894
五、卖出回购证券				
六、向中央银行借款				
七、同业往来	391620	－13819	405439	236860
（一）同业存放	391620	－13819	405439	236860
（二）同业拆借				
八、委托存款及委托投资基金（净）	114	－865	979	979
（一）委托存款及委托投资基金	85568	44024	41544	27593
（二）减：委托贷款及委托投资	85454	44889	40565	26614
九、代理金融机构委托贷款基金				
其中：中央银行委托贷款基金				
十、各项准备	24017	－80770	104787	－3653
其中：贷款呆账准备	24017	－80770		
十一、所有者权益	23390	－12701	36091	20693
其中：实收资本				
当年结益	42833	42833	50177	50177
十二、其他	－3061601	－136362	－2925239	－1466429
资金来源总计	3062641	694220	2368421	20328

续表

资金运用项目	2003 年		2002 年	
	余额	比年初	余额	比年初
一、各项贷款	2396722	635201	1781521	160249
（一）短期贷款	1418375	155497	1282878	－126274
1. 工业贷款	458185	85452	372733	70916
2. 商业贷款	117582	7053	110529	－140731
其中：收购贷款				
3. 建筑业贷款				
4. 农业贷款				
5. 乡镇企业贷款				
6. 三资企业贷款	58169	－12669	70838	－3195
7. 私营企业及个体贷款				
8. 其他短期贷款	784439	75661	728778	－53264
其中：个人短期消费贷款	14741	－114333	129074	98431
（二）中期流动资金贷款				
（三）中长期贷款	909919	458737	451182	270673
1. 基本建设贷款	101456	90950	10506	1635
2. 技术改造贷款				
3. 其他中长期贷款	808463	367787	440676	269038
其中：个人中长期消费贷款	317356	303650	13706	－7785
（四）票据融资	63026	22556	40470	16789
其中：贴现	63026	22556	40470	16789
（五）各项垫款	5402	－1589	6991	－939
二、有价证券及投资	93530	－25498	119028	13940
三、应收及预付款项	100530	－35027	135557	－214707
其中：应收利息	11831	－10283	22114	－3329
四、买入返售证券				
五、存放中央银行准备金存款	455488	213780	241708	71556
六、存放中央银行特种存款				
七、缴存中央银行财政性存款	48	－3	51	51
八、同业往来	2931	－95510	78441	－22354
（一）存放同业	2931	－75510	78441	－22354
（二）拆放同业		－20000		
九、代理金融机构贷款				
其中：代理人行专项贷款				
十、库存现金	9658	－1959	11617	5441
十一、外汇占款	3734	3236	498	6152
资金运用合计	3062641	694220	2368421	20328

表 3－17　华夏银行总行营业部人民币信贷收支统计

单位：万元

资金来源项目	2003 年		2002 年	
	余额	比年初	余额	比年初
一、各项存款	4218503	1660579	2557924	797655
（一）企业存款	2501937	624817	1877120	455794
1. 活期存款	1620922	451033	1169889	236043
2. 定期存款	881015	173784	707231	219751
（二）机关团体存款	5224	－1545	6769	4717
（三）储蓄存款	217987	71078	146909	36132
1. 活期储蓄	95512	36997	58515	15289
2. 定期储蓄	122475	34081	88394	20843
（四）农业存款				
（五）其他存款	1493355	966229	527126	301012
二、代理财政性存款				
三、金融债券				
其中：政策性金融债券				
四、应付及暂收款	29953	－50332	80285	29728
其中：应付及预提利息	15862	2778	13084	7907
五、卖出回购证券				
六、向中央银行借款				
七、同业往来	51734	－168784	220518	115314
（一）同业存放	51734	－168784	220518	115314
（二）同业拆借				
八、委托存款及委托投资基金（净）				
（一）委托存款及委托投资基金	47794	16513	31281	15227
（二）减：委托贷款及委托投资	47794	16513	31281	15227
九、代理金融机构委托贷款基金				
其中：中央银行委托贷款基金				
十、各项准备	28255	14180	14075	6255
其中：贷款呆账准备	28110	14035		
十一、所有者权益	12669	－5653	18322	8241
其中：实收资本				
当年结益	18904	18904	24592	24592
十二、其他	－1495265	－669703	－825562	－799065
资金来源总计	2845849	780287	2065562	158128

续表

资金运用项目	2003 年		2002 年	
	余额	比年初	余额	比年初
一、各项贷款	2260184	882478	1377706	199313
（一）短期贷款	1645271	548802	1096469	336145
1. 工业贷款	425420	183987	241433	31108
2. 商业贷款	247829	152382	95447	13910
其中：收购贷款				
3. 建筑业贷款	170585	57176	113409	50571
4. 农业贷款				
5. 乡镇企业贷款				
6. 三资企业贷款	150206	－46204	196410	84209
7. 私营企业及个体贷款	2000		2000	2000
8. 其他短期贷款	649231	201461	447770	154347
其中：个人短期消费贷款	7181	3736	3445	－8181
（二）中期流动资金贷款	26500	－66156	92656	－137515
（三）中长期贷款	466519	328954	137565	86500
1. 基本建设贷款	34490	34490		
2. 技术改造贷款				
3. 其他中长期贷款	432029	294464	137565	86500
其中：个人中长期消费贷款	145828	63278	82550	41485
（四）票据融资	120526	74271	46255	－54837
其中：贴现	120526	74271	46255	－54837
（五）各项垫款	1368	－3393	4761	－30980
二、有价证券及投资	306154	72447	233707	101064
三、应收及预付款项	12953	－53558	66511	2266
其中：应收利息	68	－76	144	－351
四、买入返售证券				
五、存放中央银行准备金存款	254404	－122395	376799	－149760
六、存放中央银行特种存款				
七、缴存中央银行财政性存款				
八、同业往来	11061	7262	3799	3249
（一）存放同业	11061	7262	3799	3249
（二）拆放同业				
九、代理金融机构贷款				
其中：代理人行专项贷款				
十、库存现金	9680	3253	6427	2575
十一、外汇占款	－8587	－9200	613	－579
资金运用合计	2845849	780287	2065562	158128

表 3－18　中国民生银行北京管理部人民币信贷收支统计

单位：万元

资金来源项目	2003 年		2002 年	
	余额	比年初	余额	比年初
一、各项存款	7052105	1881488	5170617	2375121
（一）企业存款	5455423	1223878	4231545	1918914
1. 活期存款	2943631	761841	2181790	878578
2. 定期存款	2511792	462037	2049755	1040336
（二）机关团体存款	58103	44110	13993	12993
（三）储蓄存款	573950	284243	289707	153806
1. 活期储蓄	263981	126464	137517	68194
2. 定期储蓄	309969	157779	152190	85612
（四）农业存款				
（五）其他存款	964629	329257	635372	289408
二、代理财政性存款				
三、金融债券				
其中：政策性金融债券				
四、应付及暂收款	76203	－12609	88812	42520
其中：应付及预提利息	49105	27122	21983	10141
五、卖出回购证券				
六、向中央银行借款				
七、同业往来	1259681	279196	980485	354617
（一）同业存放	1259681	279196	980485	354617
（二）同业拆借				
八、委托存款及委托投资基金（净）				
（一）委托存款及委托投资基金	160150	160150		
（二）减：委托贷款及委托投资	160150	160150		
九、代理金融机构委托贷款基金				
其中：中央银行委托贷款基金				
十、各项准备	70624	25603	45021	28783
其中：贷款呆账准备	70623	25603		
十一、所有者权益	67518	32750	34768	7963
其中：实收资本				
当年结益	67518	67518	34768	34768
十二、其他	－1180816	－89359	－1091457	－467607
资金来源总计	7345315	2117069	5228246	2341397

续表

资金运用项目	2003年		2002年	
	余额	比年初	余额	比年初
一、各项贷款	5182067	1603317	3578750	1484455
（一）短期贷款	2960906	863208	2097698	782278
1. 工业贷款	533514	199035	334479	144766
2. 商业贷款	451666	99810	351856	183710
其中：收购贷款				
3. 建筑业贷款		-4423	4423	-3065
4. 农业贷款				
5. 乡镇企业贷款				
6. 三资企业贷款	124941	35214	89727	-56722
7. 私营企业及个体贷款	896596	398010	498586	25055
8. 其他短期贷款	954189	135562	818627	488534
其中：个人短期消费贷款	32963	4368	28595	-4090
（二）中期流动资金贷款	597845	143195	454650	359237
（三）中长期贷款	1427408	840460	586948	336808
1. 基本建设贷款	130147	57647	72500	12000
2. 技术改造贷款	12000	10500	1500	
3. 其他中长期贷款	1285261	772313	512948	324808
其中：个人中长期消费贷款	656947	551280	105667	66399
（四）票据融资	195265	-244099	439364	6042
其中：贴现	195265	-244099	439364	6042
（五）各项垫款	643	553	90	90
二、有价证券及投资	453493	156762	296731	37793
三、应收及预付款项	81430	36898	44532	-6191
其中：应收利息	175	-27343	27518	14504
四、买入返售证券				
五、存放中央银行准备金存款	305514	-578491	884005	685826
六、存放中央银行特种存款				
七、缴存中央银行财政性存款				
八、同业往来	1298741	888058	410683	143275
（一）存放同业	641228	419045	222183	-225
（二）拆放同业	657513	469013	188500	143500
九、代理金融机构贷款				
其中：代理人行专项贷款				
十、库存现金	16599	5031	11568	4049
十一、外汇占款	7471	5494	1977	-7810
资金运用合计	7345315	2117069	5228246	2341397

表 3－19 北京市商业银行人民币信贷收支统计

单位：万元

资金来源项目	2003 年		2002 年	
	余额	比年初	余额	比年初
一、各项存款	13967599	2822898	11144701	3104771
（一）企业存款	10617373	1917709	8699664	2230335
1. 活期存款	8157337	1457074	6700263	1508351
2. 定期存款	2460036	460635	1999401	721984
（二）机关团体存款	331686	－8376	340062	161300
（三）储蓄存款	1924498	370147	1554351	481913
1. 活期储蓄	836182	126428	709754	227323
2. 定期储蓄	1088316	243719	844597	254590
（四）农业存款	5	－21	26	－96
（五）其他存款	1094037	543439	550598	231319
二、代理财政性存款	14493	14482	11	4
三、金融债券				
其中：政策性金融债券				
四、应付及暂收款	107881	24851	83030	4355
其中：应付及预提利息	37321	11855	25466	3095
五、卖出回购证券	549000	－443000	992000	572000
六、向中央银行借款				
七、同业往来	1227985	812479	415506	165741
（一）同业存放	1097985	682479	415506	165741
（二）同业拆借	130000	130000		
八、委托存款及委托投资基金（净）				－5333
（一）委托存款及委托投资基金	71282	29808	41474	5698
（二）减：委托贷款及委托投资	71282	29808	41474	11031
九、代理金融机构委托贷款基金				
其中：中央银行委托贷款基金				
十、各项准备	81398	53345	28053	13569
其中：贷款呆账准备	81334	53345		
十一、所有者权益	599726	39428	560297	157486
其中：实收资本	294703	17013	277690	76703
当年结益	66655	66655	71020	71020
十二、其他	－257013	－48300	－208712	－21156
资金来源总计	16291069	3276183	13014886	3991437

续表

资金运用项目	2003年		2002年	
	余额	比年初	余额	比年初
一、各项贷款	9091194	2087683	7003511	2489210
(一)短期贷款	3689254	1232773	2457504	354814
1.工业贷款	139432	17819	122281	-11796
2.商业贷款	443976	116101	332633	12092
其中:收购贷款				
3.建筑业贷款	149266	44838	105938	15166
4.农业贷款	800	750	50	-550
5.乡镇企业贷款	33343	7910	29317	-11547
6.三资企业贷款	75559	6271	68178	-10143
7.私营企业及个体贷款	7154	-33915	41173	-5031
8.其他短期贷款	2839724	1072999	1757934	366623
其中:个人短期消费贷款	7550	-2784	10334	3234
(二)中期流动资金贷款	500102	92159	434036	339998
(三)中长期贷款	3230834	1067016	2136702	829945
1.基本建设贷款	964925	266600	694725	223420
2.技术改造贷款	55219	29430	25530	2141
3.其他中长期贷款	2210690	770986	1416447	604384
其中:个人中长期消费贷款	1253519	530021	723498	430296
(四)票据融资	1671004	-304265	1975269	966053
其中:贴现	1671004	-304265	1975269	966053
(五)各项垫款				-1600
二、有价证券及投资	3618091	605553	3012538	1129615
三、应收及预付款项	217402	-150419	367821	-12845
其中:应收利息	10220	-4271	14491	-12956
四、买入返售证券	734121	-13700	747821	-235335
五、存放中央银行准备金存款	1424634	408072	1016562	183807
六、存放中央银行特种存款				
七、缴存中央银行财政性存款				
八、同业往来	1124854	337047	787807	406200
(一)存放同业	848330	152215	696115	420655
(二)拆放同业	276524	184832	91692	-14455
九、代理金融机构贷款				
其中:代理人行专项贷款				
十、库存现金	58587	-9538	68125	21058
十一、外汇占款	22186	11485	10701	9727
资金运用合计	16291069	3276183	13014886	3991437

表3-20 北京市农村信用社人民币信贷收支统计

单位：万元

资金来源项目	2003年		2002年	
	余额	比年初	余额	比年初
一、各项存款	8265655	1514911	6750744	869584
（一）企业存款	526182	137996	388186	81793
1. 活期存款				
2. 定期存款	526182	137996	388186	81793
（二）机关团体存款	8379	-3320	11699	2372
（三）储蓄存款	3670665	504398	3166267	341743
1. 活期储蓄	1000425	245195	755230	184490
2. 定期储蓄	2670240	259203	2411037	157253
（四）农业存款	4044793	867386	3177407	438800
（五）其他存款	15636	8451	7185	4876
二、代理财政性存款	91	36	55	-27
三、金融债券				
其中：政策性金融债券				
四、应付及暂收款	261284	31764	220718	40203
其中：应付及预提利息	176144	19581	157525	42929
五、卖出回购证券				
六、向中央银行借款	17000	1100	15900	15900
七、同业往来	2006016	755971	1250045	741707
（一）同业存放	1429016	637971	791045	780707
（二）同业拆借	577000	118000	459000	-39000
八、委托存款及委托投资基金（净）	16	63	-47	7
（一）委托存款及委托投资基金	761	-8	769	-23
（二）减：委托贷款及委托投资	745	-71	816	-30
九、代理金融机构委托贷款基金				
其中：中央银行委托贷款基金				
十、各项准备	64118	12117	52001	10715
其中：贷款呆账准备	64118	12117		
十一、所有者权益	237532	86644	159689	-2929
其中：实收资本	100276	44827	55449	17683
当年结益	42209	42209	17304	17304
十二、其他	-139444	-33087	-106356	46367
资金来源总计	10712268	2369519	8342749	1721527

续表

资金运用项目	2003 年		2002 年	
	余额	比年初	余额	比年初
一、各项贷款	5273981	1661417	3612564	553221
（一）短期贷款	3701736	567694	3134042	337434
1. 工业贷款				
2. 商业贷款				
其中：收购贷款				
3. 建筑业贷款				
4. 农业贷款	424792	6506	418286	5045
5. 乡镇企业贷款	2500495	299317	2201178	204092
6. 三资企业贷款				
7. 私营企业及个体贷款				
8. 其他短期贷款	776449	261871	514578	128297
其中：个人短期消费贷款				
（二）中期流动资金贷款				
（三）中长期贷款	391980	63458	328522	65787
1. 基本建设贷款				
2. 技术改造贷款				
3. 其他中长期贷款	391980	63458	328522	65787
其中：个人中长期消费贷款				
（四）票据融资	1180265	1030265	150000	150000
其中：贴现	1180265	1030265	150000	150000
（五）各项垫款				
二、有价证券及投资	2406791	571531	1835260	271044
三、应收及预付款项	31432	－6552	37984	－8365
其中：应收利息	13477	－3385	16862	－1520
四、买入返售证券				
五、存放中央银行准备金存款	772027	32957	739070	－49180
六、存放中央银行特种存款		－265000	265000	64000
七、缴存中央银行财政性存款		－645023	645023	645023
八、同业往来	2176490	1007102	1169388	239670
（一）存放同业	2082458	946502	1135956	271540
（二）拆放同业	94032	60600	33432	－31870
九、代理金融机构贷款				
其中：代理人行专项贷款				
十、库存现金	51547	13087	38460	6114
十一、外汇占款				
资金运用合计	10712268	2369519	8342749	1721527

表 3－21　北京市邮政储汇局储蓄存款统计

单位：万元

项目名称	2003 年		2002 年	
	余额	比年初	余额	比年初
一、活期储蓄存款	1194586	140764	1053822	279753
二、个人定期储蓄存款	1633849	181090	1452759	181681
合　计	2828435	321854	2506581	461434

表 3－22　北京市信托投资公司人民币信贷收支统计

单位：万元

资金来源项目	2003 年		2002 年	
	余额	比年初	余额	比年初
一、各项存款	75524	－2087	79611	－2525
（一）信托存款	25421	－815	26236	－101
（二）委托存款	49508	－561	52069	－2208
1. 委托存款	49442	－561	52003	－2184
2. 委托投资基金	66		66	－24
（三）保证金存款		－711	711	－216
（四）其他存款	595		595	
二、金融债券	5000		5000	
三、应付及暂收款	123699	－21450	163679	3272
其中：应付及预提利息	15064	－1129	16193	6169
四、长期借款	35200	－960	36160	－1000
五、证券业务款项	48300	－66573	92700	－41508
六、卖出回购证券	6913		6913	
七、向中央银行借款	1950	－600	2550	－700
八、同业往来	141670	74493	66597	－22553
（一）同业存放	－3500		－3500	
（二）同业拆借	145170	74493	70097	－22553
九、代理金融机构贷款基金				
其中：央行委托贷款基金				
十、各项准备	1946	－221	2027	198
其中：贷款呆账准备	1737	－221		
十一、所有者权益	106339	－898	111862	－16726
其中：实收资本	127844	379	127465	－1712
当年结益	1541	1541	－3877	－3877
十二、其他	22695	57637	－54405	14799
资金来源合计	569236	39341	512694	－66743

续表

资金运用项目	2003年		2002年	
	余额	比年初	余额	比年初
一、各项贷款	119836	34729	86107	－11574
（一）信托贷款	91873	36871	55002	－7977
其中：中长期贷款	47816	7829	39987	－1142
（二）委托贷款	21993	－1780	25773	－1736
（三）抵押贷款				
（四）票据融资	1000			
其中：贴现				
（五）融资租赁	4970	－362	5332	－1861
（六）各项垫款				
（七）其他贷款				
二、委托投资	－673		－673	－24
三、投资	163108	5070	158038	32179
（一）短期投资	83133	64831	18302	－4087
（二）长期投资	79975	－59761	139736	36266
四、应收及预付款	124328	24482	99691	－57753
其中：应收利息	1963		1963	－156
五、证券业务占款				－334
六、经营租赁				
七、买入返售证券	3296	－5	4301	－830
八、缴存央行准备金存款	2026	－107	2133	－369
九、存放央行特种存款				
十、同业往来	105819	9433	74257	－28724
（一）存放同业	75649	－20567	74087	－28384
（二）拆放同业	30170	30000	170	－340
十一、代理金融机构贷款				
其中：代理人行专项贷款				
十二、库存现金	75	29	50	9
十三、外币占款	51421	－34290	88790	677
资金运用合计	569236	39341	512694	－66743

表 3－23　北京市财务公司人民币信贷收支统计　　　　单位：万元

资金来源项目	2003 年		2002 年	
	余　额	比年初	余　额	比年初
一、各项存款	15251	－2020	17271	－1171
（一）企业存款	15251	－2020	17271	－1171
1. 活期存款	12831	－2020	14851	－1171
2. 定期存款	2420		2420	
（二）机关团体存款				
（三）委托存款及投资基金				
1. 委托存款				
2. 委托投资基金				
（四）信托存款				
（五）保证金存款				
（六）其他存款				
二、金融债券				
三、应付及暂收款	10607	2238	8369	－2723
其中：应付及预提利息				
四、长期借款				
五、证券业务占款				
六、卖出回购证券	1		1	
七、向中央银行借款	870	－40	910	－90
八、同业往来	15252	－2581	17833	－2425
（一）同业存放	2450		2450	
（二）同业拆借	12802	－2581	15383	－2425
九、代理金融机构贷款基金				
其中：中央银行委托贷款基金				
十、各项准备	302		302	6
其中：贷款呆账准备	302			
十一、所有者权益	3450	－434	3884	－115
其中：实收资本	5000		5000	
当年结益	－432	－432	－114	－114
十二、其他	526	－777	1303	32
资金来源总计	46259	－3614	49873	－6486

续表

资金运用项目	2003年		2002年	
	余　额	比年初	余　额	比年初
一、各项贷款	18179	－2889	21068	－6793
（一）短期贷款	15759	－2889	18648	－6793
1. 工业贷款				
2. 商业贷款				
3. 其他短期贷款	15759	－2889	18648	－6793
（二）中长期贷款				
（三）委托贷款	2420		2420	
（四）信托贷款				
其中：中长期信托贷款				
（五）抵押贷款				
（六）票据融资				
其中：贴现				
（七）融资租赁				
（八）各项垫款				
二、委托投资				
三、投资				－40
（一）短期投资				
（二）长期投资				－40
四、应收及预付款	27111	－692	27803	406
其中：应收利息	10006	－1164	11170	－195
五、证券业务占款				
六、经营租赁				
七、买入返售证券				
八、存放中央银行准备金存款	944	－32	976	－54
九、存放中央银行特种存款				
十、同业往来	24		24	－1
（一）存放同业	24		24	－1
（二）拆放同业				
十一、代理金融机构贷款				
其中：代理人行专项贷款				
十二、现金	1	－1	2	－4
十三、外汇占款				
资金运用总计	46259	－3614	49873	－6486

表3－24 2003年北京市各商业银行外汇信贷收支情况统计（一）

单位：万美元

资金来源项目	工商银行	农业银行	中国银行	建设银行
一、各项存款	615043	37572	868680	172221
（一）单位活期存款	24366	4065	56326	30901
其中：中资企业存款	15649	4065	56326	6013
外商投资企业存款	8496			24771
（二）单位定期存款	207383	11365	70315	44961
其中：中资企业存款	207383		68763	36743
外商投资企业存款				8218
（三）储蓄存款	342180	20985	737453	73151
其中：定期存款	303753	16314	619403	57676
（四）其他类存款	41114	1157	4586	22285
（五）境外存款				923
二、境内中长期借款				
三、卖出回购证券				
四、境外筹资	313			3519
五、向中央银行借款				
六、中央银行存款				
七、应付及暂收款	40976	2170	13168	2177
其中：应付及预提利息	361	97	9584	
八、同业存放	19904	740	23136	3519
（一）境内同业存放	19904	735	22879	3519
（二）境外同业存放		5	257	
九、同业拆入			333	
（一）境内同业拆入				
（二）境外同业拆入			333	
十、委托基金存款（净）				
十一、外汇买卖	5048	102	72	
其中：结售汇		80		
十二、境内联行存放	－509806	－27483	－716850	－109667
十三、境外联行存放				
十四、各项准备	1513	137	1466	
其中：贷款呆账准备	1513	137	1466	
十五、所有者权益	4270	－275	－3459	－2642
其中：实收资本				
当年结益	4270	－275	－3459	－2642
十六、其他	9743	3263	－317	346
资金来源总计	187004	16226	186229	69473

续表

资金运用项目	工商银行	农业银行	中国银行	建设银行
一、各项贷款	98405	9153	144463	63327
（一）短期贷款	27719	4830	48779	19351
1. 境内短期贷款	27719	4830	48779	19351
其中：中资企业贷款	25247	86	39588	19201
外商投资企业贷款	2472	500	9168	150
2. 境外短期贷款				
（二）中长期贷款	42504	137	72080	33992
1. 境内中长期贷款	42504	137	72080	33992
其中：中资企业贷款	39504		61704	28009
外商投资企业贷款			6630	1
2. 境外中长期贷款				
（三）进出口贸易融资	27795	3285	317	2327
（四）票据融资	68	31	172	9
其中：贴现				
（五）各项垫款	3	827	7234	5159
（六）境外筹资转贷款	316	43	15881	2489
二、投资	23387		2143	
（一）购买有价证券	23387			
其中：购买境外有价证券	23387			
（二）其他投资			2143	
其中：投资境外				
三、应收及预付款	5015	964	4310	1586
其中：应收及预付利息		532		60
四、买入返售证券				
五、存放中央银行	3436	129	1001	285
其中：缴存准备金				285
六、存放同业	52392	339	24476	353
（一）存放境内同业	49768	331	20000	353
（二）存放境外同业	2624	8	4476	
七、拆放同业	511	3759		271
（一）拆放境内同业	511	3759		271
（二）拆放境外同业				
八、存放境外联行				
九、库存现金	3858	1882	9836	3651
资金运用总计	187004	16226	186229	69473

表3-25　2003年北京市各商业银行外汇信贷收支情况统计（二）

单位：万美元

资金来源项目	进出口银行	交通银行	中信实业银行	光大银行
一、各项存款	11510	94427	301972	53313
（一）单位活期存款	6538	7970	39508	14863
其中：中资企业存款		3134	7001	6801
外商投资企业存款		2134	9980	2865
（二）单位定期存款	260	36610	238655	24226
其中：中资企业存款		36610	190387	3359
外商投资企业存款			7304	8233
（三）储蓄存款		47610	12999	10484
其中：定期存款		31598	10513	9016
（四）其他类存款	4712	2237	10040	3740
（五）境外存款			770	
二、境内中长期借款				
三、卖出回购证券				
四、境外筹资				
五、向中央银行借款				
六、中央银行存款				
七、应付及暂收款	13	4423	1546	2164
其中：应付及预提利息	13	541	1053	893
八、同业存放	23	450	9336	1037
（一）境内同业存放	0	450	9333	1037
（二）境外同业存放	23		3	
九、同业拆入				
（一）境内同业拆入				
（二）境外同业拆入				
十、委托基金存款（净）				
十一、外汇买卖		70	-94	452
其中：结售汇			5	452
十二、境内联行存放	30601	-34999	-222373	-37131
十三、境外联行存放				
十四、各项准备		-531	833	155
其中：贷款呆账准备		-531	833	155
十五、所有者权益	106	4904	2100	296
其中：实收资本		3316		
当年结益	106	1588	2100	296
十六、其他	500	1156	-721	178
资金来源总计	42753	69900	92599	20464

续表

资金运用项目	进出口银行	交通银行	中信实业银行	光大银行
一、各项贷款	39505	54257	70215	15578
（一）短期贷款		34180	4724	3351
1. 境内短期贷款		34180	4724	3351
其中：中资企业贷款		27160	1786	3351
外商投资企业贷款		2020	95	
2. 境外短期贷款				
（二）中长期贷款		3249	40257	10259
1. 境内中长期贷款		3249	29461	10259
其中：中资企业贷款		400	11972	5992
外商投资企业贷款				1400
2. 境外中长期贷款			10796	
（三）进出口贸易融资	39505	13385	24455	1297
（四）票据融资		123	51	1
其中：贴现				
（五）各项垫款		171	705	670
（六）境外筹资转贷款		3149	23	
二、投资			1172	121
（一）购买有价证券			770	
其中：购买境外有价证券			770	
（二）其他投资			402	121
其中：投资境外			220	
三、应收及预付款	20	6051	226	2824
其中：应收及预付利息	20		175	594
四、买入返售证券			5202	
五、存放中央银行		265		493
其中：缴存准备金				
六、存放同业	3227	1821	12866	1023
（一）存放境内同业	3227	1306	7546	1023
（二）存放境外同业		515	5320	
七、拆放同业			1615	
（一）拆放境内同业			1615	
（二）拆放境外同业				
八、存放境外联行		6082		
九、库存现金		1424	1302	425
资金运用总计	42752	69900	92598	20464

表3－26 2003年北京市各商业银行外汇信贷收支情况统计（三）

单位：万美元

资金来源项目	华夏银行	广东发展银行	深圳发展银行	招商银行
一、各项存款	26234	18696	21684	104860
（一）单位活期存款	5589	4075	2165	3537
其中：中资企业存款	609	43	1982	3026
外商投资企业存款	1966	870	183	502
（二）单位定期存款	12213	10602	18805	6469
其中：中资企业存款	7604	8637	15086	4289
外商投资企业存款	4603	441	3719	612
（三）储蓄存款	4119	3044	704	88860
其中：定期存款	3751	1988	591	55843
（四）其他类存款	4310	975	10	5994
（五）境外存款	3			
二、境内中长期借款				
三、卖出回购证券				
四、境外筹资				
五、向中央银行借款				
六、中央银行存款				
七、应付及暂收款	1645	118	108	618
其中：应付及预提利息	73	94	106	416
八、同业存放	26	95	300	3325
（一）境内同业存放	26	95	300	3325
（二）境外同业存放				
九、同业拆入				160
（一）境内同业拆入				160
（二）境外同业拆入				
十、委托基金存款（净）				
十一、外汇买卖	－1018	302		－5
其中：结售汇	－1037	305		
十二、境内联行存放	2995	－10129	－10299	－38063
十三、境外联行存放				
十四、各项准备	－137	17		1074
其中：贷款呆账准备	－137	17		1074
十五、所有者权益	692	178	60	3
其中：实收资本				
当年结益	692	178	60	804
十六、其他	－1	500	2	468
资金来源总计	30436	9777	11855	72440

续表

资金运用项目	华夏银行	广东发展银行	深圳发展银行	招商银行
一、各项贷款	28054	2088	4530	61303
（一）短期贷款	10505	599	100	4368
1. 境内短期贷款	10505	599	100	4368
其中：中资企业贷款	8945	99	100	4368
外商投资企业贷款	850			
2. 境外短期贷款				
（二）中长期贷款	13255	740		20000
1. 境内中长期贷款	13255	740		20000
其中：中资企业贷款				20000
外商投资企业贷款	800			
2. 境外中长期贷款				
（三）进出口贸易融资	4294	749	4430	36933
（四）票据融资				2
其中：贴现				
（五）各项垫款				
（六）境外筹资转贷款				
二、投资			3325	
（一）购买有价证券			3325	
其中：购买境外有价证券			3325	
（二）其他投资				
其中：投资境外				
三、应收及预付款	586	207	62	299
其中：应收及预付利息			62	
四、买入返售证券				
五、存放中央银行	325		58	839
其中：缴存准备金			58	
六、存放同业	1213	7160	3802	8890
（一）存放境内同业	131	7126	3752	7315
（二）存放境外同业	1082	34	50	1575
七、拆放同业				
（一）拆放境内同业				
（二）拆放境外同业				
八、存放境外联行				
九、库存现金	258	322	78	1109
资金运用总计	30436	9777	11855	72440

表3－27　2003年北京市各商业银行外汇信贷收支情况统计（四）

单位：万美元

资金来源项目	浦东发展银行	民生银行	兴业银行	北京市商业银行
一、各项存款	50953	70657	17224	43427
（一）单位活期存款	1746	15683	4330	10177
其中：中资企业存款	1116	5374	619	6511
外商投资企业存款	627	4840	1470	2475
（二）单位定期存款	38139	40843	10460	21112
其中：中资企业存款		40843	3203	5999
外商投资企业存款			6893	4281
（三）储蓄存款	9022	13501	2283	10197
其中：定期存款	6490	11328	1638	9120
（四）其他类存款	1986	630	151	1936
（五）境外存款	60			5
二、境内中长期借款				
三、卖出回购证券				
四、境外筹资				
五、向中央银行借款				
六、中央银行存款				
七、应付及暂收款	745	29403	158	907
其中：应付及预提利息	53	1020	157	126
八、同业存放	4574	6976	1833	20267
（一）境内同业存放	4574	6976	1833	20267
（二）境外同业存放				
九、同业拆入				2042
（一）境内同业拆入				2042
（二）境外同业拆入				
十、委托基金存款（净）				
十一、外汇买卖	558	910	－1	2638
其中：结售汇	200	971		－2439
十二、境内联行存放	－31773	－40199	－13736	
十三、境外联行存放				
十四、各项准备		658	－60	332
其中：贷款呆账准备		658	－60	332
十五、所有者权益	444	536	364	649
其中：实收资本				
当年结益	444	536	364	649
十六、其他	498	－1093	－2	7000
资金来源总计	25999	67848	5780	77262

续表

资金运用项目	浦东发展银行	民生银行	兴业银行	北京市商业银行
一、各项贷款	24753	34641	4162	31106
（一）短期贷款	7048	17978	1162	8580
1. 境内短期贷款	7048	17978	1162	8580
其中：中资企业贷款	7048	17978	1162	8580
外商投资企业贷款				
2. 境外短期贷款				
（二）中长期贷款	7100	13520	3000	11616
1. 境内中长期贷款	7100	13520	3000	11616
其中：中资企业贷款	1900	1379	3000	5266
外商投资企业贷款				
2. 境外中长期贷款				
（三）进出口贸易融资	10605	2148		1304
（四）票据融资		673		9160
其中：贴现		673		
（五）各项垫款		322		446
（六）境外筹资转贷款				
二、投资				16365
（一）购买有价证券				16365
其中：购买境外有价证券				16365
（二）其他投资				
其中：投资境外				
三、应收及预付款	211	28369		22
其中：应收及预付利息				22
四、买入返售证券				
五、存放中央银行	172		1081	
其中：缴存准备金	172			
六、存放同业	309	4161	108	22690
（一）存放境内同业	309	4161	108	22184
（二）存放境外同业				506
七、拆放同业				6417
（一）拆放境内同业				900
（二）拆放境外同业				5517
八、存放境外联行				
九、库存现金	554	677	429	662
资金运用总计	25999	67848	5780	77262

表 3－28　北京市信托投资公司外汇信贷收支统计　　单位：万美元

资金来源项目	2003 年		2002 年	
	余　额	比年初	余　额	比年初
一、各项存款	66	－97	163	－2617
（一）信托存款				－2520
（二）委托存款	66	－97	163	－97
（三）其他存款				
二、境内中长期借款				
三、境外筹资		－667	667	－1333
四、证券业务款项				
五、卖出回购证券				
六、同业存放				
其中：境外同业存放				
七、同业拆入				
其中：境外同业拆入				
八、外汇买卖	6213	－4142	10727	81
九、应付及暂付款	667	－39	706	－340
其中：应付及预提利息	61	－23	84	－40
十、各项准备	122	－2	124	－63
其中：贷款呆账准备	122	－2		
十一、所有者权益	4658	125	4171	－369
其中：实收资本	4294		4294	－138
当年结益	125	125	－349	－349
十二、其他	－963	－137	－826	－61
资金来源总计	10763	－4959	15732	－4702

续表

资金运用项目	2003年		2002年	
	余　额	比年初	余　额	比年初
一、各项贷款	2803	－4360	7173	－3961
（一）短期信托贷款	950	－859	1819	－145
其中：境外短期		－285	285	－45
（二）中长期信托贷款	1787	－3404	5191	－3363
其中：境外中长期	1218	1218	1218	1218
（三）委托贷款	66	－97	163	－97
（四）融资租赁				－356
（五）票据融资				
其中：贴现				
（六）各项垫款				
（七）境外筹资转贷款				
（八）其他贷款				
二、信托投资				
（一）短期信托投资				
其中：境外				
（二）中长期信托投资				
其中：境外				
三、投资	4374	672	3702	－524
（一）购买有价证券				
其中：购买境外有价证券				
（二）其他投资	4374	672	3702	－524
其中：投资境外	283		283	5
四、证券业务占款				
五、经营租赁				
六、买入返售证券				
七、应收及预付款项	2895	－1082	3977	－195
其中：应收及预付利息				－1492
八、存放中央银行				
其中：缴存准备金				
九、存放同业	490	－189	679	－22
其中：存放境外同业				
十、拆放同业	200		200	
其中：拆放境外同业				
十一、库存现金	1		1	
资金运用总计	10763	－4959	15732	－4702

以上统计表制表单位：人行营业管理部调查统计处。

表 3-29 北京市财务公司外汇信贷收支统计 单位：万美元

资金来源项目	2003 年		2002 年	
	余 额	比年初	余 额	比年初
一、各项存款	78		78	
（一）企业存款	78		78	
其中：定期存款				
（二）信托存款				
（三）委托存款				
（四）其他存款				
二、境内中长期借款				
三、境外筹资				
四、证券业务款项				
五、卖出回购证券				
六、同业存放		-327	327	
其中：境外同业存放				
七、同业拆入				
其中：境外同业拆入				
八、外汇买卖				
九、应付及暂收款	328	327	1	
其中：应付及预提利息				
十、各项准备				
其中：贷款呆账准备				
十一、所有者权益	192	-750	942	
其中：实收资本		-750	750	
当年结益				
十二、其他				
资金来源总计	598	-750	1348	

续表

资金运用项目	2003年		2002年	
	余　额	比年初	余　额	比年初
一、各项贷款		-750	750	
（一）短期贷款		-750	750	
（二）中长期贷款				
（三）信托贷款				
其中：中长期信托贷款				
（四）委托贷款				
（五）融资租赁				
（六）票据融资				
其中：贴现				
（七）各项垫款				
（八）境外筹资转贷款				
二、信托投资				
（一）短期信托投资				
其中：境外				
（二）中长期信托投资				
其中：境外				
三、投资				
（一）购买有价证券				
其中：购买境外有价证券				
（二）其他投资				
其中：投资境外				
四、证券业务占款				
五、经营租赁				
六、买入返售证券				
七、应收及预付款项	598	1	597	
其中：应收及预付利息	81		81	
八、存放中央银行				
其中：缴存准备金				
九、存放同业		-1	1	
其中：存放境外同业				
十、拆放同业				
其中：拆放境外同业				
十一、库存现金				
资金运用总计	598	-750	1348	

表 3－30　2003 年北京市银行卡发卡量和机具统计汇总

单位：张/个/台

单位	发卡量	借记卡	准贷记卡	贷记卡	其中：银联卡	银行网点数	自助银行数	存款机台数	ATM 机情况			特约商户情况				POS 机情况			
									总数	入网数	其中受理外卡数	总数	入网数	其中受理外卡数	其中 MIS 商户数	总台数	入网台数	其中直联台数	其中受理外卡数
邮储	3924546	3924546	0	0	1039615	452	0	1	184	182	0	0	0	0	0	419	0	0	0
工行	8335896	8125506	190703	19687	4167948	538	0	0	940	940	0	3276	3276	0	0	6104	6104	0	0
农行	3973247	3896719	76528	0	2610021	349	9	16	300	300	132	4112	4112	1137	2	2976	2976	0	1437
中行	1900762	1587528	313234	0	932281	199	0	0	296	296	296	4893	4893	3291	4	5975	5975	146	2975
建行	5931825	5690079	241746	0	2539108	344	14	34	381	381	0	2878	2878	1341	3	5706	5706	0	1452
交行	2133714	2123053	10661	0	1533922	78	26	30	113	113	0	1630	454	170	7	1030	1030	1	340
中信	828404	826173	0	2231	615274	23	7	3	43	43	0	333	333	260	4	309	309	112	275
光大	1772548	1772548	0	0	557410	25	3	29	88	88	0	101	101	0	0	145	145	93	0
华夏	618652	618652	0	0	178823	24	11	11	75	75	0	182	182	0	0	86	86	62	0
民生	3310158	3310158	0	0	2338067	34	36	29	138	138	0	415	70	15	0	347	347	13	0
广发	252026	164486	0	87540	63915	19	1	8	19	19	19	54	54	5	0	89	89	84	5
深发	162624	162624	0	0	36286	10	0	2	9	9	0	20	20	0	0	30	30	30	0
招行	2438828	2438828	0	0	344997	26	32	53	122	122	122	706	706	0	0	1008	1008	96	0
兴业	240078	240078	0	0	217295	19	2	2	20	20	0	37	37	0	0	41	41	41	0
浦发	478753	209350	269403	0	103047	19	19	1	21	21	0	222	222	0	0	225	225	43	0
商行	1861051	1861051	0	0	851665	112	27	27	257	257	199	282	282	7	3	397	397	209	15
农信社	184171	184171	0	0	184171	685	0	0	73	73	0	922	922	0	0	1216	1216	1216	0
合计	38347283	37135550	1102275	109458	18313845	2956	187	246	3079	3077	768	20063	18542	6226	23	26103	25684	2146	6499

注：以上数据均为截至 2003 年 12 月 31 日的累积数。

制表单位：中国银联北京分公司。

表 3－31 2003 年中国人民银行发行流通纪念币一览表

名称	发行日期	图案		材质	尺寸（毫米）	面额（元）	发行数量
		正面	背面				
2003 年贺岁普通纪念币	2003 年 1 月 15 日	中国人民银行行名、面额、年号	身穿中国传统服饰的儿童手持悬挂在如意上的羊形迎春灯笼	黄铜合金	Φ25×1.9	1	1000 万枚
中国宝岛台湾——赤嵌楼	2003 年 9 月 30 日	国徽、国名、年号	台湾赤嵌楼图案、面额	黄铜合金	Φ30×2.5	5	1000 万枚
中国宝岛台湾——朝天宫	2003 年 9 月 30 日	国徽、国名、年号	台湾朝天宫图案、面额	黄铜合金	Φ30×2.5	5	1000 万枚
世界文化遗产——明清故宫	2003 年 11 月 18 日	国徽、国名、年号	故宫太和门、金水桥、故宫三大殿俯视图、故宫宫门、面额	黄铜合金	Φ30×2.5	5	800 万枚
世界文化遗产——曲阜孔庙孔林孔府	2003 年 11 月 18 日	国徽、国名、年号	孔庙大成殿、孔林神道中的万古长春坊、孔府大门门匾、面额	黄铜合金	Φ30×2.5	5	800 万枚

制表单位：北京市钱币学会。

表 3－32 中华人民共和国流通纪念币一览表

序号	名称	枚数	面值（元）	发行日期	发行数量（万枚）
1	中华人民共和国成立 35 周年	3	1	1984 年 10 月 1 日	2014
2	西藏自治区成立 20 周年	1	1	1985 年 9 月 1 日	261.2
3	新疆维吾尔自治区成立 35 周年	1	1	1985 年 10 月 1 日	450
4	国际和平年	1	1	1986 年 9 月 20 日	2704.8
5	内蒙古自治区成立 40 周年	1	1	1987 年 7 月 30 日	905.4
6	第六届全运会	3	1	1987 年 11 月 20 日	1053
7	宁夏回族自治区成立 30 周年	1	1	1988 年 9 月 20 日	156
8	中国人民银行成立 40 周年	1	1	1988 年 12 月 1 日	206.8
9	广西壮族自治区成立 30 周年	1	1	1988 年 12 月 1 日	407.2
10	中华人民共和国成立 40 周年	1	1	1989 年 9 月 28 日	2100
11	第十一届亚运会	2	1	1990 年 8 月 22 日	2560.8
12	全民义务植树运动 10 周年	3	1	1991 年 3 月 2 日	3000
13	中国共产党成立 70 周年	3	1	1991 年 6 月 18 日	9000
14	第一届世界女子足球锦标赛	2	1	1991 年 11 月 1 日	2000

续表

序号	名称	枚数	面值（元）	发行日期	发行数量（万枚）
15	宪法颁布10周年	1	1	1992年11月27日	1000
16	宋庆龄诞辰100周年	1	1	1993年1月16日	1044.8
17	中国珍稀野生动物——大熊猫	1	5	1993年6月15日	600
18	毛泽东诞辰100周年	1	1	1993年12月16日	2000
19	希望工程5周年	1	1	1994年10月26日	2000
20	第43届世界乒乓球锦标赛	1	1	1995年4月26日	1000
21	抗日战争胜利50周年	1	1	1995年8月31日	1000
22	联合国第四次世界妇女大会	1	1	1995年8月31日	1000
23	联合国成立50周年	1	1	1995年10月20日	1000
24	中国珍稀野生动物——金丝猴	1	5	1995年11月16日	600
25	朱德诞辰110周年	1	1	1996年11月27日	1000
26	中国珍稀野生动物——华南虎	1	5	1996年12月18日	600
27	中国珍稀野生动物——白鳍豚	1	5	1996年12月18日	600
28	庆祝中华人民共和国香港特别行政区成立	2	10	1997年7月1日	4000
29	周恩来诞辰100周年	1	1	1998年3月2日	2000
30	中国珍稀野生动物——丹顶鹤	1	5	1998年6月2日	600
31	中国珍稀野生动物——朱鹮	1	5	1998年6月2日	600
32	中国珍稀野生动物——褐马鸡	1	5	1998年10月23日	600
33	中国珍稀野生动物——扬子鳄	1	5	1998年10月23日	600
34	刘少奇诞辰100周年	1	1	1998年11月21日	2000
35	中国珍稀野生动物——金斑喙凤蝶	1	5	1999年7月15日	600
36	中国珍稀野生动物——中华鲟	1	5	1999年7月15日	600
37	中国人民政治协商会议成立50周年	1	1	1999年9月16日	1000
38	中华人民共和国成立50周年	1	10	1999年9月20日	1000
39	中华人民共和国成立50周年纪念钞	1	50	1999年9月20日	6000
40	庆祝中华人民共和国澳门特别行政区成立	2	10	1999年12月10日	4000
41	纪念敦煌藏经洞发现100周年	1	1	2000年6月22日	1000
42	迎接新世纪	1	10	2000年11月28日	1000
43	迎接新世纪纪念钞	1	100	2000年11月28日	1000
44	西藏和平解放50周年	1	5	2001年5月23日	1000
45	辛亥革命90周年	1	5	2001年9月27日	1000
46	世界文化遗产——万里长城	1	5	2002年10月25日	1000
47	世界文化遗产——秦始皇陵和兵马俑坑	1	5	2002年10月25日	1000
48	2003年贺岁普通纪念币	1	1	2003年1月15日	1000
49	中国宝岛台湾——朝天宫	1	5	2003年9月30日	1000
50	中国宝岛台湾——赤嵌楼	1	5	2003年9月30日	1000
51	世界文化遗产——明清故宫	1	5	2003年11月18日	800
52	世界文化遗产——曲阜孔庙孔林孔府	1	5	2003年11月18日	800

制表单位：北京市钱币学会。

（四）机构、人员统计

表4－1　北京市中资银行及其他金融机构数量与从业人员统计

单位：人/机构（个）

机构名称	市级机构数量	机构数量						职工人数
		营业部	二级分行	支行	分理处	储蓄所	其他	
国家开发银行总行营业部	1							
进出口银行总行营业部	1							
农业发展银行总行营业部	1							
农业发展银行北京分行	1	1		12				371
工行北京分行	1	1	35	55	143	485		13611
农行北京分行	1	1		22	208	131		6560
中行北京分行	1	1		72	85	42		5999
建行北京分行	1	1		24个综合支行 7个直属支行 85个升格支行	20	342		10076
交行北京分行	1	1		11	68			2167
招行北京分行	1	1		25				1456
浦发北京分行	1	1		18				724
广发北京分行	1	1		19				666
兴业北京分行	1	1		18				403
深发北京分行	1	1		10				365
中信实业总行营业部	1	1		23				799
光大总行营业部	1	1		26				764
华夏总行营业部	1	1		25				770
民生北京管理部	1	1		34				1131
北京市商业银行	1	1		111				3536
银行合计								
北京市农信社	1	15（区县联社）		131信用社		543信用分社储蓄所	36信用代办站	6844
财务公司								
信托公司								
邮政储汇局	1	17				452		3223

十、附　　录

（一）北京市金融机构名录

（截至 2003 年 12 月 31 日）

中国人民银行营业管理部

主　任： 韩　平（女）
副主任： 刘春明
韩世群
单建生（11 月 16 日免）
于丛林（7 月 14 日免）
任永光（7 月 14 日免）
纪检特派员、监察专员： 温克勤
监管专员： 张中奇（7 月 14 日免）
杨伟中（1 月 21 日任）
地　址：北京市西城区月坛南街 79 号
邮　编：100045
电　话：68559027
传　真：68559023

国家外汇管理局北京外汇管理部

主　任： 韩　平（女）
副主任： 刘春明
监管专员： 张中奇（7 月 14 日免）
地　址：北京市海淀区车公庄西路甲 19 号
地　址：北京市海淀区莲花池东路 39 号西金大厦（2004 年 5 月 8 日迁入该地址）
邮　编：100036
电　话：68559910
传　真：68559914

中国银行业监督管理委员会北京监管局

局　长： 赖小民（2003 年 9 月 28 日任）
副局长： 于丛林（2003 年 9 月 28 日任）
任永光（2003 年 9 月 28 日任）
纪委书记： 张中奇（2003 年 9 月 28 日任）
地　址：北京市西城区百万庄大街甲 39 号
邮　编：100037
电　话：68559727
传　真：68559726

中国证券监督管理委员会北京证券监管办事处

主　　任： 张新文
副 主 任： 孙才仁
王佰川
吴汉华（11 月 3 日任）
主任助理： 吴汉华（11 月 3 日免）
杨　琳（11 月 3 日任）
地　址：西城区北礼士路甲 10 号
邮　编：100044
电　话：68330826
传　真：68330293

中国保险监督管理委员会北京办事处

主　任： 刘京生（10 月 15 日免）

副主任：丁小燕（女，10月15日任）
傅安平
地　址：北京市西城区宣武门西大街甲129号金隅大厦15层
邮　编：100031
电　话：66411461
传　真：66411460

中国农业发展银行北京市分行

行　长：孔宪勇
副行长：蔡淑英（女，9月10日免）
左　志
陈小强（9月10日任）
纪委书记：左　志（兼）
总行正厅级党风巡视员：蔡淑英（女，9月10日任）
副行级巡视员：邓建平
地　址：北京市西城区月坛北街甲2号
邮　编：100045
电　话：68081842
传　真：68081036

中国工商银行北京市分行

行　长：李晓鹏
副行长：阎小平
孙德顺
程继光
邢国飞（7月14日免）
龚　萍（女）
沈如军（11月24日任）
王金山（11月24日任）
总稽核：张汉桥（女）
工会主任：张友芬（女）
巡视员：陈学廉（4月14日任）
张国平
苏洪元（1月13日任）
地　址：北京西城区复兴门南大街2号（天银大厦B座）
邮　编：100031
电　话：66410055（总机）　66410579
传　真：66410579

中国农业银行北京市分行

行　长：李兴奇
副行长：白喜民
闵　玮（女）
孟福增
纪委书记：李占才
地　址：北京市西城区展览路5号
邮　编：100037
电　话：68358266
传　真：68350495

中国银行北京市分行

行　长：赵世刚（12月26日任）
谢智勇（8月8日病故）
副行长：何宝忠（5月13日免）
龚国瑞（女）
赵　濛
肖　伟
梅非奇（4月1日任，挂职）
行长助理：徐纪恒（10月16日免）
蒋月宝
总稽核：许金锹
地　址：北京市朝阳区雅宝路8号
邮　编：100020
电　话：65199114
传　真：65199368

中国建设银行北京市分行

行　长：张　民
副行长：曾见泽
秦仁文（2月20日任）
梁　军
方秋月
龚　毅（10月28日任）
纪委书记：董建恒（10月28日任）
工会主任：王若梅（女）
总审计师：赵克义
行长助理：刘步其
地　址：北京市宣武区宣武门西大街28号楼4门
邮　编：100053
电　话：63603664
传　真：63603656
电子银行：95533

交通银行北京分行

行　长：王　滨
副行长：果雪英（女）
高一兵（女）
刘建军
周　妍（女）
纪委书记：果雪英（女，兼）
总行巡视员：武家祥
地　址：北京市西城区金融街33号通泰大厦A座
邮　编：100032
电　话：66101808
传　真：88086008

招商银行北京分行

行　长：尹凤兰（女）
副行长：杨　宾（6月27日任）
郭海霞（女）
张　帆（6月27日免）
殷绪文（6月27日免）
王　良（1月31日任）
行长助理：王　良（1月31日免）
地　址：北京市西城区复兴门内大街156号A座
邮　编：100031
电　话：66426889
传　真：66426889

上海浦东发展银行北京分行

行　长：马宝喜
副行长：刘　柳（女，9月11日主持工作）
李永昌
颜东明
地　址：北京市东城区东四十条68号平安发展大厦（2003年8月31日迁入该地址）
邮　编：100007
电　话：84085556
传　真：84086408

广东发展银行北京分行

行　长：李宝光（3月11日免）
张庆修（3月11日任）
副行长：宋洪耀
王亚伦
江友青
纪委书记：刘晓林（5月30日任）
地　址：北京市东城区东单大华路2号
邮政编码：100005
电　话：65269966
传　真：65266728

兴业银行北京分行
（原福建兴业银行北京分行）

行　长： 蒋云明
副行长： 王青云
梁平瑞
薛鹤峰（7月21日任）
行长助理： 薛鹤峰（7月21日免）
纪委书记： 王国庆
地　址：北京市朝阳区安贞西里三区11号（2003年8月迁入该地址）
邮　编：100029
电　话：64429988
传　真：88382519

深圳发展银行北京分行

行　长： 李　敏（4月19日免）
万安培（5月12日任）
副行长： 罗明伟（4月29日免）
王新宇（7月8日任）
吴正章（11月11日任）
王　玮
李上河
行长助理： 华向阳（9月11日免）
地　址：北京市西城区复兴门内大街158号远洋大厦F5
邮　编：100031
电　话：66421666
传　真：66421688

中信实业银行总行营业部

总经理： 张　强
副总经理： 张立明
孙建林
总经济师： 徐聿璠（女）
总经理助理： 于　蓉（女）
夏飞跃
李　冬
地　址：北京市西城区金融大街甲27号投资广场A座
邮　编：100032
电　话：66219988
传　真：66211770

中国光大银行总行营业部

主　任： 张华宇
副主任： 赵小平
周兆金
冷　晨
吴少华（4月28日免）
主任助理： 王　琳
地　址：北京市宣武门内大街1号（2003年12月迁入该地址）
邮　编：100031
电　话：68567688
传　真：68567411

华夏银行总行营业部

总经理： 李国鹏（2月26日免）
叶望春（2月26日任）
副总经理： 曾北川（2月26日免）
涂　超
魏开文
总经理助理： 李印波
地　址：北京市宣武区南新华街甲1号
邮　编：100051
电　话：63188214
传　真：63188238

中国民生银行北京管理部

总经理： 梁玉堂
副总经理： 杨　毓
王玉杰
张金顺
刘　锋（12月18日免）
郭世邦（12月8日免）
纪委书记： 袁美珍（女）
总经济师： 赵炳桥
地　址：北京市海淀区复兴路甲3号
邮编：100038
电话：68579321
传真：68579317

北京市商业银行

董事长： 阎冰竹
副董事长： 史　元
行　长： 严晓燕
副行长： 刘　琛
赵瑞安
刘建民
地　址：复兴门内大街156号北京国际金融大厦D座
邮　编：100031
电　话：66426500
传　真：66426519

北京市农村信用合作社联合社

理事长： 陈翰林
主　任： 付东升
副主任： 郑瑞泉
王耀辉
陆　萍
王　健
主任助理： 白晓东
纪律检查委员会书记： 阮明月
地　址：北京市西城区旧鼓楼大街甲1号
邮　编：100011
电　话：62371531
传　真：62371531

北京国际信托投资有限公司

董事长： 刘建华
副董事长、总经理： 王晓龙
副董事长： 杨　实
副总经理： 吕凤春
肖　伟
肖丽娟（女）
周瑞明
总会计师： 栾京亮
总经济师： 时宝东
副总会计师： 吴　剑（女）
地　址：北京市朝阳区安定路5号北京金融信托大厦C座
邮　编：100029
电　话：64436553
传　真：64436551

中国银联股份有限公司北京分公司

总经理： 宋汉石
副总经理： 吴颖秋（女）
地　址：北京市前门外西河沿9号
邮　编：100051
电　话：63173952
传　真：63173951

北京邮政储汇局

局　长： 戴　成

副局长： 王海林
刘志军（女，5月13日任）
总稽查： 潘　虹（女）
局长助理： 刘志军（女，5月13日免）
徐兴晔
地　址：北京市丰台区莲花池东路126号
邮　编：100055
电　话：63986666
传　真：63986805

中国华融资产管理公司北京办事处

总经理： 徐肇宏
副总经理： 王　晖（6月5日免）
付　颀
总经理助理： 郭京华（5月7日任）
地　址：北京西城区阜成门内大街293号
邮　编：100034
电　话：66511186
传　真：66511257

中国长城资产管理公司北京办事处

总经理： 张记山
副总经理： 赵振江
毛墨堂
地　址：北京市朝外工体路东2号
邮　编：100020
电　话：65530318
传　真：65528808

中国东方资产管理公司北京办事处

总经理： 王一开（9月29日免）
张晓昌（9月29日任）
副总经理： 丁　源（女，11月24日任）
李美英（女）
孙军建
地　址：北京市崇文区崇文门外大街44号
邮　编：100062
电　话：67165566
传　真：67177515

中国信达资产管理公司北京办事处

主　任： 赵　毅（2月13日免）
副主任： 左凤高（2月25日主持工作）
主任助理： 段晓军
地　址：北京市朝阳区安华西里二区18楼
邮　编：100011
电　话：64269951
传　真：64269951

华夏证券股份有限公司（原华夏证券有限公司）

董事长： 周济谱
总　裁： 赵大建
副董事长： 程炳仁
冯国熙
周幼芳
副总裁： 冯　征
谢朝斌
王嘉川
总会计师： 董　锋
总工程师： 周志钢
地　址：北京市东城区朝内大街188号
邮　编：100010
电　话：65178899

北京证券有限责任公司

董事长： 卢克群
副董事长、总经理： 周康荣
副董事长： 方建一
党委副书记： 田博龄
纪委书记、工会主席： 葛华立
副总经理： 余　杰
王　斌
余际庭
地　址：北京市海淀区车公庄西路乙19号华通大厦B座
邮　编：100044
电　话：68431166
传　真：88018697

首创证券有限责任公司
（原首创证券经纪有限责任公司）

董事长： 俞昌建
总经理： 吴　涛
地　址：北京市东城区东中街29号东环广场B座写字楼4层
邮　编：100027
电　话：64181155
传　真：64182385

中国银河证券有限责任公司北京管理部

总经理： 霍肖宇（女，8月26日任）
孟京生（女，8月26日免）
副总经理： 朱跃辉
徐向华（8月26日任）
杨彦明（8月26日免）
王　庄（8月26日免）
地　址：北京市西城区月坛南街丙1号
邮　编：100045
电　话：68033583
传　真：68033570

中关村证券股份有限公司

董事长： 段永基
副董事长、总裁： 刘　波
副总裁： 胡　强
谢一平
投资总监： 刘　书
发展总监： 吴小辉
地　址：北京市朝阳区裕民路12号中国国际科技会展中心B座11层
邮　编：100029
电　话：82029888
传　真：82254321

中国科技证券有限责任公司

董事长兼总裁： 张　钢
常务副总裁： 顾传国
副总裁、工会主席： 王邦志
纪委书记： 张　沛
总裁助理： 孙小钢
址　址：北京市朝阳区亚运村北京国际会议中心四层
邮　编：100101
电　话：84973341
传　真：84973346

其他证券公司名录

机构名称	地　址	负责人
中国民族证券有限公司	西城区复内大街49号民族宫7、8层	郭玺来
中国国际金融有限公司	建国门大街1号国贸大厦2座28层	
民生证券有限责任公司	西城区复兴门内大街158号	岳献春
航空证券有限责任公司	朝阳区安华里外馆斜街甲1号泰利明苑A座	张　宪
新时代证券有限责任公司	朝阳区兴隆西街白云大厦7层	

中国人民财产保险股份有限公司北京市分公司（原中国人民保险公司北京市分公司）

总经理：郭生臣

副总经理：张安国（6月12日免）
张淮利（女，8月6日免）
刁粤生（9月15日免）
乔卫兵（8月6日任）
李　莎（女，8月6日任）
李　萌

纪委书记：李　莎（女）

总经理助理：刘继刚（1月13日免）
谷　伟（8月6日任）

工会主任：李　萌（7月17日任）

地　址：北京市朝阳区朝外市场街20号
邮　编：100020
电　话：85635001
传　真：85614438

中国人寿保险股份有限公司北京市分公司（原中国人寿保险公司北京市分公司）

总经理：黄俊光

副总经理：青　戈（6月10日任）
郑　成
杨爱萍（女）
梅国洪（4月8日任）

总经理助理：王南生（9月10日任）

纪委书记：孙　宁（女）

地　址：北京市朝阳区朝外市场街20号中保大厦
邮　编：100020
电　话：85615141
传　真：85615140

中国太平洋财产保险股份有限公司北京分公司

总经理：李宝利

副总经理：张世萍（女）
陈金秋（5月8日任）
杨德晔（5月8日任）

总经理助理：方　向
陈　辉（11月6日任）
陈金秋（5月8日免）
杨德晔（5月8日免）

地　址：北京市西城区复兴门内大街158号远洋大厦F6层
邮　编：100031
电　话：66428888
传　真：66414787

中国太平洋人寿保险股份有限公司北京分公司

总经理： 李洪林
副总经理： 王　文（4月8日任）
总经理助理： 祁　莹（女）
关海涛
王　文（4月8日免）
赵建中（9月15日免）
地　址：北京市西城区复兴门内大街158号远洋大厦F6层
邮　编：100031
电　话：66418855（总机）　66416085
传　真：66416141

中国平安财产保险股份有限公司北京分公司

总经理： 骆　鹏
副总经理： 李志静（女）
王小兵
总经理助理： 张　明
刘　铮（3月5日任）
地　址：北京市西城区金融街23号
邮　编：100032
电　话：66210437
传　真：66210447

中国平安人寿保险股份有限公司北京分公司

总经理： 朱仲群（6月27日任）
副总经理： 朱仲群（2月26日任，主持工作）
朱仲群（6月27日免）
高　菁（6月2日任）
张毅红（女，6月27日任）
李　静（女，6月27日任）
周爱工（8月21日任）
地　址：北京市西城区金融大街23号平安大厦
邮　编：100032
电　话：66226688，95511
传　真：66210510

新华人寿保险股份有限公司北京分公司

总经理： 林克屏（3月25日免）
马健平（3月25日任）
副总经理： 田朝林
王佰玲（女，3月25日任）
杨亚辉（3月25日免）
邹明红（3月25日免）
地　址：北京市丰台区莲花池西里8号新华保险大厦
邮　编：100073
电　话：63903399
传　真：63958906

泰康人寿保险股份有限公司北京分公司

总经理： 邱　鹰（4月9日免）
苗　力（4月17日任）
副总经理： 王丽莉
傅　华（5月7日任）
总经理助理： 傅　华（5月7日免）
宋兴明（4月29日任）
地　址：北京市西城区复兴门内大街156号国际金融大厦B座
邮　编：100031
电　话：66429988
传　真：66426406

华泰财产保险股份有限公司北京分公司

总经理： 韩伟严（3月10日免）
臧家瑞（4月4日任）
副总经理： 王　晶（女，4月3日免）
总经理助理： 周勇钢（12月23日任）
李　巍（12月23日任）
地　址：北京市宣武区南滨河路1号高新大厦
邮　编：100055
电　话：63370088
传　真：63370081

太平保险有限公司北京分公司

总经理： 边　勇
副总经理： 黄　骏
助理总经理： 张稚华（女）
彭　力
地　址：北京市东城区东长安街1号东方广场E3座6层
邮　编：100738
电　话：85188375
传　真：85188885

太平人寿保险有限公司北京分公司

总经理： 谢　忠
副总经理： 郑庆红（女）
助理总经理： 刘忠会
地　址：北京市东长安街1号东方广场东方经贸城东3楼5层
邮　编：100738
电　话：85185665
传　真：85180169

中国大地财产保险股份有限公司北京分公司

总经理： 张淮利（女）
地　址：北京市海淀区中关村南大街2号数码大厦B座16层
邮　编：100086
电　话：82515533
传　真：82512100

中华联合财产保险公司北京分公司

总经理： 刘显龙
地　址：北京市朝阳区安贞西里3区26号浙江大厦9层
邮　编：100029
电　话：64452504
传　真：64452504

天安保险股份有限公司北京分公司

总经理： 袁定国
地　址：北京市海淀区西三环北路100号金玉大厦22层
邮　编：100037
电　话：68423636
传　真：68423700

华安财产保险股份有限公司北京分公司

总经理： 谢　春
地　址：北京市东城区灯市口大街50号新中原大厦7层

邮　编：10006
电　话：65236288
传　真：65231160

永安财产保险股份有限公司北京分公司

总经理：张海峰
地　址：北京市朝阳区北三环东路28号易亨大厦15层
邮　编：100013
电　话：64405096
传　真：64405096

民生人寿保险股份有限公司北京分公司

总经理：张文渊
地　址：北京市朝阳区朝外大街20号联合大厦2层
邮　编：100020
电　话：65886669
传　真：65889887

（二）北京市金融机构分支机构名录

中国农业发展银行北京市分行

机构名称	地　址	负责人
中国农业发展银行北京市分行	西城区月坛北街甲2号	孔宪勇
分行营业部	西城区月坛北街甲2号	蔡瑞更
天坛支行	崇文区光明路13号	常崇祥
西三环支行	海淀区西三环北路乙25号	杨建华
门头沟支行	门头沟区石龙南路14号	王志刚
房山区支行	房山区良乡西路28号	孟凡凯
通州区支行	通州区新华北街33号	周　燕
昌平区支行	昌平区北环路4号	吕增永（12月18日免）
顺义区支行	顺义区五里仓小区38号楼	王　学
大兴区支行	大兴区兴华中里14号楼	马长存
平谷区支行	平谷区金乡路5号	高明录
怀柔区支行	怀柔区后横街15号	刘忆燕
密云县支行	密云县密云镇新南路73号	王继福
延庆县支行	延庆县东外大街46号	赵志明

中国工商银行北京市分行

机构名称	地　　址	负责人
中国工商银行北京市分行	北京市西城区复兴门南大街2号（天银大厦B座）	李晓鹏
东城支行	北京市东城区东四十条24号	汪　萍
王府井支行	北京市东城区灯市口大街50号（新中原大厦）	包永康
和平里支行	北京市东城区和平里北街14号	李士平
长安支行	北京市西城区宣内大街乙6号	王德斌
新街口支行	北京市西城区西直门内大街273号	纪福星
南礼士路支行	西城区阜外大街8号（国润大厦）	王金山
金融街支行	北京西单教育街3号	马　靖
地安门支行	北京朝阳区裕民路12号（国际科技会展中心C座）	何长荣
崇文支行	北京市崇文区永外大街86号	孙　峰
宣武支行	北京市宣武区广外南滨河路3号	果志刚
珠市口支行	北京市崇文区粉厂胡同甲17号	高　平
朝阳支行	北京市朝阳区朝外大街1号	宋战平
九龙山支行	北京市朝阳区广渠路甲40号	纳仁吉亚
亚运村支行	北京市朝阳区慧忠北里407号楼	左中海
望京支行	北京市朝阳区望京中环南路九号	苗鸿祥
北京商务中心区支行	北京市朝阳区建国路110号	付　捷
海淀支行	北京市海淀区中关村东路100号	辛　洁
中关村支行	北京市海淀区上地信息路2号	林万里
翠微路支行	北京市海淀区阜成路79号	何　平
西客站支行	北京市西客站西配楼	尹家桢
丰台支行	北京市丰台区文体路19号	王志强
方庄支行	北京市丰台区芳城园三区18号	徐天岭
北京经济技术开发区支行	北京经济技术开发区宏达北路12号	于　青
石景山支行	北京市石景山区石景山路63号	郭庆斌
门头沟支行	北京市门头沟区新桥大街16号	聂荣启
燕山支行	北京市房山区燕山迎风街21号	车玉合
房山支行	北京市房山区良乡西潞北大街32号	宋福增
通州支行	北京市通州区新华大街155号	张　健
顺义支行	北京市顺义区石园西路	门月红

大兴支行	北京市大兴区兴政街24号	王 凯
昌平支行	北京市昌平区超前路9号	吴发强
怀柔支行	北京市怀柔区商业街23号	马跃进
密云支行	北京市密云县鼓楼南大街	戴生宪
平谷支行	北京市平谷区平谷镇府前西街14号	周丽萍
延庆支行	北京市延庆县东大街37号	胡长文

中国农业银行北京市分行

机构名称	地 址	负责人
中国农业银行北京市分行	西城区展览馆路5号	李兴奇
分行营业部	西城区展览馆路5号	赵捍东
东城支行	东城区金宝街58号华丽大厦	高松林
西城支行	北京市西城区西直门内大街118－3号	许志东
崇文支行	丰台区南方庄1号楼	周伟京
宣武支行	宣武区西大街28号	张志名
亚运村支行	朝阳区安定路33号化信大厦	孙学文
万寿路支行	海淀区万寿路西街6号	王希迎
开发区支行	北京经济技术开发区中和街3号	李爱华
朝阳支行	朝阳区朝外工体路东2号	赵洪林
海淀支行	海淀区海淀大街37号	闫冬冬
海东支行	海淀区学院路丁11号	赵淑珍
丰台支行	丰台区东大街9号	冯建辉
石景山支行	北京市石景山区八角南路18号	李连桐
房山支行	房山区城关街道西大街10号	杨 奎
大兴支行	大兴区兴丰南大街48号	赵保生
通州支行	通州区新华大街61号	王世良
顺义支行	顺义区府前西街	王巨儒
昌平支行	昌平区南大街	郭雨胜
平谷支行	平谷区府前街23号	何晓生
密云支行	密云县滨河路	李 印
怀柔支行	怀柔区青春路5号	张竹青
延庆支行	延庆县东外大街46号	李立明
盈科支行	朝阳区工体北路甲2号A座裙楼	刘继华

中国银行北京市分行

机构名称	地　址	负责人
东城区支行	东城区交道口东大街81号	周殿君
西城区支行	西城区阜城门外大街5号	邱培东
崇文区支行	崇文区天坛路55号	王洪义
宣武区支行	宣武区南新华街1号	刘家本
朝阳区支行	朝阳区三里屯路1号	尤志山
海淀区支行	海淀区知春路58号	王洪信
丰台区支行	丰台区东大街19号	许九鼎
昌平区支行	昌平区城南环路57号	玉　君
顺义区支行	顺义区府前街金融大厦内	张　同
通州区支行	通州区车站路中仓小区路东	陈殿厚
北京经济技术开发区支行	经济技术开发区宏达北路10号	董建华
平谷区支行	平谷区城西临荫街11号	孙皆欢
怀柔区支行	怀柔区府前街5号	周　颖
密云县支行	密云县鼓楼南大街	郭振笑
延庆县支行	延庆县庆园街12号	彭松森
首都机场支行	首都机场公安路	姜　明
王府井支行	东城区东长安街1号	贺力群
奥运村支行	朝阳区安立路安慧里3区6号楼	刘雪莲
阜成门支行	西城区阜成门大街410号	黄晓娟
(以上为直属支行)		
石景山区支行	石景山区八角西街229号	牛海滨
房山区支行	房山区良乡拱晨北大街3号	徐　欣
现代城支行	朝阳区建国路88号现代城A区S栋2201、2202号	王谊勇
东安门支行	东城区东安门大街19号	张乃云
和平里支行	东城区和平里北街16号	白黎明
新东安市场支行	东城区王府井大街130号	吴　军
崇文门支行	东城区东交民巷2号	范书芝
前门支行	西城区西交民巷17号	张利民
西单支行	西城区西单北大街130号	田雅军
平安里支行	西城区西四北大街83号	赵　强
三里河支行	西城区三里河东口	钱英才
百万庄支行	西城区百万庄大街中里10号楼1层	庞金栋

金融街支行	西城区金融街27号投资广场	杨　静
缸瓦市支行	西城区西四南大街262号	霍映红
复兴门支行	西城区西便门外大街1号	付一工
劲松支行	崇文区劲松5区518号楼	商文秀
宣武门支行	宣武区宣武门西大街297号尚座大厦1层	刘宪华
莲花河支行	宣武区广安门外大街178号	罗光丽
国际贸易中心支行	朝阳区建国门外大街1号	刘　彤
东大桥支行	朝阳区关东店22号	董晓旭
静安支行	朝阳区北三环东路8号	杨兆红
建国门外支行	朝阳区建国门外大街京华公寓1层	雪秀珍
光华路支行	朝阳区光华路8号	吴素华
亮马河大厦支行	朝阳区东三环北路8号	刘建洁
将台路支行	朝阳区酒仙桥路甲11号	李颖均
丰联广场大厦支行	朝阳区朝阳门外大街18号	张　洁
白家庄支行	朝阳区白家庄西里2号	朱志辉
京广中心支行	朝阳区京广中心内	杨　淮
五路居支行	朝阳区安贞西里2区21楼	沈浙海
三里屯支行	朝阳区西大街6号乾坤大厦1层	郭朝辉
长虹桥支行	朝阳区工体北路4号	赵　妍
丽都饭店支行	朝阳区将台路丽都饭店内	宋新颖
工体东路支行	朝阳区工体东路甲8号	林　君
西坝河东里支行	朝阳区西坝河东里77号楼	李迎春
高粱桥支行	海淀区高粱桥北下关51号	王晓杰
中关村支行	海淀区北京大学中关村园502—503联楼	王爱军
万泉河支行	海淀区万泉河路68号	宋学武
木樨地支行	海淀区复兴路茂林居小区2号商业楼	党英俊
北极寺支行	海淀区北极寺	王　梅
新世纪饭店支行	海淀区西直门外二里沟5号	张沛戎
知春路支行	海淀区知春路100号	王晓延
皂君庙支行	海淀区皂君庙东里29号楼前	庄朝晖
车道沟支行	海淀区紫竹园路88号	薛　红
科学城支行	海淀区科学院南路6号	周京波
清华园支行	海淀区清华大学内照澜商业区	冯　剑
塔园支行	海淀区花园路1号	贺晓明
上地支行	海淀区上地4街8号玉景公寓1层	王俊玲
方庄支行	丰台区芳城园1区17号楼	刘　崎
西罗园支行	丰台区马家堡36—42号	吴风杰

北京西站支行	丰台区西客站南路7号	侯艳军
芳星园支行	丰台区方庄小区芳星园1区10号楼	寇风茹
东高地支行	丰台区东高地斜街6号	曹　黎
大兴支行	大兴区兴丰南大街21号	王春红

(以上为经营性支行)

中国建设银行北京市分行

机构名称	地　址	负责人
中国建设银行北京市分行	宣武门西大街28号楼4门	张　民
分行营业部	宣武门西大街28号楼4门	曹静屏
东四支行	东城区美术馆后街8号	郎理英
西四支行	阜成门外大街甲26号	张　斌
前门支行	崇文区西打磨厂街1号	朱少军
城建支行	丰台区方庄蒲芳路28号	崔连生
宣武支行	广安门内大街314号	王新立
铁道支行	丰台区莲花池东路114－1号	周振海
长安支行	海淀区复兴路33号西楼	刘长禄
西单支行	西城区西单北大街34号	耿之明
安华支行	朝阳区安定路35号	张金明
朝阳支行	朝阳门外大街10号楼	王宝奎
海淀支行	海淀区知春路96号	王志宏
丰台支行	丰台区西四环南路54号	秦伶华
石景山支行	石景山路22号	栾文生
开发区支行	北京经济技术开发区宏达北路16号	颜林壮
大兴区支行	大兴黄村镇兴政西街25号	高连兴
通州区支行	通州区玉带河大街151号	柴爱国
顺义区支行	顺义区府前中街	刘发猛
昌平区支行	昌平区城区镇东环中路	佟留柱
密云县支行	密云县新中街85号	傅小平
怀柔区支行	怀柔区城南大街22号	黄起和
延庆县支行	延庆县东外大街17号	林树军
平谷区支行	平谷区文化南街	孙廷民
房山区支行	房山区燕山迎风街2号	李清泉
门头沟区支行	门头沟区双峪路22号	朱玉俊
安慧支行	朝阳区慧忠里318号楼	孙　会
建国支行	建国门内中粮广场B座	张广洲

苏州桥支行	海淀区西三环北路5号	林　麟
金安支行	海淀区复兴路戊12号	刘　斌
月坛支行	西城区月坛北街东口4号	胡雄敏
中关村支行	海淀区中关村大街27号	夏万群
光华支行	朝阳区光华路7号	赵　亚
鼎昆支行	朝阳区东土城路甲7号	魏华业
保利支行	东城区新中西里13号巨石公寓	刘秀臣
上地支行	海淀区上地信息路28号	薛　琪
北大南街支行	海淀区海淀路48号	田晓东
北环支行	海淀区牡丹园小区西里商业楼二段	吕　勇
北三环支行	海淀区北三环中路40号	李　群
北太平庄支行	海淀区北三路中路43号	刘朝文
菜市口支行	菜市口南大街平原里小区20号楼	张　民
朝内大街支行	东城区朝内大街192号	李　军
成寿寺支行	丰台区成寿寺路23号	关乃琳
当代商城支行	海淀区中关村大街40号	史　军
德胜支行	德胜门东大街8号	郭振英
地坛支行	安外大街192号	肖　园
电子城科技园区支行	酒仙桥路2号	路绮川
东大街支行	丰台区东大街25号	田　伟
东方广场支行	东长安街1号东方广场E1座二层	任胜芳
东花市支行	崇文区东花市北里东区1号楼	张立社
东环支行	朝外大街18号	李炳云
东四十条支行	东城区东中街29号东环广场南楼	韦　薇
东直门支行	东直门外大街29号	窦桂芬
丰岳支行	丰台区六里桥北里2号	栾永志
奉先支行	房山区城关西大街22号	晋怀军
阜成路支行	海淀区阜成路19号	刘伟露
复兴支行	复兴门内大街160号	温浩东
甘家口支行	海淀区三里河路17号	卫恒军
工商大厦支行	海淀区倒座庙9号	陶智勇
光明支行	朝阳区劲松9区910号	李　强
广安门支行	广安门南滨河路7号楼	郭常莉
硅谷支行	海淀区海淀大街46号	匡　晔
白石桥支行	中关村南大街40号	李东斌
白纸坊支行	广安门南街24号	杨　敏
国贸支行	建外大街1号国贸2座101号	周晓阳

航华科贸支行	朝阳区东环南路2号	江 涛
航天桥支行	海淀区西三环北路86号	周艳英
和平里支行	和平里七区36号楼	张庆旭
红星支行	大兴区红星旧宫镇旧宫路57号	耿 谦
呼家楼支行	东三环向军北里4号	曲延博
花园路支行	海淀区花园北路46号	张北剑
华威支行	朝阳区华威里东架松管理用房	李永超
会成支行	海淀区复兴路10号	曹 群
嘉园支行	丰台区草桥欣园3区1号楼一层	武雁冰
金融街支行	西城区金融大街35号国际企业大厦A座	王建民
劲松支行	朝阳区劲松东口劲松南路1号	王占芬
静安庄支行	朝阳区西坝河东里83号	李怀成
科技馆支行	北三环中路3号双全大厦	石永进
莲华支行	西三环中路乙18号	陈 迅
良乡昊天支行	房山区良乡镇拱辰北大街1号	王洪生
六里桥支行	丰台区太平桥大街爱华大厦	朱 岩
木樨地支行	海淀区复兴路3号东配楼	焦燕玲
木樨园支行	丰台区赵公口5号	刘志勇
潘家园支行	朝阳区松榆西里43号	王 斌
平安大街支行	地安门西大街99号	高景岩
清华园支行	清华大学东门华业大厦	赵 亮
三里河支行	西城区三里河东路11号	刘占武
三元支行	北三环东路2号	高惠莉
首都机场支行	首都机场工作区航安路职工之家	陈 喆
首体南路支行	海淀区首体南路1号	徐燕红
天坛支行	崇外大街114号	何爱丽
天竺支行	首都机场居民区南路西里	张德利
万寿路支行	海淀区复兴路甲65号	刘京成
万源路支行	丰台区东高地西街7号	崔 凯
王府井支行	王府井大街99号	周 宁
望京支行	朝阳区花家地北里1号楼	乔莲香
西长安街支行	西长安街7号	孟 路
西红门支行	大兴西红门科海潮科技城	刘 强
西客站支行	北京西站南路4号	王 岩
西四环支行	西四环中路康瀛大厦	刘 艳
西直门支行	西直门南大街2号	郭京生
新华支行	西城区鲍家街43号	辛 亮

新源支行	朝阳区亮马桥路32号	韩　飏
雅宝路支行	朝外大街头条甲93号	高　珊
亚运村支行	朝阳区安慧里三区二号楼	刘　芳
燕莎东支行	朝阳区亮马桥路46号福景花园	权青霞
洋桥支行	丰台区马家堡路甲88号	于　伟
樱花支行	和平里樱花园西街28号楼	卢晓东
永安支行	建外建国路88号SOHO现代城S栋	冯美娟
右安门支行	右安门外大街1号	黎子恒
玉泉支行	海淀区复兴路甲36号白朗园B段	卢　扬
远大支行	海淀区厂洼中路1号	郭　梅
月坛南街支行	西城区月坛南街甲18号	俞　翔
展览路支行	西城区北礼士路8号	王友松
正阳门支行	前门东大街16号	吴　杰
中轴路支行	朝阳区安华西里二区18号楼	张　强
紫竹桥支行	海淀区紫竹院路88号	吴淑萍

交通银行北京分行

机构名称	地　址	负责人
交通银行北京分行	西城区金融街33号	王　滨
营业部	西城区金融街33号	刘海红
东单支行	东城区大雅宝胡同8号	杨　丽
东单北大街支行	东城区东单北大街乙112号	王　健
顺源街支行	朝阳区顺源里2号楼	陆晓辉
赛特支行	朝阳区建国门外大街22号	王　康
王府井支行	东城区王府井大街200号	王晓娟
亚运村支行	朝阳区北四环路安惠里二区4号楼	尹兆君
惠新支行	朝阳区惠新东街5号	陶湘宁
慧忠北里支行	朝阳区慧忠北里111号	王慧霞
育惠东路支行	朝阳区小营路12号亚运花园一层	孙玉翠
天通苑支行	昌平区天通苑小区203B—4单元	陶　影
科技会展中心支行	朝阳区裕民路12号科技会展中心	李　倩
和平里支行	朝阳区和平街10区5号楼	鄢祖信
中轴路支行	东城区安德里北街21号	黄巍涛
阜外支行	西城区阜外大街7号	贺　飙
西直门北大街支行	海淀区西直门北大街1号	安　辉
阜成路支行	海淀区阜成路14号1号楼一层	田　华

海淀支行	海淀区海淀南路13号	王东生
志新路支行	海淀区志新路16号	孙　鹏
万寿寺支行	海淀区西三环北路25号	陈　力
上地支行	海淀区上地科技路甲2号	付晓玲
成府路支行	海淀区成府路蓝旗营高校住宅楼	董　伦
北航科技园支行	海淀区北四环中路238号柏彦大厦	单　莉
紫竹桥支行	海淀区紫竹院路1号人济山庄D座	陈　力
公主坟支行	海淀区复兴路甲14号	王龙沙
羊坊店支行	海淀区羊坊店迎宾大厦一层	于　朋
公主坟支行翠微路支行	海淀区翠微东里甲2号	谢　炯
石景山支行	石景山区古城南里甲5号	吴玉兰
北洼路支行	海淀区北洼路28号	刘世忠
定慧寺支行	海淀区恩济庄二区北三号楼	闫　伟
马连道支行	宣武区广外大街248号	谢　炯
三元支行	朝阳区东三环北路甲2号	松誉欣
麦子店支行	朝阳区枣营路甲4号	张正岳
工体北路支行	东城区新中街68号	刘　爽
国安支行	朝阳区关东店北街1号	吴　辉
芳草地支行	朝阳区日坛北街3号	张屹明
水碓子支行	朝阳区水碓子北里19号楼	迟震宇
建国路支行	朝阳区建国路90号	郝艳华
酒仙桥支行	朝阳区酒仙桥路10号	刘　炜
西单支行	西城区西长安街甲17号	高　萍
天坛支行	崇文区天坛东里北区12号	叶　宁
芳群园支行	丰台区方庄芳群园4区23号	王丽军
木樨园支行	丰台区木樨园9号	李新莉
松榆里支行	朝阳区松榆东里23号	常　岚
朝外支行	朝阳区朝阳门外大街16号	肖　华
南滨河路支行	宣武区南滨河路225号	李淑英
望京支行	朝阳区望京西园4区416号楼	杜继波
望京中环路支行	朝阳区望京西园304号楼	马　欣
望京南湖中园支行	朝阳区望京南湖中园K3－301号楼	姜　立
经济技术开发区支行	北京经济技术开发区隆庆街3号	张舜芳
东高地支行	丰台区南大红门路15号	曹东民

招商银行北京分行

机构名称	地　址	负责人
招商银行北京分行	西城区复兴门内大街156号A座	尹凤兰
长安街支行	东城区建国门内大街11号	庄　焰
东三环支行	朝阳区东三环北路1号	徐筱荣
展览路支行	西城区展览路乙3号	程　岩
亚运村支行	朝阳区北辰东路8号	赵文京
万寿路支行	海淀区复兴路乙20号	齐　良
双榆树支行	海淀区中关村南大街9号理工科技大厦一层	白保琪
大运村支行	海淀区知春路27号	蒋　南
王府井支行	东城区灯市口大街75号	刘加隆
宣武门支行	宣武区宣武门外大街88号	李晓达
西三环支行	海淀区阜石路67号	边　琳
北三环支行	朝阳区樱花西街18号	周　群
朝阳门支行	东城区朝阳门北大街6号	徐向群
建国路支行	朝阳区东环南路2号航华科贸大厦R2楼首层	周　静
崇文门支行	崇文区崇外大街5号北京新世界商场二期	杨桂林
首体支行	西城区西直门外大街143号	任　力
清华园支行	北京市海淀区清华大学东门外紫光大厦	唐　文
方庄支行	丰台区方庄通润商务会馆B区首层	朱　红
中关村支行	海淀区中关村大街42号	马志如
小关支行	朝阳区惠新东街2号	李　环
光华路支行	朝阳区光华路1号	郑建军
东方广场支行	东城区东长安街1号东方新天地A512	陈　涛
北四环支行	海淀区北四环中路229号	于丛竹
万泉河支行	海淀区万柳阳春光华家园甲5号	张龙妹
金融街支行	西城区金融大街35号	杨晓玲
静安里支行	朝阳区北三环东路8号	孙　逊

上海浦东发展银行北京分行

机构名称	地　址	负责人
上海浦东发展银行北京分行	东城区东四十条68号	刘　柳

营业部	东城区东四十条68号	崔　晨
金融街支行	西城区金融大街35号国企大厦A座首层	王　谦
宣武支行	宣武区广安门内大街316号	王豫温
黄寺支行	东城区安德里北街21号	贲丽春
中关村支行	海淀区海淀南路15号	张　欣
朝阳支行	朝阳区朝阳门外大街19号	王大鸣
建国路支行	朝阳区建外大街99号	荣永露
翠微路支行	海淀区西三环中路乙19号	张海年
安外支行	东城区安外大街甲88号	刘　瑞
阜成支行	西城区南礼士路3号	梅永田
雅宝路支行	东城区建国门北大街8号	庄广明
海淀园支行	中关村大街1号	王　庆
首体支行	海淀区白石桥路54号	李春平
东三环支行	朝阳区霄云路26号鹏润大厦	董　军
亚运村支行	朝阳区慧忠路5号远大中心	沈　泓
知春路支行	海淀区知春路9号蓟门坤讯大厦	李　舸
安华桥支行	朝阳区安贞西里3区15号	路泽林
灯市口支行	东城区东四南大街143号	秦伯明
电子城支行	朝阳区酒仙桥路10号	王　建

广东发展银行北京分行

机构名称	地　址	负责人
广东发展银行北京分行	东城区东单大华路2号	张庆修
月坛支行	西城区月坛北街2号	赵　勇
中关村支行	海淀区中关村大街45号	刘卫国
亚运村支行	朝阳区安定门外安立路8号	齐晓梅
建国路支行	朝阳区建国路112号	张伟华
国展支行	朝阳区西坝河东里18号	付　筠
朝阳门支行	东城区朝阳门内大街168号	刘　宁
航天桥支行	海淀区西三环北路105号	张荣森
新外支行	西城区新街口外大街19号	黄新锋
西客站支行	海淀区羊坊店路3号	张国英
甘家口支行	西城区阜外大街34号	王　琪
东直门支行	东城区东中街9号	裴志新
翠微路支行	海淀区复兴路乙20号	徐兆胜
车公庄支行	海淀区车公庄西路乙19号	陈　伟

方庄支行	丰台区方庄路5号	许　清
安贞支行	朝阳区安定路39号	关建华
蒋宅口支行	东城区安外大街蒋宅口3号	李超宇
宣武门支行	宣武区宣武门外大街8号	宋　和
十里堡支行	朝阳区十里堡甲3号	王加乃
知春路支行	海淀区知春路49号	郑孝和

兴业银行北京分行
(原福建兴业银行北京分行)

机构名称	地　　址	负责人
兴业银行北京分行	朝阳区安贞西里三区11号	蒋云明
分行营业部	海淀区三里河路19号甘家口大厦	冯　伟
中轴路支行	东城区鼓楼外大街甲28号	张建中
朝外支行	朝阳区朝外大街77号曼哈顿大厦	李春生
广安门支行	宣武区广安门内大街315号信息大厦	焦文平
亚运村支行	朝阳区亚运村安慧里四区16楼	吴正新
西单支行	西城区宣内大街86号西单东南大厦	徐胜强
中关村支行	海淀区中关村南大街32号中关村科技发展大厦	曹小琼
东外支行	朝阳区东直门外大街23号	周　彦
上地支行	海淀区上地信息中路19号	孙小芬
西客站支行	海淀区复兴路12号恩菲科技大厦	刘学军
东单支行	东城区东单三条8-2号	刘兴华
长安支行	海淀区复兴路65号	李　直
国贸支行	朝阳区东三环南路2号赢嘉中心	司晓明
安华支行	朝阳区安贞西里三区11号	刘旭东
月坛支行	西城区二七剧场路15号	尤象都
三元桥支行	朝阳区东三环霄云路21号大通大厦	熊晓东
西直门支行	海淀区西直门北大街42号华星贸易大厦	程　肯
知春路支行	海淀区知春路59号中关村海关大厦	徐兴建
大钟寺支行	海淀区北三环西路23号	彭建湘

深圳发展银行北京分行

机构名称	地　　址	负责人
深圳发展银行北京分行	西城区复兴门内大街158号远洋大厦F5	万安培

分行营业部	西城区复兴门内大街158号远洋大厦	王　青
神华支行	东城区安定门西滨河路22号神华大厦	黄骁勇
安华支行	朝阳区安贞西里3区10号楼	庞　涛
西三环支行	海淀区西三环中路甲21号	赵　建
中关村支行	海淀区苏州街1号	彭　松
三元桥支行	朝阳区霄云路38号现代盛世大厦	王志刚
朝阳门支行	朝阳区关东店北街1号国安宾馆	彭喜文
官园支行	西城区车公庄大街乙1号富通大厦	支续文
建国门支行	东城区建国门内大街18号恒基中心	陈海锋
知春路支行	海淀区知春路113号银网中心	周　靖

中信实业银行总行营业部

机构名称	地　址	负责人
中信实业银行总行营业部	西城区金融大街甲27号投资广场A座	张　强
营业结算部	西城区金融大街甲27号投资广场A座	程少芳
国际大厦支行	朝阳区建国门外大街19号国际大厦	李　欣
京城大厦支行	朝阳区新源里南路6号京城大厦	李卫平
富华大厦支行	东城区朝阳门外北大街8号富华大厦C座	刘红华
朝阳支行	朝阳区农展馆南里12号	郑建军
魏公村支行	海淀区中关村南大街6号	肖　欣
招商大厦支行	朝阳区建国路118号招商局大厦	马顺军
广安门支行	宣武区广安门外南滨河路1号高新大厦	王春江
海淀支行	海淀区中关村北1条甲10号	叶雪松
东大桥支行	朝阳区工体东路18号	崔　浩
知春路支行	海淀区知春路14号	张韧奇
奥运村支行	朝阳区慧忠北里309楼天创世缘D1	陆金根
阜成门支行	西城区阜成门内大街306号	孙　鹏
崇文支行	崇文区光明路13号	孙　艳
西单支行	西城区复兴门内大街45号主楼东配楼	芦　苇
东单支行	东城区东长安街东方广场W1座1－18号	石劭原
首体南路支行	海淀区首体南路16号国兴大厦E座	王鹏虎
中粮广场支行	东城区建国门内大街8号中粮广场A座	赵　青
金运大厦支行	海淀区西直门北大街甲43号1号楼101号	李怀珍
酒仙桥支行	朝阳区酒仙桥路14号兆维大厦	高　宏
新兴支行	海淀区西三环中路17号新兴宾馆北楼	沈国勇
上地支行	海淀区上地东里一区4号楼科贸大厦	窦彦红

经济技术开发区支行	经济开发区宏达北路10号万源商务大厦	叶　纯
安贞支行	朝阳区北三环中路安贞里浙江大厦	王　剑

中国光大银行总行营业部

机构名称	地　址	负责人
中国光大银行总行营业部	西城区宣武门内大街1号	张华宇
营业室	西城区复兴门外大街6号	陈少敏
王府井支行	东城区王府井大街121号	李　伟
宣武支行	宣武区广安门外大街1号深圳大厦	谭翊武
中轴路支行	朝阳区鼓楼外大街23号龙德行大厦	张　引
海淀支行	海淀区海淀路171号	张　君
朝阳支行	朝阳区朝外大街16号中国人寿大厦	张广立
建国门支行	朝阳区建国门外大街3号京伦饭店	孙宇战
复兴路支行	海淀区复兴路49号	叶亚男
和平门支行	宣武区前门西大街甲10号	张传俊
天宁寺支行	西城区莲花池东路1号	郭文忠
西城支行	西城区车公庄大街甲4号物华大厦	王　彦
中关村支行	海淀区知春路63号卫星大厦	刘加红
东四支行	东城区东四北大街337号	王少英
新源支行	朝阳区新源西里中街12号	赵红石
安定门支行	东城区安定门外大街208号三利大厦	翟敬华
礼士路支行	西城区南礼士路66号建威大厦	陈金良
亚运村支行	朝阳区惠忠路5号远大中心	杨　震
首体支行	海淀区西外大街168号腾达大厦	张　宏
阜成路支行	海淀区西三环中路100号金玉大厦	张　博
花园路支行	海淀区花园东路10号	马　杰
三里河支行	西城区月坛南街71号	杨登斌
工体路支行	东城区东中街46号	朱　强
西单支行	西城区华远北街2号通港大厦	冯青梅
西直门支行	西城区德宝新园22号德宝饭店	李　格
方庄支行	丰台区方庄方古园1区31号B	寇传平
长安支行	西城区复兴门外大街6号	宋　勇
世纪城支行	海淀区板井路59号	高　抒

华夏银行总行营业部

机构名称	地　址	负责人
华夏银行总行营业部	宣武区南新华街甲1号	叶望春
石景山支行	石景山区石景山路66号	胥嘉国
和平门支行	宣武区前门西大街14号	岳　澎
紫竹桥支行	海淀区广源闸5号广源大厦首层	杨振宁
东四支行	东城区东四十条21－2号	高福龙
长安支行	西城区三里河东路5号中商大厦	苏沁阳
中关村支行	海淀区中关村南路10号华中大厦首层	王顺行
知春支行	海淀区知春路111号	杜元平
灯市口支行	东城区灯市口大街33号国中商业大厦首层	郭占彬
平安支行	西城区平安里西大街16号	李学军
安定门支行	东城区安定门外大街甲68号	刘金祥
复兴门支行	西城区金融大街33号通泰大厦首层	李　力
建国门支行	东城区建国门内大街5号	华　锋
朝阳门支行	朝阳区朝外吉祥里103号工艺大厦附楼一层	潭升源
京广支行	朝阳区呼家楼京广中心商务楼首层	马晓东
首体支行	海淀区西直门外大街168号腾达大厦	王明华
公主坟支行	海淀区复兴路23号院	曹刚锋
亮马河支行	朝阳区东三环北路3号B座首层	汤世平
东直门支行	朝阳区东土城路14号建达大厦首层	段泽刚
中轴路支行	东城区鼓楼外大街45号	赵恩平
亚运村支行	朝阳区北辰东路8号汇宾大厦首层	王瑞存
万柳支行	海淀区万柳中路29号院	章长钐
两广支行	崇文区珠市口东1号新阳商务楼	吕忠军
国贸支行	朝阳区东三环南路赢嘉中心	刘　辉
光华支行	朝阳区光华路甲8号和乔大厦C座	张晓民
魏公村支行	海淀区中关村南大街甲12号寰太大厦首层	林　锋

中国民生银行北京管理部

机构名称	地　址	负责人
中国民生银行北京管理部	海淀区复兴路甲3号	梁玉堂
营业部	海淀区复兴路甲3号	杜　鹏
阜成门支行	西城区阜外大街2号万通新世界广场B座首层	于启春

建国门支行	朝阳区建国门外大街21号国际俱乐部首层	赵文利
中关村支行	海淀区知春路113号银网中心首层	尚　明
西坝河支行	朝阳区西坝河西里甲18号	刘志明
工体北路支行	朝阳区工体北路9号	柏继平
安定门支行	东城区安外大街8号	苗维善
万寿路支行	海淀区复兴路甲65号–A	吴剑辉
西客站支行	丰台区西客站南广场中色大厦首层	彭　立
正义路支行	东城区正义路4号	魏晓晴
上地支行	海淀区上地东里一区4号楼科贸大厦首层	高　峰
国贸支行	朝阳区建国门外大北窑东环南路2号艾米克大厦	赵志敏
首体支行	西城区西直门外大街甲143号凯旋大厦	肖瑞彦
金融街支行	西城区金融大街33号通泰大厦B座首层	许秀生
平安里支行	西城区地安门西大街141号	孟光明
北太平庄支行	西城区新街口外大街2号金辉科技楼	张湘如
广安门支行	宣武区广内大街338号港中旅大厦	李沁春
方庄支行	丰台区芳古园通润会馆首层	师黎明
朝阳门支行	朝阳区朝外大街22号泛利大厦首层	刘晓军
紫竹支行	海淀区紫竹院路31号华澳中心嘉慧苑首层	叶永丹
魏公村支行	海淀区中关村南大街27号中扬科技大厦首层	刘　红
东单支行	东城区东单大街甘雨胡同甲2号大万商务中心	田　颖
亚运村支行	朝阳区惠新西街3号	宋健尔
苏州街支行	海淀区苏州街33号	王红彪
西直门支行	海淀区西直门大街43号时代之光名苑首层	朱　冰
和平里支行	东城区和平里东街12号华文宾馆首层	马　琳
崇文门支行	崇文区崇外大街9号正仁大厦首层	周　蕾
奥运村支行	朝阳区安立路66号安立花园首层	魏　威
三元支行	朝阳区东三环北路甲2号京信大厦西南配楼首层	徐金亭
西单支行	西城区西单北大街107号北京电信首层	陈桥根
劲松支行	朝阳区劲松三区甲302号	刘俊利
成府路支行	海淀区成府路298号中关村方正大厦首层南侧	张　旋
德胜门支行	西城区德外大街新风街2号天成科技大厦首层	尚新梅
电子城支行	朝阳区酒仙桥路14号	安永东

北京市商业银行

机构名称	地　址	负责人
和平里支行	和平里东街1号（爱地大厦）	周　岳
沙滩支行	北河沿大街97号	张　华
建国支行	建内大街乙18号（恒基中心）	林京良
景山支行	美术馆东街20号	朱燕君
东四支行	东四北大街390号	俞大明
长城支行	王府井金鱼胡同18号	李雅亮
安外支行	安外东河沿乙4号	王秀宏
安定门支行	交道口南大街16号	胡柏顺
东单支行	建国门内大街19号（中纺大厦）	翟淮峰
灯市口支行	灯市口大街72号	康建荣
工体北路支行	春秀路工体北里甲1号	周颖文
官园支行	平安大街育幼胡同33号	焦铁军
车公庄支行	车公庄大街乙8号	王海静
展览路支行	西外南路8号	阮　彤
德外支行	德外大街8号	丛曰丽
复兴支行	月坛南街14号（月新大厦）	暴　冰
阜成支行	阜外大街2号	郝剑雄
中轴路支行	安德路16号（洲际大厦）	孙　延
新街口支行	新街口南大街119号	石慧茹
西直门支行	赵登禹路冠英园西区31号楼	李西丁
燕京支行	复兴门外大街19号	张建荣
长安支行	复兴门外大街10号	李国粱
月坛支行	阜成门外大街27号	张万奇
金融街支行	金融大街丁16号（金阳大厦）	冯秀平
西四支行	西单北大街30号	尹　君
新华支行	北新华街1号	曹力华
华安支行	西黄城根北街甲2号	张慧珍
慧园支行	学院南路12号	武振朴
地内大街支行	地内大街9号	王美茹
新街口北大街支行	德胜门西大街15号（远洋风景大厦）	吴光涛
琉璃厂支行	南新华街54号	丁慈秀
广渠门支行	夕照寺大街2号	王　玉
滨河路支行	枣林前街119号（城市之光大厦）	李雪梅

天宁支行	核桃园西街36号	田和珍
前门支行	前门西大街正阳市场1号楼	曲　洪
珠市口支行	骡马市大街14号	孙德芳
宣武门支行	广内大街6号	白占水
西河沿支行	前门外西河沿9号	谢　红
报国寺支行	白广路甲1号	田大庆
广安支行	广外大街乙6号	郭春生
白云支行	莲花池东路24号院1号楼	岳　琨
永安支行	白纸坊东街甲12号	崔勇浩
右安门支行	右安门内大街65号	马宝红
陶然支行	永内西街5号	刘子琪
天坛支行	天坛东路76号	王保华
天桥支行	大都市街8号楼	王力田
花市支行	东花市北里中区甲27号楼	崔春正
光明支行	光明路11号	席　明
沙子口支行	永外革新里40号	高　红
幸福大街支行	幸福大街34号	查文月
商务中心区支行	光华路丙12号	郭文华
东大桥支行	东直门外大街22号楼东侧	余佳瑞
关东店支行	东大桥三角地	李增明
红星支行	朝外大街20号（联合大厦）	赵　明
朝外支行	朝外大街甲12号	李　玲
酒仙桥支行	酒仙桥路3号	黄　嬴
京广支行	关东店南街8号	朱　枫
新源支行	北三环东路6号	孔　茹
八里庄支行	朝外延静西里2号（华商大厦）	廖　波
九龙山支行	农光里117号楼	冯　鹏
团结湖支行	白家庄北里甲5号	高雅玲
金台路支行	团结湖路52号	卞继红
芳草地支行	东大桥路10号	蔡元棣
樱花支行	北三环东路15号	孙立敏
安华路支行	外馆东街51号	吴耀辉
北辰路支行	北辰东路8号（亚运村辰运大厦）	乌　斌
亚运村支行	慧忠北里309号楼	刘　军
北三环东路支行	北三环东路26号	甄同军
经济技术开发区支行	经济技术开发区宏达北路12号	焦仲平
现代城支行	朝阳区建国路88号	曹　岩

望京支行	望京广顺南大街19号	李喜明
中关村支行	中关村南路甲2号	晋湘芬
海淀路支行	中关村大街22号中科大厦B座	张志琦
学知支行	北土城西路197号	林平平
学院路支行	学院路30号	蔡时禄
燕园支行	西草厂1号（硅谷电脑城南裙楼）	崔满红
双秀支行	北三环中路31号（凯奇大楼）	张书坡
双榆树支行	双榆树东里甲22号	刘肖鼓
北京大学支行	成府路298号	傅东晖
甘家口支行	三里河路39号	邱万铭
大钟寺支行	皂君庙路5号	关继武
西苑支行	颐和园路39号	安建文
金运支行	西直门北大街甲43号（金运大厦）	袁月女
四道口支行	学院南路54号	李嘉兴
白石桥支行	中关村南大街48号A座	王新亚
北洼路支行	北洼路26号	崔义进
永定路支行	复兴路81号G座	苑士红
万寿路支行	万寿路17号	王淑梅
翠微路支行	复兴路33号翠微大厦首层东南角	孙维强
西客站支行	羊坊店路3号	孙静宇
阜裕支行	阜成路甲28号	安文梅
魏公村支行	中关村南大街25号	宋　威
航天支行	海淀南路30号（航天长城大厦）	刘志成
上地支行	上地信息路1号（国际创业园3号楼）	耿代路
清华园支行	双清路西王庄同方大厦	王　岩
清华大学支行	清华大学结算中心	徐　文
国兴家园支行	首体南路22号国兴大厦	骞丽君
北太平庄支行	北三环中路戊40号	丁　平
玉海园路支行	复兴路乙59号	张永利
中关村科技园区支行	中关村大街甲28号	王　喆
友谊支行	中关村南大街3号	许卫红
世纪城支行	昆明湖南路69号	孔　骞
丰台支行	丰台镇东安街1号	陈继贤
两桥支行	西四环南路31号	郑　伟
刘家窑支行	永外定安路8号	张　杰
西罗园支行	海户西里甲30号	王华忠
方庄支行	方庄方星园2区甲3号	程秀华

石景山支行	石景山路 42 号	王　锐
京源路支行	石景山路 23 号（中础大厦）	刘中域
燕山支行	燕山石化迎风街 17 号	马晓煌
昌平支行	昌平区政府街 2 号	崔永胜
营业部	复兴门内大街 156 号 B 座	苏　航

北京市农村信用合作社联合社

机构名称	地　址	负责人
北京市农信联社	西城区旧鼓楼外大街 1 号	陈翰林
朝阳区联社	朝阳区北苑路 90 号	程　路
丰台区联社	丰台区丰北路 45 号	王满祥
海淀区联社	海淀区万泉河路 113 号	闫　军
石景山区联社	石景山区杨庄东路 78 号	彭明华
门头沟区联社	门头沟区滨河路龙泉花园 D 座 1 单元	史建富
昌平区联社	昌平区东环路南侧	任德军
通州区联社	通州区新华大街 59 号	杨荣斌
顺义区联社	顺义区新顺南大街西侧	黄　俊
房山区联社	房山区良乡长虹东路 1 号	陈天成
大兴区联社	大兴区黄村东大街 9 号	杜景悦
平谷区联社	平谷区新平北路平乐街 8 号	李继明
密云县联社	密云县鼓楼南大街西市场南	万振田
怀柔区联社	怀柔区迎宾北路 18 号	郑文明
延庆县联社	延庆县妫川中路 18 号	杜卫东
市农信社营业部	海淀区北蜂窝路 2 号	任德华

北京邮政储汇局

机构名称	地　址	负责人
北京邮政储汇局	丰台区莲花池东路 126 号	戴　成
东区邮政储汇分局	朝阳区花家地邮局二层	李乃荣
西区邮政储汇分局	西城区西直门南大街 18 号	王　君
南区邮政储汇分局	丰台区西罗园一区 15 号楼	王多田
海淀邮政储汇分局	海淀区圆明园西路 51 号院	闫春笑
郊区邮政储汇分局	昌平区回龙观西大街	王迎伟
国际邮政局储汇科	东城区建国门北大街东侧	楼华萍
邮政速递局储汇科	宣武区永安路 121 号	张占领

通州区邮政局储汇科	通州区玉桥南里1号	齐洪英
密云县邮政局储汇科	密云县古楼东大街36号	关秀云
顺义区邮政局储汇科	顺义区新顺南大街	杜久忠
房山区邮政局储汇科	良乡西路11号	刘晓平
门头沟区邮政局储汇科	门头沟区河滩路2号	孙树岚
大兴区邮政局储汇科	大兴取兴丰大街	邢志超
昌平区邮政局储汇科	昌平区政府街	王立君
平谷区邮政局储汇科	平谷区旧城街16号	马赛荣
延庆县邮政局储汇科	延庆城关东外大街42号	王志军
怀柔区邮政局储汇科	怀柔区北大街16号	常树林

华夏证券股份有限公司
（原华夏证券有限公司）

机构名称	地　址	负责人
华夏证券股份有限公司	东城区朝内大街188号	周济谱
东直门南大街证券营业部	东城区东直门南大街6号	张德江
东直门南大街证券营业部燕山证券服务部	房山区燕山向阳路38号	冯恩新
海淀南路证券营业部	海淀区海淀南路19号北京时代网络大厦	马　欣
安立路证券营业部	朝阳区安立路66号安立花园C座	陈　利
安立路证券营业部东高地服务部	丰台区东高地南大红门路15号	宁殊羽
三里河路证券营业部	海淀区三里河路39号	熊启中

北京证券有限责任公司

机构名称	地　址	负责人
北京证券有限责任公司	海淀区车公庄西路219号华通大厦B座	卢克群
德胜门东滨河路证券营业部	西城区德胜门外东滨河路B11号	董寒兵
新街口外大街证券营业部	西城区新街口外大街12号	刘　洪
车公庄西大街证券营业部	海淀区车公庄西路甲19号	萨支丰
永内东街证券营业部	崇文区永内东街中里13号	陈文俊
潘家园证券营业部	朝阳区潘家园甲2号	张　昕
知春里证券营业部	海淀区知春东里甲15号	胡定东
北三环东路证券营业部	朝阳区北三环东路西坝河东里18号北京三元大厦	杨　竣
安定门证券营业部	安定门内大街106号	顾　峰

颐和园路证券营业部	海淀区颐和园路1号	邸汉森
阜成门外大街证券营业部	西城区阜外大街2号万通B座7层718室	杭冠宇

首创证券有限责任公司
(原首创证券经纪有限责任公司)

机构名称	地　址	负责人
首创证券经纪有限责任公司	东城区东中街29号东环广场B座写字楼4层	吴　涛
北辰东路证券营业部	朝阳区北辰东路8号辰运大厦	张　弛
五道口证券服务部	海淀区成府路蓝旗营小区1号楼东2层	张景国

中国银河证券有限责任公司北京管理部

机构名称	地　址	负责人
中国银河证券有限责任公司北京管理部	西城区月坛南街丙1号	霍肖宇
月坛证券营业部	西城区月坛南街丙1号	霍肖宇
安外证券营业部	东城区安定门外大街66号	陆　地
阜成路证券营业部	海淀区阜成路67号银都大厦	徐向华
黄寺大街证券营业部	西城区黄寺大街21号	朱跃辉
双榆树证券营业部	海淀区双榆树科学院南路44号	屈艳萍
天坛东路证券营业部	崇文区天坛东路70号	姚　广
望京西园证券营业部	朝阳区望京西园四区乙410楼	章　蓉
百万庄证券营业部	西城区百万庄大街甲2号	张梦霞
学院南路证券营业部	海淀区学院南路34号	赵新华
望京西园营业部马家堡证券服务部	丰台区马家堡东路94号3层	玉　东

中关村证券股份有限公司

机构名称	地　址	负责人
中关村证券股份有限公司	朝阳区裕民路12号国际科技会展中心	刘　波
中关村证券中关村南大街营业部	海淀区中关村南大街32号	邵　杨

中国科技证券有限责任公司

机构名称	地　址	负责人
中国科技证券有限责任公司	北京国际会议中心	张　钢
中科信北京营业部	海淀区阜成路101号	彭晓吾

中国民族证券有限公司

机构名称	地　址	负责人
中国民族证券有限公司	西城区复内大街49号民族宫7、8层	郭玺来
民族证券太平桥大街营业部	西城区太平桥大街250号	关　宇
民族证券和平里证券营业部	和平里十四区青年沟东路华表时装公司	宋　凯

中国国际金融有限公司

机构名称	地　址	负责人
中国国际金融有限公司	建国门外大街1号国贸大厦2座28层	
中金公司建国门外大街营业部	建国门外大街1号国贸大厦2座28层	汪　浩

民生证券有限责任公司

机构名称	地　址	负责人
民生证券有限责任公司	西城区复兴门内大街158号	岳献春
民生证券西三环北路营业部	西三环北路91号	翁　颖

航空证券有限责任公司

机构名称	地　址	负责人
航空证券有限责任公司		
航空证券中关村南大街营业部	中关村南大街6号	洪　明

新时代证券有限责任公司

机构名称	地　址	负责人
新时代证券有限责任公司	朝阳区兴隆西街2号白云大厦7层	
新时代证券成府路营业部	成府路298号方正大厦	魏　海

北京地区证券公司营业部

机构名称	地址	负责人
北方证券西直门北大街证券营业部	海淀区西直门北大街45号时代之光名苑	任杭
渤海证券安慧北里证券营业部	朝阳区安慧北里小区安园8号楼渤海证券	宋飞
渤海证券西外大街证券营业部	西城区西直门外大街甲143号凯旋大厦C座	刘冰
财富证券阜外大街证券营业部	西城区阜外大街甲7号	周星
长城证券知春路证券营业部	海淀区知春路111号理想大厦5层	金志培
长城证券阜成门北大街证券营业部	西城区阜成门北大街17号	孔军
长江证券展览路证券营业部	西城区展览路丙3号	谢山
大鹏证券万泉河路证券营业部	海淀区万泉河路68号紫金大厦4层	李宏伟
大鹏证券新源西里证券营业部	朝阳区新源西里东街6号	黄劲松
天津一德证券东直门外大街证券营业部	东城区东直门外南二里庄29号	高铁军
东北证券三里河东路证券营业部	西城区三里河东路5号	沙峰
东方证券安苑路营业部	朝阳区小关北里45号世纪嘉园5号楼	蒋健
东吴证券北京鼓楼外大街证券营业部	东城区鼓楼外大街27号	谷爱俊
富成证券（未开业）		
光大证券东中街营业部	东城区东中街29号东环广场	陈喆
光大证券月坛北街证券营业部	西城区月坛北街2号月坛大厦东配楼2-5层	张辉
光大证券樱花西街证券营业部	朝阳区樱花西街18号贵州大厦三层B座二层	朱健
广东证券长春桥路证券营业部	海淀区厂洼中路1号	饶金良
广发证券朝阳门北大街营业部	东城区万泰北海大厦三层	周兵
广发证券阜成门南大街证券营业部	西城区阜成门南大街甲3号	黄海峰
广发证券建华南路证券营业部	朝阳区建外建华南11号	靖建国
广州证券三里河东路证券营业部	西城区三里河东路39号燕京大厦二层	吴玉光
国都证券新中街证券营业部	东城区新中街68号聚龙花园七号楼二层	张梅
国都证券安定路营业部	朝阳区安外大街安定路5号	韩爱灵
国都证券阜外大街证券营业部	西城区阜外大街43号	白松

国都证券复兴路证券营业部	海淀区复兴路32号	柳世英
国都证券中关村南大街证券营业部	海淀区中关村南大街11号证券大厦	崔　平
国海证券和平街证券营业部	朝阳区和平街11区38号	李建辉
国联证券北京宣武门东大街证券营业部	宣武门东大街24号越秀饭店南配楼6楼	严国平
国泰君安证券德外大街营业部	西城区德外大街3号	薛明轩
国泰君安证券知春路营业部	海淀区知春路17号	张志明
国泰君安证券方庄路营业部	丰台区方庄路1号	申　伟
国泰君安证券西黄城根证券营业部	西城区西黄城根北街21号	袁　征
国信证券呼家楼营业部	朝阳区呼家楼北街7号楼	王维庆
国信证券三里河路营业部	海淀区三里河路13号	宋殿国
国元证券北京西坝河南路营业部	朝阳区西坝河南路1号金泰大厦	朱彼得
中银国际证券北京宣武门外大街证券营业部	宣武区宣武门外大街10号庄胜广场中央办公楼北翼13A层	陈　敏
海南省证券北京南三环东路营业部	丰台区南三环东路23号33号楼	徐　岩
海通证券光华路证券营业部	朝阳区光华路甲8号	叶　敏
海通证券柳芳北里证券营业部	朝阳区左家庄柳芳北里综合楼	刘燕东
海通证券中关村南大街证券营业部	海淀区中关村南大街甲56号	王　胜
汉唐证券前门证券营业部	东城区东交民巷28号	巩泰利
汉唐证券丰汇园证券营业部	西城区丰汇园21号楼	张　孜
汉唐证券裕民路证券营业部	朝阳区裕民路12号中国国际科技会展中心C座四层	张汉彬
航空信托中关村南大街证券营业部	海淀区中关村南大街6号中电信息大厦5层	洪　明
和兴证券百万庄证券营业部	西城区百万庄大街19号和兴证券	张　林
河北财达证券北京花园路证券营业部	海淀区花园路2号	于海龙
河北财达证券（未开业）		
河北证券首体南路证券营业部	海淀区首体南路20号国兴家园D座河北证券	刘东辉
联讯证券北京外馆东街证券营业部	朝阳区外馆东街51号柳清居大厦	陈　山
联讯证券西直门北大街证券营业部	海淀区西直门北大街42号	黄达明
恒信证券北京文慧园证券营业部	海淀区文慧园北路9号空间蒙太奇大厦A座2层	王海鸥
恒远证券苏州街营业部	海淀区苏州街72号银丰大厦1-3层	杨光宏
宏源证券北洼路证券营业部	海淀区北洼路26号	于建伟
华安证券慧忠北里证券营业部	朝阳区慧忠北里305号楼	左兴平

华创证券复兴门外大街证券营业部	西城区复兴门外大街甲一号国家海洋局东配楼二层—五层	陈　蓉
华龙证券安外大街证券营业部	东城区安外大街191号	付　强
华泰证券复兴路营业部	复兴路3号科技会堂东馆一层华泰证券	崇曦农
华西证券紫竹院路证券营业部	海淀区紫竹院路31号华澳中心	郑小国
华鑫证券西三环北路证券营业部	海淀区西三环北路100号金玉大厦写字楼3层	李敏飞
健桥证券北京学院南路证券营业部	海淀区学院南路49号	邢　健
江南证券安立路证券营业部	朝阳区安立路甲56号	贺志华
金谷信托古城路证券营业部	石景山区八角西街68号	陆韶瞻
金谷信托翠微路证券交易营业部	海淀区翠微路甲10号建筑大厦内	肖　军
金信证券朝阳门北大街证券营业部	东城区朝阳门北大街8号富华大厦E座	阮　锷
巨田证券北太平庄路证券营业部	海淀区北太平庄路2号	齐　艳
联合证券南草场街营业部	西城区西内南草场街11号	张国九
联合证券北三环东路营业部	朝阳区曙光里45号楼	于国新
联合证券西三环北路证券营业部	西三环北路72号中经大厦	梁　越
恒泰证券安德路证券营业部	东城区安德路大街16号洲际大厦B座	张洪涛
闽发证券北四环中路营业部	海淀区北四环中路229号海泰大厦二层	王　军
闽发证券翠微路证券营业部	复兴路20号翠微商业楼2段	赵宏亮
恒泰南滨河路证券营业部	宣武区广安门外南滨河路1号高新大厦	朱建明
南方证券安立路证券营业部	朝阳区安外安立路8号	王　硕
南方证券东方广场证券营业部	东城区东长安街1号东方广场W1座7层	张会元
南方证券方庄方群园证券营业部	丰台区方庄方群园4区21楼南方证券大厦	王启亮
南方证券复兴路证券营业部	海淀区复兴路乙20号	李　鹏
平安证券东花市证券营业部	崇文区东花市北里西区B座23号楼	叶顺德
山东省齐鲁证券北京北四环西路证券营业部	海淀区北四环西路67号	陈　方
山西证券太平庄营业部	北京100081信箱43分箱	邹连星
上海证券万寿路营业部	海淀区万寿路翠微中里14号楼	张向升
申银万国证券安定路证券营业部	朝阳区安定路39号长新大厦三层	杨桂宝
申银万国证券劲松九区证券营业部	朝阳区劲松九区909楼	刘　跃
世纪证券光华路证券营业部	朝阳区光华路丙12号	宋向前
泰阳证券阜外大街营业部	西城区阜外大街甲34号	刘　清
天同证券朝外大街营业部	朝阳区朝外大街20号联合大厦二层	李　铁

天一证券北京东四北大街证券营业部	东城区东四北大街107号天海商务大厦B座2层	陆建烈
天元证券广渠门外大街证券营业部	朝阳区广渠门外大街9号院3号楼	廉德刚
万联证券西单营业部	西城区西单横二条3号	武　雪
万通证券花园东路营业部	海淀区花园东路10号高德大厦7层	张惠泉
武汉证券广安门南街证券营业部	宣武区广安门南街2号	楼　骏
西北证券惠新西街证券营业部	朝阳区惠新西街9号	周迎旗
西部证券新街口外大街证券营业部	西城区新街口外大街2-5号	张　军
西藏证券陶然亭路证券营业部	宣武区陶然亭路16号	邓　灿
西南证券北三环中路营业部	西城区北三环中路2号	林志革
厦门证券有限公司北京文慧园北路证券营业部	海淀区文慧园北路8号庆亚大厦A座8层	张建民
湘财证券朝外大街营业部	朝阳区朝外大街12号四层	王培祥
湘财证券惠新东街营业部	朝阳区惠新东街2号	刘　闯
湘财证券顺义府前西街营业部	顺义区府前西街10号	谭如松
湘财证券北三环西路证券营业部	北三环西路68号	陈　昱
新华证券朝外大街证券营业部	朝阳区朝外大街三十八号	金　辉
新疆证券裕民东路证券营业部	西城区裕民东路3号	张　海
兴安证券北京知春路证券营业部	海淀区知春路甲63号卫星大厦七层	李　春
兴业证券赵登禹路证券营业部	西城区赵登禹路277号先锋商务写字楼	周　峰
亚洲证券广安路证券营业部	丰台区西客站南广场中色建设大厦三层	张亚玲
亚洲证券和平里证券营业部	东城区和平里小黄庄二区一号楼	李　伟
招商证券北三环东路营业部	朝阳区北三环东路8号静安中心0672号	李君页
招商证券建国路证券营业部	朝阳区建国路118号招商局大厦8层	毛国华
方正证券和平里东街证券营业部	东城区和平里东街6区8号	邢　京
中创证券东单证券营业部	东城区东单北大街3号	杨　凡
中富证券北京东四十条证券营业部	东城区东四十条68号	陈志强
中国旅游信托北京西坝河证券营业部	朝阳区西坝河168号	郝卫东
中山证券公司北京车公庄大街证券营业部	西城区车公庄大街乙1号	石文燕
中信证券复外大街营业部	西城白云路1号，北京复外大街16号	李　坚
中信证券安外大街证券营业部	东城区安外大街甲57号	杨海锋
中信证券北三环中路营业部	海淀区北三环中路40号莹虹商厦4层	雷　勇
中信证券张自忠路证券营业部	东城区张自忠路七号中信证券	宋　成
中信证券白家庄东里证券营业部	朝阳区白家庄东里一号建宏大厦	尹　磊

中兴信托证券安立路证券营业部(泛亚)	朝阳区安外安立路8号汇园公寓一号厅	帅建波
广发北方证券北京东三环北路证券营业部	朝阳区东三环北路3号幸福大厦A座1608	高　嵩
金元证券北京新外大街证券营业部	海淀区新外大街19号京师大厦六层	陈德斌
财富证券知春路证券营业部	海淀区知春路59号	全宏庆
大通证券北京阜城门外大街证券营业部	西城区阜城门外大街8号国润大厦12层	邹　牧
第一创业证券北京月坛南街证券营业部	西城区月坛南街甲一号东方亿通大厦	郑宏伟
红塔证券北京板井路证券营业部	海淀区板井路69号	杨光宏
华林证券北京北三环东路证券营业部	朝阳区北三环东路28号易亨大厦二层	罗　华
第一证券北京中关村东路证券营业部	海淀区中关村东路8号东升大厦A座6层	马　民
广东民安证券北京慧忠路证券营业部	朝阳区慧忠路5号远大中心A座11层	杨　欣
国盛证券北京知春路证券营业部	海淀区知春路113号银网中心B座18层	张小坚
中原证券酒仙桥路证券营业部	朝阳区酒仙桥路14号	王晓刚

中国人民财产保险股份有限公司北京市分公司
(原中国人民保险公司北京市分公司)

机构名称	地　址	负责人
中国人民财产保险股份有限公司北京市分公司	朝阳区朝外市场街20号	郭生臣
东城支公司	东城区和平里东街20号	彭　钊
西城支公司	西城区德外大街73号	蒙士洪
崇文支公司	崇文区培新街6号	郭少军
宣武支公司	菜市口南大街平原里小区20号楼	冯建新
朝阳支公司	朝阳区霄云里4号	刘洪喜
海淀支公司	海淀区阜成路81号	冯建华
丰台支公司	丰台区丰台镇东大街11号	刘　辉
石景山支公司	石景山区杨庄东路80号	毕　征
门头沟支公司	门头沟区新桥大街18号楼	张长明
房山支公司	房山区政通路6号	刘艳东

通州支公司	通州区玉带河大街22号	高　勇
昌平支公司	昌平区城区镇北环路21号	隋　斌
顺义支公司	顺义区新顺南大街	郭效来
大兴支公司	大兴区黄村兴政街26号	吕志华
怀柔支公司	怀柔区青春路21号（慧友大厦）	路志伟
密云支公司	密云县密云镇鼓楼南大街41号	史新国
平谷支公司	平谷区城关镇府前西街16号	张士臣
延庆支公司	延庆县东外大街59号	王　键
直属支公司	西直门南大街2号成铭大厦3A层	杨　斌
燕山支公司	房山区燕山迎风街三里金融综合楼	张永生
营业部	朝阳区朝外市场街20号	马　健

中国人寿保险股份有限公司北京市分公司
（原中国人寿保险公司北京市分公司）

机构名称	地　址	负责人
中国人寿保险股份有限公司北京市分公司	朝阳区朝外市场街20号	黄俊光
东城支公司	东城区东直门外东中街32号	张丹加
西城支公司	西城区后广平36号	李　杰
崇文支公司	崇文区沙子口路76号富莱茵花园7号楼	孔德玲
宣武支公司	宣武区北纬路1号	周春丽
朝阳支公司	朝阳区金台北街7号	金　辉
丰台支公司	丰台区丰台东大街49号	李　明
石景山支公司	石景山古城北路5号	郑元喜
海淀支公司	海淀区知春路20号	岳　兰
门头沟支公司	门头沟区滨河路64号	吕光增
房山支公司	房山区良乡西潞北大街26号	鲁　琪
通州支公司	通州区玉带河大街22号	刘德奇
顺义支公司	顺义区新顺南大街1号	米建国
昌平支公司	昌平区昌平镇创新路5号	张松山
大兴支公司	大兴区黄村兴政街34号	侯庆宁
怀柔支公司	怀柔区商业街2号	张　华
平谷支公司	平谷新开街25号	王文才
密云支公司	密云滨河路22号	方茂林
延庆支公司	延庆县东外大街59号	吴　仑

中国太平洋财产保险股份有限公司北京分公司

机构名称	地　址	负责人
中国太平洋财产保险股份有限公司北京分公司	西城区复兴门内大街158号远洋大厦F6层	李宝利
东城支公司	朝阳区东土城路13号	孙永建
西城支公司	西城区展览馆路3号	韩克伟
海淀支公司	西城区新外大街2号	张　建
丰台支公司	宣武区广安门外大街87号	孙国建
朝阳支公司	朝阳区霄云路霄云里6号楼翼龙宾馆	陈　宇
昌平支公司	昌平区科技园区创新路6号	赵　阁
通州支公司	通州区通惠北路25号	王金凯
顺义支公司	顺义区五里仓环岛南200米路西	蒋　刚

中国太平洋人寿保险股份有限公司北京分公司

机构名称	地　址	负责人
中国太平洋人寿保险股份有限公司北京分公司	西城区复兴门内大街158号远洋大厦F6层	李洪林
东城支公司	东城区东四十条113号	宋继海
西城支公司	西城区西外大街新兴东巷甲15号	王　东
海淀支公司	海淀区北蜂窝66号	石乃文
昌平支公司	昌平区西关商业街综合楼	张　旭
通州支公司	通州区市兴路24号	刘树合
朝阳支公司	朝阳区安贞里二区一号楼	徐建华

中国平安财产保险股份有限公司北京分公司

机构名称	地　址	负责人
中国平安财产保险股份有限公司北京分公司	西城区金融街23号平安大厦15层	骆　鹏
分公司营业部	西城区金融街23号平安大厦8层	骆　鹏
朝阳支公司	朝阳区小关北里45号世纪嘉园5号楼2层	金建荣
丰台支公司	丰北路甲45号鼎恒中心3层	陈茂奎
房山支公司	良乡月华大街2号	张学会
西城支公司	西城区阜外大街271号C座	季新民

宣武支公司	广安门内大街338号港中旅大厦	曹庭文
海淀支公司	海淀区四环西路67号大地科技大厦4层	吴晓东
东城支公司	安定门外大街2号安贞大厦4层	段卫东

中国平安人寿保险股份有限公司北京分公司

机构名称	地　址	负责人
中国平安人寿保险股份有限公司北京分公司	北京市西城区金融街23号	朱仲群
北太平庄营销服务部	海淀区北太平庄路2号	刘铁岭
阜成路营销服务部	海淀区阜成路58号新洲商务大厦6层	董　峥
魏公村营销服务部	海淀区中关村南大街11号光大国信大厦	窦　钢
西三环中路营销服务部	西三环中路18号万发大厦	陈　波
甘家口营销服务部	海淀区三里河路21号13层	井　立
学院路营销服务部	海淀区学院路甲38号长城电脑大厦	罗春毅
东方广场营销服务部	东城区东单三条8号东方广场东配楼7、8层	郭　彤
雍和宫营销服务部	东城区藏经馆路11号	李　飞
建国门营销服务部	东城区北京站东街10号	曹卫东
六部口营销服务部	西城区西绒线胡同乙9号嘉年华大厦	盛　纳
西单营销服务部	西城区灵境胡同42号惠能大厦	赵　军
鹰冠营销服务部	西城区新街口外大街8号金丰和写字楼	尹　斌
阜成门营销服务部	西城区南礼士路3号龙蕃写字楼A座	袁晓光
安华桥营销服务部	朝阳区鼓楼外大街23号龙德行大厦	苗　林
亚运村营销服务部	朝阳区安慧里二区12号楼东侧	刘胜春
管庄营销服务部	朝阳区管庄西里综合商店1－2层	路玉权
陶然亭营销服务部	崇文区南二环陶然桥马家堡路1号	韩晓芳
通州西海子营销服务部	通州区新华大街71号	夏劲松
平谷金乡路营销服务部	平谷区金乡路1号雅美奇商厦二层	崔东辉
顺义龙府营销服务部	顺义区西辛北区甲18号龙府花园11号楼	孟繁智
房山城关营销服务部	房山南大街6号	王秀平
房山良乡营销服务部	房山区良乡拱辰北大街1号西侧	王环宇
大兴兴政营销服务部	大兴区兴政街16号亚特商城2、3层	顾　昕
昌平永安营销服务部	昌平区永安路32号楼	马柳青
昌平回龙观营销服务部	昌平区回龙观镇金达园写字楼5层	易　剑
怀柔梅苑营销服务部	怀柔区青春路梅苑小区8号楼3门北间	安晓伟
密云鑫盛营销服务部	密云县新东路40号	付立军

延庆板泉路营销服务部	延庆板泉路26号鑫妫川购物中心	张明军
东四营销服务部	东城区东直门南大街甲10号中航大厦	许丰军
东直门营销服务部	东城区东中街9号东环广场A座首层RA1D－E号	王艺梅

新华人寿保险股份有限公司北京分公司

机构名称	地　址	负责人
新华人寿保险股份有限公司北京分公司	丰台区莲花池西里8号新华保险大厦	马健平
西城支公司	西城区阜外大街2号万通新世界A8层	朱　勇
宣武支公司	宣武区珠市口西大街120号（太丰惠中大厦配楼3层、6层）	梁万江
海淀支公司	海淀区北三环中路36号	金爱丽
朝阳支公司	朝阳区安定门外胜古北路甲3号	周猎人
丰台支公司	丰台区莲花池西里29号公交大厦10层	陈毅莉
通州支公司	通州区新华大街157号	郭稚民
石景山支公司	石景山路22号A座长城大厦	洪　伟
大兴支公司	大兴区市场路京南大厦	陈　峰
房山支公司	房山区迎风大街43号邮局三楼	吕　良
顺义支公司	顺义区幸福东区丁18号楼二层	张雪梅
西城新外大街营销服务部	西城区新外大街12号	白崇立
西城中京畿道营销服务部	西城区中京畿道1号院2号楼503室	张振华
朝阳团结湖营销服务部	朝阳区团结湖北三条瑞博写字楼10号楼418室	李晨辉
海淀翠微营销服务部	海淀区西三环中路乙18号荣华大厦	高新生
丰台南苑营销服务部	丰台区南苑北里二区六号楼	刘金波
昌平北环营销服务部	昌平区西环路78号利阳大厦	刘　宇
怀柔营销服务部	怀柔区北大街1号3层	肖建军
平谷旧城街营销服务部	平谷区金乡路东园西小区60号劳动局职业技能培训中心	王小红
房山良乡镇营销服务部	房山区良乡西路11号	单佩秋
房山城关镇营销服务部	房山区城关镇东大街13号	陈广祥
大兴庞各庄营销服务部	大兴区庞各庄镇邮政支局二层	张艳梅
密云鼓楼营销服务部	密云县鼓楼东大街87号院粮贸大厦9层	陈素珍
通州西集营销服务部	通州区西集镇南京香公路北侧原西集酒楼	王笑臣
延庆营销服务部	延庆县湖南东路1号	王立凯

海淀知春路营销服务部	海淀区知春路106号太平洋国际大厦	张　敏
门头沟营销服务部	门头沟区新桥大街12号	田立萍

泰康人寿保险股份有限公司北京分公司

机构名称	地　址	负责人
北京分公司	西城区复兴门内大街156号泰康人寿大厦	苗　力
西城支公司	西城区西外大街6号中仪大厦	李建宁
东城支公司	东城区安德里北街21号奥星大厦3层	武旭阳
海淀支公司	知春里28号开源写字楼4层	许　杰
白云路营销服务部	白云路1号白云大厦4层	王　冰
朝阳门营销服务部	朝阳区永安里华彬大厦13层	蹇　宏
崇文门营销服务部	崇文门外大街44号大康大厦	刘成钢
宣武支公司	宣武区南滨河路31号华亨大厦4层	李　冰
密云营销服务部	密云山水大厦3层	杜　波
通州支公司	通州区新华大街100号	陈　钢
燕山办事处	房山区燕房路6号	李　晖
房山支公司	房山区良乡月华1号	李　晖
昌平支公司	昌平区东环路142号	张国荣
顺义支公司	顺义西单商场东侧亨达眼镜店三层	杨武军
大兴支公司	黄村东大街杰通商品市场4层	马　跃
丰台支公司	丰台区西四环南路48号蓝天商务楼3层	律海明
怀柔支公司	怀柔区青春路26号3层	许　向

华泰财产保险股份有限公司北京分公司

机构名称	地　址	负责人
华泰财产保险股份有限公司北京分公司	北京市宣武区南滨河路1号高新大厦	臧家瑞
西城支公司	朝阳区北四环甲131号	徐宝明
崇文支公司	朝阳区潘家园路7号银鹰宾馆13层	李德新
朝阳支公司	朝阳区霞光里8号鑫泰大厦首层	齐小兵
宣武支公司	宣武区南滨河路1号高新大厦三层	李彩红
通州支公司	通州区江米店18号	王振亮
顺义支公司	顺义区石园西区23号楼6门101号	韩少兵
房山支公司	房山区良乡拱辰北大街38号楼1—102	王　文

太平保险有限公司北京分公司

机构名称	地　址	负责人
太平保险有限公司北京分公司	东城区东长安街1号东方广场E3座6层	边　勇
朝阳亚运村营销服务部	朝阳区北三环东路28号易亨大厦8层	杨郁清
海淀学院路营销服务部	海淀区北四环中路238号柏彦大厦6层	李　丽
宣武广安门营销服务部	宣武区南滨河路31号华亨大厦9层	卓　颖

太平人寿保险有限公司北京分公司

机构名称	地　址	负责人
太平人寿保险有限公司北京分公司	东城区东长安街1号东方广场东方经贸城东3楼5层	谢　忠
朝阳建国门营销服务部	朝阳区建外大街建华南路17号北京佰联大厦五层	陈允可
房山城关营销服务部	房山区北关大街23号2楼	万文荣
东城安定门营销服务部	东城区安定门外大街185号京宝大厦3层304－309房间	周永政
海淀西直门营销服务部	海淀区西直门北大街42号华星大厦8层	范立新
平谷营销服务部	平谷区新平北路56号祥和宾馆办公楼5层北半层	战　歌
顺义营销服务部	顺义区府前西街10号湘财证券大厦三层88室	刘延海
海淀学院路营销服务部	海淀区花园北路44号贯通大厦A楼三层300房间	王　颖

（三）北京市外资银行北京分行名录

国别	机构名称	地　址	行长
奥地利	奥地利中央合作银行北京分行 RZB Austria Beijing Branch	朝阳区建国门外大街21号北京国际俱乐部200室　邮编100020	卫安德

澳大利亚	澳大利亚和新西兰银行集团有限公司北京分行 ANZ Banking Group Limited Beijing Branch	建国门内大街7号光华长安大厦2座1717－1718室　邮编100005	麦哲睿
德　国	德国德累斯登银行股份公司北京分行 Dresdner Bank AG Beijing Branch	朝阳区麦子店街37号盛福大厦1700室 邮编100016	施汉杰
法　国	法国巴黎银行有限公司北京分行 BNP Paribas Beijing Branch	建国门外大街1号国贸大厦19楼　邮编100004	Olivier Pierre Rousselet
	法国里昂信贷银行股份有限公司北京分行 Credit Lyonnais Beijing Branch	建国门外大街1号中国国际贸易中心2座3506室　邮编100004	姚国华
韩　国	韩国外换银行股份有限公司北京分行 Korea Exchange Bank Beijing Branch	东城区建国门内大街18号恒基中心办公楼第二座五层8－13号 邮编100005	金会宪
	韩国友利银行股份有限公司北京分行 Woori Bank Beijing Branch	朝阳区霄云路38号现代盛世大厦7层702室 邮编100027	金范洙
荷　兰	荷兰银行北京分行 ABN AMRO Bank N. V. Beijing Branch	朝阳区光华路1号北京嘉里中心北楼2801室 邮编100020	吴政凯
加拿大	蒙特利尔银行北京分行 Bank of Montreal Beijing Branch	东长安街1号东方经贸城E1楼1502室 邮编100005	幸公杰
美　国	美国摩根大通银行股份有限公司北京分行 JPMorgan Chase Bank Beijing Branch	朝阳区光华路1号北京嘉里中心南楼25层2516号　邮编100020	霍康（Carl Emil Walter Jr.）

	美国花旗银行有限公司北京分行 Citibank，N. A. Beijing Branch	建国门内大街7号光华长安大厦16层 邮编100020	邓宁女士
	美国美一银行股份有限公司北京分行 Bank One，N.A.Beijing Branch	建国门外大街19号国际大厦1605室 邮编100004	詹觉志
	美国银行有限公司北京分行 Bank of America，National Association Beijing Branch	建国门外大街1号国贸大厦26楼09室 邮编100004	王安豫女士
日　本	日本东京三菱银行股份有限公司北京分行 Bank of Tokyo – Mitsubishi Ltd. Beijing Branch	朝阳区东三环北路5号北京发展大厦2层 邮编100004	大津英雄
	日本日联银行股份有限公司北京分行 UFJ Bank Limited Beijing Branch	东城区建国门内大街18号恒基中心办公楼第2座409–412室 邮编100005	山内英树
	日本瑞穗实业银行有限股份公司北京分行 Mizuho Corporate Bank，Ltd. Beijing Branch	朝阳区建国门外大街甲26号长富宫办公楼8层　邮编100022	细井靖
中国香港	南洋商业银行有限股份公司北京分行 Nanyang Commercial Bank Ltd. Beijing Branch	建国门外大街乙8号 邮编100022	卓建平
	香港上海汇丰银行有限公司北京分行 The Hongkong and Shanghai Banking Corp.，Ltd. Beijing Branch	建国门内大街8号中粮广场A座首层 邮编100005	丁国良
	东亚银行有限公司北京分行 The Bank of East Asia，Limited Beijing Branch	东城区朝阳门北大街8号富华大厦A座首层 邮编100027	吴志强

新加坡	新加坡发展银行有限公司北京分行 The Development Bank of Singapore Beijing Branch	建国门外大街1号国贸大厦1009－1018室 邮编 100004	吴克昌
英国	英国渣打银行有限责任公司北京分行 Standard Chartered Bank PLC Beijing Branch	朝阳区东环南路2号招商局大厦31层 邮编 100022	左自鹏
新加坡	新加坡大华银行有限公司北京分行 United Overseas Bank Limited Beijing Branch	建国门外大街1号国贸大厦2座2513室 邮编 100004	廖元祥

（蒋　平）

（四）北京市合资、外资保险公司北京分公司名录

类别国别	机构名称	地　　址	总经理
中英合资	信诚人寿保险有限公司北京分公司	北京市东城区东长安街1号东方广场东方经贸城东1座办公楼10层 邮　编　100738	张奎原
中瑞合资	瑞泰人寿保险有限公司	北京市朝阳区麦子店街37号北京盛福大厦21层 邮　编　100026	曾冬漉
美国	美国友邦保险有限公司北京分公司	北京市朝阳区建国路乙108号京汇大厦3层 邮　编　100022	徐水俊
德国	慕尼黑再保险公司北京分公司	北京市朝阳区燕莎中心写字楼C413室 邮　编　100016	王　真
瑞士	瑞士再保险公司北京分公司	北京市东城区东长安街1号东方广场写字楼东2座1701室 邮　编　100738	高　璁

（五）北京市外资金融机构驻京代表处名录

银行

国别	机构名称	地　址	首席代表
德国	德意志银行股份有限公司北京代表处	建国门外大街1号国贸大厦2座3606室　100004	苏得新
	西德银行北京代表处	朝阳区亮马桥路50号燕莎中心C613B　100016	吴景柱（Viktor H Uterman）
	北德意志州银行北京代表处	朝阳区亮马桥路50号燕莎中心办公楼C406　100016	张景智
	德国商业银行股份有限公司北京代表处	北京市建国门外大街19号国际大厦2502室　100004	黎　明（Michael M. Reichel）
	德国巴登符腾堡州银行北京代表处	朝阳区东三环北路8号亮马大厦2座1130室　100004	何蕾娜
	德国裕宝联合银行北京代表处	朝阳区亮马桥路50号燕莎中心C305室　100016	陈　亮
	德国巴伐利亚州银行北京代表处	朝阳区亮马桥路50号燕莎中心C703　100016	苗五一
	德国施威比豪尔住房储蓄银行北京代表处	建国门外大街19号国际大厦23-D　100004	岳慕礼
	德国中央合作银行北京代表处	朝阳区建国门外大街19号国际大厦22-1B室　100004	陈慧君
	大众汽车金融服务股份公司北京代表处	朝阳区建国门外大街1号国贸大厦1座7层710室　100004	夏复瑞（Klaus-Uwe Schaffrath）
意大利	意大利联合商业银行北京代表处	新源南路6号京城大厦2108室　100004	狄尼（Leonardo Dini）
	意大利圣保罗意米银行股份有限公司北京代表处	建国门外大街1号国贸大厦1座2626室　100004	费奥理
	意大利罗马银行北京代表处	建国门外大街19号国际大厦2604室　100004	马德拉

	意大利西雅那银行北京代表处	建国门外大街1号国贸大厦1座2617室 100004	王继荣
	意大利国民劳动银行北京代表处	建国门外大街19号国际大厦1002室 100004	贾万德（Roberto Chiamenti）
	意大利联合信贷银行股份有限公司北京代表处	建国门外大街22号赛特大厦1209室 100004	方 莹
法国	法国东方汇理银行有限公司北京代表处	建国门外大街19号国际大厦1205室 100004	钟小锋
	法国兴业银行有限公司北京代表处	建国门北大街8号华润大厦1707室 100005	普瓦耶 Marc Poirier
	法国外贸银行北京代表处	建国门外大街1号国贸大厦1座0630室 100004	李 军
	法国工商银行北京代表处	建国门内大街7号光华长安大厦1座301室 100005	边文龙
	法国标致雪铁龙融资银行有限公司北京代表处	光华路12号科伦大厦409房间 100020	党 辉
俄罗斯	俄罗斯罗斯银行公开股份公司北京代表处	东城区建国门内大街18号恒基中心办公楼1座703室 100004	布拉塔合·费得尔
	俄罗斯联邦对外贸易银行公开股份公司北京代表处	北京市建国门外大街19号国际大厦18BC室	皮罗戈夫·谢
	俄罗斯信贷商业银行北京代表处	朝阳区建国门外大街24号京泰大厦1703室 100022	米罗夫·安德烈
	俄罗斯苏联对外经济银行北京代表处	朝阳区建国门外大街19号国际大厦20A室 100004	鲍力斯·阿布拉莫夫
	莫斯科人民银行北京代表处	东直门外大街35号东湖别墅6D 100027	列昂尼德·雅利夫列维奇·郭罗斯
瑞士	瑞士银行有限公司北京代表处	建国门外大街1号国贸大厦1座2913室 100004	Petr A. Selivanov
	欧洲金融集团银行瑞士有限责任公司北京代表处	建国门外大街1号国贸大厦2座3617、3618室 100004	石应瀚

	瑞士利顺金融公司北京代表处	东城区建国门内大街18号恒基中心1座1907室　100020	赖伟智
	瑞士苏黎世州银行北京代表处	朝阳区麦子店西路新恒基国际大厦718室　100016	
	瑞士信贷银行北京代表处	朝阳区东三环北路2号南银大厦31层　100027	布克曼（Hans Urs Buchmann）
瑞典	北欧银行瑞典有限公司北京代表处	朝阳区东三环北路5号发展大厦721A室　100004	费焕然
	瑞典商业银行公共有限公司北京代表处	朝阳区建国门外大街19号国际大厦22D室　100004	王幼佳
	瑞典北欧斯安银行有限公司北京代表处	朝阳区东三环北路8号亮马大厦1座605室　100004	Dan Tage Oscar Lundberg
荷兰	荷兰商业银行股份有限公司北京代表处	朝阳区东三环北路8号亮马大厦1座1510室　100004	胡元祥（Yuan Xiang Hu）
	荷兰合作银行北京代表处	朝阳区亮马桥路50号凯宾斯基写字楼2层C213B室　100004	戴　蕙
西班牙	西班牙对外银行北京代表处	建国门内大街7号光华长安大厦1座508室　100004	拉蒙·卡斯贡
	西班牙国际银行北京代表处	朝阳区东三环北路8号亮马大厦2301室　100004	莱昂拿多·薄萨达
	西班牙萨瓦德尔银行股份有限公司北京代表处	东城区东中街29号东环广场B座写字楼4层L号	哈维尔·塞拉多
比利时	比利时富通银行有限公司北京代表处	新源南路6号京城大厦2302室　100004	塞尔日·杨森·德瓦雷贝克
英国	英国苏格兰皇家银行公众有限公司北京代表处	建国门内大街7号光华长安大厦1座710室　100005	万茂佳
	巴克莱银行北京代表处	建国门外大街22号赛特大厦1211室　100004	费宜来
	通济隆全球及金融服务有限公司北京代表处	阜外大街2号万通新世界广场B座2115室　100037	陈俊良
	毅联汇业有限公司北京代表处	建国门外大街1号国贸大厦1座1913室　100004	林　青

奥地利	奥地利银行北京代表处	朝阳区东三环北路8号亮马大厦1座1605室　100004	法伊斯陶尔
挪威	挪威银行北京代表处	朝阳区亮马桥路50号燕莎中心C-610室　100016	叶尔塞
澳大利亚	澳大利亚国民有限公司银行北京代表处	北京市建国门外大街1号国贸大厦1座2326室　100004	徐向荣
	澳大利亚西太平洋银行有限公司北京代表处	建国门外大街22号赛特大厦2210室　100004	迟　浩
	澳大利亚澳洲联邦银行公众股份有限公司北京代表处	建国门外大街1号国贸大厦1座2909室　100004	欧恩陶
巴基斯坦	巴基斯坦国民银行北京代表处	昆仑饭店435室　100004	纳思尔·胡赛因
菲律宾	菲律宾首都银行及信托有限公司北京代表处	东城区建国门内大街18号恒基中心办公一楼1座1410室　100005	徐海琦
哈萨克斯坦	哈萨克斯坦人民储蓄银行股份公司北京代表处	建国门内大街8号中粮广场A座420室　100005	亚河亚罗夫·努尔朗
韩国	韩国产业银行北京代表处	建国门外大街1号国贸中心1座1601室　100004	张大坤
	韩国输出入银行北京代表处	朝阳区亮马桥路50号燕莎中心办公楼C716室　100016	具云会
马来西亚	马来西亚马来亚银行有限公司北京代表处	建国门外大街1号国贸大厦1座6层0621室　100004	黄金富
日本	日本三井住友银行股份有限公司驻中国总代表处北京代表处	朝阳区呼家楼京广中心2902室　100020	角尾慎介
	日本三菱信托银行股份有限公司北京代表处	朝阳区建国门外大街甲26号长富宫办公楼304室　100022	山村伸介
	住友信托银行股份有限公司北京代表处	朝阳区建国门外大街甲26号长富宫办公楼501室　100022	甲斐伸一郎

	农林中央金库北京代表处	朝阳区建国门外大街甲 26 号长富宫办公楼 601 室　100022	千叶进（Susumu Chiba）
	日本国际信用卡公司北京代表处	朝阳区建国门外大街甲 26 号长富宫办公楼 406 室　100022	儿玉清一
	日立金融有限公司北京代表处	建国门外大街 1 号国贸中心 1 座 23 层 2329 室　100004	富安至
泰国	泰国盘谷银行（大众有限公司）北京代表处	建外大街 24 号华侨村 1 - 1401　100022	王明详
	泰华农民银行（大众）有限公司北京代表处	建外 19 号国际大厦 22 层 C 室　100004	钟建华 Chavalit Nithagon
	德富泰银行有限公司北京代表处	北京市朝阳区建国路 118 号招商局大厦 29 层 H2 室	邓大勇
	正大国际财务公司北京代表处	建国门内大街 7 号光华长安大厦 1 座 12 层　100005	胡晓东
中国香港	恒生银行有限公司北京代表处	东城区建国门内大街 8 号中粮广场 A 座 3 楼 303 室　100005	吴来盛
	中信嘉华银行北京代表处	朝阳区亮马桥路 39 号第一上海中心写字楼 802 室　100016	黎厚陞
	大来信用证国际（香港）有限公司北京代表处	北京市东城区建国门内大街 7 号光华长安大厦 1 座 16 层 1603A 室	戴迅夫
	中银信用卡（国际）有限公司北京代表处	建国门外大街乙 8 号丽晶苑一层	曹燕明
朝鲜	朝鲜华丽银行有限公司北京代表处	崇文区东打磨厂街 7 号宝鼎中心 1069、539 室　100062	李书军
中国台湾	合作金库银行股份有限公司北京代表处	东城区建国门内大街 18 号恒基中心办公室 1 座 1805 室　100005	洪维
	中国信托商业银行北京代表处	朝阳区光华路甲 8 号和乔大厦 B 座 111 室	钟敏敏

新加坡	新加坡华侨银行有限公司北京代表处	建国门内大街7号建国门内大街7号光华长安大厦2座920室 100005	宋丽华
印度尼西亚	宁波国际银行北京代表处	阜外大街2号万通新世界广场B座1710室 100037	郭 双
伊朗	伊朗德佳拉特银行北京代表处	朝阳区亮马桥路50号燕莎中心写字楼C208室 100016	雷扎·阿斯葛扎德·安达拉比（Reza Asgharzadeh Andarabi）
古巴	古巴国民银行北京代表处	建外大街24号京泰大厦710室 100022	Diana Amelia Fernandez Vila（女）
加拿大	加拿大皇家银行北京代表处	建国门外大街1号国贸大厦1座612室 100004	陈莉
	加拿大帝国商业银行有限公司北京代表处	朝阳区建国门外大街21号国际俱乐部201/202室 100020	郭仲华
	丰业银行北京代表处	建国门北大街8号华润大厦503室 100005	傅 琼
美国	美国运通银行北京代表处	建国门外大街1号国贸大厦2313室 100004	李月仙
	美国美联银行有限公司北京代表处	东城区建国门内大街18号恒基中心办公楼一座1005室 100005	赵千慧
	美国汇丰银行有限公司北京代表处	东城区建内大街8号中粮广场A座516室 100005	李宝梁
	美国远东国民银行有限公司北京代表处	建国门外大街22号赛特大厦9层911房间 100004	李征（临时）
	美国加州银行联合银行有限公司北京代表处	建国门内大街7号光华长安大厦办公楼1座1009室 100005	胡永德
	华美银行北京代表处	东城区建国门内大街7号光华长安大厦6楼609室 100005	李 玫
	美国纽约银行有限公司北京代表处	西城区金融大街35号国际企业大厦B座1129室 100032	陈 清

	威士国际组织（亚太）有限公司北京代表处	国际企业大厦B座1528 100032	熊安平
	G.E金融服务公司北京代表处	汉威大厦六层B3 100004	李静仁
	万事达卡国际组织北京代表处	建国门内大街7号光华长安大厦809/810室 100005	韩巍强
卢森堡	CMC卢森堡财务公司北京代表处	四川大厦西塔楼708A室 100006	薛瑞华
摩洛哥	摩洛哥外贸股份有限公司北京代表处	建国门内大街18号东城区建国门内大街18号恒基中心1座1203层 100005	哲　路
南非	莱利银行北京代表处	朝阳区亮马桥路50号燕莎中心C507室 100016	赵　红
喀麦隆	非洲第一银行北京代表处	朝阳区左家庄1号国门大厦4K 100028	约瑟夫·托比（Joseph Toubi）

（蒋平）

保险

国别	代表处名称	地址	首席代表
澳大利亚	安保集团北京代表处 AMP Limited Beijing Rep. Office	建国门内大街7号光华长安大厦2座1726室 100005	叶　蕾
	康联保险集团北京代表处 Colonial Mutual Group Beijing Rep. Office	建国门外大街1号国贸大厦1座2908室 100004	高骏骅
	万诚保险有限公司北京代表处 MLC Limited Beijing Rep. Office	建外大街1号国贸中心1座23层27－28室 100004	卢泰宏
加拿大	宏利人寿保险公司北京代表处 The Manufacturers Life Insurance Co. Of Canada Beijing Rep. Office	西城区南礼士路66号建威大厦606室 100045	贾冬萍
	伦敦人寿保险公司北京代表处 London Life Insurance Company Beijing Rep. Office	建国门内大街8号中粮广场B座1223室 100005	于　华
	永明人寿保险公司北京代表处 Sun Life Assurance Company of Canada Beijing Rep. Office	建国门内大街7号光华长安大厦2座1010室 100005	刘都生

	加拿大人寿保险公司北京代表处 The Canada Life Assurance Company Beijing Rep. Office	建外大街甲 24 号东海中心 903A 室　100004	李建军
法国	安盛公司北京代表处 AXA Corporation Beijing Rep. Office	东城区东直门外大街 48 号东方银座大厦 C－21E　100027	谢　刚
	安盟保险公司北京代表处 Groupama SA Beijing Rep. Office	建国门内大街 7 号光华长安大厦 2 座 1022 室　100005	张　宏
	高仕华保险经纪公司北京代表处 Gras Savoye Insurance Brokers Co. Beijing Rep. Office	投资广场大厦 A506 室　100032	许彬武
	法国国家人寿保险公司北京代表处 CNP Assurances S.A. Beijing Rep. Office	朝阳门外大街 18 号丰联广场 A 座 2203 室　100020	克里斯蒂安·比肖普
	法国再保险公司北京代表处 SCOR Beijing Rep. Office	建国门外大街 1 号国贸大厦 1 座 3712 室　100004	张晓东
	科法斯信用保险公司北京代表处 Coface Credit Insurance Company Beijing Rep. Office	建国门外大街 1 号国贸中心写字楼 1 座 2925 室　100004	王青青
德国	安联保险集团驻中国总代表处 Allianz Gerneral Rep. Office China	朝阳区亮马桥路 50 号燕莎中心办公楼 C211 室　100016	陆明轩（Joerg－Michael Luther）
	德国科隆再保险公司北京代表处 Cologne Reinsurance Company plc. Beijing Rep. Office	建国门内大街 7 号光华长安大厦 1 座 808 室　100005	金大荣
中国香港	盈科保险有限公司北京代表处 Pacific Century Insurance Company Limited of Hong Kong Beijing Rep. Office	建国门内大街 7 号光华长安大厦 610 室　100005	郭　杨
	中华保险顾问有限公司北京代表处 CIM Insurance Brokers Ltd. Beijing Rep. Office	宣武区南滨河路 31 号华亨大厦 210 室　100055	张宪文

	海达远东保险顾问有限公司北京代表处 Houlder Insurance Brokers Far East Ltd. Beijing Rep. Office	朝阳区马甸裕民路12号元辰鑫大厦506－518室　100029	任建梅
	新世界保险服务有限公司北京代表处 New World Insurance Services Limited Beijing Rep. Office	崇文门外大街北京新世界中心南办1406室　100062	章　琪
	香港中国保险（集团）有限公司北京办事处 China Insurance H.K.（Holdings）Co., Ltd. Beijing Office	宣武区宣武门西大街28号大成广场一门九层　100053	曹　杰
	其士保险有限公司北京代表处 Chevalier Insurance Company Limited Beijing Representative Office	西城区阜外大街2号万通新世界广场707B室　100037	王　兴
	中银集团人寿保险有限公司北京代表处 BOC Group Life Assurance Company Ltd.Beijing Rep. Office	北京市复兴门内大街1号中国银行总行大厦	陈维明
	汇丰人寿保险（国际）有限公司北京代表处 HSBC Life（International）Limited Beijing Rep. Office	建国门内大街8号中粮广场A座305B室　100005	彭吾素
	汇丰保险（亚洲）有限公司北京代表处 HSBC Insurance（Asia）Limited Beijing Rep. Office	建国门内大街8号中粮广场A座305A室　100005	梁婉芬
荷兰	荷兰保险有限公司北京代表处 ING Insurance International B.V. Beijing Rep. Office	朝阳区东三环北路8号亮马大厦1508室　100004	杨丽君
	全球人寿保险国际公司北京代表处 AEGON－Beijing Rep. Office	朝阳区新源南路6号京城大厦1912室　100004	陈　骏
印度尼西亚	金光集团保险私人有限公司	东三环南路2号航华科贸中心招商局大厦25层　100022	宋建平

意大利	忠利保险有限公司北京代表处 Assicurazioni Generali S.p.A. Beijing Rep. Office	建外大街1号国贸大厦1座1713室 100004	王怡群
日本	财产保险公司驻中国总代表处 The Yasuda Fire & Marine Insurance Co., Ltd. General Rep. In China	朝阳区东三环北路5号发展大厦702室 100004	矢泽洋一
	第一生命保险公司北京代表处 The Dai－ichi Mutual Life Insurance Company Beijing Rep. Office	朝阳区建外大街甲26号长富宫办公楼8层 100022	赵克非
	东京海上火灾保险株式会社北京代表处 The Tokio Marine & Fire Insurance Co., Ltd. Beijing Rep. Office	建外大街甲26号长富宫办公楼7层 100022	太田孝记
	明治生命保险公司北京代表处 Meiji Life Insurance Company Beijing Rep. Office	建外大街26号长富宫办公楼6003室 100004	高桥彻也
	爱和谊保险公司北京代表处 The Aioi Fire & Marine Insurance Co., Ltd. Beijing Rep. Office	朝阳区东三环北路5号发展大厦1019室 100004	村中弘幸
	生命保险公司北京代表处 Nippon Life Insurance Company Beijing Rep. Office	建外大街甲26号长富宫办公楼305室 100022	田中贵也
	三井住友海上火灾保险公司驻中国总代表处 Mitsui Sumitomo Insurance Co., Beijing Rep. Office	朝阳区发展大厦1605－1608室 100004	大石正身
	住友生命保险公司北京代表处 Sumitomo Life Insurance Company Beijing Rep. Office	建外大街甲26号长富宫办公楼2层2011室 100022	松本晓洋
	日动火灾海上保险公司北京代表处 The Nichido Fire & Marine Insurance Co., Ltd. Beijing Rep. Office	朝阳区东三环北路5号发展大厦921C室 100004	马　宁
	兴亚损害保险公司北京代表处 Nipponkoa Insurace Co., Ltd. Beijing Rep. Office	朝阳区东三环北路5号发展大厦520室 100004	畑　彻

韩国	乐金火灾海上保险公司北京代表处 LG Insurance Co., Ltd. Beijing Rep. Office	朝阳区霄云路36号国航大厦1202号 100027	李知恩
	三星火灾海上保险公司北京代表处 Samsung Fire & Marine Insurance Co., Ltd. Beijing Rep. Office	朝阳区东环南路2号招商局大厦21层 100022	尹南镇
	三星生命保险公司北京代表处 Samsung Life Insurance Co., Ltd. Beijing Rep. Office	朝阳区东环南路2号招商局大厦2101室 100022	严正明
	输出保险公社北京代表处 Korea Export Insurance Corp. Beijing Rep. Office	朝阳区东三环北路2号南银大厦915号 100027	林英虎
	现代海上火灾保险有限公司北京代表处 Hyundai Marine & Fire Insurance Co., Ltd. Beijing Rep. Office	朝阳区东三环北路8号亮马河大厦1101室 100004	方仁彪
	大韩再保险公司北京代表处 Korean Reinsurance Company Beijing Rep. Office	朝阳区东三环北路8号亮马河大厦1座1107室 100004	南宗旭
	大韩生命保险株式会社北京代表处 Korea Life Insurance Co., Ltd. Beijing Representative Office	建国门外大街1号国贸大厦1座2209室 100004	赵镛洛
	教保生命保险公司北京代表处 Kyobo Life Insurance Company Beijing Rep. Office		许锦珠
俄罗斯	赢国斯达保险有限公司北京代表处 Ingosstrakh Insurance Company Ltd. Beijing Rep. Office	朝阳区亮马桥路光明大厦1604室 100016	V.A. Uryadov
新加坡	职总英康合作社北京代表处 NTUC Income Insurance Co-operative Limited Beijing Rep. Office	西城区金融大街27号投资广场B座1008室 100032	刘 越

	亚洲人寿保险有限公司北京代表处 The Asia Life Assurance Society Limited Beijing Rep. Office	朝阳区北辰东路8号汇宾大厦A0904室 100101	林 丽
	新加坡再保险有限公司北京代表处 Singapor Reinsurance Corporation Ltd. Beijing Rep. Office	崇文门外大街北京新世界中心太华公寓B座513室 100062	冯 骞
瑞 士	丰泰保险公司北京代表处 Winterthur Swiss Insurance Beijing Rep. Office	朝阳门外大街18号丰联广场大厦2106室 100020	常 克
	苏黎世保险公司北京代表处 Zurich Insurance Company Beijing Rep. Office	朝阳门外大街22号赛特大厦2103室 100004	张学江
	再保险公司北京代表处 Swiss Reinsurance Company Beijing Rep. Office	东城区东方广场写字楼东2座1701室 100738	高 璁
中国台湾	富邦产物保险股份有限公司北京代表处 Fubon Insurance Company Limited Beijing Rep. Office	朝阳区光华路甲8号和乔大厦北座502室 100026	萧明仁
	国泰人寿保险股份有限公司北京代表处 Cathay Life Insurance Co., Ltd. Beijing Rep. Office	西城区长安街88号北京时代广场1008室 100031	王健源
	新光人寿保险股份有限公司北京代表处 Shin Kong Life Insurance Co., Ltd. Beijing Rep. Office	丰台区莲花池西里8号6层 100073	陈国柱
	友联产物保险股份有限公司北京代表处 Union Insurance Co., Ltd. Beijing Rep. Office		姜贺伦
	富邦人寿保险股份有限公司北京代表处 Fubon Life Assurance Company Limited Beijing Rep. Office	朝阳区光华路甲8号和乔大厦B座502A室 100026	粘清木

	台湾人寿保险股份有限公司北京代表处 Taiwan Life Insurance Co., Ltd. Beijing Rep. Office	建国门北大街8号华润大厦703室 100005	吴志远
美国	安裕再保险公司北京代表处 Employers Reinsurance Corporation Beijing Rep. Office	朝阳区光华路7号汉威大厦6层B1 100004	陈南洋
	大都会人寿保险公司北京代表处 Metropolitan Life Insurance Company Beijing Rep. Office	东城区东长安街东方广场经贸城东二办公楼12层 100738	马思中
	大陆保险公司北京代表处 The Continental Insurance Co. Beijing Rep. Office	朝阳区亮马桥路50号燕莎中心C609B 100016	戴泽军
	美国国际集团北京代表处 American International Group, Inc. Beijing Rep. Office	朝阳区东环南路2号京汇大厦3层 100022	林 唯
	恒康人寿保险公司北京代表处 John Hancock Life Insurance Company Beijing Rep. Office	建国门北大街8号华润大厦2307室 100005	王 宁
	美国联邦保险股份有限公司北京总代表处 Federal Insurance Company Beijing Rep. Office	建国门外大街1号国贸中心办公楼2座2402室 100005	黄小治
	纽约人寿国际公司北京代表处 New York Life International, Inc. Beijing Rep. Office	建内大街7号光华长安大厦2座6层1621室 100005	朱 航
	信安人寿保险公司北京代表处 Principal Life Insurance Company Beijing Rep. Office	朝阳区亮马桥路50号燕莎中心C614室 100016	王 璐
	信诺保险公司北京代表处 Cigna Corporation Beijing Rep. Office	建内大街18号恒基中心办公楼1座803室 100005	匡榕榕
	怡安保险（集团）公司北京代表处 Aon Corporation Beijing Rep. Office	朝阳区北三环东路2号中旅大厦1803室 100028	刘立义
	宝德信保险公司北京代表处 The Prudential Insurance Company of America Beijing Rep. Office	朝阳区建国路118号招商局大厦29层190B单元 100022	吴 妍

	信合保险公司北京代表处 CUNA Mutual Group Beijing Rep. Office	中粮广场 B 座 715 室 100005	郭立人
	利宝互助保险公司北京代表处 Liberty Mutual Insurance Company Beijing Rep. Office	建国门外大街 1 号国贸大厦 1 座 3610 室 100004	金柏杨（John A. Kimber）
	北美洲保险公司北京代表处 Insurance Company of North American Beijing Rep. Office	西城区金融大街 35 号国际企业大厦 A 座 1713 室 100032	张蓓
	苏立文·克迪斯保险经纪人公司北京代表处 Sullivan & Curtis Insurance Broker Beijing Rep. Office	海淀区知春路 76 号翠宫饭店 1101 室 100086	弗兰克·刘
	美国旅行者保险公司北京代表处 The Travelers Insurance Company Beijing Rep. Office	东城区建国门内大街光华长安大厦 1 座 1605 室 100005	唐富森（Donald R. Forest）
	万向—霍顿保险集团有限公司北京代表处 Wanxiang – Horton Insurance Group, Inc. Beijing Rep. Office	海淀区阜成路 77 号名仕花园 1 – 201 室 100036	赵立强
	第一美国产权保险公司北京代表处 First American Title Insurance Company Beijing Rep. Office	朝阳区建国门外大街 1 号国贸西楼 412A 100004	李永嘉
英国	保诚保险有限公司北京代表处 Prudential Assurance Company Limited Beijing Rep. Office	朝阳区亮马桥路 50 号燕莎中心 C503A 室 100016	李晓力
	标准人寿保险公司北京代表处 Standard Life Assurance Company Beijing Rep. Office	朝阳区东三环北路 8 号亮马河大厦办公楼 1 座 909 室 100004	季红
	皇家太阳联合保险集团北京代表处 Royal & Sun Alliance Insurance Group plc. Beijing Rep. Office	海淀区花园东路 10 号高德大厦 B412 室 100083	王伟红
	汇丰保险顾问集团有限公司北京代表处 HSBC Insurance Brokers Limited Beijing Rep. Office	建内大街 8 号中粮广场 A 座 302 室 100005	白尚志

	英杰华保险有限公司驻中国总代表处 Aviva plc. China General Rep. Office	朝阳区东三环北路8号亮马河大厦办公楼A座1010室　100004	武晓梅
	韦莱中国有限公司北京代表处 Willis China Limited Beijing Rep. Office	金融街27号投资广场A座506室　100032	张福伟
	希斯—兰伯特保险经纪集团公司北京代表处 Heath Lambert Group Limited Beijing Rep. Office	建外大街8号中粮广场B座 10 层 1002 室 100005	张庆平
	劳合社北京代表处 Lloyd's Beijing Rep. Office	建外大街1号国贸大厦1座1229室　100004	谢哲强
	GAB 罗便士国际保险公估有限公司北京代表处 GAB Robins UK Ltd. Beijing Rep. Office	西城区金融大街27号投资广场B座1807室 100032	李全英
	怡和保险顾问集团有限公司 Jardine Lloyd Thompson Group plc. Beijing Rep. Office	建国门外大街1号国际贸易中心国贸大厦1座530室　100004	唐　巍
	麦理伦国际集团有限公司 McLarens International Group Limited Beijing Rep. Office	朝阳区呼家楼京广中心4层商务中心 405 室 100020	凌　怡
南非	安博保险集团北京代表处 Forbes	南礼士路66号建威大厦715室　100045	隋　军

（六）新建机构简介

中国银行业监督管理委员会北京监管局

2003年10月10日，中国银行业监督管理委员会北京监管局（简称北京银监局）正式成立。北京银监局是中国银监会的省级派出机构。设立北京银监局是中国银监会根据国务院统一部署做出的决策，是北京金融改革发展史上的一件大事，对于完善宏观调控体系，健全北京金融监管体制具有重要意义。

北京银监局根据中国银行业监督管理委员会授权，统一监管辖内银行、金融资产管理公司、信托投资公司、财务公司、金融租赁公司及其他存款类金融机构，维护银行业合法、稳健运行。主要职责是：贯彻执行国家有关金融工作的法律、法规，根据银监会的授权，制定监管法规、制度方面的实施细则和规定，负责对辖内有关银行业金融机构及其分支机构的设立、变更、终止和业务活动的监督管理，依法对金融违法、违规行为进行查处，审查和批准辖内有关银行业金融机构及其分支机构高级管理人员的任职资格，统计有关数据和信息，负责局机关和系统党的建设、基建和干部管理工作。

北京银监局设15个处室：办公室、政策法规处、国有银行监管一处、国有银行监管二处、股份制银行监管处、城市商业银行监管处、政策性银行和邮政储蓄机构监管处、非银行金融机构监管处、合作金融机构监管处、外资银行监管处、统计信息处、财务会计处、人事处（党委组织部）、监察室（纪委办公室）、党委办公室（党委宣传部）。另设后勤服务中心。

局长：赖小民

地址：北京市西城区百万庄大街甲39－1号

邮编：100037

电话：68559727

传真：68559726

（于　立）

东亚银行有限公司北京分行

东亚银行于1918年成立于香港，是香港最大的独立华资银行。2003年资产总额为250亿美元，税后利润约为2.3亿美元，资本充足率17%。东亚银行在香港联合交易所上市，并为恒生指数成分股之一。

东亚银行于2001年8月27日完成与中国联合银行的合并，于2002年4月1日完成了与第一太平银行的合并工作。东亚银行以其优质创新的服务屡次获奖，在2000年7月获得《欧洲货币》杂志2000年卓越成就奖；2001年12月获得《亚洲银行家》杂志主办的“2001零售金融服务卓越大奖”中的“2001年香港最佳零售银行”奖项。

东亚银行服务范围包括企业银行、个人银行、投资银行等，提供全面的零售和批发银行服务和产品。目前该行在全球共有140多家分行和代表处，包括香港的

105家分行，在中国内地的8家分行、3家支行和6家代表处。

经中国银行业监督管理委员会批准，东亚银行有限公司北京分行于2003年2月28日正式成立。东亚银行有限公司北京分行营运资金为2亿元人民币的等值自由兑换货币，可以从事对境外机构的外汇业务，对外商投资企业、外国驻华机构、香港、澳门、台湾在内地代表机构、外国人及香港、澳门、台湾同胞的外汇业务，对非外商投资企业的部分外汇业务。该行在中国银监会批准的业务范围内，开展以下业务：(1) 吸收公众存款；(2) 发放短期、中期和长期贷款；(3) 办理票据承兑与贴现；(4) 买卖政府债券、金融债券，买卖股票以外的其他外币有价证券；(5) 提供信用证服务及担保；(6) 办理国内外结算；(7) 买卖、代理买卖外汇；(8) 从事外币兑换；(9) 从事同业拆借；(10) 从事银行卡业务；(11) 提供保管箱服务；(12) 提供资信调查和咨询服务；(13) 经中国银监会批准的其他业务。该行内设市场部、会计部、贷款管理部、资金部、电脑部、外汇结算部、人事及行政管理部等17个部门。截至2003年底，共有员工48人。

行长：吴志强

地址：北京市东城区朝阳门北大街8号富华大厦A座首层

邮编：100027

（蒋　平）

韩国友利银行有限公司北京分行

友利银行的前身是韩汇银行，2002年5月20日经韩国金融监督委员会批准更名为友利银行。该行隶属于友利金融集团，是该集团的核心成员。

友利银行2003年末总资产为995.78亿美元，资本充足率为11.23%，不良贷款比率为2.25%，实现税后利润11.12亿美元。该行拥有国内692家分行，海外分行11家。2003年末，该行总资产在韩国排名第二位，税后利润排名第一。

该行业务包括公司金融、个人金融服务以及与证券业务有关的产品和服务，在网上银行业务领域有较大优势。其客户对象包括大企业集团、中小企业及个人。2001年以来，该行对大企业集团的贷款比重有所下降，对个人贷款比重明显上升。从贷款投放的行业结构来看，对制造业、建筑业的贷款占比均有所下降。此外，该行通过出售、冲销不良贷款及发行资产支持的证券（ABS），使不良贷款率大幅下降，从2000年的14%下降到2003年的2.25%。

友利银行在华设有两家分行。经中国银行业监督管理委员会批准，韩国友利银行有限公司北京分行于2003年7月25日正式成立。

韩国友利银行有限公司北京分行营运资金为2亿元人民币的等值自由兑换货币，可以从事对境外机构的外汇业务，对外商投资企业、外国驻华机构、香港地区、澳门地区、台湾地区在内地代表机构、外国人及香港地区、澳门地区、台湾地区同胞的外汇业务，对非外商投资企业的部分外汇业务。该行在中国银监会批准的业务范围内，开展以下业务：(1) 吸收公众存款；(2) 发放短期、中期和长期贷款；(3) 办理票据承兑与贴现；(4) 买卖政府债券、金融债券，买卖股票以外的其他外币有价证券；(5) 提供信用证服务及担保；(6) 办理国内外结算；(7) 买卖、代理买卖外汇；（8）从事外币兑换；（9）从事同业拆借；（10）从事银行卡业务；（11）提供保管箱服务；（12）提供资信调查和咨询服务；（13）经中国银监会批准的其他业务。截至2003年底，该行共有员工16人。

行长：金范洙

地址：北京市朝阳区霄云路38号现代盛世大厦7层702室

邮编：100027

（蒋　平）

法国里昂信贷银行有限公司北京分行

法国里昂信贷银行成立于1863年，已有140多年历史。目前主要经营三大类业务：零售金融服务、资产管理、投资及公司银行业务。截至2002年年底，该行总资产为2448.86亿欧元，税后利润为9.83亿欧元，资本充足率为11.2%。

法国里昂信贷银行曾是法国最大的国有银行，法国政府20世纪90年代中期开始对该行进行私有化改造，1999年里昂信贷银行股票正式挂牌上市。2002年，法国里昂信贷银行被法国农业信贷银行收购。

法国里昂信贷银行在华共有北京、上海、天津、厦门四家分行和深圳一家代表处。该行1981年就在京设立了代表处。经中国银监会批准，法国里昂信贷银行有限公司北京分行于2003年10月21日正式成立。

法国里昂信贷银行有限公司北京分行营运资金为1亿元人民币的等值自由兑换货币，可以从事对境外机构的外汇业务，对外商投资企业、外国驻华机构、香港地区、澳门地区、台湾地区在内地代表机构、外国人及香港地区、澳门地区、台湾地区同胞的外汇业务，对非外商投资企业的部分外汇业务。该行在中国银监会批准的业务范围内，开展以下业务：（1）吸收公众存款；（2）发放短期、中期和长期贷款；（3）办理票据承兑与贴现；（4）买卖政府债券、金融债券，买卖股票以外的其他外币有价证券；（5）提供信用证服务及担保；（6）办理国内外结算；（7）买卖、代理买卖外汇；（8）从事外币兑换；（9）从事同业拆借；（10）从事银行卡业务；（11）提供保管箱服务；（12）提供资信调查和咨询服务；（13）经中国银监会批准的其他业务。截至2003年底，该行共有员工7人。

行长：姚国华

地址：北京市建国门外大街1号中国国际贸易中心2座3506室

邮编：100004

（蒋　平）

中国大地财产保险股份有限公司北京分公司

基本情况　中国大地财产保险股份有限公司起源于1949年10月成立的原中国人民保险公司。1996年7月原中国人民保险公司进行体制改革，成立中国人民保险（集团）公司，下设中保再保险有限公司（1999年3月，更名为中国再保险公司）等三家子公司。2003年8月，中国再保险公司更名为中国再保险（集团）公司，又以投资人和发起人的身份控股设立中国大地财产保险股份有限公司。公司总部设在上海，已经在全国设立北京、上海、深圳、杭州、南京、成都和宁波七家分公司。北京分公司于 2003 年 11 月 28 日成立。

股东情况　中国大地财产保险股份有限公司为股份制保险公司，注册资本金 10 亿元人民币。股东构成有中国再保险（集团）公司、北京大唐发电股份有限公司、宁波市电力开发公司、深圳健康药业集团股份有限公司、北京松联创新科技发展有限公司、亚洲联合企业有限公司、新鸿基地产保险有限公司、香港亚洲保险有限公司、泰国盘古大众保险有限公司和印度尼西亚中亚保险有限公司 10 家股东。

业务范围　公司在经营财产保险业务的同时，也经营各种短期健康险和人身意外伤害保险等业务。

内部机构设置　北京分公司内设综合管理部、计划财务部、业务处理中心、客服中心和业务部五个部门，现有员工约 40 人。

负责人：张淮利

地址：北京市海淀区中关村南大街 2 号数码大厦 B 座 16 层

邮编：100086

电话：82515533

传真：82512100

（卢　勇）

中华联合财产保险公司北京分公司

基本情况　中华联合财产保险公司（原名新疆兵团财产保险公司）成立于 1986 年 7 月 15 日，是中国成立的第二家国有独资保险公司。2001 年底，经中国保监会批准，业务经营区域由新疆扩大到全国。公司总部设在新疆乌鲁木齐市，已在北京、上海等九大省市设立了分公司。2003 年 4 月 10 日北京分公司成立。

股东情况　中华联合财产保险公司为国有独资公司，注册资本金为 2 亿元人民币。

业务范围　公司在经营财产保险业务的同时，也经营各种短期健康险和人身意外伤害保险等业务。

内部机构设置　北京分公司内设综合业务管理部、车险业务部、市场开发部、计划财务部、办公室等五个管理部分和四个业务部门。下设崇文营销服务部、西城营销服务部等八个分支机构。现有员工 145 人。

负责人：刘显龙

地址：北京市朝阳区安贞西里 3 区 26 号浙江大厦 9 层

邮编：100029

电话及传真：64452504

（卢　勇）

天安保险股份有限公司北京分公司

基本情况　天安保险股份有限公司是中国首家由企业出资组建的股份制保险公司。公司成立于 1994 年 10 月 22 日。公司总部设在上海，在全国设有北京、天津、杭州等 31 家分公司，北京分公司于 2003 年 8 月 29 日成立。

股东情况　天安保险股份有限公司属股份制保险公司。注册资本金为 5.015 亿元人民币，股东主要有中信国安集团公司、中国天平经济文化有限公司等 20 个股东。

业务范围　公司在经营财产保险业务的同时，也经营各种短期健康险和人身意外伤害保险等业务。

内部机构设置　北京分公司内设行政人事部、计划财务部、内控部、业务管理部和五个业务部等。员工总人数61人。

负责人：袁定国

地址：北京市海淀区西三环北路100号金玉大厦22层

邮编：100037

电话：68423636

传真：68423700

（卢　勇）

华安财产保险股份有限公司北京分公司

基本情况　华安财产保险股份有限公司是一家专业性财产保险公司，成立于1996年10月18日。2003年12月，北京分公司成立。公司总部设在深圳，下设上海、北京等7家分公司。

股东情况　华安财产保险股份有限公司是股份制保险公司，注册资本金6亿元人民币，主要股东是特华投资控股有限公司。

业务范围　公司在经营财产保险业务的同时，也经营各种短期健康险和人身意外伤害保险等业务。

内部机构情况　北京分公司内设人事行政部、计划财务部、车险部、财产险部、客户服务中心、销售管理本部、人身险部、信息技术部八个部门，员工总人数210人。

负责人：谢春

地址：北京市东城区灯市口大街50号新中原大厦7层

邮编：100006

电话：65236288

传真：65231160

（卢　勇）

永安财产保险股份有限公司北京分公司

基本情况　永安财产保险股份有限公司是中国惟一一家总部设在西部的商业性股份制保险公司，成立于1996年8月。公司总部设在陕西西安，下设西安、北京等15家分公司。北京分公司于2003年6月成立。

股东情况　永安财产保险股份有限公司属于股份制保险公司，注册资本金为3.1亿元人民币，主要股东有彩虹集团公司、深圳发展银行等10家股东。

业务范围　公司在经营财产保险业务的同时，也经营各种短期健康险和人身意外伤害保险等业务。

内部机构设置　北京分公司内设人力资源部、办公室、计划财务部、信息技术部、业务管理部、市场开发部、理赔部和营业部八个部门，员工总人数109人。

负责人：张海峰

地址：北京市朝阳区北三环东路28号易亨大厦15层

邮编：100013

电话及传真：64405096

（卢　勇）

民生人寿保险股份有限公司北京分公司

基本情况　民生人寿保险股份有限公司以民营资本为投资主体，由全国工商联牵头、21家企业发起设立，注册资本金为8.3亿元人民币；现有股东22家，实收资本金为8.73亿元人民币；总部设在北京，目前设有南京、石家庄、杭州等分公司。2003年9月28日，民生人寿保险股份有限公司北京分公司由中国保监会批准设立。

股东情况　民生人寿保险股份有限公司的主要股东有：万向集团公司、中国泛海控股有限公司、中国有色金属建设股份有限公司、山西海鑫钢铁集团有限公司、江西汇仁集团医药科研营销有限公司、东方希望集团有限公司、四川新希望农业股份有限公司、北京电信经济技术开发公司、联想控股有限公司等。

业务范围　在北京行政区域内经营个人意外伤害保险、个人定期死亡保险、个人两全寿险、个人终身寿险、个人年金保险、个人短期健康保险、个人长期健康保险、团体意外伤害保险、团体定期寿险、团体终身保险、团体年金保险、团体短期健康保险、团体长期健康保险，以及经中国保监会批准的其他人身保险业务。

内部机构设置　北京分公司内部设有综合部、财务部、银行业务部、法人业务部、个人业务部及客户服务部等部门，员工总人数73人。

总经理：张文渊

地址：北京市朝阳区朝外大街20号联合大厦2层

邮编：100020

电话：65886669

传真：65889887

（孟彦君）

信诚人寿保险有限公司北京分公司

基本情况　8月27日，该分公司正式开业。信诚人寿保险有限公司2000年10月13日成立，是中外合资保险公司，公司注册资本为5亿元人民币，中国中信集团公司和英国保诚集团各占50%的股份，总部设在广州。2003年8月8日，信诚人寿保险有限公司北京分公司由中国保监会批准设立。

股东情况　中方股东：中国中信集团公司成立于1979年10月，是一家国有大型跨国企业，主要从事金融、实业投资及服务等业务。目前中信集团在全球拥有44家子公司和10多家控股或参股上市公司，业务主要集中在金融、实业和其他服务业领域。公司现有总资产达5011亿元人民币，员工4万多人。

外方股东：英国保诚集团于1848年在伦敦成立，是英国最大的零售金融服务集团之一。目前集团全球管理资金已超过2600亿美元，全球客户逾1600万人。目前英国保诚已实现全球业务多样化并且在英国、美国和亚洲等市场中都占据领先地位。其在亚洲的寿险业务涉及12个国家和地区，并在其中的7个国家和地区开展了资产管理业务。

业务范围　在北京行政区域内经营除法定保险业务以外的，外国人和境内个人缴费的人身保险业务；以及上述业务的再保险业务。

内部机构设置　北京分公司内部设有客户服务部、业务专案室、财务部、业务行政部、业务发展部、品牌传播部、业务支援部、业务培训部、多元行销部和总务部，员工101人。

总经理：张奎原

地址：北京市东城区东长安街1号东方广场东方经贸城东一办公楼10层

邮编：100738

电话：85181888

传真：85188660

（孟彦君）

瑞泰人寿保险有限公司

基本情况　2003年12月8日，瑞泰人寿保险有限公司由中国保监会批准设立。瑞泰人寿由瑞典斯堪的亚公共保险有限公司和北京市国有资产经营有限责任公司各自出资50%组建，是第一家总部设在北京的合资寿险公司。

股东情况

中方股东：北京市国有资产经营有限责任公司成立于1992年，并在2001年4月改组，是北京市政府直接管理的专门从事国有资产产权经营和资本运作的大型国有独资公司。截至2002年底，公司通过投资参控股，掌控和影响的资产超过2500亿元。公司的核心业务主要分布在金融、产业领域，以及奥运场馆建设为龙头的城市基础设施建设。

外方股东：瑞典斯堪的亚公共保险有限公司于1855年在斯德哥尔摩成立，是瑞典最早的，且至今仍在运作的上市公司，在全世界二十几个国家和地区开展业务。

业务范围　在北京行政区域内经营除法定保险业务以外的，外国人和境内个人缴费的人身保险业务；以及上述业务的再保险业务。

内部机构设置　公司内部设有法律合规部、市场营销部、财务部、业务管理部、人力资源及行政部等业务部门，员工34人。

董事长：李爱庆

总经理：曾冬漉

副总经理：吴家炜、何瑞国

地址：北京市朝阳区麦子店街37号北京盛福大厦21层

邮编：100026

电话：85275488

传真：85275016

网站：www.skandia-bsam.cn

（孟彦君）

慕尼黑再保险公司北京分公司

基本情况　2003年6月27日，慕尼黑再保险公司北京分公司由中国保监会批准设立。10月24日，该分公司正式开业。慕尼黑再保险公司是外国企业分公司，公司营运资金为3亿元人民币。

总公司情况　慕尼黑再保险公司创立于1880年，注册地为德国慕尼黑，在全世界150多个国家从事经营非人寿保险和人寿保险两类保险业务，拥有60多家分支。慕尼黑总部及世界60多家再保险公司附属机构、分支机构、服务公司与代表处、联络处共有6100多名职员。2003年慕尼黑再保险集团毛保费收入404亿欧元，其中再保险保费248亿欧元，直接保险保费156亿欧元。集团总投资为1720亿欧元。

业务范围　人寿再保险业务：中国境内的再保险业务；中国境内的转分保业务；国际再保险业务。非人寿再保险业务：中国境内的再保险业务；中国境内的转分保业务；国际再保险业务。

内部机构设置　北京分公司设有非寿险部、寿险部和健康险及行政部，员工总人数13人。

总经理：王真

地址：北京市朝阳区燕莎中心写字楼C413室

邮编：100016

电话：64651901

传真：64637896

公司网址：www.munichre.com

（孟彦君）

瑞士再保险公司北京分公司

基本情况 2003年9月29日，瑞士再保险公司北京分公司由中国保监会批准设立。瑞士再保险公司是外国企业分公司，公司运营资金为3亿元人民币。

总公司情况 瑞士再保险公司于1863年始建于瑞士苏黎世，目前已发展为世界领先、财务实力雄厚的再保险公司之一。瑞士再保险公司在世界30多个国家拥有70多个办事机构，公司2003年净利润为17亿瑞士法郎，股东权益为185亿瑞士法郎。瑞士再保险公司历年被世界最具权威性的资信评级公司评为最高等级，被标准普尔公司评为AA级，被穆迪公司评为Aa1级，被A.M.Best公司授予A+级。按总收入被《财富》杂志评为2002年度世界500强第199位。

业务范围 人寿再保险业务：中国境内的再保险业务；中国境内的转分保业务；国际再保险业务。非人寿再保险业务：中国境内的再保险业务；中国境内的转分保业务；国际再保险业务。

内部机构设置 北京分公司设有财产与责任险部和人寿与健康险部，员工总人数18人。

总经理：高璁

地址：北京市东城区东长安街1号东方广场写字楼东2座1701室

邮编：100738

电话：85188966

传真：85188556

公司网址：www.swissre.com

（孟彦君）

（七）协会、学会、商会活动简介

北京银行业协会

组织机构与负责人

理事长：张　民（中国建设银行北京市分行行长）

监事长：左自鹏（渣打银行北京分行行长）

协会设立了由全体外资会员银行组成的外资银行协调委员会及其办事机构外资银行协调委员会主任委员会。

会员单位

2003年，北京银行业协会共有会员单位41家，其中国有独资商业银行4家，政策性银行2家，股份制、合作制银行和非银行金融机构15家，外资银行20家。

联系方式

地址：北京宣武门西大街28号楼四门19层

邮编：100053

电话：63600569

传真：63600550

电子邮箱：bba@bbanet.org

网址：www.bbanet.org

重要活动

1月，协会召开北京银行业协会外资银行协调委员会第一届第二次会员大会，汇丰银行北京分行行长刘展智先生当选为本届主任委员会主任，王沅沅先生、吴政凯先生、堀俊雄先生和蓝·何洁明女士为副主任。

1月，北京银行业协会信用风险研讨会在京举办，法兰克福金融论坛主席艾文灵博士、上海财经大学信用研究中心姜琦博士作主题发言。

3月，协会“外债管理办法”座谈会召开，国家外汇管理局资本项目管理司司长王雅范做了专题报告，并对中外资会员行提出的问题逐一解答。

6月，召开第一届第五次理事会，通过协会换届有关议题，批准东亚银行北京分行、中国银联北京分公司加入协会。

7月15日，召开第二届第一次会员大会进行换届选举。

8月，秘书处拟订了协会今后工作的发展计划，一是大力推进社会信用建设。公司业务方面，围绕“银行信用500强”评选活动进行；零售业务方面，围绕“信用信息共享系统”展开。二是加强对外交往和银行业务培训。三是加强协会自身建设，对内部章程、制度进行整理。

9月25日，召开第二届理事会第二次会议，讨论章程的修改草案和启动“信用北京”诚信建设活动的方案。

9月25日，举办北京银行业协会“2003年国庆宴会”，在京中外资银行、非银行金融机构和外资银行代表处代表和金融监管当局、政府有关部门领导100多人到会。

10月12日，张民理事长参加朝阳商务节“信用北京”论坛，发表了题为《推动社会信用建设，促进银行业健康发展》的主题演讲。

10月24日，协会特邀汇丰银行中国

区资金部总经理张永康先生为协会会员行举办“现金管理”专题讲座，110多名各行代表与会，取得良好的效果。

10月24日，张民理事长在京会见并宴请美国银行业协会总裁兼首席执行官一行，余祁相秘书长出席作陪，双方就两会合作交流事宜进行了广泛的探讨。

10月，秘书处按工作计划积极开展对外联络和交流工作。通过信函、传真和电子邮件与港、澳、台地区和世界各国数十家银行同业协会建立起制度性联系。

11月，为了争取北京市委、市政府的支持，协会特邀北京金融工委郭光磊副书记一行赴湖南考察，就信用体系建设、信用企业评选和金融行业联手“打击逃废银行债务”等项课题进行调研；理事长代表、建设银行北京分行副行长秦仁文、秘书长余祁相陪同赴湘。

12月，邀请世界银行著名金融事务专家何善文女士为会员行举办“中国资本市场回顾”讲座。

邀请北京市国家税务局涉外税收管理分局副局长聂杰英为外资会员行举办“涉外税务专题座谈会”。

年内，继续开展北京银行业假日运营的协调工作（“五一”黄金周因“非典”暂停），确保了首都居民在黄金周期间得到优质、高效的个人金融服务。

自年初起，在业务调研的基础上，开展票据贴现业务的行业协调。先后召开了票据业务联席会，制定了相应的行业约定，经各行领导签署后，于7月起正式执行。随着《北京市银行业协会票据业务行业约定》的执行，基本结束了北京票据市场上的“低价揽票”和“压价出票”等不正当经营行为。此外，通过联席会北京各票据经营机构加强了联系，促进沟通，实现了部分业务信息的资源共享。

年内，继续坚持不懈地进行北京个人外汇买卖业务的行业协调。全年召开联席会五次，顺利地实现了个人外汇业务指引的调整和部分点差的调整。从六月中旬起，在北京个人外汇市场真正地实行了“五档四优”。在“十一”、圣诞节以及春节期间实现了北京汇市的统一的运作。

组建并召开住房贷款业务联席会，并正式签署了《个人住房贷款信用信息共享系统的约定》和《个人住房贷款信用信息共享系统业务规则》，12月个人住房贷款信用信息共享系统正式投入使用。

组建并召开汽车消费信贷业务联席会，制定联席会会议制度，并起草、修改和签署了《关于防范车贷风险、建立车贷信用信息共享系统的约定》及《汽车消费贷款信用信息共享系统业务规则》。10月车贷信用信息共享系统正式投入使用，首批录入900余名借款人的信用信息，为各商业银行会员行防范经营风险增加了新的保障，经媒体宣传后，取得了较为显著的社会影响。

全年协会先后组织12个团组（其中3个团组2004年成行）赴南美、俄罗斯、欧洲、北美等地进行考察访问，考察课题涉及：银行市场营销、中间业务、人力资源管理和财务管理等。

（杨亚平、王钢）

北京证券业协会

组织机构与负责人

理事长：姚万义（原中国证监会北京证管办副主任）

秘书长：李民雯（民生证券有限责任公司投资银行总部总经理）

联系方式

地址：北京市西城区金融街国际企业大厦C座16层

邮编：100032

电话：66568614　66568014

E－Mail：bjzq@163.com

网站：http：//www.sabj.org/

重要活动

（1）4月2日，协会与海星科技公司、台湾塞尔公司举办了“资产管理系统应用推介会”，又与北京证管办联合举办了“经纪业务发展与创新”研讨会。

（2）3月底至6月，为了应对“非典”，协会与万国测评共同召开了“‘非典’时期求发展券商座谈会暨万国测评大智慧软件捐赠仪式”。协会及时向中国证券业协会递交了“关于北京地区证券营业部预防和控制‘非典’工作情况的报告”，同时建议上海证券交易所和深圳证券交易所延长假期的休市时间，避开“非典”的高发期；建议北京市尽快开通公共电视频道播出实时证券行情，动员投资者进行非现场交易。根据协会建议，两大证券交易所“五一”期间延长休市一周，5月12月北京电视台开通公共频道实时传送证券行情。

（3）7月31日，协会召开了北京地区证券营业部座谈会。并就与会者针对中国人民银行5号令的实施提出的一些意见和建议上报中国证监会、中国证券业协会和北京证管办。

（4）积极参与、组织本年度证券业从业人员资格考试工作，与文华教育发展有限公司共同举办了证券从业人员资格考试考前培训班；并配合中国证券业协会顺利完成本年度北京地区证券从业资格人员考试工作。

（5）参加北京市金融业创建文明行业规范化达标活动，完成了行业达标的任务。协会与北京证管办联合，自8月25日起在证券营业部率先开展“创建文明行业规范化服务达标活动周”的活动，这项工作于9月底结束。

（6）协会积极开展对外合作与交流工作。协会作为协办单位协助北京中关村技术促进交易中心举办了“第五届中关村科技项目推介会”。协会又与朝阳区政府合作共同举办了“CBD金融、证券、保险研讨会”活动以及参与、发起首都金融系统举办职工技术比赛等活动。

（王永刚）

北京保险行业协会

组织机构与负责人

会长：李宝利（中国太平洋财产保险股份有限公司北京分公司总经理）

高级顾问：王玉泉（原中国人民保险公司北京分公司总经理）

秘书长：王开誉（专职）

会员单位情况

随着北京保险业的快速发展，协会会员不断扩大，由组建初期的4家发展到40家，其中财产保险公司10家；人寿保险公司9家，保险中介机构21家。

联系方式

地址：北京市朝阳区安贞西里四区23号楼4E室

邮编：100029

电话：64410411

传真：64449364

网址：www.bia.org.cn

重要活动

（1）3月25日上午9点，首都机场航

意险电脑联网销售系统平稳启动。这标志着北京航意险联合共保体销售管理系统的升级。

(2) 3月28日，在北京保险行业协会组织下，各财产保险公司签署了北京保险行业“机动车辆保险”风险信息库框架协议，协议的签署，标志着北京保险行业“机动车辆保险风险信息库”开发建设工程正式启动，为实现车险风险信息共享奠定了基础。

(3) 9月24日，为维护北京地区寿险市场的良好秩序，规范寿险代理人在业内正常、有序地流动，防止因寿险营销机构违规增员和寿险代理人非正常流动，损害被保险人和有关公司的正当权益，北京保险行业协会组织制定了《北京地区寿险个人代理人业内流动管理规定（试行)》和《北京地区寿险营销机构增员管理规定(试行)》，并于2003年10月1日生效执行。

(4) 9月24日，以中国人寿北分公司副总经理郑成为团长的首都保险业界高级管理人员赴法考察团一行10人赴法国进行为期5天的中法保险业务交流活动。

(5) 10月20～21日北京保险行业协会与法国保险业联合会在北京西苑饭店举行《银行保险实务管理与发展趋势》研讨会。

（刘子英）

北京市金融学会

组织机构与负责人

名誉会长：卢学勇（原中共北京市金融工委书记）

会长：韩平（中国人民银行营业管理部主任）

监事长：张汉桥（中国工商银行北京市分行总稽核）

秘书长：张中奇（中国银监会北京银监局纪委书记）

会员单位

2003年学会共有团体会员56家，分别为北京银监局、北京证监局、北京保监局、银行17家、北京市农村信用联社、北京邮政储汇局、中国银联北京分公司、资产管理公司4家、证券公司4家、保险公司9家、北京保险学会、市委研究室、市政府研究室、市发改委、市政府金融办、在京高等院校9家以及市社科院经济所。

联系方式

办公地点：中国人民银行营业管理部

通讯地址：北京市西城区月坛南街79号

邮编：100045

电话：68559557

传真：68559494

重要活动

7月9日，北京市金融学会召开第七次会员代表大会。

会议审议通过了第六届理事会工作报告和第六届监事会工作报告，以及《北京市金融学会章程（修订稿)》。选举产生了北京市金融学会第七届理事会、常务理事会、监事会，选举理事101人、常务理事59人、监事会监事5人。选举韩平为第七届理事会会长，选举刘春明、张中奇等18人为副会长，张中奇兼秘书长，一致推举卢学勇为第七届理事会名誉会长。监事会选举张汉桥为第七届监事会监事长。

7月29日，北京市金融学会举办了“稳健的货币政策调控新理念”报告会。由中国人民银行货币政策司司长戴根有主讲。戴司长首先介绍了2003年以来的货币信贷形势；着重谈了从1998年起稳健的货币政策实施五年来的6条经验，阐述了当前的货币政策和汇率政策。出席报告会的有北京市金融系统各家银行、证券、保险、资产管理公司等在京机构，共计230多人。

9月23日，北京市金融学会举办了“人民币汇率及其他相关问题”报告会，由中国社会科学院世界经济与政治研究所孙杰研究员主讲。出席报告会的有北京市金融系统各家银行、证券、保险、资产管理公司等在京机构，共200多人。

11月21日，北京市金融学会举办了“信用衍生工具与金融风险管理”学术报告会，由金融工程专家、清华大学经济管理学院宋逢明教授主讲。出席报告会的有北京市金融系统各家银行、证券、保险、资产管理公司等在京的机构，共200多人。

12月23日，北京市金融学会被北京市社会科学界联合会授予第四届先进学会称号，授予卿尚莲同志为优秀学会工作者。

12月，由北京市金融学会编辑的《北京金融文选》（1998～2002）一书出版发行。该书选编了北京市金融系统五年来有代表性的科研文章98篇，并登载了五年来北京市金融系统科研成果受奖情况。

（张立春）

北京市城市金融学会

组织机构与负责人

名誉会长：牛锡明（中国工商银行总行副行长）

会长：李儒云（中国工商银行北京市分行原总经济师）

监事长：陈学廉（中国工商银行北京市分行巡视员）

秘书长：穆景照

北京市城市金融学会下属机构：

北京市城市金融学会青年经济理论研究分会

联系方式

通讯地址：北京市宣武区广内大街6号枫桦国际6单元8层801室

邮编：100053

电话：83549658

传真：63572626

重要活动

（1）2003年11月学会与分行团委、管理信息处共同组织了工行北京市分行《2002年度优秀（论文）课题总结表彰活动》。对2002年的重点课题及调研任务，评选出了一等奖3名；二等奖5名；3等奖8名，中关村支行和分行团委获得优秀组织奖。

（2）荣获中国城市金融学会“优秀团体会员”奖。

（3）与北京市工程咨询协会合作成功举办了注册咨询工程师（投资）考前培训。

（4）组织完成工行重点调研课题近50篇。

（李　杰）

北京市国际金融学会

组织机构与负责人

会长：张六琥（原首都经贸大学副校长）

副会长：刘春明（中国人民银行营业管理部副主任）

贾墨月（首都经贸大学财金学院院长）

尹凤兰（招商银行北京分行行长）

李　芬（原交通银行北京分行）

监事长：王亚伦（广东发展银行北京分行副行长）

秘书长：王曼怡（首都经贸大学金融系教授）

会员单位

2003年学会团体会员单位有：中国银行北京分行、工商银行北京分行、中国农业银行北京分行、交通银行北京分行、建设银行北京分行、招商银行、兴业银行、中信实业银行总行营业部、上海浦东发展银行、华夏银行、广东发展银行、中央财经大学、首都经济贸易大学等。

联系方式

办公地点：首都经贸大学金融系

通讯地址：北京市丰台区张家路口121号

邮编：100070

电话：83952259

传真：83951276

电子邮箱：jinrongxuehui@sina.com

重要活动

(1) 9月13日，组织完成了《全国金融英语证书考试》北京市南城区考点工作，有200余人参加了笔试和听力测试。

(2) 9月25日，协助北京市政府社会团体办公室举办科普周宣传，对银行私人业务常见的法律纠纷与防范问题进行宣讲，受到听众的欢迎。

(3) 10月29日，在中国人民银行营业管理部举办了北京市金融形势和外汇、人民币汇率预测报告会，邀请人民银行领导和中国银行总行专家作报告，受到各银行和外贸公司代表的重视和欢迎。

(4) 年内举办银行外汇保函、信用证、进出口单据和金融法等内容的讲座4次，为各银行和涉外企业顺利开展外汇金融业务，提供了学术交流机会。

（李　芬）

北京市投资学会

组织机构与负责人

会长：张民（建设银行北京市分行行长）

常务副会长：赵克义（建设银行北京市分行总审计师）

监事长：吴金锁（建设银行北京市会计结算部总经理）

秘书长：宋京（建设银行北京市分行人力资源部总经理）

联系方式

办公地点：中国建设银行北京市分行行长办公室

通讯地址：北京市宣武门西大街28号楼4门

邮政编码：100053

电话：63603696

重要活动

(1) 3～4月，完成2002年度综合经济优秀调研成果评比推荐工作，学会秘书处向北京市计委推荐4篇调研报告及优秀论文，获奖2篇，一等奖1篇，三等奖1篇，已收录《2003年北京经济社会发展调查与研究》一书中。

(2) 6～11月，北京市投资学会与建行北京分行联合举办“实现首都行‘由大到强’战略性发展”专题研讨征文活动。本次征文共征集稿件90篇。经评委会认真评审，最终确定18项论文获奖，其中一等奖三项，二等奖六项，三等奖九项。

（3）6～8月，完成2002～2003年度北京市投资学会立项科研课题申报验收工作。8月26日，召开北京市投资学会2002～2003年度科研课题评委会议，本科研年度共立项课题33项，本次评选共收到课题29项，共有11项科研课题获奖，其中一等奖二项，二等奖三项，三等奖六项。在中国投资学会立项课题16项，在年度立项科研课题评比中，有1项科研课题获二等奖，3项科研课题获三等奖。

（4）8月11～13日，北京市投资学会常务副会长赵克义等同志参加中国投资学会在福建召开的“地方投资学会秘书长会议暨投融资理论研讨会”，赵克义同志代表北京市投资学会在会上做了题为《实践“三个代表”注重“五个发挥”努力开创学会科研工作新局面》的经验交流，学会的工作得到了中国投资学会的充分肯定。

（5）10月底，作为首都金融系统研发联席会成员单位，学会完成承担的2003年首都金融系统研发联席会重点科研课题，向北京市政府金融工作办公室共上报科研课题4篇，参加评选。

（6）12月24日，在“北京市社科联和北京市社科规划北京市规划办成立二十周年纪念大会”上，北京市投资学会获得了北京市社会科学界联合会第四届先进学会的荣誉称号，刘惠斌同志被评为优秀学会工作者。

（王小梅）

北京保险学会

组织机构与负责人

名誉会长：王玉泉（中国人民保险公司北京市分公司原总经理）

会长：黄俊光（中国人寿保险北京市分公司总经理）

监事长：马木强（太平洋保险公司北京分公司原总经理）

秘书长：张郁文（中国人寿保险北京市分公司）

学会的专职工作人员为3名，来自挂靠单位中国人寿保险公司北京市分公司。

会员单位

2003年共有会员单位40家，其中有12家保险公司，它们是国寿北京市分公司、人保北京市分公司、平安产险北京分公司、平安寿险北京分公司、太平洋产险北京分公司、太平洋寿险北京分公司、华泰北京分公司、新华人寿北京分公司、泰康北京分公司、太平保险北京分公司、太平人寿北京分公司、美国友邦北京分公司。另外还有在京的大专院校的保险系、部分保险中介公司、公估公司等单位。

联系方式

办公地点：北京朝外市场街20号501室

通讯地址：北京朝外市场街20号501室

邮编：100020

电话：85615122　85615127

传真：85615122

重要活动

（1）应北京市社科联的要求，在各会员公司的大力支持下，学会在9月中旬参加了北京社科联组织的科普周活动，组织了在京各公司在大都市街进行了咨询活动，宣传保险知识，弘扬各分公司的企业文化，解答老百姓的问题，给各公司特别是各公司的营销业务提供了一个展现良好风貌的平台。

（2）下半年学会连续为在京的保险公司邀请到了北京大学的孙祁祥教授和北京

工商大学的王绪瑾教授，先后举办了《修订保险法的研究》和《论中国保险业的创新发展》两场讲座，受到在京保险公司和中介公司的欢迎。

（3）为了进一步加强与兄弟学会的联系，学习其他省市保险学会的工作经验，北京保险学会牵头于七月份召开了保险学会工作经验交流会，并联系了全国各省的保险学会，通过此次交流会不仅学习了其他省市保险学会的先进经验还与其他省市的保险学会建立了联系，为今后开展工作打下了良好基础。

（4）2003年上半年学会开展论文征集工作，保险学会的论文评委，从百余篇论文中选出了30多篇优秀论文，10月上旬邀请在京院校保险系主任的代表召开了论文的最终评审座谈会，从优秀论文中评选出了一、二、三等奖，各位专家还就如何改进和提高论文评选工作提出了意见和建议。12月底以《中国保险前沿问题》为名出版了该论文集。

北京市金融业文化建设协会

组织机构与负责人

会长：刘春明（中国人民银行营业管理部副主任）

副会长：张中奇（中国银监会北京银监局纪委书记）

秘书长：董富贤（中国人民银行营业管理部党办主任）

会员单位

2003年共有会员单位28家，其中包括17家银行、7家保险公司、2家证券公司及北京市农村信用联社和北京市国际信托投资有限公司。协会共有理事、常务理事61人。

联系方式

办公地点：中国人民银行营业管理部

通信地址：北京市西城区月坛南街79号

邮编：100045

电话：68559082

传真：68559084

重要活动

（1）2003年4月，协会邀请了国务院发展研究中心副主任陈锡文做了学习贯彻十六大及“两会”精神的辅导报告，重点讲了“三农”问题，到会理事及各会员单位领导100余人。

（2）2003年6～12月，协会组织开展了以“学习贯彻十六大，展示北京市金融文化建设风貌”为主题的摄影评选活动。各会员单位组织职工积极参与，投稿踊跃，共征集作品782幅。经过评委会的评选，评出了一等奖10幅、二等奖20幅、三等奖30幅、优秀奖60幅，并将获奖作品编印成册，书名题为《北京市金融文化建设成果摄影专辑》，发至各会员单位。

（3）2003年10月14～18日，协会组织会员单位理事及代表一行16人对浙江省温州市的金融企业和民营企业进行了考察，并写出了《浙江省银行业不良资产率低的奥秘解析》的考察报告。

（付桂玲）

北京市钱币学会

组织机构与负责人

会长：单建生（中国人民银行营业管理部副主任）

监事长：杨伟中（中国人民银行营业管理部监管专员）

秘书长：焦春莲（中国人民银行营业

管理部货币金银处处长）

会员情况：个人会员1000人

联系方式

办公地点：中国人民银行营业管理部办公楼2017号

通讯地址：北京市西城区月坛南街79号

邮政编码：100045

电话：68559317

传真：68559490

电子邮箱：zhidongli@sina.com

网址：www.bjns.org

重要活动

（1）参加北京市社科联主办的“科学·文明·社会——2003北京社会科学普及周”活动。9月20日，北京市20余家学会在大都市街广场举办现场咨询活动，学会办公室2人参加了咨询，现场接待群众咨询100多人次，发放宣传材料300多份。北京古代钱币展览馆也参加了社科普及周活动，9月21日在德胜门举办了题为“钱币的收藏与鉴赏”的专题讲座。

（2）学会与中央电视台“经济·生活”频道“艺术品投资”栏目合作，全年共录制钱币知识节目10余期，内容包括宋钱版别、清钱版别和中国机制币的起源、发展和投资、收藏等情况。学会组织会员为新创刊的《钱币世界》刊物，以及《金融时报》、《北京日报》等撰写介绍外国钱币、钱币史料、珍稀钱币介绍等文章，全年共发表40余篇。

（3）学会主办的“北京钱币网”网页内容不断丰富，开设了“钱币论坛”、“网上购书”等栏目。6月末，为配合《中国人民银行假币收缴、鉴定管理办法》的宣传，特别开辟了“人民币专栏”。

（4）3月，学会与中国钱币学会共同接待日本国福冈市民间钱币组织来华访问；6月和9月观摩嘉德拍卖公司和华辰拍卖公司2003年春、秋两季钱币拍卖会，其间，学会与中国钱币学会共同接待了来京参加拍卖会的上海、甘肃、浙江、四川、云南及港台地区的钱币专家；3月和10月，组织学会外币小组召开多次座谈会和交流会，有北京市外币小组成员和内蒙古、江苏、广东的外币专家、收藏家参加。

（5）3月11日，组织学会4名会员参加了人总行货币金银局召开的人民币有关问题座谈会。会议围绕“第五套人民币防伪”、“第四、五套人民币混合流通”、“主辅币衔接”等中心问题进行讨论，大家在会上都作了发言，受到总行有关部门的重视。

4～9月，学会配合货币金银处进行了“反假人民币征文”活动。学会办公室负责拟订了“评分标准”，并参加了稿件的审阅。

10月和12月，学会办公室配合货币金银处进行了“宝岛台湾”纪念币和“世界文化遗产”纪念币（第二组）发行情况的检查。

（6）受中国钱币学会委托，整理完成《中国古代钱币一级品目录》，共60个辞条，1.5万字，于6月份上报中国钱币学会。

5月，向中国钱币学会上报了参加中国钱币学会第二届先进学会评选事迹材料和参加中国钱币学会第三届金泉奖评选推荐名单，并参加了中国钱币学会第二届先进学会初评工作。

受中国收藏家网、中国钱币博物馆的委托，学会办公室邀请钱币专家鉴定了2批钱币。

(7) 12 月，在北京市社科联成立 20 周年纪念大会上，学会办公室李志东被评为北京市社会科学界先进学会工作者。

（李志东）

北京期货商会

北京期货商会（英文名称：Beijing Futures Association，缩写为 BFA）于 2003 年 1 月 21 日成立，是北京地区期货行业自律性管理组织，具有社会团体法人资格。北京期货商会的前身为 2001 年 9 月成立的北京期货业联谊会，在加强各期货经营机构之间的联系，开展市场宣传和行业培训，提供信息和市场研究服务，协助政府监管和交易所品种推介等方面做了大量的工作。

北京期货商会的成立，是北京期货业发展史上的一件大事。北京期货商会由在北京注册的期货经纪公司、外地期货经纪公司北京营业部和期货交易所驻京办等单位自愿联合发起成立，是经中国证监会北京证券监管办事处审核设立的期货行业自律组织，是在北京市社会团体登记管理机关核准登记的非营利性社会团体法人。

北京期货商会的宗旨是：遵守国家法律法规和国家有关期货市场的方针政策，发挥政府与行业之间的桥梁和纽带作用，遵循期货市场的公开、公平、公正原则，坚持服务、规范、发展，实行行业自律管理，维护会员的合法权益，遵守社会道德，开展对期货从业人员的职业道德教育、专业技术培训和严格管理，促进北京期货市场规范、健康、稳定地发展。

北京期货商会的业务范围包括：

(1) 教育会员贯彻执行国家法律、法规，合规经营期货业务；依据国家、证监会有关期货业监管的法律、法规和规章，依据中国期货业协会的业务指导意见，制定辖区行业行为规范、职业道德规范和自律性管理细则并督促执行。

(2) 维护行业公平竞争的市场秩序，为会员提供咨询服务，组织联谊活动，创造团结协作、互相促进、共同发展的行业氛围，提升北京期货行业整体素质。

(3) 维护会员的合法权益，调解会员之间、会员与客户之间发生的期货业务纠纷；受理对会员违法违规问题的举报，表彰奖励业内有突出贡献和优良业绩的会员及从业人员；处分违反商会章程及自律规则者。

(4) 组织期货从业人员业务培训，提高期货从业人员的业务技能和职业道德素质。

(5) 开展期货理论研究和市场调研，收集、整理国内外期货市场信息，组织经营管理和业务经验交流；反映期货市场发展中的情况和热点问题。

(6) 做好期货市场的宣传、普及工作，加强投资者培训、教育，创造良好的期货业发展环境。

(7) 会员代表大会决定的其他职责。

组织机构与负责人

北京期货商会由“单位会员”和“个人会员”组成。“单位会员”为经中国证监会审核批准设立的期货经纪公司及营业部、期货交易所在京机构及与期货业务相关的企事业单位、院校、学术研究机构、投资咨询机构等。“个人会员”为在期货行业具有一定影响的优秀人士和知名专家、学者。北京期货商会现有 50 家会员单位。

北京期货商会的最高权力机构是会员代表大会，北京期货商会实行会长办公会制度，会长办公会由会长、副会长、秘书长组成。会长办公会是会员代表大会闭会期间商会常设权力机构，对会员代表大会负责。

会长：于旭波（中国粮油食品进出口（集团）有限公司副总裁，中国粮油进出口公司总经理，中粮期货经纪有限公司董事长。大连商品交易所理事，中国期货业协会理事、法律委员会主任）

副会长：王化栋（一德期货经纪有限公司总经理）

曹胜（经易期货经纪有限公司副总经理）

吴培琪（广发期货经纪有限公司副总经理）

汪正（原中国中期期货经纪有限公司总经理）

秘书长：周轶涛（金宝期货经纪有限公司总经理）

监事长：于学会（汉华律师事务所合伙人、律师，中国期货业协会常年法律顾问，中国期货业协会法律委员会委员）

北京期货商会接受业务主管单位中国证监会北京证券监管办事处的领导、中国期货业协会的业务指导及北京社会团体登记管理机关的监督管理。

联系方式

地址：北京市朝阳区安外大街安定路5号金融信托大厦A座三层B07室

邮编：100029

电话：64435770　64454002

传真：64435770　64454002

网址：http：//www.bjqh.org

主要工作

（1）建立信用管理体系，推动行业诚信建设。北京证管办与北京期货商会经过近一年的调查研究和设计开发工作，初步完成了北京地区信用管理体系建设的基础工作，主要包括：信用管理体系有关制度和办法、信用管理系统运作有关操作规程和办法、信用指标体系、数据库软件系统。

（2）开展从业人员专题培训，全面提高从业人员素质。全年商会从全员培训入手，共组织了6期7次全行业的从业人员专题培训，包括交易手段创新、司法、稽核、保证金管理、法人治理和诚信等专题的培训，增强了从领导者到员工加强风险管理的意识。

（3）配合北京证管办，在北京地区全面推广保证金封闭运行。一是在保证金封闭运行正式启动之前，与各商业银行合作召开北京地区银期业务合作座谈会；二是协助北京证管办组织召开了“北京地区期货经纪公司保证金封闭运行动员大会”，全面部署该项工作；三是组织保证金封闭运行培训；四是组织召开“保证金封闭运行座谈会”，重点介绍保证金封闭运行平衡测算软件的使用，总结保证金封闭运行中的经验，及时推广促进保证金封闭运行工作的深入。

（4）年内，成功举办了七期“北京期货沙龙”活动。通过开展期货沙龙活动，加大了对北京期货市场的宣传，不仅创造了“北京期货沙龙”的品牌，更重要的是使期货市场得到投资者的进一步认识和理解。

（5）开发建立了期货电子邮局。为帮助期货机构更好地完成结算单通知业务。在北京证管办的直接领导和支持下，经过充分的调研工作，通过召开座谈会，收集意见表等形式，多方讨论研究，建立了期货电子邮局，完成了一整套的期货电子邮局管理制度。这套制度包括：《期货电子邮局管理办法与实施方案》、《期货电子邮局实施细则》、《电子邮件鉴证申请表》、《电子邮件鉴证调查授权书》、《期货电子邮局鉴证调查函》、《期货电子邮箱使用合同指引》。

(6) 北京期货商会与期货交易所合作举办新品种推介会。3 月 23 日与郑州商品交易所合作，举办“郑州商品交易所优质强筋小麦新品种北京地区投资报告会”。

(7) 北京期货商会与期货交易所合作举办分析师培训班。2003 年 8 月，商会与大连商品交易所协作举办了“大豆、豆粕期货分析师高级培训班”。本次培训班邀请了大商所领导、国内知名油脂饲料企业专家、国内粮油信息机构专家以及期货高级研究人员担任主讲教师。通过本次培训不但提高了分析师的理论研究水平，也为会员培训了一批大豆、豆粕期货分析和研究的人才。

(8) 组织从业人员资格考试考前辅导。与中国人民大学合作举办期货从业人员资格考试考前辅导班。

(9) 成功举办了首次北京地区期货专场宣传、咨询、招聘活动。11 月 2 日，在北京朝阳人才服务中心举行了“北京地区期货业专场宣传咨询招聘会”，北京地区 20 余家知名期货机构参加了宣传咨询招聘活动。

（刘　杰）

（八）2003年北京市金融系统先进单位、先进个人名录

全国五四红旗团支部标兵获得单位（2003年度）

中国工商银行北京市分行体育馆路分理处团总支

全国金融五一劳动奖状获得单位（2003年度）

中信实业银行北京奥运村支行
中国工商银行北京市分行翠微路支行公主坟第三储蓄所
中国建设银行北京市分行清华园支行
交通银行北京分行财务会计处
中国人民财产保险股份有限公司北京市分公司崇文支公司
中国科技证券有限责任公司北京阜成路营业部

全国金融五一劳动奖章获得者（2003年度）

孙 毅	人民银行营业部管理部机关事务管理处处长
李秀生	中国工商银行北京市分行信息科技部副总经理
张冬松	中国工商银行北京市分行房山支行个人业务科科长
赵保生	中国农业银行北京市分行大兴区支行行长
刘德胜	中国农业银行北京市分行房地产信贷处处长
李忠琴（女）	中国人寿保险股份有限公司北京分公司银行保险部经理

首都劳动奖章获得者（2003年度）

邱 丹	中国建设银行北京长安支行世纪城储蓄所所长
路 阳	中国民生银行北京管理部

首都三八红旗奖章获得者（2003年度）

赵 明	北京市商业银行红星支行行长

首都五四奖章获得者（2003年度）

戴勇毅	华夏基金管理有限公司执行副总经理

北京市五四红旗团委获得单位（2003年度）

北京市金融团工委

北京市五四红旗团支部获得单位（2003年度）

北京印钞厂印钞一部团支部

北京市优秀共青团干部获得者（2003年度）

崔永胜　　北京市商业银行团委书记

北京市青年岗位能手获得者（2003年度）

路　阳　　中国民生银行北京管理部
徐毛毛　　北京市商业银行
徐　翔　　北京国际信托投资有限公司
王　庚　　中国建设银行北京市分行
彭　熙　　上海浦东发展银行北京分行

北京市青年文明号新命名单（2003年度）

北京市商业银行营业部
华夏银行总行营业部办公室
兴业银行北京分行朝外支行
深圳发展银行北京分行营业部
上海浦东发展银行北京分行海淀园支行营业室
北京市海淀区海淀南路农村信用社海淀路分社
华夏证券股份有限公司债券业务部
华夏证券股份有限公司研究发展部客户服务部
北京证券有限责任公司北京德胜门东滨河路证券营业部
新华人寿保险股份有限公司北京分公司客户服务部
中国工商银行北京王府井支行东长安街分理处
北京市农村信用社丰台区联社太居寺信用社营业室

北京市青年文明号重新认定名单（2003年度）

北京市商业银行国际业务部
北京市商业银行右安门支行
北京市商业银行双榆树支行
北京市商业银行中关村科技园支行
北京市商业银行燕京支行
华夏银行总行营业部东直门支行
华夏银行总行营业部京广支行
华夏银行总行营业部住房信贷中心
华夏银行总行营业部电脑处
华夏证券有限公司东直门南大街营业部燕山服务部
北京市朝阳区农村信用社联合社营业部
北京证券有限责任公司北三环东路证券营业部
北京证券有限责任公司潘家园营业部

北京国际信托投资公司证券营业部
上海浦东发展银行北京分行建国路支行
上海浦东发展银行北京分行营业部
福建光大银行北京分行东单支行营业部
福建光大银行北京分行中轴路支行营业部
深圳发展银行北京分行西三环支行
深圳发展银行北京分行安华支行
广东发展银行北京分行营业部
北京市怀柔区农村信用联社营业部
北京市丰台区农村信用联社卢沟桥信用社三路居分社
华夏证券有限公司北京海淀南路营业部客户经理部
中国工商银行北京分行北京王府井支行新东安分理处
中国工商银行北京分行崇文支行崇外大街储蓄所
北京市丰台区农村信用合作社联社营业部
北京市丰台区卢沟桥农村信用合作社营业室
北京市怀柔区城内农村信用社
北京市门头沟区农村信用联社营业部